Le Roman de Julie Papineau

L'Exil

TOME **2**

Du même auteur

Les Serres domestiques, Éditions Quinze, 1978.

Les Enfants du divorce, Les Éditions de l'Homme, 1979.

Jardins d'intérieurs et serres domestiques, Les Éditions de l'Homme, 1979.

Le Frère André (biographie), Les Éditions de l'Homme, 1980.

Le Prince de l'Église (biographie du cardinal Paul-Émile Léger, tome I), Les Éditions de l'Homme, 1982.

Un bon exemple de charité. Paul-Émile Léger raconté aux enfants, Grolier, 1983.

Dans la tempête. Le cardinal Léger et la Révolution tranquille (biographie, tome II), Les Éditions de l'Homme, 1986.

Le Roman de Julie Papineau, tome 1, Les Éditions Québec Amérique, 1995.

MICHELINE LACHANCE

Le Roman de *Julie Papineau*

L'Exil

TOME 2

ÉDITIONS QUÉBEC AMÉRIQUE

329, rue de la Commune O., 3ᵉ étage, Montréal (Québec) H2Y 2E1 (514) 499-3000

Données de catalogage avant publication (Canada)

Lachance, Micheline

    Le roman de Julie Papineau

    Sommaire : v. 2. L'exil

    ISBN 2-89037-855-1 (v. 1)
    ISBN 2-89037-934-5 (v. 2)

    1. Papineau, Julie, 1795-1862 – Romans, nouvelles, etc. 2. Canada – Histoire –
1837-1838 (Rébellion) – Romans, nouvelles, etc. I. Titre. II. Collection.

PS8673.A277R65 1995   C843'.54   C95-941499-1
PS9573.A277R65 1995
PQ3919.2.L32R65 1998

Les Éditions Québec Amérique bénéficient du programme de subvention globale
du Conseil des Arts du Canada.

LE CONSEIL DES ARTS | THE CANADA COUNCIL
DU CANADA | FOR THE ARTS
DEPUIS 1957 | SINCE 1957

Elles tiennent également à remercier la SODEC
pour son appui financier.

Québec ■■

©1998 ÉDITIONS QUÉBEC AMÉRIQUE INC.
www.quebec-amerique.com

Réimpressions : mai 1998, août 1998, octobre 1998, décembre 1998, février 1999

Dépôt légal : 4ᵉ trimestre 1998
Bibliothèque nationale du Québec
Bibliothèque nationale du Canada

Mise en pages: PAGEXPRESS

Note de l'auteur

Julie Papineau a bel et bien existé au XIXe siècle. Je l'ai découverte à travers ses lettres à son mari Louis-Joseph Papineau et à ses enfants. Tous les indices étaient là, noir sur blanc, pour m'aider à retracer ses émotions, ses angoisses, ses espoirs et ses chagrins. Mais ce livre est un roman. Telle qu'elle apparaît dans ces pages, Julie est le fruit de mon imagination, conjuguée au portrait que l'histoire a laissé d'elle.

FAMILLE PAPINEAU

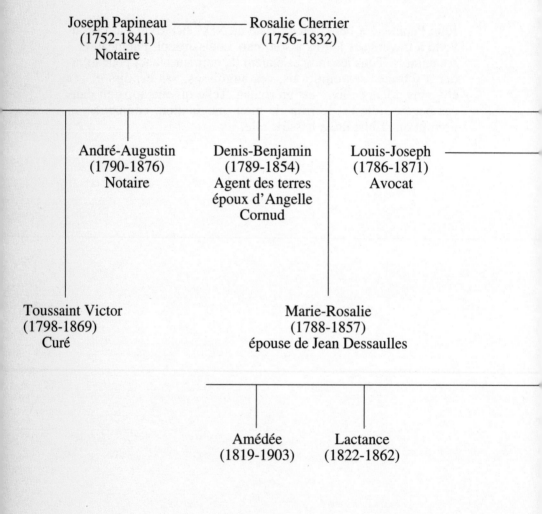

Joseph Papineau ——————— Rosalie Cherrier
(1752-1841)   (1756-1832)
Notaire

André-Augustin   Denis-Benjamin   Louis-Joseph ——————
(1790-1876)   (1789-1854)   (1786-1871)
Notaire   Agent des terres   Avocat
                               époux d'Angelle
                               Cornud

Toussaint Victor   Marie-Rosalie
(1798-1869)   (1788-1857)
Curé   épouse de Jean Dessaulles

Amédée   Lactance
(1819-1903)   (1822-1862)

FAMILLE BRUNEAU

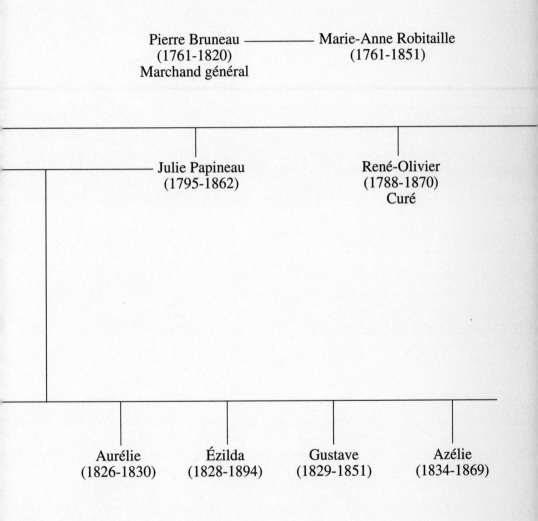

Pierre Bruneau ——————— Marie-Anne Robitaille
(1761-1820)   (1761-1851)
Marchand général

Julie Papineau   René-Olivier
(1795-1862)   (1788-1870)
                                   Curé

Aurélie   Ézilda   Gustave   Azélie
(1826-1830)   (1828-1894)   (1829-1851)   (1834-1869)

Avant l'exil... la patrie perdue

Tout prédestinait Julie Papineau à la vie des grands bourgeois du XIXe siècle. Née en 1795, d'une famille aisée de Québec, elle épouse en grande pompe l'homme politique le plus adulé de son temps et le chef des patriotes de 1837. Mère d'abord, elle fréquente aussi les bals du gouverneur, se promène à cheval à la seigneurie de la Petite-Nation, déjeune chez monseigneur Lartigue, joue aux cartes chez le maire de Montréal, Jacques Viger...

Mais en cet été de 1832, marqué par l'épidémie de choléra qui décime des familles entières, tout bascule. Témoin d'une fusillade sur la place d'Armes où trois Canadiens sont tués par des soldats de l'armée britannique, Julie découvre l'indignation et la révolte et se retrouve bientôt dans la mêlée qui aboutit à la rébellion. Amère, déçue, trahie, elle part rejoindre son mari en fuite aux États-Unis. Ainsi s'achève le premier tome du *Roman de Julie Papineau*.

Lorsque commence le deuxième, Julie, pleine d'espoir en une vie meilleure, apprivoise l'exil qui lui réserve des lendemains doux-amers.

CHAPITRE I

Le rendez-vous manqué

1er juin 1838. Saratoga, enfin ! Le ciel était d'un bleu intense, sans l'ombre d'un nuage. Une odeur de verveine flottait dans l'air étonnamment chaud pour la saison. Julie Papineau songea alors que son exil commençait sous un heureux présage.

La diligence s'arrêta devant la gare grouillante de monde. Un édifice en brique avec un écriteau brun annonçait Saratoga Depot, au-dessus de la porte battante. La façade, bordée de lilas en fleurs, s'ouvrait sur un long trottoir de bois qui semblait courir tout autour. Au milieu de la Railroad Place, l'emplacement réservé aux calèches était à moitié désert depuis qu'un train faisait la navette entre Albany et Saratoga, ville d'eau réputée pour ses thermes. Une locomotive à vapeur tirée par des chevaux glissait lentement sur ses rails, traînant derrière elle quatre bancs de bois posés sur le plancher d'une calèche sans roue.

Julie descendit de la voiture, cependant qu'un porteur s'affairait à hisser ses bagages sur un chariot. Elle cherchait dans la foule bigarrée un visage connu... son mari, son fils...

« Mais où sont-ils ? » se demanda-t-elle, soudainement inquiète.

Son visage s'assombrit. Ni Papineau ni Amédée n'étaient venus à sa rencontre. Son neveu Louis-Antoine Dessaulles passa son sac de voyage en bandoulière, en jetant à son tour un regard circulaire.

« Cela m'étonne, fit-il. Vous les aviez pourtant prévenus que nous arrivions. Entrons dans le terminus. Ce soleil est impitoyable. »

Julie attrapa la main d'Azélie qui sautillait comme si elle avait des fourmis dans les jambes.

« Papaaaa ? Médééééé ? » criait la petite en regardant partout.

À l'intérieur, le brouhaha était étourdissant et Julie serra plus fort la main de sa fille. À quatre ans, elle n'était déjà plus une enfant timide pendue à ses jupes. Louis-Antoine dépêcha un commissionnaire au cabinet d'avocat de Me Ellsworth, où Amédée était stagiaire, et suggéra à Julie d'aller l'attendre au Grand Union Hotel, de l'autre côté du square.

Le long de la rue principale, les hôtels se disputaient le meilleur emplacement. Depuis vingt ans, Saratoga s'enorgueillissait de posséder les établissements de villégiature les plus huppés de l'État de New York et le Grand Union impressionnait par sa stature. Sur la façade de l'édifice à toit mansardé, une dizaine de fenêtres s'ouvraient de chaque côté de la marquise. Deux larges portes restaient entrebâillées en permanence et le va-et-vient ne dérougissait pas. Dans le hall, des hommes âgés somnolaient à côté d'élégantes dames au teint pâle, qui flânaient dans des fauteuils profonds, disposés le long des *bow-windows* et séparés les uns des autres par des pots de grès, dans lesquels poussaient des palmiers. Le silence surprenait dans une pièce aussi achalandée. Le temps semblait s'être arrêté, comme dans un monastère.

Le Grand Union devait sa popularité aux soins de santé offerts à sa clientèle qui, prétendait la réclame, faisaient des miracles. Au début du siècle, Washington Putnam avait découvert la source du Congrès dans un marécage et l'avait exploitée. Depuis, d'autres sources thermales étaient apparues et Saratoga était devenue le rendez-vous des personnes riches souffrant de troubles du foie et de la digestion.

Le portier en livrée indiqua au trio la direction de la salle à manger, séparée du salon par des portes coulissantes. La pièce était immense avec un plafond à caissons haut et coloré, des colonnes grecques posées sur un plancher de bois foncé et des murs tapissés de scènes représentant des paysages de Saratoga. L'heure du déjeuner tirait à sa fin, mais les clients n'en finissaient plus de siroter, qui une tasse de thé, qui une dernière coupe de champagne. Le tintamarre des ustensiles et de la vaisselle venant des cuisines, conjugué au bruit des voix, surprenait après le calme observé dans le hall. Azélie dévora des petits cakes au chocolat, pendant que Julie, incapable d'avaler une bouchée, buvait de l'eau de source en se demandant ce qui avait pu empêcher Louis-Joseph et Amédée d'être au rendez-vous.

Pendant ce temps, Louis-Antoine Dessaulles, jeune homme maigrelet aux yeux noirs perçants, s'affairait du kiosque d'information à la salle à manger. Depuis leur départ de Montréal, il s'occupait de tout. Julie lui était très attachée. Après la mort de son père, le seigneur Jean Dessaulles, les Papineau l'avaient accueilli chez eux, rue Bonsecours, pour lui permettre de terminer ses études, et il y vivait encore au moment de la rébellion. Lorsque Julie avait décidé de prendre le chemin de l'exil, il lui avait annoncé, comme si cela allait de soi, son intention de l'accompagner. Elle en avait été soulagée.

De retour à la table, Louis-Antoine regarda sa montre. Puisque Papineau et Amédée ne donnaient pas signe de vie, le mieux serait de passer la nuit au Grand Union. Il se leva pour aller réserver des chambres, quand Julie poussa un cri.

«Amédée... Amédée, mon chéri, te voilà!

— Maman!»

Debout devant la porte de la salle à manger, Amédée se tenait immobile dans une sorte de garde-à-vous bien involontaire. Son chapeau de paille dans une main, sa canne en jonc dans l'autre, il était encore sous l'effet de la surprise. Dix minutes plus tôt, le messager envoyé par Louis-Antoine à l'étude de Me Ellsworth, rue Washington, l'avait prévenu que son cousin l'attendait au Grand Union. Il était accouru sans penser qu'il y trouverait aussi sa mère et sa petite sœur.

«Oh là là! ma belle Azélie a du chocolat jusqu'aux oreilles», dit-il, en soulevant la petite dans ses bras.

Il embrassa Julie et fit l'accolade à Louis-Antoine avant de revenir vers sa mère pour lui planter deux gros baisers sur les joues, devant les voyageurs indifférents.

«Comme tu es beau, Amédée», s'extasia-t-elle en admirant son costume de toile blanc, ses chaussures assorties et ses gants de chevreau, qu'il enlevait nonchalamment comme un jeune dandy. Elle le fit pivoter sur lui-même.

«Dis donc, je me trompe ou tu as une nouvelle coiffure?

— C'est la dernière mode, fit-il, en caressant son épaisse toison brune. Heu... je les taille moi-même.

— Tu as eu le coup de ciseaux paresseux, jugea son tout aussi élégant cousin, en lissant ses cheveux noirs, très courts, sur son crâne.

— Louis-Antoine a raison, ils sont trop longs. Tu as l'air négligé.

— Admettons que je ferais un piètre perruquier. La prochaine fois, j'irai chez le coiffeur.

— Mais où est ton père ? demanda Julie en regardant du côté de la porte d'entrée. Il n'est pas avec toi ?

— Non, il accompagne un ami géologue en expédition aux Alleghanys, près de Philadelphie. Il ignorait que vous deviez arriver aujourd'hui, sinon...

— Mais je lui ai pourtant écrit, coupa Julie.

— C'est curieux, il ne m'en a rien dit. Votre lettre a dû se perdre, sinon, il serait déjà là. Il est si impatient de vous voir. »

Amédée proposa de passer au bureau de poste pour envoyer un mot à Philadelphie. Papineau sauterait dans la première diligence et avec un peu de chance, il serait là dans deux jours, quitte à voyager de nuit.

« Vas-y, toi, répondit Julie, je suis un peu fatiguée. Je t'attends ici.

— D'accord. Je mets ma lettre à la poste et je reviens vous chercher, décida-t-il en se levant.

— Je t'accompagne », fit Louis-Antoine. Féru d'histoire, il avait hâte de marcher dans le village où les Américains avaient vaincu les Anglais, en 1777.

« J'veux aller avec Médée, supplia Azélie.

— Allez-y tous les trois », consentit Julie, en se jetant dans un fauteuil à l'air accueillant.

***

Julie les regarda s'éloigner. Amédée boitait légèrement. Toujours cette vilaine blessure à la cheville, dont il lui avait parlé dans ses lettres et qui refusait de guérir. Même à dix-neuf ans, Amédée se montrait négligent envers sa santé. Désormais, elle allait prendre soin de lui, le dorloter. Il lui avait tant manqué, ce fils aîné qu'elle chérissait et qui lui rappelait Louis-Joseph par sa carrure.

Il était quatre heures et le soleil brûlait encore comme à midi. Saratoga somnolait dans une éblouissante lumière. Le thermomètre indiquait 89 degrés, mais Julie sortit néanmoins pour faire quelques pas sur Broadway. Elle portait une robe pêche, garnie d'un large ruban noué à la taille et dont le corsage à l'encolure croisée laissait voir une chemise de dentelle bouillonnée. À quarante ans, elle frappait par son élégance racée. Ses cheveux bruns serrés en bandeaux lisses dégageaient sa nuque. En passant devant l'église presbytérienne couverte de lierre, elle ouvrit son ombrelle pour s'abriter du soleil et continua de marcher lentement le long des grands hôtels. Il y en avait six en enfilade avec, en guise de contreforts, les Catskills, contre lesquelles la petite ville semblait s'appuyer. Les arbres étaient pleins d'oiseaux qui piaillaient. La rue principale lui sembla deux fois plus large que les grandes artères montréalaises, mais les voitures y circulaient trop rapidement, soulevant des nuages de poussière.

Elle n'était pas fâchée de se retrouver seule. La fatigue du voyage commençait à se faire sentir. Elle pouvait maintenant se livrer à sa déception. Louis-Joseph n'était pas venu à sa rencontre. Elle avait tout prévu, sauf cela. Peut-être avait-il été victime d'un accident ? Sur les chemins à lisses, les voitures tirées par des chevaux sortaient parfois de leurs rails. Non, c'était impossible, Amédée aurait été prévenu. Mais alors, comment expliquer son absence à ce rendez-vous, le plus important de leur vie ? Ses lettres disaient pourtant son impatience.

Elle observait avec curiosité les Américains qu'elle croisait sur le trottoir. Ils ressemblaient aux Canadiens, à cette différence près que la joie se lisait sur leur visage. Ils déambulaient bras-dessus, bras-dessous, souriaient à l'inconnue qu'elle était. Parfois, ils s'arrêtaient devant un étalage attrayant, s'émerveillaient comme des enfants et entraient dans le magasin pour en ressortir les bras chargés. Les dames étaient vêtues avec raffinement et les hommes coiffés du haut-de-forme. Quel contraste avec ses malheureux compatriotes, marqués à jamais par le drame qu'ils venaient de vivre !

Les yeux de Julie se tournaient inexorablement vers le terminus où le flot des voyageurs était continu. Une silhouette plus haute que les autres, avec des épaules bien carrées, s'avança dans sa direction. Son cœur se mit à battre. Cela ne pouvait être que Louis-Joseph, cet homme à la redingote grise qu'elle croyait reconnaître dans la lumière aveuglante. Mais l'inconnu s'arrêta devant une femme qui l'enlaça, alors qu'un enfant en costume de matelot lui sautait dans les bras, faisant rouler par terre son petit chapeau. Julie soupira de déception. Ce n'était pas Louis-Joseph.

Sept mois s'étaient écoulés depuis leurs adieux déchirants, sur le pas de la porte, rue Bonsecours. C'était juste avant la rébellion et la tête de Papineau venait d'être mise à prix. Il portait un déguisement pour échapper à l'armée britannique et s'en allait rejoindre les patriotes repliés à Saint-Denis. Le souvenir de son air anéanti était resté gravé dans la mémoire de Julie. Au moment de monter dans la calèche recouverte, il s'était retourné vers elle, une dernière fois, et avait eu une hésitation en voyant qu'elle pleurait. Elle ne l'avait jamais revu depuis.

Après, il y avait eu la tragédie... le soulèvement raté et l'armée anglaise qui, pour se venger de son humiliante défaite à Saint-Denis, s'était livrée à un véritable saccage. Les villages de Saint-Charles, Saint-Benoît et Saint-Eustache avaient été réduits en cendres. Leurs amis, considérés comme des rebelles, avaient été traqués dans les bois. Wolfred Nelson, qui commandait les patriotes à Saint-Denis, avait été ramené, fers aux poings, jusqu'à la prison de Montréal pendant que Papineau et d'autres meneurs s'enfuyaient aux États-Unis.

Quelques mois plus tard, Julie prenait à son tour le chemin de l'exil. Le beau visage de son second fils, Lactance, si pâle, si étiré pour ses seize ans, surgit alors dans son esprit. Il l'avait suppliée de l'emmener, mais elle avait préféré le laisser au collège de Saint-Hyacinthe, où il terminait ses études classiques. Il était émouvant, ce grand garçon trop nerveux qui l'avait boudée au moment du départ, malgré sa promesse de le faire venir auprès d'elle pour les vacances d'été. Il l'avait dévisagée, l'air désespéré, comme si elle l'abandonnait pour toujours.

La jolie tête bouclée de sa fille aînée Ézilda la hantait aussi. Elle l'avait confiée aux bons soins de sa belle-sœur, Marie-Rosalie Dessaulles, mais elle n'arrivait pas à oublier son air résigné. Blottie contre son frère Lactance, toute minuscule pour ses dix ans, elle avait regardé partir sa mère sans un mot, en agitant sa petite main, sachant qu'il était inutile d'insister. Julie se demanda comment elle avait pu laisser derrière elle cette pauvre enfant qui, par suite d'une étrange maladie, allait rester naine. Son troisième fils, Gustave, l'inconsolable Gustave, pleurait à chaudes larmes en répétant « maman chérie », sans trop réaliser ce qui se passait. Il n'avait pas encore neuf ans et ignorait tout de la longue séparation qui commençait.

« Mes enfants ! Mes pauvres enfants ! » soupira Julie, en s'essuyant les yeux avec son mouchoir de dentelle.

Comment avait-elle pu s'arracher à eux ? Depuis les troubles, Papineau était interdit de séjour au Bas-Canada et il y avait de bonnes chances pour qu'il n'y remette jamais les pieds. Elle avait eu à choisir entre lui et ses enfants. Un choix impossible. Elle avait fini par le rejoindre, espérant organiser leur nouvelle vie aux États-Unis. Dans quelques mois, songea-t-elle, ils seraient de nouveau réunis sous le même toit. Mais cela, les enfants ne pouvaient pas le comprendre. La patience est une vertu que même les adultes ont du mal à pratiquer.

Julie s'était assise sur un banc public, à l'ombre d'un tremble dont les feuilles frissonnaient, même s'il n'y avait pas le moindre souffle de vent. Au moment d'aborder l'exil, l'absence de Papineau lui enlevait tout courage. Attendre encore, elle ne faisait que cela depuis des mois. Tout de même ! Sa lettre lui annonçait bien qu'elle profiterait des premiers beaux jours pour le rejoindre. Elle eut alors l'intuition très nette que sa vie à venir serait parsemée de désillusions et de rendez-vous manqués. Puis, un jour de canicule, semblable à ce magnifique vendredi de juin, la mort la surprendrait en plein bonheur. Comme ce frissonnement de l'arbre. Mais ce serait beaucoup plus tard et elle aurait payé très cher cette douce quiétude qui viendrait après de grands chagrins.

***

La haute grille de fer du parc du Congrès était déverrouillée. Julie s'engagea dans l'allée centrale qui menait à la rotonde de marbre blanc, soutenue par des colonnes grecques, au milieu de laquelle jaillissait un mince filet d'eau minérale. Après avoir observé un moment les touristes qui circulaient sur la plate-forme, elle monta à son tour l'escalier. Un serveur lui tendit un gobelet, au bout d'un long manche, en l'invitant à le plonger dans la cuve remplie d'eau. Elle se prêta au cérémonial et but une lampée en goûtant comme s'il s'agissait d'un grand cru. Le liquide lui sembla âcre et, ma foi, peu agréable au goût, mais elle vida néanmoins son verre en quelques gorgées.

«*A penny for your thoughts*», dit une voix grave qu'elle aurait reconnue au bout du monde.

Elle se retourna vivement. Un grand gaillard planté devant elle la contemplait. Elle plissa les yeux pour mieux voir l'imposante silhouette. La première chose qu'elle distingua clairement, ce fut la barbe, plus longue que dans son souvenir. On aurait dit un patriarche. Elle remarqua ensuite les yeux profonds, bleu acier, surmontés d'épais sourcils noirs.

« Robert ? Vous ici ? Ce n'est pas vrai, je dois rêver... Mais oui, c'est vous, c'est bien vous... »

Le docteur Nelson prit ses deux mains dans les siennes. Il y avait si longtemps qu'ils s'étaient vus, il s'était passé tant de choses depuis leur dernier tête-à-tête. Était-ce juste avant les troubles ou après ? Ni l'un ni l'autre n'aurait su le dire avec certitude.

« Chère, chère Julie ! s'exclama-t-il. J'étais en train de boire de ce miraculeux élixir, en attendant le départ de ma diligence, lorsque je vous ai aperçue. Pendant un moment, j'ai cru à une apparition. Vous regardiez fixement dans ma direction mais ne sembliez pas me voir. »

Il recula d'un pas :

« Vous êtes superbe, fit-il admiratif. Absolument divine. »

Julie esquissa un geste pour replacer ses cheveux pourtant bien lisses et lui rendit son sourire.

« Mais non, je suis affreuse, bafouilla-t-elle, feignant la timidité. Voyez comme je suis fripée, ajouta-t-elle, en secouant le pan de sa jupe, comme pour en faire tomber une poussière inexistante. Je suis si contente de vous revoir, Robert, fit-elle soudain, en s'approchant pour l'embrasser. Quel drôle de hasard ! On m'avait dit que vous vous étiez installé à Plattsburg.

— C'est juste, répondit le médecin. J'y retourne à l'instant. J'arrive du Vermont, où j'ai subi un procès.

— Un procès ?

— Vous savez sans doute que j'ai fait une incursion au Canada avec une poignée d'exilés pour y proclamer la république. À mon retour, les États-Unis m'ont accusé d'avoir traversé la frontière avec des intentions belliqueuses, ce qui, vous pensez bien, est contraire à la loi de neutralité en vigueur dans ce pays.

— Vous jouez avec le feu. Pourchassé au Canada, arrêté ici...

— Au Canada, souvenez-vous, l'armée anglaise m'a jeté en prison alors que je n'avais pas participé à la rébellion. Je ne suis pas près de l'oublier, d'ailleurs. Ici, le grand jury américain m'a acquitté. On trouve beaucoup de sympathie pour notre cause dans ce pays de liberté. *Thank God !* me voilà libre d'aller où bon me semble.

— Ne me dites pas que vous avez l'intention de retourner en Canada?

— Et comment! La guerre n'est pas finie et les Anglais vont savoir de quel bois Robert Nelson se chauffe. Mais la prochaine fois, je serai mieux préparé. Nous aurons des armes en quantité et des hommes en nombre suffisant. C'est justement pour faire avancer nos affaires que je suis venu à Saratoga. Je pensais y trouver Papineau.

— Il sera déçu de vous avoir raté.

— Oh! je crois plutôt qu'il ne sera pas fâché d'éviter une conversation qui aurait sans doute mal tournée, insinua le médecin en adoptant un air contrarié.

— Que voulez-vous dire? demanda Julie, étonnée par cette remarque douce-amère.

— Vous n'ignorez pas que le torchon brûle entre nous. Papineau est insupportable depuis qu'il vit en exil. Il était grand temps que vous arriviez, ma chère. Vous seule pouvez lui faire entendre raison.

— Qu'est-ce que c'est que cette histoire? insista-t-elle. J'ai vaguement entendu dire que vous étiez brouillés mais je n'ai pas pris la chose au sérieux. De vieux amis comme vous! C'est insensé. Vous avez perdu la tête, tous les deux?

— Vous verrez, Julie, vous verrez... Papineau n'est plus lui-même. Il a sorti le drapeau blanc. Il n'y a plus moyen de le faire bouger. Nous préparons la vengeance pendant que lui, le grand chef, se pavane dans les salons du président Van Buren. Ou alors, monsieur voyage. Paraît-il que la géologie le passionne plus que le sort de nos compatriotes qui croupissent dans les prisons de Sa Majesté britannique!»

Le docteur Nelson allait toujours droit au but. Ses opinions, tranchées au couteau, il les exprimait sans ménagement.

«Ne soyez pas méchant, Robert, le supplia Julie. Papineau n'est pas homme à fuir ses responsabilités. Son pays, c'est toute sa vie.

— Vous avez raison, Julie. Ne gâchons pas ce précieux moment. Nous avons si peu de temps devant nous. Mon *stagecoach* part dans un quart d'heure et j'ai tant de choses à vous raconter.»

Il frotta sa longue barbe, comme pour chasser toute trace de dureté dans son visage et s'assit à côté d'elle sur un banc, un peu à l'écart de la rotonde. Son regard bleu s'adoucit et il esquissa un sourire pour lui demander si elle avait bien reçu la lettre qu'il lui avait envoyée de la prison de Montréal. Julie fit signe que oui.

«Vous ne m'en parlez pas, dit-il alors. Elle vous a déplu?

— Elle m'a émue, au contraire. Je l'ai trouvée par terre en rentrant chez moi, rue Bonsecours, après les troubles. Les soldats, qui avaient fouillé la maison de fond en comble pour s'emparer des papiers de Papineau, l'avaient sans doute échappée dans leur hâte. Elle était froissée et déchirée. J'ai recollé les morceaux et je la garde précieusement. Votre amitié m'a réconfortée. Vous saviez que j'étais malade mais, dites-moi, aviez-vous vraiment peur que je meure?

— Ma chère, le journal a annoncé votre décès, répondit-il sur un ton teinté de tendresse. Moi qui tiens votre carnet de santé, je savais que vous étiez solide comme le roc, malgré votre fragilité apparente, mais vous veniez de traverser des épreuves si terrifiantes que tout était possible. Enfin! vous êtes là, plus ravissante que jamais.»

Julie apprécia le compliment. Robert ne changeait pas. Lui pourtant peu disert, il avait toujours eu envers elle une galanterie qui l'intimidait. Sans ce sourire moqueur que sa longue barbe n'arrivait pas à dissimuler complètement, elle aurait pu croire qu'il lui faisait la cour. Entre eux, ce petit jeu se poursuivait depuis leur première rencontre, avant la naissance d'Amédée, que le docteur avait mis au monde. Jamais il ne dépassait la mesure, elle ne l'aurait pas supporté. Toutefois, elle adorait cette façon qu'il avait de la courtiser finement, en sachant aussi bien qu'elle que rien ne se produirait entre eux.

«Votre femme écrit toujours de la poésie? demanda-t-elle alors, pour éviter de donner prise aux flatteries qu'elle pressentait.

— Ah! les poèmes d'Emily sont de plus en plus émouvants. Avant, c'était la campagne anglaise de son enfance qui l'inspirait. Maintenant, c'est le triste sort des Canadiens. Son plus récent, *The Patriot Chief*, a été publié dans le *Plattsburg Republican*. C'est un hommage au héros de la bataille de Saint-Denis. Sous sa plume, mon frère Wolfred est magnifique: *"He tried to burst his people's chains..."*

— Vous me l'enverrez?»

Sans attendre la réponse, elle enchaîna:

«À propos de Wolfred, vous ai-je dit que je suis passée le voir en prison, juste avant de quitter Montréal ? Il m'a d'ailleurs chargée de vous embrasser très fort de sa part.

— Qu'est-ce que vous attendez ? demanda-t-il en prenant les devants pour déposer un baiser sur sa joue gauche, puis sur la droite.

— Holà ! docteur Nelson, fit Amédée qui arrivait sur les entrefaites. Cette dame est mariée, l'ignorez-vous ? Je veux bien reconnaître que vous avez sauvé ma cheville malade, mais vous n'allez pas me voler ma mère le jour de son arrivée !

— Jeune homme, vous n'avez rien compris, rétorqua le docteur. Votre mère était sur le point d'honorer une promesse. Vous n'auriez pas pu arriver à un pire moment. »

Robert Nelson éclata d'un rire homérique qui surprit Azélie, perchée sur les épaules de son frère. Elle ne semblait pas reconnaître ce monsieur à la longue barbe qui faisait peur aux petites filles. Mais elle n'avait rien à craindre, Médée était là pour la protéger.

Le docteur se leva et pinça la joue de l'enfant, comme il le faisait jadis, rue Bonsecours. Il déclencha alors un irrésistible rire enfantin. Puis, ayant jeté un coup d'œil du côté du terminus, il vit qu'il était temps de partir. La diligence pour Plattsburg était déjà garée devant la porte et les passagers prenaient leur place.

«Ce sera pour la prochaine fois, ma chère Julie, fit-il en esquissant un geste d'impuissance. Vous me devez aussi une longue lettre puisque j'attends toujours la réponse à la mienne. Vous ne vous en tirerez pas à si bon compte.

— Je vous le promets, répondit-elle, en gardant un moment sa main dans la sienne.

— Dites-moi tout de même comment était Wolfred ?

— Je l'ai trouvé amaigri, presque squelettique, répondit-elle tristement. Et sa prison, infecte. Mais cela, vous le savez déjà puisque vous y avez été enfermé. Espérons que le nouveau gouverneur Durham sera plus humain que son prédécesseur Gosford.

— Toujours aussi patriote, chère Julie, constata Robert Nelson en prenant congé. Soit dit sans méchanceté, je compte sur vous pour rallumer la flamme chez Papineau. »

Il fit quelques pas puis, se retournant, ajouta en hochant la tête :

« Je ne comprends pas qu'il ne soit pas là pour accueillir la plus exquise des femmes que je connaisse. À sa place, moi, je ne vous aurais pas fait languir. Mais, je vous ai prévenue, depuis qu'il s'est enfui de Saint-Denis, Papineau n'est plus le même homme.

— Enfui ? Que voulez-vous insinuer ? Papineau ne s'est pas enfui », protesta Julie.

Le docteur Nelson ne semblait pas l'entendre.

« Attendez, Robert, insista-t-elle, vous en avez trop dit ou pas assez.

— *Sorry*, mon *stagecoach* va partir, fit-il, en esquissant un geste évasif. Demandez à Amédée, il vous dira que j'ai raison. »

CHAPITRE II

Les sources de Saratoga

Le compliment empoisonné de Robert Nelson tracassait Julie. Que signifiait tout ce mystère autour de Papineau ? En quoi son mari était-il si différent ? Et pourquoi le docteur insinuait-il qu'il s'était enfui de Saint-Denis comme un lâche ? Elle trouvait intrigant aussi ce voyage à Philadelphie, entrepris au moment même où elle le rejoignait enfin, après une si longue séparation.

Absorbée dans ses pensées, elle ne remarqua pas le chancelier-juge Walworth qui arrivait au parc du Congrès pour sa dégustation quotidienne d'eau minérale. Ce rituel était le seul répit qu'il s'allouait dans la journée et, pendant ce court moment, il s'interdisait de penser aux causes qu'il avait à juger. Amédée paraissait ravi de cette rencontre fortuite :

« Monsieur le chancelier Walworth, permettez-moi de vous présenter ma mère, Julie Papineau.

— C'est un grand plaisir de faire la connaissance de l'épouse de mon ami Papineau », fit le juge en s'inclinant.

La jeune cinquantaine, Reuben Hyde Walworth affichait une tête de patricien. Peau basanée, cheveux poivre et sel ondulés, sourire engageant, il portait un costume pâle et tenait à la main une canne en jonc.

« Tout le plaisir est pour moi, monsieur le juge, répondit Julie, qui le connaissait déjà grâce aux lettres d'Amédée. Votre protégé ne tarit pas d'éloges à votre sujet. Je ne sais comment vous remercier de l'avoir accueilli chez vous. Vous avez adouci ses premiers mois d'exil.

— Votre fils a beaucoup de talent et ma femme apprécie son humour et sa curiosité, répondit le chancelier Walworth. Vous me feriez un grand honneur, madame Papineau, si vous acceptiez de passer quelques jours chez nous, à Pine Grove, en attendant le retour de votre mari.

— Vous êtes trop aimable, cher monsieur, mais je dois décliner votre invitation. Je vous avoue que ma fille n'est pas très sage. Le plus simple serait que je descende à l'hôtel. Et comme cette ville en compte de nombreux et des plus confortables, vous n'avez pas à vous faire de souci pour nous. »

Azélie s'inclina en entendant qu'on parlait d'elle. Le juge lui caressa la tête.

« Ma fille Francis a le même âge que la vôtre, insista-t-il. Elles s'amuseront ensemble, ce qui vous permettra de vous reposer, après ce voyage. D'ailleurs, madame Walworth ne me pardonnerait pas de vous avoir laissée à l'hôtel.

— Soit, fit Julie. Du moment que nous ne dérangerons pas vos habitudes.

— Puisque c'est entendu, ma voiture vous conduira à Pine Grove. Quant à moi, vous voudrez bien m'excuser, je m'en vais de ce pas boire un verre de cette délicieuse eau de source. »

La calèche du chancelier était garée devant la grille du parc des Congrès. Julie demanda au cocher de passer d'abord chercher ses bagages à la consigne de la gare. Tout bien pesé, Louis-Antoine préférait retourner au *Grand Union*. Il avait remarqué les tables de jeu, dans un salon secondaire, et mourait d'envie de tenter sa chance. Contrairement à Amédée qui cultivait un « goût pervers » pour l'eau de source, son cousin préférait le champagne qu'on servait à l'hôtel.

La résidence des Walworth était située à l'extrémité nord de Broadway et Amédée profita du trajet pour mettre sa mère au parfum, selon son expression. Sa famille d'adoption, lui racontat-il, comptait parmi les citoyens les plus en vue de Saratoga. Le chancelier, qui occupait le plus haut poste de la justice new-yorkaise, recevait à sa table le gouverneur de l'État de New York, William Marcy, un homme d'une simplicité désarmante, malgré ses hautes fonctions, précisa-t-il. Avant d'être élu président des États-Unis, Martin Van Buren y dînait aussi, comme d'ailleurs le général La Fayette, en son temps, et Joseph Bonaparte, le frère de Napoléon qui, jusqu'à tout récemment, vivait aux États-Unis sous le nom de comte de Survilliers. Les écrivains Washington Irving et James Fenimore Cooper, l'auteur du *Dernier des Mohicans*, étaient aussi des habitués de la maison.

« Eh bien ! on ne s'ennuie pas chez ton chancelier, fit Julie, impressionnée par autant de noms illustres.

— À qui le dites-vous ? Pas plus tard que la semaine dernière nous avons eu à dîner Abraham Lincoln, un jeune politicien de l'Illinois en pleine ascension.

— Tu n'essaierais pas de m'impressionner par hasard ? suggéra Julie, une pointe d'ironie dans la voix. Parle-moi plutôt de madame Walworth.

— Ah ! maman, c'est la plus belle femme que j'ai vue de ma vie, s'exclama-t-il. Elle a des yeux superbes, un rien mélancoliques, et un sourire de madone. Elle se consacre aux œuvres de charité, tout en étant une excellente mère.

— Combien d'enfants a-t-elle ?

— Cinq, dont mon ami Clarence, qui étudie le droit avec moi, chez Me Ellsworth, même s'il veut devenir ministre presbytérien, ce qu'il ne faut surtout pas mentionner devant son père. »

Amédée ne tarissait pas d'éloges sur la famille de son protecteur. Mais, autant la prévenir, comme tous les presbytériens, ils passaient leurs dimanches à l'église, ce qui rendait cette journée de repos d'un ennui mortel.

« Madame Walworth est très dévote, reprit Amédée, avant d'ajouter que son mari était un apôtre de la tempérance. Inutile de chercher, il n'y a pas une seule goutte d'alcool dans cette maison. Ces derniers temps, leur principale préoccupation a été de s'assurer qu'il y avait un exemplaire de la Bible dans chaque foyer. »

Il était tout excité à l'idée d'emmener sa mère dans son nouvel univers. Elle occuperait la chambre jaune, à côté de la sienne, et ils pourraient ainsi bavarder tard dans la nuit sans déranger personne.

La calèche arrivait maintenant à la hauteur de la caserne des pompiers, un bâtiment en brique que le chancelier avait fait construire sur sa propriété. Aidé de son fils Clarence et d'Amédée, il avait mis au point une espèce de tuyau d'arrosage qu'il avait fait breveter et que sa brigade de pompiers volontaires utilisait pour éteindre les incendies. Un peu plus loin, Broadway se rétrécissait. Pine Grove apparut alors, à moitié cachée dans le feuillage touffu. La maison à pignon se dressait au bout d'une courte allée bordée par un rideau de verdure. De type colonial, elle se donnait néanmoins des airs victoriens avec ses jalousies d'un vert très foncé. Le corps central, entouré d'une galerie couverte, paraissait écrasé par les ailes latérales qui s'étaient ajoutées au fur et à mesure que la famille avait grandi.

Julie suivit Amédée entre les deux rangées de géraniums en pots qui poussaient comme du chiendent dans des urnes posées de chaque côté des marches de l'escalier. De gros buissons de lilas odoriférants couraient aussi le long de la véranda. Amédée introduisit sa mère dans un boudoir où il la pria d'attendre madame Walworth, qu'il allait prévenir de son arrivée.

Les tentures de velours mandarine étaient tirées et une lumière de fin d'après-midi inondait le petit salon, dont le piano à queue était la pièce maîtresse. Sur la cheminée de marbre, une pendule ventrue indiquait cinq heures passées. Le tapis à motifs de fleurs en couronne reposait sur un plancher en chêne verni. Au-dessus d'une table ronde recouverte d'un feutre, sur laquelle traînaient des lunettes à monture d'or, le portrait de Maria Averill Walworth était suspendu. Amédée avait raison, pensa Julie, elle avait des yeux magnifiquement dessinés et un sourire éblouissant.

«*My dear madame Papineau,* s'exclama celle-ci d'une voix chantante en s'avançant jusqu'à Julie pour lui serrer la main, *what a pleasure! I was looking forward to meeting you.* Mais asseyez-vous, je vous en prie.»

Madame Walworth s'assit à côté de Julie sur le sofa en soie cramoisie. Elle portait une robe bleu nuit, à manches longues, que Julie jugea un peu austère pour une femme de son âge. La fraîcheur de son teint contrastait aussi avec la sévérité de sa coiffure. Comme si, pour cette femme d'une beauté remarquable, les traits physiques devaient rester cachés.

Dans un joli français, Maria Walworth lui confia combien *dear* Amédée était impatient de la revoir. S'inquiétant ensuite du temps qui annonçait l'orage, elle remercia Dieu d'avoir mené Julie à bon port en levant les yeux au ciel et en joignant les mains, comme pour une prière. Elle vanta aussi les attraits de Saratoga qui, depuis l'avènement des trains, attirait des touristes en nombre croissant, ce qui n'avait rien d'ennuyeux pour les résidents puisque les visiteurs étaient distingués et bien éduqués.

Ou encore malades et silencieux ! Elle l'assura que la réclame disait vrai : les bains thermaux, alliés au climat sain du village, vous remettaient d'aplomb en peu de temps. Julie, qui s'efforçait de cacher sa fatigue, eut un moment d'inattention qui n'échappa pas à son hôtesse.

« Mais vous devez être épuisée, dit celle-ci, en se confondant en excuses. Je suis impardonnable. Venez, je vais vous conduire à votre chambre, ajouta-t-elle, en se levant. Ma servante vous apportera de l'eau fraîche et des serviettes. »

Maria Walworth la précéda dans une chambre aux meubles d'acajou recouverts d'une plaque de marbre, à côté de celle d'Amédée. Julie aperçut sa silhouette dans la glace de la causeuse et trouva qu'elle avait une mine apeurante. Quelle tête je fais ! pensa-t-elle. Elle s'assit sur le couvre-lit en chenille blanc, tandis que la domestique versait de l'eau dans un pot de faïence.

« Ça ira mieux tout à l'heure, la rassura son hôtesse. Et ne vous en faites pas pour votre petite Azélie, je l'ai laissée avec Francis et sa gouvernante, dans le jardin. Elles n'ont pas l'air de se comprendre, mais ça ne semble pas les déranger le moins du monde. Je reviendrai vous chercher pour le dîner. »

Maria Walworth avait fait manger les enfants à la cuisine et les avait renvoyés à leurs jeux avant de servir un repas léger à son invitée. Après cette écrasante journée, elle pensait que Julie apprécierait de dîner simplement. Le juge, qui les rejoignit en fin de journée, passa un moment avec elle dans son cabinet de minéralogie, en attendant le repas. Il était tout fier de lui montrer sa collection de pierres et de coquillages et en était à lui expliquer l'origine de chaque pièce, comme s'il donnait un cours à l'université, quand Maria sonna la clochette du repas :

« Venez Julie, vous aurez bien le temps de vous amuser avec les petits cailloux de mon mari plus tard.

— Soit, fit le juge en prenant un air résigné. Madame Papineau, vous savez maintenant qui commande ici. »

À table, la conversation porta d'abord sur Papineau, que le juge Walworth appelait *my friend*. Leur amitié lui semblait d'autant plus cocasse qu'ils avaient tous deux fait la guerre de 1812, chacun de son côté de la barricade, les Canadiens s'étant rangés sous la bannière britannique pour écraser les Américains. Le rôti de bœuf était à point, mais Julie qui n'avait qu'une petite faim chipotait, posant sa fourchette sur le bord de son assiette entre chaque bouchée. Les yeux plissés, car il avait oublié ses lunettes, Amédée l'épiait discrètement. Il s'efforçait de meubler la conversation dès que Julie semblait disparaître dans le lointain. Il sourit intérieurement quand, prenant conscience de ses absences, elle revenait à elle, s'essuyait la bouche avec le coin de sa serviette, et faisait courir son doigt le long de son assiette, comme si elle polissait la bordure dorée.

Lorsque la servante apporta le thé, Julie, qui passait par toute une gamme d'émotions, reprit un peu d'aplomb. Elle jeta un sucre dans sa tasse et brassa délicatement l'infusion. L'horloge sonna huit coups. C'était l'heure où elle mettait habituellement les enfants au lit. Pendant l'espace d'une seconde, elle revit Ézilda et Gustave, tout roses dans leurs draps. C'était un rituel, elle allait d'un petit lit de cuivre à l'autre, leur promettant que le Bonhomme Sept Heures ne viendrait pas leur chatouiller les orteils. Ses yeux se remplirent d'eau et elle détourna la tête pour cacher son trouble.

« Que se passe-t-il, Julie ? demanda Maria, vous ne vous sentez pas bien ?

— Je pensais à mes enfants qui vont bientôt s'endormir, répondit Julie en essuyant ses larmes. Je suppose qu'ils m'en veulent de ne pas être là pour les embrasser.

— Allons, ma chère amie, reprenez courage, fit Maria. Vous n'êtes plus seule. *Dear Amédée* va s'occuper de vous et le temps passera très vite. »

Le chancelier s'étira légèrement pour lui prendre la main.

« Ce n'est peut-être pas le moment, Julie – vous permettez que je vous appelle Julie ? –, bon, reprit-il gravement, je veux que vous sachiez que j'ai pour votre mari une profonde admiration. »

Il marqua une pause, le temps de poser le coude sur la table, et ajouta :

« Louis-Joseph Papineau a défendu les droits du peuple canadien, au péril de sa vie. Moi, qui voue un culte à la justice et à l'égalité, j'ai eu l'occasion d'observer le comportement des grands de ce siècle et je peux vous assurer que peu d'hommes ont su démontrer autant de courage et d'abnégation dans les moments critiques. Vous pouvez être fière de lui. »

Il y eut un bref silence que personne autour de la table ne voulut rompre. C'est Julie qui, la première, réagit :

« Vos paroles me font chaud au cœur. Elles me rassurent aussi. Dans les épreuves de la vie, on finit par ne plus savoir si l'on fait bien ou si l'on va trop loin. Papineau, lui, est toujours si sûr de ses décisions. Jamais il ne regrette ses gestes ni les positions qu'il défend, tandis que moi, j'ai tendance à m'effondrer devant les obstacles, à m'en vouloir de ne pas avoir gardé le rang. Tout est si simple lorsqu'on reste sagement à sa place.

— Vous vous sous-estimez, maman, protesta Amédée, qui cachait mal son émotion. Je connais peu de femmes qui ont votre force morale. Et si papa est le chef de notre famille, vous en êtes l'âme. »

Elle sourit entre ses larmes, baissa les yeux pour reprendre contenance, puis, comme si elle se moquait un peu d'elle-même, ajouta :

« Mon chéri, avoue que ce soir, devant nos amis, je ne suis pas le courage incarné ! La seule évocation de ma patrie me fait frémir. Et la pensée de mes enfants restés là-bas me tourmente...

— L'exil est sans doute l'une des épreuves les plus douloureuses qui soit, dit le chancelier. Dieu merci ! l'être humain possède des ressources insoupçonnées.

— Ruben a raison, enchaîna Maria. Quant à ce que vous considérez comme des moments de faiblesse, ils démontrent vos qualités de cœur.

— Peut-être sont-ils aussi le signe d'une grande fatigue, précisa Julie qui maîtrisait déjà mieux ses émotions. Une chose est sûre, je ne ferai pas d'insomnie pendant ma première nuit dans votre beau pays. »

Elle jeta un coup d'œil entendu à Amédée qui se leva, tira la chaise de sa mère et souhaita une bonne nuit à leurs hôtes, avant de lui donner le bras.

❦

Contre toute attente, Julie ne voulut pas aller se coucher. Depuis le temps qu'elle espérait ce premier tête-à-tête avec son fils, rien n'allait l'en détourner.

« J'ai à te parler, dit-elle tout bas, en montant l'escalier.

« — Mais vous tombez de sommeil. Nous reprendrons cela demain. »

Elle fit signe que non, ça ne pouvait pas attendre, et le suivit dans la petite chambre qu'il occupait depuis six mois. Amédée crut qu'elle s'inquiétait de ses études et lui confirma qu'elles avaient subi un léger retard, le séminaire de Saint-Hyacinthe ayant tardé à lui acheminer le certificat lui permettant d'entreprendre sa cléricature. Maintenant, il progressait rapidement auprès d'un avocat en vue de la ville, Me Ellsworth, sous la supervision du chancelier Walworth. Dans trois ans, il serait reçu avocat et si, par malheur, il n'était pas autorisé à rentrer en Canada, il pourrait pratiquer le droit aux États-Unis. Elle n'avait plus à s'inquiéter, il s'était bien adapté à la langue. Qu'elle se souvienne, il maîtrisait déjà l'anglais avant d'arriver. Cela lui avait été fort utile puisque tous ses manuels étaient dans la langue de Shakespeare. Il avait encore certaines difficultés à rédiger ses exposés sans faute, mais ce n'était plus qu'une question de temps.

Julie se leva et alla au pupitre à couverture inclinée de son fils, pour feuilleter son journal intime. Le soir, avant de s'endormir, il notait tout ce que la vie lui avait réservé ce jour-là. Il insista pour qu'elle le lise, il n'avait rien à cacher. Il voulait qu'elle sache ce qu'il avait ressenti au cours des derniers mois. Ses soucis, comme ses petits bonheurs.

« Vous n'imaginez pas les heures que j'ai passées, étendu sur ce lit à cause de ma jambe malade, à penser à vous, maman, et à m'inquiéter. »

Il se leva pour lui montrer son poignard, cadeau d'un avocat américain, qui portait l'inscription «*To a son of Liberty, from an heir of Freedom*», mais s'empressa de la rassurer : il ne s'en servait que comme coupe-papier. Sous son lit, il gardait aussi un pistolet d'arçon et une boîte de poudre, mais il n'osa pas le mentionner. Les jours de congé, il allait dans les bois avec Clarence Walworth pour tirer sur de vieux arbres. Julie, qui nourrissait une aversion maladive pour les armes à feu, l'aurait privé de ce pistolet qui, pourtant, n'était pas dangereux. Comme il ne savait rien lui refuser, il préféra ne pas en parler.

Sa mère se faisait déjà assez de mauvais sang pour sa blessure à la jambe. Il avait beau lui répéter que le docteur Nelson avait brûlé la plaie avec de la pierre infernale, avant de la recouvrir d'un emplâtre collant, elle s'en inquiétait. Pour la rassurer, il releva son pantalon au-dessus du genou. La gale était bien formée et elle tomberait d'elle-même dans les prochains jours.

« Ce pus jaunâtre séché ne me dit rien de bon, insista-t-elle en examinant la plaie. Amédée, tu vas me faire le plaisir de retourner voir le docteur.

— D'accord, maman, répondit-il, je vous le promets. »

Julie l'embrassa, puis retourna s'asseoir sur le coin du lit. Le moment était venu de lui confier ses inquiétudes. Elle caressa de la main le couvre-pied de son fils, avant d'attaquer sans le regarder :

« Écoute, mon chéri, je ne sais plus trop quoi penser. Ton père n'est pas là le jour de mon arrivée. Rien de bien sérieux ne justifie son absence et, en plus, Robert Nelson me dit qu'il a changé pour le pire... Quelque chose m'échappe et je veux que tu m'aides à y voir clair.

— C'est un fait, papa n'a pas le moral depuis qu'il a quitté le pays. Il est toujours sur ses gardes, comme s'il appréhendait de nouveaux malheurs. Il prétend qu'on le suit dans la rue et que sa vie est en danger.

— Cela s'explique : sa tête est mise à prix en Canada.

— Quand même ! Nous vivons dans un pays de liberté, argua Amédée. Saviez-vous qu'il voyage sous un faux nom ? Il se présente comme étant Jean-Baptiste Fournier, alors que tout le monde sait qui il est. Je trouve cela ridicule.

— Comprends-le, plaida Julie. Il sait qu'il peut tomber sous les balles des traîtres à la solde des Anglais.

— J'admets qu'il a de bonnes raisons d'avoir peur, mais cela ne l'autorise pas à se montrer froid, hautain, méprisant même, envers nos compatriotes, comme il le fait.

— C'est pour cela que Robert Nelson lui en veut tellement ?

— Pas exactement. Le docteur Nelson reproche à papa son refus d'envisager la vengeance.

— Ton père se sent responsable de l'échec de la rébellion, expliqua Julie. Il y a eu des morts, ne l'oublie pas.

— Je sais, mais je pense comme le docteur Nelson qu'il faut venger nos morts, de manière à pouvoir entrer tête haute dans notre patrie. »

Julie était sidérée. Ce qu'elle apprenait de la bouche d'Amédée dépassait l'entendement.

«Robert fait-il cavalier seul dans cette aventure ?

— Non, il peut compter sur l'appui de la plupart des exilés. Ils sont tous contre papa. Certains affirment même qu'il a refusé de se battre avec les patriotes, à Saint-Denis.

— Mais c'est complètement faux. Comme il doit se sentir blessé !

— Il a pris le parti d'ignorer superbement ses dénonciateurs, ce qui les met encore plus en colère.»

Amédée marchait de long en large, fort mécontent de lui-même. Il s'était juré de cacher la vérité à sa mère et voilà que, le soir même de son arrivée, il l'inondait de détails, tous plus déprimants les uns que les autres.

«Quant à son absence, aujourd'hui, ajouta-t-il, comme s'il était à bout d'arguments, je vous répète que c'est un malentendu. Croyez-moi, il ne parle que de vous. Vous seule pouvez le ramener à la vie.»

***

Ni le lendemain ni le surlendemain, Papineau ne donna signe de vie. Plusieurs fois par jour, Amédée sellait un cheval pour aller au terminus et au bureau de poste d'où il revenait bredouille. Il tempêta contre ce malencontreux retard qui chagrinait sa mère.

Julie passait son temps au tribunal du juge Walworth, qui siégeait dans l'aile gauche de sa maison. Elle s'installait au fond de la salle, derrière les rangées de chaises droites occupées par les familles des accusés et écoutait les plaidoiries. Le juge, lui semblait-il, était un autre homme lorsqu'il montait sur l'estrade, sa toge nouée autour du cou. Lui si conciliant dans la vie privée, il devenait d'une sévérité extrême. Devant des témoins récalcitrants, il durcissait le ton et les bombardait de commentaires cinglants. Si quelqu'un s'avisait de fumer dans sa cour, il explosait : «Monsieur, je n'ai jamais allumé un cigare de ma vie et je ne bois pas une goutte d'alcool. Vous voudrez bien respecter mes principes, comme je respecte les vôtres, si tant est que vous en ayez...»

Le marteau s'abattit sur la table au moment même où Amédée entrait dans la salle d'audience. C'était le signal de la pause et Julie le suivit à l'extérieur.

«Le soleil brille toujours dans ce pays de justice et de liberté, remarqua-t-elle, encore subjuguée par l'adresse et la rigueur du juge Walworth.

— Où irons-nous cet après-midi? lui demanda Amédée en se grattant la tête, comme s'il manquait d'inspiration. Que diriez-vous si nous allions faire un tour de manège sur la colline? Azélie adorerait cela.»

Après le déjeuner, ils prirent d'abord la direction des sources où Louis-Antoine Dessaulles devait les retrouver. Il y avait un monde fou sur la route.

«C'est la pire saison, s'impatienta Amédée. Les malades viennent de partout pour prendre des bains thérapeutiques. On rapporte d'étonnantes guérisons.»

C'était en effet assez intriguant d'observer la surface de l'eau continuellement agitée par le gaz d'acide carbonique qui s'en échappait. Julie goûta d'abord à l'eau de la source Hamilton, la meilleure selon Amédée qui, posant à l'expert, la jugeait assez aciduleuse, un peu saline et fortement ferrugineuse. Elle la préféra à celle provenant de la source du Congrès, plus médicinale peut-être, mais très âcre au goût. Les visiteurs européens qui ne juraient que par ses vertus thérapeutiques en rapportaient des fioles chez eux. Une fois devant les installations abritant les bains en bois, Julie eut une hésitation. Elle était tentée d'en faire l'expérience, mais décida de revenir un autre jour avec Papineau. Il se passait rarement plus d'une heure sans qu'elle prononçât le nom de son mari.

«Se peut-il que ta lettre se soit égarée?» demandait-elle à Amédée qui ne savait plus quoi répondre.

À la sortie d'un pont, à trois milles de Saratoga, la voiture tirée par deux chevaux quitta ses lisses. Louis-Antoine, qui n'aimait pas avoir à retrousser ses manches, aida Amédée à la remettre sur ses rails en maugréant.

«Ça aurait pu être pire, ronchonna Amédée. Pense à ce qui serait arrivé si notre voiture avait été remorquée par un de ces nouveaux engins à vapeur plutôt que par des chevaux.

— Eh bien! nous serions probablement déjà arrivés, car les locomotives sont plus rapides que les espèces de mules qui nous traînent aujourd'hui, s'amusa Louis-Antoine.

— Mais nous aurions tout aussi bien pu être blessés ou tués», fit Amédée.

L'attelage reprit sa course et la conversation bifurqua sur les affaires du Bas-Canada. Amédée réclamait des nouvelles fraîches, car les journaux, qu'il recevait avec beaucoup de retard, le laissaient sur sa faim. Louis-Antoine, qui se targuait d'être bien informé, ne ménageait ni les anecdotes ni ses commentaires.

«Parle-moi de lord Durham, lui demanda Amédée. Je veux me faire une idée du genre d'homme que Londres nous a envoyé.»

La *Gazette de Québec* lui avait appris que le gouverneur Gosford, celui-là même qui avait lancé un mandat d'arrêt contre Papineau, avait pris ses cliques et ses claques et était rentré à Londres à la première occasion. L'arrivée de lord Durham avait laissé les Canadiens perplexes. Comme un grand seigneur, il avait débarqué au pied du cap Diamant, avec son impressionnante suite d'aides de camp et d'attachés. Sa femme, une comtesse anglaise, avait réquisitionné une armée de serviteurs pour elle et de précepteurs pour ses enfants.

«Est-il vrai qu'ils ont aussi emmené leurs musiciens?

— Exact, lord Durham mène une vie de pacha, confirma Louis-Antoine. Mais ne te fais surtout pas d'illusions, c'est encore ce vieux brûlot de Colborne qui est aux commandes. Il est vrai qu'il a levé la loi martiale, mais des innocents croupissent toujours dans ses prisons. Quant au nouveau gouverneur, jusqu'à preuve du contraire il m'apparaît plus mondain que diplomate.

— Robert Nelson prétend que Colborne attendait son arrivée pour amnistier les patriotes qui n'ont pas encore subi leur procès. Qu'en pensez-vous, maman?

— C'est possible, mais j'en doute, répondit Julie laconiquement. Londres ne nous envoie jamais que des dictateurs. Colborne mettra le nouveau gouverneur à sa main, comme il l'a fait avec Aylmer et Gosford.

— En tout cas, lord Durham n'a pas raté son entrée en scène, enchaîna Louis-Antoine. Il a attendu au lendemain de son arrivée à Québec pour descendre de son vaisseau de guerre. Colborne et son état-major ont poireauté une heure sur le quai de la Reine avant qu'il ne daigne paraître dans son costume brodé de fil d'or. Puis, après avoir franchi la double haie de Grenadiers Guards, au son d'une salve d'artillerie, il a enfourché son cheval blanc et a traversé la ville comme un monarque, jusqu'au château Saint-Louis.

— Non ! Il se prend pour l'empereur César-Auguste ! fit Amédée sarcastique.

— Ce n'est pas tout. Une fois installée au château, la comtesse Durham a donné une réception calquée sur celles de la cour d'Angleterre. Exactement comme lorsqu'elle recevait en Russie, où son mari était ambassadeur.

— La rumeur veut que le gouvernement anglais ait expédié lord Durham outre-Atlantique pour se débarrasser de lui, suggéra Amédée. Il a la réputation de ne pas avoir la langue dans sa poche et, apparemment, ses sorties intempestives agacent les lords de la Chambre d'assemblée.

— Chose certaine, en le nommant vice-roi du Canada, la reine Victoria lui a conféré des pouvoirs quasi dictatoriaux », conclut Julie en mettant fin à une conversation à laquelle elle ne mordait pas, elle, habituellement si vindicative dès qu'il était question du gouverneur anglais.

L'après-midi tirait à sa fin lorsqu'ils arrivèrent enfin au manège de la colline, derrière le parc du Congrès. Des sentiers menaient au sommet où couraient des rails sur lesquels étaient posées des chaises qui s'entrecroisaient rapidement grâce à des rouages actionnés par un conducteur. Ces wagons minuscules circulaient assez vite pour que les passagers aient une petite peur. Azélie raffola de sa randonnée qui avait des allures de fête foraine.

À l'heure du départ, ils croisèrent des jeunes gens qu'Amédée prit pour des Louisianais, à cause de leur accent. Mais c'était plutôt le prince de Joinville, fils du roi de France, Louis-Philippe, et ses amis qui s'en allaient en Canada. Officiellement, le jeune prince voyageait incognito, pour son bon plaisir. Amédée songea à lui présenter ses hommages mais il était tard et il fallait rentrer.

« Zut, zut, zut », pleurnicha Azélie qui aurait voulu faire un dernier tour de wagon sur la piste circulaire.

Julie la prit sur ses genoux. L'enfant n'eut pas la force d'insister et resta blottie contre sa mère pendant tout le repas qu'ils prirent seuls tous les trois, car Louis-Antoine avait rendez-vous à une table de jeu. Ils mangèrent légèrement et, à vingt heures, Julie se retira pour la nuit. La pluie s'était mise à tomber doucement et elle éprouvait l'envie de se coucher tôt.

« Tu veux bien m'excuser, dit-elle à Amédée, je tombe de sommeil. »

Elle avait fait bonne figure toute la journée mais, au moment de monter à sa chambre, elle avait l'air si abattue qu'Amédée se crut obligé de retourner au terminus avant d'aller se coucher. Il enfourcha un cheval et disparut au trot dans un amas de poussière.

Postée à la fenêtre de sa chambre, Julie guetta son retour, persuadée qu'il ramènerait Papineau. Mais Amédée revint seul. Julie se déshabilla sans hâte et se glissa sous le drap. L'air était humide et lourd. Elle alluma la lampe, sur la table basse à côté de son lit, et ouvrit un livre qu'Amédée lui avait prêté. C'était une jolie légende : *Rip van Winkle*, un soldat de l'armée britannique s'était endormi dans les Catskills. Lorsqu'il s'était réveillé, vingt ans plus tard, il était devenu, sans le savoir, un citoyen libre des nouveaux États-Unis d'Amérique. Julie, qui n'avait pas l'habitude de lire en anglais, devait relire plusieurs fois la même phrase, tantôt parce qu'elle n'avait pas compris, tantôt parce qu'elle avait eu un moment d'inattention. Ses paupières étaient lourdes. Elle éteignit.

Enroulée dans un drap léger, elle donna libre cours à son vague à l'âme, sans toutefois résister à la somnolence qui la gagna peu à peu. Brusquement, sur le coup de minuit, des bruits de sabots dans la rue la tirèrent du sommeil. Elle prêta l'oreille. Des pas crissaient devant l'entrée. On frappa. Quelqu'un tira les verrous, puis la porte s'ouvrit. Le cœur de Julie se mit à battre d'espoir. Sans prendre le temps de se rhabiller, elle courut à la chambre de son fils.

« Amédée, Amédée, réveille-toi, ton papa arrive », le secoua-t-elle.

Sans plus attendre, elle retourna à sa chambre pour passer un peignoir. Ce pas mesuré, c'était celui de Louis-Joseph, elle en était sûre. Elle empoigna sa brosse et replaça ses longs cheveux qui allaient dans tous les sens, puis elle glissa dans ses pantoufles et se dirigea vers le grand escalier de chêne. Un frisson au cœur, au moment de descendre, elle recula d'un pas. Mais en entendant clairement la voix de Louis-Joseph, elle dévala les marches.

« J'étais à Pittsburg lorsque j'ai reçu ton message, racontait-il à Amédée qui l'aidait à enlever sa redingote. J'ai roulé jour et nuit.

— Louis-Joseph, cria-t-elle. Toi, enfin ! »

Julie l'avait rejoint dans le vestibule. Elle tenait son bougeoir à la main. Sa longue robe de chambre en satin blanc la faisait paraître plus grande. Papineau s'avança vers elle, la détailla et passa doucement sa main sur sa joue. Elle avait la peau si veloutée, si laiteuse.

« Julie, ma Julie, mon amour, viens dans mes bras. »

Ils s'étreignirent pendant un long moment. Elle n'en finissait plus de le regarder. Il avait minci, ses cheveux avaient grisonné un peu mais, pour le reste, il était le même. Infiniment beau et tellement grand ! Incapable de dire le moindre mot sans que les larmes lui montent aux yeux, elle se contenta de lui sourire.

« J'ai tant attendu ce moment, lui souffla-t-il à l'oreille, en la couvrant de baisers.

— Tu n'étais pas là à mon arrivée. Alors j'ai pensé que tu m'avais déjà oubliée... », répondit-elle.

Elle détourna la tête pour cacher la petite larme sur sa joue. Il la vit pourtant et l'essuya avec son grand mouchoir.

« T'oublier ? Comment pourrais-je t'oublier ? Ma pauvre chérie, je ne pense qu'à toi depuis des mois. »

Ils étaient seuls dans le hall d'entrée, car Amédée s'était retiré. Il la prit par la taille et l'entraîna à l'étage.

Cette nuit-là, allongés dans la pénombre, ils s'enlacèrent tendrement. Julie ferma les yeux tandis que, légère et douce, la main de Louis-Joseph glissait sur son visage. Elle sentait sa caresse sur ses tempes, son front, son cou. Il allait lentement, ne voulant rien précipiter. Il posa un baiser sur ses lèvres et lui murmura des mots doux. La nuit fila comme elle se l'était imaginée.

À l'aube, lorsqu'ils ouvrirent les yeux, une lumière blême pénétrait par la fenêtre. Ils se prirent par la main et parlèrent du gâchis qu'était leur vie.

CHAPITRE III

Les champs de bataille

Deux jours durant, les Papineau se firent rares. Le matin, Louis-Joseph amenait Azélie dans le jardin, derrière la maison du chancelier, s'asseyait sur un banc de pierre et l'écoutait babiller. Parfois, il l'entraînait au *parlor*, un peu plus loin sur Broadway, pour lui offrir une glace à la fraise, puis il la ramenait sur la galerie où il la laissait aux bons soins de la bonne des Walworth qui l'avait prise en affection. La petite agrippait le gros chat de la famille, Blondie, qu'elle habillait avec le linge de sa poupée Hortense. Affublé d'un bonnet, le vieux matou mal remis de sa nuit éprouvante dans les ruelles de Saratoga se laissait docilement promener en carrosse. Papineau en profitait pour remonter à sa chambre, prétextant une lettre urgente à écrire.

Julie n'était guère plus visible. Elle descendait s'assurer qu'Azélie ne manquait de rien et, convaincue que ses deux grands escogriffes, Amédée et Louis-Antoine, sauraient se débrouiller sans elle, disparaissait à nouveau à l'étage. Personne n'y vit de manquement à la politesse puisque Maria Walworth avait eu la bonne idée de suivre le juge à Albany, où sa cour avait déménagé ses pénates pour la semaine.

Un beau matin, au réveil, Amédée glissa un message dans la fente de la porte de ses parents : «Il fait un temps superbe et, comme Louis-Antoine repart pour le Canada demain, nous avons pensé aller visiter les champs de bataille et nous promener en chaloupe sur le lac de Saratoga. Cela vous plairait peut-être de nous accompagner? À moins que vous ayez d'autres plans... Si vous ne donnez pas signe de vie, nous décamperons sans vous.»

C'est donc en costume de voyage et chaussures de marche que Julie et Papineau firent leur entrée dans la salle à déjeuner des Walworth, par un radieux dimanche matin.

«Monsieur Papineau et sa dame en chair et en os!» s'exclama Louis-Antoine, d'un ton exagérément sentencieux.

Le chancelier et Maria Walworth étaient rentrés d'Albany tard, la veille au soir, et ils n'étaient pas encore levés. Amédée et Louis-Antoine achevèrent leur tasse de café en débattant une sérieuse question : qu'est-ce qui avait bien pu décider leurs parents à quitter enfin leur tanière ?

«Connaissant maman, ça doit être parce que c'est le jour du Seigneur, fit Amédée.

— Justement, répondit Julie en le prenant au mot. Avant de se promener sur les champs de bataille, il faudrait penser à aller à la messe.»

Comme il n'y avait aucune église catholique dans les environs, Amédée fréquentait les offices presbytériens avec les Walworth. Mais ce dimanche-là, il proposa d'emmener la famille chez les quakers.

«Chez les quakers ? répéta Julie, incrédule.

— Évidemment, ce n'est pas une église traditionnelle. Il n'y a ni vases sacrés ni ornements sacerdotaux. Pas de bénitier, non plus.

— Est-ce que ça vaut une messe ? demanda-t-elle soucieuse.

— Il serait plus juste de parler d'un sabbat de sorcières, renchérit malicieusement Amédée.

— Des vraies sorcières ?» demanda Azélie en écarquillant les yeux.

Julie ne savait jamais si Amédée était sérieux ou s'il la taquinait. Et voilà que Louis-Joseph en rajoutait.

«Crois-en un agnostique comme moi, tu en auras des sueurs froides, ma chère. Le sermon qu'il te sera donné d'entendre n'a rien à voir avec ceux de ton frère, le saint curé de Verchères.

— Ni avec ceux de monseigneur Lartigue, enchaîna Amédée. Si notre honorable cousin apprenait que nous fréquentons "le peuple élu", il nous excommunierait.»

Amédée exagérait à peine, comme Julie le constata en arrivant dans un village propret, à la sortie de Saratoga. Des hommes vêtus à la mode du XVIIIe siècle les accueillirent devant une maison longue et basse. Coiffés de chapeaux gris à large bord, leurs longs cheveux flottant librement sur leurs épaules, ils portaient un pantalon en drap grossier, une redingote de couleur tabac et une cravate. Dans ce drôle de temple les Papineau durent se séparer, car les hommes s'agenouillaient à gauche et les dames, à droite de l'allée centrale. Julie se retrouva donc entourée de femmes en robe de laine violette, coiffées d'un bonnet blanc, comme ceux des novices catholiques.

Au son d'une claquette, les fausses nonnes firent cercle à l'avant de la salle. Leurs cantiques, sorte de gémissements sourds, se transformèrent bientôt en chants rythmés. Elles sautaient en se frappant dans les mains, à la hauteur de la poitrine, puis au-dessus de la tête. La tension montait tandis qu'elles pivotaient sur elles-mêmes et se contorsionnaient dans une danse endiablée, en appelant l'Esprit saint. C'est alors que l'une d'elles tomba en extase. Les cris devinrent plus aigus. La pauvre gisait sur le sol, en transe, comme inconsciente, pendant que ses sœurs, prises de tremblements, se lamentaient autour d'elle. Coup sur coup, trois «élues» sentirent l'appel de l'au-delà et s'écroulèrent à plat-ventre sur le parquet verni. La claquette donna un nouveau signal et elles se relevèrent précipitamment en criant aux fidèles :

«Convert yourselves! Convert yourselves or you shall be damned.»

Au bout d'une heure, exaspérées de constater le peu de conversions obtenues, les femmes congédièrent l'assistance qui ne demandait pas mieux que de déguerpir.

⚓

Quelle religion bizarre! Julie n'en revenait pas. Sur la route menant aux champs de bataille, deuxième étape de cette journée qui s'annonçait riche en découvertes, elle n'en finissait plus d'interroger Amédée.

« Tu es sûr que ces gens-là ne se marient pas ?

— Tout à fait. Les hommes et les femmes vivent séparément.

— Mais ils font quand même des enfants.

— Ça, c'est un mystère, répondit Papineau, les yeux pétillants. L'Immaculée Conception, sans doute...

— On se croirait revenus cent ans en arrière, fit Julie. Quand on pense que les États-Unis passent pour le pays le plus avant-gardiste de l'Amérique !

— Il ne faut pas juger le pays par ce que tu as vu ce matin, lui reprocha Papineau. Partout où existe la liberté religieuse il y a des hurluberlus. Pas très loin d'ici, j'ai rencontré un fermier, William Miller, qui grimpe sur les toits pour annoncer l'imminence du Jugement dernier. Vous imaginez? Il prétend que le Christ reviendra sur terre en 1843... dans sa robe d'ascension.

— Je suppose qu'il passe le chapeau après chaque sermon, ricana Louis-Antoine. Ici, ce n'est pas sorcier, il n'y a rien de gratuit.»

Il faisait une chaleur accablante et Papineau leur proposa de s'arrêter au bord du lac Saratoga, avant de visiter les champs de la victoire. Le site était exquis, avec ses tournesols sauvages, ses chèvrefeuilles et autres plantes dont ils ignoraient les noms et qui poussaient, comme pour célébrer l'immense nappe d'eau tantôt bleue, tantôt vert émeraude qui s'étendait sous leurs yeux.

«C'est Lactance qui serait heureux dans ce paradis! soupira Julie en s'asseyant sur une bûche. Il en aurait pour des jours à cueillir et à répertorier les fleurs dans son herbier.

— Nous devrions peut-être le faire venir, suggéra Papineau. S'il reste à Maska, il perdra son temps, tandis qu'ici il apprendrait l'anglais.

— Il pourrait faire le voyage avec ton père? proposa Julie.

— Mieux vaut attendre un peu. Notre avenir est si incertain. Je préfère que nous en discutions encore. Allez! sois patiente.»

Julie fit la moue. Ils avaient tourné la question de leur installation dans tous les sens, mais Papineau ne se décidait pas. Elle se promit de revenir à la charge à la première occasion. C'est ainsi qu'elle arrivait à ses fins avec lui. Amédée profita de cette pause pour emmener Azélie en chaloupe, pendant que Louis-Antoine partait en éclaireur sur les champs de bataille. Passionné d'histoire américaine, il avait hâte de vérifier sa connaissance des événements, sur le site même où ils s'étaient déroulés au siècle dernier. Restés seuls, Julie et Papineau purent à loisir poursuivre leurs réflexions.

«Si j'ai bien compris, c'est à Albany que tu voudrais que nous nous installions, demanda Julie, qui espérait connaître enfin ses véritables intentions.»

Papineau ne pouvait plus s'esquiver.

«Oui, répondit-il. Mais nos moyens ne nous permettront pas d'acheter une maison tant que nous devrons nous contenter des revenus de nos propriétés de Montréal et des redevances de nos censitaires de la Petite-Nation.

— D'après ton père, il ne faut pas trop compter sur eux. Ils sont très endettés. Et comme tu n'es pas là pour diriger nos affaires...

— Mon pauvre amour, j'entretiens peu d'espoir de rentrer chez nous. Mon père m'écrit aussi que j'y ai beaucoup d'ennemis.

— Je sais, Joseph pense que tu ne devrais pas remettre les pieds en Canada. Il dit que tes anciens amis te salissent en colportant que tu t'es enfui de Saint-Denis, le jour de la bataille. C'est ignoble. Elle hésita, avant d'ajouter : Tu ne m'as jamais raconté ce qui s'était réellement passé, ce matin-là.

— Nous verrons cela plus tard, coupa Papineau en posant sur ses lèvres l'index de sa main droite.

— J'aimerais tant que tu m'en parles.

— Je n'ai pas envie de remuer cette triste histoire. Laisse tomber, ma chérie. Nous sommes enfin réunis, avec deux de nos enfants et les autres sont en sécurité chez ma sœur. Louis-Antoine, que j'aime comme un fils, est aussi avec nous. Alors, profitons donc de cette paisible journée ! »

Julie dut s'avouer vaincue. Chaque fois qu'elle évoquait leur tragédie, Papineau se refermait. Comme s'il devinait ce qui lui trottait dans la tête, il l'enlaça :

« Tu sais ce que j'aimerais ? dit-il, après un court silence. Que tu m'accompagnes à New York chez mon ami Mackenzie. Tu te souviens de lui ? »

Évidemment qu'elle se souvenait du chef des patriotes du Haut-Canada. Leur rébellion avait eu lieu en même temps que celle du Bas-Canada et ils avaient, eux aussi, subi la défaite. William Lyon Mackenzie s'était réfugié à New York, où il vivotait. De peine et de misère il avait réussi à démarrer le *Mackenzie's Gazette*, qu'il destinait aux patriotes exilés des deux Canadas.

« Alors ? Ça te plairait ? réitéra Papineau. Nous pourrions passer deux ou trois jours dans la ville. Tu verras comme ça bouge à New York. »

Elle l'embrassa. C'était le plus beau cadeau qu'il pouvait lui faire. Un voyage dans la ville la plus excitante d'Amérique.

« Eh ! vous deux... vous n'allez pas nous faire faux bond ? »

Amédée avait pris un ton menaçant. Il revenait du lac avec Azélie et n'attendait que le signal pour mettre le cap sur les champs de bataille.

À l'extrémité du lac qui luisait sous le soleil se trouvait une colline au milieu de laquelle s'élevait une maisonnette grise, enveloppée dans d'immenses champs de blé.

« Nous y voilà, annonça Papineau, en examinant la carte géographique qu'il tenait à la main. C'est ici qu'a eu lieu la bataille de Saratoga. »

Amédée le suivait d'un pas militaire en fredonnant :

« Des bords lointains de la Tamiiiiise,
L'Anglais orgueilleux conquérant,
Gouverne en province conquiiiise,
Les rivages du Saint-Laurent. »

Louis-Antoine rejoignit son cousin pour entonner le refrain avec lui :

« Les tyrans souillent notre histoire,
Pour eux l'opprobre, à nous la gloire,
En avant ! Soldats !
Marchons aux combats ! »

Il s'arrêta, jeta un coup d'œil du côté de son oncle, et laissa à Amédée le soin de chanter seul les deux dernières stances, car il pressentait l'orage. Papineau ne supportait pas qu'on envisage, ne serait-ce qu'un instant, de prendre à nouveau les armes. Mais Amédée se risqua tout de même :

« Compagnons ! Bravons la bombe & ses éclats !
La Mort ou la victoire. »

Papineau ne broncha pas. Un vieillard sortit alors de la maison aperçue de loin et leur indiqua du doigt l'endroit où le chef de l'armée anglaise, le général John Burgoyne, était tombé, en 1777 :

« À un arpent d'ici, il y a une clôture en zigzag et, à côté, un jeune tilleul et un vieil érable. Le général a été blessé à cet endroit et il est mort peu après. »

Le vieillard avait l'habitude de réciter son boniment. Un enfant caché derrière lui s'avança vers Amédée, la main remplie de balles blanchâtres.

« Comment les as-tu eues ? lui demanda Amédée.

— Pendant les labours, je marche derrière la charrue qui les déterre et je les ramasse. Vous en voulez ? Je les vends 15 sols pièce. »

Amédée les examina. Les balles tirées par des mousquets anglais étaient plus grosses que celles provenant des carabines américaines. Il paya l'enfant pour ses reliques et suivit les autres dans un nouveau sentier.

Papineau s'arrêta sous le vieil érable, le temps de lire des extraits des *Mémoires du général Wilkinson* pour mieux comprendre le déroulement du combat. En juin 1777, le général Burgoyne avait quitté le Canada à la tête de six mille soldats et volontaires royalistes. Il espérait enlever Albany aux rebelles américains. Mais il avait suffi de deux batailles pour que ceux-ci, commandés par le général Horatio Gates et Benedict Arnold, terrassent la puissante armée anglaise. Le général Burgoyne avait dû capituler.

«Depuis, conclut Papineau, en refermant le livre, les Canadiens disent d'un homme qui a été battu : il s'est fait bourgogner!»

À l'auberge située non loin de là, le hall avait été aménagé en salle d'exposition. Amédée et Louis-Antoine purent comparer un sabre de dragon abandonné dans un bosquet à une épée légère, dont la poignée en cuivre sculptée représentait Hercule. Ils examinèrent ensuite avec minutie les boulets, les baïonnettes et les fusils anglais. Louis-Antoine connaissait aussi bien les armes utilisées par les deux camps que leur stratégie. À l'évidence, il cherchait à impressionner Papineau.

«Si seulement notre rébellion avait réussi comme celle des Américains, lâcha-t-il en s'attablant pour la collation. Malheureusement, les Français ne sont pas venus à notre secours, comme ils l'avaient fait pour les Américains.

— Les deux situations ne se comparent pas, lui expliqua Papineau. Au Bas-Canada, nous ne voulions pas prendre les armes. D'ailleurs nous n'avons pas attaqué les premiers, nous nous sommes défendus, c'est tout.

— Les Anglais ont l'habitude de provoquer, continua Louis-Antoine. On n'a qu'à penser à l'Irlande.

— Et aux vingt mille Acadiens déportés, ajouta Julie.

— Il est temps de leur montrer de quel bois se chauffent les Canadiens, enchaîna Amédée avec aplomb. Moi, je suis impatient de venger mon pays. À la première occasion, fusil à l'épaule, je...

— Ne dis pas de bêtises, gronda Papineau. Je te l'ai assez répété, il n'est pas question que tu t'enrôles dans quelque armée que ce soit. Tu as mieux à faire. Tes études de droit passent avant tout le reste.

— Mais, papa, le docteur Robert Nelson prépare une expédition de vengeance. Je n'ai pas l'intention de passer ma vie dans ce pays-ci, aussi libre soit-il. Je veux rentrer en Canada tête haute. Me prenez-vous pour une poule mouillée ? Je brûle de me battre contre les tyrans. »

Papineau réprimait difficilement son agacement. Amédée lui avait déjà tenu tête une première fois, quand le docteur Nelson était allé proclamer sa déclaration d'indépendance au Canada. Il avait alors interdit à son fils de participer à l'expédition qui, d'ailleurs, avait lamentablement échoué.

« Tu sais ce qu'il est advenu de sa dernière tentative d'invasion ? Tu aurais pu te retrouver, comme Robert Nelson, dans une prison américaine.

— La prochaine fois, les patriotes auront plus d'armes et de munitions. Le docteur Nelson a déjà tout un arsenal.

— Assez ! As-tu oublié que dans le Haut-Canada on a pendu deux hommes ?

— Amédée, je t'en prie... »

Julie voulait qu'il se taise, sinon les choses risquaient de tourner au vinaigre. Amédée se renfrogna. Son père perdait de plus en plus souvent patience et cela le décevait. Julie tenta ensuite de calmer Papineau. Pourquoi s'inquiétait-il, puisque rien n'était encore décidé ? Cette nouvelle invasion dont Amédée parlait avec enthousiasme n'était qu'un vague projet. Robert Nelson lui-même n'aurait pas su dire exactement ce qu'il comptait faire.

« Ne monte pas sur tes grands chevaux, l'implora-t-elle. Tu es toujours le chef, c'est toi qui décideras de la marche à suivre. Tu imposeras tes vues en temps et lieu, ajouta-t-elle pour clore la discussion.

— Ah ! tu penses ça, toi ! » répondit Papineau en lui décochant un regard d'une tristesse infinie.

CHAPITRE IV

Échos du pays

Le United States Hotel comptait parmi les établissements les plus chics de Saratoga. À l'heure de l'apéritif, les touristes se mêlaient aux notables de la ville qui y tenaient leurs petits conciliabules. L'entrée était garnie de géraniums en fleurs et de palmiers en pot.

Julie et Papineau s'étaient installés dans le salon principal, au rez-de-chaussée. Ils avaient choisi un coin retiré d'où ils pouvaient surveiller l'arrivée de leurs amis, Louis-Hippolyte LaFontaine et sa femme Adèle, qu'ils n'avaient pas revus depuis les événements du terrible automne 1837. Les persiennes étaient fermées pour que la pièce qu'éclairaient d'énormes lustres de cristal conservât un peu de fraîcheur. Tout à côté, « la barre » fourmillait de clients venus prendre un verre. De leur point d'observation, les Papineau suivaient le va-et-vient au comptoir d'huîtres, presque aussi achalandé que le salon aux liqueurs. La double-porte était ouverte, de sorte qu'ils entendaient aussi les cris joyeux provenant des allées de quilles, à l'autre extrémité du hall. Le bouquet de roses jaunes, posé sur une table, à la droite de Julie, dégageait une odeur suave.

Aussitôt qu'un client s'avançait dans le salon, il s'empressait de faire un détour pour aller saluer Papineau. En réalité, c'est Julie qui attirait tous les regards, ce que celui-ci réalisa bientôt. Dans sa robe blanche, une émeraude au cou pour seul bijou, elle était éblouissante. Depuis un moment, il l'observait à la dérobée, tandis que, gênée d'être l'objet de tant d'attentions, elle feignait l'indifférence, ce qui, pensa-t-il, ajoutait à son charme.

« *Ah! Mr. Papineau, please introduce me to your lovely wife.* »

Papineau se levait pour la énième fois et présentait Julie à l'ami qui l'en priait. Maintenant qu'elle l'avait rejoint aux États-

Unis, il avait repris son identité, lui qui, depuis le début de son exil, se faisait appeler Jean-Baptiste Fournier. Ils sortaient tous les jours, parfois pour aller aux bains, d'autres fois simplement pour passer une heure au parc du Congrès où leur ami, le juge Walworth, aimait à flâner. Ils avaient décidé de prolonger leur séjour à Saratoga jusqu'à leur voyage à New York, à la fin de juin. Julie voulait profiter de la présence d'Amédée quelques jours de plus. Au retour, ils s'établiraient à Albany où un vieil ami de Papineau, James Porter, les attendait. Il avait convaincu Papineau qu'il lui serait plus facile de refaire sa vie dans la capitale de l'État de New York, là où le chef patriote aurait l'oreille des hommes politiques. Julie hésitait néanmoins entre la grande ville et Saratoga. Elle s'était prise d'affection pour les sources et aussi pour les gens chaleureux que le chancelier lui avait fait rencontrer.

«*It is a pleasure to meet you*», répondait Julie en tendant sa main gantée.

Papineau s'amusait de l'accent de sa femme qui maîtrisait étonnamment bien l'anglais qu'elle avait appris chez les ursulines, à Québec. Lorsque les questions lui semblaient trop embarrassantes, ou les réponses trop compliquées pour ses connaissances, elle implorait son mari du regard et il volait à son secours.

«Les voilà! s'écria Julie en apercevant Adèle dans l'entrebâillement de la porte de l'hôtel.»

Elle traversa le salon sans hésiter, comme si sa timidité avait disparu, tant sa hâte d'aller rejoindre son amie était grande.

«Il y a si longtemps, ma chère Adèle, si longtemps.

— La dernière fois, c'était chez vous, rue Bonsecours, l'automne dernier. Toutes les dames patriotes y étaient.

— Vous portiez une jolie robe en étoffe du pays qui avait fait sensation. Vous vous souvenez? Nous boycottions les tissus anglais. Nous avions encore l'espoir d'amener les Anglais à la raison.

— Si je m'en souviens! fit Adèle, en l'embrassant. Nos amies pensaient que j'avais mis la main sur une création parisienne, sans doute à cause des rubans bleu pervenche qui pendaient sur la jupe. Mais tout cela me semble bien loin, aujourd'hui.

— Quel hasard! tout de même, reprit Julie. Vous deux, nous deux, à Saratoga! Qui aurait cru que nous nous retrouverions aussi loin de chez nous?

— Dès mon arrivée, je suis passé chez votre ami, le juge, dit Louis-Hippolyte, mais vous étiez absents.

— Nous visitions les champs de bataille, expliqua Papineau. On m'a remis votre carte à notre retour. Je vous croyais à Paris. »

Louis-Hippolyte LaFontaine avait roulé sa bosse depuis les jours fatidiques de l'automne 1837. Avant les troubles, et tandis que les rumeurs d'attaque armée se précisaient, il avait refusé de suivre dans la clandestinité les autres chefs patriotes qui voulaient ainsi échapper aux mandats d'amener lancés contre eux. Le lieutenant de Papineau s'était plutôt rendu à Québec, dans l'espoir de convaincre le gouverneur Gosford d'empêcher l'irréparable, alors qu'il en était encore temps. Mais ce dernier avait fait la sourde oreille et, sans plus attendre, LaFontaine s'était embarqué pour l'Angleterre, où les hommes politiques anglais devant qui il avait plaidé sa cause l'avaient reçu poliment, sans plus. Puisqu'il n'y avait rien à espérer d'eux, il avait traversé à Paris, convaincu que ses démarches seraient plus fructueuses auprès des Français. Mais là encore, il n'avait rencontré qu'indifférence. Déçu, il s'était résigné à rentrer en Amérique. Adèle était venue à sa rencontre, à New York, à sa descente de bateau. Ils ne comptaient passer qu'une nuit à Saratoga. Dès le lendemain, ils voulaient regagner le Bas-Canada. Aussi étaient-ils ravis de dîner en leur compagnie.

« Savez-vous qui sera des nôtres ? demanda LaFontaine, en s'écartant pour les laisser voir George-Étienne Cartier qui faisait son entrée à l'hôtel. Figurez-vous que nous sommes tombés nez à nez avec petit George, dans la rue.

— J'habite maintenant Burlington, expliqua celui-ci, mais je me cherche du travail dans la région de la capitale.

— Et vous avez eu la bonne idée de venir dîner avec nous », lui dit Papineau, en le prenant par l'épaule.

Julie s'approcha à son tour du jeune patriote pour lui serrer la main :

« Monsieur Cartier. Quelle bonne surprise ! »

Ni l'un ni l'autre ne mentionnèrent leur rencontre secrète, à Verchères, quelques jours après la rébellion. Le jeune rebelle, qui s'était vaillamment battu à Saint-Denis, était alors pourchassé par les habits rouges qui ratissaient les campagnes. Malgré une forte fièvre, Julie s'était rendue à la grange d'un cultivateur nommé LaRose où, telle une bête traquée, petit George se cachait. Elle voulait lui arracher des nouvelles de Papineau dont elle s'inquiétait.

« Vous vous êtes remplumé, si j'ose dire, le félicita-t-elle.

— Je vous retourne le compliment, madame Papineau. Savez-vous que nous avons un autre point en commun ? Les journaux ont annoncé un peu prématurément notre décès, le vôtre et le mien.

— Parce que, vous aussi, on vous a compté pour mort ?

— En vérité, c'est moi qui ai fait courir le bruit que j'avais péri dans les bois. J'avais été forcé de quitter Verchères, après que la bonne des LaRose eut compris que son amoureux jaloux menaçait de me dénoncer aux autorités. Car, pour mon plus grand malheur, il était loyaliste.

— Bien joué, fit Julie, impressionnée par sa manœuvre.

— Quoi qu'il en soit, j'ai gagné la frontière sans être inquiété. *Le Canadien*, qui a publié ma notice nécrologique, s'est montré élogieux, vantant mes qualités de cœur et d'esprit. »

Ravi de retrouver ses complices d'hier, Papineau les invita à monter à l'étage. Il avait réservé un cabinet particulier pour préserver son intimité. Le maître d'hôtel, en pantalon noir et veste blanche, les conduisit à leur table et fit ajouter un couvert pour George-Étienne Cartier. Au centre de la nappe, la pyramide de pêches, de fraises et de framboises ajoutait une tache de couleur au service de porcelaine d'un blanc immaculé.

Avant de s'asseoir, Louis-Hippolyte LaFontaine fit le signe de la croix, selon son habitude. Cela fit sourire Papineau qui le savait presque aussi anticlérical que lui.

« Alors, mon cher LaFontaine, racontez-nous ce voyage qui vous a retenu à l'étranger aussi longtemps », lança Papineau en attaquant le potage.

Le voyageur désabusé avoua candidement qu'il serait bien en peine de comparer la cuisine française à celle de New York puisqu'il avait été malade pendant presque tout son séjour à Paris.

« Mes rhumatismes m'ont fait souffrir le martyre, commença-t-il. Je garde un triste souvenir de la chambrette que j'occupais, à l'Hôtel de Tour, un établissement bon marché, près de la Bourse. »

Les problèmes circulatoires que Louis-Hippolyte LaFontaine éprouvait depuis ses jeunes années surprenaient chez un homme de sa taille. Bâti en athlète, il était connu pour sa force herculéenne. Il marchait toujours lentement, la tête haute, et semblait un peu prétentieux à qui le connaissait mal. En réalité, il avait adopté, à trente ans, cette démarche prudente, un rien traînante, pour contrer les douleurs rhumatismales qui l'étreignaient souvent dans des moments inopportuns. Il achevait de confier ses «petits bobos», lorsque le garçon apporta la galantine de dinde, en insistant pour que les convives goûtent aussi à l'entrée de veau, «ce caméléon de la cuisine».

« À Paris, poursuivit LaFontaine, en dégustant l'entrée recommandée par le serveur, j'ai fait sensation. Imaginez-vous qu'on me prenait pour le fantôme de Napoléon ! »

La ressemblance entre les deux hommes ne tenait certes pas à leur tour de taille, le Canadien faisant deux fois plus de lard à la ceinture que l'empereur des Français en son temps. La méprise venait plutôt de leur port de tête, que LaFontaine cultivait d'ailleurs avec soin en se coiffant de la même manière. Il ne manquait pas non plus de glisser comme lui deux doigts à l'intérieur de sa jaquette. À Paris, dans les lieux publics, il avait délibérément adopté sa pose favorite mais s'était vite aperçu que Bonaparte n'avait pas laissé que des amis derrière lui. Des Parisiens en colère avaient proféré quelques injures au faux Napoléon. Tout compte fait, l'incident l'avait amusé.

« Mais dites-moi, Louis-Hippolyte, rentrez-vous au pays comme un sauveur, tel Napoléon revenant d'exil ? »

Julie avait posé la question d'un ton moqueur qui n'échappa à personne. Elle n'était pas la seule autour de la table à soupçonner leur ami d'entretenir de grandes ambitions pour son avenir. Papineau, le premier, n'avait pas caché son agacement en apprenant les démarches que ce diable de LaFontaine poursuivait depuis des mois. Après tout, il n'était pas le chef et personne ne l'avait mandaté pour aller chercher du secours à l'étranger. Saisissant l'allusion voilée de Julie, Louis-Hippolyte LaFontaine feignit la modestie.

« Non, rassurez-vous. Si j'ai agi au mieux des intérêts de mon pays, je dois admettre que je rentre bredouille. L'aide que j'espérais ne viendra pas d'Europe. Cela dit, je continue de penser que le pire est derrière nous.

— Je me demande bien ce qui peut vous faire croire en des lendemains meilleurs, commenta Papineau d'un ton sceptique.

— L'arrivée de lord Durham en Canada, répondit LaFontaine, lorsque le garçon de table eut à nouveau disparu. À Londres, j'ai noué de précieuses relations avec des personnes influentes et sensibles aux libertés coloniales. En apprenant la nomination du gouverneur, je leur ai demandé de l'informer correctement des affaires du pays. Je tenais à corriger les fausses impressions que les derniers événements auraient pu laisser sur lui. D'ailleurs, en arrivant à Montréal, ces jours prochains, j'ai l'intention de lui offrir mes services à titre d'intermédiaire. S'il y a une chose qui nous a nui, dans le passé, c'est bien de ne pas avoir su passer notre message au gouverneur. »

Le commentaire piqua Papineau au vif. N'avait-il pas tout fait, lui, le chef, pour informer les gouverneurs anglais successifs des griefs des Canadiens ? Il résista à l'envie d'en débattre.

« Qu'attendez-vous de lui au juste ? s'enquit-il néanmoins, agacé par cet homme qui n'avait tenu qu'un rôle politique secondaire dans les affaires du Bas-Canada, et qui aspirait maintenant à jouer à l'intermédiaire.

— J'attends deux choses, tonna LaFontaine, comme s'il était l'empereur lui-même. D'abord, le rétablissement de la Chambre d'assemblée. C'est l'essentiel ! La suspension de notre législature est injuste et tyrannique. Nous y avons droit puisque nous sommes des citoyens anglais. »

Julie esquissa un demi sourire en le voyant glisser sa main dans sa veste. Tiens, tiens, se dit-elle. Voilà qu'il gesticule comme Napoléon, sans même s'en rendre compte. Elle se trompait, LaFontaine mesurait ses effets. Il savait où et quand imiter les tics de son modèle.

« Ensuite, et cela me semble tout aussi impératif, poursuivit-il, après avoir jeté un regard circulaire autour de la table, je réclame l'amnistie générale pour tous les patriotes victimes de l'armée anglaise. Que cessent ces mesures vengeresses qui nous laissent dans le désespoir. Il va sans dire que Colborne doit partir. Les Canadiens n'oublieront jamais que le vieux brûlot a incendié leurs villages.

— Le gouverneur Gosford porte une lourde responsabilité dans cette affaire, objecta Papineau qui ne cachait pas son mépris pour cet autre Anglais qui avait prétendu être son ami et l'avait ensuite trahi.

— Vous avez raison, concéda LaFontaine. Si le gouverneur avait nommé quelques Canadiens à des postes stratégiques, nous aurions consenti à voter les subsides et alors, le drame, que dis-je, la catastrophe, aurait été évitée. J'aime croire que le comte de Gosford était disposé à le faire. Mais sa faiblesse et certaines influences nocives l'ont détourné de son projet, qui aurait pu amorcer la réconciliation et éviter la rébellion.

— On ne réécrit pas l'histoire, fit Papineau d'un ton où se disputaient l'amertume et l'agressivité. Le comte de Gosford n'était en fait qu'un imbécile qui a eu bien tardivement l'honnêteté de reconnaître que le parti anglais l'avait trompé. Il n'existait aucune preuve sérieuse pour inculper la plupart de ceux d'entre nous qui ont été mis sous les verrous. Une fois le mal fait, l'infâme gouverneur a demandé son rappel à Londres, sans se soucier du sort des citoyens détenus sans accusation. Il a déguerpi en laissant à Colborne, ce dictateur ensanglanté, le soin de juger ces innocents. »

Au chapitre des responsabilités et des lâchetés, Papineau devenait intarissable. Il en avait contre le gouvernement anglais qui avait profité de la confusion pour jeter en prison éditeurs et journalistes sympathisants avec la cause patriote, ce qui avait permis à la presse loyaliste de publier des mensonges sans risquer de démentis.

« Je ne crois pas me tromper en affirmant que Durham se montrera aussi vindicatif que son prédécesseur, conclut-il.

— Moi, au contraire, je compte sur lui pour pacifier le Canada, affirma catégoriquement LaFontaine en plongeant une nouvelle fois ses doigts sous sa jaquette.

— Vous y croyez, Louis-Hippolyte, à l'amnistie ? demanda Julie qui n'avait dit mot jusque-là. Le premier geste officiel de lord Durham a été de nommer un nouveau conseil exécutif composé exclusivement de militaires et d'étrangers. Pas un seul Canadien. Si c'est comme cela qu'il pense s'attirer notre sympathie !

— Écoutez, Julie ! répondit LaFontaine d'une voix qu'il voulait convaincante, nous savons tous que si le gouvernement n'avait pas procédé à des arrestations politiques, les Canadiens n'auraient jamais pris les armes. C'est ce que je voulais que lord Durham sache et c'est ce que j'ai demandé à mes contacts londoniens de lui expliquer. Je tenais aussi à le mettre en garde contre les intrigues des tories. J'ai bon espoir d'avoir été entendu et je vous avoue que j'attends beaucoup de l'administration de ce gouverneur, sinon je me sentirai trahi.

— Votre nouveau messie ne m'impressionne guère, cingla Julie. S'il montre quelque indulgence, ce sera pour endormir le peuple et nous tromper, comme Gosford et les autres. Votre optimisme me fait sourire. Ne seriez-vous pas un peu naïf ?

— Durham fait partie d'un gouvernement machiavélique et corrompu, enchaîna Papineau, sans laisser à LaFontaine la chance de répliquer. Il s'est associé à ceux qui font fortune à nos dépens. Pour gouverner le Canada, il a emmené des hommes de mauvaise réputation. Vous n'ignorez pas que son plus proche collaborateur, Edward Gibbon Wakefield, a enlevé une jeune héritière qui n'était qu'une enfant et qu'il lui a volé sa fortune. Un autre de ses conseillers, dont le nom m'échappe, a engrossé la sœur de sa femme. Il a d'ailleurs été condamné pour crime d'adultère. Belle mentalité !

— Ce ne sont là que des commérages, s'impatienta LaFontaine en raillant ses arguments. Vous n'allez pas vous laisser influencer par de vulgaires bobards, monsieur Papineau ?

— Et Adam Thom ? coupa Julie. Vous ne parlez pas d'Adam Thom que votre Durham a nommé commissaire. Ça ne vous choque pas ? »

Julie sentait la moutarde lui monter au nez. Comment LaFontaine pouvait-il faire confiance à un gouverneur qui s'entourait d'ennemis des Canadiens pour gouverner ?

« Auriez-vous déjà oublié qu'Adam Thom a écrit dans le *Herald* qu'il fallait pendre tous les patriotes ? reprit-elle. Encore aujourd'hui, il exige l'exécution de quiconque a été capturé l'arme à la main. »

George-Étienne Cartier leva les yeux au ciel, comme pour signifier à Julie qu'elle exagérait.

« Thom est un ivrogne mais ce n'est quand même pas un assassin.

— C'est un homme qui, excité déjà par l'abus de liqueurs fortes, devient fou furieux quand il parle des Canadiens français, martela Papineau. Un homme qui pousse des cris de mort et prône l'assassinat dans sa gazette. Un homme qui a organisé le Doric Club et qu'on a retrouvé à la tête des émeutiers. Voilà le misérable que lord Durham fait asseoir à sa table et invite à siéger dans ses conseils. »

Pour toute réponse, LaFontaine esquissa un signe d'impuissance. Julie s'enhardit :

« Votre monsieur Thom réclame aussi que les terres des agitateurs – c'est le terme qu'il emploie pour désigner les patriotes –, soient données à des cultivateurs immigrants. Il veut voir le spectacle de la veuve et des enfants dépossédés étalant leur misère autour de leurs anciennes demeures.

— Ce sont là des figures de style, objecta Cartier. Il ne faut pas y voir de réelles intentions. »

Le maître d'hôtel se racla la gorge, interrompant l'envolée de Julie et les bémols que George-Étienne Cartier mettait sans grande conviction. D'une voix claire, il annonça les poissons : homard, aiglefin, brochet ou saumon « à volonté », et vanta la sauce hollandaise et celle aux câpres. Tandis que de nouvelles assiettes faisaient leur apparition sur la table, Papineau demanda à Adèle les derniers potins du pays.

La femme de LaFontaine, qui n'avait pas quitté le Canada, raconta les exactions commises sur les patriotes des campagnes. Des loyalistes volaient leurs animaux et leurs provisions. Ils remplissaient leurs voitures de meubles, de grain et d'instruments agricoles arrachés aux malheureux cultivateurs qui en étaient réduits à mendier. Julie serra la main de Louis-Joseph, sous la table, pour marquer son indignation.

« Je n'ai jamais cessé mes visites aux prisonniers du Pied-du-Courant, poursuivit-elle. Certains d'entre eux sont au bord du découragement. Wolfred Nelson est très inquiet pour sa famille. Il n'a plus un sou. Sa maison de Saint-Denis a brûlé et sa distillerie est une perte totale, comme tous ses autres commerces. Je lui ai offert de m'occuper de son plus jeune fils, Charles, en attendant son procès, mais sa femme ne veut pas s'en séparer.

— Charlotte est courageuse, dit Julie qui la connaissait bien.

— Elle tire ses marrons du feu en boulangeant son pain qu'elle vend à ses voisins. N'empêche ! En être réduite à faire moudre du blé de sarrasin et à servir des galettes à ses enfants au lieu du pain ! »

Julie repoussa son assiette. Le homard ne lui disait plus rien. Une grande tristesse l'avait envahie. Elle pensait à sa mère qui tirait le diable par la queue au presbytère de Verchères. Elle aurait voulu courir jusqu'à elle et la ramener aux États-Unis. Elle n'écoutait plus Louis-Hippolyte qui rêvait de lendemains impossibles. Son incommensurable confiance en l'avenir l'exaspérait. Comme si les tyrans allaient changer miraculeusement !

« C'est guère mieux ici, dit George-Étienne Cartier en regardant LaFontaine. Qui aurait cru que, dans le pays de l'abondance, les réfugiés canadiens seraient forcés de voler pour se nourrir ? »

Louis-Hippolyte Lafontaine parut surpris, incrédule même.

« Vous exagérez, George-Étienne.

— Il n'exagère pas, protesta Papineau. La situation des réfugiés est plus désespérée que tout ce que vous pourriez imaginer. »

Il apprit aux LaFontaine que Ludger Duvernay, le téméraire rédacteur de *La Minerve*, vivait dans la misère et noyait son chagrin dans l'alcool jusqu'à s'en rendre malade. Chevalier de Lorimier buvait tout autant pour oublier sa femme, Henriette, restée au pays.

« Une fois ivre, il traverse la frontière et, au péril de sa vie, il file à Montréal pour l'embrasser. Encore heureux qu'il ait réussi à éviter les soldats anglais qui patrouillent à la frontière. »

LaFontaine réclama des nouvelles de l'avocat Édouard Rodier, l'idole des Fils de la liberté, et Papineau lui répondit qu'il était devenu *bar-keeper* et se querellait avec tout le monde. Il n'osa pas ajouter que ce même Rodier l'avait traité de poltron, lui, Papineau, et que l'incident avait viré à la bagarre.

Quand George-Étienne Cartier parla du climat d'hostilité qui devenait insupportable dans les rangs des réfugiés, Papineau se contenta d'ajouter qu'on blâmait les chefs. Lui surtout. LaFontaine chercha alors le regard de Cartier, mais ni l'un ni l'autre ne prononça la moindre parole de réconfort.

Ils achevèrent de grignoter les petits gâteaux secs et les sablés à la fraise qu'on leur avait apportés pour le dessert, en devisant gentiment sur la politesse et les bonnes manières des Américains que Julie trouvait plus gais que les Anglais et plus intéressants que les Français. Soudain George-Étienne Cartier sembla sortir de sa léthargie.

« Vous retournerez en Canada, Papineau, vous y retournerez », répétait-il comme un leitmotiv.

Il parla alors de l'émissaire que lord Durham avait dépêché aux États-Unis pour rencontrer les réfugiés afin de leur faire part de ses bonnes dispositions.

« Quel est son nom ? demanda Papineau sans conviction.

— C'est... Edward Gibbon Wakefield, répondit Cartier en hésitant. Je sais, il a commis des erreurs de jeunesse, mais c'est un des réformateurs les plus en vue de Londres. Je le crois très sincère dans ses démarches. Il cherche à comprendre les causes du soulèvement et aimerait vous rencontrer, monsieur Papineau.

— Jamais ! s'emporta Papineau. Je n'ai rien à dire à ce filou !

— J'ai eu une longue conversation avec lui, insista Cartier qui cherchait à l'influencer. Je ne lui ai pas caché mon souhait de rentrer au pays. Sans me faire de promesse, il m'a laissé entendre que si j'écrivais à lord Durham, l'interdiction lancée contre moi pourrait être levée. Le même traitement vaut pour vous.

— Je ne me prêterai jamais à ce genre de marchandage, articula Papineau en élevant la voix.

— Nous songeons à nous établir aux États-Unis, enchaîna Julie, sur une note plus douce. Pour nous, c'est peut-être la seule solution. »

La nuit était calme. Papineau et Julie renvoyèrent la voiture du chancelier venue les cueillir, préférant rentrer à pied. Dans la rue déserte mais bien éclairée grâce aux becs de gaz que le village venait d'installer, le silence de Papineau devint si insupportable que Julie lui dit doucement :

« Tu me sembles taciturne. Dis-moi ce qui ne va pas. »

Elle n'aimait pas le voir ainsi. On aurait dit qu'il se retenait d'aller au bout de sa pensée. Au dîner, il lui avait paru si triste lorsqu'il avait parlé des exilés qui s'enivraient d'ennui et de désœuvrement. Ensuite, il s'était refermé sur lui-même. Elle pouvait compter sur les doigts de la main les rares sourires qu'il lui avait adressés depuis le début de la soirée. Elle lui prit le bras et renouvela sa demande :

« Tu ne veux pas que nous en parlions ?

— On me reproche de ne pas vouloir participer à l'expédition de revanche que prépare Robert Nelson, répondit-il. Que veux-tu ? Je suis sûr que son plan échouera. Notre faiseur de révolution est un beau parleur sans le sou. »

Il avait parlé calmement, sans rancune. De le voir ainsi, c'était pire pour Julie que d'essuyer ses longues tirades colériques. Elle aimait croire qu'il exagérait la rancune des exilés à son endroit. Les remarques amères qu'elle avait entendues, elle les avait attribuées à l'exaspération causée par tous leurs déboires.

« Il ne faut pas se surprendre qu'ils veuillent se venger, dit-elle pour le convaincre. Ces jeunes gens ont été humiliés, certains emprisonnés sans raison...

— La question n'est pas là, coupa Papineau. Ils ont formé une association, les Frères chasseurs, pour envahir le Canada. Tu vois ça ? As-tu pensé à la boucherie qui se prépare ?

— Robert a peut-être obtenu l'assurance que les Américains vont les aider ? observa Julie.

— Il n'a rien obtenu du tout, la corrigea Papineau un peu brusquement. Je le sais, c'est moi qui discute avec l'entourage du président Van Buren. Tu ne crois quand même pas que le gouvernement américain va entrer en guerre avec l'Angleterre pour une poignée de Canadiens qui se sont réfugiés chez lui ?

— Mais je pensais que le président était sympathique à notre cause ?

— Tu pensais, tu pensais... Ma pauvre chérie, c'est tout le contraire. Le congrès américain a voté le bill de neutralité. Ton Robert a même fait de la prison pour l'avoir violé. »

Papineau s'aperçut qu'il s'emportait. Il soupira :

« Pardonne-moi, je n'ai plus de patience. Plus une once de patience... »

Il replaça le châle qui couvrait les épaules de Julie. L'air s'était rafraîchi et il ne voulait pas qu'elle prît froid. Le lendemain, ils mettaient le cap sur New York. Ce petit voyage lui serait bénéfique. Il avait reçu un mot de William Lyon Mackenzie l'avisant qu'il attendait aussi la visite de Robert Nelson. Il comptait sur Papineau pour raisonner le bouillant docteur.

« Une chose me préoccupe, dit Julie, après un moment d'hésitation. Tu m'avais promis de me parler de la bataille de Saint-Denis.

— Que veux-tu savoir de plus que ce que tu sais déjà ? Tout a été dit sur cet abominable épisode.

— Les rumeurs les plus saugrenues circulent à propos de cette journée, insista-t-elle. On prétend que tu te serais enfui... Je n'ose le croire... je n'en crois rien, rassure-toi. Mais d'où vient l'imbroglio ?

— La vérité, ma pauvre Julie, c'est que nous avions une stratégie qui n'a pas fonctionné. Wolfred Nelson, qui commandait la supposée armée patriote, savait que l'attaque des Anglais était imminente. Il m'a demandé de quitter Saint-Denis avant leur arrivée.

— Mais pourquoi ? La place d'un chef n'est-elle pas avec ses hommes ?

— Il fallait bien que l'un de nous soit en mesure de négocier un arrangement avec le gouverneur, après la bataille. Wolfred craignait que les Anglais refusent de parlementer avec des hommes qui se seraient compromis au combat. J'avais été choisi comme négociateur, alors il fut convenu que je serais tenu à l'écart de tout engagement.

— Il n'y a jamais eu de négociations.

— Cela, nous ne pouvions pas le savoir. Comme je n'ai jamais imaginé que ce départ précipité me resterait au travers de la gorge pour le reste de mes jours. »

Il s'arrêta, comme s'il était incapable d'aller au bout de sa pensée. Julie sentit qu'il était la proie des remords. Son insupportable tristesse venait sans doute de là. Elle s'en voulut de lui avoir imposé ce désagréable retour en arrière.

« C'est du passé, fit-elle en glissant son bras sous le sien. On n'y peut rien. Laissons tomber, je n'aurais pas dû t'ennuyer avec cela. »

Ils firent le reste du trajet en silence. On n'entendait plus que le bruit de leurs pas sur le pavé. Devant la maison du chancelier, dont la pelouse avait été coupée à la faux le matin même, une odeur de gazon mouillé se dégageait. Papineau marcha derrière Julie jusqu'à la véranda. Il tira avec précaution le verrou de la porte d'entrée.

La maisonnée baignait dans le silence. Ils montèrent sur la pointe des pieds, de peur de réveiller quelqu'un. Il faudrait beaucoup de temps avant qu'ils n'abordent à nouveau le sujet. Et, pour la première fois, Julie songea qu'elle ne connaîtrait peut-être jamais le fin fond de l'affaire. Saint-Denis garderait son secret.

CHAPITRE V

New York

À côté de Saratoga, Albany se donnait des airs de métropole. La capitale de l'État de New York s'était dotée d'un imposant parlement qui trônait sur la plus haute colline de la ville. Depuis le début de son exil, Papineau y passait le plus clair de son temps, afin d'y rencontrer les politiciens influents qu'il cherchait à gagner à la cause des patriotes canadiens. Au milieu de l'été, les rues étaient moins achalandées que durant la session mais l'agitation était palpable, sans doute à cause de la fête de l'Indépendance américaine qui se préparait, comme il l'expliqua à Julie dont c'était la première visite.

Ils étaient descendus dans un hôtel mal tenu de la ville, mais situé à proximité du quai où le pyroscaphe allant à New York était accosté. Après une mauvaise nuit – des clients bruyants avaient fait la fête jusqu'aux petites heures –, Julie avala un café fort et, bien réveillée, rassembla ses affaires en vitesse. Comme d'habitude, Papineau était fin prêt avant l'heure et faisait les cent pas sur la véranda donnant sur le port grouillant de bateaux de pêcheurs, lorsqu'elle fit son apparition en costume de voyage, son ombrelle à la main. Le soleil encore pâle commençait à percer au moment où ils s'embarquèrent sur l'*Albany*. Les passagers étaient nombreux, mais il n'y avait pas de bousculade, comme cela arrivait fréquemment les vendredis matins, et tout se passa dans l'ordre.

En descendant la rivière Hudson, Julie eut tout à coup la certitude qu'elle serait heureuse aux États-Unis. Les blessures de Papineau finiraient par se cicatriser. Il était d'une infinie tendresse avec elle et lui prodiguait toutes sortes de petites attentions... pourvu qu'elle ne lui posât pas de questions sur ce qui s'était passé le matin de la bataille de Saint-Denis. Si seulement il pouvait sourire... Quelque chose qu'il taisait le rongeait de l'intérieur. Mais quoi ?

L'*Albany* se faufilait le long d'un chenail creusé à même les rochers. Il s'arrêta au large du village de Catskill, le temps de laisser monter les nouveaux passagers qui rejoignirent le bateau en chaloupe. À gauche, comme à droite, des montagnes aux pics élevés se dessinaient dans le ciel. Appuyée au bastingage, Julie écoutait distraitement deux Anglais qui commentaient le couronnement de la reine Victoria, qui avait eu lieu à Londres quelques semaines plus tôt. Si seulement Amédée avait été là pour les entendre vanter les mérites de «Vic, reine du Royaume-Uni de la Grande-Bretagne et de l'Irlande, protectrice de la foi». À n'en pas douter, il se serait écrié : «Vic, persécutrice de ses esclaves, surtout ceux du Canada».

Elle sourit. Amédée s'enflammait pour tout et pour rien. Un reste de naïveté enfantine qui l'amusait. Son aîné jouissait d'une bonne nature. Jamais de mauvaise humeur, il avait toujours un mot d'encouragement à la bouche. Ses seuls emportements touchaient la politique et ils étaient plus lyriques que menaçants. Un jour, il serait avocat, songea-t-elle. Il aurait un bel avenir aux États-Unis, loin des humiliations. Mais hélas ! loin du Bas-Canada. Elle n'envisageait déjà plus un retour au pays. Trop de dangers guettaient sa famille. Elle voulait oublier les trahisons qui l'avaient laissée rancunière. Il lui tardait de passer l'éponge, de redonner un sens à sa vie. Papineau avait raison, on ne refait pas le passé. Et on ne bâtit pas son bonheur sur des ruines.

En passant devant Catskill, elle se rappela que la mère de Wolfred et Robert Nelson avait grandi dans ce hameau, au bord de la rivière Hudson. Sans doute habitait-elle une riche propriété semblable à celles qui défilaient sous ses yeux. Ardents loyalistes, ses parents avaient dû abandonner leurs biens pendant la guerre de l'Indépendance et ils s'étaient établis à Sorel. Aujourd'hui, alors que Wolfred croupissait dans une prison du Bas-Canada, son frère Robert était de retour au pays de ses ancêtres. Étrange destin !

«La vie a de ces retournements !» pensa-t-elle.

N'en déplaise à Papineau qui continuait à broyer du noir, Julie reprenait peu à peu confiance en l'avenir. En dépit de la proclamation de neutralité du gouvernement Van Buren, les Américains affichaient ouvertement leur sympathie pour les malheureux réfugiés du Bas-Canada qui, comme eux, soixante-quinze ans plus tôt, s'étaient révoltés contre l'armée anglaise.

Des spectacles-bénéfices s'organisaient dans toutes les villes importantes de l'est pour recueillir des fonds destinés aux plus démunis d'entre eux. Les journaux de Plattsburg, de Swanton et de Saratoga les avaient surnommés les «martyrs de la liberté» et les «victimes du despotisme anglais».

À Albany, où Papineau circulait dans les milieux politiques, le gouverneur Marcy, le juge en chef, le procureur général et les conseillers du président Van Buren lui manifestaient chaleur et amitié. Julie avait hâte de faire connaissance avec la bonne société de la capitale. Si les gens y étaient aussi sympathiques que les Walworth de Saratoga, elle s'acclimaterait facilement à la ville.

À midi, ils accostèrent à Poughkeepsie, située à mi-chemin entre Albany et New York. Julie n'était pas fâchée de débarquer. Fondée par les Hollandais, la ville avait été construite en 1777, à même le rocher, à 250 pieds au-dessus de l'eau. C'était un hameau tranquille qui, en 1838, faisait parler de lui à cause de l'un de ses résidants, le peintre Samuel Morse. Sa renommée tenait à son invention, le télégraphe électrique, qu'il avait mis au point à bord d'un paquebot pendant une traversée entre Londres et New York. Son code de signaux intriguait les chercheurs du monde entier et Papineau s'étonnait de voir le gouvernement américain, habituellement prompt à réagir aux nouveautés, accorder si peu d'importance à ce qui était d'ores et déjà un instrument précieux de communication.

C'est ce qu'il faisait remarquer à Julie en se dirigeant vers l'auberge où ils allaient prendre une bouchée.

«J'ai l'estomac dans les talons», se plaignit Julie qui n'avait rien avalé depuis le matin.

Ils s'attablèrent avec quelques passagers dont ils avaient fait la connaissance à bord du bateau. L'un d'eux, un planteur louisianais, John Ryan, comptait changer de *steamboat* à Pittsburg pour remonter le Mississippi jusqu'à la Nouvelle-Orléans. Entre Julie et lui, la conversation se déroula en français. Le voyageur voulait la convaincre qu'en Louisiane les esclaves noirs étaient des gens heureux :

«Le jour, ils travaillent au grand air dans les plantations de coton et le soir, ils chantent des airs rythmés autour de leurs cases.

— Vous m'étonnez! fit Julie qui n'ignorait pas le sort réservé aux Noirs dans les États du sud. On prétend que même les enfants peinent au champ, sous un soleil brûlant, tous les jours de la semaine.

— Mais, madame, objecta le planteur qui avait bonne conscience, les esclaves sont des gens de race inférieure et la culture du coton leur permet d'assurer leur existence.

— Monsieur Ryan, le gouvernement américain n'a-t-il pas interdit l'importation d'esclaves africains ? Les planteurs sont tenus d'obéir aux lois, non ? »

L'homme sourit à sa grande naïveté.

« Malgré l'interdiction, affirma-t-il, on évalue à plus de deux cent mille le troupeau ramené d'Afrique depuis trente ans.

— Votre façon de considérer les Noirs comme du bétail est révoltante, lança Julie en se mordant les lèvres.

— Sachez, chère madame, que dans le sud, les conditions de vie des Noirs sont plus humaines que celles de vos ouvriers du nord, lui rétorqua le planteur sur le même ton. Vous les payez, certes, mais ils travaillent dans vos usines insalubres et ne sortent au grand jour qu'une fois la nuit tombée.

— Au nord, on ne fouette pas les ouvriers, monsieur.

— Seuls les esclaves qui se soulèvent sont fouettés, répondit-il plus posément. Et pour cause ! Dernièrement, des Virginiens blancs ont subi un massacre et les planteurs ont tué dans l'œuf ce début de révolte. Depuis, tout est tranquille. »

Le sifflet du bateau mit fin à l'échange entre Julie et le Louisianais.

« Le mieux serait de venir vous en assurer vous-même, dit-il en lui tendant sa carte. Faites-moi signe. Mes hommages, madame. »

Papineau, qui terminait une conversation avec une fort jolie dame assise à sa droite, se leva en voyant s'approcher Julie.

« Ma chérie, viens que je te présente mademoiselle Martin, actrice de Syracuse. J'ai fait sa connaissance pendant le déjeuner et tu ne devineras jamais ce qu'elle vient de m'apprendre.

— Bonjour, madame, fit la jeune femme au maquillage trop prononcé. Quel hasard ! Vous rencontrer à Poughkeepsie, *of all places* ! »

Julie fronça les sourcils. Pourquoi cette actrice la fixait-elle comme si elle avait vu une apparition ? Elle implora Papineau du regard.

« Figure-toi que mademoiselle Martin m'annonce qu'à Syracuse sa troupe de théâtre joue un mélodrame dont je n'ai jamais entendu parler et qui s'intitule *Incendie et destruction du bateau à vapeur* La Caroline.

— Ça ne me dit rien non plus», fit Julie en hochant la tête.

La comédienne lui saisit le bras. Elle avait une confidence à lui faire et cela intrigua Julie davantage.

«Cette pièce raconte votre histoire, dit-elle. La vôtre et celle de monsieur Papineau.

— Allons donc! ricana Julie, incrédule. Vous vous moquez de nous, mademoiselle Martin?

— Non, non, madame Papineau, jamais je ne me permettrais... D'ailleurs, je joue le rôle de Julie Papineau.

— Parce que je suis un personnage du mélodrame?

— Oui, vous êtes au cœur de l'intrigue. Monsieur Papineau et votre fils Edgar aussi, d'ailleurs.

— Vous voulez dire Amédée, la corrigea Julie interloquée.

— Dans la pièce, il se prénomme Edgar!

— J'en ai le souffle coupé, s'exclama la vraie Julie. Et que faisons-nous dans votre mélodrame, mademoiselle, voulez-vous nous le dire?

— La pièce raconte le massacre des Américains à Schlosser, répondit-elle. Vous, monsieur Papineau, vous êtes le chef des patriotes du Bas-Canada et monsieur Mackenzie dirige ceux du Haut-Canada. Comme dans la réalité. Dans l'histoire, le général anglais est un espion, naturellement.

— Mais je n'ai rien eu à voir avec ce massacre, protesta Papineau. Je ne vois pas ce que je viens faire dans votre pièce, mademoiselle.

— Vous êtes l'ennemi farouche des Anglais, monsieur. Et vous, ma chère, ajouta-t-elle, en se tournant cérémonieusement vers Julie, comme si elle répétait son rôle, vous encouragez votre mari et vous vous inquiétez pour sa vie. Vous êtes très touchante et pathétique. J'essaie d'être à la hauteur de votre personnage, madame Papineau.»

Julie ne trouva rien à répondre. Un nouveau sifflement du bateau la ramena à la réalité et le trio accéléra sa marche jusqu'au quai.

«J'espère que vous viendrez m'applaudir, ajouta-t-elle en lui tendant la main. Nous reprenons les représentations dans un mois.

— Où m'avez-vous dit que vous jouiez? s'enquit Julie, avant que l'actrice ne s'éloigne trop.

— Au théâtre de Syracuse. Les portes ouvrent à six heures et l'admission est d'une piastre. Mais si vous dites qui vous êtes, on vous laissera entrer sans payer. Adieu ! »

Elle disparut, dans la foule des passagers, les laissant tous les deux abasourdis.

⁓

L'après-midi fila doucement. Papineau installa sa chaise longue à côté de celle de Julie, sur le pont. Il paraissait plus serein que d'habitude. À croire qu'il retrouvait la paix de l'esprit. Le long de la rivière, les propriétés cossues s'échelonnaient, avec leurs parcs de verdure bien aménagés, leurs serres remplies de plantes exotiques et leurs instruments agricoles sophistiqués. Les vignes étaient chargées de raisins et les saules pleureurs s'agitaient au vent.

« C'est le comté le plus riche de l'État. Quelle différence avec nos terres ! Les Américains ont bien de la chance », soupira Papineau.

Julie s'émerveillait de tout ce qu'elle voyait. Une ville prospère n'attendait pas l'autre. Aux filatures succédaient les scieries, avec leurs hauts fourneaux. Dans ce jeune pays déjà émancipé, où le savoir et l'éducation comptaient autant que la religion, il y avait des écoles partout. Devant l'*Albany* se profilait maintenant la chaîne des Highlands. Pendant seize milles, elle s'étira de chaque côté de l'Hudson qui se forçait un passage jusqu'à l'océan Atlantique. Puis, la rivière se rétrécit pour former un coude qu'enserraient des montagnes escarpées et le pyroscaphe toucha presque aux parois rocheuses.

« Regarde, nous approchons de West Point, la plus grande académie militaire des États-Unis », indiqua Papineau.

Il s'approcha d'un jeune cadet qui enfilait son uniforme en vitesse.

« Vous étudiez ici ? lui demanda-t-il.

— *Yes, sir*, fit le grand garçon en enfouissant ses vêtements civils dans son baluchon. »

Pendant les manœuvres d'accostage, Papineau apprit que le jeune cadet était le fils d'un officier tué à la guerre de 1812, ce qui lui avait valu d'être admis à l'académie qui n'accueillait que deux cent cinquante jeunes gens triés sur le volet. Il revenait d'un congé et s'en allait rejoindre son régiment. Julie le suivit des yeux. Il disparut bientôt dans l'une des tentes dressées en enfilade et sous bonne garde de jour comme de nuit. Tout à côté, les cadets exécutaient leurs exercices d'artillerie et de cavalerie. Le pyroscaphe repartit au son de la fanfare de West Point qui répétait des airs militaires, en vue de la cérémonie de la fête de l'Indépendance – *The Independance Day*, comme l'appelaient les Américains, fiers d'être devenus la nation libre qu'enviaient les Canadiens.

Plus loin, sur la gauche, un édifice moderne en marbre blanc à quatre étages l'intrigua.

«C'est la fameuse prison de Sing Sing, lui apprit encore Louis-Joseph. Elle peut accueillir jusqu'à mille prisonniers.»

Le bateau poursuivait sa course entre les palissades de rocs basaltiques formant un haut mur sur vingt milles. Au sortir de cet étrange tunnel à ciel ouvert, les premières maisons de New York apparurent. Il était sept heures du soir lorsqu'ils atteignirent enfin les quais de la ville, après avoir parcouru cent quarante-quatre milles depuis Albany.

«Tu te rends compte, Louis-Joseph? Nous sommes à New York, rien que nous deux...»

Papineau la guida dans le port grouillant d'activités. À côté, celui de Montréal avait l'air de desservir un village. Le garçon à casquette qui emportait leurs bagages disparut dans la cohue. Plus ils se rapprochaient des hangars, plus la foule s'épaississait. Deux bateaux anglais mouillaient l'ancre et les dockers transportaient sur leurs dos des colis qu'ils allaient entreposer dans les bâtiments neufs. L'air était écrasant. Julie découvrait l'humidité new-yorkaise. Ils s'arrêtèrent devant le carrosse de louage sur lequel leurs bagages avaient été hissés. Papineau donna deux sous au garçon à casquette et, s'étant assuré du prix de la course, un dollar, il ordonna au cocher de démarrer.

«S'il vous plaît, au City Hotel.

CHAPITRE VI

Robert le Diable

Au matin, les bruits de la rue tirèrent Julie du sommeil. Le bras de Louis-Joseph la retenait tout contre lui et elle resta un moment sans bouger pour savourer son bien-être, malgré la chaleur extrême qui l'incitait à s'écarter de lui.

C'était le jour de l'Indépendance et des fanfares venues de partout se préparaient à la fête, dans une joyeuse cacophonie. Par milliers, les bonnes gens envahissaient les rues pour assister au défilé. Rien, pas même la rumeur de fièvre jaune qui circulait depuis quelque temps, n'aurait pu les empêcher d'être à New York, ce jour-là.

Julie finit par se lever. Elle s'accouda à la fenêtre pour voir arriver les militaires en tenue d'apparat. Le City Hotel était situé sur Broadway. Déjà, à cette heure matinale, des vétérans de la révolution défilaient en rang de deux, suivis des Montgomery Guards, en uniforme vert galonné d'argent. Tout ce qu'il y avait de corps de volontaires, de fusiliers, de carabiniers, de dragons et de hussards paradait. Elle fit sa toilette en tâchant de ne rien perdre de ce qui se passait dans la rue.

«Comment allons-nous sortir d'ici?» demanda-t-elle en nouant les cordons de son chapeau sous le menton.

— Tu n'auras qu'à bien me tenir la main et nous nous faufilerons à travers la cohue», répondit Louis-Joseph, avec son air des mauvais jours.

Julie le suivit dans la rue en silence. Le journal de William Lyon Mackenzie occupait le rez-de-chaussée d'un édifice vétuste de Chambers Street auquel on accédait normalement sans difficulté. Mais ce matin-là, il était impossible de trouver une voiture sur Broadway maintenant abandonné aux piétons. Ils marchèrent donc jusqu'à la rue voisine, au milieu de la foule de plus en plus dense, en longeant les magasins fermés pour la journée. Puis ils gagnèrent City Hall Park où ils purent enfin circuler plus librement.

«C'est suffocant», fit Papineau qui cachait mal son irritation.

Il n'avait pas desserré les dents depuis le réveil. Sa belle humeur de la veille s'était envolée. Tout près de l'hôtel de ville, il s'arrêta net, se tourna vers Julie et lui dit, en la regardant droit dans les yeux :

«Écoute ! je ne suis pas d'humeur à me faire casser les oreilles par ton Robert Nelson. Je te préviens, s'il me cherche, il me trouvera !

— Donne-lui au moins la chance de s'expliquer, plaida Julie. Tu te gendarmes avant d'entendre ce qu'il a à te dire.»

Il était onze heures lorsqu'ils pénétrèrent dans l'édifice de la *Mackenzie's Gazette* agrémenté d'une bannière étoilée sur la façade. Habituellement, l'agitation était grande au journal, mais en ce jour de fête nationale les presses rotatives étaient silencieuses et la petite salle de rédaction, complètement déserte. La porte du bureau de William Lyon Mackenzie était entrebâillée et, en entendant des pas dans le couloir, il accourut au-devant d'eux.

«*Ah! my dear Papineau*. Entrez, entrez... Madame Julie, vous avez bien fait de venir aussi. Nous vous attendions.»

Toutes les salles de rédaction se ressemblaient : de vieux journaux empilés dans un coin, des pupitres poussiéreux et maculés de taches d'encre, des brouillons de textes débordant des corbeilles à papier... L'indescriptible fouillis rappelait à Julie *La Minerve* de Montréal, où elle allait quelquefois porter les articles de Papineau. Au fond de la pièce, contre la fenêtre qui aurait eu besoin d'un bon lavage, le docteur Robert Nelson salua poliment Papineau, sans plus. Mais il s'avança vers Julie pour lui baiser affectueusement la main. Le silence qui suivit était artificiel et elle soupçonna que quelque chose n'allait pas.

William Lyon Mackenzie arpentait la pièce. C'était un petit Écossais bouillant, aux formes arrondies et aux pommettes rougeaudes. Ses amis prétendaient qu'il avait le haut du visage du président Van Buren, mais Julie trouvait plutôt que son large menton faisait penser à celui du patriote Olivier Chénier, mort pendant la bataille de Saint-Eustache.

«Nous venons de recevoir de bien étranges informations, dit-il avec son accent guttural prononcé. Des nouvelles à la fois réjouissantes et inquiétantes.

— Parlez, Willie», fit Papineau.

C'est Robert Nelson qui enchaîna :

«Lord Durham vient d'amnistier les prisonniers du Bas-Canada, expliqua-t-il. Personne ne sera pendu, c'est déjà ça de gagné. Mais il a envoyé huit des nôtres en exil aux Bermudes.

— Pas Wolfred ! s'exclama Julie.

— Oui, hélas ! reconnut le docteur Nelson. Mon frère a quitté Montréal le premier juillet, à bord du *Vestal*. Aux dernières nouvelles, il faisait route vers Hamilton.

— Dans les Bermudes ? Mais c'est loin, très loin de notre pauvre Canada, constata tristement Julie.

— Ce n'est pas tout, reprit Mackenzie. Le gouverneur a interdit l'entrée au pays à quinze Canadiens, dont vous et moi. Robert aussi, naturellement. Quiconque défiera son ordre est passible de la peine de mort.»

Papineau se laissa tomber sur une chaise, sidéré par la nouvelle. Il parcourut la liste des patriotes bannis que lui tendait Mackenzie. Les noms de ses amis Cartier, Duvernay, Rodier et le curé Chartier y figuraient aussi.

«Comment le gouverneur peut-il prononcer des sentences aussi lourdes sans que les accusés aient subi de procès ? demanda-t-il. C'est contraire à la Constitution britannique.

— C'est assez ingénieux, si vous voyez ce que je veux dire, concéda Mackenzie, en grimaçant. Comme la loi martiale n'existe pas, le gouverneur était forcé de faire appel aux tribunaux civils pour juger les patriotes. Or, aucun juré canadien ne les aurait condamnés, et un jury anglais les aurait livrés au bourreau, sans égard pour la justice. Lord Durham était dans un cul-de-sac. Peu importait la décision de la cour, elle ne pouvait pas être impartiale et elle aurait forcément ravivé les haines. Il a donc opté pour cette étrange solution.

— Sans compter qu'un procès public nous aurait permis de nous défendre, renchérit Papineau. Nous aurions alors prouvé que la rébellion avait été orchestrée de toutes pièces par le parti anglais, sir Colborne et Adam Thom en tête. Durham avait donc tout intérêt à cacher la vérité.

— Le gouverneur a préféré obtenir un aveu signé de huit prisonniers, en échange de quoi il a libéré les autres, conclut Willie. Il a pris prétexte du couronnement de la reine Victoria pour faire étalage de sa grandeur d'âme. C'est très habile et, en même temps, suffisamment clément pour lui mériter la sympathie des Canadiens.

— Quant à nous, les fugitifs, comme il nous appelle, nous sommes menacés de mort, fit Papineau en se relevant pour aller vers Julie. Il lui entoura les épaules et ajouta pour elle seule : mon espoir de retourner au pays est anéanti.

— Tout de même, monsieur Papineau, objecta Robert Nelson, en plaquant les mains violemment sur le bureau, avouez que vous vous en tirez mieux que d'autres qui se sont moins compromis que vous. »

Papineau ne releva pas la flèche, mais Julie n'apprécia pas le ton sarcastique de Robert. Elle n'aimait pas non plus ses manières affectées. Elle aurait parié qu'il se composait un personnage pour impressionner Papineau. C'était d'autant plus déplaisant qu'elle avait insisté auprès de ce dernier pour qu'il se montrât à tout le moins agréable durant cette rencontre. Elle relança malgré tout le docteur, en espérant qu'il retrouve sa sérénité.

« Votre frère vous a-t-il écrit, Robert ? Comment supporte-t-il cette nouvelle épreuve ? Tout cela me semble tellement inhumain ! »

Il faisait une chaleur excessive et William Lyon Mackenzie ouvrit une fenêtre. Le bruit de la rue, conjugué aux salves d'artillerie venant de Battery Park, où s'étaient rassemblés les vétérans, venait maintenant jusqu'à eux.

« Inhumain, en effet, répéta le docteur Nelson en haussant le ton. À ce qu'on raconte, Wolfred et ses compagnons ont été tirés de leur prison enchaînés les uns aux autres comme des assassins. Pendant tout le trajet jusqu'au Quai-des-Chevaux, mon frère a été forcé de marcher le dos courbé parce qu'il était menotté à un homme plus petit que lui. Les militaires n'ont même pas eu d'égards pour sa taille. Avant de s'embarquer, Wolfred a demandé de quelle autorité on les traitait comme des criminels. Personne ne lui a répondu, comme on s'en doute !

— Ils sont ignobles, fit Julie en plaçant la main sur sa bouche.

— Les Canadiens étaient venus nombreux pour leur dire adieu, mais le vieux brûlot a donné l'ordre à sa cavalerie de les repousser. »

Robert Nelson tenait la suite de Wolfred lui-même, qui lui avait écrit, à bord du *Vestal*. Il avait remis sa lettre au pilote chargé de remorquer le navire jusqu'à la mer.

«Mon frère m'a raconté qu'ils sont restés ligotés pendant tout le voyage jusqu'à Québec. Heureusement, à quatre heures du matin, au moment de prendre le large, le gouverneur leur a fait porter une traite de 500 livres, en échange de quoi ils ont promis de ne pas chercher à s'enfuir. Wolfred m'a assuré que le capitaine Carter de la Royal Navy les considérait comme des prisonniers de marque. Il les a fait coucher dans des hamacs et leur a offert d'excellents vins qu'ils ont bus avec les officiers.»

Robert Nelson prit une feuille dans la poche de sa veste et la tendit à Julie :

«Lisez.»

Elle déplia la feuille et lut : «On se croirait de grands personnages faisant un voyage de plaisir sur un vaisseau de guerre du gouvernement.»

Le docteur Nelson se tourna alors vers Papineau.

«L'heure de la vengeance a sonné, vous en conviendrez», martela-t-il d'un ton exagérément sentencieux.

Les mains derrière le dos, il allait et venait de la fenêtre au grand pupitre, en exposant son plan d'invasion.

«Tout est prêt, précisa-t-il. Il ne me reste plus qu'à vous le soumettre, monsieur Papineau, si vous voulez bien m'écouter. Et vous aussi, monsieur Mackenzie, puisque le sort du Haut-Canada est entre vos mains.

— Ne me mêlez pas à vos affaires, docteur, trancha sèchement l'Écossais. Je refuse de vous écouter. Je n'ai aucun moyen de vous aider. Et je ne veux pas savoir ce que vous préparez.

— Quant à moi, objecta Papineau, je déconseille toute tentative d'invasion et vous le savez. Je crains que vous n'attiriez de nouveaux malheurs sur notre patrie. Les réfugiés sont pauvres comme du balai de cèdre. Ils n'ont pas de quoi se nourrir convenablement et vous voudriez qu'ils se battent? Les Américains sont contre nous. Même nos amis n'osent plus se prononcer en notre faveur.

— Voyons donc! Washington fait la sourde oreille à nos demandes d'aide simplement pour ne pas indisposer Londres, rétorqua Robert Nelson, plus conciliant. Mais la population américaine nous appuie. Comment aurions-nous réussi à nous procurer des fusils, des cartouches, des carabines et des barils de poudre sans sa collaboration? Savez-vous que plusieurs généraux de l'armée américaine m'ont offert leurs services pour la prochaine invasion du Canada?»

Papineau frappa du poing sur la table. Il était fâché d'apprendre que des réfugiés se démenaient pour trouver des munitions.

«Ces armes, vous les avez volées à l'arsenal d'Elizabethtown, dit-il en le pointant du doigt. Ne nous racontez pas d'histoire. Vous venez de subir un procès pour avoir enfreint la loi américaine de neutralité. Et vous n'ignorez pas que le président a exprimé publiquement son désaccord avec vos projets.»

Robert Nelson ne voulait rien entendre. Il leur rappela que, au Vermont, le jury qui avait entendu sa cause l'avait acquitté. C'était ça, l'opinion publique, et ce que le président disait ou pensait importait peu.

«Vous ne trouvez pas, docteur Nelson, que les réfugiés ont suffisamment de misère? ajouta Papineau, comme s'il espérait le convaincre en le prenant par les sentiments.

— S'ils sont dans la misère, je n'en suis pas la cause. Et moi, contrairement à vous, j'essaie de les sortir du guêpier dans lequel vous les avez fourrés.

— En les encourageant à commettre des larcins? À voler les cultivateurs américains, comme certains le font? Vous mettez de l'huile sur le feu, docteur. Vous êtes un irresponsable!»

Papineau avait martelé ses mots et Robert Nelson haussa le ton:

«J'ai entrepris de conduire la barque des réfugiés que vous, le grand capitaine, avez laissée à la dérive», répondit-il d'un ton méprisant.

Julie voulait empêcher l'irrémédiable. Elle s'adressa aux deux belligérants, dans l'espoir de rétablir les ponts:

«Allons, Robert... Papineau, écoute... Vous ne réglerez rien en vous affrontant comme des gladiateurs.»

William Lyon Mackenzie commençait à perdre patience, lui aussi. Il n'avait aucune confiance en ce général improvisé qu'était Robert Nelson, mais il trouvait Papineau un peu trop arrogant. La sincérité du docteur n'était pas en cause et ce n'était sûrement pas en l'insultant qu'on le ramènerait à la raison. Il avait espéré amorcer la réconciliation entre ses deux amis. Mais tant que l'un prônerait l'action diplomatique pendant que l'autre envisagerait l'action militaire, ils ne s'entendraient pas. La tournure que prenait la conversation l'indisposait, bien qu'il s'efforçât de n'en rien laisser paraître.

«Papineau a raison, dit-il enfin en s'adressant à Nelson. Le président Van Buren a interdit aux Américains d'aider les réfugiés. Moi-même, je suis poursuivi pour violation de la neutralité américaine. La surveillance aux frontières s'est accentuée.

— Allons donc! protesta Robert Nelson en hochant la tête. Ne croyez pas tout ce qu'on vous raconte, Willie.

— Pour tout vous dire, reprit celui-ci, je songe à m'établir ici définitivement. J'ai une femme et dix enfants à faire vivre et ma mère est âgée. J'ai l'intention de demander la citoyenneté américaine. Écoutez-moi, Robert, je pense comme Papineau qu'il est inutile d'envisager le recours aux armes. Nous ne ferions pas le poids contre l'armée anglaise. Trop d'hommes ont déjà payé de leur vie notre entêtement.

— Willie a raison, Robert, ressaisissez-vous, dit Papineau qui avait recouvré son calme. Les Américains ont plus de territoire qu'ils n'en ont besoin et n'ont aucunement l'ambition de s'agrandir au nord. Jamais ils ne seront assez stupides pour se lancer dans une guerre coûteuse et risquer la vie de leurs concitoyens. Ça ne leur rapporterait que des problèmes. D'autant plus qu'ils ont besoin d'immigrants canadiens puisqu'ils manquent de cultivateurs.

— Van Buren se comporte comme Ponce Pilate, accusa Julie, que la conduite du président décevait. Il se lave les mains du sang des justes que les Anglais ont fait couler. Les traités qu'il nous demande de respecter, les Américains ont été les premiers à les violer, pour arracher leur propre indépendance.»

Mackenzie s'approcha de Robert Nelson et lui mit la main sur l'épaule.

«Allons docteur, il faut éviter la désunion. Nous avons besoin les uns des autres pour sortir de ce mauvais pas. Écoutez la voix du bon sens.»

Robert Nelson se durcit, au contraire, et attaqua Papineau en anglais :

«*When men, who have dragged our country into its present horrid misfortune act as you act, mister Papineau, no other language then that now used appears capable to rouse you to a sense of your situation and to a respect for others.*»

Papineau en resta interdit. De quel droit Robert Nelson l'accusait-il d'avoir entraîné son pays dans l'horreur, sans égard pour ses compatriotes ?

« Je n'ai jamais prémédité la guerre civile, se défendit-il, blessé à vif par l'insinuation. Nous n'y étions pas préparés et nous avons été provoqués. Ne faites pas semblant d'ignorer que je me suis toujours opposé à la violence.

— Soit, répondit le docteur en esquissant un signe d'impuissance, je vais prendre les choses en main. Et je vous assure que nous ne déposerons les armes que lorsque le pays aura un gouvernement patriote et responsable. Mais ne vous surprenez pas, *mister* Papineau, si on vous accuse de poltronnerie ! Car c'est à vous, le chef, de ramener les réfugiés au pays. Vous nous abandonnez pour des motifs purement égoïstes qui n'échappent à personne. »

Il s'arrêta, s'épongea le front et, se lissant un instant la barbe d'une main nerveuse, avertit Papineau en le toisant du regard :

« Sachez aussi que ceux qui nous mettront des bâtons dans les roues auront droit au même sort que Colborne réserve aux patriotes !

— Robert, s'écria Julie en se levant. Vous allez trop loin, vous n'avez pas le droit de proférer des menaces à l'adresse de Papineau.

— Hélas ! madame, j'ai bien peur que les ponts ne soient coupés entre lui et moi. Je demeurerai à jamais votre ami, Julie. Ne m'en demandez pas plus. »

Le ton était si glacial et si vindicatif que Julie en resta figée. Le docteur Nelson se tourna alors vers Papineau et lâcha :

« Nous réussirons sans vous, et mieux que si vous étiez des nôtres. Vous êtes un homme fait pour les belles paroles et non pour l'action. »

Là-dessus, il se leva et, sans serrer la main de Willie, sans un regard pour Julie, quitta la pièce en faisant claquer la porte. Les deux patriotes n'allaient plus jamais se revoir, leur amitié jadis profonde ne survivrait pas à cette querelle new-yorkaise.

Après avoir pris congé de William Lyon Mackenzie, consterné lui aussi par l'agressivité du docteur Nelson, Julie et Louis-Joseph se mêlèrent à la foule qui avait pris d'assaut Broadway. Mais ils n'avaient pas le cœur à célébrer la fête de l'Indépendance américaine.

Ce soir-là, au Castle Garden, sorte d'amphithéâtre romain qui servait jadis de fort militaire, et qui était relié à Manhattan par un pont, ils regardèrent sans s'émouvoir un feu d'artifice médiocre. Seul un ballon illuminé qui scintillait dans le ciel comme une étoile réussit à chasser un instant les obscures pensées qui les tenaillaient. Et c'est en silence qu'ils regagnèrent l'hôtel en omnibus.

Incapable de fermer l'œil, Julie se leva pour terminer sa lettre à Lactance, commencée plus tôt.

Mon cher fils, je ne doute pas que tu t'ennuies. Aussi, je prends quelques minutes avant de m'endormir pour t'annoncer une bonne nouvelle : ton père consent enfin à ce que je te fasse venir aux États-Unis. J'espère que tu as bien travaillé et que tu as réussi tes examens. Réunis tes affaires et rejoins ton grand-père à Montréal. Il t'attend. Je brûle d'impatience de vous embrasser. Tout à toi pour la vie, mon Lactance.

Ta tendre mère, Julie Bruneau Papineau

Julie rangea sa plume dans l'encrier en recomposant dans sa tête le beau visage mélancolique de ce fils qui la rendait parfois perplexe tant sa sensibilité paraissait à fleur de peau. Bientôt, il serait là et elle le guiderait. Ensuite elle ferait venir Gustave et Ézilda. Elle refusait de se laisser abattre.

Son guide de New York à la main, Julie prépara l'itinéraire qu'elle aimerait suivre le lendemain. Broadway serait redevenu calme et elle irait dans les magasins les plus fashionables d'Amérique. Elle rêvait d'une robe et Louis-Joseph consentirait peut-être à la choisir. Elle insisterait, s'il le fallait. Il avait le goût sûr et elle tenait à son avis. Elle ferait l'impossible pour effacer de son visage l'amertume qui s'y était installée. Ils se promèneraient dans New York, légers et tendres comme de jeunes mariés, et entreraient dans une des banques fabuleuses de Wall Street, juste pour écornifler. Elle l'entraînerait ensuite à la cathédrale St. Patrick et, pourquoi pas ? à la galerie de peinture tout à côté. S'il le souhaitait, elle l'accompagnerait au muséum américain. Elle n'était pas enthousiaste à l'idée de se retrouver en face d'un sauvage momifié, découvert quinze pieds sous terre et conservé comme s'il avait été embaumé, mais si ça lui faisait plaisir, elle s'y plierait.

Dans deux ou trois jours, gorgés d'images et de souvenirs, ils regagneraient Albany par le vieux *steamer* à aubes qui les avait emmenés à New York. Au moment de basculer dans le sommeil, Julie vit surgir le visage du docteur Nelson. Il caressait sa longue barbe et prononçait des paroles fielleuses. Elle s'entendit alors mumurer : « Robert le Diable ! »

CHAPITRE VII

Fragile Lactance

À la mi-août, Lactance quitta le séminaire de Saint-Hyacinthe sans regret. Il avait réussi ses examens de justesse et, puisque sa mère l'attendait aux États-Unis, il n'avait qu'une idée en tête : déguerpir. Il entassa ses affaires dans sa valise en cuir, écouta patiemment la litanie de recommandations de sa tante Marie-Rosalie Dessaulles, jura à son frère Gustave et à sa sœur Ézilda qu'il remuerait ciel et terre pour les faire venir aux États-Unis et prit le chemin de Montréal.

« Pauvre Lactance ! » pensa son grand-père Papineau, en le voyant descendre de la voiture devant la maison de la rue Bonsecours. Empêtré dans des vêtements trop serrés – il n'arrêtait pas de grandir –, son petit-fils portait une veste étriquée, tenait un paquet ficelé sous un bras et sa valise usée, retenue par une courroie, sous l'autre. Les cheveux ébouriffés, sa casquette entre les dents, il échappa son colis en voulant mettre sa main devant la bouche. Car par-dessus le marché, il toussait à fendre l'âme, en plein été !

« Pour l'amour du bon Dieu, Lactance, tempêta Joseph, tu ne vas pas partir en voyage tout débraillé. Regarde-toi l'air ! Mets ta casquette sur ta tête et donne-moi ce colis, je vais le ranger dans ma valise.

— Impossible, fit Lactance, en le serrant contre sa poitrine. Ce sont des lettres pour maman. J'ai promis de ne pas m'en séparer.

— Eh bien ! tu n'auras qu'à rester près de moi. Comme ça, tu rempliras ta promesse, coupa-t-il, en s'emparant du paquet. »

Joseph Papineau eut toutes les misères du monde à retenir son petit-fils qui voulait partir sur-le-champ. Le pyroscaphe ne levait l'ancre qu'en fin de journée et il lui restait quelques courses à faire.

«J'ai promis à monseigneur Lartigue de passer à l'évêché avant de prendre le bord des États-Unis, dit-il, pour clore la discussion. Il veut nous bénir. Arrange un peu ta toilette et suis-moi.»

Lactance fit la moue. Il n'avait nulle envie d'aller bretter chez son honorable cousin. Depuis la rébellion, l'évêque de Montréal se faisait discret. Ses mandements condamnant l'action des patriotes lui avaient valu l'hostilité des Canadiens et le mépris des étudiants du séminaire de Saint-Hyacinthe, qui sympathisaient avec ceux que monseigneur appelait dédaigneusement «les rebelles». Pour ne pas être en reste, les collégiens à la langue bien pendue qualifiaient l'évêque d'anti-canadien et de dangereux ennemi de la cause. Lactance prétendait, faussement d'ailleurs, que la famille Papineau l'avait répudié.

«Vous voulez être béni... par l'ami du gouverneur anglais, cingla Lactance avec dédain.

— Plaît-il? fit Joseph en plaçant sa main en cornet derrière l'oreille.

— Rien...», esquiva Lactance qui ne voulait pas se chicaner avec son grand-père.

Une heure plus tard, la calèche de Joseph Papineau s'arrêta devant l'évêché, rue Saint-Denis. Pour une fois, monseigneur Lartigue ne fit pas attendre ses visiteurs, comme c'était son habitude. À peine arrivés au parloir, ils furent invités à passer au bureau de l'évêque.

«Bienvenue chez moi, mon oncle Joseph», dit Jean-Jacques Lartigue en lui donnant l'accolade.

Puis, se tournant vers Lactance, il ajouta:

«Si ce n'est pas mon jeune cousin! Comment allez-vous, Lactance? Je vous imaginais moins grand. Quel âge avez-vous?

— Dix-sept ans, monseigneur.

— Votre supérieur, l'abbé Prince, m'a remis une copie de vos résultats, mon cher enfant. Vous avez obtenu votre certificat mais vous ne vous êtes pas particulièrement distingué. J'espérais davantage de vous. Enfin! Vous êtes reçu, et c'est ce qui compte.»

Lactance ne dit rien. De toute manière, l'évêque ne lui laissait jamais placer un mot.

«Vous avez fait vos exercices littéraires sur le funeste Bonaparte, je suppose? l'interrogea-t-il encore d'un ton persifleur.

— Oui, monseigneur, s'empressa de répondre Lactance, trop heureux de le défier à si bon compte.

— Évidemment ! Je ne peux pas vous blâmer, s'adoucit l'évêque. Vous n'avez fait qu'obéir aux directives de vos maîtres du séminaire de Saint-Hyacinthe. Vous n'êtes pas responsable de leurs décisions. À mon sens, ils ont manqué de jugement. »

L'évêque collaborateur entreprit alors de livrer le fond de sa pensée sur ce collège classique sous sa juridiction, dont les sympathies pour les rebelles ne faisaient plus de doute. D'un geste de la main, il signifia à ses deux visiteurs de prendre un siège, tout en poursuivant son long monologue. Joseph Papineau, qui l'écoutait d'une oreille distraite, lui trouva mauvaise mine. «Il a l'air d'un p'tit vieux», pensa-t-il, en observant le prélat qui marchait en claudiquant. Il était d'une maigreur inquiétante, lui qui venait de fêter ses soixante ans, à l'Hôtel-Dieu, où il avait été hospitalisé pendant quelques semaines. Se sachant examiné par son oncle, monseigneur Lartigue lui confirma que ça n'allait pas :

«Vous voyez où j'en suis. Le docteur a diagnostiqué une tumeur au talon. Il faudrait qu'on m'opère. Mais je vous avoue que j'ai eu d'autres chats à fouetter.

— Ne tardez pas trop, Jean-Jacques. Il y a des négligences que l'on paie cher, lui conseilla Joseph.

— Assez parlé de moi, fit l'évêque. Revenons-en à ce... ce Bonaparte que vos professeurs vous font étudier, Lactance. Les Anglais voient d'un mauvais œil que des prêtres exigent ce genre de plaidoyer de leurs jeunes élèves déjà fanatisés de démocratie et de révolution. Ils déplorent que le clergé les initie à la politique alors qu'il y a tant d'autres choses à enseigner. »

Il s'assit sur le bout de sa chaise et replaça sa croix pectorale avant d'ajouter :

«Quant à vous, oncle Joseph. Vous avez eu la sagesse de vous tenir loin des révolutionnaires, à ce que j'ai pu voir. Dieu vous en sait gré.

— Vous, par contre, vous n'y êtes pas allé de main morte avec vos mandements. Le peuple n'est pas responsable...

— Le peuple, le peuple... Ce sont les révoltés qui ragent contre mes mandements, pas le peuple, qui a été berné par ses chefs. Ceux-ci sont allés trop loin, reconnaissez-le. Et si mes mandements ont pu refroidir les esprits, je m'en réjouis. Les faits m'ont donné raison, d'ailleurs. Aujourd'hui, des hommes plus modérés, tel monsieur LaFontaine, semblent vouloir s'imposer et c'est tant mieux. Je pense aussi que lord Durham sera le restaurateur de la paix, ce que je n'ai pas manqué de dire à Son Excellence, vous pensez bien.»

De plus en plus sourd, Joseph Papineau saisit plus ou moins l'explication de l'évêque. Seul le nom du nouveau gouverneur Durham résonna à son oreille.

«L'avez-vous rencontré? interrogea le vieillard. On prétend qu'il est d'humeur changeante et souvent irascible.

— Je n'irais pas jusque-là, répondit le prélat d'un ton affecté. Je l'ai trouvé, comment dirais-je? plutôt charmant. Il paraît bien au fait de la situation. Ma seule réserve, si j'ose dire, tient à sa santé. Il est a-bo-mi-na-ble-ment maigre. Décharné, il n'y a pas d'autre mot. Avec son teint olive, il donne à penser qu'il n'est pas bien portant.

— Il paraît qu'il est imberbe», insinua Lactance qui voulait mettre son grain de sel.»

Ignorant l'espièglerie du jeune homme, qu'il gratifia cependant d'un regard agacé, monseigneur Lartigue poursuivit sa description :

«Il a quarante-six ans, possède une solide expérience et est fort bien entouré. Sans doute pèche-t-il par trop d'ambition? Ou d'orgueil? Enfin, passons. Il vient à peine d'arriver et déjà, il a amnistié tous les prisonniers, à quelques exceptions près. Convenez, mon oncle, que c'est un pas dans la bonne direction.»

Joseph Papineau ne partageait pas l'enthousiasme de son neveu pour le nouveau gouverneur. Mais il y avait belle lurette qu'il ne discutait plus avec l'évêque, qu'il consentait à fréquenter, et encore, le moins souvent possible, uniquement parce qu'il était le neveu de sa défunte femme. L'évêque reprit plus bas, comme s'il avait un secret d'État à lui confier :

«Je sais ce qui se trame outre-frontière, annonça-t-il. Nous sommes menacés d'une conspiration infernale. In-fer-na-le! On m'a prévenu qu'elle éclaterait dans tout le Bas-Canada. Le massacre aura lieu à l'improviste, comme les Vêpres siciliennes.»

Il leva les yeux au ciel, avant d'ajouter avec un air de conspirateur :

«Dieu nous en préserve! Pourvu que les autorités ne s'endorment pas. Évidemment, je m'en suis ouvert au gouverneur. Il fallait bien que quelqu'un le prévienne. Je voulais surtout le mettre en garde contre des représailles excessives. On ne doit pas châtier un peuple de cinq cent mille personnes pour la faute de quelques centaines d'égarés.»

Joseph ne voulut pas commenter cette rumeur dont il avait eu vent, lui aussi. Il se leva pour prendre congé :

«Nous avons une longue route, Jean-Jacques. Ça prend deux jours et deux nuits pour aller à Saratoga. S'il n'y a pas d'anicroches, naturellement.

— Nous partons dès ce soir, précisa Lactance, déjà sur ses pieds et prêt à détaler. J'ai tellement hâte de revoir papa et maman.

— Oui, acquiesça son grand-père. Après une si longue séparation, je te comprends, Lactance.

— J'ai appris que Papineau ne bénéficiera pas du pardon accordé par Son Excellence, insinua l'évêque, qui tenait son cousin comme le grand responsable des déboires des révoltés. Cela m'attriste toutefois dans son cas et dans celui aussi de quelques autres fuyards canadiens. Mais je vous avoue qu'en ce qui concerne les frères Nelson, je suis d'accord avec la sévérité du gouverneur. Tout serait vite rentré dans le repos si ces deux révolutionnaires avaient été arrêtés plus tôt.»

Là encore, Joseph se refusa à débattre du cas Papineau, ne connaissant que trop l'hostilité du prélat à son endroit.

«Au revoir, mon neveu, fit Joseph, sur le pas de la porte.

— Vous me permettrez quand même de vous bénir, mon cher oncle, dit monseigneur Lartigue qui rappela aussi Lactance. Agenouillez-vous, je vous prie.»

L'évêque de petite taille se redressa alors le plus qu'il le pouvait et, dans un geste majestueux, il traça le signe de la croix de sa main droite en articulant :

«*In nomine patri, filii et spiritui sancto. Amen.* »

Lactance n'était pas fâché de quitter cet évêque qui pardonnait tout au tyran anglais et condamnait trop facilement ceux qui luttaient pour la liberté des Canadiens. Il aida son grand-père à monter dans la voiture qui les ramena d'abord rue Bonsecours pour prendre les bagages et fila ensuite jusqu'à Saint-Jean d'où partait le pyroscaphe *Burlington*. Joseph bougonnait. Le village, disait-il, était infesté de militaires. Pas moyen d'aller nulle part sans s'enfarger dans un de ces habits rouges de malheur !

Le temps était brumeux. Quand le bateau s'éloigna du quai, la pluie se mit à tomber, finement d'abord, plus drue ensuite. Mais ce n'était qu'une averse estivale. Lactance resta sur le pont à chercher des yeux les fortifications de l'île aux Noix, dernière étape avant d'entrer dans les eaux américaines. La pluie cessa et Joseph le rejoignit.

« Pendant la guerre de 1812, lui raconta le vieillard, l'île devant toi était un vaste chantier naval. Les Anglais sont partis de cette base pour aller détruire les bâtiments de Plattsburg. Leur flotte était bien supérieure à celle des Américains. »

Tandis que le pyroscaphe contournait l'île, Lactance repéra la caserne des soldats, le logis des officiers et la redoute servant à l'entreposage des munitions.

« Est-ce qu'on construit encore des bateaux ici ? demanda-t-il.

— Non, le chantier est fermé depuis quatre ou cinq ans.

— Mais alors, pourquoi les sentinelles font-elles les cent pas devant la caserne ? On ne croirait jamais qu'il s'agit d'une île fantôme.

— Misère noire ! lâcha Joseph en hochant la tête. Depuis que la rumeur d'une invasion des patriotes réfugiés aux États-Unis circule, le haut commandement militaire anglais a dépêché des soldats sur l'île. Ça ne finira donc jamais ? »

Déjà, l'île aux Noix était derrière eux. Là où la rivière s'élargissait, le Richelieu devenait le lac Champlain. Lactance se tourna alors vers son grand-père et s'écria, un large sourire aux lèvres :

« Ça y est. Nous voilà aux États-Unis.

— Oui, mon petit, répondit tristement le vieillard. Tu gagnes l'exil, toi aussi. Après tant d'autres. »

La clochette appela les passagers pour le souper que Joseph et Lactance avalèrent en vitesse, avant de retourner sur le pont, tandis que le bateau glissait en douceur sur le lac paisible. Une deuxième cloche, celle de la chapelle, les invita à la prière du soir. Cette fois, Joseph fit mine de ne pas entendre et Lactance ne broncha pas. Il voulait fixer dans sa mémoire les premières images qu'il captait de son nouveau pays : la rivière Hudson, mince comme un fil, dans laquelle ils venaient d'entrer, le feuillage vert pâle des rives, qui rappelait celui plus touffu de la Petite-Nation... De temps à autres, l'adolescent oubliait le décor et ne pensait plus qu'à sa mère chérie qu'il s'en allait retrouver. Serait-elle pleine de tendresse pour lui ? Lui en voudrait-elle d'avoir tant insisté pour qu'il vienne la rejoindre ? Elle était tout l'un ou tout l'autre avec lui. Aussi s'efforcerait-il de ne pas l'exaspérer.

Sur le coup de onze heures, Lactance consentit à rejoindre la cabine des hommes, dont le mur était tapissé de couchettes individuelles. La première heure, il toussa sans arrêt. Joseph se félicita d'avoir apporté du sirop que son petit-fils avala de mauvaise grâce, convaincu que c'était inutile. Le grand-père occupait la place à gauche de Lactance et quand celui-ci devint soudainement silencieux, il se leva et tira le rideau qui les séparait. L'adolescent dormait enfin. Sa respiration était régulière, bien que bruyante, comme si sa gorge était chargée de sécrétions. Rassuré néanmoins, il retourna se coucher.

Les heures passaient et le vieux Joseph n'arrivait pas à dormir tant il se tourmentait. Ce voyage, il avait consenti à l'entreprendre parce que Papineau avait insisté. Dans ses lettres, son fils paraissait partagé entre l'envie de rentrer au pays et celle, plus raisonnable, de refaire sa vie aux États-Unis. «Je me déciderai lorsque nous en aurons discuté, vous et moi», lui avait-il écrit. Joseph accourait donc, comme il le faisait chaque fois qu'un de ses enfants le réclamait. Il savait bien ce qu'il dirait à Papineau, car dans son esprit, cela ne faisait aucun doute : il ne devait revenir au Bas-Canada sous aucun prétexte. Ni comme seigneur de la Petite-Nation, encore moins comme homme politique. Papineau était désormais méprisé des uns et haï des autres.

Le vieillard se tourna la tête contre le hublot, envahi des pires pressentiments. Il s'imaginait devant Papineau qui réclamait la vérité, toute la vérité, confiant que lui, Joseph, lui donnerait l'heure juste. Fallait-il lui dire qu'à Montréal on le pendait en effigie, à côté du vieux brûlot, comme un renégat, voire un ennemi des patriotes ?

Joseph ne supportait pas qu'on tourne son fils en dérision, ce dont les journaux bureaucrates ne se privaient pas. Il s'irrita en pensant à l'article du *Populaire*, qui rapportait une rumeur si absurde qu'en toute autre circonstance il se serait esclaffé. Ce torchon prétendait que Papineau avait été vu en ballon... au-dessus de Saint-Denis, criant aux «Jean-Baptiste» : «Courage, mes amis, j'arrive avec soixante mille Américains!»

Non, se dit Joseph, je n'entrerai pas dans tous ces détails sordides. Papineau était assez ébranlé sans qu'il en rajoutât. Il se tourna sur sa paillasse, décidé à chasser ses soucis. Il était deux heures du matin et il n'avait pas encore dormi. Il glissa alors dans le sommeil, tout doucement, l'image saugrenue de son fils perché dans sa montgolfière s'estompant peu à peu.

Douze heures plus tard, le grand-père et son petit-fils débarquèrent à Whitehall. Après un copieux repas à l'auberge, ils s'entassèrent, avec une dizaine de passagers, dans la diligence qui roula lentement jusqu'à Saratoga. De la route sablonneuse s'élevaient des tourbillons de poussière qui indisposaient les voyageurs. Maintenant que les chemins à lisses reliaient la plupart des villes de l'est américain, ils trouvaient inconcevable que la région ne soit pas mieux desservie.

Joseph avait du sommeil à rattraper et il somnola durant tout le trajet. Il ronflait avec vacarme, ce qui mit Lactance à la gêne. Coincé entre un voyageur plantureux, qui buvait du whisky comme de l'eau, et son géant de grand-père, il était incapable de bouger. Les pieds posés sur les bagages de ses voisins, il avait les genoux à la hauteur du menton. En descendant de voiture, devant l'hôtel The Pavillon, il était si ankylosé qu'il rata le marchepied et s'étendit de tout son long. Dans la voiture qui le conduisait chez ses parents, il s'aperçut qu'il avait oublié sa valise dans le *stagecoach*.

CHAPITRE VIII

Le vieux Joseph

Depuis leur retour de New York, les Papineau habitaient au Highland Hall, une pension située au sud de Saratoga, un peu en dehors du village. Les Walworth avaient bien essayé de les retenir à Pine Grove, mais l'arrivée prochaine de Lactance et de Joseph Papineau aurait compliqué le quotidien des deux familles. Aussi louaient-ils un étage complet de l'établissement réputé pour sa bonne tenue. Le beau temps persistait et la chaleur devenait difficile à supporter, le thermomètre atteignant facilement les 90 degrés en matinée. Les fenêtres de l'appartement n'en demeuraient pas moins fermées de jour comme de nuit, sur ordre de Julie, car Azélie avait la rougeole. Son petit visage était couvert de picots rouges et elle était fiévreuse.

Mettant ses griefs de côté, Julie voulut faire venir Robert Nelson qui soignait la petite depuis sa naissance. Papineau s'y opposa, mais au nom du gros bon sens : le docteur pratiquait à Plattsburg et il eût été exagéré de lui imposer pareil déplacement, alors qu'il y avait, à Saratoga, un jeune médecin canadien, Guillaume Beaudriau, qui ne leur était pas inconnu puisqu'il avait étudié avec Amédée, au collège de Montréal. Julie se rallia à contrecœur puis s'en félicita car sa fille fut sur pied avant l'arrivée de son grand-père.

Pendant qu'Azélie grimpait sur les épaules du vieux colosse, Julie, elle, se jetait dans les bras de Lactance qui répétait :

«Maman, ma petite maman...

— Te voilà enfin, mon chéri. Tu m'as tellement manqué. Parle-moi d'Ézilda et de Gustave. Ils ont dû avoir beaucoup de chagrin en te voyant partir.»

Elle ne lui laissait pas le temps de répondre. De nouvelles questions fusaient. Comment se débrouillait Marie-Rosalie à Maska ? Plutôt mal, à en croire Lactance, qui lui apprit que les soldats étaient entrés dans la seigneurie Dessaulles sans crier gare, comme s'ils espéraient y débusquer quelque criminel caché sous un matelas. Et la bonne ? la fidèle Marie ? Julie voulait savoir si elle tenait le coup avec tous ces énervements. Elle devenait grincheuse en vieillissant, mais elle avait toujours bon cœur, répondit Lactance.

Papineau réclama la permission d'embrasser son fils que Julie accaparait depuis son arrivée. Il le trouva maigre, boutonneux, un peu nerveux, mais débordant d'enthousiasme à l'idée de vivre aux États-Unis. Joseph lui sembla fatigué et plus sourd qu'avant son départ. Amédée qui avait quitté l'étude de Me Ellsworth plus tôt que d'habitude, cet après-midi-là, arriva à la pension de ses parents à temps pour se mettre à table. La famille n'avait pas été aussi complète depuis longtemps.

« À Montréal, annonça Joseph, le nom de Papineau est honni.

— Comment ça ? demanda Amédée, toujours prêt à monter sur ses ergots.

— Le chemin Papineau n'existe plus, ni le square Papineau. »

Le vieux Joseph avait toujours ressenti une certaine fierté d'avoir donné son nom à des lieux publics.

« Des noms de rues, ça ne se change pas, fit Amédée, toujours incrédule.

— Renseigne-toi, on te confirmera que c'est maintenant le chemin Victoria et la place de la Reine. Après avoir honoré mon nom, ils l'ont désavoué.

— Ce n'est pas vous qui étiez visé par ce geste, papa, corrigea Papineau, c'est moi. Mais parlons d'autre chose. Dites-nous comment vont les enfants de ma sœur. Louis-Antoine ne nous a pas écrit depuis son retour à Maska. »

Lactance annonça que son plus jeune fils, Casimir, avait remporté les honneurs aux examens de fin d'année du collège de Saint-Hyacinthe.

« Et toi, Lactance, tu ne figures pas sur la liste des lauréats ? »

Papineau avait posé la question assez froidement et Lactance en ressentit un malaise. Pour son plus grand soulagement, Julie vola à son secours, preuve qu'il était dans ses bonnes grâces. Il l'aurait couverte de mille baisers.

« Lactance en a eu beaucoup sur les épaules, cette année, dit-elle pour expliquer ses résultats médiocres. Compte tenu des circonstances, il s'est bien tiré d'affaires. »

Elle en profita pour détourner la conversation. Son service de vaisselle en porcelaine anglaise, cadeau de Joseph, avait-il été transporté chez sa belle-sœur, à Maska ? Il l'avait été mais, faute de temps, ses sofas et ses chaises étaient restés à Montréal. Papineau apprit que sa bibliothèque, qui avait échappé au pillage, était rendue à Saint-Hyacinthe. Les prêtres du séminaire avaient dissimulé une partie de ses livres parmi les leurs, les autres ayant été cachés dans le grenier du manoir Dessaulles. Lactance fut trop heureux d'annoncer à son père qu'il avait préparé une copie du catalogue, comme il le lui avait demandé.

« J'ai aussi la liste des livres manquants », ajouta-t-il, en se levant pour aller chercher son carnet.

Cela donna l'occasion à ses parents de réaliser que Lactance avait dépassé son frère Amédée d'un pouce. L'aîné ne put s'empêcher de le comparer à la mauvaise herbe qui pousse comme du chiendent, une vieille blague qui revenait chaque fois que le cadet s'étirait en longueur.

« Je pèse 98 livres, dit Amédée. Regarde un peu mes muscles.

— Bof ! c'est juste du lard. Moi je pèse 100 livres. Et maintenant je peux te regarder de haut, vieux frère.

— Penses-tu que j'envie un gringalet comme toi ? C'est ce qu'il y a entre les deux oreilles qui compte, fit Amédée, soucieux de ne pas perdre ses privilèges d'aîné.

— Parlant d'oreille, fit Lactance en baissant le ton, grand-père l'a un peu dure. Vous feriez mieux de le regarder lorsque vous lui parlez. »

La famille se déplaça au salon pour prendre le thé et Papineau s'installa dans un fauteuil, près de Joseph, du côté de sa bonne oreille.

« Mon fils, dit gravement celui-ci, après avoir allumé sa pipe, inutile de te le cacher, tu ne pourras pas revenir en Canada de sitôt. As-tu songé à échanger ta seigneurie contre des terres dans l'État du Maine ?

— J'espérais qu'on pût se renflouer en poursuivant les colons qui ne paient pas leurs droits seigneuriaux.

— Au pays, tout le monde est si endetté, se désola Joseph. On ne peut rien exiger d'eux. À moins de les déposséder, tu n'obtiendras pas un sou. Tandis qu'ici...

— Vendre ma seigneurie ? Sacrifier l'héritage de mes enfants ? Ça me semble prématuré, répondit Papineau d'un air pensif. D'un autre côté, je n'ai plus les moyens de l'exploiter.

— Sans compter que de nouvelles dépenses sont à prévoir. Il faudrait acheter des brosses pour le moulin et des grains de semence au printemps. Ton frère Denis-Benjamin et moi, nous faisons tout ce qui est humainement possible pour sauver ton domaine mais c'est toi, le seigneur. La décision te revient.

— J'y réfléchis, l'assura Papineau. Mais c'est une décision qui m'arrache le cœur.

— En attendant, je pourrais vendre tes meubles à l'encan. L'argent servirait à t'acheter un ménage neuf. Julie doit se sentir à l'étroit, ici, en pension.

— Ça va, Joseph, je me débrouille, le rassura Julie. Mais je pense comme vous, il est temps d'envisager notre installation définitive. »

Papineau paraissait abattu. Il avait toujours rêvé de finir ses jours au milieu des siens, à la seigneurie de la Petite-Nation. Il aimait passionnément cette forêt d'épinettes et de pins géants qui se jetaient dans la rivière Outaouais et s'était si souvent promené dans les sentiers en terre battue, à tracer des plans. Un moulin banal, au pied de la chute, une école au cœur du village et, pourquoi pas ? une chapelle, puisque Julie y tenait. Il aurait donné cher pour s'enfoncer dans les bois avec ses colons, défricher les champs, puis construire une cabane ou une étable, creuser un puits, clôturer... Voir des lieues de broussailles se métamorphoser en lopins propres à la culture. Allait-il perdre tout cela à jamais ? Fallait-il absolument faire une croix sur le plus beau de ses projets ? Il regarda Julie, comme s'il l'implorait de lui donner raison.

Il n'avait jamais réussi à lui communiquer sa passion pour la Petite-Nation. L'idée même de s'y établir un jour la faisait frémir. Il n'en doutait pas, avec le temps, il aurait réussi à lui faire aimer cette nature sauvage, si difficile à dompter. Julie se serait laissé séduire par le manoir qu'il voulait lui construire sur un haut plateau surplombant la rivière. Il rêvait d'un château en pierre de taille, avec deux tourelles, de chaque côté du corps principal et dans lesquelles il installerait sa précieuse bibliothèque.

Joseph, qui observait son fils, devinait son trouble. Ne ressentait-il pas lui-même une sorte de désespoir à l'idée que leur seigneurie passât en d'autres mains ? Le premier, il s'était esquinté avec sa Rosalie, toute minuscule mais d'une dextérité surprenante, dans ce pays ingrat qui lui collait à la peau. Il se revoyait ramant jusqu'à l'épuisement pour atteindre sa maison en bois rond construite de ses mains sur une petite île, au milieu de l'Outaouais qu'il s'entêtait à appeler l'Ottawa, comme au début du siècle.

Mais lui non plus n'entrevoyait pas de solution. Il ne pouvait même pas envisager de racheter la propriété à Papineau. Ni la céder à un autre de ses fils. Denis-Benjamin faisait un excellent intendant, mais il n'avait pas un rond. Toussaint-Victor était curé et Augustin, le notaire, avait dû hypothéquer sa maison, à Maska. Ayant passé l'année en prison, pour sa participation au soulèvement, il avait perdu sa clientèle qui craignait les représailles.

« Écoutez, mes enfants ! avertit Joseph, qui réclama l'attention de tous. Le gouverneur a l'intention de confisquer les propriétés des condamnés politiques. On ne peut pas prévoir jusqu'où il est capable d'aller. Une chose est claire : tu ne serais pas en sûreté en Canada. Tes ennemis pourraient te faire un mauvais parti. Même tes amis ne sont plus sûrs.

— Je me doutais que je n'étais pas le bienvenu, admit Papineau. Mais je ne pensais jamais que mes amis me feraient défaut. »

Il soupira de dépit avant d'ajouter :

« Louis-Hippolyte LaFontaine est passé me voir il y a quelque temps. Il m'a paru confiant et prétend avoir de l'influence sur lord Durham.

— Allons donc ! protesta Joseph. Ton LaFontaine a beau se démener comme un diable dans l'eau bénite, il ne se rend jamais plus loin que l'antichambre du gouverneur. Ton ennemi juré, l'affreux journaliste Adam Thom, lui, circule comme bon lui semble, au château Saint-Louis. Tu veux la vérité, mon fils ? À Montréal, comme à Québec, il n'y a plus un chrétien de Canadien qui compte le moindrement ou qui ose encore réclamer nos droits ! »

Après le dîner, Louis-Joseph emmena ses deux fils se promener en ville. Julie resta seule avec Joseph. Elle ne lui trouvait pas bonne mine et le lui dit sans ménagement. Il se déplaçait avec difficulté et respirait lourdement, comme s'il manquait de souffle.

«On dirait un vilain rhume que vous auriez mal soigné, beau-papa.

— J'ai essuyé deux mois de maladie, concéda-t-il. À présent, ma santé est rétablie, si j'en crois le docteur, mais je suis sourd comme un pot et, pour dire vrai, ça va cahin-caha.

— Je vais m'occuper de vous, lui promit-elle en lui prenant les mains. Vous allez remonter la côte dans le temps de le dire. Je suis tellement contente que vous soyez là, Joseph. Et vous m'avez ramené mon Lactance.

— Je ne pouvais pas le laisser venir tout seul. Il est trop sensible, Lactance. Il se met tout à l'envers pour un rien. J'ai quinze petits-enfants mais celui-là, il est particulier. Il a plus besoin de moi que les autres.

— Oui, il a besoin de son cher grand-papa, acquiesça Julie. Je l'observais à table. Il vous regardait avec une telle tendresse. Ses yeux brillaient. Parfois, cet enfant m'inquiète. Il est si fragile, si vulnérable.»

Julie s'occupa d'abord de récupérer la valise de Lactance. Après d'infructueuses démarches, elle menaça le directeur de la compagnie de transport de poursuites judiciaires s'il ne prenait pas l'affaire en main. Le long sac de cuir fut retrouvé éventré au fond d'un hangar, derrière la gare, mais son contenu était intact. Malgré ce contretemps, Lactance était radieux et répétait que, la prochaine fois, il saurait se défendre contre les *yankee tricks*.

Contrairement à Papineau, Julie le trouvait moins nerveux qu'avant. Il avait mûri. Si seulement il n'oubliait pas toujours tout! La veille, elle avait buté contre un panier sur le plancher de sa chambre. Lactance y avait déposé des chenilles vivantes qui cherchaient à sortir de leurs chrysalides. Il les avait abandonnées dans un coin sombre pour aller jouer à la balle avec Amédée et les insectes se promenaient partout dans la pièce. Mais comme il n'était pas de nature rancunière, l'adolescent avait pardonné à sa mère d'avoir jeté aux ordures ses précieux spécimens.

En revanche, lorsque Julie lui exposa les projets qu'elle caressait pour lui, il parut contrarié. Il ne comprenait pas qu'elle lui demandât de demeurer à Saratoga, alors qu'elle irait s'établir à Albany avec Papineau.

«C'est seulement à quelques heures d'ici, le rassura-t-elle. Tu viendras nous voir quand tu voudras. Et puis, tu ne seras pas seul puisque Amédée reste aussi. Tu feras la connaissance de ses amis. Ils sont charmants, tu verras. C'est tout de même mieux que de retourner pensionnaire dans un collège.

— Et qu'est-ce que je ferai de mes journées si vous n'êtes pas là?

— Lactance, tu as dix-sept ans, tu sauras bien patienter quelques semaines. Notre ami, le juge Walworth, te trouvera une place chez un de ses collègues. Nous aurons des nouvelles prochainement. Ne t'inquiète pas, tout ira très bien.

— Mais je veux rester auprès de vous! pleurnicha-t-il.

— Ne fais pas le bébé, Lactance! J'ai essayé de te confier à une famille d'Albany, mais je n'ai pas réussi. Ce n'est pas tout le monde qui accepte de s'occuper d'un jeune homme.

— Je ne resterai pas ici. Pas question!» s'entêta-t-il en tapant du pied.

Julie le prit par les épaules et lui dit sans élever la voix:

«Écoute-moi bien, Lactance. Tu vas faire ce que je te dis, sinon tu retourneras à Maska avec ton grand-père. Compris?»

Lactance n'insista pas. Et comme sa bonne étoile le suivait, cette année-là, c'est à Albany, plutôt qu'à Saratoga, que le juge Walworth lui dénicha un emploi. Il quitta donc son frère Amédée, peu après, et prit ses fonctions de copiste chez le colonel Paige, un magistrat à la tête toute blanche qui l'accueillit chez lui comme l'enfant prodige.

Resté seul à Saratoga, Amédée se promenait dans les rues désertes comme une âme en peine. L'été fini, les hôtels de villégiature se vidèrent, car la plupart fermaient leurs portes pour l'hiver. Les vacanciers partis, il restait à peine deux mille âmes dans le village. On ne voyait plus un chat dans les cafés.

Le soir, après le dîner, il marchait jusqu'à la gare. Mais il n'attendait personne. Indifférent, il regardait les manœuvres qui déchargeaient les caisses de fruits, se choisissait de belles pêches qu'il payait quinze sous la douzaine et rentrait à sa pension pour écrire son journal.

«Papa, maman, Lactance et Azélie sont à Albany, nota-t-il, peu après le départ de son frère. Mon grand-père Joseph est reparti au pays... Nous voilà encore une fois dispersés comme les feuilles par le vent d'automne...»

CHAPITRE IX

Bal à Albany

Pour souligner l'arrivée des Papineau à Albany, James Porter organisa une fête somptueuse à sa propriété donnant sur le parc du Capitole. Le greffier à la chancellerie de l'État de New York connaissait Papineau depuis une vingtaine d'années. À chacun de ses rendez-vous d'affaires, à Montréal, il se faisait un devoir – mais c'était un plaisir – d'aller le saluer, rue Bonsecours. Maintenant banni du Bas-Canada et réfugié aux États-Unis, l'ami Papineau lui était encore plus cher. Il s'était empressé de lui présenter ses relations politiques et diplomatiques, l'ayant même introduit auprès des conseillers les plus intimes du président américain, Martin Van Buren.

Le carton d'invitation qu'il expédia à ses invités à la mi-septembre mentionnait que ce serait l'occasion de faire la connaissance de l'épouse de Louis-Joseph Papineau, qui avait récemment rejoint son mari en exil. En réalité, James Porter avait une arrière-pensée qu'il se garda bien d'ébruiter. La rumeur d'une invasion prochaine du Canada, par les réfugiés établis aux États-Unis, circulait dans les officines gouvernementales, et les personnalités les plus en vue de la bourgeoisie albanaise s'en inquiétaient. Bien que sympathiques à la cause des patriotes, elles espéraient convaincre Papineau, au nom de l'amitié mais aussi de la raison, d'empêcher toute action qui risquait de contrarier le président.

Ignorant le fin fond de l'affaire, Julie était touchée d'être l'objet de tant d'attentions. Depuis le début de son exil, elle mesurait la chaleur et l'hospitalité des Américains. Mis à part le différend entre Robert Nelson et son mari, elle nageait dans le bonheur. L'installation de Lactance à Albany constituait la première étape de son plan qui serait complété le jour où, dans une maison bien à elle, toute la famille serait réunie. Alors, elle pourrait envisager l'avenir avec sérénité.

Pour l'instant, les Papineau habitaient la résidence cossue des Porter, sur Elk Street, de biais avec la maison d'État. Pavée de blocs de granit, cette rue ombragée était la plus élégante du quartier, avec ses maisons de quatre étages en brique importée de Hollande, construites une quinzaine d'années plus tôt. Le gouverneur William Marcy y vivait aussi, de même que deux des plus anciennes familles hollandaises de la capitale, les Van Rensselear et les Vanderhuyden. Malgré le vent frais qui annonçait l'automne, les portes-fenêtres s'ouvraient sur la pelouse et les invités passaient du salon au jardin, d'où ils pouvaient admirer la coupole du Capitole. Le dîner avait été repoussé d'une demi-heure pour convenir au gouverneur qui arrivait de Washington. De toute manière, Julie n'était pas encore prête et Papineau était descendu seul pour accueillir les invités.

Le gouverneur Marcy surprit tout le monde en faisant son entrée en même temps que les autres convives. C'était un homme d'une simplicité désarmante. Né au Massachusetts, cinquante-deux ans plus tôt, il avait pratiqué le droit à Troy, puis à Albany, avant de se lancer en politique. Ce soir-là, il était accompagné du fils du président Martin Van Buren, dont il était un ardent sympathisant.

William Marcy traversa les salons en enfilade, ornés de tableaux de peintres célèbres, et s'installa avec ses amis dans des fauteuils profonds, disposés par cinq ou six pour favoriser les échanges. Le whisky et le champagne coulaient. Papineau prit place à côté de son bon ami de Saratoga, le chancelier Walworth, tandis que le colonel Paige et James Porter leur faisaient face. Il fut d'abord question du sort des malheureux exilés canadiens aux Bermudes, dont on venait de recevoir les premières nouvelles.

«Le gouverneur bermudien leur a fait des difficultés, rapporta Papineau. Il a d'abord refusé de les laisser débarquer sous prétexte qu'il ne voulait pas que son île devienne une colonie pénitentiaire. Finalement il leur a accordé un sauf-conduit et ils sont libres de circuler où bon leur semble, bien qu'il leur soit interdit de travailler.

— De quoi vivent-ils alors ? s'enquit le chancelier Walworth. Dépendent-ils entièrement de l'assistance de leurs amis ?

— D'après Wolfred Nelson, qui nous a écrit, ils ont mis leurs ressources en commun pour louer une maison à la sortie de la ville. Apparemment, ils chassent, ils fument, ils lisent et ils s'ennuient. »

Les musiciens arrivaient à la queue leu leu, montaient le long escalier en bois foncé et prenaient place sur la galerie, au-dessus du hall d'entrée. L'un accordait son violon, l'autre faisait tambouriner la grosse caisse. Le colonel Paige profita de la distraction pour s'excuser. Il avait quelques mains à serrer et invita le gouverneur à le suivre. James Porter choisit ce moment pour amorcer la conversation qui lui tenait à cœur :

« Monsieur Papineau, mes amis et moi voulions vous parler en apparté.

— Vous n'êtes pas sans savoir que nous sommes d'ardents défenseurs de la liberté, enchaîna le juge Walworth. Notre sympathie va à vos compatriotes qui, comme vous, se sont réfugiés chez nous.

— Votre confiance et votre sollicitude m'honorent, fit Papineau, soudainement très attentif.

— Vous les méritez, mon ami, vous les méritez, reprit le juge d'une voix pleine de chaleur. C'est pourquoi nous tenions à vous implorer d'user de votre influence pour empêcher quiconque de retourner au Canada avec des intentions hostiles.

— Le président Van Buren commence à se montrer impatient et il pourrait ordonner des expulsions, précisa James Porter. Autant nous sympathisons avec votre cause, autant nous déplorons les actes illégaux commis en son nom.

— Je comprends vos inquiétudes, mes amis, et je les partage, admit Papineau. Cette folle aventure aurait des conséquences désastreuses pour ceux qui s'y laisseraient entraîner, mais aussi pour tous ceux qui sont restés au Bas-Canada, et qui subiraient de terribles représailles. C'est ce que je ne cesse de répéter au docteur Robert Nelson et à mes compatriotes imbus de vengeance. En vain, j'en ai bien peur.

— Monsieur Garrot, le shérif du Northern District de New York, m'assure qu'il a dû doubler la garde à la frontière. Il aime les Canadiens et a souvent fermé les yeux, ces derniers temps, mais il a reçu des directives sévères et doit répondre de ce qui se passe ici. »

James Porter esquissa un signe d'impuissance en terminant son plaidoyer. L'orchestre attaqua un pot-pourri d'airs à la mode. Les hommes durent hausser légèrement le ton. Papineau se montra sensible à leur démarche, mais s'avoua terriblement impuissant.

«Les Canadiens sont réduits au désespoir, admit-il enfin. Je crains, moi aussi, qu'ils ne se précipitent aveuglément au-devant du danger. Et je vous avoue que tous mes efforts pour calmer les esprits ont été infructueux jusqu'ici.

— Messieurs, puis-je me joindre à vous sans interrompre votre conciliabule?»

L'ambassadeur de France à Washington, Édouard de Pontois, venait de faire son apparition dans le groupe.

«Faites, monsieur l'ambassadeur, dit James Porter, je vous en prie.»

L'hôte fit un geste de la main, et son domestique approcha un fauteuil à crin abandonné dans un coin peu fréquenté de la pièce. L'ambassadeur, homme élégant à la chevelure argentée, entreprit de raconter de sa voix haut perchée qu'arrivé de Washington la veille, il était descendu au Congress Hall, avec son secrétaire, monsieur de Saligny.

«Vous n'imaginez pas qui est mon voisin de chambre? lança-t-il. Figurez-vous que le secrétaire particulier de lord Durham est de passage à Albany.

— Edward Ellice junior? interrogea Papineau.

— Lui-même, répondit-il. Nous avons cru bon discuter des malheureuses affaires canadiennes. C'est d'ailleurs le sujet de toutes les conversations, ici comme à Washington. Inutile de vous dire que les officiels ont eu vent de ce qui se prépare de ce côté-ci de la frontière. Me permettez-vous d'être franc, monsieur Papineau? Je trouve insensé ce projet de recourir aux armes pour obtenir le redressement de vos griefs.»

Monsieur de Pontois le dévisageait avec une antipathie évidente. Selon son habitude, il se montrait courtois, mais il était clair qu'il ne tenait pas Papineau en haute estime. Il trouvait sa réputation surfaite et lui reprochait d'admirer sans discernement toutes les institutions américaines. L'ambassadeur de France n'avait pas plus de considération pour les autres leaders canadiens qui, jugeait-il, manquaient de fini et d'éducation. À ses yeux, le Canada était un pays arriéré et ses habitants, qui écoutaient Papineau comme un oracle, ne saisissaient pas tous les enjeux de la crise.

Malgré les gestes faussement amicaux dont abusait le diplomate – une tape sur l'épaule, un sourire complice –, Papineau n'était pas dupe. Les deux hommes s'étaient rencontrés à trois reprises et la méfiance qu'ils s'inspiraient mutuellement était à peine voilée. Papineau l'aurait tout bonnement ignoré, n'eût été de l'influence que l'ambassadeur exerçait sur le président des États-Unis.

« Monsieur Ellice m'a appris que lord Durham avait dépêché un émissaire à la Maison-Blanche, annonça l'ambassadeur de France. Il en serait reparti avec l'assurance que les États-Unis ne tenteront ni de relancer la rébellion, ni d'envahir le Canada. Le président Van Buren lui aurait fait savoir que, loin de souhaiter l'annexion du Canada, il la jugeait contraire aux intérêts de son pays. »

Le diplomate se flattait d'avoir ses antennes à Washington. Les ayant consultées discrètement, il avait acquis de nouvelles preuves que l'insurrection préméditée serait un déplorable échec.

« Vous ne ferez jamais des révolutionnaires avec les hommes pacifiques et religieux que sont les Canadiens, dit-il en s'adressant à Papineau d'un ton sentencieux. La population canadienne-française n'est pas préparée aux innovations politiques. Pourquoi, dites-moi, se révolterait-elle contre une administration douce et facile qui lui permet d'exercer ses droits de façon assez étendue et lui assure la liberté de pratiquer son culte ? »

Il acheva sa phrase comme si la conversation devait en rester là, avala une gorgée de champagne et regarda autour de lui pour vérifier l'effet de son commentaire. Papineau caressa le pli de son pantalon, le temps de mesurer la portée de ce qu'il fallait répondre :

« Monsieur de Pontois, répliqua-t-il lentement, en pesant ses mots, peu importe le désespoir de mes compatriotes, il est hors de question d'espérer qu'ils se résignent à être insultés et maltraités comme ils l'ont été dans le passé. Le gouvernement de Sa Majesté britannique ne régnera plus jamais sur le Canada par la soumission volontaire de ses habitants. Sa violence le déshonore, en plus d'entacher la réputation de l'empire. Alors, de grâce, épargnez-moi vos louanges à l'égard d'un gouverneur qui se vante de n'avoir d'autre objectif que d'angliciser la population canadienne.

— Mon cher monsieur Papineau, je me suis sans doute mal exprimé et pardonnez-moi si je vous ai offensé. »

Le diplomate mettait peu de conviction à se justifier. James Porter choisit ce moment pour inviter ses amis à passer à table.

Le juge Walworth le suivit, content d'échapper à la discussion qui devenait embarrassante. L'ambassadeur se leva à son tour, mais il retint Papineau par le bras :

« L'Angleterre est remplie de bonnes intentions, je vous l'assure, monsieur Papineau. Et je me permets de vous demander, disons semi-officiellement, s'il n'y aurait pas moyen de négocier un accommodement. La situation est extrêmement gênante pour les Américains. Vous savez que malgré les appels à la raison du président Van Buren, Londres persiste à reprocher aux États-Unis leur négligence coupable dans ce dossier. »

Papineau eut un haussement d'épaules irrité. Il jugeait que ce n'était ni le lieu, ni l'occasion de discuter de questions aussi délicates.

« Si vous comptez sur l'appui des États-Unis, vous entretenez de dangereuses illusions, poursuivit monsieur de Pontois, pour le forcer à réagir. Comment pouvez-vous croire que la république va se jeter dans une guerre contre l'Angleterre ? Par esprit chevaleresque ? Parce qu'elle est sympathique à votre cause ? Les Américains sont trop bons calculateurs et trop égoïstes pour cela.

— Allons, monsieur l'ambassadeur, ne me sous-estimez pas, rétorqua Papineau en accélérant le pas. Je ne connais pas un pays qui entre en guerre pour une question de principe. Il s'y résigne quand ses intérêts l'exigent. Et je sais, comme vous, que le président des États-Unis a besoin de l'Angleterre pour vendre son coton. À l'heure actuelle, l'annexion du Canada ne l'intéresse pas. »

Papineau avait déjà discuté de tout cela avec le président Van Buren et il n'avait pas besoin de l'ambassadeur de France pour lui faire la leçon. Les États-Unis étaient secoués par une crise financière sans précédent et le moment aurait été mal choisi pour risquer d'entrer en conflit avec la reine Victoria. La tiédeur avec laquelle le président l'avait accueilli ne laissait aucun doute sur ses intentions. Mieux que quiconque, le chef des réfugiés savait que les Américains observeraient la plus stricte neutralité à l'égard du Canada.

« Puisque nous sommes d'accord sur ce point, reprit l'ambassadeur que la mauvaise humeur de Papineau n'ébranlait pas, ne croyez-vous pas que les chefs canadiens ont le devoir d'arrêter une lutte trop inégale et de sauver ce qui peut encore l'être ? Seule une prompte soumission convaincra le gouvernement anglais d'écouter les plaintes de ses sujets et de protéger leurs droits contre le parti qui en demande l'anéantissement. Oui, la modération et la conciliation. Et que cesse cette animosité qui ne fait qu'attiser les passions.

— Votre remarque est d'une grande naïveté, rétorqua Papineau. C'est dans la soumission que les Canadiens réclament leurs droits depuis plus dix ans. En vain, ai-je besoin de vous le rappeler?

— Je ne dis pas qu'il faille tout accepter avec résignation. Réclamez vos droits avec énergie et persévérance auprès du gouvernement britannique mais, de grâce! dissociez-vous de ceux qui préparent de nouveaux troubles.»

Le diplomate fit quelques pas sans lâcher le bras de Papineau.

«Vous pouvez être ce sauveur, reprit-il plus bas. Londres sait que vous avez déconseillé la rébellion. Vous êtes le seul à représenter honorablement la cause canadienne. Séparez-vous dès à présent, et avec éclat, oserais-je dire, des intrigants qui cherchent à exploiter la crédulité des Canadiens. Appelez-les à la soumission et à la patience.»

Papineau, de plus en plus contrarié, ne répondit pas. Monsieur de Pontois se sentait impuissant. Au fond de lui-même, il savait sa démarche inutile. Papineau était un homme honnête, certes, mais d'un esprit médiocre et étroit. Ses idées? Un tissu de lieux communs. Il opposait à la logique de vaines utopies et de puériles illusions. Ne lui avait-il pas déjà avoué qu'il songeait à aller chercher auprès du roi de France l'aide que les Américains pusillanimes lui refusaient? Il l'avait alors prévenu sans ménagement que Louis-Philippe aurait de la sympathie pour sa cause, rien de plus.

Observant le regard fuyant de Papineau, qui cherchait visiblement à s'esquiver, le diplomate se persuada que son interlocuteur n'était pas l'homme de la situation. Eût-il voulu jouer ce rôle de sauveur qu'il lui avait fait miroiter, il n'en avait plus les moyens, son influence et sa popularité ayant décliné depuis les événements de 1837.

«Je vous remercie de vos précieuses recommandations, termina Papineau en lui jetant un regard glacial. Je vous laisse à nos amis, vous avez sans doute quelques sages conseils à leur prodiguer. Quant à moi, je dois escorter ma femme à table.»

Papineau tourna les talons et partit à la recherche de Julie.

Julie portait une robe bleu ardoise garnie d'une pèlerine à pointe, froncée sur la poitrine et recouvrant l'épaule. Elle l'avait repérée au premier coup d'œil, dans un magasin de la Fifth Avenue, à New York. Elle avait paradé comme un mannequin devant Papineau qui l'avait fait pivoter pour apprécier tous les angles et l'avait trouvée très chic. Ce soir-là, elle l'étrennait. À la place de son habituel bonnet de dentelle, elle n'avait, pour tout ornement, qu'un gros peigne d'écaille posé sur sa coiffure à larges rouleaux. Ses longs pendants d'oreille s'harmonisaient avec la montre suspendue à sa ceinture.

Pendant que les hommes discutaient au salon, les dames s'étaient retirées dans la chambre de compagnie, dont le décor était plus intime. La pièce, qu'affectionnait madame Porter, était ornée de rideaux de moire et mousseline à franges. Sur le chiffonnier en bois de rose, de magnifiques chandeliers argentés avec mouchettes retenaient l'attention. Seul le tapis de Bruxelles d'un vert affadi assombrissait le décor par ailleurs charmant.

Assise au milieu du canapé, Julie paraissait toute menue entre une grosse dame en robe rose à crinoline et une autre outrageusement maquillée, qui n'était plus très jeune et portait un costume émeraude. À l'accent, Julie constata qu'elles étaient toutes deux anglaises. Depuis une demi-heure, elles devisaient gaîment du sujet à la mode : le couronnement de la jeune reine Victoria, qui avait eu lieu à Londres le 28 juin, et dont les journaux fraîchement arrivés en Amérique rapportaient les faits saillants.

«Paraît-il qu'il y avait quatre cent mille personnes, dit madame Porter qui se délectait des sagas royales. On rapporte aussi que les gens campaient dans les parcs autour du palais royal. Jamais la capitale n'a accueilli autant de visiteurs. Les bousculades ont occasionné des accidents graves.»

Anglaise de naissance, Bessie Porter racontait avec enthousiasme les fastueuses fêtes dont elle avait lu le compte rendu dans les gazettes. Le cortège royal avait quitté le palais de Buckingham en carrosse ouvert pour gagner l'abbaye de Westminster, en passant par Hyde Park, Piccadilly et St. James Street. Durant tout le parcours, il y avait des gens sur les trottoirs, sur les balcons, même sur les toits.

«Les journaux rapportent que Victoria paraissait écrasée sous le poids de sa couronne, ajouta madame Porter. Elle portait un manteau en drap d'or. La bague de rubis était trop petite pour son annulaire et l'évêque a dû la glisser dans son auriculaire.

— La cérémonie a duré cinq heures, ajouta la grosse dame à crinoline. *Imagine! Poor Queen!* Elle n'était pas au bout de ses peines, car il y eut aussi un dîner d'apparat suivi d'un feu d'artifice.

— Saviez-vous que des pièces de monnaie ont été battues en son honneur? fit à son tour l'Anglaise en costume émeraude. Au revers, on a sculpté un portrait de Victoria guidant un lion.

— Ah! bon, fit Julie, que l'étalage de ce luxe royal gênait plutôt qu'autre chose.

— Apparemment, la reine a tellement grossi qu'elle n'ose plus commander ses robes à Paris, susurra l'une des deux dames anglaises sur le ton de la médisance. On dit aussi qu'elle a un amoureux secret, le prince Albert de Saxe-Cobourg.

— C'est un Allemand et il n'a pas bonne réputation à Londres, insinua l'autre en s'esclaffant. Ma cousine m'a écrit qu'il veut épouser la plantureuse reine à cause de sa bourse encore plus rebondie...

— Comme vous êtes méchante, mon amie, la gronda Bessie Porter qui n'appréciait pas non plus les allusions de son invitée sur les intentions cachées du prince. Si j'en crois mes propres sources, il serait plutôt beau, avec sa délicate moustache, ses favoris légers et ses cheveux blonds assez longs, à l'européenne. Je trouve qu'il ferait très bien au palais de Buckingham,

— Si vous me permettez, mesdames, les amours de Victoria et le gaspillage dont la famille royale fait étalage me scandalisent plus qu'ils ne m'éblouissent, remarqua Julie. Quand je pense à la mendicité à laquelle sont réduits les sujets canadiens de Sa Majesté, je ne peux qu'être révoltée.

— Vous avez raison, s'excusa madame Porter. Comme nous sommes maladroites.»

Et alors, l'une des deux Anglaises prit la main de Julie et lui glissa à l'oreille avec des trémolos dans la gorge :

«*Dont be so cruel with the Queen, Mrs. Papineau.* La reine n'a-t-elle pas convaincu son gouvernement d'amnistier la plupart des rebelles? Vous devez lui en être reconnaissante.

— Madame, répondit Julie sans s'emporter, Londres n'a jamais fait de cas des besoins légitimes de ses citoyens du Canada.

Vous me permettrez de ne pas m'extasier devant les richesses déployées et les étincelants banquets donnés en l'honneur de votre souveraine. Après le cauchemar que nous venons de vivre, vous comprendrez que je n'aie pas grand intérêt pour les contes des mille et une nuits à l'anglaise. Je n'ai pas cette abnégation. »

Papineau entra à ce moment dans la chambre de compagnie.

« Voici mon mari », fit-elle en l'apercevant.

Il n'aurait pas pu mieux tomber. Après les présentations d'usage, il rappela aux dames que le dîner allait bientôt être servi et qu'elles étaient attendues à la salle à manger. Il se proposa pour les escorter. Julie prit un bras et madame Porter l'autre, et c'est en charmante compagnie qu'il fit son entrée dans la pièce somptueusement décorée. Il conduisit Julie à sa place, à l'extrémité de la grande table en acajou, où James Porter l'invita à s'asseoir.

« Alors ? Tu t'amuses ? » souffla Papineau à l'oreille de Julie, un rien moqueur, avant de la quitter sans attendre sa réponse, pour gagner sa place à l'autre bout de la table, à côté de Bessie.

❧

Pendant ce temps, dans la bibliothèque des Porter, où étaient réunis les jeunes gens, Amédée discutait à voix basse avec les deux fils de la maison, James junior, venu de Pennsylvanie expressément pour cette soirée, et Edward, son jeune frère, étudiant à l'école de Poughkeepsie. Les événements qui se préparaient à la frontière n'avaient plus de secret pour lui. À le voir attentif au moindre bruit, comme s'il croyait débusquer une oreille indiscrète, on aurait pu le prendre pour un conspirateur à la veille d'un coup d'État. Appuyé sur sa canne de jonc, dont il manipulait mécaniquement le pommeau, il portait fièrement ses trop longs cheveux, qui retombaient sur sa casaque. À côté de lui, Lactance, jusque-là muet comme une carpe, commençait à se dégêner. Il saisissait de mieux en mieux ce qui se disait en anglais autour de lui.

« Ça sera une attaque générale, annonça Amédée. Et je sais de source sûre que, cette fois, il y aura des armes en quantité. Surtout, n'en dites rien, c'est un secret.

— Est-ce vrai qu'ils sont déjà plus de dix mille à avoir adhéré à une société ultrasecrète ? » demanda James junior qui, sans vouloir offenser Amédée, l'avisa que son secret était trahi.

Amédée fit un signe de tête. Il n'hésitait pas à confirmer le chiffre impressionnant, car il connaissait personnellement bon nombre de membres de cette nouvelle confrérie. On les appelait les Frères chasseurs. Pour montrer à ses amis qu'il était bien au fait de ce qui se tramait, il décrivit comment se déroulait l'initiation.

« Tout se passe la nuit, commença-t-il. Les yeux bandés, les nouveaux membres prêtent serment d'obéissance à genoux. Sur le Saint Évangile, ils jurent le silence absolu. C'est très sérieux, car ils consentent à avoir le cou coupé jusqu'à l'os s'ils manquent à leur promesse. »

— Comment le sais-tu puisqu'ils n'ont pas le droit d'en parler ? demanda Lactance, qui ne prêtait pas foi aux fanfaronnades de son frère trop fantasque. Qui t'a raconté tout ça ?

— Tu ne penses quand même pas que je vais moucharder mes camarades ? Mais je peux te dire que les Frères chasseurs ont inventé des signes pour se reconnaître. Lorsqu'ils se rencontrent dans la rue, ils placent le petit doigt de leur main gauche dans l'oreille gauche.

— Ça doit avoir l'air idiot », fit Lactance qui mimait comiquement les gestes qu'Amédée décrivait.

Plus sérieusement, l'aîné des frères Porter demanda quel but poursuivait cette armée secrète.

« L'indépendance du Canada, fit Amédée sans hésiter. Robert Nelson est le Grand Aigle. Il recueille des fonds et achète des armes. Les munitions sont cachées près de la frontière. »

Les connaissances d'Amédée impressionnaient les jeunes gens qui faisaient cercle autour de lui. Sur un ton professoral, il multipliait les détails : le simple soldat s'appelait un chasseur ; le caporal, une raquette ; le capitaine, un castor, et le chef de division, un aigle.

« Lorsqu'ils parlent de la révolution, ils disent "la boule" », conclut-il.

L'interrogatoire ne dérougissait pas. L'un voulait savoir si le plan d'attaque était arrêté, l'autre, si le mouvement s'étendait de part et d'autre des frontières.

« Je ne sais pas si je peux répondre, fit Amédée, réalisant brusquement qu'il en avait trop dit.

— Allons, réponds ! insista Edward Porter.

— Parle ! menaça Lactance, sinon nous croirons que tu n'en sais pas plus.

— Le 3 novembre, deux colonnes s'empareront du village de Saint-Jean et du fort Chambly. Au premier signal, ils marcheront sur Montréal. Et je vous garantis que le moral des troupes est bon.

— Les Américains n'embarqueront pas, fit Lactance. Papa en est convaincu.

— Les banques américaines n'aideront pas, c'est sûr, car elles sont les ennemis naturels de la liberté, répondit Amédée, qui ne voulait pas contredire son père. Mais les Frères chasseurs comptent dans leurs rangs de nombreux citoyens américains, encouragés en sous-main par Washington et encadrés par des "officiers de Napoléon".

— À table ! les jeunes, leur signifia Bessie Porter. Il ne manque que vous. Même les dames ont déjà pris leurs places.»

À regret, les jeunes gens durent interrompre leur conciliabule pour rejoindre leurs aînés dans la salle à manger. Amédée leur avait d'abord arraché la promesse qu'il ne serait pas question des Frères chasseurs autour de la grande table.

Le dîner débuta au son d'une musique de chambre apaisante. La pièce était décorée avec goût. Deux candélabres en bronze trônaient sur la cheminée et, dans l'âtre, un magnifique ensemble de chenets luisait. Sur le grand buffet, voisinant un vase en porcelaine de Dresde monté sur or moulu, une horloge indiquait vingt heures. En face, sur la console en acajou sculpté, surmontée d'une glace à la française, le coffret de l'argenterie était rempli d'ustensiles plaqués argent, une nouvelle technique qui, aux État-Unis, remplaçait le service traditionnel. Les convives attaquaient le potage Bercy quand William Lyon Mackenzie entra en trombe dans la pièce. Se confondant en excuses pour son impardonnable retard, il s'assit à la place vide, à côté de Julie.

«Prenez le temps de vous remettre, monsieur Mackenzie, lui dit madame Porter. Nous commençons à peine à manger.»

L'Écossais aux cheveux roux semblait nerveux. Il mit sa serviette de table sur ses genoux, puis la déposa sur la table, à côté de ses fourchettes. Il hochait la tête comme si quelque chose d'incroyable venait d'arriver. Papineau, qui le connaissait bien, s'enquit de ce qui l'énervait ainsi.

« Allons, Willie, ne nous faites pas languir. Vous voyez bien que nous sommes curieux de savoir ce qui vous met dans cet état.

— Incroyable ! Tout simplement incroyable ! répétait-il sans plus.

— Monsieur Mackenzie, supplia Julie, dites-nous au moins qu'il ne s'agit pas d'une catastrophe.

— Londres a désavoué le gouverneur Durham, lâcha-t-il enfin. La nouvelle nous est parvenue par le *William Royal*, qui vient de mouiller l'ancre à New York. À l'heure actuelle, le principal intéressé n'en a probablement pas encore été avisé.

— L'information est sérieuse ? interrogea Papineau.

— Vous savez ce que cela signifie, n'est-ce pas ? demanda Willie. Autrement dit, l'ordonnance concernant les prisonniers exilés aux Bermudes est caduque. »

Il y eut d'abord un silence. Ensuite, tout le monde se mit à parler en même temps. La décision semblait invraisemblable à certains, alors que d'autres en supputaient les conséquences. Lorsque Papineau voulut commenter, tout le monde se tut :

« C'était prévisible, dit-il. En décidant du sort des accusés, sans leur accorder de procès, lord Durham a violé une loi chère au peuple anglais. Non seulement il a ordonné la déportation de huit hommes qui n'ont pas été jugés, mais encore il les a expédiés dans une colonie sur laquelle il n'a aucune juridiction. Enfin, toujours sans procès, il a prononcé la peine de mort contre ceux qui ont fui aux États-Unis en décembre 1837. Tout cela est éminemment illégal et l'Angleterre n'avait d'autre choix que de condamner sa décision despotique.

— Ce qu'affirme mon ami Papineau est exact, confirma le chancelier Walworth, et je m'étonne qu'à ce jour aucun d'entre nous n'ait anticipé le geste de Londres. Les ordonnances du gouverneur violent la loi anglaise. Et l'ordre de déportation y contrevient, ce que les conseillers juridiques du gouvernement impérial ont tout de suite vu.

— C'est un abus de pouvoir, insista Papineau, en jaugeant les réactions perplexes autour de la table. Dans l'Empire britannique, personne ne peut être condamné sans procès.

— Permettez, intervint le général Ducoudray Holstein, haut gradé français, qui enseignait les langues à Albany. En France, l'empereur Napoléon, que j'ai eu l'honneur de servir jadis, a bel et bien été condamné à l'exil sans procès.

— Napoléon n'était pas sujet britannique comme les patriotes, risqua Julie.

— Vous avez raison, madame Papineau, mais vous vous souviendrez que, tout respectueux des lois que soient les Anglais, ils l'ont quand même déporté à l'île Sainte-Hélène, sans qu'aucune accusation ait jamais été portée contre lui.

— C'est exact, mon général, mais convenez que c'est rare, commenta Mackenzie, qui avait fini par reprendre son souffle. En tout cas, à Londres, la décision de lord Durham a choqué et la réprobation a été générale. Il faut dire que le gouverneur avait déjà indisposé la Chambre en choisissant comme secrétaires des hommes à demi tarés, ce qui, d'ailleurs, lui a valu le surnom de «lord High Seditioner».

— Reconnaissez tout de même qu'en Canada ces mesures ont été adoptées dans un esprit de justice, nuança l'ambassadeur de Pontois. Quel que soit le jugement que l'on puisse porter sur la légalité de l'acte qui est reproché au gouverneur, il est certain qu'il s'est toujours montré libéral et modéré, voire conciliant.

— Monsieur de Pontois, protesta Papineau en hochant la tête, ne comptez pas sur moi pour prendre la défense d'un homme qui voulait faire du Bas-Canada un pays entièrement anglais. Rappelez-vous, le gouverneur souhaitait effacer les lois existantes et leur en substituer d'autres, toutes britanniques. Quoi que vous en pensiez, ses intentions étaient inqualifiables.

— Je suis d'accord avec monsieur Papineau, dit William Lyon Mackenzie en fixant l'ambassadeur. Lord Durham s'était fixé comme objectif, et je le cite de mémoire, de "noyer les misérables jalousies d'une petite société et les odieuses animosités de races dans les sentiments élevés d'une nationalité plus noble et plus vaste".»

Monsieur de Pontois ne releva pas les propos de Mackenzie. Il ne convaincrait personne autour de la table. Julie en était à se demander quelles seraient les répercussions de cette décision pour Louis-Joseph. Était-il libre de retourner en Canada? Elle s'adressa à Mackenzie:

«Tous les exilés pourront-ils rentrer au pays quand bon leur semblera ?

— Tout à fait, trancha l'Écossais.

— Savez-vous si Wolfred Nelson et les autres ont été prévenus qu'ils peuvent quitter les Bermudes ? demanda-t-elle encore.

— Je ne sais trop.

— Et les réfugiés accusés de haute trahison, qu'adviendra-t-il d'eux ?» insista Julie.

La confusion régnait. À l'évidence, Papineau ne partageait pas l'optimisme de son ami Mackenzie.

«Je présume, comme Willie, que nos amis exilés sont libres de quitter les Bermudes, mais je ne crois pas qu'ils pourront rentrer en Canada sans risque. Ni les déportés, ni les réfugiés. Moi non plus, naturellement.

— N'empêche que lord Durham va en crever de dépit ! lança Amédée, qui avait suivi la conversation sans y participer. L'ordonnance du grand homme est illégale ! ha ! ha ! ha ! Il va faire son paquet et décamper !

— Jeune homme, dans les circonstances actuelles, le départ de lord Durham serait un véritable malheur, jugea l'ambassadeur de Pontois en pointant un doigt sévère en direction d'Amédée. Essayez d'imaginer ce qui arriverait advenant de nouveaux troubles ? Les journaux loyalistes recommanderaient aux troupes de ne pas faire de prisonniers puisqu'ils savent désormais que les coupables auront droit à l'impunité. Que pensez-vous qu'ils feraient ? Ils tireraient.

— Je suppose que sir John Colborne remplacera le gouverneur, du moins temporairement, dit Julie songeuse, en mesurant le danger. Et je crains que vous ayez raison sur ce point, monsieur l'ambassadeur, Colborne n'est pas du genre à se montrer humain.»

CHAPITRE X

Le retour des bagnards

Le *Persévérance* lançait des signaux de détresse. Wolfred Nelson se tenait sur le pont, d'où il suivait des yeux les manœuvres des matelots qui couraient dans tous les sens.

« À babord ! » cria le capitaine de sa voix de stentor.

Le vent sifflait dans le cordage et la pluie fouettait le bâtiment en perdition. D'épais nuages s'avançaient dans le ciel sombre et menaçant.

« Plus vite ! Pressez-vous ! » hurla le capitaine qui réclamait aussi sa longue-vue, en regardant fixement devant lui.

Le *Persévérance*, une goélette vétuste, tanguait dangereusement et chaque craquement paraissait suspect. Malgré l'état de l'embarcation, les patriotes déportés aux Bermudes l'avaient affrétée pour revenir aux États-Unis, car leurs modestes économies avaient fondu comme neige au soleil et on leur avait fait un bon prix. Ils n'avaient plus qu'à souhaiter une traversée paisible. N'avaient-ils pas déjà subi leur lot d'épreuves ?

En quittant le port de Hamilton, au matin du 3 novembre, ils avaient tout lieu d'espérer que le temps leur serait clément. Le soleil brillait et la brise du large était tout juste suffisante pour enfler les voiles. Les patriotes étaient restés longtemps appuyés au bastingage, à saluer de la main les Bermudiens venus leur dire adieu. Tout le monde sur l'île savait que les bagnards canadiens n'y remettraient jamais les pieds. Certains étaient tristes de les voir partir. Quatre mois plus tôt, ils les avaient accueillis comme des amis et n'avaient jamais regretté de leur avoir fait crédit dans leurs magasins. Ceux-ci non plus n'étaient pas prêts d'oublier les hourras et les sifflements qui fusaient tandis que leur bateau s'élançait. Bientôt, Wolfred Nelson et ses compagnons ne distinguèrent plus que l'île qui rapetissait à vue d'œil.

«Une poignée de roches, lancée au milieu de la mer, par le père éternel», avait dit Siméon Marchesseault, celui des huit qui avait le plus souffert, car il n'était jamais arrivé à prononcer deux mots d'anglais. Ses camarades l'avaient d'ailleurs surnommé "le muet".»

Pour eux, les Bermudes avaient été une prison dorée. Mais une prison tout de même. Ils y pensaient en observant les centaines de petites montagnes serrées les unes contre les autres et couvertes de cèdres qui disparaissaient sous leurs yeux. Même les routes droites, taillées dans le roc blanc par des esclaves que le maître anglais avait gratifiés de généreux coups de fouet, s'étaient effacées, comme si elles n'avaient jamais existé.

Le temps calme avait duré jusqu'à la tombée de la nuit. À mi-chemin entre les Bermudes et la côte américaine, la mer s'était brusquement démontée. Les passagers inquiets et nauséeux s'étaient réfugiés dans les cabines. Étendus sur leurs hamacs, ils priaient en attendant que passe l'orage.

Seul Wolfred Nelson faisait le guet. Le corps bien droit et le visage impassible, il avait les yeux rivés aux vagues qui s'entrechoquaient devant le *Persévérance*, qui fendait les lames sitôt formées. Il paraissait à l'abri de la peur. À quarante-sept ans, le héros de Saint-Denis en avait vu d'autres.

En réalité, le docteur était déjà ailleurs. Si tout se passait comme prévu, il atteindrait la frontière canadienne onze mois, presque jour pour jour, après son arrestation pour haute trahison. Une année douloureuse, au cours de laquelle il avait été pourchassé dans les bois comme un bandit de grands chemins, il avait perdu sa maison de Saint-Denis, sa distillerie, son cabinet médical, en plus de connaître les geôles infectes du vieux brûlot et d'apprivoiser la vie de bagnard sur une île gouvernée par les Anglais, les mêmes qui régnaient sur son pays, en s'arrogeant droit de vie et de mort sur les habitants.

En marchant sur les plages sablonneuses, il avait eu tout son temps pour réfléchir. Non, il ne regrettait rien, sauf peut-être la séparation d'avec sa femme, Charlotte, et ses sept enfants, dont le cadet, Charles, n'avait que deux ans. Si c'était à refaire, prendrait-il à nouveau les armes contre le gouvernement oppresseur? Il hésita avant de s'avouer à lui-même qu'il y penserait à deux fois. Dans sa dernière lettre, il avait juré à Charlotte que jamais plus il ne se battrait.

Du haut du grand mât, un matelot gesticulait. Le capitaine, qui tenait solidement son gouvernail, lui fit signe de redescendre et l'homme se laissa glisser sur le câble mouillé. Le docteur Nelson pensa qu'il était inutile d'espérer du secours. Si, par chance, un voilier se trouvait dans les parages, il ne pourrait jamais apercevoir le *Persévérance*, à moins de le heurter de plein fouet.

«Tenez bon!» lâcha le capitaine en s'essuyant le front du revers de la manche. Il y eut quelques instants de répit au cours desquels le bâtiment se redressa, mais les éléments se déchaînèrent à nouveau. Les yeux du docteur croisèrent alors ceux du capitaine. Ce dernier n'osa pas ordonner à son passager téméraire de regagner ses quartiers. Depuis le début de la traversée, celui-ci passait son temps sur le pont et l'équipage s'était habitué à sa présence. Du moment qu'il ne s'exposait pas inutilement, il n'était pas importuné.

Le capitaine avait remarqué que le docteur Nelson marchait toujours d'un pas militaire. Il s'était présenté à lui comme le chef de ses compagnons d'infortune. De taille haute, autoritaire, il était parfois brusque dans ses façons, mais néanmoins bienveillant. S'il avait de la difficulté à exprimer clairement sa pensée en français, il parlait un anglais impeccable, ce qui facilitait ses échanges avec le capitaine et son bras droit. Malgré l'usure de sa capote, il avait de la distinction.

Le tangage et le roulis reprirent de plus belle. Nul doute qu'un naufrage était à craindre. Le capitaine réclama le cuisinier et les matelots qui se reposaient jusqu'à leur quart de travail. Il avait besoin de son équipage au complet. Wolfred Nelson s'éloigna du bastingage en s'agrippant à tout ce qu'il pouvait trouver et se précipita à l'intérieur pour ne pas gêner les manœuvres. Il était trempé jusqu'aux os, lorsqu'il entendit des sons provenant de la cabine des passagers. Deux de ses compagnons vomissaient bruyamment. Il n'avait rien pour soigner le mal de mer, mais passa le reste de la nuit à vider les bassines souillées.

À l'aurore, il put retourner sur le pont. La pluie avait cessé et les nuages s'étaient dispersés. Le calme semblait définitivement revenu. Deux marins achevaient de réparer la voile abimée en sifflotant. Toute trace de la tempête avait disparu. La traversée se continua en douceur et le *Persévérance* atteignit les côtes de la

Virginie, le soir du jeudi 8 novembre. Les passagers mirent pied
à terre à Hampton Roads. Ils ne pensaient déjà plus à l'île sur
laquelle ils avaient été jetés, ni à la tempête qui avait failli les
emporter. Leur baluchon sous le bras, ils se séparèrent, les uns
voulant gagner New York en goélette, les autres, en diligence.
Ils se serraient la main avec émotion lorsqu'un douanier
s'approcha d'eux.

« Êtes-vous le docteur Wolfred Nelson ? demanda-t-il.

— C'est moi, oui.

— Signez ici », ordonna l'homme en lui remettant une lettre
d'Albany. Le docteur déplia la feuille et dit à voix basse, sous le
regard intrigué de ses camarades :

« *Oh! no... That's impossible... Oh! my God!*

— Qu'y a-t-il ? l'interrogea Siméon Marchesseault.

— Mon frère Robert et ses hommes ont attaqué le Bas-
Canada, dit-il. L'insurrection est commencée. Vite, rendons-
nous à la frontière. Nous pouvons peut-être encore empêcher
l'irréparable. »

Confortablement installé au fond de la banquette de cuir,
dans l'express rouge vif tiré par quatre chevaux fringants,
Wolfred Nelson sombra dans un profond sommeil dont il
n'émergea qu'à la limite d'Albany. En route, il s'était arrêté
quelques heures à New York dans l'espoir d'en apprendre
davantage sur l'attaque, mais cela l'avait inutilement retardé et
les nouvelles qu'il avait recueillies étaient contradictoires. Une
chose ne faisait plus de doute, cependant : on n'avait aucune
nouvelle de son frère Robert depuis qu'il s'était battu à
Napierville. D'autres insurgés manquaient aussi. Mais on ignorait toujours s'ils avaient été victorieux ou si l'armée de sir John
Colborne les avait vaincus. Papineau n'avait apparemment pas
participé à l'expédition. Le docteur Nelson avait alors décidé de
faire une courte escale dans la capitale pour se concerter avec
lui.

La State Street montait en ligne droite depuis la rivière
Hudson jusqu'au Capitole, érigé au sommet de la colline.
L'express s'arrêta à mi-chemin, devant un édifice en coin qui
servait de terminus, à côté de l'Albany City Bank. Wolfred

Nelson en descendit et entra boire un café fort avant de continuer à pied jusqu'à la résidence de James Porter, sur Elk Street. Il était dix heures à l'horloge du parlement lorsqu'il traversa le parc du Capitole. N'ayant pas l'adresse exacte, il se renseigna et sonna. La première chose qu'il remarqua fut le silence dans lequel baignait la maison. Aussi, l'austérité du vestibule. Il jeta un coup d'œil furtif dans le miroir à cadre doré et ce qu'il vit lui confirma ses appréhensions. S'il avait le teint cuivré par le soleil bermudien, sa tenue laissait à désirer. Chemise élimée aux poignets, redingote usée à la corde, il n'était pas montrable mais se fit néanmoins annoncer.

« Ni monsieur Porter ni monsieur Papineau ne sont là, dit la domestique. Désirez-vous voir madame Papineau ?

— Oui, s'il vous plaît. »

La bonne le débarrassa de son chapeau et posa son pardessus sur le portemanteau, avant de l'inviter à attendre madame dans la bibliothèque. Wolfred Nelson la suivit dans une pièce aux murs couverts de livres, classés par catégories : des chefs-d'œuvre anglais, des ouvrages sur l'histoire des États-Unis, de la poésie... Dans un meuble en noyer à panneaux vitrés, des liasses de lettres et des papiers divers étaient rangés en piles bien droites. Sur la table de travail, un ouvrage relié en basane et doré sur tranche était resté ouvert. Le docteur n'avait rien vu d'aussi fin depuis des mois. Aux Bermudes, il n'avait fréquenté ni les bourgeois ni les lettrés. Il se rappelait sa collection de livres et ses cartes géographiques qui avaient brûlé dans l'incendie de sa maison de Saint-Denis. Maintenant, il ne possédait plus rien.

« Docteur Nelson, cher docteur Nelson ! »

Debout devant la carte Bouchette du Bas-Canada fixée au mur, Wolfred Nelson n'avait pas entendu Julie s'approcher. Il se tourna et ouvrit les bras, comme s'il retrouvait une amie perdue.

« Madame Papineau, dit-il, la voix chargée d'émotion, permettez-moi de vous embrasser. »

Julie était émue, elle aussi. Elle ne connaissait pas intimement cet homme considéré comme un héros. Elle savait cependant que son frère Robert lui vouait une grande admiration et Papineau, dont il était l'ami et le frère politique, avait confiance en lui. Wolfred Nelson lui sembla plus grand que dans son souvenir, mais son visage osseux n'avait pas changé et ses cheveux blanchis prématurément étaient toujours aussi indisciplinés.

Elle songea à leur dernière rencontre à la prison du Pied-du-Courant. Il était enrhumé et livide.

« Vous avez meilleur teint, lui dit-elle, pour rompre le silence.

— Aux Bermudes, j'ai pêché sous un soleil brûlant. Vous n'avez pas idée de la chaleur qu'il fait sous les Tropiques.

— Vous voilà parmi nous. C'est encore l'exil mais ici, au moins, nous sommes libres. Vous nous avez manqué. Depuis l'annonce de votre retour, les réfugiés guettent l'arrivée des paquebots, espérant vous voir débarquer. »

Julie l'invita à s'asseoir. Il s'installa tout près d'elle, dans une chaise en rotin, s'appuya le dos sur un coussin en maroquin et leva la tablette de lecture pour y poser le coude. Il ne put s'empêcher de sourire :

« J'ai l'impression de réapprivoiser des objets qui m'étaient jadis familiers, constata-t-il, en fixant un magnifique buste de Cicéron en marbre.

— Rien ne sera jamais plus comme avant, fit-elle sans plus.

— Madame Papineau, racontez-moi ces choses terribles dont on parle... Je n'arrive pas à démêler le vrai du faux dans ce qu'on me rapporte.

— Je n'en sais probablement pas plus que vous, mon cher docteur, déplora-t-elle. Les rumeurs les plus sordides nous arrivent de la frontière. Papineau s'y est précipité dès que nous avons appris qu'il y avait une insurrection. »

Julie racontait les derniers événements, en distinguant ce dont elle était absolument certaine de ce qui restait à confirmer. Les préparatifs de l'invasion s'étaient faits dans le plus grand secret.

« Combien d'hommes ?

— Difficile à dire. Dix milles peut-être. Mon fils Amédée prétend que les Frères chasseurs – c'est ainsi qu'on les appelle – ne comptent pas moins de trente-cinq loges. Tous les villages de la région de Montréal étaient apparemment prêts pour l'attaque. »

Wolfred Nelson hocha la tête.

« Qu'en pense Papineau ?

— Il a tout fait pour arrêter Robert. Maintenant, il craint les représailles car cette fois, contrairement à l'an passé, nous sommes les assaillants. Votre frère n'a jamais voulu entendre raison. »

Le samedi précédent, d'après ce qu'on lui avait rapporté, Robert Nelson avait été accueilli à Napierville comme le président de la République du Bas-Canada. Ensuite, à la tête de six cents hommes, il avait marché sur Odelltown. Mais les bois étaient infestés de volontaires loyalistes qui avaient réussi à s'emparer d'une partie de leurs fusils et d'un canon. La pluie avait aussi forcé les patriotes à bivouaquer à Lacolle, ce qui avait compromis leurs plans. Mais rien de tout cela n'avait été confirmé, car depuis, toute communication avec la frontière avait été interrompue.

«Je n'en sais pas plus, conclut Julie. Je ne vous cache pas que je meurs d'inquiétude. L'affection que je porte à votre frère ne m'empêche pas de penser qu'il a été présomptueux et je ne lui pardonnerai jamais d'avoir ignoré les mises en garde de Papineau. Cela dit, je ne voudrais pour rien au monde qu'il lui arrive un malheur.

— Robert est habité par la vengeance, ce que je peux comprendre. Mais sachez que je n'endosse pas son action. Il faudrait de puissantes raisons pour me pousser à faire la guerre de nouveau.»

Wolfred Nelson accepta le verre de sherry que Julie lui offrit et l'avala d'un trait. Ensuite, ils déjeunèrent comme de vieux amis. Après le repas, ils prirent le thé à la bibliothèque en épluchant les journaux que le cocher des Porter venait d'apporter. Le docteur voulait tout lire. À chaque page qu'il tournait, il levait le nez de sa gazette pour demander une précision à Julie. Mais il fut bientôt temps de reprendre la route, car il lui tardait d'arriver à Burlington. Il se leva au moment même où Amédée entrait en trombe dans la pièce.

«Maman, maman... Oh! pardonnez-moi, j'ignorais que vous aviez un visiteur.»

Ce n'est que lorsque Wolfred Nelson se retourna qu'Amédée reconnut son héros et se précipita pour lui serrer la main.

«Docteur Nelson! si j'avais su que vous étiez là, je serais accouru bien avant pour vous souhaiter la bienvenue parmi nous.

— Je suis content de te revoir, Amédée, dit-il. Mais tu as l'air troublé. Veux-tu parler à ta mère seul à seul? Je peux me retirer.

— Non restez, docteur, je vous en prie. Hélas ! les nouvelles qui m'amènent sont désolantes. »

Amédée venait d'apprendre l'arrestation de son ami Joseph Duquet qui faisait partie de l'expédition au Bas-Canada. Pour lui, tout avait marché comme prévu, au début, et les patriotes avaient pris Laprairie sans difficulté. Après, les choses s'étaient gâtées. À la tête d'une centaine d'hommes, le jeune Duquet avait essayé de s'emparer des armes des sauvages du Sault-Saint-Louis, mais il avait échoué et ceux-ci l'avaient livré à l'armée anglaise. Il se trouvait derrière les barreaux.

« Qui t'a raconté ça, Amédée ? demanda Julie, que la nouvelle sidérait.

— Tout le monde en parle à la frontière. Les hommes qui ont réussi à s'échapper racontent l'arrestation de leurs camarades. Le reste, je le tiens d'un jeune Anglais que j'ai rencontré sur le *stage-coach* en venant de Saratoga. Il m'a appris que lord Durham était reparti en l'Angleterre. Après son départ, sir John Colborne a proclamé la loi martiale et les prisons ont recommencé à se remplir.

— Joseph Duquet derrière les barreaux ? répétait Julie, qui n'en revenait pas. Il est tellement délicat. Si nerveux aussi. Il ne survivra pas dans un cachot.

— Je sais, répondit Amédée en se prenant la tête à deux mains. C'est épouvantable. Les barbares ont déjà brûlé la maison de sa mère à Saint-Jean. Ils vont le pendre, maman, ils vont le pendre. »

Amédée se laissa tomber sur une chaise. Joseph Duquet était un Fils de la liberté, comme lui. Ensemble, ils avaient affronté la pluie de projectiles que le Doric Club avait déversés sur eux, dans les rues de Montréal, un an plus tôt. Ils s'étaient souvent revus, ces derniers mois, Joseph s'étant réfugié à Swanton. Mais après l'amnistie de Durham, ce dernier avait décidé de rentrer au Bas-Canada. Amédée n'avait plus entendu parler de lui depuis. Même pas une lettre pour lui annoncer qu'il était devenu aigle chez les Frères chasseurs. Julie s'approcha de lui et dit doucement, en lui prenant les épaules pour qu'il la regarde :

« Rassure-toi, Amédée, ils ne le pendront pas.

— Les Anglais ont déjà pendu trois patriotes dans le Haut-Canada.

— Ils n'ont encore pendu personne au Bas-Canada. Ils ne peuvent pas faire ça, ils ne le feront pas, crois-moi. »

Elle parlait avec assurance, mais au fond d'elle-même elle n'était sûre de rien. Lord Durham parti, c'est le sanguinaire Colborne qui maniait les ficelles. Le docteur Nelson vint à sa rescousse.

« Ta mère a raison, Amédée, ils n'iront pas jusque-là. N'aie aucune crainte. »

Il regarda sa montre.

« Permettez-moi de me retirer, chère Julie. Si je veux arriver à Burlington avant la brûnante, je dois me sauver. »

Il la remercia chaleureusement de son hospitalité. Ces deux heures passées en sa compagnie lui avaient fait le plus grand bien. Lorsque Amédée lui proposa de l'accompagner à la frontière, il acquiesça, ravi de ne pas voyager seul. Julie accueillit l'idée avec peu d'enthousiasme, mais elle prit néanmoins des arrangements pour que la voiture des Porter les conduise à Burlington.

« Amédée, promets-moi de ne pas te laisser entraîner de l'autre côté de la frontière.

— C'est promis, maman. D'ailleurs, si l'envie me prenait de risquer une escapade en Canada, vous pensez bien que papa m'en empêcherait. »

Il embrassa sa mère et s'éloigna en compagnie du docteur Nelson.

※

À Burlington, la taverne était bondée de clients échauffés qui se parlaient en français d'une table à l'autre. On se serait cru au Bas-Canada. Les assiettes avaient été enlevées et il ne restait plus rien, aux cuisines, pas même un morceau de jambon ni un bol de soupe. Les ouvriers avaient commencé à débarquer à la fermeture des usines. Ils avaient bien mangé, bien bu et étaient repartis, mais la salle n'avait pas désempli pour autant. Les réfugiés canadiens s'étaient donné rendez-vous à l'heure habituellement creuse et le patron, en tablier blanc et chemise sans col, ronchonnait un peu car il n'y avait pas moyen de nettoyer les planchers. Il avait donc remisé son seau et son balai et, derrière le bar, il servait le vin qui coulait comme aux noces de Cana, ce qui malgré tout n'était pas pour lui déplaire, pendant que son homme engagé se faisait les muscles à remplacer les tonneaux de bière vides.

Amédée et Wolfred Nelson réussirent à se frayer un passage jusqu'à Papineau qui écoutait le récit des rescapés de la catastrophe outre-frontière. Certains étaient blessés, quelques-uns pleuraient sans fausse pudeur. C'était ahurissant de les entendre. Ils avaient les yeux hagards, enfilaient bière sur bière et n'arrêtaient pas de crier. Ça sortait pêle-mêle. Les soldats britanniques avaient brûlé toutes les maisons de Saint-Rémi et de Saint-Athanase. À Napierville, le vieux brûlot avait lui-même allumé la torche. On avait traqué les chefs dans les bois, on leur avait mis la corde au cou pour les traîner derrière des charrettes qui allaient si vite qu'ils devaient courir durant tout le trajet. Certains s'enfargeaient dans leurs fers et tombaient.

«Les soldats ricanaient, rapporta l'un d'eux. Ils prétendaient qu'ils avançaient au trot pour empêcher les prisonniers d'attraper froid.»

Une histoire d'horreur n'attendait pas l'autre. À Sainte-Martine, les volontaires tories avaient violé une fillette de douze ans. À Beauharnois, comme ils ne trouvaient pas l'homme qu'ils recherchaient, Charles Cléroux, ils avaient percé le sein et les oreilles de sa femme pour l'obliger à dire où il se cachait. Au bout d'un rang, une femme enceinte était morte pendant qu'un monstre assouvissait sur elle ses passions. Une autre, qui avait sauté par la fenêtre pour échapper à son agresseur, s'était tuée en tombant.

Tour à tour, Papineau et Wolfred Nelson réclamaient des précisions sur le déroulement des attaques. À la tête de ses hommes, Robert avait chassé les bureaucrates anglais de leurs maisons pour y loger son armée. À un moment donné, ils étaient au moins deux mille qui campaient dans les auberges, au presbytère, dans les magasins et chez les habitants. Le gouvernement provisoire de Robert Nelson signait les bons pour acheter de quoi nourrir tout ce monde.

«On s'est battus comme des enragés, cria un patriote, assis au bar. Que voulez-vous? Il n'y avait pas assez d'armes. On nous avait promis quarante mille fusils, mais il a fallu se débrouiller avec trois cents. On s'est défendus avec des pics, pis des fourches. On n'a jamais eu de renfort.

— On a été trahis, lança un homme blessé à la hanche. Je mettrais ma main au feu que l'alerte a été donnée et que les Anglais nous attendaient.

— Pourquoi avoir persisté? l'interrogea Papineau. Vous auriez dû vous replier sur la frontière puisque tout était perdu.

— On a suivi les ordres, répondit-il. À Odelltown, on a perdu une douzaine d'hommes. En retournant à Napierville on a appris que Colborne était à une lieue de notre campement, avec deux mille soldats, et qu'il se déplaçait avec des pièces d'artillerie. Alors, on a débandé.»

La taverne se vida peu à peu. Onze heures sonnèrent. Papineau et Wolfred Nelson restèrent seuls au fond de la salle. Ils attendaient ce moment depuis longtemps.

Papineau voulait dire à son ami qu'il avait partagé son cauchemar. Pas un jour ne s'était écoulé sans qu'il eût songé à lui qui se mourait de froid et de faim au Pied-du-Courant. Combien de fois aussi l'avait-il imaginé sur la route de l'exil? Il cherchait les mots pour le convaincre qu'il aurait donné n'importe quoi pour changer de place avec lui. Wolfred Nelson n'en doutait pas. Ce drame, ils l'avaient vécu ensemble bien qu'éloignés l'un de l'autre. Chacun avait fait l'impossible. Il insista pour que Papineau sache qu'il n'était pas d'accord avec Robert. Il mesurait l'inutilité de cette insurrection et en redoutait les conséquences. Jamais il ne se pardonnerait d'être arrivé trop tard pour empêcher son frère de commettre l'irréparable.

Ils parlaient tout bas, comme s'ils devaient garder pour eux seuls leurs remords autant que leurs regrets. Amédée s'était retiré, tant il lui semblait indécent d'assister à ces tristes retrouvailles. Les deux hommes étaient sans masque, singulièrement nus l'un devant l'autre. Mais en même temps, plus proches que jamais.

Un bruit de chaise renversée les fit sursauter. Au bar, un homme ivre s'empara d'une bouteille qu'il souleva au bout de son bras.

«À Robert premier, président de la République fantôme!» beugla-t-il d'une voix pâteuse, à l'intention de Papineau et de Nelson.

Il y avait de l'hostilité dans son regard. Ses compagnons le tirèrent par la manche et l'assirent de force. Mais l'homme se releva aussitôt et se précipita en titubant jusqu'à Wolfred Nelson.

« Vous, vous êtes son frère, hein ? Un vrai salaud, Robert Nelson. Voulez-vous savoir ce qu'il a fait ? Eh bien ! il s'est sauvé au beau milieu de la bataille. »

L'homme avait de la difficulté à se tenir debout. Il releva sa manche de chemise et exhiba sa blessure.

« J'ai reçu une balle, moi, monsieur. Ça saignait sans bon sens. En hypocrite, le bon docteur m'a dit qu'il allait chercher des médicaments pour me soigner. Au lieu, il a pris la poudre d'escampette. Mais je vous garantis qu'on lui a fait son affaire. »

Personne n'essayait plus de retenir l'homme qui maintenant grimaçait en parlant. Ses deux camarades baissaient les yeux, pendant que le tavernier remplissait leurs verres en silence.

« On l'a rattrapé, on l'a ligoté, pis on l'a ramené au camp. Oui, monsieur ! C'est ça qu'on fait aux lâches, nous autres. Il y en a qui voulaient le livrer aux Anglais, et moi, j'étais de ceux-là. Mais il nous a suppliés. C'est un beau parleur, le doc. Il n'en menait pas large quand on a fini par le relâcher. Ça n'a pas pris de temps qu'il a décampé. »

Wolfred Nelson resta sans voix, tandis que l'homme s'en retournait auprès de ses amis qui l'entraînèrent dehors en lui reprochant sa sortie. Ils étaient tous trois repartis sans se retourner. Papineau connaissait depuis le matin la mésaventure de Robert Nelson, mais il aurait préféré attendre au lendemain pour en parler.

« On ignore toujours où est Robert, dit-il enfin. Il n'a pas encore regagné les États-Unis. Les dernières personnes qui l'ont vu prétendent qu'il n'est pas blessé et, apparemment, il n'a pas été arrêté.

— Demain matin je partirai à sa recherche, décida Wolfred Nelson. Quoi qu'il ait fait, c'est mon frère. »

CHAPITRE XI

La Maison-Blanche

Robert Nelson ne se vanta pas de son exploit. Son expédition au Bas-Canada s'était terminée dans un bain de sang. Un autre ! Les Anglais n'avaient rien respecté, pas même le drapeau blanc que ses patriotes avaient hissé. En tout et pour tout, il avait perdu une cinquantaine d'hommes. Dire qu'il n'avait pas pu ramasser ses morts !

Ayant regagné les États-Unis à cheval, à la faveur de la nuit, il s'était enfermé chez lui, le temps de se bâtir une défense. Il voyait dans sa mésaventure aux mains de ses propres volontaires un coup monté pour le perdre aux yeux de ceux qui l'admiraient. La couleuvre était difficile à avaler. Ses hommes l'avaient ligoté et lui avaient fait un simili-procès. Ils l'avaient traité de lâche en brandissant leurs gourdins au-dessus de sa tête et l'avaient soupçonné de s'être sauvé avec la caisse. Allons donc ! Comment pouvait-on lui tenir rigueur d'avoir quitté le camp pour aller chercher des médicaments ? Il y avait des blessés graves et il était le seul chirurgien à des milles à la ronde, *for God's sake !* Il avait eu beau clamer son innocence, lancer des appels au bon sens, rien n'y avait fait. Les esprits étaient trop échauffés et personne n'était disposé à écouter son imploration. On l'avait bâillonné pour le faire taire.

C'était ça, le pire : avoir dû implorer pour qu'on le délivre. Il avait eu peur, vraiment peur, d'être assassiné. Certains parlaient de l'exécuter sur-le-champ, pendant que d'autres songeaient à le livrer aux Anglais. Au bout d'une heure, humilié, il avait fini par démissionner de son poste de président de la République du Bas-Canada et il avait demandé à se battre avec ceux-là mêmes qui doutaient de lui.

Mais le vent avait tourné. Ses propres canons étaient aux mains des loyalistes qui les avaient pointés sur eux, comme pour les narguer. Robert Nelson pouvait comprendre qu'on lui en veuille de ne pas avoir livré les munitions promises. Il avait été berné, lui aussi, car le renfort qu'il avait espéré n'était pas venu. Peut-être avait-il été naïf, mais certainement pas mal intentionné. Il se crispa en pensant à la débandade qui avait suivi, tous ayant cherché à échapper aux cavaliers loyalistes qui les avaient pourchassés jusqu'à la frontière. Il s'était enfui, comme les autres, ni plus tôt ni plus tard.

Rien de tout cela ne serait arrivé si Papineau n'avait pas fait la forte tête. Voilà ce qu'il claironna lorsqu'il sortit enfin de sa tanière et qu'on lui demanda des comptes. En restant à l'écart, « le grand homme », comme il l'appelait dédaigneusement, avait divisé les forces. Ils auraient été plus nombreux si leur chef avait pris le commandement et s'il s'était battu avec eux, au lieu de se bercer sur sa galerie comme un rentier. Il y avait du mépris dans la voix du docteur quand il blâmait Papineau, et ceux qui avaient participé avec lui à la funeste invasion n'étaient pas loin de lui donner raison.

À Albany, Julie n'en croyait pas ses oreilles. Le grand coupable, c'était donc Papineau ! Comme s'il n'avait pas fait tout ce qui était humainement possible pour dissuader ses compatriotes de se lancer dans une aventure perdue d'avance. On l'avait traité d'éteignoir. Pis encore, de poltron. Que lui importait ? Il n'en avait par moins continué sa croisade auprès des Frères chasseurs, à qui il avait inlassablement demandé ce qu'ils feraient en face de l'ennemi, sans armes et sans munitions. Combien de fois aussi leur avait-il rappelé les représailles qui avaient suivi la rébellion, l'année précédente ?

Personne n'avait pris le temps de réfléchir aux répercussions d'une nouvelle invasion. L'appel aux armes de Robert le Diable était tellement plus attirant. Il avait envoûté les Frères chasseurs qui avaient préféré s'enivrer de ses belles paroles. Il méritait bien son surnom. Julie lui en voulait d'avoir déclenché une autre boucherie. Elle ne cherchait plus d'excuses à celui qu'hier encore elle considérait comme un ami très précieux.

À la mi-décembre, elle le croisa, devant l'imprimerie de Joel Munsell, au 60 State Street, à Albany. Il en sortait, une pile de journaux sous le bras. Julie arrivait à la hauteur du Tontine Coffee House lorsqu'elle l'aperçut, il était trop tard pour changer de trottoir, ce qu'elle aurait aimé faire. Le docteur Nelson s'approcha d'elle en la fixant de son regard perçant.

«Ma chère amie..., commença-t-il en soulevant son chapeau.

— Je ne suis plus votre amie, répondit-elle d'une voix sèche qu'elle ne se connaissait pas. Vous... vous êtes le grand responsable de ce gâchis.

— J'ai agi en mon âme et conscience, répondit-il glacial. D'autres se sont montrés plus lâches que moi.

— Cessez de vous draper dans votre vertu. Il y a eu des morts par votre faute. Et il y en aura d'autres.»

Elle poursuivit sa route, du même pas, en gardant la tête bien haute. Robert Nelson n'insista pas. Deux coins de rue plus loin, elle s'aperçut qu'elle tremblait.

La veille, Papineau était parti à Washington avec Wolfred Nelson. Ils avaient rendez-vous avec le président des États-Unis qu'ils voulaient sensibiliser à la cause des réfugiés canadiens. Son mari n'espérait pas grand-chose de cette rencontre que souhaitait ardemment son compagnon. Mon pauvre amour! se dit-elle en pensant au mot qu'il avait glissé sous l'oreiller avant de prendre la route.

Ma bonne amie, lui avait-il écrit. *Je sais comme mes absences te chagrinent. Et pourtant, je te quitte encore pour quelques jours. Je n'ai plus d'illusions, mais Wolfred a insisté et je n'ai pas su le convaincre de la futilité de notre démarche. J'admire ton courage à te soumettre à tant d'embarras et je voulais que tu saches que, depuis ton arrivée, ma vie a un nouveau sens. Ne perds pas courage, je finirai bien par retrouver le sourire, comme tu le souhaites tant. Mais il faudra d'abord traverser de nouvelles épreuves.*

Ton mari très affectionné, Louis-Joseph

À Washington, le drapeau américain flottait sur la coupole du Capitole depuis 1824. Cette année-là, le marquis de La Fayette, un ami personnel de George Washington et le héros de la révolution américaine, avait été le premier invité étranger à prendre la parole dans l'enceinte du Congrès.

«Ah! Si seulement les Français nous avaient aidés comme ils ont aidé les Américains», dit Papineau en prenant place dans le majestueux Sénat, dont les hautes colonnes corinthiennes surprenaient.

La salle était déjà pleine de visiteurs, bien avant le début des travaux. Il restait encore quelques places dans la galerie réservée aux dames qui devisaient gentiment en sirotant le jus de fruits qu'on leur tendait au bout d'un long bâton. L'agitation était plus perceptible dans la section occupée par la presse. Il en était ainsi chaque fois que les élus discutaient des finances publiques.

Ayant une heure à perdre avant de rencontrer le président Van Buren, les deux patriotes canadiens étaient venus entendre les sénateurs débattre le bill concernant les banques, qui les occupait ce jour-là, comme le mentionnait le *Washington Post*. Le murmure continu des voix, semblable à celui qu'on entend dans une église, s'éteignit brusquement lorsque le premier orateur s'avança à la tribune. Lourdement appuyé au pupitre de chêne massif, il prononça d'un ton assuré les premières phrases d'un discours-fleuve.

Malgré l'ennui mortel qu'infligeait le sénateur à ses collègues, il put exposer ses vues sans être interrompu. La discipline était de rigueur dans la prestigieuse enceinte. Seuls les pages en costume bleu qui distribuaient des plis aux sénateurs d'un bout à l'autre de la salle rompaient la monotonie. Dans leurs fauteuils de cuir marron, Papineau et Nelson suivaient la fastidieuse argumentation. Pour le président des États-Unis, la question des finances était le nerf de la guerre et il risquait d'y laisser sa chemise s'il n'arrivait pas à dénouer l'impasse financière qui ébranlait les États-Unis depuis un an. Son prédécesseur, Andrew Jackson, avait connu une ère de prospérité sans précédent. Mais la crise avait provoqué la fermeture de centaines d'usines et de manufactures et la faillite de plus de six cents banques. D'où la panique qui menaçait maintenant le gouvernement américain, aux prises avec un déficit de dix millions de dollars.

Dans l'imposant escalier de marbre qu'ils empruntèrent, à l'issue de la séance du Sénat, les deux hommes soupesèrent les arguments qu'ils avaient entendus. Et surtout, les conséquences désastreuses du marasme économique américain sur les affaires du Canada. Le temps était singulièrement doux pour la mi-décembre et ils convinrent de se rendre à pied du Sénat jusqu'à la Maison-Blanche, Pennsylvania Avenue. Ils marchèrent sans se presser. Wolfred Nelson manifestait beaucoup d'enthousiasme à l'idée de cette rencontre qu'il jugeait providentielle. À deux, croyait-il, ils sauraient convaincre le président de leur prêter main-forte. Mais Papineau voyait les choses d'un autre œil :

« Monsieur Van Buren entretient des relations d'amitié avec les Anglais, lui rappela-t-il. Souvenez-vous qu'il y a à peine cinq ans, il était ministre des États-Unis en Grande-Bretagne. Croyez-moi, il ne mettra jamais en péril les échanges commerciaux entre les deux pays. »

Wolfred Nelson faisait toujours confiance à son intuition. La tyrannie des Anglais du Canada était maintenant dénoncée ailleurs dans le monde. Martin Van Buren, chef de l'État dont la liberté et l'égalité constituaient la pierre d'assise, ne l'ignorait pas. Pourtant, cet après-midi-là, quelques instants avant leur rendez-vous, il n'était plus tout à fait aussi sûr d'avoir raison. La veille, les journaux de New York avaient rapporté que le président venait de signer une nouvelle déclaration de neutralité, plus intransigeante que la première.

« Je serais désolé de devoir admettre que je me suis trompé », dit-il en soupirant.

Papineau pensa en lui-même qu'il était grand temps que Wolfred Nelson se rende à l'évidence. Le président des États-Unis s'était déjà montré conciliant envers les Canadiens, mais la dernière insurrection dirigée par son frère Robert l'avait rendu furieux et depuis, il était intraitable. Lorsqu'une manifestation d'appui aux opprimés du Canada s'était organisée dans les rues de Washington, à la fin de novembre, il avait interdit à tous les officiers et employés du gouvernement d'y assister.

« Il n'y a plus de doute, mon cher Wolfred, le président a fait son lit. Il a été jusqu'à menacer ceux qui se sont engagés dans ce qu'il appelle des entreprises criminelles d'avoir à en répondre devant le gouvernement du Canada. Autrement dit, il n'hésitera pas à les extrader. »

Il était près de cinq heures lorsqu'ils gravirent les marches de l'imposant escalier de la résidence du président. Papineau en était à sa seconde visite à la Maison-Blanche, dont on disait qu'elle était digne des palais romains du temps des Césars. Les deux hommes furent introduits dans le salon vert où le président les rejoignit. Au-dessus de la cheminée empire en marbre trônait le portrait de Benjamin Franklin lisant un ouvrage relié plein

129

chagrin, les coudes reposant sur une table recouverte d'un tapis de feutre. Sur la tablette, une horloge voisinait avec deux vases bronze-doré du début du siècle, cependant que dans l'âtre un feu de braise se consumait.

Papineau et Nelson prirent place dans les chaises Louis XVI disposées en demi-cercle devant la cheminée. Martin Van Buren, homme d'une cinquantaine d'années, mesurait à peine cinq pieds et cinq pouces. Il avait le crâne dégarni sur le devant et des cheveux bouclés blancs en couronne derrière. Ses longs favoris lui mangeaient les joues. L'ex-gouverneur de l'État de New York, où il était né d'un père tavernier, réclama d'abord des nouvelles de ses amis d'Albany. Papineau n'oublia personne : le juge Walworth, le colonel Paige, le gouverneur Marcy, James Porter... Ils étaient tous en parfaite santé et surchargés de travail, ce dont aucun ne se plaignait.

D'entrée de jeu, les deux visiteurs remarquèrent l'air taciturne du président. En poste depuis un an, il avait entrepris son mandat alors que s'amorçait la crise économique qui allait passer à l'histoire sous le vocable de «panique de 1837», et depuis quelque temps, il ne s'écoulait pas une journée sans qu'on lui reprochât son manque de leadership pour sortir le pays du gouffre. Le prix des matières premières avait dégringolé et les négociants vendaient le coton à l'Angleterre en dessous du prix consenti aux planteurs. Les banques déposaient leurs bilans les unes après les autres. En une seule journée, il y avait eu deux cent cinquante faillites à Boston seulement. Le président admit qu'aux prochaines élections il aurait des comptes à rendre pour une situation qui s'était détériorée bien avant son mandat.

Mais le malaise que Papineau et Nelson détectèrent, dès le début de l'entrevue, était étranger aux démêlés du président avec les banquiers. Sans chercher de faux-fuyants, Martin Van Buren reconnut qu'il était excédé des frasques des réfugiés canadiens. Il les avait accueillis avec sympathie aux États-Unis et, il insista là-dessus, il n'était pas loin de le regretter :

«Messieurs, je ne peux rien faire pour votre pays. Vous connaissez l'esprit sinon la lettre de ma proclamation. Croyez bien que je suis navré d'en être arrivé là. Mais la dernière attaque irresponsable du docteur Nelson – votre frère, je pense, ajouta-t-il à l'intention de Wolfred – ne m'en a guère laissé le choix. Ma détermination est inébranlable.

— Monsieur le président, répondit calmement Papineau, je veux tout d'abord préciser qu'on ne m'a pas consulté avant d'attaquer le Canada. Cela étant dit, je suis persuadé que c'est par dévouement à la cause de notre pays odieusement tyrannisé que le docteur Robert Nelson et certains de nos compatriotes ont plongé à corps perdu dans ces grands périls.

— Là, je vous arrête, monsieur Papineau, il est inutile de justifier ou d'expliquer leur conduite. »

Le président lui tendit le *Washington Post* qu'il avait sous la main.

« Lisez, les Américains m'appuient, vous verrez. Malgré toute la sympathie qu'ils témoignent à votre cause, ils m'en voudraient de poser des actes irréfléchis et lourds de conséquences. »

Wolfred Nelson prit le journal et lut en diagonale l'éditorial du rédacteur en chef-adjoint, W.E. Moore, qui mentionnait l'arrivée de Louis-Joseph Papineau dans la capitale et profitait de l'occasion pour approuver la ligne de conduite du président : « Les États-Unis n'ont pas à déclarer la guerre à la Grande-Bretagne, écrivait-il. Une annexion du territoire serait une malédiction et la gloire ne vaut pas les ruines et les deuils qu'elle coûterait. »

Martin Van Buren en avait déjà plein les bras avec l'affaire de l'annexion du Texas aux États-Unis dont on discutait alors et qui menaçait de déclencher une guerre atroce contre le Mexique. Il cherchait à gagner du temps dans ce dossier, au risque d'indisposer les sudistes qui le pressaient d'agir. Il n'allait certainement pas s'embourber au nord. Son secrétaire particulier lui présenta un dossier. Celui-ci plaça son lorgnon sur le bout de son nez et dit :

« Permettez-moi de consulter l'ordre du jour de cette rencontre afin de ne rien oublier. Ah oui ! Encore ceci. »

Il retira son lorgnon et tendit la chemise de cuir à son secrétaire.

« Il m'est désagréable de devoir vous informer qu'à la demande des autorités canadiennes, je serai forcé de sévir contre certains de vos compatriotes. Vous admettrez que je ne peux tolérer que des citoyens de ce pays pillent et volent les propriétés outre-frontières.

— Ces incidents sont rares, que je sache, monsieur le président, dit Papineau. La plupart de ceux qui traversent clandestinement ne sont pas mal intentionnés ; ils vont embrasser leur famille et reviennent aussi vite. À ma connaissance, il y aurait eu à peine quelques incursions nocturnes chez des loyalistes. Je condamne ces actes, évidemment, mais j'ai pitié des coupables. Ils ont tout perdu, ils ont été volés et ils survivent de peine et de misère.

— Je veux bien reconnaître qu'il s'agit d'incidents isolés, mais souvenez-vous qu'il en était de même à la frontière mexicaine il n'y a pas si longtemps, répondit le président. Vous connaissez la suite ? Ces actes ont provoqué l'insurrection du Texas. C'est pourquoi je dois me montrer d'une sévérité exemplaire. Je vous préviens, monsieur Papineau, que mes sentinelles ont ordre de saisir les armes des rebelles et, éventuellement, de les mettre aux arrêts. Vos compatriotes sont libres de refaire leur vie ici, s'ils le désirent, mais ils doivent respecter les lois américaines. »

Rien de positif n'allait sortir de la rencontre, Wolfred Nelson était forcé de l'admettre. Quand Angelica Singleton, la bru du président Van Buren, demanda à lui dire deux mots, celui-ci s'excusa. L'audience était terminée.

« Angelica sera l'hôtesse de la réception que je donne ce soir. Depuis que je suis veuf, elle me rend de précieux services. »

Les visiteurs le remercièrent de les avoir écoutés et se retirèrent. Dans la voiture qui les ramena à l'hôtel, Papineau et Nelson demeurèrent silencieux. Ni l'un ni l'autre n'avait envie de commenter l'échec de leur rencontre. Ils avaient plaidé la cause canadienne, mais le président s'était montré inflexible. Il n'y avait rien d'autre à faire dans la capitale nationale. Il ne leur restait plus qu'à plier bagage et à rentrer à Albany.

Devant le Gasby's Hotel, Wolfred Nelson avisa un gamin qui vendait des journaux dans la rue. Il lui donna cinq cents et s'empara du *Washington Post* qui annonçait en gros titre qu'à Montréal les exécutions venaient de commencer.

⚬⚬⚬

Le 21 décembre, Joseph Duquet fut pendu dans la cour de la prison du Pied-du-Courant. Il avait vingt ans. Solitaire dans la maison des Porter, à Albany, Julie était chavirée. Si Amédée avait suivi son ami Duquet, pensait-elle, peut-être aurait-il subi le même sort. La pensée de son fils se balançant au bout d'une corde la jetait dans tous ses émois. Pour se calmer, elle avala quelques gouttes de laudanum.

«Les Anglais sont des monstres, dit-elle. Des monstres de cruauté.»

D'après les journaux, l'exécution avait été sadique. Les mains liées derrière le dos, tout recroquevillé sur lui-même, Joseph avait monté les marches jusqu'à l'échafaud. Le voyant trébucher, les deux militaires qui l'encadraient avaient voulu l'aider. Il avait refusé, s'était redressé et avait continué d'avancer. Le shérif avait lu l'acte d'accusation en anglais et les tambours avaient roulé. Habituellement, tout se passait vite : au signal, la trappe tombait et c'était fini. Mais ce matin-là, le colosse au visage balafré du nom de Humphrey avait mal ajusté la corde, qui avait glissé à la hauteur de la bouche de Joseph. Le corps du malheureux s'était balancé en se frappant violemment à la charpente ferrée de l'échafaud. Le bourreau, claudiquant jusqu'à lui, avait coupé la corde. Le supplicié avait fait une chute de quatre pieds, mais il était encore en vie lors de son atterrissage brutal sur le sol glacé. Il perdait beaucoup de sang et hurlait de douleur. Des témoins criaient «pitié! grâce!» On l'avait alors traîné jusqu'à Humphrey qui avait empoigné sa corde de réserve en grimaçant et avait recommencé à le martyriser jusqu'à ce qu'on entende le craquement des vertèbres.

Pauvre Joseph Duquet! répétait Julie, hantée par les images de cette macabre pendaison. Le malheureux jeune homme admirait Robert le Diable au point de le suivre dans sa folie. Il en avait payé le prix de sa vie, pendant que l'autre battait la campagne en justifiant sa funeste échappée. Elle n'était pas loin d'accuser Robert Nelson d'avoir tué Joseph.

Orphelin de père, le jeune Duquet n'avait pas eu, comme Amédée, un Papineau pour le raisonner. Julie eut une pensée pour sa mère, la veuve Duquet. Elle avait dû être si heureuse lorsque son fils était rentré d'exil, après l'amnistie de lord Durham. Mais c'était avant l'insurrection et Joseph lui avait sans doute caché ses activités clandestines au sein des Frères chasseurs. Ses sentiments filiaux ne l'avaient pas empêché de se jeter tête baissée dans une aventure sans lendemain, une expédition improvisée par un général sans armée. Le 4 novembre au matin, suivant les ordres de Robert Nelson, il s'en était allé à Caughnawaga, vers son destin.

La veille de l'exécution de son fils, racontait encore le journal que Julie relisait pour la deuxième fois, la veuve Duquet avait imploré la clémence de sir John Colborne. Joseph était son seul soutien de famille, elle était âgée, veuve et avait deux enfants en bas âge. Pardonnez-lui, de grâce! pardonnez-lui! Il est si jeune et il a déjà tant souffert. Ce fut peine perdue. Dès lors, il ne lui restait plus qu'à rendre une dernière visite à son fils dans son funeste cachot.

Julie referma la gazette. Assise dans la pénombre, elle était incapable de chasser Joseph Duquet de son esprit. Elle resta longtemps immobile, ses mains glacées sur les pans de sa jupe. À l'arrivée d'Amédée qui, la sachant seule, était venu exprès de Saratoga, elle lui fit jurer qu'il n'adresserait plus jamais la parole à ce Robert le Diable, source de tant de malheurs.

CHAPITRE XII

Noël 1838

Sur la rivière Hudson, luisante comme un miroir, les patineurs s'ébattaient en lâchant des petits cris joyeux. Le temps était sec. Julie longea le canal, perdue dans ses pensées. Au Bas-Canada, sa mère avait l'habitude de traverser le Saint-Laurent avant les glaces pour passer les fêtes avec elle rue Bonsecours. Elle n'avait pas réussi à la convaincre de faire le voyage jusqu'à Albany. Contre tout bon sens, elle avait espéré que la veuve Bruneau lui amènerait Ézilda et Gustave. Qu'ils seraient tous ensemble pour Noël. Joseph Papineau était retourné à la Petite-Nation avant les fêtes. Il y aurait donc bien des places vides au réveillon.

Julie commençait à ressentir le mal du pays qui n'allait plus la lâcher. Une petite fille l'arrêta pour lui demander de l'aider à lacer la bottine de son patin. Elle était minuscule et avait des cheveux bruns bouclés sous son bonnet de laine et de grands yeux noirs avec de longs cils. On aurait dit Ézilda. Julie se pencha pour attacher les lacets de la fillette, comme si c'était ceux de sa fille chérie.

Elle aurait voulu réagir, se secouer un peu. Après tout, sa famille avait la vie sauve. Ils étaient séparés les uns des autres mais, Dieu merci ! personne ne courait de grand danger ou n'était dans la misère. Elle soupira. C'était le temps des réjouissances, mais le cœur n'y était pas. Comment oublier le sort des prisonniers du tyran Colborne ? Elle ne pouvait penser à Joseph Duquet sans frissonner et se rongeait les sangs à se demander ce qu'il adviendrait de Chevalier de Lorimier, cet autre ami très cher détenu au Pied-du-Courant ? La lettre que sa femme Henriette lui avait écrite pour la prévenir de son arrestation l'avait bouleversée. Julie n'avait pas encore répondu. Elle n'arrivait pas à trouver les paroles d'encouragement qu'il aurait fallu. Toutes lui paraissaient si inutiles dans les circonstances. Même les mots de consolation lui semblaient déplacés, car Henriette avait raison de redouter le pire. À Montréal, deux autres patriotes avaient été pendus et le procès de Chevalier de Lorimier était mal amorcé. Les juges réclameraient sa tête, c'était évident. Ils ne voudraient pas décevoir les gazettes anglaises assoiffées de sang.

La neige tombait doucement et les arbres étaient couverts de diamants. Ce serait un Noël blanc, comme elle les aimait. Julie releva le col de sa pèlerine. Les trottoirs de bois devenaient glissants et elle ralentit au moment de traverser le square pour atteindre State Street. Plus haut, au coin d'Eagle, Lactance l'attendait sur le perron de la *Medical School*. La longue écharpe de laine grise que sa grand-mère Bruneau lui avait tricotée enroulée autour du cou, il s'avança vers elle, radieux. Le juge Paige, dont il était le copiste, le traitait avec un respect teinté de tendresse. Exactement ce qu'il fallait à Lactance qui manquait de confiance en lui mais qui, pour peu qu'on lui laissât de la corde, surprenait par ses connaissances et son jugement.

«Maman, le juge n'avait pas de travail à me confier cet après-midi, alors, il m'a donné congé. J'en ai profité pour aller au muséum. Vous n'avez pas idée des découvertes que j'ai faites.»

Il débarrassa Julie de ses paquets et glissa son bras sous le sien.

«Qu'est-ce qui te fascine tant pour que tu y retournes si souvent? lui demanda-t-elle, en se laissant attendrir par son débordement d'enthousiasme.

— Aujourd'hui j'ai examiné le crâne fracassé d'un homme tué sur les chemins à lisse, au printemps dernier. J'ai aussi observé l'intérieur d'une oreille humaine et les côtes d'une jeune fille morte de s'être trop corsetée.

— Ce n'est pas très gai pour une veille de Noël», soupira Julie.

Lactance était plus fasciné par ce qu'il apprenait au musée de l'École de médecine qu'au bureau du colonel Paige.

«Je n'ai pas osé entrer dans la salle de dissection, même si j'en mourais d'envie, confessa-t-il, un peu honteux de son manque de courage. Je me suis contenté de regarder par la fenêtre. Eh bien! savez-vous quoi? Le professeur m'a vu et il est sorti dans le couloir pour m'offrir des billets pour les conférences qui commencent après le jour de l'An. C'est formidable, maman, il faut que je vous dise...

— Quoi, mon chéri ?

— Je veux être médecin, et Amédée prétend que papa ne me laissera pas faire. »

La confidence surprit Julie qui préférait croire que Lactance deviendrait prêtre. Il avait la sensibilité que l'on remarque chez ceux qui consacrent leur vie entière au salut des autres. Bien qu'il soit encore jeune, elle avait détecté chez lui une vie intérieure intense.

« Mon chéri, tu décideras comme tu l'entendras, répondit-elle, sans réussir à cacher sa déception.

— Vous n'avez pas l'air contente, maman ?

— Je te voyais autrement, c'est tout.

— Je ne veux pas vous faire de peine, s'empressa-t-il d'ajouter en serrant son bras qu'il tenait comme s'il avait été son galant. Je ferai comme vous voudrez, maman.

— Allons, Lactance, il est trop tôt pour décider quoi que ce soit. Tu n'as que dix-sept ans. Tu as bien le temps d'y penser. En attendant, ce sera Noël dans quelques heures, l'aurais-tu oublié ? »

Ils arrivaient dans Elk Street. Les flocons de neige tombaient plus épais. On aurait dit de la ouate. Lactance les attrapait au vol, en riant aux éclats quand il ratait son coup, sans manquer un mot de ce que sa mère lui racontait. À minuit, toute la famille irait à la messe dans de longs traîneaux à quatre chevaux. Il y aurait deux équipages qui fileraient au grand trot. Le premier, pour elle, Louis-Joseph et les enfants, et le second, pour les Porter. Oui, oui, elle le lui jurait, il monterait avec elle. Ils seraient tous bien emmitouflés au fond des carrioles et les grelots attachés aux cous des chevaux résonneraient dans la nuit.

Aux États-Unis, avait-elle remarqué, les églises étaient décorées plus simplement qu'en Canada. Des guirlandes de sapinage autour du sanctuaire et c'était tout. Les cloches sonneraient certes, mais jamais comme celles de l'église Notre-Dame. Madame Porter l'avait prévenue que la célébration du *Christmas Eve* des Américains était peu solennelle comparée à celles de Québec et de Montréal.

« Si seulement ton père pouvait arriver à temps de Washington », dit-elle en entrant dans le vestibule des Porter.

Lactance mit un peu trop d'ardeur à se secouer et Julie le gronda :

« Fais attention, mon chéri, tu mets de l'eau partout. Et ferme la porte, Azélie va attraper froid. »

La petite était dans un état de surexcitation joyeuse. Elle guettait l'arrivée de son père depuis le matin pour le prévenir que Santa Claus allait venir lui porter des étrennes. Qu'il descendrait par la cheminée. Elle avait placé ses petits souliers sur le socle, près des chenets, comme sa maman le lui avait recommandé. Elle demeura agitée tout le reste de la journée. Finalement, comme elle tombait de sommeil, elle se résigna à monter se coucher. Dans sa couchette de cuivre, elle fit sa prière du soir et demanda au petit Jésus de ne pas oublier sa sœur Ézilda et son frère Gustave, qui devaient être bien tristes à Maska. Elle rechigna un peu quand Julie lui expliqua qu'elle était trop petite pour aller à la messe de minuit, mais qu'on la réveillerait pour le réveillon. Après avoir arraché à Médée la promesse qu'il viendrait lui-même la sortir du lit, elle s'endormit, les poings serrés, un semblant de sourire aux lèvres en pensant aux bonbons qu'il y aurait dans son bas de Noël.

Papineau arriva en soirée, accompagné de Wolfred Nelson. Ils étaient morts de fatigue. De Washington à Philadelphie la route avait été sèche, mais le temps s'était brouillé à la sortie de la ville. Une fois rendus à New York, ils avaient failli rebrousser chemin, tant les routes étaient détrempées. Mais ils avaient résolu de continuer, quitte à franchir les étapes plus lentement. Ils n'étaient pas mécontents d'arriver à bon port, deux heures avant minuit. Julie les aida à se débarrasser de leurs manteaux et foulards de laine et ils purent enfin se réchauffer devant le poêle Franklin qui dégageait une douce chaleur.

Le docteur Nelson se proposait de repartir sans tarder et rouler de nuit jusqu'à la frontière où sa femme l'attendait peut-être déjà, si par chance les douaniers l'avaient laissée passer. Elle en était à sa deuxième tentative pour traverser aux États-Unis, ayant été refoulée une première fois, la semaine précédente. Comme la poudrerie s'était mise de la partie, Papineau le convainquit d'attendre. Si la tempête s'apaisait, il serait toujours temps de se mettre en route aux petites heures du matin.

Jamais Azélie n'avait été aussi choyée. Elle ne savait plus très bien qui, de Santa Claus, du petit Jésus ou de madame Porter, il fallait remercier pour la jolie poupée qui l'attendait à son réveil. Lorsqu'elle découvrit, sous l'arbre de Noël décoré par James Porter lui-même, le cheval à roulettes que son grand-père Papineau avait sculpté à même le bois de la Petite-Nation, elle était folle de joie et répétait d'une voix chantante, en traînant le jouet attaché à une ficelle.

« Voyez comme mon papi m'aime. »

Après la messe de minuit, Amédée, qui redoutait que la morosité ne s'emparât de ses parents, mit beaucoup d'ardeur à servir le champagne que Papineau avait rapporté de New York. L'effet se fit bientôt sentir et, malgré les sombres pensées qui envahissaient les cœurs de temps à autre, la gaîté les gagna. Amédée surprit tout le monde lorsqu'il annonça son intention de réciter des vers de Voltaire qui, claironna-t-il, s'appliquaient tout à fait à lord Durham. La voix haut perchée, il s'élança :

« L'ambassadeur d'un roi m'est toujours redoutable ;
Ce n'est qu'un ennemi sous un titre honorable,
Qui vient, rempli d'orgueil ou de dextérité,
Insulter ou trahir avec impunité... »

Voyant l'effet de son numéro, il se hasarda à lire d'autres vers tirés, cette fois, de *Brutus*, la tragédie qu'il dédia à la reine Victoria :

« Nous avons fait, Arons, en lui rendant hommage,
Serment d'obéissance et non point d'esclavage... »

Bessie Porter avait fait préparer le menu traditionnel des Canadiens, d'après la liste de mets obligés que Julie lui avait fournie. Il y avait une montagne de tourtières, du ragoût de pattes et une dinde rôtie. Julie avait insisté pour cuire elle-même les croquignoles, comme sa mère les préparait. C'est peu dire que Papineau et Wolfred Nelson firent honneur au repas. Deux ogres ! Quant à James Porter, il se promit de réveillonner de nouveau à la canadienne l'année suivante.

Il y eut certes des moments lourds, habituellement lorsqu'on parlait d'un proche resté au Bas-Canada. C'est ainsi qu'il fut question de Louis-Hippolyte LaFontaine, écroué le lendemain de l'insurrection, mais qu'on avait relâché quelques jours avant Noël. L'arrestation d'un homme bien vu des autorités était surprenante. Sans doute lui reprochait-on l'aide qu'il avait apportée aux patriotes détenus, à qui il avait servi d'avocat. Papineau soupçonnait ses collègues de la Couronne d'être intervenus auprès de Colborne pour qu'il soit libéré. Louis-Michel Viger, par contre, passait Noël en cellule, ce qui peina son ami d'enfance. Le beau Louis était toujours à la tête de la Banque du Peuple et tous les prétextes étaient bons pour lui mettre des bâtons dans les roues. Ce qui dépassait l'entendement, c'était l'incarcération du libraire Fabre qui n'était mêlé ni de près ni de loin aux tragiques événements. Son seul tort avait été d'organiser une souscription pour venir en aide aux réfugiés des Bermudes.

« Le vieux brûlot a perdu le nord ! lança Julie.

— Sans mon ami Fabre, admit Wolfred Nelson, nous n'aurions pas survécu. Si c'est un crime d'aider ses compatriotes dans le malheur...

— Parlez-nous des Bermudes, docteur », implora Amédée qui, comme Lactance, brûlait de connaître tous les détails de son exil sous les tropiques.

Wolfred Nelson entreprit donc de faire le récit de son séjour dans l'île. Il y avait de l'émotion dans sa voix. À son arrivée là-bas, il ne lui restait pas 40 piastres en poche et il lui était interdit de travailler. Pourtant, il aurait pu rendre de grands services car, à Hamilton, les sorciers étaient plus nombreux que les véritables médecins. Il confessa avoir désobéi, quelquefois, pour honorer son serment d'Hippocrate, sans que les autorités en soient informées. Ses patients étaient prévenus qu'ils devaient se présenter discrètement chez madame Édouard, une femme de couleur qui le logeait, à la sortie de la ville de Hamilton.

« Le reste de temps, je surveillais l'arrivée des bateaux qui nous apportaient des nouvelles du Canada. C'était mon seul désennui.

— Est-ce vrai qu'il y a beaucoup de nègres, là-bas ? demanda Lactance.

— Les neuf dizièmes de la population sont de couleur, répondit le docteur. L'esclavage a été aboli il y a quatre ans, mais les Bermudiens noirs sont pauvres. Les plus instruits n'ont aucune chance d'être élus au Parlement ; par conséquent, à cause de la couleur de leur peau, ils ne peuvent pas faire voter les lois qui contribueraient à améliorer leur sort.

— Et les Blancs? Comment sont-ils? poursuivit le curieux Lactance.

— Ce sont des Anglais, la plupart du temps riches et hautains, comme ceux du Canada. Ils ne voient qu'à leurs intérêts et méprisent la population noire.»

Lorsqu'on apporta les beignes et les croquignoles, la conversation se fixa à nouveau sur le sort de leurs malheureux amis derrière les barreaux. Quel genre de Noël passaient-ils? Mère Gamelin et Adèle LaFontaine leur avaient sans doute apporté des vivres. Mais ils devaient se sentir seuls. Wolfred Nelson en savait quelque chose, lui qui avait passé son dernier Noël au Pied-du-Courant.

«Malgré tout, nous avons eu plus de chance que le malheureux notaire Joseph Duquet», fit-il.

Julie pensa soudain à la lettre de son amie Henriette de Lorimier.

«Par la fenêtre de la prison, les condamnés voient les menuisiers construire la potence, précisa-t-elle d'une voix chargée d'émotion. Henriette m'a écrit que les gardes sont cruels avec eux.

— Aucun pays civilisé ne se montre aussi infâme, affirma Papineau. Vous vous rendez compte? Ils sont huit cents hommes accusés de haute trahison.

— Je ne comprends pas l'indifférence du président des États-Unis, répétait James Porter, comme s'il se sentait coupable de faire si peu.

— Les plus compromis ne s'en tireront pas, fit Julie d'un ton plus bas. Avez-vous lu les gazettes? Le *Herald* réclame des exécutions rapides et l'affreux Adam Thom se demande pourquoi engraisser des traîtres pour le gibet.

— Il tarde à ces hyènes de boire du sang, accusa Amédée, qui ne comprenait pas que les Canadiens ne se soient pas soulevés en masse.

— Tu ne vois donc pas qu'ils n'avaient pas d'armes? s'impatienta Julie. On leur avait promis mer et monde et ils n'ont rien reçu. Ni argent, ni munitions. On leur avait fait miroiter que l'armée américaine viendrait à la rescousse. Des contes! Des menteries! Voilà pourquoi ils ont été réduits en pièces.»

Julie se retint de prononcer le nom de Robert le Diable. Elle ne voulait pas offusquer son frère Wolfred, mais elle poursuivit néanmoins sa pensée.

« Sans cette malheureuse expédition, qui nous a plongés dans un état pire que celui de l'an passé, notre cause avancerait. Maintenant que Colborne sait que nous n'aurons aucun secours des Américains, vous verrez, il se montrera encore plus impudent avec nous.

— Julie, tu en as assez dit, implora Papineau pour qu'elle s'arrête.

— Rassure-toi, je ne condamne personne. Je sais qu'il a cru bien faire, ajouta-t-elle en visant Robert Nelson sans le nommer. Ses motifs étaient louables, j'en conviens, et il est déjà assez puni de devoir vivre le reste de sa vie avec le remords. »

Le docteur Nelson apprécia sa discrétion. Il n'avait pas envie de commencer un débat sur les torts de Robert. Certes, il reconnaissait que son frère s'était montré téméraire, mais on ne pouvait pas lui imputer la haine et l'esprit de vengeance qui animaient sir John et ses exécuteurs.

« Expliquez-moi comment, l'an dernier à Saint-Denis, vos patriotes ont gagné la bataille avec seulement cent dix-neuf fusils, demanda Amédée qui s'étonnait que les insurgés n'eussent pas fait aussi bien, cette fois.

— C'est exact, confirma Wolfred. Et seulement la moitié de ces fusils étaient en état de servir. »

Les jeunes gens pressèrent Wolfred Nelson de raconter la célèbre bataille qui avait fait de lui un héros. Il se fit prier, prétextant que tout cela était loin, que d'autres, et des plus courageux, méritaient davantage leur admiration. Mais à bout d'arguments, il commença son récit encore frais dans sa mémoire. Tout le monde se tut pour l'écouter :

« Il devait être six heures du matin lorsqu'on est venu me prévenir que les troupes, qui avaient quitté Sorel au milieu de la nuit, se dirigeaient vers Saint-Denis. Je n'avais alors qu'une poignée d'hommes que j'ai disposés aux endroits stratégiques, avant de faire seller mon cheval pour aller voir de mes yeux à quel genre d'armée nous avions affaire. J'étais si pressé que j'ai failli me cogner le nez sur le peloton de tête. Les habits rouges m'ont semblé fort nombreux. »

Wolfred Nelson parlait lentement en cherchant ses mots. Il avait de la difficulté avec le français et, parfois excédé par ses propres hésitations, il terminait sa phrase en anglais. Il se souvenait qu'en revenant précipitamment au camp, ses hommes avaient détruit l'un après l'autre les ponts, ce qui avait retardé les détachements anglais et lui avait donné le temps de faire construire des barricades avec des troncs et des branches d'arbres. Le docteur avait ensuite placé ses meilleurs hommes dans la maison de pierre de la veuve Saint-Germain, à l'entrée du village. Les autres étaient dispersés dans les bâtiments avoisinants. En arrivant sur les lieux, les habits rouges s'étaient mis à l'abri, derrière les maisons et, de là, ils avaient activé leur canon.

« Le premier boulet a atteint trois de mes hommes, poursuivit Nelson. J'étais à côté d'eux quand le coup est parti et j'ai été couvert de morceaux de cervelle. »

Lactance émit un cri d'horreur. Amédée l'exhorta à se ressaisir, mais le docteur Nelson le rassura : sa réaction était parfaitement normale. Après cet accident, il avait dû obliger ses hommes apeurés à rester à leurs postes. Ensuite, il avait armé de bâtons les enfants du village et les avait fait défiler en ordre, assez près pour que les troupes anglaises se croient en présence d'un contingent de réserve, mais assez loin pour qu'ils ne courent aucun danger.

« Les habits rouges se sont sauvés à la débandade, ajouta Nelson pour conclure son récit.

— Ah oui ? fit Amédée, surpris. Ce n'est pas la version que les Anglais ont fait courir.

— Je sais, confirma le docteur. Le colonel Gore prétend qu'il a ordonné le retrait parce qu'il manquait de munitions. Or, après son départ, il a laissé derrière lui une centaine de boulets et cinq barils de cartouches à mousquet.

— Votre fils a eu de la chance de se battre à vos côtés, fit Amédée envieux. Si vous aviez été là, cette année encore, le pays serait libre et nous serions peut-être chez nous, au Canada, en train de lever nos verres à la victoire.

— Les deux événements ne se comparent pas, nuança Papineau, qui avait écouté le récit de Wolfred Nelson comme si cela ne le concernait pas. En 1837, on nous a attaqués alors que cette année nous avons été les assaillants. »

Julie pensa alors qu'il allait profiter de cette conversation pour expliquer son absence sur le champ de bataille. Il n'avait pas déserté, elle le savait, mais des rumeurs circulaient sous le manteau et le moment lui semblait bien choisi pour corriger ces fausses impressions. Cependant, Papineau n'était pas disposé à se justifier. Il s'attarda plutôt sur l'insurrection orchestrée contre son gré par Robert Nelson. Se défendant de vouloir juger quiconque, il se contenta de regretter qu'on ne l'ait pas écouté.

« C'est une folie impardonnable que cette deuxième révolte, décréta-t-il. Je ne comprends pas pareil aveuglement. Que ceux qui l'ont encouragée dévorent leur chagrin en silence. »

Wolfred l'approuva d'un signe de tête. Il trouvait injuste qu'on reproche à Papineau de ne pas s'être impliqué dans la dernière attaque.

« Vous avez été sage de vous abstenir, lui dit-il. Comme vous avez bien fait, l'an dernier, d'obéir à mon commandement. À tous ceux qui prétendent le contraire, je répète que c'est moi, et moi seul, qui vous ai exhorté à quitter Saint-Denis, avant le combat. Vous deviez rester en vie afin de négocier avec le gouverneur anglais une fois les combats terminés. Rappelez-vous, je vous ai dit que vous nous seriez plus utile vivant que mort. »

Papineau apprécia la précision de son ami Wolfred. Sous la table, Julie alla chercher sa main pour la mettre dans la sienne. Il y avait des blessures qui tardaient à guérir et la présumée fuite de Papineau en était une, plus cruelle que toutes les autres.

À trois heures du matin, le docteur Nelson s'enveloppa chaudement dans son épais manteau et prit congé. Il lui tardait de rejoindre sa femme et ses enfants à Plattsburg. Pourvu qu'ils aient réussi à se procurer les passeports désormais requis pour passer la frontière ! La neige avait cessé de tomber et il se proposait de dormir sur la route, pendant le long trajet. Il remercia madame Porter et serra la main d'Amédée, en lui promettant de lui prêter son journal de prison. Puis, il s'avança vers Papineau :

« Je vous suis reconnaissant de m'avoir accompagné à Washington, même si vous saviez que ce voyage était inutile, lui dit-il.

— Au fait, demanda Julie, avez-vous lu les journaux américains qui ont rapporté votre entrevue avec le président ? Ils ne vous ont pas ménagés. »

Elle faisait allusion aux éditoriaux rageurs publiés le lendemain de leur visite à la Maison-Blanche et qui reprochaient au président de ne pas les avoir carrément mis à la porte. Les journalistes posaient crûment la question : Oncle Sam veut-il la guerre avec l'Angleterre ?

« Martin Van Buren doit être dans ses petits souliers, fit Wolfred Nelson avec une teinte d'humour dans la voix. Au revoir, monsieur Papineau. Et n'oubliez pas ma proposition. Vous m'avez promis d'y réfléchir. »

À l'intention de Julie, qui n'avait pas saisi le sens de cette remarque, il ajouta, en lui jetant un regard complice :

« Aidez-moi à convaincre votre mari de passer en France pour faire quelques démarches. Notre malheureux pays a encore besoin de lui. Nous avons maintenant la preuve qu'il n'y a plus rien à attendre des États-Unis.

— En France ? Mais pourquoi ? La France n'a rien à voir avec nos affaires.

— Je n'en suis pas sûr, répondit-il. Les Français ont des comptes à régler avec Londres et ils voudront peut-être nous venir en aide. Si c'était le cas, Papineau serait le seul capable de les persuader. »

Julie se laissa choir sur une chaise, ébranlée par la perspective de voir Louis-Joseph la quitter de nouveau pour un long séjour à l'étranger.

CHAPITRE XIII

Adieu, Louis-Joseph

Tout s'était décidé très vite. L'idée d'envoyer Papineau en mission avait fait son chemin parmi les réfugiés qui s'étaient cotisés pour financer le voyage. Peu enthousiaste au moment d'entreprendre des démarches qu'il jugeait vaines, voire inopportunes, ce dernier avait fini par accepter, non sans se faire prier, ce qui avait déplu à ses compatriotes.

Wolfred Nelson, surtout, poussait l'affaire. Il y mettait d'ailleurs beaucoup d'énergie. Trop, au goût de Papineau. Le docteur venait d'ouvrir un cabinet à Plattsburg. Il s'était remis à la pratique en attendant sa femme qui n'avait toujours pas obtenu l'autorisation de quitter le Canada et qui se promettait de traverser la frontière clandestinement, d'un jour à l'autre. Dans l'attente, comme il n'avait pas une grosse clientèle et que ses patients se recrutaient parmi les exilés sans le sou, il gagnait à peine de quoi payer ses médicaments et passait son temps libre à recueillir des fonds pour ce qu'il appelait « la mission de Papineau ».

Pour venir à bout de convaincre son ami, le docteur Nelson s'était associé à l'ancien curé de la paroisse de Saint-Benoît, Étienne Chartier, *persona non grata* dans le diocèse de Montréal depuis que monseigneur Lartigue l'avait démis de ses fonctions pour s'être compromis pendant la rébellion de 1837. Sa nouvelle cure à Salina lui permettait de circuler à volonté dans l'État de New York et ainsi de poursuivre ses activités politiques sans attirer l'attention des autorités ecclésiastiques. Il était déjà venu plusieurs fois à Albany, dans l'espoir de convaincre Papineau de faire porter ses efforts du côté de la France.

Julie avait fini par se rallier au projet. C'était, croyait-elle, la planche de salut des Canadiens. Pour tout l'or du monde, elle n'aurait pas laissé Louis-Joseph deviner combien la séparation lui serait pénible. Il allait partir en France pour ce qui lui semblait être l'éternité, mais elle s'efforçait de ne rien laisser paraître de sa grande tristesse. Plus le jour du départ approchait, plus elle se sentait fléchir et se retenait de ne pas partir avec lui.

« Si je n'avais pas Azélie, mes bagages seraient déjà prêts, disait-elle à Bessie Porter, sa nouvelle confidente.

— Vous avez pris la bonne décision, Julie. Pensez à vos autres enfants, ils ont besoin de vous en Amérique. Bientôt, Ézilda et Gustave vous rejoindront à Albany. Vous n'avez pas le droit de les oublier. »

Madame Porter savait trouver les mots pour l'apaiser. C'était bien la seule personne à qui Julie pouvait parler du mystérieux voyage de son mari, car il avait été convenu que l'heure et la date de son départ resteraient secrètes pour éviter que les autorités canadiennes ne s'en mêlent. Même Amédée et Lactance ignoraient tout du projet.

Bessie n'était pas sans lui rappeler son ancienne voisine, Marguerite Viger, avec qui elle s'était brouillée peu avant son départ de Montréal, mais dont la sagesse et le gros bon sens l'avaient si souvent aidée à surmonter les coups durs. Son amie américaine était du même âge que Marguerite. La cinquantaine avancée et bien en chair, elle était de nature gaie et posait habituellement un regard juste sur les gens et les situations. Ayant choisi de consacrer sa vie à la carrière de son mari, greffier à la chancellerie de l'État de New York, elle s'autorisait de courts séjours chez l'un ou l'autre de ses enfants, maintenant adultes, mais revenait vite auprès de son cher James. Voyant combien le prochain départ de Papineau affligeait Julie, elle avait annulé une promenade en Pennsylvanie pour rester avec elle.

Papineau avait réservé une place à bord du *Sylvie de Grasse* qui levait l'ancre le 8 février. Il arriverait à New York la veille, mais ne demanderait son passeport qu'une heure avant le départ afin de ne pas ébruiter l'affaire. Dans ses valises, Julie glissa entre deux mouchoirs un flacon d'eau des sources de Saratoga qui, l'avait-on assurée, protégeait les plus fragiles estomacs contre le mal de mer. Elle avait pensé à tout, jusqu'à une tablette dure pour ses écritures.

« Tu m'écriras tous les soirs avant de t'endormir, lui recommanda-t-elle. Je ferai de même. Nous aurons l'impression de passer un moment ensemble. »

Le soir du départ, ils dînèrent en tête-à-tête au Congress Hall, le rendez-vous des fins gourmets. Papineau avait le visage décomposé et Julie retenait difficilement ses larmes.

« Tu n'avais pas le choix, lui répétait-elle, autant pour se rassurer elle-même que pour l'en convaincre. Et puis, tu verras, tu seras en charmante compagnie. Sur les paquebots, il paraît qu'il y a des gens intéressants. »

Papineau se rebiffa :

« Tu veux tellement que j'y aille... tu m'envoies malgré moi », lui reprocha-t-il tristement.

Elle en resta interdite, comme s'il l'avait giflée. Comment pouvait-il croire une chose pareille ? Elle aurait voulu protester, mais elle s'obligea à lui cacher son désarroi. Eût-il connu ses véritables états d'âme qu'il ne serait jamais parti. Mais la remarque de Papineau la blessa. Il lui prêtait des intentions indignes d'elle. Pendant un moment, elle s'en voulut de l'avoir encouragé à entreprendre cette mission qui contrariait tous ses plans, à commencer par la réunion de famille qui était reportée aux calendes grecques.

« Si je t'encourage à partir, comme tu dis, c'est uniquement pour faire avancer la cause de notre malheureux pays », lui rappela-t-elle, avec rancune.

Le regard sceptique de son mari posé sur elle la fit douter d'elle-même. Et s'il voyait juste ? Peut-être savait-il mieux que quiconque qu'il n'y avait rien à espérer des Français ? Elle aurait dû se fier à l'intuition de Papineau. À ce jour, il s'était rarement trompé dans ses prévisions. Il avait fallu des morts et des blessés par centaines pour que les exilés en déroute finissent par admettre que leur chef avait eu raison de les dissuader de prendre les armes.

Mais certains continuaient à le blâmer. Comme si sa présence sur le champ de bataille, à Napierville, aurait pu changer le cours des événements. Ayant opté pour la diplomatie, Papineau avait multiplié les démarches à New York et à Washington, persuadé qu'à coup d'arguments irréfutables on arrivait à convaincre. Il avait dû s'avouer vaincu et c'est pourquoi Julie misait tant sur cette mission en France. Elle servirait à redorer le blason de Papineau. S'il réussissait, les patriotes exilés le considéreraient à nouveau comme leur chef. N'était-ce pas ce qu'elle souhaitait par-dessus tout ? Car pour le reste, bien égoïstement, elle aurait tout donné pour le garder près d'elle.

Devinant ses pensées, il baissa les yeux et lui prit la main. Elle aurait voulu savoir s'il lui reprochait ses ambitions, mais elle n'osa pas le lui demander, préférant lui rappeler que c'était lui, le chef. Qu'il n'avait pas à baisser pavillon devant la mesquinerie d'un Robert Nelson ou de ses acolytes, tous plus ou moins envieux de ses succès passés et qui cherchaient à le perdre. Il devait réagir pendant qu'il en était encore temps et ce voyage était la meilleure façon de démontrer qu'il tenait solidement les rênes.

« Écoute, je ne sais pas dire les choses mais je les sens, avoua-t-elle en s'efforçant de contrôler son émotion. Tes efforts... nos sacrifices seront récompensés, je le sens. La France va nous aider. Si elle refuse d'envoyer des soldats, elle nous prêtera de l'argent et peut-être aussi quelques officiers de haut rang.

— Je voudrais bien partager ta confiance.

— C'est sûr que notre cause laissera certains Français indifférents. Ceux-là, ne t'en occupe pas. Vois plutôt ceux qui croient en la démocratie et qui aiment la liberté.

— La leçon est-elle terminée ? demanda-t-il pour la taquiner.

— Ne te moque pas de moi, gronda-t-elle. Tu vas réussir... tu dois réussir sinon, ici, le désappointement sera grand. Les nôtres attendent beaucoup de toi. Ils veulent être libres et, sans aide extérieure, c'est impossible. On ne peut pas prévoir à quelles folies ils se livreraient s'ils étaient laissés à eux-mêmes. Je n'ose même pas y penser. »

De retour à la maison, ils achevèrent les préparatifs. Le cocher sonna à vingt et une heures et insista pour que monsieur Papineau se hâte s'il ne voulait pas rater le départ. Le débarcadère était situé à l'extrémité de la ville et le temps se gâtait. La glace de l'Hudson était si mince qu'il suggéra à son passager de traverser à pied, tandis qu'il suivrait avec les bagages dans un long traîneau. Papineau rassembla ses dernières affaires à la hâte. James Porter et sa femme lui firent leurs adieux au pied du grand escalier.

« Mon ami, dit Papineau, je vous confie ma femme et ma fille. Elles sont ce que j'ai de plus cher en ce bas monde. Prenez-en bien soin.

— Comptez sur nous, le rassura son hôte. Votre Julie et ma petite princesse Azélie sont ici chez elles. Vous regretterez de les avoir placées sous ma protection, car je vais les gâter au point de les rendre insupportables.»

James Porter souriait en passant son bras autour des épaules de Julie qui séchait quelques larmes.

«Allons, ma chérie, courage, l'exhorta Papineau. Je serai de retour avant que tu n'aies eu le temps de t'ennuyer de moi.

— Tu crois cela? répondit-elle en forçant le sourire. Et si tu devais prolonger ton séjour là-bas?

— Dans ce cas, tu viendrais me rejoindre à Paris.

— À Paris! Mais c'est au bout du monde!»

Papineau pleurait aussi. Julie le regarda s'éloigner, le cœur en charpie. Une impression de déjà vu l'envahit tout à coup. Pourquoi fallait-il qu'ils soient toujours séparés? Ils venaient à peine de se retrouver que déjà ils s'arrachaient l'un à l'autre.

Ce soir-là, elle s'enferma dans sa chambre et ne voulut voir personne. Bessie Porter lui promit de jeter un coup d'œil sur Azélie, avant de monter se coucher. Julie pouvait donc se retirer en paix. Seule, dans la nuit silencieuse, elle entendait son mari lui reprocher son empressement à l'envoyer outre-mer : «Tu veux donc que je parte...» Ses mots cruels résonnaient, intolérables.

Plus tard, elle s'installa à son secrétaire pour écrire à Amédée. Il serait surpris d'apprendre le départ de son père, et sûrement vexé d'avoir été tenu à l'écart d'une décision aussi cruciale dans la vie de la famille.

> *Ton père a dû partir sans te serrer dans ses bras,* lui écrivit-elle. *Crois-moi, il en a eu beaucoup de chagrin. Tu dois comprendre qu'il tenait à ce que rien ne transpire de ses affaires. Nos ennemis sont aux aguets. S'ils avaient connu ses plans, ils auraient pu lui mettre des bâtons dans les roues. Pour l'instant, il voyage incognito.*
>
> *Je t'en supplie, viens me voir dès que tu le pourras. Je suis à fleur de peau. J'ai fait la femme forte pour ne pas décourager ton père qui, s'il avait deviné ma détresse, n'aurait jamais consenti à partir. Si par malheur il lui arrivait un accident, tu peux croire quels reproches je me ferais, je serais incapable de les soutenir. Maintenant qu'il est loin, j'ai peur de ressentir les contrecoups de tant d'efforts pour cacher mes émotions.*
>
> *Ta maman, Julie Bruneau Papineau*

Le lendemain du départ de Papineau, William Lyon Mackenzie débarqua chez les Porter avec toute sa famille. Il pensait y trouver son vieil ami et fut déçu d'apprendre qu'il était parti en Europe sans le prévenir. Il accepta néanmoins l'invitation à prendre le thé que monsieur Porter lui lança. Sur le coup, Julie fut décontenancée de voir défiler sa ribambelle d'enfants. Ils étaient neuf qui s'avancèrent à la queue leu leu dans le salon. Elle prit dans ses bras le dixième, un bébé de quinze jours, pendant que la maman enlevait son manteau. Elle suggéra ensuite à madame Mackenzie mère, âgée de quatre-vingt-neuf ans, de prendre place sur le canapé avec l'aînée de ses petites-filles. Les autres enfants s'installèrent à l'indienne sur le tapis.

William Lyon Mackenzie était d'excellente humeur. Il revenait de la frontière où il avait longuement discuté avec les réformistes du Haut-Canada.

«Il y a tant de sympathie pour notre cause, dit-il. Tant de détermination. Savez-vous que j'ai quinze cents hommes prêts à tenter une nouvelle incursion au pays? Et je vous jure qu'ils ont les moyens de leur audace.»

Julie l'écoutait sans rien dire. Willie était toujours un peu exalté et son optimisme, qui tranchait souvent avec la réalité, nuisait à sa crédibilité. James Porter s'inquiéta de ce qu'il venait d'entendre :

«Vous ne les avez pas encouragés dans cette voie? demanda-t-il.

— Non, rassurez-vous, monsieur Porter. Il y a déjà assez de victimes au Canada. J'ai recommandé à mes hommes de ne pas gaspiller leurs ressources en vain. Nous attendrons les résultats de la mission de mon ami Papineau. Je suis content qu'il se soit enfin décidé, bien que j'aurais apprécié qu'il passe me voir avant son départ.

— Il n'en a pas eu le temps, l'excusa Julie. Tout s'est décidé si vite !

— Je suis d'autant plus désappointé que les patriotes du Haut-Canada m'ont chargé de lui remettre tous les pouvoirs pour les représenter à l'étranger. En France, il pourra donc parler au nom des patriotes du Haut et du Bas-Canada. Nous espérons tous qu'il aura là-bas autant de succès que Benjamin Franklin en a eu en son temps. »

Julie lui sourit. S'il pouvait dire vrai !

« Papineau saura convaincre les Français, j'en suis certain, ajouta James Porter.

— N'empêche qu'avant de partir il aurait dû être plus explicite sur ses intentions. Nous aurions aimé savoir quel genre de gouvernement il instaurerait en Canada. Cela aurait aplani des difficultés, en particulier dans les Townships, qui craignent d'être gouvernés par des Français.

— Ce que vous dites là est ridicule, opposa Julie, piquée par la critique de Mackenzie. Pardonnez ma franchise, Willie, mais je trouve qu'il eût été inconséquent de s'avancer à ce point. Papineau a toujours été un fin stratège et votre reproche est superflu.

— Ne vous offusquez pas, ma chère Julie. L'avenir dira qui a raison, ajouta-t-il en levant les bras. Je tenais à vous faire part de mes impressions, que vous lirez d'ailleurs prochainement dans ma gazette. »

Il griffonna sur une feuille l'adresse de Papineau, en France, car il avait l'intention de lui faire suivre son journal. Ayant achevé sa tasse de thé, il sonna le départ de sa tribu.

« Vous venez à peine d'arriver, protesta Julie qui voulait les garder à dîner, comme James Porter le suggérait.

— Nous avons une longue route à faire, objecta Willie. Allez, les enfants, nous partons. »

Ceux-ci finirent d'avaler leurs *cookies* en vitesse et se levèrent sans se faire prier. Après les salutations d'usage, ils s'en allèrent, les plus grands d'abord, les plus petits derrière. La maison retrouva son calme. En retournant au salon pour commenter cette visite aussi colorée qu'inattendue, Julie constata que James était d'une pâleur inquiétante et qu'il respirait difficilement. Elle l'aida à déboutonner sa chemise et lui offrit un verre d'eau qu'il prit d'une main tremblante.

« Je vais appeler le médecin, décida-t-elle en sonnant la bonne.

— C'est inutile, fit James en se redressant, je me sens déjà mieux. »

Depuis quelques jours, il traînait un vilain rhume qu'il mettait au compte de la fatigue et de l'insomnie. Bessie Porter, qui avait passé l'après-midi à faire des emplettes, s'exclama en rentrant :

«*Oh! my God, James, you're so pale!*»

D'autorité, elle l'obligea à se mettre au lit. Il obéit docilement, car sa respiration devenait de plus en plus laborieuse. Au début de la soirée, le docteur McNaughton arriva enfin. Julie le conduisit au chevet du malade dont l'état de santé avait dramatiquement empiré en quelques heures.

« Docteur, il suffoque, faites quelque chose. »

Le médecin l'examina. Il lui trouva la gorge irritée. Sa voix lui sembla rauque mais non éteinte, ce qui était bon signe. Il lui prescrivit un sirop à base d'ipéca. Julie s'en étonna :

« Un vomitif ? Dans son état ? Mais il a déjà du mal à respirer.

— Il n'y a pas lieu de s'inquiéter, madame. Je soigne James Porter depuis longtemps.

— Vous ne le saignez pas ? protesta-t-elle, en voyant qu'il refermait sa trousse et se préparait à partir. J'avais aussi pensé lui appliquer des mouches.

— Surtout pas », répondit-il, excédé par ses conseils.

S'adressant directement à madame Porter, il dit :

« Votre mari souffre d'une laryngite striduleuse, rien de plus. Faites ce que je vous prescris et, dans quelques jours, il sera sur pied. Mesdames ! je vous salue. »

Le docteur McNaughton sortit d'un pas pressé, en promettant de repasser le lendemain matin. Ni madame Porter ni Julie ne se résignèrent à quitter la chambre du malade, qui était conscient mais si faible, qu'elles n'arrivaient pas à comprendre ce qu'il essayait de leur dire. Ses lèvres bougeaient, mais aucun son ne parvenait jusqu'à elles.

« C'est fini, articula-t-il difficilement, je m'en vais. »

La peur paralysait Bessie Porter, qui se ressaisit et frictionna la poitrine de son mari, puis ses jambes, pour activer sa circulation sanguine. Il était glacé, malgré les couvertures de laine qui le recouvraient.

« Julie, je vous en supplie, faites quelque chose », cria-t-elle, quand James perdit conscience au milieu de la nuit.

Sans plus attendre, Julie fit atteler la voiture et envoya le fidèle domestique de James chercher le docteur McNaughton. Lorsqu'il arriva enfin, l'aurore pointait. Mais il était trop tard, le malade s'en était allé.

«Le croup», diagnostiqua-t-il.

Julie se retenait pour ne pas lui reprocher sa négligence, tandis que la pauvre Bessie Porter était trop effondrée pour le blâmer de quoi que ce soit. Le docteur griffonna sur son rapport : mort par asphyxie, infection profonde du larynx. Et il le signa, après un haussement d'épaules qui traduisait son impuissance, et sans doute aussi ses regrets.

La dépouille de James Porter fut exposée dans le salon de sa résidence. Contrairement à la coutume au Canada, les fenêtres n'étaient pas recouvertes de tissu noir et la lumière pénétrait librement. Le cercueil était ouvert et le visage du mort à découvert. Le ministre du culte s'agenouilla, le temps d'une courte prière, après quoi il donna le signal et le cortège se mit en branle.

Le greffier de la chancellerie était un fonctionnaire en vue et les dignitaires de la ville étaient venus en nombre. De l'église, les assistants se déplacèrent au cimetière pour la mise en terre. Les hommes suivirent à pied et les femmes prirent place dans les calèches d'été qu'on avait ressorties, car aucun flocon de neige n'était tombé depuis deux semaines. Mais le temps était couvert et l'on craignait que le ciel ne crache du grésil avant la fin de la cérémonie.

Dans le vieux cimetière, à l'extrémité de la ville, les dalles de pierre faisaient bon ménage avec les croix de bois. Au bout d'une allée bordée de saules aux branches nues, les rares caveaux, propriétés des riches et illustres familles de la ville, étaient cadenassés. C'est ici que James Porter allait retrouver ses parents et amis partis avant lui et ses camarades morts pendant la guerre de 1812. Madame Porter se tenait au bord de la fosse. Julie la surveillait du coin de l'œil. Elle n'avait pas dormi depuis la mort de James et paraissait absente, comme transportée dans un autre monde. Lorsque les porteurs descendirent le cercueil dans la tombe, Julie fit un pas en avant pour la soutenir. Encore un peu et elle s'évanouissait.

Bessie Porter parut se ressaisir pendant les dernières prières. Julie aurait donné cher pour s'appuyer sur Papineau. Il lui manquait tellement ! Il était parti en la confiant aux bons soins de son ami James, qui lui était si attaché. Ces derniers mois, il s'était dépensé pour lui, faisant ce qu'un proche parent n'aurait jamais fait. Papineau serait resté aux États-Unis s'il n'avait pas été assuré que quelqu'un de sûr veillerait sur sa femme et sur Azélie. Et voilà que Julie se retrouvait seule, une fois de plus, et inconsolable. Elle aurait voulu remonter le temps, empêcher son mari de s'embarquer sur le *Sylvie de Grasse*. Mais il était trop tard, le destin en avait décidé autrement. Il fallait maintenant faire de nécessité vertu.

En rentrant des funérailles, Julie se sentait fiévreuse. Elle avait pris froid pendant la nuit d'agonie de James Porter et passa le reste de la journée au lit, enveloppée d'épaisses couvertures de laine. Elle n'avait plus à se faire de souci pour Bessie puisque ses filles restaient auprès d'elle. Quant à Lactance, il avait obtenu du juge Paige la permission de s'absenter du bureau pendant quelques jours, afin de s'occuper de sa mère et de sa petite sœur.

À bout de forces, elle s'abandonna au sommeil et se réveilla deux heures plus tard en nage et angoissée. C'était trop de malheurs en si peu de temps. Lactance, qui la veillait, s'approcha du lit pour lui éponger le front.

« J'ai fait un cauchemar, lui dit-elle en revenant à la réalité. Il faisait tempête sur la mer et ton père m'appelait au secours. Moi, je ramais, je ramais, mais la chaloupe de sauvetage n'avançait pas. Le bruit des vagues me rendait folle. Les cris aussi. Des cris désespérés.

— Je sais, ma petite maman, fit Lactance, en lui donnant de l'eau. Buvez. J'ai tout entendu.

— Tu comprends, il y a eu tellement de naufrages ces derniers temps, lui expliqua-t-elle. L'inquiétude me tue. Je n'avais jamais réalisé à quel point mon système nerveux était fragile. Tu verras, j'irai mieux dès que j'aurai reçu une lettre de ton père me disant qu'il est arrivé sain et sauf au Havre. Avons-nous reçu de ses nouvelles ?

— Oui, son ami O'Callaghan est venu vous voir, répondit Lactance. Je lui ai dit que vous étiez indisposée.

— Tu aurais dû me prévenir, mon chéri, je serais descendue.

— Avec la fièvre ? Vous n'y pensez pas, maman.

— Sais-tu au moins ce qu'il avait à me dire ?

— Il paraît que papa a eu de petits ennuis à New York au moment de s'embarquer, mais que tout s'est réglé assez rapidement.

— Quels ennuis ? interrogea Julie en se redressant sur son séant.

— Le consul de France a refusé de lui délivrer un passeport. Apparemment, il n'avait pas le choix, car seuls les ressortissants français y ont droit.

— L'ambassadeur de Pontois aurait pu faire quelque chose.

— J'ignore s'il est intervenu. Ce que je sais, c'est que Papa a refusé mordicus de faire appel au consul anglais et monsieur de La Forêt a finalement consenti à lui signer une lettre à remettre au commissariat général du Havre. Avec un peu de chance, cela suffira. »

Julie voyait dans ce nouveau contretemps un signe que le mauvais sort s'acharnait contre eux. Elle était en proie aux pires pressentiments. Lactance avait beau la rassurer, elle continuait de broyer du noir. Il insista pour lui tenir la main jusqu'à ce qu'elle s'endormît, mais elle se dégagea de son étreinte. Elle voulait être seule. Il la quitta à regret en songeant amèrement qu'Amédée aurait été autorisé à rester auprès d'elle, car sa mère ne lui refusait jamais rien. Alors que lui, il devait quêter, parfois, son affection.

CHAPITRE XIV

Azélie dépérit

« Maman ? Réveillez-vous, maman... Azélie délire. »

Lactance secouait énergiquement sa mère qui ne réagissait pas. Elle avait pris un soporifique qui faisait de l'effet.

« Maman, je vous en supplie, levez-vous », cria-t-il.

Julie bondit. Azélie ? Qu'avait donc Azélie ? Elle se précipita hors du lit, attrapa sa robe de chambre et, sans prendre la peine de mettre ses pantoufles, courut pieds nus jusqu'à la couchette de sa fille.

« Azélie ? tu m'entends ? Azélie, réponds à maman. »

L'enfant n'avait pas l'air tout à fait consciente. Elle se tortillait sur sa couche en délirant, comme si aucune posture ne lui apportait de soulagement.

« On dirait qu'elle est couchée sur des épines, dit Lactance.

— Vite, transporte-la dans mon lit. »

Lactance souleva l'enfant qui échappa de petits cris de douleur. Le seul fait de la toucher la faisait frémir.

« Dis à maman où tu as bobo, mon bébé. »

Les cris d'Azélie redoublèrent et Julie jugea préférable de la ramener dans sa couchette. Puis, Lactance l'installa sur le sofa où elle sembla se calmer un peu, mais lorsqu'elle recommença à pleurer, ils décidèrent que finalement elle serait mieux dans le lit de sa maman. Le manège continua une partie de la nuit. Fortement ébranlé, Lactance courait dans tous les sens, exécutant les ordres de Julie qui ne savait plus où donner de la tête. Il alla chercher les pantoufles de sa mère et l'enveloppa dans son châle de flanelle, tandis qu'elle essayait d'endormir l'enfant, à bout de forces, elle aussi.

« Sa fièvre augmente. Vite, elle est en danger. Va chercher le docteur. »

Lactance enfila sa gabardine et dégringola l'escalier. Il tournait la poignée de la porte du vestibule quand un hurlement venant du haut l'arrêta net.

«Lactance, reviens, supplia Julie. Dis à une des filles d'y aller. J'aime mieux que tu restes avec moi.»

Il traversa la cuisine en courant et frappa à la porte des domestiques en ordonnant que quelqu'un aille chez le docteur Beaudriau qui habitait de l'autre côté du parc. Puis il grimpa les marches quatre à quatre et rejoignit sa mère qui tremblait comme une feuille.

«Calmez-vous, maman. Voyez, Azélie se repose», dit-il en s'efforçant de dominer sa propre nervosité.

Couchée en travers du lit, la petite s'était en effet assoupie et sa respiration redevenait régulière.

«Je te répète qu'elle est en danger, insista Julie, choquée de voir son fils aussi calme dans un moment pareil. Tu n'as pas de cœur ? Si tu t'étais dépêché aussi, le docteur Beaudriau serait déjà là.

— Mais, maman, vous m'avez demandé de rester, gémit Lactance qui acceptait mal les reproches de Julie.

— Tu ne comprends pas que c'est une question de vie ou de mort ? hurla-t-elle. Personne ne m'a cru lorsque j'ai dit que James Porter se mourait. Eh bien ! il est mort, maintenant. Mais qu'est-ce que tu attends ? Dépêche-toi, bon Dieu, va chercher Guillaume Beaudriau au plus vite.»

Réveillées par le bruit des voix, madame Porter et sa fille Frances accoururent.

«Allons, Julie, reprenez vos sens, fit la première en s'agitant maternellement autour d'elle. Le médecin arrive. J'entends ses pas dans l'escalier.»

Le docteur Beaudriau examina la gorge de l'enfant.

«Elle est beaucoup mieux qu'à midi, cette petite, constata-t-il.

— Comment ça, mieux ? fit Julie. Vous êtes déjà venu aujourd'hui ? Pourquoi ne m'a-t-on pas prévenue que ma fille était malade à midi ?»

Elle avait une petite voix aiguë et sa question s'adressait à Lactance. Il répondit qu'il n'avait pas cru bon de l'inquiéter inutilement.

«Ce n'était rien. Azélie avait un peu mal à la gorge et j'ai demandé à Guillaume d'arrêter en passant.

— Je lui ai donné une petite dose d'opium qui l'a probable-ment surexcitée, ce qui l'empêche de dormir et la met dans cet état, précisa le docteur.

— De l'opium ? À une enfant ? Vous êtes complètement fou ! C'est aberrant ! lui reprocha Julie, stupéfaite. C'est le croup, je vous dis qu'elle a le croup. Regardez comme elle est brûlante. Elle n'est à l'aise nulle part et elle réclame sans cesse qu'on la déplace.

— Madame Papineau, si je lui ai prescrit de l'opium, c'est que ni l'émitic ni le salap, que je lui avais fait avaler, n'avaient eu d'effets. Je vous en conjure, laissez-là où elle est. Chaque fois que vous la bougez, vous l'obligez à faire des efforts qui l'affai-blissent. Il ne faut pas se plier à tous ses caprices.

— Vous prenez pour un caprice la douleur d'une pauvre enfant ? Et moi je vous dis qu'elle souffre. Je connais ma fille, vous ne pensez quand même pas qu'elle joue à la malade imaginaire ? Ce serait le comble !

— Non, madame, mais je suis docteur et je connais mon métier. Je vous prie de vous retirer et de me laisser soigner Azélie comme je l'entends. Je vais la faire vomir, ça ira mieux après. »

Julie recula de mauvaise grâce, mais refusa de quitter la pièce. L'enfant régurgita une matière visqueuse. Raison de plus de croire qu'il s'agissait du croup, le même qui avait emporté James Porter. Presque hystérique, Julie accusa le docteur Beaudriau d'incompétence et celui-ci lui répliqua sur le même ton qu'elle n'y connaissait rien. Il commençait à en avoir ras le bol de cette scène grotesque.

Lactance allait de l'un à l'autre, les suppliant de garder leur sang-froid. Azélie s'était endormie et le chahut risquait de la réveiller. C'était à qui allait avoir raison sur l'autre. Il trouvait sa mère injuste et ses insinuations déplacées. Guillaume avait exa-miné Azélie selon toutes les règles de l'art et l'on pouvait se fier à son diagnostic. Par contre, ce dernier manquait assurément de tact et de souplesse. Il aurait dû comprendre que Julie était à bout de nerfs.

Lorsque Guillaume Beaudriau eut remis ses instruments dans sa trousse, Lactance proposa de le raccompagner chez lui, de l'autre côté du parc. Il avait besoin d'air. Madame Porter l'assura qu'il pouvait partir en toute quiétude, elle reconduirait Julie à sa chambre et veillerait à ce qu'elle soit bien couverte. Une domestique dormirait dans un lit pliant, à côté d'Azélie, et elle la préviendrait, au premier signe de malaise.

Avant de quitter la pièce, le docteur Beaudriau s'approcha de Julie :

« Vous devriez penser à vous, madame Papineau. Maintenant qu'Azélie se repose, vous feriez mieux de retourner vous coucher. Si vous vous sentez faible, n'hésitez pas à m'appeler.

— Je vous remercie, Guillaume. Je vous suis reconnaissante d'être accouru aussi vite. Je sais que vous vous donnez beaucoup de mal et que je ne suis pas très commode. Je vous promets de prendre médecine si j'en sens le besoin. Pas d'opium ni de calomède, qui me sont contraires, mais je me purgerai, c'est promis. Bonne nuit, docteur. »

Dehors, un vent de tempête s'était levé. Le temps humide et pluvieux des dernières semaines avait provoqué une extraordinaire crue des eaux. Jamais Albany n'avait connu d'inondations aussi inquiétantes. Dans le bas de la ville, les caves se remplissaient d'eau que le froid glaçait. Dans le port, le *North America*, le plus moderne des pyroscaphes, s'était fracassé contre la rampe du quai. Il avait coulé, cependant que de petits bateaux de pêcheurs étaient emportés. Au large, ceux-ci se heurtaient aux glaces charriées par le courant.

« Un temps de chien ! cingla Lactance.

— Un temps pour être malade, soupira Guillaume en boutonnant son pardessus. Même un médecin débutant comme moi est appelé jour et nuit. Tu vois pourquoi je suis à bout de patience ? Je suis épuisé, moi aussi. »

En traversant le parc, Guillaume raconta à Lactance que, depuis sa funeste expédition en Canada, il avait toujours froid. Chirurgien dans l'armée de Robert Nelson, il avait opéré sur le sol glacé un blessé qu'on ne pouvait pas bouger. Après, il lui avait fait traverser la frontière à demi conscient, sur une civière improvisée. Lactance se dit qu'un jour il tiendrait le scalpel, lui aussi.

Le jeune docteur habitait une vieille maison hollandaise, où le grand La Fayette avait logé au temps de la guerre de l'Indépendance américaine. À l'entrée, le marteau de la porte représentait un lion tenant un globe entre ses pattes du devant. Guillaume ouvrit doucement, sans faire de bruit, et se retourna pour serrer la main de Lactance, en l'encourageant à aller dormir. Celui-ci voulut régler les honoraires de Guillaume qui refusa d'en entendre parler. Il se considérait comme un ami de la famille et il n'était pas question qu'il soit payé pour soigner la petite sœur d'Amédée, son confrère de collège.

« Je suis navré pour tout à l'heure, dit-il, en tournant la poignée. J'aime beaucoup ta mère, je ne sais pas ce qui m'a pris.

— Je comprends, fit simplement Lactance. Elle t'aime aussi, mais l'absence de mon père la rend nerveuse. »

Sur le chemin du retour, Lactance fut envahi par une grande tristesse. Jamais il ne s'était senti aussi impuissant et inutile. Quand Julie élevait la voix devant lui, le monde entier s'écroulait. Il avait alors la conviction qu'elle ne l'aimait pas. En tout cas, pas autant qu'Amédée, avec qui elle était toujours comme une soie. La jalousie qu'il ressentait parfois contre ce frère aimé mais rival montait en lui. Si seulement son père donnait signe de vie ! Sa rancœur se tourna tout à coup contre Papineau. Pourquoi était-il parti aussi loin ? Il n'aurait pas dû laisser Julie seule. Elle était trop fragile, trop vulnérable. Lactance buta contre des cailloux qu'il poussa violemment du pied. Cela le soulagea.

De loin, il distinguait, dans la nuit, les volets clos de la maison des Porter qui paraissait abandonnée, comme si son âme l'avait quittée en même temps que son propriétaire. Pauvre monsieur Porter ! pensa-t-il. Toute une vie d'efforts pour finir bêtement, une nuit glaciale de février. Derrière l'une des fenêtres, il imagina sa mère, qui se résignait à une autre nuit d'insomnie. Toutes les attentions dont lui, Lactance, l'entourerait, ne lui feraient pas oublier son terrible chagrin d'avoir perdu son ami James. Et voilà maintenant qu'Azélie tombait malade. Il se sentait dépassé par les événements.

Lui non plus n'avait pas fermé l'œil depuis deux jours à cause du secret qu'il portait en lui et qu'il avait gardé pour lui seul : le colonel Paige l'avait avisé qu'il devait se priver de ses services. L'idée d'annoncer son renvoi à sa mère lui était insupportable. Dans l'état où elle était, elle l'aurait condamné d'avance, sans écouter sa défense. Pourtant, il n'était pas en cause. Le colonel avait été formel : il n'avait rien, absolument rien, à lui reprocher. Simplement, la santé de sa femme l'obligeait à passer quelques mois à la campagne et il avait décidé de fermer son cabinet au début du printemps. Lactance l'avait remercié pour ses bontés et, bien que rien ne pressât, il avait préféré emporter ses affaires chez madame Porter qui n'avait posé aucune question, trop prise par la tragédie qui la frappait.

Ce n'était certes pas le métier de copiste qui allait lui manquer! Il ne détestait pas accompagner le colonel Paige à la Cour suprême, ni l'assister en sa qualité de greffier, mais il avait surtout accepté cet arrangement pour se rapprocher de sa mère et il lui tardait maintenant d'entreprendre ses études de médecine. La perspective de lui occasionner un surcroît de dépenses, elle dont les finances étaient serrées, le désolait cependant. Son père parti en France, James Porter six pieds sous terre, qui s'occuperait de lui trouver une nouvelle place? Et comment être sûr qu'il ne serait pas forcé de travailler en usine à Plattsburg, comme tant de réfugiés canadiens? Amédée étant à Saratoga, Lactance se considérait comme le seul appui de sa mère à Albany et cette responsabilité lui paraissait tout à coup au-dessus de ses forces. Sa propre situation n'avait jamais été aussi précaire, il ne pouvait même pas se suffire à lui-même. Où trouverait-il l'argent pour ses études médicales?

Nez en l'air, des chiens débouchèrent de Elk Street, en reniflant vers les maisons encore ensommeillées. Une odeur de cuisine passa. Le brouillard se dissipait à l'heure où le train-train matinal commençait. Une autre journée! Il se sentit las. Terriblement las. Néanmoins, il prit au même instant la décision ferme de ramener sa mère et sa petite sœur Azélie au Bas-Canada! Non pas à Maska, chez sa tante Dessaulles, ni chez son oncle, le curé de Verchères, mais bien à Montréal, rue Bonsecours, dans la maison des Papineau depuis trois générations.

❦

Julie l'entendait autrement. Elle ne voulait pas rentrer en Canada. La petite Azélie guérie grâce aux bons soins du docteur Beaudriau, dont elle vantait maintenant les mérites à ses amies, son énergie passa à soigner les blessures de l'esprit, les siennes comme celles des êtres qu'elle aimait. Il fallait d'abord chasser les vilains fantômes. À la maison, les mots «maladie» et «mort» furent bannis des conversations. Madame Porter dorlotait Julie qui chouchoutait Azélie qui, à son tour, faisait des câlins à la veuve. C'était à qui servirait le thé, borderait la petite ou prendrait les arrangements pour le dîner, chacune étant déterminée à épargner aux autres la moindre fatigue. Tout le monde y trouva son compte et la maisonnée retrouva la sérénité, sinon le bonheur.

Lactance n'eut aucun mal à convaincre sa mère de le garder près d'elle, d'autant plus qu'elle n'avait personne à qui le confier. Il n'arrêtait pas de s'excuser du dérangement qu'il causait, mais il était bien le seul à ne pas s'apercevoir qu'on ne pouvait déjà plus se passer de lui. Il disparaissait quelques heures par jour, le temps de se plonger dans ses passionnantes recherches, au muséum de la faculté de médecine, mais il se débrouillait pour être de retour au moment où sa mère ou madame Porter aurait besoin de lui.

La première lettre de Papineau se faisait attendre. Chaque matin, pleine d'espoir, Julie se rendait au bureau de poste et en revenait déçue. Elle avait maintenant l'assurance qu'il n'y avait pas eu de naufrage, c'était déjà ça de gagné. Son mari lui avait sans doute écrit du Havre, en débarquant du *Sylvie de Grasse*, et sa lettre se trouvait probablement au milieu de l'Atlantique, comme la sienne annonçant la mort de James Porter, qui le chagrinerait sûrement, et la maladie d'Azélie, qui l'inquiéterait.

Les nouvelles du Canada, par contre, arrivaient régulièrement. Julie apprit de Marie-Rosalie que le manoir Dessaulles avait été fouillé de fond en comble et que son neveu préféré, Louis-Antoine, avait été écroué pour avoir prétendu que les officiers anglais étaient des ivrognes. On l'avait relâché lorsqu'il avait menacé de répéter ses accusations devant le gouverneur... preuves à l'appui. Marie-Rosalie pouvait maintenant respirer. Et que Julie ne s'en fasse pas, Gustave et Ézilda étaient heureusement en visite chez grand-mère Bruneau au moment du saccage. Ils n'avaient rien vu et, à leur retour, plus rien n'y paraissait.

Marie-Rosalie avait protesté auprès de sir John Colborne qui avait consenti à ce que ses troupes ne forcent plus jamais les habitants à leur fournir des vivres. Ni à Maska ni ailleurs. Mais, lui confia-t-elle en outre, il y avait des traîtres parmi eux. D'anciens amis sans scrupules organisaient des piquets de police dans les villages et dénonçaient leurs voisins pour bien paraître devant les autorités. L'un d'eux, qui soupçonnait des choses louches au manoir, était venu sous prétexte d'apporter à Ézilda une poupée de cire qui ouvrait et fermait les yeux... Ce qu'il n'aurait pas fait pour toute autre enfant privée de ses parents.

La veuve Dessaulles exhortait Julie à rentrer au pays. La petite chambre aux murs roses, ornée de rideaux de dentelle blanche, l'attendait et ses enfants réclamaient leur maman chérie. Le soir, au moment de se mettre au lit, ils pleuraient quelquefois. Mademoiselle Douville, leur vieille bonne, n'était plus très jeune et elle commençait à trouver sa charge lourde. Sans compter qu'Ézilda allait bientôt faire sa première communion.

Julie soupçonna Lactance d'avoir écrit à sa tante pour la convaincre de rentrer au pays. S'ils pensaient, tous les deux, qu'elle allait s'exposer à de nouvelles humiliations, ils se trompaient. Jamais elle n'entreprendrait un tel voyage en hiver, surtout pas avec une enfant encore faible. Elle n'avait pas envie, non plus, de se montrer le bout du nez à Montréal, tant que la ville serait sous la férule des troupes de Sa Majesté. Le mieux, répondit-elle, ce serait que Marie-Rosalie lui amène Ézilda et Gustave à Albany dès l'ouverture de la navigation. Julie promettait d'aller à leur rencontre, quelque part le long de la frontière.

De passage à Albany, Amédée donna raison à sa mère contre Lactance. Il trouvait trop risqué, pour quiconque de la famille, de retourner en Canada. Les brigands rouges ne s'étaient pas gênés pour fouiller le manoir Dessaulles et ils n'hésiteraient pas à mettre la maison de la rue Bonsecours sens dessus dessous, quand ça ne serait que pour effrayer la femme de Papineau.

«Imaginez ce dont ils seraient capables s'ils apprenaient que vous êtes de retour!» conclut Amédée.

D'ailleurs, il en était sûr, sa mère ne resterait pas une heure à Montréal. La ville, défigurée par de hautes barricades, était assiégée. L'armée s'installait partout et personne ne se sentait en sécurité. Tout citoyen sur qui pesait le moindre soupçon pouvait être arrêté, comme un chien errant dans les rues, et traîné *manu militari* derrière les barreaux. Les badauds, apeurés par l'omniprésence des militaires, étaient prêts à trahir ceux qu'ils idolâtraient hier, allant jusqu'à leur lancer des œufs pourris et à leur cracher au visage. Les procès? Des simulacres de justice, les accusés n'ayant même pas droit à la présence de leur avocat en cour.

Quatre mois après l'insurrection de décembre 1838, l'échafaud était dressé en permanence dans la cour de la prison, au Pied-du-Courant. Après les exécutions, les cadavres traînaient des heures dans la neige, les geôliers voulant s'assurer que les condamnés à mort savaient ce qui les attendait. Comme si on leur disait : « ce sera bientôt votre tour... » Même l'évêque auxiliaire de monseigneur Lartigue criait à l'horreur devant la férocité de Colborne le sanguinaire. Ignace Bourget avait été vu, à genoux dans la neige, récitant le *De profundis*, pendant qu'on pendait cinq patriotes. Il aurait laissé échapper : « Il y a de quoi crever les cœurs les plus endurcis. »

Amédée se tut. Il n'eut pas le courage de dire à sa mère ce qu'il venait d'apprendre. Leur ami, Thomas Chevalier de Lorimier, risquait la peine de mort. Son procès était injuste. Pendant les audiences, on le forçait à rester debout et à se défendre seul. Il était un excellent plaideur, mais comme la justice militaire ne tolérait que l'anglais dans les cours du Bas-Canada, il ne comprenait pas toujours ce dont on l'accusait.

CHAPITRE XV

La femme du pendu

Julie reconnut sur l'enveloppe bordée de noir l'écriture fine de son amie Henriette de Lorimier. Elle sortit du bureau de poste à la hâte et marcha d'un pas pressé jusqu'à la maison, monta à sa chambre où, appuyée contre la porte qu'elle avait refermée d'un geste brusque, elle brisa le cachet de cire noir et déplia nerveusement les feuilles. Amédée n'avait pas eu à lui dire ce qui était en train de se passer au Pied-du-Courant, les journaux s'en étaient chargés. Dans sa lettre, Henriette confirmait probablement ses pires appréhensions.

Sur la page du dessus, des taches d'encre avaient effacé les premières lignes. Henriette avait pleuré en lui écrivant.

Julie, mon amie,

Ma dernière lettre est restée sans réponse. Je ne comprends pas ton silence. Ces derniers temps, mes amis m'ont tous fait faux bond. Toi comprise.

Je t'écris à nouveau pour que tu saches quel cauchemar a été le mien et parce que, malgré tout, je garde l'espoir que tu ne m'as pas complètement oubliée. Après cette lettre, tu n'entendras plus jamais parler de moi. Personne ne saura où j'irai cacher ma peine. Depuis que Thomas est mort au bout d'une corde, comme un vulgaire assassin, mes voisins ne me reconnaissent pas. C'est mal vu de fréquenter la famille d'un condamné. La peur rend lâche. Je ne suis plus madame Chevalier de Lorimier, mais la femme du pendu. J'ai tout perdu, il ne me reste que mes filles. Deux malheureuses orphelines qu'on pointe du doigt dans la rue. Elles sont bien jeunes pour découvrir la honte.

Mon fils Napoléon est mort, lui aussi, le savais-tu? Souviens-toi, tu trouvais qu'il avait des airs de Thomas.

Au mois de novembre, en apprenant l'arrestation de mon mari, je suis repartie à Montréal sans réfléchir. Le petit était fiévreux et j'aurais dû le confier à quelqu'un, à Plattsburg, mais je savais que Thomas voudrait l'avoir près de lui. J'ai sauté dans la première diligence, avec mes trois enfants, en priant le Ciel qu'il n'arrive rien au petit. Il a pris froid durant le trajet et cela lui a été fatal.

Mon fils est mort sans avoir revu son père. J'étais désespérée, tu sais mieux que quiconque ce que j'ai pu ressentir, toi qui as vu s'éteindre ta belle Aurélie, à cinq ans, le même âge qu'avait mon petit Napoléon. Je me rappelle, tu as pleuré toutes les larmes de ton corps. Moi, je n'ai guère eu le temps de penser à mon chagrin. Thomas croupissait dans son cachot du Pied-du-Courant et je devais me montrer courageuse.

Tous les jours, derrière ses barreaux, il guettait mon arrivée. Il voulait me raconter dans les moindres détails ce qui s'était passé pendant l'insurrection : pourquoi il s'était égaré dans la nuit en reconduisant ses hommes à la frontière, comment les soldats de Sa Majesté l'avaient capturé et ramené à pied, de Napierville à Montréal, attaché derrière une charrette, une corde nouée autour du cou et les mains liées derrière le dos. Leurs chevaux avançaient si vite qu'il était obligé de courir. De temps à autre, les habits rouges s'arrêtaient devant la maison d'un patriote, défonçaient la porte, sous les yeux ahuris de Thomas, et violaient les femmes et les petites filles. Ensuite, ils repartaient en vociférant comme des bêtes sauvages.

Pauvre Thomas ! Il était épuisé, plus mort que vif, lorsque, tel un galérien, il est entré dans Montréal, où Colborne, toujours assoiffé de sang, l'attendait avec sa cour martiale.

Julie tourna la page. Sa main tremblait. Son cœur se serra en imaginant Henriette quittant Plattsburg, épouvantée par le sort qui attendait, à Montréal, l'homme de sa vie. La bonne des Porter lui apporta du thé et sortit de la pièce sur le bout des pieds, sans dire un mot. Julie se leva pour aller chercher la théière fumante, sur la desserte, et remplit sa tasse. Elle avala une gorgée et reprit sa lecture. Elle en était au procès dont Henriette n'avait manqué aucune des audiences.

Sais-tu ce que les juges anglais faisaient durant les interrogatoires ? Ils dessinaient sur des bouts de papier des échafauds, où étaient pendus les malheureux qui comparaissaient devant eux. C'était le jeu du bonhomme pendu. Ça les amusait, figure-toi.

Tant d'acharnement était révoltant. À l'évidence, ces juges grossiers voulaient que Chevalier de Lorimier paie pour Robert Nelson qui avait réussi à échapper à leur sordide mascarade de la justice.

Imagine ! Thomas n'avait même pas d'avocat. Il a tout de même amené les témoins à se contredire, mais c'était peine perdue. Le juge Day l'a décrit comme le plus instruit, donc le plus dangereux fauteur de la rébellion. Il a prétendu qu'il devait servir d'exemple, ce qui n'était pas pour déplaire aux journaux des bureaucrates, surtout le Herald, *qui réclamaient d'autres pendaisons. Bien avant le prononcé de la sentence, ils ont d'ailleurs annoncé que Chevalier de Lorimier serait condamné à mort.*

Thomas a appris qu'on allait l'exécuter en voyant à travers le grillage de sa cellule le cercueil que les autorités avaient commandé. Le geôlier l'a prévenu qu'il lui restait deux jours à vivre. Il n'y a pas de mot pour décrire le sadisme des autorités qui ont construit l'échafaud sous sa fenêtre !

J'ai supplié sir John Colborne de lui sauver la vie. Le gouverneur n'a même pas daigné me répondre. J'ai songé à m'adresser à sa femme. Mais tout ce que lady Colborne avait trouvé, pour consoler l'épouse d'un autre condamné venue lui demander sa grâce, avait été de lui offrir un dérisoire cinq piastres !

Julie tira un mouchoir en dentelle de sa manche. Elle s'essuya les yeux, sans quitter la feuille qu'elle tenait à la main. La lettre d'Henriette la mettait au supplice, mais elle voulait tout connaître de cette cruelle histoire, quand ça ne serait que pour se convaincre plus encore de la tyrannie exercée par l'odieux

Colborne sur les Canadiens. Elle se moucha et reprit plus lentement sa lecture.

La veille de la pendaison, j'ai passé quelques heures avec mon amour, dans son sinistre cachot. Thomas ressentait une angoisse insurmontable, pas tant à cause du châtiment qui l'attendait, mais parce qu'il avait peur pour moi. La seule chose qui assombrissait ses derniers moments, regrettait-il, c'était la pensée du dénuement qui serait le mien. Pour le reste, il était en paix, il avait fait le sacrifice de sa vie. J'en étais bouleversée.

Le dernier jour, les prisonniers préparèrent un dîner d'adieu pour les cinq condamnés qui allaient payer de leur vie d'avoir voulu libérer leur pays. C'était l'idée de l'un d'eux, Charles Hindenlang, un Français d'origine, qui voulait recréer l'atmosphère du banquet offert aux Girondins à la veille d'être guillotinés au temps de la révolution française. Malgré les bougies allumées comme à une fête et le vin qui coulait, il régnait une gaîté macabre dans le couloir adjacent aux cellules où la table avait été dressée. Monsieur Hindenlang se montrait trop bruyant et Pierre-Rémi Narbonne, dont la femme était morte de chagrin, n'avait que des mots de haine à la bouche. François Nicolas regrettait de partir avant d'avoir vu son pays libre et le jeune Daunais, qui n'avait pas vingt ans, pleurait à fendre l'âme. C'était lugubre et déchirant.

Mon Thomas ne voulut pas prendre la place qu'on lui avait réservée. Il but un seul verre de vin pour porter un toast : «Nous avons vécu en patriotes, nous mourrons en patriotes! À bas les tyrans! Leur règne achève.» Puis, nous sommes retournés tous les deux dans son cachot.

Thomas redoutait notre dernier tête-à-tête plus que la mort elle-même. Nous nous tenions à l'écart, serrés l'un contre l'autre. Mon pauvre amour! Il me disait qu'il m'aimait et combien je l'avais rendu heureux. Il tenait à ce que je sache que sa conduite avait toujours été irréprochable et espérait que je connaisse le bonheur malgré mon cœur brisé. Mais il était sûr que nos amis ne me laisseraient pas tomber. S'il avait su ce qui m'attendait!

Moi, j'aurais voulu être courageuse, il était si fort. J'ai éclaté en sanglots en me jetant à son cou et je me suis évanouie. Il m'a prise dans ses bras, m'a embrassée et puis, plus rien...

Lorsque la porte de la prison s'est refermée derrière moi, Thomas a dit à l'un de ses compagnons : « Le pire coup est donné. » Je ne l'ai jamais revu. On m'a raconté par la suite qu'il était pâle comme la mort. Après mon départ, il a passé sa dernière nuit à m'écrire. Une lettre pleine d'espoir. C'était là sa nature.

Je l'ai transcrite pour toi et pour tous ceux à qui tu voudras la faire lire :

Prison de Montréal, 14 février 1839, à 11 heures du soir.

Mes efforts ont été pour l'indépendance de mes compatriotes ; nous avons été malheureux jusqu'à ce jour. Malgré tant d'infortune, mon cœur entretient de l'espérance pour l'avenir. Mes enfants seront libres, un pressentiment certain, ma conscience tranquille me l'assure. Les plaies de mon pays se cicatriseront après les malheurs de l'anarchie et d'une révolution sanglante. Le paisible Canadien verra renaître le bonheur et la liberté sur le Saint-Laurent...

Ma chère Julie, suppliait Henriette, reste avec moi encore un moment, le temps que je termine mon récit. Tu as toujours été très sensible et je sais que ce sera dur pour toi de me lire jusqu'au bout. Fais-le pour moi, je t'en supplie.

Cette nuit-là, donc, malgré les gouttes de laudanum que j'avais avalées, je ne dormis pas. À l'aurore, dans mon lit glacé, j'imaginais mon cher Thomas résigné, presque serein et digne. Il avait une telle force de caractère ! Son compagnon de cellule m'a appris plus tard qu'en s'habillant, le 15 février au matin, il lui avait demandé de l'aider à fixer sa petite cravate blanche de manière à laisser l'espace nécessaire pour la corde.

Je n'ai pas eu le courage d'être avec lui jusqu'au bout. (Si tu savais comme je me le reproche.) Sur le coup de huit heures, m'a-t-on raconté, il y avait déjà foule aux abords du Pied-du-Courant. Les curieux étaient venus, comme on va au spectacle. Certains priaient, d'autres pleuraient pendant que les traîtres applaudissaient. La première exécution, celle de Pierre-Rémi Narbonne, fut un véritable supplice. Le pauvre était manchot. Lorsque la trappe tomba, il saisit la corde de son unique main et resta suspendu pendant que son corps heurtait l'échafaud. Deux fois le bourreau lui fit lâcher prise, deux fois il ressaisit la corde avec la force du désespoir.

Thomas monta ensuite à l'échafaud d'un pas ferme, sans aucun signe de faiblesse. Il entendit son compagnon Hindenlang crier « Vive la liberté ! », sourit et le bourreau l'exécuta. C'en était fini.

Julie contenait mal l'émotion qui la gagnait en lisant les derniers moments de Chevalier de Lorimier. Henriette ne lui épargnait pas un seul détail : l'heure précise, le dernier sourire, la petite cravate blanche nouée lâchement...

Depuis, écrivait-elle encore, ma vie n'a plus aucun sens. On m'a arraché la moitié de moi-même. Demain, je quitte la ville avec mes filles. On nous oubliera... Mais moi, je n'oublierai jamais. Pas un jour ne s'écoulera sans que je revoie le beau visage ovale de Thomas, ses yeux et ses cheveux noir de jais, son front haut et sa figure douce et intelligente. Je ne me consolerai jamais de l'avoir perdu.

Je garde sa précieuse lettre dans le petit coffre qu'il m'avait offert à mon anniversaire. On l'a trouvée sur lui, après sa mort. Tous les matins je la porte à mes lèvres avant de la relire, même si je la connais de mémoire : Tu dois prendre courage. Hier soir, tu as reçu mes derniers embrassements ; cependant du fond de mon cachot humide, je sens le besoin de te dire un dernier adieu. Ton tendre mari enchaîné comme un meurtrier...

Les Anglais lui ont ôté la vie, mais non son courage. Chevalier de Lorimier a soutenu la cause sacrée qu'il avait embrassée jusqu'à son dernier souffle. Il voulait libérer son pays de la tyrannie et ne vivait que pour cela, jusqu'à en négliger son cabinet de notaire. Il s'opposait aux bureaucrates arrogants qui cherchaient à nous angliciser et à faire du Canada une autre Irlande. Si c'est

un crime de résister à l'oppression, soit, il a commis un
crime! Ses compatriotes l'ont abandonné à son triste
sort. Je n'ai plus d'amertume, crois-moi, chère Julie.
Seulement une tristesse infinie qui m'habitera jusqu'à la
fin de ma vie.

Adieu, mon amie, je te souhaite tout le bonheur que
tu mérites. Et pense un peu à moi, qui m'en vais finir mes
jours dans l'ombre et le chagrin.

Henriette Chevalier de Lorimier

Julie resta immobile un bon moment, comme figée. Ses petits malheurs n'étaient rien comparés à la tragédie d'Henriette. Bien avant la fin de son procès, elle savait comme tout le monde que Chevalier de Lorimier était perdu et pourtant, elle n'avait pas trouvé le courage d'écrire quelques mots de sympathie à sa femme. Quelle piètre amie elle était! Bien égoïstement, elle s'était apitoyée sur son propre sort, elle dont le mari avait eu la vie sauve. Pendant qu'elle faisait des plans pour l'avenir de sa petite famille, la pauvre Henriette tirait un trait sur sa vie.

Elle n'avait pas encore vingt-six ans. Avec ses allures de petite fille capricieuse, Julie l'avait toujours trouvée émouvante. Elle la revoyait, faisant la moue pour un rien. Et quand elle parlait de Thomas, ses grands yeux pétillaient.

La dernière fois qu'elles s'étaient parlé, elle l'avait rencontrée par hasard, à la chapelle Notre-Dame-de-Bonsecours, la veille de son départ pour Saratoga, et elle l'avait ramenée à la maison. Ce jour-là, tout en donnant le sein au petit Napoléon, Henriette lui avait confié que Chevalier de Lorimier refusait de baisser les bras. Il ne pouvait oublier le sang versé à Saint-Eustache, où il s'était battu aux côtés du docteur Olivier Chénier. Il avait juré de le venger. À compter de ce moment-là, il avait marché main dans la main avec Robert Nelson qui songeait déjà à lever une armée secrète pour envahir le Canada et en chasser les Anglais.

«Mais Henriette, tu divagues, avait alors protesté Julie, incrédule. L'armée anglaise n'a fait qu'une bouchée de nos patriotes et Thomas en redemande?»

Henriette s'était emportée. Il ne fallait jamais s'avouer vaincu. Papineau avait tort d'abandonner la lutte. Elle avait confiance en Robert Nelson puisqu'il avait promis de les conduire à la victoire. Julie s'était efforcée de lui faire entendre raison. À bout d'arguments, Henriette avait fini par admettre qu'elle n'était pas très chaude à l'idée de voir Thomas emprunter cette voie périlleuse.

« Je meurs de peur, c'est vrai, mais jamais je ne l'empêcherai de se battre. Sa cause est sacrée. »

Comme elle avait dû se sentir trahie ! Comme elle devait en vouloir à Robert le Diable qui, à la première décharge d'artillerie, s'était enfui à bride abattue pendant que Thomas était capturé par les Anglais.

Julie n'avait jamais revu Henriette. Elle ferma les yeux et la silhouette de Chevalier de Lorimier lui apparut, tel qu'il était la dernière fois qu'elle l'avait vu. Il portait un gros paletot granit, un chapeau à large bord, baissé sur le front et un long foulard enroulé autour du cou.

CHAPITRE XVI

L'assemblée de Corbeau

Au printemps de 1839, l'ex-curé de Saint-Benoît, Étienne Chartier, un vieil ami de Papineau, lança un appel aux réfugiés canadiens des deux rives du lac Champlain. L'assemblée patriotique qu'il organisait aurait lieu à Corbeau, un hameau voisin de Rouses Point, au nord de l'État de New York. Julie tenait à y assister mais, curieusement, ni Amédée ni Lactance ne voulait l'accompagner, ce qui déclencha une prise de bec colorée entre elle et ses fils.

« Pourquoi refusez-vous de venir à cette assemblée ? voulut-elle savoir. Je ne vous ai jamais vus rater un rassemblement patriotique. Qu'est-ce que vous me cachez, tous les deux ? »

Julie s'expliquait mal leur entêtement. Plus intrigant, ils s'entendaient comme larrons en foire, eux qui prenaient toujours un malin plaisir à se contredire. Elle insista. C'était capital qu'ils participent tous les trois à l'assemblée du 18 mars. Papineau aurait voulu qu'il en soit ainsi. Dans l'esprit de Julie, il ne faisait aucun doute que les exilés profiteraient de l'occasion pour réitérer leur confiance au chef. Les rares nouvelles qu'elle avait reçues de sa mission étaient peu encourageantes, mais il était trop tôt pour conclure à l'échec. De toute manière, il lui enverrait sûrement d'ici là des informations plus concrètes qu'elle s'empresserait de communiquer aux réfugiés réunis en assemblée.

« Moi, en tout cas, je ne mettrai pas les pieds à Corbeau, réitéra Amédée, d'un ton déterminé. Ça va chauffer, je sens que ça va chauffer !

— C'est vrai, maman, confirma Lactance. Papa est critiqué par les temps qui courent. Le curé Chartier monte une cabale contre lui.

— Tu dis n'importe quoi, protesta Julie, contrariée par la remarque de Lactance. Étienne Chartier est venu voir ton père avant son départ. Je dirais même que c'est lui qui l'a convaincu de passer en France.

— Étienne Chartier ? ricana Lactance. Ce... ce pédéraste !

— Lactance ! C'est pure calomnie, gronda Julie.

— Allons donc, maman, Lactance a raison, c'est un secret de Polichinelle.

— Où allez-vous pêcher des choses pareilles ? demanda-t-elle, de plus en plus agacée par la tournure de la conversation.

— Maman, s'impatienta Amédée, je vous en prie, nous ne sommes plus des enfants. »

En vérité, tout le Bas-Canada connaissait les soupçons d'outrage aux bonnes mœurs qui avaient pesé sur le curé Chartier, alors qu'il était directeur du collège de Sainte-Anne-de-la-Pocatière. Il avait été démis de ses fonctions par suite de rumeurs voulant qu'il ait débauché de jeunes élèves. Le père de l'un d'entre eux l'avait même accusé de sodomie.

Malgré la persistance des insinuations, Julie n'y avait pas prêté foi. Étienne Chartier était un ami de Papineau. Il lui avait servi de témoin à son mariage. Fervent admirateur du chef, il avait embrassé la cause patriote dès ses premières années au séminaire de Québec, sans jamais la trahir, contrairement à tant d'autres.

« L'accusation n'a pas été prouvée, trancha-t-elle, visiblement irritée. Vous savez aussi bien que moi que le haut clergé est prêt à tout pour se débarrasser de son mouton noir. Si le curé Chartier a fait scandale, ce n'est pas parce qu'il a entraîné des petits garçons au vice, mais parce qu'il s'est attaqué à la bureaucratie anglaise et qu'il est un vrai patriote !

— La question n'est pas là, fit Amédée, d'un ton plus conciliant. Ce que nous essayons de vous expliquer, maman, c'est qu'Étienne Chartier a eu, ces jours-ci, des mots très durs contre papa. Et je ne serais pas étonné qu'il profite de l'assemblée de Corbeau pour chercher à le discréditer.

— Raison de plus pour y être, conclut Julie. Ma présence dans la salle devrait refroidir ses ardeurs, si elles ne sont pas tout bonnement le fruit de votre imagination. »

Amédée et Lactance ne voulurent pas en démordre et Julie finit par laisser tomber. Dans son for intérieur, elle demeurait convaincue que sa place était à Corbeau, avec les réfugiés. Elle irait donc seule.

Il avait neigé toute la nuit. Au matin, la neige s'était changée en pluie, ce qui n'empêcha pas les réfugiés de toutes les villes et villages avoisinants d'affluer à l'hôtel de Corbeau, un peu avant une heure de l'après-midi.

Le curé Chartier était fébrile. Debout, à l'avant de la salle, il menait les affaires rondement. De constitution malingre, il se déplaçait nerveusement en agitant ses mains aux doigts osseux. Il était fils de fermier, mais n'avait pas hérité de la carrure de son père. En revanche, il tenait de lui ses idées tranchées au couteau, un goût poussé pour la provocation et une indéfectible passion pour la cause patriote. Des plis d'amertume creusaient sa bouche, lorsqu'il parlait de l'échec de la rébellion. D'entrée de jeu, il s'adressa aux réfugiés avec autorité, comme s'il était investi d'une responsabilité particulière.

L'assemblée débuta par une prière en latin, après quoi il céda la parole à Ludger Duvernay. L'ex-directeur de *La Minerve* avait une proposition à soumettre à l'assemblée concernant les célébrations du 24 juin. Tandis qu'il se dirigeait vers la tribune, le curé retourna s'asseoir derrière la longue table, à côté du docteur Robert Nelson, qui coprésidait la réunion avec lui. Dans la salle pleine à craquer, tous deux remarquèrent Wolfred Nelson, assis au milieu de la première rangée, mais la présence de Julie Papineau, qui avait pris place à l'arrière, leur échappa totalement.

Ludger Duvernay proposa aux réfugiés d'associer le clergé local à la fête de la Saint-Jean-Baptiste qu'il organisait à Burlington. Avant d'avoir pu exposer ses raisons, le docteur Cyrille-Hector Côté réagit bruyamment :

« Mais pourquoi ? cria l'ex-député de l'Acadie de son siège. Après avoir souffert de l'hypocrisie et de la trahison de nos prêtres canadiens, allons-nous maintenant nous jeter aux pieds de ceux des États-Unis ? Pour être dupés une seconde fois ? Plutôt apostasier, mes amis.

— Écoutez-moi, reprit Duvernay, qui ne se laissait pas impressionner. Si nous voulons refaire l'unité dans nos rangs, personne ne doit être exclu.

— Les prêtres sont partout les mêmes, accusa le docteur Côté. Ils haïssent tout ce qui est libéral. Je sais de source sûre que le vicaire de Corbeau est un espion à la solde de Colborne. Quant au curé de Burlington, n'a-t-il pas dit en chaire que les Canadiens étaient des gueux ? Et celui de St. Albans n'a pas ménagé ses mots non plus : *I hate and despise the patriots.* N'avez-vous point d'orgueil, monsieur Duvernay ?»

Le curé Chartier s'empara du porte-voix : la critique du docteur Côté était injustifiée. Il ne fallait pas confondre le clergé des États-Unis avec celui du Bas-Canada qui, lui, frayait avec l'occupant. Il venait d'en recevoir une nouvelle preuve : monseigneur Lartigue, à qui il avait demandé de le recommander pour une cure aux évêques américains, n'avait rien trouvé de mieux que de montrer sa lettre au gouverneur Colborne. L'éminent prélat, comme il l'appelait narquoisement, pour ne pas employer le mot délateur, avait souligné au crayon gras la phrase du curé, qui souhaitait «une prompte indépendance des deux Canadas». L'incident choqua et la salle conspua l'évêque de Montréal. Personne n'avait oublié ses fameuses lettres pastorales, dans lesquelles il vouait au feu de l'enfer les patriotes ayant pris les armes. Le docteur Côté, bien connu pour ses opinions arrêtées, profita du chahut pour lui river son clou.

«Croyez-moi, tant que le peuple canadien sera l'esclave des robes noires, le Canada sera le tombeau des idées libérales.

— Je pense au contraire que la religion est source de réconfort», répliqua Ludger Duvernay en expliquant qu'il trouvait la force de continuer à vivre en exil dans la fréquentation des sacrements. Il était chantre à l'église de Burlington et il encourageait ses compatriotes à l'imiter. Quand il leur annonça qu'il avait sollicité l'envoi de prêtres canadiens aux États-Unis, car ils avaient tous un urgent besoin des consolations célestes, il fut applaudi et on passa au point suivant.

Robert Nelson s'avança alors et réclama le silence.

«Mes amis, il est temps de démasquer l'homme qui se prétend notre chef et qui, depuis un an, nous a lâchement laissé tomber, commença-t-il. J'ai nommé Louis-Joseph Papineau.»

Il fit une pause. Une rumeur confuse se leva dans la salle.

«Si nous sommes en exil aujourd'hui, reprit-il plus lentement, si bon nombre d'entre nous manquent du strict nécessaire, c'est parce que Papineau nous a entraînés avec lui dans la rébellion, puis dans sa chute. Celui qui n'avait que le mot liberté à la bouche a refusé de prendre les moyens pour accéder à cette liberté. J'invite le curé Chartier à venir me rejoindre à la tribune. Nous devons décider d'une action et elle doit faire consensus. »

Le curé s'approcha à nouveau. Il voulut reprendre le porte-voix, mais le docteur Nelson lui fit signe qu'il n'avait pas terminé.

« Chers compatriotes, poursuivit-il en esquissant un signe d'impuissance, comme s'il regrettait d'en être réduit à adopter une pareille mesure, je propose que cette assemblée dépose monsieur Papineau. »

Le ton de Robert Nelson était implacable, presque haineux, et Julie s'en indigna. Elle allait protester quand Étienne Chartier appuya la proposition, en y ajoutant une touche de mépris. L'impudence des deux hommes qu'elle avait toujours estimés lui était intolérable. Mais voilà que le curé en remettait :

« Monsieur Papineau croit qu'il n'a de compte à rendre à personne. S'il veut révolutionner le pays, c'est pour en être le dictateur. Nous ne passerons pas du despotisme breton à la dictature canadienne.

— C'est une conspiration ! s'indigna Julie en se levant promptement. Je n'arrive pas à le croire. Vous, ses amis, vous complotez pour le perdre ? Avez-vous perdu la tête ? Quel obscur dessein vous anime donc ? »

Le curé blêmit en reconnaissant la femme de Papineau, qu'il n'avait pas encore remarquée. À côté de lui, Robert Nelson paraissait tout aussi embarrassé par cette intervention inattendue. Les deux hommes se regardèrent, comme pour se concerter sur la marche à suivre. S'étant ressaisi le premier, le curé s'adressa à Julie d'un ton dénué de toute gêne.

« Madame Papineau, veuillez vous rasseoir, ordonna-t-il, vous n'avez pas la parole.

— Laissez-la parler, protesta Luc-Hyacinthe Masson, du fond de la salle. Papineau sera toujours notre chef. Il le mérite. »

En tant que patriote du nord, le docteur Masson s'était battu à Saint-Eustache, aux côtés du docteur Olivier Chénier. À la prison de Montréal, il avait partagé la cellule de deux prêtres et, pour s'en excuser, il rappelait que Notre-Seigneur était mort entre deux voleurs ! Mais ce jour-là, il ne badinait pas.

« Ça prend une canaille pour salir un homme comme Papineau ! reprit-il. Je ne le défends pas parce qu'il est mon ami, mais parce que je suis convaincu qu'en complotant contre lui, nous nuisons à notre cause.

— Je ne partage pas votre admiration pour Papineau, remarqua le docteur Cosigny, un Frère chasseur amer. Cependant, dans l'intérêt de notre cause, ne vaudrait-il pas mieux garder le silence ?»

Les voix s'entremêlaient dans un brouhaha désordonné. Julie était sur des épines, guettant les appuis qui venaient des quatre coins de la salle, mais redoutant les attaques sournoises qui lui allaient droit au cœur. Elle avait maintenant la terrible confirmation que le procès de Papineau était commencé. Le curé Chartier donna un coup de marteau en implorant le Ciel de ramener l'ordre dans la salle et céda la parole à Édouard-Élisée Malhiot :

«J'admets que Papineau a trompé nos attentes, dit-il calmement, mais il n'est pas le seul à avoir commis des fautes. D'autres ont aussi quitté le champ de bataille un peu hâtivement... si vous voyez ce que je veux dire. Papineau a manqué de jugement à l'heure du danger, mais ce n'est pas un crime.

— Comment pouvez-vous prendre la défense d'un homme qui nous a trompés en 1837 et qui a refusé de se battre en 1838 ? persifla Robert Nelson.

— Son devoir était de rassembler les débris du parti patriote, renchérit le curé Chartier. Il aurait dû attiser la flamme patriotique au lieu de l'éteindre.

— Papineau doit être démasqué», lança Robert Nelson en serrant les poings.

Le docteur étala devant lui les journaux empilés sur la table. Le *Franklin* publiait un article très dur à l'égard de Papineau qui ne s'était pas comporté en chef. D'autres lui reprochaient d'avoir quitté Saint-Denis avant la bataille. Il en énuméra les titres, comme autant de preuves de sa couardise.

«Que fait-il en France ? reprit-il avec dédain. Je vous le demande. Nous avons dépensé jusqu'à notre dernier denier à attendre de ses nouvelles.

— Ses démarches avancent peut-être plus vite que nous le pensons, suggéra le docteur Masson.

— Nous n'avons pas reçu le moindre mot de lui, rétorqua Robert Nelson. Rien. Il n'a même pas assez de considération pour nous tenir au courant.

— Écoutez-moi, Robert Nelson...»

Julie avait bondi. Des nouvelles de la mission de Papineau, elle lui en apportait justement. Il remuait ciel et terre pour sensibiliser les Français au drame canadien. Ce n'était pas une mince tâche. Il devait circuler dans les salons, trouver des oreilles sympathiques, convaincre les sceptiques...

— Ma chère dame, l'interrompit Robert Nelson, sans élever la voix, mais comme s'il s'adressait à une parfaite étrangère, en Canada, les vols, les meurtres et les viols de patriotes sont monnaie courante. C'est la dure réalité, ce n'est pas de la poésie. Nous avons un urgent besoin de savoir quelle direction prendre. Combien de temps encore nous laisserons-nous abuser par ce chef absent qui confie à sa femme le soin de rassurer ses compatriotes ? Sans doute est-il trop occupé à fréquenter les salons parisiens, comme vous dites.

— Mais Papineau vient à peine de partir, protesta Julie, qui ne releva pas l'insulte. Donnez-lui au moins le temps de s'occuper de nos affaires. Vous... vous êtes terriblement injuste, Robert... »

Dans la salle pourtant, personne n'osait appuyer Julie. Ils étaient tous contre Papineau. Elle entendait les rumeurs : certains le traitaient de poltron, d'autres d'insignifiant.

« Je suis fatigué de défendre un homme ingrat qui sait que nous l'attendons comme le messie et ne daigne pas nous laisser savoir si nous avons raison d'espérer, conclut Édouard-Élisée Malhiot, d'un ton excédé. Mais, cela dit, docteur Nelson, vous faites fausse route en vous acharnant contre monsieur Papineau. Pour débusquer des traîtres, il vaudrait mieux regarder du côté du Canada.

— Il a raison, il a raison, firent des voix dans la salle.

— Ceux qui prêchaient la révolution, en criant que les droits du peuple devaient triompher, ne s'occupent plus de ce bon peuple aujourd'hui, poursuivit Malhiot. Seul leur intérêt personnel compte. Ici, nous manquons de pain, pendant qu'en Canada les plus gras de nos compatriotes ne nous envoient pas leurs miettes, de peur de se compromettre. »

Plusieurs des réfugiés les plus en vue étaient en effet rentrés au bercail. À commencer par George-Étienne Cartier, qui avait demandé et obtenu son pardon. Il avait si bien clamé son innocence qu'il avait pu retourner à Montréal, moyennant un léger cautionnement. Depuis, il ne donnait plus de ses nouvelles, comme si en quittant sa vie d'exilé il n'avait laissé personne derrière lui.

« Petit George était mon ami, témoigna Ludger Duvernay. Il m'a écrit une seule fois, pour m'aviser qu'il refusait de m'avancer une somme pourtant dérisoire. Il en a profité pour me reprocher d'avoir publié sans son autorisation un de ses poèmes patriotiques d'avant 1837. Il prétend que ça nuit à sa carrière, conclut Duvernay.

— Ce n'est pas tout ! dit le docteur Duchesnois. Cartier a été vu à la taverne Swords avec les cannibales du Doric Club. À croire qu'il a déjà oublié que ces volontaires à la solde des Anglais nous ont massacrés dans les rues de Montréal.

— Il ne faut pas avoir d'honneur pour agir ainsi, renchérit Malhiot. Je suis amer de m'être associé à des lâches comme lui. »

La discussion se poursuivit un bon moment parmi les participants, certains pour défendre la réputation de Papineau, d'autres pour le blâmer. Tout le monde parlait en même temps. Julie Papineau était dégoûtée. Robert Nelson et Étienne Chartier s'acharnaient contre son mari. Elle avait tant de dépit contre Robert, son ami, son confident. Sa haine de Papineau – ou sa jalousie – était telle qu'il n'hésitait pas à sacrifier leur amitié. Elle en ressentit de la colère, naturellement, mais aussi un immense chagrin. Tout à coup, le chahut cessa et les yeux se tournèrent vers Wolfred Nelson qui s'avançait d'un pas militaire vers la tribune. Le corps bien droit, il étendit les deux bras pour réclamer le silence, empoigna le porte-voix que lui tendait le curé et déclara froidement :

« Ceux qui attaquent Papineau ne sont pas dignes de dénouer les cordons de ses souliers. »

Ce fut la stupéfaction. Son frère Robert releva la tête, surprit par cette sortie imprévue. Puis, le docteur Côté lança de son siège :

« Papineau s'est sauvé avant la bataille de Saint-Denis. Cette lâche désertion causa la défaite des patriotes. Vous le savez, Wolfred, vous y étiez.

— Ce que vous affirmez est faux, cingla Wolfred Nelson en assenant un coup de poing sur la table. C'est MOI qui commandais à Saint-Denis et c'est MOI qui ai donné l'ordre à monsieur Papineau de partir. Il était le chef, une balle pouvait le frapper, et lui mort, tout aurait été perdu. »

L'intervention du héros de Saint-Denis eut l'effet d'une douche froide sur l'assemblée chauffée à bloc. Après lui, personne n'osa s'en prendre à Papineau, sauf Robert Nelson, qui menaça de démissionner du comité si Papineau n'était pas mis en accusation.

«Tu ne vaux pas mieux que lui!» lança-t-il à son frère avec dédain.

Mais ses appuis devinrent plus rares. Julie constata avec satisfaction qu'il avait perdu de son prestige. S'il espérait redorer son blason en écrasant son ami d'hier, lui dont on savait avec certitude qu'il avait déserté pendant l'insurrection, eh bien! c'était raté. Étienne Chartier tira mieux ses cartes du jeu puisque l'assemblée lui confia le mandat d'aller retrouver Papineau à Paris, pour voir si sa mission donnait des résultats concrets.

«Faites-le parler, lui ordonna le docteur Côté. Je me suis laissé dire qu'il pactisait avec le gouvernement britannique depuis qu'on lui a remis ses arrérages en catimini. Il chercherait, paraît-il, à vendre sa seigneurie à de riches anglais.»

Un moment ébranlée par cette nouvelle attaque mensongère, Julie se leva une seconde fois :

«Faux! lança-t-elle d'une voix outrée. Papineau n'a jamais reçu son salaire d'*orateur* de la Chambre. Ni de Londres, ni du gouverneur du Bas-Canada. Quant à sa seigneurie, elle coûte plus qu'elle ne rapporte. Enfin, vous devriez avoir honte d'affirmer que ce sont les réfugiés qui financent son séjour en France, alors qu'il a dû emprunter la somme nécessaire à son voyage.

— Mais alors, où est passé l'argent que nous avons ramassé pour lui? fit quelqu'un.

— Demandez vous-mêmes des comptes au docteur Robert Nelson, répondit-elle sèchement. Il vous confirmera que Papineau a refusé la bourse offerte en votre nom. Mon mari respecte trop ses compatriotes pour ajouter à leur souffrance et à leurs privations. – Elle se ménagea une pause, le temps de parcourir la salle du regard. – Si Papineau avait entendu ce qui s'est dit aujourd'hui même, il aurait été complètement défait. Vous n'êtes pas qu'injuste, docteur Robert Nelson, et vous non plus, monsieur le curé Chartier, vous êtes odieux. Je rougis de penser que nous combattons pour la même cause.»

Elle les dévisagea froidement, avant de quitter la salle sans un mot de plus. Dehors, un petit vent traître la pénétra jusqu'à la moelle des os. En mars, les giboulées avaient beau être prévisibles, elles surprenaient. Elle monta dans le *stagecoach* qui démarra peu après. Le front collé à la vitre, elle fixait l'horizon. Jamais elle ne s'était sentie aussi humiliée. Heureusement, il y avait encore des hommes d'honneur, dont Wolfred Nelson qui avait pris la peine de rétablir les faits. Mais le coup bas de son ami Robert, elle ne l'oublierait pas.

La diligence filait sur la route droite menant à Albany. Julie avait peine à contenir son amertume. Inutile de jouer à l'autruche et de se mettre la tête dans le sable, Papineau avait une dure côte à remonter. Il avait déçu ses compatriotes, même quelques-uns de ses plus fidèles alliés. Pourquoi, bon Dieu ? Ils lui reprochaient son inaction alors qu'il avait frappé à toutes les portes, même à celle du président Van Buren. Son erreur ? Il avait probablement trop tardé avant de passer en France. Mais comment pouvait-il savoir que les Américains opposeraient une fin de non-recevoir à ses suppliques ? Connaissant leur aversion pour tout ce qui était anglais, Papineau s'était fié au courant de sympathie qu'il avait détecté à son arrivée aux États-Unis. Il s'était trompé, voilà tout. Les Américains ne voyaient aucun intérêt politique ou économique à défendre la cause des patriotes. Dans ce pays, pensa-t-elle, l'argent est adoré comme un dieu.

Tout bien pesé, elle n'allait pas raconter cette journée d'enfer à Papineau. Ses lettres étaient déjà assez alarmistes. Chaque fois qu'elle trempait sa plume dans l'encrier, c'était pour lui annoncer un nouveau malheur. La mort d'un ami, la maladie d'un enfant, l'exécution d'un proche... Elle imaginait son pauvre chéri lisant son affligeante prose, à la fenêtre de sa chambre, dans son modeste hôtel parisien. Il devait se sentir affreusement seul et elle n'avait pas le courage de rajouter à sa peine. Dans sa dernière lettre, bouleversante de mélancolie, il lui disait combien la France devait être un beau pays lorsqu'on y vivait entouré des siens, mais combien il était cruel d'y séjourner après avoir été tyranniquement banni de son pays. Et cette question qui l'angoissait plus qu'il n'osait l'admettre : « Mon déplacement si pénible serait-il inutile ? »

Le jour tombait. C'était l'entre chien et loup. Dans la semi-obscurité, Julie pouvait donner libre cours à ses émotions, sans attirer le regard des curieux. Sur la banquette, en face d'elle, deux hommes parlaient de la pendaison de Chevalier de Lorimier.

« Une sale affaire ! dit le premier qui se présentait comme un ami d'enfance de Thomas. Il a été trahi par son compagnon de cellule. »

Julie tendit l'oreille. L'homme prétendait qu'un délateur avait sauvé sa tête en accablant le malheureux Thomas. Un certain docteur Brien, de Sainte-Martine, qu'elle ne connaissait ni d'Ève ni d'Adam, mais dont Amédée lui avait souvent parlé, car c'était lui qui avait fabriqué les cartouches, à Plattsburg, en prévision de l'invasion.

« Son témoignage a perdu Chevalier de Lorimier », affirma l'inconnu, comme si aucun doute ne subsistait dans son esprit.

Son compagnon voulait savoir comment les choses s'étaient passées.

« C'est simple, sa confession incriminait de Lorimier. La cour martiale a condamné Brien à la potence, pour la forme, mais sa sentence a été commuée en bannissement du Bas-Canada. Le traître a pris ses jambes à son cou et personne ne l'a revu depuis. »

Julie ne résista pas à l'envie d'en savoir plus :

« Excusez-moi de me mêler à votre conversation, messieurs, mais je connaissais moi aussi Chevalier de Lorimier et ce que vous dites me consterne. A-t-il su avant de mourir qu'il avait été trahi par un Frère chasseur comme lui ?

— Apparemment non, madame. La veille de la pendaison, Brien a supplié le gardien de la prison de le changer de cellule ; il a prétexté qu'il était trop perturbé pour partager les dernières heures d'un condamné... Thomas l'a cru. Il lui a même écrit un mot d'adieu pendant sa dernière nuit. Vous imaginez ?

— Ton bonhomme est mieux de ne pas se montrer ici », dit l'autre homme.

Julie se recroquevilla sur son siège. Elle avait les mains glacées et pourtant, il faisait bon dans le *stagecoach*. Que restait-il du grand rêve de liberté des patriotes ? Ils en étaient rendus à se frapper par derrière, à accuser leurs frères pour sauver leur peau ou à blâmer Papineau, comme le faisait Robert le Diable, pour se libérer d'un insupportable sentiment de culpabilité. Quelle désolation ! Décidément, les Anglais avaient eu raison des Canadiens.

La chose à faire lui apparut alors clairement. Elle irait rejoindre Papineau en France avec ses enfants. Seul Amédée resterait à Saratoga pour terminer ses études de droit. Il accepterait la séparation comme un sacrifice nécessaire pour assurer sa carrière d'avocat. Dans deux ans, il obtiendrait la citoyenneté américaine et, peu après, il décrocherait probablement un poste de procureur à la cour de l'État de New York. Avec une bonne profession, il pourrait envisager de faire sa vie aux États-Unis puisque son pays ne voulait pas de lui. Et si, par miracle, le vent tournait, son diplôme serait reconnu au Bas-Canada. Cela la rassura de penser que l'un de ses fils n'avait plus à redouter l'avenir.

Dans sa dernière lettre, Papineau s'en remettait à elle pour tout décider. Il espérait qu'elle le rejoignît à Paris mais accourerait volontiers à Albany si tel était son désir. Il était devenu indécis, Papineau, ou fataliste, alors qu'il eût fallu montrer de la détermination. Comme si, depuis l'échec de la rébellion, plus rien ne comptait pour lui à part son cocon familial. Elle esquissa un léger sourire en pensant au dernier projet de son mari : fabriquer du vin de bleuets. Un de ses nouveaux amis, le comte de Chassenon, s'y adonnait en Belgique et Papineau songeait à y effectuer un séjour pour y apprendre la technique. Si d'aventure il devait gagner sa vie autrement que comme politicien, il pourrait cultiver les bleuets qui poussaient en abondance en Amérique.

Pauvre rêveur ! Elle sentait Papineau brisé depuis les troubles. Il manquait d'assurance et d'énergie dans ses entreprises. Elle se demandait parfois s'il croyait encore en la cause des patriotes. Il n'avait pas le droit d'y renoncer, lui, le chef, qui avait semé tant d'espoir. À Paris, elle s'efforcerait de ranimer sa flamme patriotique, elle serait forte pour deux. Mais elle lui enverrait d'abord Lactance qu'il réclamait. Il avait entrepris d'écrire l'histoire de l'insurrection du Bas-Canada et était convaincu que son fils, maintenant sans emploi, pourrait recopier ses gribouillages.

CHAPITRE XVII

Prélude au voyage

Aussitôt rentrée à Albany, Julie amorça les préparatifs de son départ. Elle dit adieu à sa tendre amie Bessie et déménagea ses pénates à Saratoga. Les dernières semaines, elle voulait les passer à dorloter Amédée qui ne serait pas du voyage. Elle comptait aussi sur les sources thermales pour lui rendre la santé car, depuis la mort de James Porter, sa digestion était laborieuse et elle souffrait souvent d'insomnie. Les problèmes qu'elle ruminait du matin au soir, ajoutés aux décisions douloureuses qu'elle ne pouvait plus reporter au lendemain, la minaient. Rien de mieux, dans ces cas-là, qu'une cure de santé pour la remettre d'aplomb avant la grande aventure.

Papineau accueillit la nouvelle de son arrivée prochaine avec soulagement. «Ton choix sera ma loi», lui écrivit-il, omettant de lui mentionner qu'il était passé à un cheveu de lui annoncer son propre retour aux États-Unis tant il était découragé. Sa mission ? Une chimère, lui avouait-il en toutes lettres. Il perdait son temps en France. Avant même qu'il ait eu l'occasion d'exposer ses vues au roi, Louis-Philippe avait déjà fait son lit. Les Canadas devaient se soumettre à l'arrêt inflexible du sort avait affirmé le souverain à l'ami français de Papineau chargé de vérifier son intérêt pour la cause des patriotes. La France, croyait-il, n'avait pas assez d'influence pour empêcher l'inéluctable. Et si les Canadiens cessaient un jour d'être anglais, ils deviendraient américains.

Ces réflexions ébranlèrent Julie. En précipitant son départ, ne se montrait-elle pas un peu trop pressée ? Devant un Papineau à ce point abattu, elle eût peut-être été avisée d'attendre. Elle n'aurait eu qu'un mot à dire et il serait revenu en Amérique. Ils auraient alors pu reprendre leur vie où elle s'était arrêtée quelques mois plus tôt. Cependant, elle ne pouvait s'empêcher de constater que son mari baissait pavillon un peu hâtivement.

Tout avait-il été essayé ? Une fois en France, pensait-elle, elle y verrait plus clair et elle pourrait user de son influence pour le convaincre de tenter d'ultimes démarches.

Amédée lui donnait raison. La solitude n'était jamais bonne conseillère et il gardait en mémoire les moments de profonde dépression que son père avait traversés au début de son exil aux États-Unis, alors qu'il se languissait de sa femme. Après l'arrivée de Julie, il s'était métamorphosé. Amédée s'accrochait à cette certitude pour accepter le départ prochain de sa mère, car la perspective de se retrouver seul en Amérique ne lui souriait guère.

« Dix-huit mois, mon Amédée, tiens bon pendant dix-huit mois. Après, tu obtiendras ton diplôme et tu viendras nous rejoindre.

— Vous avez raison, maman, c'est la meilleure chose à faire.

— Tu vas me manquer », ajouta-t-elle en caressant sa tignasse brune.

Avec Lactance, la discussion prit une toute autre tournure. S'il consentait de bon gré à traverser l'Atlantique avant le reste de la famille, s'il était enthousiaste à la pensée de recopier les textes que son père rédigeait pour les journaux et peut-être même d'effectuer certaines recherches à la bibliothèque, il demeura intraitable sur la question de son avenir : il voulait être médecin et refusait d'entendre parler du projet de Papineau de lui trouver une place de commis à la librairie Bossange. Tant pis si son père avait déjà obtenu l'assentiment du libraire du quai Voltaire, il ne serait jamais commerçant.

Julie lui reprocha un peu rudement son entêtement. Lactance n'avait certes pas la bosse des affaires, mais il avait la passion des livres. Il était cultivé, avait de l'entregent, autant de qualités recherchées chez un libraire. Papineau s'était renseigné avant de lancer cette idée. En Europe, avait-il appris, il fallait un talent supérieur à la moyenne pour devenir médecin. La faculté de médecine parisienne était d'ailleurs surpeuplée.

« Rien de plus normal puisque c'est la meilleure école au monde », objecta Lactance, qui débordait d'enthousiasme à l'idée de s'y retrouver un jour.

Impossible de lui faire entendre raison. Julie abandonna la partie, non sans lui faire remarquer qu'il se montrait égoïste en refusant de soulager sa famille. Mais l'important pour elle, c'était qu'il aille rejoindre son père au plus vite, ce à quoi il ne s'opposa pas. Seuls, pendant quelque temps, le père et le fils en arriveraient certainement à une entente, à défaut de quoi Papineau imposerait sa décision et Lactance n'aurait d'autre choix que de s'y conformer.

Quant à Ézilda et Gustave, Julie ne voulut pas considérer la suggestion de Papineau de les laisser aux bons soins de Marie-Rosalie jusqu'à ce qu'elle ait apprivoisé la vie parisienne. Elle ne partirait qu'à condition de les y emmener.

En apprenant les nouveaux bouleversements dans la vie des siens, Joseph Papineau prépara sa valise en prévision d'un second voyage à Saratoga. Il tenait à être sur place pour s'assurer que Julie avait les choses bien en main.

Mais d'abord il s'enferma dans son étude, rue Bonsecours, et mit de l'ordre dans les papiers personnels de Papineau. Où trouverait-il l'argent dont Julie avait besoin pour son passage et celui des enfants ? Il devait en outre s'assurer qu'il serait en mesure d'envoyer à Papineau une rente semestrielle de 150 livres, pour toute la durée de son séjour en Europe. Ce n'était pas un mince défi, les finances familiales étant à sec.

« Misère noire ! » laissa-t-il échapper tandis qu'il alignait des chiffres désolants sur une feuille : 100 piastres pour le passage de Julie, le même montant pour celui de Lactance, considéré à dix-sept ans comme un adulte, et la moitié pour chacun des trois enfants. Il ajouta au total la somme nécessaire pour subvenir aux besoins d'Amédée à Saratoga.

Les recettes de la dernière année avaient été maigres. Nul doute, il fallait vendre la seigneurie de la Petite-Nation. Mais à quel prix ? Les propriétés se donnaient. Le docteur Robert Nelson venait de laisser aller à vil prix sa maison de pierre de la rue Saint-Gabriel, à Montréal. Les Canadiens n'avaient pas les moyens d'acquérir les propriétés des exilés qui ne voulaient pas rentrer au pays. Ceux qui avaient les reins assez solides hésitaient, la rumeur voulant que le gouvernement fut sur le point d'exproprier les biens des patriotes compromis pendant les troubles.

Papineau ferait mieux de trouver un acquéreur en Europe, conclut-il, en mettant quelques documents concernant la seigneurie dans une enveloppe à remettre à Julie. Il était essentiel

que son fils présente un dossier complet à ses acheteurs poten-
tiels. «Bonne renommée vaut mieux que ceinture dorée!»
marmonna-t-il, tandis qu'il remplissait sa pipe de tabac.

Joseph se livrait tout entier à sa déception. D'imaginer la
Petite-Nation entre les mains d'un étranger le bouleversait. Il
était à cent lieues d'en vouloir à Papineau qui n'avait certes pas
désiré en arriver là. N'empêche que cette terre, il l'avait essou-
chée de ses mains nues avant de la céder à son fils. Pas un arpent
qui ne lui rappelait ses quatre fils se tiraillant dans les champs.
Au fond de l'étable, une dizaine d'encoches à même une grosse
poutre marquaient la taille de chacun de ses petits-fils, qu'il
mesurait cérémonieusement au début de l'été. Maintenant qu'il
était vieux, cela lui était facile de remonter le temps jusqu'aux
belles années. Il n'avait qu'à fermer les yeux pour apercevoir le
sourire de Rosalie, sa chère femme disparue pendant l'épidémie
de choléra de 1832.

«Sept ans déjà», soupira-t-il.

Le colosse se redressa. Il détestait cette façon qu'il avait de
courber le dos comme un p'tit vieux et pourtant, ça lui arrivait de
plus en plus souvent, surtout lorsqu'il plongeait dans ses souvenirs. Il appelait cela «avoir la mémoire du cœur». Il se leva
péniblement pour aiguiser sa plume. Quand on a autant de pain
sur la planche, on ne s'abandonne pas à la mélancolie. Il avait eu
une sacrée vie et n'avait pas encore dit son dernier mot.

Bon! C'était un fait, personne ne lèverait le petit doigt pour
aider sa famille. Au Bas-Canada, les rumeurs les plus farfelues
circulaient à propos de Papineau qui aurait fui en France de peur
d'être livré aux autorités anglaises par les Américains. Une gazette
avait écrit qu'on l'avait arrêté et incarcéré à Paris. D'autres
prétendaient qu'il se la coulait douce dans le sud de la France.

«Les gens gobent n'importe quoi», ronchonna-t-il.

Il y avait en effet de quoi damner un saint et Joseph ne s'en
privait pas. Il tempêtait en cherchant les documents qu'il avait
lui-même cachés, Dieu sait où? pour les soustraire aux fouilles
de l'armée. Il épongea la sueur qui perlait sur sa joue et vida le
contenu d'un tiroir sur sa table. Il n'avait pas de temps à perdre.
Une nouvelle lettre de Julie, reçue le matin même, lui annonçait
qu'elle avait retenu une place pour Lactance à bord du *Great
Western* qui partait fin juin. Joseph avança alors son départ.
Personne d'autre que lui n'irait reconduire son petit-fils à New

York. Il voulait voir de ses yeux le paquebot et s'assurer que Lactance était confortablement installé. S'il le sentait le moindrement inquiet, il trouverait bien un passager à qui le confier. Ensuite, il pourrait repartir l'âme tranquille. Il avait toujours été là pour Lactance, dont il reconnaissait la sensibilité profonde et la vive intelligence. Ces deux-là n'avaient pas besoin de se dire les choses, ils se devinaient mutuellement.

Joseph songea alors que c'était peut-être la dernière fois qu'il verrait son petit-fils. À quatre-vingt-sept ans, la mort le guettait. Lui disparu, qui donc veillerait sur cet adolescent fragile et imprévisible ?

«Que Lactance m'attende, j'arrive», écrivit-il simplement à Julie.

Il commençait à se faire tard et le vieil homme avait du mal à rassembler ses idées. Il se versa une infusion qu'il but lentement. La lumière avait baissé – ou était-ce sa vue qui faiblissait ? Il usa plusieurs allumettes pour enflammer la bougie sur le coin de son pupitre et recommença ses calculs. La vente de la seigneurie ne se réaliserait pas rapidement. À court terme, il ne pouvait donc pas compter sur cet argent pour administrer le budget familial. Aussi décida-t-il de céder aux plus offrants l'argenterie et le mobilier de la rue Bonsecours. Papineau lui avait confié la tâche de vendre sa bibliothèque, à l'exception des livres de botanique à estampes et d'histoire du Canada. C'était un mal pour un bien, car son fils pouvait se constituer une nouvelle collection en France où les livres étaient moins chers.

Les jours suivants, Joseph s'efforça aussi de récupérer les sommes d'argent dues à Papineau. Les créanciers maugréaient, mais ils étaient forcés de payer leurs dettes. Il réussit à vendre deux terrains que son fils possédait à Montréal, dont un jardin rue Saint-Denis. En vertu du contrat dûment signé, il en retirerait 80 louis payables tous les trois mois. Il céda une modeste propriété contre argent sonnant et se débarrassa du locataire en effaçant les loyers dus. Finalement, il loua la maison paternelle de la rue Bonsecours qu'il quitterait, lui aussi, car il ne supportait plus les ombres qui l'habitaient. Il trouverait facilement à loger son bureau de notaire dans le voisinage, à moins qu'il ne se retire complètement des affaires.

Il ne lui restait plus qu'à payer toutes les dettes de Papineau et à placer le restant à Albany. De six mois en six mois, la banque se chargerait de lui envoyer les intérêts et sa famille pourrait vivre assez confortablement pendant toute la durée de son exil. À condition de se serrer la ceinture et d'éviter les mondanités trop onéreuses pour leur bourse de réfugiés politiques.

Tôt, le jour suivant, il verrouilla la porte de la maison de la rue Bonsecours et prit la route des États-Unis. Il ne s'embarrassa pas d'un lourd bagage. Les documents à remettre à Julie furent déposés dans une chemise qu'il glissa dans son cartable de cuir. On l'avait assuré qu'il n'avait pas besoin de passeport pour traverser la frontière, la loi canadienne ayant été abrogée. Cela le soulagea, car il était impatient de nature et détestait les tracasseries. Il n'avait pas non plus l'intention de s'éterniser à New York. Sitôt Lactance embarqué, il quitterait le port, emprunterait le *railroad* jusqu'à Saratoga pour embrasser une dernière fois Julie, Amédée et la petite Azélie, et voyagerait ensuite d'un trait jusqu'à la Petite-Nation, là où il voulait finir ses jours en priant le bon Dieu pour que ce soit le plus tard possible.

Lactance passa les dernières journées avant son départ à la bibliothèque de Saratoga à décortiquer les cartes géographiques. Il s'était mis dans la tête de séjourner brièvement à Londres et voulait repérer son itinéraire, depuis sa descente du bateau, à Portsmouth, jusqu'à son arrivée dans la capitale. Julie n'était pas chaude à l'idée de le voir faire escale en Angleterre. Elle craignait les ennuis administratifs ou pire, qu'il soit arrêté. Avec un nom honni comme le sien, tout était possible. Mais Lactance s'était renseigné et il était trop jeune pour tomber sous le coup d'une poursuite. Il tenait mordicus à se rendre aux Communes pour assister aux délibérations. Qui sait? Peut-être entendrait-il un débat concernant le Canada?

Joseph Papineau arriva seul et Lactance en fut déçu, car il avait espéré embrasser Ézilda et Gustave avant de partir. Il regrettait déjà de ne pas avoir attendu quelques semaines de plus, de manière à faire le voyage avec sa mère.

« Pauvre Lactance! fit Amédée, convaincu que les réticences de son frère étaient dues à sa peur de voyager seul. J'avais ton âge quand j'ai quitté mon pays. J'ai traversé la frontière au péril de ma vie et j'ai survécu dans des conditions inhumaines. Toi, tu pars en temps de paix, grand-père ira te reconduire au bateau et papa t'attendra au bout de ton voyage.

— Tu n'as rien compris, mon vieux, protesta Lactance qui détestait passer pour une poule mouillée. Ce qui m'ennuie, ce n'est pas de voyager en solitaire mais de penser que maman partira sans escorte, avec trois jeunes enfants.

— Elle ne sera pas seule, lui annonça Joseph Papineau.

— Vous l'accompagnerez en France, grand-père ?

— Non, je suis trop vieux, mais Louis-Antoine a pris son passage sur le même bateau que ta maman. Il m'a chargé de lui dire qu'il ne se résignait pas à la voir traverser l'océan sans lui. »

Lactance en resta muet de jalousie. Il aurait voulu protester, faire comprendre à sa mère qu'il pouvait fort bien l'escorter. Après tout, il n'était plus un gamin mais un homme et son cousin n'avait pas à prendre sa place auprès de Julie. Pourquoi, diable ! Louis-Antoine était-il toujours à ses trousses ? Il vint tout près de laisser fuser son désappointement, mais son orgueil l'en empêcha. Amédée ne manquait jamais une occasion de lui lancer : « Gnagnan... le petit garçon à sa maman... » Il jeta un regard éploré à Julie, dans l'espoir qu'elle l'inviterait à modifier la date de son départ, mais elle n'en fit rien.

Lactance retrouva néanmoins sa bonne humeur lorsque Amédée lui proposa de l'accompagner à la source du Congrès pour acheter une fiole d'eau miraculeuse. Julie était convaincue que c'était le seul remède pour éviter le mal de mer. Elle ne comprenait pas que Papineau ait été malade, malgré ses précautions, et le soupçonnait d'avoir préféré le scotch anglais à la précieuse eau qu'elle avait pris soin de glisser dans sa valise.

Ce serait la dernière sortie des deux frères. Depuis quelques jours, le printemps s'était installé pour de bon et les grands hôtels de Saratoga commençaient à se remplir de touristes venus comme chaque année pour une cure thermale. Les boules-de-neige étaient déjà en fleur.

Amédée et Lactance marchaient bras-dessus, bras-dessous, dans les rues tranquilles et ombragées. À l'entrée du parc du Congrès, ils s'arrêtèrent au pied d'un arbre sur lequel des voyageurs de partout au monde avaient gravé leur nom. Amédée sortit son canif de sa poche et traça des lettres dans le bois : « Un Fils de la liberté, réfugié canadien ». Puis il remit le couteau à sa place. Plus loin, avant d'arriver au puits d'eau sulfureuse, il retira d'une autre poche un cadeau destiné à son frère. À la fois ému et intrigué, Lactance enleva la ficelle autour du paquet.

« Une copie de la déclaration d'Indépendance américaine s'exclama-t-il. Épatant !

— Regarde comme la reproduction de la signature de George Washington est précise, fit Amédée. On dirait un original.

— Je ne m'en séparerai jamais », promit Lactance.

Amédée se penchait pour enlever le caillou dans sa chaussure, quand son attention se porta sur deux militaires qui sortaient des bains.

« Regarde, Lactance, c'est le fils de John Colborne. Il est accompagné d'un grenadier de la garde, le capitaine Lewis. De tels êtres ne devraient jamais mettre le pied sur une terre libre !

— Ils ne sont pas seuls, fit Lactance en pointant le menton en direction d'un troisième homme. Le lieutenant-colonel John Eustace en personne ! Nous avons là l'un des monstres aux mains ensanglantées qui ont fourni tant de victimes à l'échafaud. Partons d'ici. »

Les deux frères se levèrent et quittèrent les lieux en se retenant de ne pas injurier les officiers anglais. Dans la rue, Amédée prit le bras de Lactance.

« J'ai un secret à te confier, fit-il tout bas. Promets-moi de n'en rien dire à personne. Surtout pas à maman.

— Juré, craché.

— J'ai rencontré une demoiselle qui me plaît beaucoup.

— Une Américaine ?

— Oui, elle s'appelle Mary et passe les vacances à Saratoga. Son père est fonctionnaire. Il n'est pas commode, c'est le moins que je puisse dire.

— Toi, amoureux ? Eh bien ! dis donc, pour une surprise c'en est toute une. »

Ce même soir, Amédée entraîna Lactance au théâtre. On jouait une comédie, *The Irish Tutor*.

« Viens que je te débauche avant que les Français ne t'entreprennent, avait-il lancé », en dévalant l'escalier.

Julie alla retrouver Joseph qui dînait seul au Grand Union Hotel, où il avait l'habitude de descendre lorsqu'il séjournait à

Saratoga. Quand elle fit son apparition à la salle à manger, il parut surpris. Sa vue était devenue si faible qu'il ne la distingua qu'une fois près de lui. Son visage s'épanouit alors.

« Je gage que vous aviez peur que je m'ennuie tout seul, lui dit-il, espiègle comme un enfant. Vous devriez savoir que les p'tits vieux ne sont jamais seuls. Ils sont toujours accompagnés de leurs fantômes.

— Je vous dérange, Joseph ? demanda-t-elle. Vous auriez préféré placoter avec eux plutôt qu'avec moi ?

— Mais non, mais non, Julie, vous savez bien que je vous taquine. J'aime vous voir vous empêtrer dans vos excuses. Un rien vous met tout à l'envers. Asseyez-vous qu'on se parle. J'ai pas mal d'histoires à vous raconter. »

Il commanda une bouteille de vin et la fit trinquer avec lui, comme au bon vieux temps.

« Je devrais plutôt dire, comme au jour de l'An... »

L'allusion déclencha chez eux un sourire complice. Tous deux pensaient au réveillon où, des années plus tôt, en l'absence de Papineau retenu au Parlement de Québec, Julie avait abusé du champagne pour mieux ravaler sa jalousie.

« Je vous trouve meilleure mine qu'au printemps, beau-papa, fit-elle enfin, pour chasser ses pensées nostalgiques. Vous avez l'air d'un jeune homme.

— Un jeune homme sourd comme un pot, oui. Enfin ! Venons-en aux nouvelles. Savez-vous que mademoiselle Douville veut partir en France avec vous ? J'ai eu le malheur de lui dire qu'elle avait passé l'âge d'aller écornifler à l'étranger et elle m'a répondu que si elle n'était pas trop vieille pour s'occuper d'Ézilda et de Gustave depuis un an, elle avait encore l'âge de les suivre en Europe.

— Pauvre Marie ! Ça fait tellement longtemps qu'elle est avec nous. Si je ne l'avais pas eue pour élever mes enfants, je ne sais pas comment je me serais débrouillée. Je veux bien qu'elle vienne à Paris. On ne sera pas trop de deux pour s'occuper de la marmaille. »

La table était minuscule et leurs coudes se touchaient. Joseph appréciait cette promiscuité qui lui permettait d'entendre clairement tout ce que Julie disait.

« Avez-vous eu le temps de prendre connaissance des papiers que je vous ai préparés ? lui demanda-t-il, avant d'ajouter, sans attendre sa réponse : Je ne peux pas faire plus. À l'heure actuelle, il est impossible de retirer quelque argent que ce soit de la Banque du Peuple.

— Je sais, oui, Tout me paraît en ordre et je vous remercie.

— Vous devriez convaincre Papineau d'acheter une propriété en Normandie. La vie coûterait moins cher qu'à Paris et ça ressemble à chez nous.

— Nous verrons, fit Julie. Justement, comment ça va chez nous ?

— Couci-couça. La ronde des morts continue. Ma petite-fille, la belle Honorine, a perdu son bébé. Mon filleul, Louis-Michel Viger, a perdu sa femme... Mon neveu, Jean-Jacques Lartigue, a démissionné pour des raisons de santé. »

Julie baissa les yeux et demanda après une hésitation.

« Et Henriette de Lorimier ? Avez-vous réussi à la voir ? »

Joseph esquissa un signe d'impuissance.

« Je suis passé chez elle, comme vous me l'aviez demandé, mais les volets étaient clos. Même en plein jour. Le gouvernement anglais a confisqué les propriétés des patriotes qui sont morts sur l'échafaud. Cela fait bien des femmes et des enfants voués à la charité publique. Misère noire !

— Quand ces brutes vont-elles cesser de s'acharner contre nous ? fit Julie comme pour elle-même. Ici, c'est guère mieux. Vous souvenez-vous de William Lyon Mackenzie ? Il vient d'être condamné à dix-huit mois de prison pour violation de la neutralité. Qui, pensez-vous, s'occupera de ses dix enfants ? »

Le vieillard prit alors la main de sa bru et lui dit tendrement :

« Veux-tu bien m'expliquer, Julie, comment il se fait que chaque fois que nous passons plus d'une heure ensemble, toi et moi, euh... je veux dire vous et moi, nous broyons du noir ? »

Julie s'en défendit :

« Mais c'est vous, cher beau-père, qui me bombardez de mauvaises nouvelles.

— J'ai gardé la bonne pour la fin. En voilà une qui te fera plaisir, pour faire changement. »

Il retira une enveloppe de sa poche et la lui tendit :

« Je t'apporte une lettre de ta mère, annonça-t-il, sans s'apercevoir qu'il la tutoyait encore. Je suis allé exprès la chercher à Verchères. Es-tu satisfaite de ton vieux pépère ? Pas mal pour un p'tit vieux ! »

Julie s'empara de la lettre qu'elle ouvrit en s'excusant.

«Vous permettez, beau-papa? Je suis impatiente. Maman m'écrit si peu souvent. Vous avez dû lui tordre le bras.»

Elle parcourut les quelques lignes à haute voix : «"Ma chère, il faut que je te tire d'inquiétude, ma santé est mieux à présent. J'ai appris que mon Amédée sera bientôt avocat. J'ai toujours su qu'il ferait quelque chose de bien. Ton frère René-Olivier passera te bénir à Saratoga avant ton départ pour le continent. Je ne t'oublie pas. Marie-Anne Robitaille Bruneau." Comme vous voyez, ma mère ne perd pas son temps à écrire. Vous l'avez trouvée bien? Vraiment bien? Elle s'en va sur ses quatre-vingts ans, vous savez.

— Oui, ma petite, elle va bien. Tu peux partir en paix, elle sera là à ton retour de France. En attendant, je monte me coucher. Si tu veux que je reconduise ton Lactance au bateau, demain, il faut me laisser dormir.»

Joseph se leva péniblement et accepta que Julie le raccompagne à sa chambre, à condition que le gardien de l'hôtel la ramène ensuite à sa pension.

Au matin, les adieux se firent rondement. Connaissant l'hypersensibilité de Julie et l'émotivité imprévisible de Lactance, Joseph prétexta un léger retard sur l'horaire pour couper court aux embrassades.

Curieusement, Lactance paraissait décontracté, lui habituellement surexcité dans les moments de grande tension. Le vieux grand-père attribua ce calme surprenant à sa présence rassurante et ne cacha pas à Amédée que ça lui faisait un petit velours d'avoir un effet bénéfique sur les nerfs de son petit-fils. Julie pleura, comme ils s'y attendaient. Et Lactance lui jura tout ce qu'elle voulait, y compris de faire ses prières du matin et du soir à genoux.

«Tu es un homme maintenant, fit Julie en s'efforçant de sourire

— Vous ne changerez pas d'idée, maman? Vous viendrez nous rejoindre, papa et moi?

— Bien sûr que j'irai, mon Lactance, promit-elle en ébouriffant sa chevelure blonde comme les blés. J'ai déjà mon billet.

Allez, file ! Je compte sur toi pour encourager ton père à ne pas abdiquer. Il en a grand besoin en ce moment.

— Je vous donnerai de ses nouvelles dès mon arrivée.

— Si j'étais certaine que tu partes content, mon chéri, ça me consolerait. »

Lactance embrassa Julie une dernière fois pour capter son parfum qu'il emporterait avec lui jusqu'à Paris. Puis, s'en détachant un peu brusquement, il suivit son grand-père dans le *stagecoach* à moitié vide. Jusqu'à cette minute, Joseph redouta quelque débordement de sa part. Mais Lactance se contenta de lui sourire :

« C'est parti ! »

Longtemps le jeune homme regarda devant lui, fixement. Une grande aventure commençait et il se sentait libre comme l'air. Il sortit de son sac *L'itinéraire de Paris à Jérusalem,* de Chateaubriand, qu'Amédée lui avait prêté, et commença à lire.

Joseph se sentit rassuré. Tout se passerait très bien.

CHAPITRE XVIII

La médecine de lord Durham

Lactance parti, Julie s'attaqua à la suite de son plan. Ironiquement, elle se préparait à quitter le pays de ses rêves sans l'ombre d'un regret. En un an, elle avait fait le deuil de ses illusions au sujet du Bas-Canada et savait maintenant que les secours ne viendraient pas des Américains. Restait la mère-patrie qui n'avait pas encore affiché ses couleurs, et Julie se surprenait à espérer trouver le bonheur à Paris plutôt qu'à New York.

Elle ne voulait pas partir sans dire ses quatre vérités à Robert le Diable, qu'elle ne portait plus dans son cœur depuis l'assemblée de Corbeau, mais une lettre de Papineau l'en dissuada. «N'y va pas, lui avait-il écrit. Cet homme sans délicatesse est capable d'attaquer publiquement une femme comme un homme.» Ce conseil la laissa songeuse. Quelqu'un lui avait-il raconté ce qui s'était passé à Corbeau? Elle abandonna son projet d'aller à la frontière.

D'une certaine manière, elle en fut soulagée. Elle avait tendance à régler ses comptes avec fracas, ce qui n'était pas toujours sage. L'explication qu'elle avait eue avec Marguerite Viger, sur le trottoir de la rue Bonsecours l'année précédente, lui avait laissé un goût amer. Elle avait traité sa meilleure amie de vire-capot. Les mots avaient dépassé sa pensée et, aujourd'hui, elle se reprochait sa cruauté. Le cas de Robert était différent puisqu'il avait lui-même trahi leur amitié. Elle le rayerait de sa vie. Il ne méritait pas qu'elle lui accordât une seule pensée de plus. La page était tournée.

Le 23 juillet, la diligence qui entra en gare de Saratoga, à quatre heures de l'après-midi, lui amena Ézilda et Gustave. Julie était sur le quai, à faire les cent pas, bien avant l'heure. Lorsqu'elle aperçut enfin les deux petites têtes, à la porte de la voiture, elle courut à leur rencontre. Mais ils restaient là, figés sur le marchepied, comme s'ils se trouvaient devant une inconnue. Elle ouvrit les bras et ils s'y précipitèrent, enfin.

«Mes petits, mes chers trésors, j'ai si souvent rêvé de ce moment», répétait-elle en les embrassant tour à tour et en les dévorant des yeux.

Ézilda paraissait minuscule dans sa robe courte sur un pantalon à cylindre qui lui descendait jusqu'aux chevilles. Sa petite main sur la bouche, elle était intimidée par son grand frère Amédée qui la soulevait de terre. Et Gustave, costaud pour ses dix ans, qui avait largement dépassé sa sœur d'un an son aînée. Il avait les joues roses et, dans son sourire, deux larges dents poussaient effrontément.

«Pauvres chéris, il ne faut pas pleurer... On ne se quittera plus jamais... plus jamais.»

Mais c'était elle qui pleurait. Marie-Rosalie Dessaulles, qui la regardait aller de l'un à l'autre, l'enveloppa alors de ses bras chaleureux.

«Allons, allons, petite sœur, viens m'embrasser.»

Louis-Antoine déposa son sac de voyage pour la soulever de terre.

«Ma tante Julie! Vous ne resterez donc jamais en place? J'ai à peine le dos tourné que l'envie de repartir vous prend. Cela me complique un peu la vie mais, puisqu'il le faut, je vous accompagnerai en France.

— Mon neveu préféré! fit Julie en lui tapotant la joue. Aurais-tu préféré la Russie?

— Bien sûr que non. Votre choix est le mien et je suis votre esclave.»

Louis-Antoine s'écarta pour laisser s'approcher mademoiselle Douville qui annonça fièrement à Julie qu'elle avait repris son véritable prénom.

«Bonjour, madame, dit-elle. Je m'appelle à nouveau Marguerite.

— Mais pourquoi, mademoiselle Douville? demanda Julie. Nous vous avons toujours appelée Marie.

— C'était à cause de madame Viger. Deux Marguerite sur la même rue, c'est toujours une de trop. J'ai cédé mon prénom à votre voisine, vu qu'elle traversait souvent à la maison. Maintenant qu'elle n'est plus dans les parages, je le reprends.

— Comme vous voudrez, fit Julie, en l'embrassant sur les deux joues. Alors vous êtes du voyage, Marie... enfin, Marguerite ?

— Je vous ai bien suivie à la butte aux maringouins, rétorqua la vieille du tac au tac. Si vous pensiez vous débarrasser de moi aussi facilement, c'est raté ! »

La butte aux maringouins ! répéta Julie comme pour elle-même. Chaque été, pendant des années, elle avait pris à reculons la route de la Petite-Nation, flanquée de mademoiselle Douville qui se plaignait qu'elle n'en reviendrait pas vivante. Pas plus que sa patronne, sa bonne n'appréciait cette nature sauvage. Julie la serra entre ses bras. Elle avait souvent pensé à elle, ces derniers temps. Il faudrait le lui dire.

« Et mon frère ? René-Olivier n'est pas avec vous ? demanda Julie en jetant un regard à l'intérieur du *stagecoach*. Avec sa corpulence, il ne passe pourtant pas inaperçu.

— Il devait être du voyage, en effet, confirma Marie-Rosalie, mais la police a eu vent de son départ et lui a laissé savoir qu'il avait intérêt à se tenir tranquille. Comme tu vois, en Canada, même les curés sont surveillés.

— Tout de même ! René-Olivier aurait pu défier les autorités.

— Tu n'y penses pas ! Ta mère se serait rongée d'inquiétude. Il a préféré faire le sacrifice, mais il t'envoie sa bénédiction. »

Les bagages furent transportés à la pension où l'on installa des couchettes supplémentaires dans le couloir. En moins de deux heures, tout était sens dessus dessous, car les trois enfants, complètement dégênés, couraient partout. Dieu merci ! le tohu-bohu s'achèverait le lendemain quand tout ce beau monde prendrait le pyroscaphe pour New York. Mais auparavant, ils fêtèrent avec éclat les vingt ans d'Amédée.

Le *British Queen* partait deux jours plus tard et Julie profita de ce court répit pour faire visiter New York à Marie-Rosalie, à pied et en calèche. L'hôtel Globe, propriété du frère de Napoléon, Joseph Bonaparte, était bien tenu mais, dès qu'on en sortait, on avait l'impression de participer à une course à obstacles. Les grandes artères étaient remplies de cabs et les sonnettes des fiacres retentissaient pour forcer les omnibus et les charrettes à foin à céder le passage. C'était ahurissant. Bruits de sabot, claquements de fouet, tapage... ça n'arrêtait jamais. En fin de journée, sur Broadway, quand, au son des sirènes, les manufactures se vidaient, les odeurs venant des caniveaux faisaient lever le cœur.

Dans la rue, les ouvriers portaient des gants de daim et des montres en or, comme de vrais bourgeois, mais derrière cette façade, la pauvreté était réelle. Des orphelins en haillons essuyaient, sur les manches crasseuses de leur chemise, de petits nez rougis et irrités avant de tendre leurs menottes aux ongles noirs en implorant : «*Charity, please*». Lorsque Julie et Marie-Rosalie voulurent descendre de voiture, pour marcher dans Greenwich Village, le cocher leur recommanda la prudence, car les pickpockets étaient agressifs. Mieux valait aussi ne pas trop s'aventurer sur les trottoirs où des prostituées à peine sorties de l'enfance attendaient leurs clients en se dandinant.

La veille de l'embarquement, Julie amena les enfants au musée de Peale. C'était attendrissant de voir Ézilda, Azélie et Gustave s'émerveiller devant la girafe empaillée, les singes, l'orang-outan et le boa. Après le numéro du magicien Adrien, Amédée les entraîna à la plage. Pendant leur bain de mer, un homme se promenait en ballon au-dessus de leurs têtes. Il faisait un temps superbe et les belles-sœurs, en mal de confidences, buvaient un *soda water* en observant Ézilda, dont le nanisme commençait à paraître. La petite prenait des airs de grande fille pour gronder Azélie, qui était aussi haute qu'elle, même si elle avait six ans de moins. Julie songea qu'il faudrait changer sa coiffure.

«Pauvre petite ! laissa-t-elle échapper. Quelle vie l'attend ?

— Elle se débrouillera, tu verras, la rassura Marie-Rosalie.

— À l'école, comment se comporte-t-elle ?

— Elle est un peu lente, concéda Marie-Rosalie, après une hésitation. Elle a fait sa première communion comme les autres. Et elle est toujours si gentille. »

Ézilda s'amusait à régenter son petit frère Gustave, d'un an son cadet. Julie hocha la tête, comme pour éloigner ses pressentiments sur l'avenir d'Ézilda.

«Debout, les enfants, je vous offre une glace à la vanille, ordonna-t-elle.

— Youpi ! youpi ! »

La plage au sable grossier commençait à se vider. De temps à autre, Julie jetait un méchant regard du côté de l'imposant *British Queen*, qui somnolait au pied de Clinton Street et East River. Elle redoutait le moment où le monstre s'élancerait sur les flots avec elle à son bord.

« Si seulement tu venais avec nous, Marie-Rosalie, je serais plus rassurée.

— Tu sais combien j'aurais aimé revoir mon frère, mais je suis à court d'argent et les banques refusent de m'en prêter. J'ai dû vendre un bijou pour payer le passage de Louis-Antoine.

— Pourvu que nous ne nous imposions pas tous ces sacrifices pour rien, fit Julie, en poussant un soupir. Si la mission de Louis-Joseph réussit, cela redonnera confiance aux Canadiens.

— Ne rêve pas, dit Marie-Rosalie en lui serrant la main. Si tu veux mon avis, ton mari ne peut plus grand-chose pour nous.

— Ne parle pas de malheur, je t'en prie. Dis-moi plutôt ce qui te démoralise.

— C'est l'état de notre pays, et contre ça, Papineau ne peut rien. Si tu avais vu comme moi le pillage, tu comprendrais. Les troupes anglaises se sont portées à des excès pires que ceux de l'an passé. Ils m'ont tué un bœuf et un cochon qu'ils ont emporté. Je ne suis pas la seule. À Maska, on ne trouve pas la moitié de la viande dont on aurait besoin. Et encore, la volaille est de mauvaise qualité. Je t'assure, plus personne n'a envie de se venger.

— C'est pour cela que tant de gens trahissent et dénoncent leurs voisins patriotes, constata Julie avec tristesse.

— Ne sois pas injuste. Les pauvres femmes qui se sont plaintes aux autorités d'avoir été obligées de cacher des fugitifs l'ont fait pour sauver leur vie. Je ne prétends pas les excuser, mais je dis simplement que ça n'est facile pour personne, au pays.

— Je ne pensais pas à elles mais à ceux qui, comme George-Étienne Cartier, rampent devant Colborne et sa clique et sollicitent leur grâce en calomniant leurs proches. Et aux évêques qui ont dénoncé les patriotes à l'occupant anglais.

— J'en connais plus d'un qui ont aidé les nôtres à fuir aux États-Unis. Il faut rendre à César ce qui appartient à César. »

Marie-Rosalie s'arrêta. Rien n'était blanc ou noir dans cette tragédie. Elle était sûre d'une chose, cependant : au Bas-Canada, l'heure était à la résignation. Et cela, à n'importe quel prix! Quitte à y laisser son honneur et sa dignité.

«Les Canadiens ne sont pas près de se soulever à nouveau. Pas plus qu'ils ne consentiraient à résister passivement une autre fois. Il n'y a plus d'espoir...

— Mais si le pays est perdu, Dieu du ciel! pourquoi vais-je à Paris?», s'exclama Julie.

Marie-Rosalie la regarda tendrement. Elle avait pour la femme de son frère un tel attachement! Il lui sembla que le moment était venu de lui donner un conseil qui pouvait changer le cours de sa vie.

«Écoute-moi bien, petite sœur, tu t'en vas rejoindre Louis-Joseph. Ta famille sera réunie pour la première fois depuis longtemps. Pense à ton bonheur, refais-toi une vie en France et oublie le reste. Oui, Julie, oublie-nous. Parfois, dans la vie, l'égoïsme est la voie à suivre.»

Au matin du premier août, Julie n'en menait pas large lorsqu'elle fit descendre ses bagages et monta avec ses enfants dans le cabriolet qui les conduisit d'abord à l'église, où ils se confessèrent et communièrent, puis au port. Il y avait effervescence sur les quais où les visiteurs se pressaient pour voir partir leurs proches. Ça riait et pleurait en même temps. Julie était livide. Elle souriait pour cacher sa tristesse de laisser derrière elle son cher Amédée. C'est lui qui rompit le silence :

«Maman, j'ai trouvé ce qu'il faut pour vous occuper pendant la traversée. Un roman de madame de Staël, *Corinne ou l'Italie*.»

Il lui tendit un petit paquet.

«Tu l'as lu? demanda-t-elle.

— Évidemment, je ne mettrais pas entre vos chastes mains n'importe quel roman d'amour! Les conversations sentimentales entre Corinne et son amant Oswald m'ont un peu ennuyé, c'est vrai, mais il y a de magnifiques descriptions des ruines de Rome. L'intrigue se transporte ensuite au Vésuve, puis dans les canaux de Venise... sur une gondole. Mon petit doigt me dit que vous serez touchée par les derniers chapitres, alors que les choses se gâtent pour Corinne. Telle que je vous connais, vous verserez quelques larmes...»

Julie le remercia. Dans son énervement, elle avait tout juste placé au fond de sa malle deux livres de la Bibliotheca

Americana que Papineau avait réclamés. Amédée se tourna ensuite vers son cousin Louis-Antoine :

«Prends soin de ma mère», lui recommanda-t-il en lui serrant la main.

À son tour, Louis-Antoine embrassa Marie-Rosalie, mais sans effusion. Il n'était pas très expressif et gardait son sang-froid, cependant que d'autres se laissaient emporter par leurs émotions. Petit, les cheveux très noirs coiffés à plat et les yeux sombres, il paraissait toujours maître de lui-même. Quand, à deux heures, la cloche du *British Queen* annonça le départ, Amédée rassura une dernière fois sa mère : elle voyagerait à bord du plus récent paquebot à vapeur assurant la liaison entre New York et Portsmouth.

Quand le *British Queen* commença à s'éloigner, Amédée agita son chapeau et Julie lui répondit avec son mouchoir. Il se fraya un chemin dans la cohue jusqu'à la pointe de Battery Park qui s'avançait dans le port. Des centaines de spectateurs grimpaient çà et là dans l'espoir d'avoir une meilleure vue. Escorté de plusieurs pyroscaphes et salué par la frégate américaine *Constitution*, le paquebot prit le large, emportant avec lui la moitié du cœur d'Amédée.

En quittant le port, il fila tout droit chez un armurier de New York pour s'acheter une carabine. Depuis le temps qu'il en rêvait ! Délicieuse consolation pour un jeune Canadien condamné à vivre en solitaire en Amérique. Ce soir-là, après le souper d'huîtres qu'il partagea avec sa tante Marie-Rosalie, il flâna sur le toit de l'hôtel, un édifice de sept étages, d'où la vue était saisissante.

❦

Pas de chance, la lettre de Lactance arriva à Saratoga après le départ de Julie. Elle aurait été soulagée d'apprendre que sa traversée sur le *Great Western* avait duré vingt-deux jours et qu'il n'avait été malade que durant les vingt-quatre premières heures, sans doute à cause des bananes que grand-père lui avait achetées et dont il s'était empiffré. Il avait sagement gardé le lit, comme sa mère le lui avait recommandé, et il avait bu sa provision l'eau de source, ce qui, croyait-il, l'avait remis sur pied. À l'approche des bancs de Terre-Neuve, il ne ressentait déjà plus de nausées et, quelques jours plus tard, il avait retrouvé l'appétit.

Ce qui déclenche le mal de mer, c'est l'odeur, écrivit-il à Amédée. *Dis à maman qu'elle se munisse de bonnes et fortes essences et surtout, de courage. Je suis très affligé de penser qu'elle a si peur du mal de mer. Assure-là aussi que les enfants en souffrent rarement et qu'en cette saison la plupart des adultes sont épargnés.*

Lactance racontait ensuite sa traversée. Il avait joué au *shuffle-plate* le jour et chanté des chansons le soir... en buvant du champagne avec les autres passagers réunis autour du piano : «Si tu voyais le soleil se coucher au milieu des eaux ! Inoubliable !»

Il avait une plume étonnamment vivante et son récit, truffé de détails colorés, passionna Amédée qui apprivoisait sa vie d'orphelin à Saratoga, en rêvant au jour où il s'embarquerait pour les vieux pays.

❧

En débarquant à Portsmouth, les tracasseries de la douane retardèrent le départ de Lactance pour Londres. Les douaniers avaient déjà expédié les passagers d'une dizaine de navires avant de s'occuper de ceux du *Great Western*.

Niché dans sa loge, à l'entrée d'une grande salle, le douanier vaquait comme un automate à sa routine monotone. Devant Lactance, dans la filée, un gentleman attendait son tour. Le fonctionnaire examina ses papiers et, sans même le regarder, lui indiqua du doigt le bureau du directeur, en disant d'une voix monocorde : «*Upstairs, sir*». L'homme jura que son passeport était en règle mais le commis, ignorant ses protestations, lança d'un ton ennuyé : «*Next*».

Lactance se sentait dans ses petites souliers devant ce vautour qui scrutait ses papiers à la loupe en lui jetant des coups d'œil furtifs derrière ses épaisses lunettes. Il repensait aux craintes de sa mère à propos de son nom suspect et se voyait déjà interdit de séjour. Il ne respira librement qu'une fois dehors.

Muni d'une autorisation signée en bonne et due forme, il put enfin quitter la douane. Il s'arrêta au premier hôtel, à deux pas du port, qui abritait aussi l'École de marine. De sa fenêtre, il pouvait compter les navires de guerre qui mouillaient en rade. Il s'étendit tout habillé sur le lit et tomba dans les bras de Morphée.

Le lendemain, la diligence partit à bonne heure pour Londres. Quel voyage! Il passa des heures à se faire secouer sur les chemins tantôt cahoteux, tantôt boueux de la campagne anglaise. Il pleuvait, naturellement. S'il descendait pour admirer les églises gothiques et les donjons féodaux, il devait ensuite attendre la prochaine voiture. Les chars passaient régulièrement, mais les passagers étaient tassés comme des sardines. Au fur et à mesure qu'il se rapprochait de la ville, ses illusions tombaient. La pauvreté et la faim se lisaient sur les visages des travailleurs au dos courbé qui s'éloignaient des manufactures. Mêlés à eux, des petits garçons traînaient les pieds, épuisés après une journée de labeur. C'était donc ça, les merveilles apportées par la révolution industrielle!

Lactance savait que le Factory Act, voté par le Parlement britannique, était censé protéger les enfants contre les employeurs abusifs. Lorsqu'il s'étonna de les voir sortir aussi nombreux des grands hangars, le passager assis en face de lui, un corpulent Londonien, ricana de ses scrupules.

«Le Factory Act est une loi stupide, car ce sont les familles les plus pauvres qui écopent, lui dit-il, tranchant. Or elles ont besoin du salaire de leurs enfants pour les nourrir!

— Vous embauchez des enfants? lui demanda Lactance candidement.

— *Certainly*. Il est bon qu'un jeune contracte tôt l'habitude salutaire du travail. *Indeed, sir*!"»

Lactance n'ajouta rien. Il s'enfonça dans son siège et passa le reste du trajet le nez collé à la vitre. Le cocher poussait ses chevaux à grands coups de fouet et les roues mangeaient les lieues. Quand la diligence s'arrêta devant le London Coffee Shop, sur Ludgate Hill, où une chambre l'attendait, il se sentit las et seul. La servante monta ses effets à l'étage en baragouinant les renseignements d'usage. Mais il n'écoutait pas, tout à sa déception. Ni son père ni les amis londoniens de celui-ci n'étaient venus à sa rencontre. Il jeta un coup d'œil à la fenêtre. Au loin, la Tamise coulait paresseusement. Mais il n'avait pas l'âme à la poésie cependant qu'il découvrait l'humidité londonienne.

Durant tout son séjour à Londres, le ciel resta désespérément voilé, comme s'il faisait nuit en plein jour. Mais cela ne l'empêcha pas de ratisser les rues sombres aux maisons de brique rouge et d'apprivoiser un état second qu'il allait cultiver pour le reste de sa vie : le spleen.

Le lendemain, Lactance accepta l'invitation à déjeuner de John Arthur Roebuck, un ami de Papineau qui lui donna rendez-vous au Reform Club. Le jeune voyageur alla s'acheter un chapeau et une paire de gants avant de se présenter au restaurant. À table, le député britannique demanda des nouvelles du Canada, où il avait passé son enfance. Puis, entre la soupe et le rosbif, il lui remit une lettre pour Papineau.

« Dites à votre père que je ne pourrai pas me rendre à Paris avant un certain temps, mais assurez-le qu'il pourra toujours compter sur moi, lui dit-il. Je défendrai le Canada jusqu'au dernier moment.

— Il a confiance en vous, monsieur Roebuck, fit Lactance qui voulait paraître au courant des affaires de son père.

— Ce qui est arrivé en Canada, je l'avais prévu, reprit le député, qui se considérait comme le défenseur des Canadiens à Londres. J'ai assez mis mes collègues de la Chambre en garde contre leur politique coloniale, je ne vais pas retourner ma veste maintenant que l'irréparable s'est produit.

— Vous avez un plan ? interrogea Lactance.

— J'essaie d'obtenir l'amnistie pour tous les patriotes, répondit le député. Je demande aussi l'assurance que l'anglais et le français soient sur un pied d'égalité devant la loi, si l'union des deux provinces se réalise. »

Roebuck parlait de l'union des deux Canadas comme d'un fait inéluctable. Lactance, qui ignorait que ce dossier avait rebondi aux Communes, continuait de penser qu'il ne s'agissait que d'un vague projet que son père combattait depuis bientôt vingt ans. Le député le détrompa et Lactance se promit d'apporter les plus récentes gazettes anglaises à Papineau, à Paris.

La conversation bifurqua ensuite sur le programme d'activités de Lactance pendant son court séjour à Londres. Monsieur Roebuck l'assura qu'il veillerait à ce qu'il soit accompagné dans tous ses déplacements.

C'est ainsi que muni du *Guide de l'étranger*, il vit Buckingham Palace sous tous les angles et pénétra dans le Westminster Hall. Après s'être promené dans Hyde Park, il flâna au British Museum. Il avait étudié l'histoire de l'Angleterre au collège de Saint-Hyacinthe et cherchait, au hasard de ses promenades, des traces de la lutte fratricide entre Richard Cœur de Lion et Jean sans Terre ou les tombeaux des femmes d'Henri VIII qui les avait fait décapiter l'une après l'autre. Il se fit raconter la guerre de Sept Ans, du point de vue anglais, et souligna à son accompagnateur que son père se prénommait Louis-Joseph, en souvenir du chevalier de Montcalm, mort sur les plaines d'Abraham.

Tout, chez lui, était prétexte à débusquer les instincts sanguinaires des ancêtres des Anglais. On aurait dit qu'il voulait se convaincre que la cruauté était héréditaire. Pourtant, les Londoniens qu'il côtoyait depuis son arrivée étaient courtois, voire sympathiques. En un mot, ils ne ressemblaient pas aux colonisateurs hautains du Bas-Canada. Ce serait là un beau sujet à discuter avec son père en arrivant en France.

Mais ce qui l'impressionna plus que tout, ce furent les quelques heures passées à la Chambre des lords. Monsieur Roebuck lui ayant remis une lettre d'introduction, il se présenta à l'entrée du parlement, en face de Westminster. C'était un bâtiment sombre, de forme gothique.

Les travaux parlementaires n'étaient pas encore commencés lorsqu'il s'installa à la place qu'on lui indiqua, dans la salle aux bancs de cuir. Il put tout à loisir se faire expliquer le rôle des commis aux écritures, assis le corps bien droit de chaque côté d'une longue table, et l'origine des robes écarlates bordées d'hermine des pairs de l'Angleterre, qui portaient aussi la perruque. Au centre de la pièce, le trône demeura vide. La reine Victoria n'assistait que rarement aux séances du Parlement. Il ne s'en désola pas car la veille, à l'opéra, il avait aperçu la souveraine, dans sa loge, pendant l'entracte du *Barbier de Séville*. Il l'avait trouvée plutôt jolie, avec ses cheveux blonds et son teint frais, et avait souri en pensant à Amédée qui l'avait surnommée « la marâtre ».

Dans la section réservée aux visiteurs, Lactance reconnut lady Durham qu'il avait déjà aperçue aux courses, à Montréal. Elle regardait fixement son mari qui discutait avec ses pairs, sur le parquet. La séance allait commencer lorsque deux autres ex-gouverneurs du Canada, lord Aylmer et le comte de Gosford, gagnèrent leurs places, suivi de Daniel O'Connell, le célèbre libérateur des Irlandais. « C'est donc lui ! » se dit Lactance, en se rappelant qu'au pays on comparait Papineau au chef des nationalistes irlandais.

Pour le plus grand bonheur de Lactance, les lords décortiquaient les affaires du Canada, à la lumière des révélations contenues dans le rapport Durham. L'ex-gouverneur, rappelé à l'ordre par le Colonial Office, venait de déposer son mémoire qui, chuchotait-on dans les officines, avait les apparences d'un règlement de comptes. Le gouverneur démissionnaire avait subi en Canada la plus grande humiliation de sa vie. Il avait été forcé de résigner ses fonctions, malgré l'énergie et l'ingéniosité qu'il avait déployées pour dénouer l'impasse. Sous son règne, il n'y avait eu aucune pendaison et, à part quelques bagnards expédiés aux Bermudes, la population canadienne avait apprécié ses efforts pour rétablir la paix sur les rives du Saint-Laurent. Les supposés experts qui, de Londres, l'avaient blâmé, n'entendaient rien aux affaires coloniales. Amer, lord Durham avait donc quitté Québec et, après une interminable traversée sur l'*Inconstant*, il s'était enfermé dans sa résidence londonienne, où il avait vécu en reclus, le temps d'analyser froidement la situation de la colonie récalcitrante.

Son rapport suscitait des prises de bec virulentes. Un consensus se dessinait quant à sa recommandation d'unir les deux Canadas, mais l'établissement d'un gouvernement responsable, qu'il préconisait aussi, ne faisait pas l'unanimité, Londres voyant d'un mauvais œil l'idée de céder ses prérogatives aux colonies.

Immobile sur sa banquette, Lactance écoutait les hommes politiques anglais débattre du sort de son pays. Lord John Russell, qui avait suspendu la Constitution du Bas-Canada, à la suite des troubles de 1837, défendait vigoureusement l'Union, comme s'il s'agissait de la solution à tous les maux. L'ex-gouverneur Gosford, que Lactance connaissait de vue, se leva alors pour dire qu'il y voyait une dangereuse erreur.

« La réunion de ces deux provinces est un acte injuste et tyrannique, affirma-t-il. En noyant la population française, nous la livrons à ceux qui, sans cause, lui ont montré tant de haine. »

Quand lord Brougham, un autre ami des patriotes, s'avança, le fils de Papineau redoubla d'attention :

« Vous vous récriez contre la rébellion des Canadiens, alors que vous avez pris leur argent sans leur consentement et anéanti les droits que vous vous vantiez de leur avoir accordés, reprocha-t-il sèchement aux députés anglais. Si c'est un crime de s'élever contre un pouvoir usurpé et de défendre ses libertés attaquées, qui sont les plus grands criminels? N'avons-nous pas nous-mêmes prêché par l'exemple?»

Lactance attendait la réaction à cette sortie surprenante, qui fut accueillie par un silence glacial. Pas l'ombre d'un applaudissement. Voyant le tour que prenait le débat, le vieux duc de Wellington, grand vainqueur de la bataille de Waterloo contre Napoléon, et vénéré comme un dieu, jugea les esprits trop échauffés pour prendre une décision aussi grave et recommanda d'attendre que revienne le calme. Lactance en fut déçu.

À la pension, ce soir-là, il s'attaqua à la lecture du fameux rapport dont monsieur Roebuck lui avait procuré une copie. Son irritation grandissait en le parcourant :

> *Depuis le recours aux armes, les deux races se sont distinctement et complètement dressées l'une contre l'autre,* avait écrit lord Durham. *Les Anglais, les plus justes et les plus sensés, ceux dont la ligne de conduite a toujours été des plus libérales, ceux qui ont toujours préconisé la politique la plus modérée dans les disputes provinciales, paraissent depuis ce moment avoir pris parti contre les Français, aussi résolument sinon aussi férocement...*

Lactance ne put s'empêcher de penser à la sainte colère de son père lorsqu'il lirait cet odieux rapport qui recommandait d'angliciser les Canadiens français. Mais il tombait de sommeil et remit au lendemain la suite de cette éprouvante lecture.

CHAPITRE XIX

La traversée de Julie

À la bibliothèque nationale de Paris, Papineau se livrait au même exercice que son fils Lactance. Jour après jour, il épluchait le *Report on the Affairs of British North America* de lord Durham, qu'il jugeait calomnieux et mensonger. « Un monument de corruption éhontée ! » se répétait-il. Rien de tout cela ne l'étonnait, lui qui savait que le gouverneur déchu avait été conseillé par l'odieux journaliste Adam Thom qui haïssait les Canadiens.

« Tout ce que cet hypocrite de Durham sait du Canada, ce sont des Anglais comme Adam Thom qui le lui ont appris », bougonnait-il en parcourant la brique de trois cents pages.

Adam Thom, Papineau le voyait partout. Voilà quel genre de pervers entourait l'ex-gouverneur, prétendument envoyé au Canada en mission de paix. Quant aux Canadiens honnêtes, qui avaient tenté de l'approcher, il les avait superbement ignorés.

Papineau soulignait rageusement les passages qu'il voulait réfuter. Il s'obligeait à préparer une réponse à ce torchon qui présentait une image désolante, voire antipathique de ses compatriotes. Il écrivait au fil de la plume. « Voulant prouver que sa race favorite, la race saxonne, est seule digne du commandement, lord Durham l'a mensongèrement peinte en beau et il a assombri par les plus noires couleurs le faux portrait qu'il a tracé des Canadiens français. »

Plus que jamais, Papineau était convaincu que la soumission signerait l'arrêt de mort des Canadiens. L'indépendance, au contraire, serait leur résurrection. Il s'arrêta. Le plus simple était de renvoyer les lecteurs au rapport qui incriminait lourdement son auteur. Les gens ne seront pas dupes de ces faussetés, pensa-t-il. Ils comprendront qu'ils n'ont aucune justice à espérer de l'Angleterre.

Assez pour aujourd'hui ! Il rangea son carnet. Demain, il poursuivrait cette tâche fastidieuse. Son séjour à Paris, se désolait-il, démarrait sous de fâcheux auspices. Il n'avait connu que des désagréments depuis son arrivée en France. À commencer par la tuile qui l'attendait en débarquant du *Sylvie de Grasse*. Sans passeport britannique, le douanier du Havre lui avait tout bonnement refusé l'entrée au pays. Le billet remis par le consul de France à New York ne suffisait pas et il avait dû s'en remettre à ses supérieurs, à Paris. La loi interdisait la circulation des étrangers sans passeport.

Papineau avait poireauté trois jours sur la côte normande. Trois jours à se demander s'il n'eût pas mieux valu faire taire son orgueil et réclamer, avant son départ de New York, un passeport du consul de Grande-Bretagne qui n'aurait pas osé le lui refuser. Mais il n'était pas homme à quémander des faveurs à ses bourreaux et s'était embarqué sans papiers officiels.

Son arrivée à Paris n'était pas passée inaperçue. À peine installé dans un modeste hôtel, il avait commencé à recevoir des invitations. Le banquier Jacques Laffitte avait donné le ton en le priant d'assister à la soirée qu'il donnait. Il y avait rencontré sa fille, la princesse Moskowa, ainsi que des députés influents auprès du roi Louis-Philippe. Le lendemain, les journaux avaient vanté la conversation vive de Papineau et souligné les attentions dont il avait été l'objet. À compter de ce jour, les cartons se mirent à pleuvoir dans sa boîte aux lettres. Tout le monde voulait voir de près l'homme dont les Anglais avaient mis la tête à prix et qu'ils appelaient « le président Papineau ».

Il n'allait pas à tous les dîners, forcément, mais refuser, c'était aussi choisir. Il s'efforçait donc d'assister aux soirées où il était susceptible de rencontrer des personnes qui pouvaient lui être utiles. Hélas ! trop souvent, les heures passées en compagnie d'hommes politiques et de lettrés lui semblaient vides, les Parisiens se laissant facilement entraîner dans un tourbillon d'amusement.

Drôles de soirées, tout de même ! Étranges discussions aussi, avec George-Washington La Fayette, le fils du grand général qui, en frisant sa moustache, lui exprimait le souhait que les Canadiens et les Américains unissent leurs destinées. Son gendre, monsieur de Beaumont, auteur d'un ouvrage sur l'Irlande odieusement tyrannisée par les Anglais – c'étaient ses mots –, ne manquait pas d'établir un parallèle avec le Canada, qu'il avait visité avec son ami Alexis de Toqueville. Papineau arrivait certes à éveiller des sympathies chez ces mondains. Mais de là à dire qu'elles serviraient les intérêts des Canadiens, il n'en était pas certain.

Il s'était également mis en rapport avec ses amis anglais afin de discuter des moyens de gagner des lords à ses idées. Quelques-uns étaient passés le prévenir que Londres songeait à dépêcher au Canada des forces en plus grand nombre. Après autant d'horreurs, ils ne croyaient plus la réconciliation possible. D'autres, de passage à Paris, l'évitaient carrément. Ainsi, pendant les vacances de Pâques, lord Broughton avait préféré se tenir loin de lui, de peur que les journaux ne le soupçonnent de s'être abouché au chef patriote pour prêcher l'indépendance des Canadas. Il n'avait pas rencontré, non plus, le comte de Gosford, en visite dans la capitale la semaine précédente.

« Quel dommage que vous l'ayez raté ! mon cher président, se désolait un ami croisé dans un salon. Saviez-vous que, depuis son retour de Québec, il n'a jamais été consulté sur les affaires coloniales ? Pas plus que lord Aylmer qui a, lui aussi, une solide expérience du Canada. Le Colonial Office les ignore tout bêtement. »

Le comte Gosford n'avait eu que des éloges à son sujet, à ce qu'on lui avait rapporté. L'ex-gouverneur demeurait convaincu que, s'il avait été autorisé à accéder aux demandes de la Chambre dont il était l'*orateur*, les embarras actuels auraient été évités. Papineau était amer en pensant à tous ces personnages de haut rang qui n'avaient que des éloges à son égard, mais qui n'auraient pas levé le petit doigt pour l'aider dans ses démarches. Il rangea ses documents dans sa malette et quitta la bibliothèque pour rentrer chez lui.

Dehors, la pluie tombait si drue qu'il sauta dans le premier omnibus et se retrouva bientôt en grande conversation avec le député assis à côté de lui. En face d'eux, un homme décoré de la Légion d'honneur observait deux sœurs de la Charité qui épiaient des filles de petites vertus, à ce qu'il leur sembla. Papineau et son voisin s'amusèrent de la scène. En France, il n'y avait ni rang ni fortune dans les voitures publiques. Les maçons aux mains tachées de mortier côtoyaient les prêtres en soutane et rabat et les vendeuses d'herbes en sabots. Tout ce beau monde se saluait à l'entrée et gardait le silence durant le trajet.

Malgré tout, Papineau était détrempé lorsqu'il arriva à l'Hôtel de Tours, où il vivait modestement. Son appartement lui coûtait 140 francs par mois. Il déjeunait d'un pain à 2 sols et d'un gobelet de bon vin. Pour le souper, il fréquentait les tables d'hôte à 5 francs. Il aurait pu se nourrir moins chèrement, mais il jugeait essentiel, pour l'avancement de ses affaires, de fréquenter les établissements préférés des hommes publics.

À cinq heures, ce soir-là, Louis Blanc, de la *Revue du Progrès*, lui avait donné rendez-vous au restaurant Champeaux, place de la Bourse. Le journaliste avait publié la première partie de sa réfutation du rapport de lord Durham, intitulée *Histoire de l'insurrection du Canada*. L'article avait été accueilli froidement mais, loin de se laisser arrêter, Papineau en avait commencé un deuxième, pour s'attaquer cette fois à la solution préconisée par lord Durham d'établir dans le Bas-Canada une population anglaise, avec des lois et une législature anglaises. « Toute autre race que la race anglaise y apparaît dans un état d'infériorité, avait écrit l'ex-gouverneur. C'est pour les tirer de cette infériorité que je désire donner aux Canadiens notre caractère anglais. » Papineau n'avait pas encore terminé son article qui s'annonçait plus long que le premier. Aussi comptait-il profiter de ce dîner pour réclamer des pages additionnelles au rédacteur de la revue.

Il poussa nonchalamment la porte de son hôtel et, sans prendre le temps d'enlever ses vêtements mouillés, dépouilla son courrier. Pas de lettre des États-Unis. Il était déçu. Julie n'avait jamais été une grande épistolière, mais elle aurait pu faire un effort. En plus d'être rares, les nouvelles d'Albany s'avéraient désolantes. La mort de son ami Porter l'avait foudroyé et la maladie d'Azélie avait accentué son angoisse. Les plus récentes lettres de Julie auraient dû le rassurer puisque l'enfant était désormais hors de danger, mais allez savoir ce qui pouvait arriver...

Julie, sa Julie, seule au milieu des épreuves. Et lui, impuissant, à l'autre bout de la planète. À faire quoi, bon Dieu ? À faire semblant de croire que la France allait donner un coup de pouce aux Canadiens ? À quémander un peu d'attention dans les salons ? Les hommes de lettres qui, comme Louis Blanc, réclamaient des écrits pour leurs journaux, prenaient soin de lui mentionner que le moment n'était pas très propice. La France était assise sur un volcan, il y avait des émeutes dans les rues et le gouvernement ne savait plus où donner de la tête pour éviter la guerre civile. Comment pouvait-il espérer faire naître de la sympathie pour le sort des Canadiens, quand les Français étaient si préoccupés par leurs propres intérêts?

Le silence de ses amis canadiens l'intriguait tout autant. Personne ne lui écrivait. Pas même le curé Chartier qui l'avait poussé à accepter cette mission. Ni Wolfred Nelson ni William Lyon Mackenzie. Il soupçonnait sans trop y croire un complot contre sa personne. Il n'avait pas le moindre élément de preuve, simplement des intuitions que le mutisme complice de Julie venait accréditer. Dans ses lettres, elle ne parlait jamais de ce qui se passait à la frontière canado-américaine. Pourtant, les réfugiés devaient bien se réunir, quand ça ne serait que pour se divertir... Ou tramer l'une de ces insurrections qui se terminerait comme les autres dans l'horreur. De toute façon, il en saurait plus à l'arrivée de Julie qui voguait vers lui.

En mer, le temps semblait s'arrêter. Accoudée au garde-fou, Julie regardait la ligne d'horizon devant elle, sereine. Au fur et à mesure que les voiles se déployaient, les nuées de canards battaient de l'aile, comme pour protester contre cette intrusion dans leur paisible univers. Elle détacha les cordons de sa cape à capuchon et agita son éventail en lamelles découpées d'ivoire. L'air était doux. Une immense langueur l'envahit tout à coup, en contemplant l'eau qui perlait à l'infinie. Elle était prisonnière de cette embarcation. Sa vie antérieure et sa vie future se rejoignaient sur ce paquebot à pavillon anglais. Quinze jours, peut-être plus, entre ciel et mer. Quinze jours pour régler ses comptes avec le passé et liquider ses rancunes. Elle ne redoutait plus l'avenir et, comme un présage des temps meilleurs qui l'attendaient à Paris, elle avait vaincu le mal de mer.

Ce matin-là, elle avait trouvé la force de se lever et de quitter sa cabine pour aller respirer un peu l'air marin sur le pont. Elle marchait lentement, comme une revenante, redoutant le retour des terribles nausées, mais sachant que le pire était derrière elle.

Le silence impénétrable la surprit. Seule la cloche du navire qui sonnait les heures venait rompre la monotonie. Un moment distraite par mademoiselle Douville, qui s'inquiétait de voir qu'on n'avait amené qu'une seule vache pour fournir le lait à tous les enfants à bord, elle s'arracha à ses rêveries pour se rendre à l'étable aménagée à côté du grand mât et aller ensuite frapper chez le capitaine Stoddard, à l'autre extrémité du pont, pour protester. Ce dernier évoqua le peu de passagers pour justifier sa décision de se priver d'une deuxième vache, ce à quoi elle répliqua que c'était une honte, compte tenu du prix qu'elle avait déboursé pour chacun de ses enfants. Pour la rassurer, il l'emmena aux cuisines et lui montra les provisions. Dans une grande chaloupe, qu'il appelait le *long boat*, il y avait une basse-cour pleine de volailles dodues. D'autres viandes étaient suspendues aux cordages, dont une trentaine de carcasses de chevreuils. Cela serait plus que suffisant. Elle retourna sur la promenade du pont, rassurée.

Pour la première fois depuis son départ, elle se sentait bien. Ce qu'elle redoutait s'était produit le deuxième jour de la traversée, au moment où le *British Queen* s'était engagé dans l'Atlantique. Elle avait pensé mourir. Il devait être trois heures du matin lorsqu'elle s'était réveillée en sursaut. Un violent mal de tête accompagné d'étourdissements l'avait assaillie. Incapable de se tenir debout, elle empoignait le seau déposé à côté de sa couchette et elle régurgitait. Ses nausées ne lui avaient laissé aucun répit pendant trois jours. Elle avait béni le ciel d'avoir amené mademoiselle Douville, qui n'avait pas été incommodée par le mal de mer. La vieille servante s'occupait des enfants de jour comme de nuit. D'Ézilda surtout, qui était plus mal en point que Gustave et Azélie.

La femme de chambre, Rebecca, avait été aux petits soins avec Julie. Cette jolie noire d'une quarantaine d'années, originaire des Antilles, avait l'habitude des malaises en mer. Elle lui avait fait boire de l'eau sucrée pour l'aider à rejeter la bile. Une fois son estomac bien nettoyé, elle l'avait obligée à avaler quelques cuillerées de gruau de maïs. Voyant que sa malade prenait du mieux, elle lui avait donné des biscuits de soude, de l'arrow-root et finalement du bouillon de poule.

Au bout de quelques jours de ce régime, Julie avait pu quitter sa couchette. Elle en avait d'ailleurs plus qu'assez de fixer les cloisons incrustées de peintures chinoises de sa chambrette. Le vaisseau était meublé richement et les dorures Louis XIV n'étaient pas désagréables à regarder, mais elle éprouvait le désir de faire ne serait-ce que quelques pas jusqu'à la chambre d'à côté où les enfants la réclamaient. Une première fois, la veille, elle s'était risquée à mettre le nez dehors, mais la mer avait alors commencé à s'agiter violemment. Les vagues qui fouettaient la proue du navire avaient emporté l'escalier menant aux cuisines, cependant que les pauvres passagers de l'entrepont, des immigrants qui dormaient à la belle étoile, avaient trouvé refuge au pied du mât. Pendant que ces malheureux cherchaient à se protéger des rafales de pluie, les ballots de coton avaient dégringolé en menaçant de les écraser. L'embarcation avait été secouée et l'eau avait ruisselé dans les hublots. Julie était restée auprès des enfants que le bruit des craquements et les cris de l'équipage affolaient. Elle s'était assurée que chacun avait son gilet de sauvetage, mais n'avait pas eu la force d'aller chercher le sien dans la cabine d'à côté. Louis-Antoine s'en était chargé.

Au huitième jour, lorsque le navire avait atteint les bancs de Terre-Neuve, le roulis et le tangage avaient cessé. Les maux de cœur de Julie aussi, comme par miracle. On aurait dit que la mer s'était figée, pour le plus grand plaisir des marsouins qui piquaient du nez dans l'océan, et des goélands qui reprenaient leurs rondes autour du bateau.

Voilà où en était Julie, après une semaine en mer. Il lui sembla alors qu'elle n'aurait plus jamais peur de rien ni de personne. Dernier vestige de ses angoisses passées, elle avait vaincu sa peur de la mer. Prévenu de cette première sortie, Louis-Antoine la rejoignit sur le pont. Depuis le début de la traversée, il n'avait pas manqué de s'enquérir de sa santé toutes les deux heures. Mais il s'éclipsait peu après, s'excusant de ne pas lui tenir compagnie, car il était incapable de supporter la vue d'un malade. Comme il s'était lié aux passagers bien portants, il jouait aux cartes tous les soirs. Il avait déjà perdu une partie de ses économies, ce qu'il se garda bien d'avouer à sa tante.

❦

Au matin du vingtième jour, Rebecca entra dans la cabine de Julie sur le bout des pieds pour ouvrir les jalousies. Les rayons de soleil inondèrent effrontément la pièce d'un seul coup.

« Regardez, madame, nous apercevons les côtes anglaises. Ensuite, ce sera la Manche, et puis, la fin du voyage. »

Julie se tira de sa couchette pour aller jusqu'au hublot. Les voiles étaient déployées et un léger vent d'ouest poussait le navire. Elle s'empressa de faire sa toilette, tandis que l'excitation la gagnait. Elle se regarda dans la glace et se trouva si pâle qu'elle força le rouge sur ses joues. Après avoir bu le thé bien chaud que la femme de chambre lui avait apporté, elle traversa chez les enfants qui n'attendaient plus qu'elle pour monter sur le château de poupe. Le capitaine, qui s'y trouvait, parut ravi de constater qu'elle était toujours parmi les vivants. Il avait été déçu de ne pas la retrouver à table plus souvent. C'était un Anglais à la taille svelte qui portait fièrement ses trois galons. Il s'adressait à Julie dans un délicieux français, coloré d'un léger accent qui trahissait ses origines. Il lui confirma que la traversée tirait à sa fin. Elle n'alla pas jusqu'à prétendre qu'elle en était désolée, mais profita de l'occasion pour le remercier de ses prévenances. Il lui répondit avec une exquise galanterie que voyager en compagnie d'une aussi jolie femme était un plaisir qui ne lui était pas souvent offert. Il refusait de croire qu'elle avait un fils qui serait bientôt avocat, elle était assurément trop jeune. Julie accueillit le compliment du flatteur par un large sourire.

« Eh ! capitaine, pourquoi n'êtes-vous pas à la roue ? demanda l'insolent Gustave, en tirant sur la manche de son bel uniforme. Il y a peut-être des corsaires dans les parages ?

— Ne t'inquiète pas, mon petit gars, le pilote est à son poste. Moi, je suis à la recherche d'un mousse. Tu veux bien travailler pour moi ? »

Gustave regarda sa mère, comme pour s'assurer qu'il n'était pas obligé d'accepter la proposition du capitaine, car pour rien au monde il ne voulait être renvoyé à New York à bord de ce bateau.

« Je serai votre mousse, mais aujourd'hui seulement, fit-il. Ma mère ne voudra pas me laisser retourner en Amérique tout seul.

— Regarde qui vient, dit le capitaine, en faisant grimper le gamin sur le bastingage.

— Je ne vois rien du tout.

— Mais si, prends ma lunette d'approche. Tu vois mieux maintenant ?

— Oui, fit Gustave émerveillé. Il y a un bateau, Maman, je vois un bateau. »

Julie s'empara de la lunette que Gustave lui tendait et elle aperçut un vapeur qui arrivait de l'île de Jersey. Elle sourit au capitaine et ordonna aux enfants de suivre mademoiselle Douville à la cabine afin de rassembler leurs jouets dans les coffres. Elle resta quelques instants encore à causer avec lui.

Jusqu'à Portsmouth, au sud de l'Angleterre, tout se déroula sans anicroche. Ensuite l'épais brouillard qui enveloppait le Havre-de-Grâce empêcha la traversée de la Manche. Malgré l'impatience des enfants, il fallut attendre au matin pour accoster sur la côte française. À l'aurore, les manœuvres préliminaires furent effectuées avec célérité, mais un vent traître s'étant levé au moment de l'abordage, un câble lâcha et l'embarcation alla se fracasser sur la jetée. Le coup provoqua la chute d'un matelot qui fut grièvement blessé.

Ces péripéties retardèrent le débarquement des passagers qui se résignèrent à apprécier de loin le va-et-vient dans le port le plus important de France après celui de Marseille. Au premier coup d'œil, le tableau qui s'offrit à Julie la saisit. Tout était à la fois tel qu'elle se l'était imaginée et fort différent, à commencer par l'aspect physique des lieux. De chaque côté du large bassin où mouillaient de minuscules voiliers aux mâts nus pointés vers le ciel, les falaises escarpées formaient une palissade. Tout à côté, une grande agitation entourait le paquebot américain *Franklin* qui appareillait. Des débardeurs s'activaient autour des embarcations plus délabrées et chargées de coton, de café et de tabac. Gustave était sûr d'avoir débusqué des pirates, ce qui fit se tordre de rire les passagers.

« Où vas-tu pêcher toutes ces histoires, Gustave ? demanda Julie.

— Grand-papa m'a certifié qu'aujourd'hui les corsaires ne sont plus borgnes. Ils deviennent difficiles à repérer parce qu'ils ne portent pas de bandeau noir. Mais s'ils ont l'air de se sauver avec des coffres remplis de pierres précieuses, on fait bien de crier au voleur.

— Allons, Gustave, tu as trop d'imagination », le gronda gentiment Julie.

Le brouillard se levait et la ville surgit derrière les bancs de brumes qui s'estompaient. Au fond de l'immense bassin marécageux, les maisons de pierre encapuchonnées d'ardoises, étroites et élancées, étaient serrées les unes contre les autres, comme si le vent de la mer les avait rendues frileuses. Les voyageurs prirent place dans les chaloupes qui se faufilaient entre les algues verdâtres. Julie attrapa la main d'Azélie, tandis que mademoiselle Douville tira rondement Gustave par le collet afin de le calmer. Sage comme une image, la minuscule Ézilda suivit son grand cousin Louis-Antoine qui, le premier, mit pied à terre.

« Le pays de mes ancêtres », dit-il avec emphase dans un moment de ferveur inhabituel.

Tout à son émotion, il ne remarqua pas le douanier qui lui faisait signe de se présenter au comptoir.

« Vous avez quelque chose à déclarer ? demanda celui-ci, en le retenant par la manche.

— Non, monsieur, fit Louis-Antoine.

— Pas de tabac ? insista l'officier, en fouillant dans les poches du surtout du jeune Dessaulles, qui n'appréciait guère cette familiarité surprenante. Bon ! Au suivant ! »

Julie recula d'un pas et le douanier sourit en se défendant bien de fouiller les dames. Elle se sentit un peu ridicule et rougit. Mais tout se déroulait vite, un manutentionnaire s'était déjà emparé de ses bagages à main, tandis que le propriétaire de l'Hôtel de l'Europe lui présentait sa carte.

« Mes hommages, madame Papineau, dit-il cérémonieusement. Virgile est mon nom. Mon établissement est le mieux coté de la ville. Vous permettez que je vous y conduise ? »

Julie acquiesça. L'hôtelier, un petit homme joufflu, portant gilet malgré la chaleur, avait l'air affable. Il gardait un bon souvenir du passage de monsieur Papineau à son hôtel, quelques mois plus tôt, et il était honoré d'accueillir sa charmante épouse. Elle le suivit en silence, avec les enfants qui avaient retrouvé leur calme, pendant que Louis-Antoine se chargeait d'aller aux Messageries générales Lafitte Caillard & Cie pour retenir de bonnes places dans la diligence du lendemain. L'hôtelier les avait mis en garde contre l'affluence de certains matins. Comme ils avaient tous très hâte d'arriver à Paris, ils ne voulaient surtout pas s'éterniser au Havre.

Dans le quartier Saint-François les matelots fourmillaient, mais au fur et à mesure qu'on s'en éloignait, ils se faisaient rares. L'Hôtel de l'Europe était établi sur une rue étroite, de biais avec la place de l'Hôtel de Ville. Son nom était inscrit en gros caractères sur l'écriteau cloué au-dessus de la porte. À l'étage, les chambres, meublées en acajou, étaient propres et de bon goût.

Après la sieste obligée, décrétée par Julie qui voulait un peu de répit, elle emmena les enfants faire un tour en ville. Premier arrêt, la cathédrale Notre-Dame, rue de Paris, qui impressionna Gustave à cause des gargouilles hideuses en forme de sala-mandres d'où s'écoulaient les eaux des dernières pluies. Agenouillés à des prie-Dieu placés devant les autels latéraux, des marins priaient les bras en croix, ce qui frappa davantage Ézilda.

«Faites une belle prière pour remercier la Vierge Marie de nous avoir menés à bon port», dit Julie en indiquant à chacun sa place dans la nef centrale.

Était-ce la fatigue du voyage ou l'énervement de l'arrivée? L'heure se prêtait plus à la dissipation qu'aux actions de grâce. L'après-midi passa donc à ratisser la ville, dont les rues étaient si exiguës qu'on aurait dit des ruelles. Jamais Julie n'avait vu un marché de fleurs et de légumes aussi bien approvisionné. Ils eurent de la difficulté à se frayer un chemin du Palais de justice à la tour centenaire et évitèrent le marché de poisson beaucoup trop achalandé pour s'en approcher. La ville comptait vingt-cinq mille âmes et on aurait dit que tous les Normands s'étaient donné rendez-vous sur la grande place en ce 15 août chaud et humide.

«Les enfants, je vous interdis de vous moquer des gens», fit Julie fâchée en voyant leurs simagrées.

Tout semblait si exotique à leurs yeux! Et les accoutrements des passants, si saugrenus. Ézilda et Gustave pointaient du doigt en s'esclaffant un musicien au chapeau déformé sur le derrière de la tête, un vieux cor en bandoulière. L'homme avait le regard fixe de celui qui ne se sait pas observé. Louis-Antoine s'éloigna un moment, le temps de faire un saut à la librairie. Il en revint en courant, un journal ouvert entre les mains.

«Ma tante, venez voir, *Le Charivari* publie un portrait de Papineau.»

Julie s'approcha.

«Eh bien, dis donc! Il n'est pas très ressemblant, fit-elle en examinant la silhouette de son mari sur la page du journal. Laisse-moi lire ce qu'ils en disent.»

Elle lut à haute voix : «C'est un cœur chaud et une tête froide, double qualité nécessaire à ceux qui se mettent à la tête des révolutions, non pour égarer les sociétés mais pour les venger et les sauver.» C'était assez élogieux, mais Julie ne voulait pas en démordre : la caricature était de mauvais goût.

«Tout de même! Ils auraient pu reproduire son bon profil, reprit-elle en se rapprochant du dessin. Tu ne trouves pas, Louis-Antoine?»

Julie fixait la page, de sorte qu'elle ne remarqua pas l'homme qui s'était approché :

«Si je comprends bien, vous préférez l'original, ma chère dame?»

Julie tressaillit en levant les yeux. Papineau était là devant elle, en chair et en os. Ce fut l'explosion.

«Papa, papa...

— Mes chéris.

— Mon amour. Comment nous as-tu trouvés dans cette foule?

— Tu sais bien que je te retrouverais au bout du monde, Julie. Mais j'admets que ton hôtelier, ce bon monsieur Virgile, m'a fourni des pistes.

— D'où viens-tu comme ça? Je ne t'attendais pas..., répétait Julie en se serrant contre lui.

— De Paris, naturellement. J'ai fait le voyage pour vous accueillir et vous amener à la maison.

— Où c'est, chez nous? demanda Gustave.

— Pour l'instant, nous habitons un garni temporaire, rue Madame. Bientôt, ta maman et moi allons trouver une belle maison, tu verras.

— *With a garden?* demanda Azélie, dans le bel anglais qu'elle avait appris à Albany.

— Oui, ma princesse, avec un jardin.»

Azélie tapa des mains en lançant des *I'm so happy* à répétition, tandis que sa sœur Ézilda restait muette, à moitié cachée derrière la jupe de sa mère. Elle était mignonne dans sa robe et ses pantalons serrés de rubans à la cheville. Papineau s'approcha d'elle et mit un genou par terre.

« Viens, ma belle Ézilda. Viens m'embrasser. »

La petite paraissait si gênée qu'elle ne broncha pas.

« Allons, viens, insista Papineau. Tu ne reconnais pas ton papa ? »

Gustave la poussa vigoureusement dans les bras de son père qui la serra très fort. Il n'avait pas vu sa fille depuis près de deux ans. Lorsqu'il imprima un gros baiser sur sa joue, le petit visage s'épanouit. La glace était rompue. Gustave, lui, babillait comme s'il avait quitté Papineau la veille. Il entreprit de lui raconter l'accident du matelot et annonça que, même s'il avait le pied marin, il ne serait jamais capitaine. C'était un charmeur-né, ce Gustave, qui réfléchissait toujours à voix haute.

« Je n'ai même pas été malade », se vanta-t-il, oubliant de mentionner qu'il avait gardé le lit un jour complet.

Le dîner, servi à cinq heures, comme le voulait la coutume, fut une fête. La salle à manger de l'Hôtel de l'Europe était presque déserte. Après avoir annoncé qu'elle n'avait qu'une petite faim, Julie dévora à belles dents la poule-au-pot qu'on lui avait apportée. Les enfants se bourrèrent de tartines beurrées, mais trempèrent à peine leurs lèvres dans le lait qui avait, jugèrent-ils en grimaçant, un drôle de goût.

« *I want real milk* », réclama une Azélie autoritaire qui ne connaissait plus que l'anglais.

Dieu merci ! les enfants ne se firent pas prier pour monter au lit plus tôt qu'à l'accoutumée. Mademoiselle Douville n'était pas fâchée non plus de tirer sa révérence à bonne heure. Julie et Papineau profitèrent de ce moment d'accalmie pour faire quelques pas dans le port. Ils causèrent d'abord d'Azélie qui refusait de parler français, ce qui était normal pour une enfant de cet âge ayant vécu toute une année chez les Américains. Elle reviendrait au français tout aussi naturellement, car Ézilda et Gustave ne connaissaient pas un mot d'anglais. Papineau voulut ensuite savoir si Amédée avait accepté de bonne grâce de rester seul à Albany, ce que Julie lui confirma, non sans regretter que, pour lui, les premiers mois seraient difficiles.

« Et Lactance, demanda-t-elle. Comment s'adapte-t-il à la vie parisienne ? »

Elle fut surprise d'apprendre que Papineau ne s'était pas opposé à ce qu'il s'inscrive à l'École de médecine de Paris.

« Celui-là, il sait ce qu'il veut », constata-t-il simplement.

Ils arrivèrent au quai au moment où la marée montait. L'eau couvrait déjà les galets de la plage et les pêcheurs sortaient leurs bateaux en sifflotant. Le poisson allait mordre, c'était certain. Julie annonça à Papineau qu'elle lui avait apporté un exemplaire de son *Histoire de l'insurrection du Canada* que Ludger Duvernay venait de publier aux États-Unis.

« Comment a-t-elle été reçue ? demanda-t-il.

— Je mentirais si je te disais qu'elle a suscité beaucoup d'enthousiasme. On te reproche d'étaler ta rancœur, de couper les ponts définitivement avec Londres, de manquer de diplomatie...

— Qui a dit cela ?

— Wolfred Nelson, notamment, répondit Julie. Il prétend que tu aurais pu relever les erreurs de lord Durham sans faire de personnalités, ce qui rabaisse notre cause.

— Durham nous a traités d'ignares, répondit-il. Fallait-il présenter l'autre joue ? Il affirme que nous sommes un peuple sans histoire et sans littérature et que les Anglais sont d'une incontestable supériorité d'intelligence. Ça ne lui semble pas odieux ?

— Wolfred t'en veut surtout d'avoir mentionné que nous étions décidés à nous révolter, alors que lui et toi, vous avez toujours prétendu que nous avions été attaqués.

— Il n'a pas compris. J'ai écrit qu'aucun de nous n'était préparé ou même n'avait prévu la résistance armée, mais qu'aucun de nous ne se repentait d'avoir résisté. J'ai mis le gouvernement au défi de prouver le contraire. Mais peu importe ce que je pense ou que j'écrive, on m'en tient rigueur.

— Wolfred croit aussi qu'il faut combattre les fourbes les armes à la main et que la franchise n'est de mise qu'avec les honnêtes gens, et non avec les êtres vils. Quant à Ludger Duvernay, il te reste fidèle, même s'il fréquente les frères Nelson. Il m'a assuré qu'il observerait la neutralité dans son journal, du moins pour tout ce qui te concerne. Mais je te jure qu'il n'est pas plus batailleur qu'il ne faut. »

Ils firent quelques pas en silence. Un air de bastringue venant d'une buvette d'où sortaient des matelots les détourna de leur propos.

« Et ici, en France ? demanda Julie, lorsque le calme fut revenu. Ta brochure sur l'insurrection a-t-elle fait un peu de bruit ? »

Papineau ne répondit pas tout de suite. Son ami Louis Blanc l'avait prévenu, peu avant son départ pour la Normandie, qu'il ne publierait pas le second volet de son pamphlet. Il avait baragouiné de vagues excuses sur le temps qui n'était pas propice, avant de lui avouer que la brochure s'était trop mal vendue pour y donner suite.

« Les Français ne s'intéressent pas à notre sort, soupira Papineau en regardant Julie. À part quelques républicains de salon, je n'ai pas grand succès. Je vais plutôt me consacrer à écrire l'histoire du Canada. »

C'était, lui semblait-il, la chose à faire en attendant des circonstances plus favorables. Julie n'argumenta pas. Plus tard, sans doute, elle reprendrait cette conversation. Il lui avoua alors qu'il la trouvait amaigrie.

« Tu me sembles fatiguée, dit-il en lui prenant le bras pour la ramener à l'hôtel. Si tu veux, nous monterons vers Paris lentement, en nous ménageant des escales.

— C'est loin, Paris ?

— Une soixantaine de lieues, un peu moins, peut-être. Nous visiterons quelques cathédrales et châteaux en cours de route. Ce sera moins éprouvant pour les enfants que de faire le trajet d'une traite. Telle que je te connais, tu n'auras pas assez de tes deux yeux pour tout voir. Tu en oublieras tout ce que tu as laissé derrière.

— Même Amédée ? demanda-t-elle avant d'ajouter comme pour elle-même : Ah non ! pas mon Amédée. »

Ils rentrèrent en se serrant l'un contre l'autre. Papineau insista :

« Tu le trouves donc si mauvais, mon portrait, dans *Le Charivari* ?

— Hum...

— D'accord, c'est un journal burlesque qui ne dédaigne pas la caricature, mais sais-tu que le grand Chateaubriand et le philosophe Lamennais ont eu la leur dans la même feuille ? Admets que je suis en bonne compagnie. »

❦

La diligence partit du Havre de bon matin et roula à vive allure dans la vallée de la Lézarde, jusqu'à Harfleur, l'ancien port de mer envahi d'algues qui poussaient dans la vase. À Lillebonne, dont l'originalité tenait au fait qu'elle comptait une église gothique, un donjon féodal et un cirque romain, ils décidèrent de ne visiter que l'amphithéâtre, qui datait du premier siècle après Jésus-Christ. Ils prirent ensuite un repas léger au Café de la Gare et trouvèrent d'assez bonnes places dans la diligence qui partait au début de l'après-midi, espérant arriver à Rouen avant la brunante.

La campagne française était charmante, avec ses villages accroupis au bord de la route, et c'était amusant de voir les Normands accourir pour regarder passer les voitures. Ici, des débris de fortifications, là des chaumières vétustes mais bien vivantes. Et partout, la Seine qui serpentait le long de la route sans jamais disparaître complètement. Après Jumièges et son abbaye, honteusement utilisée comme carrière à ciel ouvert par un marchand de bois, la route devint moins accidentée. Papineau, qui lisait à haute voix dans la rotonde, à l'arrière de la diligence, réalisa tout à coup que son récit laissait ses jeunes élèves indifférents. Il en était à raconter qu'au début de la guerre de Cent Ans les Anglais avaient assiégé Rouen qui, bientôt affamée, avait capitulé, quand il demanda, en baissant son livre sur ses genoux :

« Savez-vous comment on appelait les Anglais dans ce temps-là ? »

Personne ne répondit.

« Eh bien ! expliqua-t-il, on disait les Goddons, à cause de leur juron *Goddam !* »

Aucune réaction. Pour piquer leur curiosité, Papineau se crut avisé de parler de Jeanne d'Arc, la plus grande héroïne de France.

« Allons, Gustave, qu'est-ce que je viens de dire ?

— Heu ! Que Jeanne d'Arc a été brûlée près d'ici.

— Oui, et tout à l'heure nous verrons la place du Vieux-Marché où elle périt sur le bûcher.

— Est-ce qu'on arrive bientôt ? demanda l'insolent Gustave, que la malheureuse Jeanne d'Arc n'impressionnait guère.

— Pourquoi a-t-elle était exécutée, Gustave ? insista Papineau.

— Ah ! J'ai oublié. Maman, j'ai faim.

— *Yes, mommy, we are hungry !* supplia Azélie.

— C'est bon ! se résigna le faux professeur. Nous continuerons demain. »

De toute manière, ils arrivaient à Rouen. En haut d'une colline, la ville aux maisons à colombages leur apparut dans le crépuscule. Une vision que Julie n'était pas près d'oublier. Comme elle allait se souvenir de ce promontoire qui offrait une vue éblouissante de la Seine avalant le soleil. Là s'élevait jadis le château fort d'un certain... Robert le Diable. Elle sourit à ce clin d'œil du hasard et songea alors que son propre passé était déjà bien loin. Oubliée aussi sa colère contre l'ami qui ne l'était plus.

Sans doute Papineau avait-il mal évalué le dégré de fatigue des enfants après un si long séjour en mer. Il en prit conscience lorsque Gustave regimba au moment d'entreprendre une visite sommaire de cette ville historique.

« Ah ! non, pas encore des églises ! »

Le gamin consentit à marcher jusqu'à la place du Vieux-Marché où les condamnés du Moyen Âge étaient mis au pilori. Mais devant les explications interminables de son père sur la martyre que l'enfant appelait « votre Jeanne d'Arc », il cessa tout bonnement d'écouter. Au dîner, en avalant une soupe trop grasse dans l'auberge exécrable où ils allaient passer la nuit – l'Hôtel d'Angleterre qu'on leur avait recommandé affichait complet –, Papineau décida qu'il n'y aurait plus d'autre escale. Ils fileraient sur Paris comme s'ils avaient les barbares aux trousses.

Julie voulut voir le Gros-Horloge, flanqué de sa tour de Beffroi. Mais elle expédia sa visite, forcée d'admettre qu'elle aussi avait hâte d'arriver à Paris. Seul Louis-Antoine usa ses semelles dans les rues de Rouen. Après deux jours en terre de France, il était toujours aussi insatiable.

Le lendemain, alors que la diligence brûlait les lieues, le jeune Dessaulles annonça son intention de parcourir l'Europe. Il n'allait pas s'incruster à Paris pour étudier Dieu sait quoi, alors qu'il y avait tant à découvrir. Son oncle Papineau, amateur de voyages devant l'Éternel, serait le premier à reconnaître qu'il apprendrait bien davantage sur les routes que dans les salles de cours, aussi réputées que fussent les universités parisiennes.

Le cocher lança ses cinq puissants chevaux normands au grand galop. Mantes, Meulan... Les villages disparaissaient aussi vite qu'ils apparaissaient. Secoués, les voyageurs tout disposés à fermer l'œil pendant une heure se redressèrent pour voir quelle mouche avait piqué les bêtes. Le cocher prétexta un retard sur l'horaire, maugréa parce qu'il était forcé de s'arrêter pour la vérification des papiers. Papineau lui donnait raison, en France, il fallait un passeport pour passer de village en village.

En réalité, le postillon avait déjà quelques verres dans le nez et il fouettait si fort ses bêtes que c'était à se demander si la voiture n'allait pas culbuter au tournant. Les chemins étaient encombrés et la diligence zigzaguait entre les charrettes à foin et les piétons. Gustave profita du brouhaha pour chatouiller Azélie qui atterrit sur les genoux de son père. Papineau s'agrippa à l'accoudoir pour ne pas écraser Ézilda qui, elle, n'avait rien trouvé de mieux que de se frapper la tête.

« Ouch, ma caboche », gémit-elle.

Julie voulut masser la bosse, mais la petite redoubla de cris.

« Arrêtez, maman, vous me faites mal. »

L'incident déclencha le fou rire général. Les coussins se mirent à revoler, pour la plus grande joie des enfants. Dehors, les arbres plusieurs fois centenaires paraissaient difformes, comme dans les histoires d'horreur. Au relais, on changea de chevaux rapidement et, le temps d'avaler un bouillon, on était de nouveau en voiture.

« Quel tape-cul ! lâcha Louis-Antoine qui entrouvrit une paupière. À croire que les chevaux sentent l'écurie ! »

Les jambes étendues et les pieds sur un tabouret, il avait espéré rattraper le sommeil perdu la veille. Après des lieues de champs de blé et de terrains vagues apparut l'Arc de triomphe, dont la construction venait tout juste d'être terminée. La voiture ralentit. Julie cherchait des yeux la Madeleine, les Champs-Élysées, le Palais-Royal, au fur et à mesure que Papineau les lui indiquait. À trois heures, ils entrèrent dans la cour des Messageries, au 130 rue Saint-Honoré. En descendant de voiture, Gustave lâcha la main de Julie.

« Gustave, reviens... »

Il fendit la foule pour rejoindre en courant son grand frère dont il avait reconnu la tignasse blonde qui dépassait les autres d'une tête.

« Lactance, eh ! vieux frère, nous voilà. »

CHAPITRE XX

Charmante Elvire

L'hiver parisien s'avéra plus rude que Julie l'avait imaginé, sans doute à cause de l'humidité qui perçait les murs épais. L'appartement de la rue Madame manquait de confort avec son unique poêle pour chauffer toutes les pièces. Mais, Dieu soit loué! février était passé en coup de vent et déjà le printemps s'annonçait. Il promettait des jours plus doux, et c'était tant mieux, car la vie rêvée était lente à venir.

Mademoiselle Douville rechignait à la besogne. Elle n'était plus dans sa prime jeunesse et le quotidien lui pesait. Elle avait toujours eu ses quartiers bien à elle chez les Papineau. Or voilà qu'à cause de l'exiguïté de l'appartement, elle était obligée de dormir sur un lit pliant qu'un simple rideau séparait de la cuisine. À l'aurore, elle devait se précipiter hors de sa couchette afin que l'homme chargé d'allumer les feux du poêle ne la trouve pas en jaquette, son bonnet de nuit tout de travers sur la tête. Elle faisait ensuite sa toilette dans une cuvette à peine grande comme une soucoupe, sans miroir.

«Bonne sainte bénite! soupirait-elle en levant les bras au ciel. J'en suis réduite à me coiffer de mémoire.»

Lactance maugréait, lui aussi, car faute de chambre il couchait dans le salon. Encore heureux que Louis-Antoine soit reparti en Amérique!

«Les enfants, taisez-vous, suppliait le pauvre étudiant. Comment voulez-vous que je travaille?»

Il essayait de traduire en français un traité sur les maladies des yeux et n'arrivait tout simplement pas à se concentrer, avec Gustave qui toussait et répétait toutes les deux minutes:

«J'ai mal à la gorge...»

Enfermée dans sa chambre, Julie se débattait avec son corset, sans perdre un mot du vacarme. Les petites jouaient aux gardes-malades et, dans la pièce d'à côté, l'apprenti docteur était impuissant à les faire taire. Elle était excédée, elle aussi. Sans l'aide de sa bonne elle n'arrivait pas à sangler son corsage, mais n'osait pas la réclamer. La vieille nourrice en avait déjà plein les bras avec les enfants qu'il fallait faire souper. De peine et de misère, elle finit par lacer elle-même les cordons et revêtit sans enthousiasme la robe bleu ardoise froncée sur la poitrine qu'elle avait achetée à New York. Elle n'était pas convaincue que c'était la toilette indiquée pour cette soirée chez les Guillemot. L'invitation d'Elvire spécifiait qu'il s'agissait d'un dîner sans cérémonie. Il eût mieux valu porter quelque chose de plus simple. De toute manière, elle n'avait rien d'autre à se mettre. Elle ouvrit son coffre à bijoux et en retira la broche en or blanc ciselé, ornée d'une émeraude, cadeau de sa belle-mère Rosalie Papineau, l'épingla sur son corsage et s'attaqua à sa coiffure. Mais cette fois, elle s'avoua vaincue, entrebâilla la porte et dit d'une voix suppliante que sa bonne connaissait bien :

« Mademoiselle Douville, je n'y arrive pas. Vous voulez m'aider ? »

La domestique reprit tout du début. Elle peigna ses longs cheveux bruns et, en un tour de main, les releva en chignon derrière la tête. Julie admira sa dextérité, mais celle-ci ne réagit pas au compliment. Elle voulait profiter de ce tête-à-tête avec sa patronne pour se plaindre de la situation, ce qu'elle faisait de plus en plus souvent. Surtout, il fallait éviter que madame ne la renvoie à la cuisine sans l'avoir entendue.

« Madame Julie, j'irai droit au but.

— Oui, Marie, oh ! pardon, oui Marguerite, qu'y a-t-il ?

— Il y a déjà sept mois que nous sommes à Paris, madame. Sept mois que je vous répète que c'est trop petit, ici. On se marche sur les pieds. Notre pauvre Lactance qui fait des études si sérieuses, eh bien ! il est constamment dérangé par les rires et les tiraillages. Moi, les enfants, je ne peux pas les enfermer dans un placard, vous comprenez ?

— Je sais, Marguerite, je sais. Nous aurons bientôt un nouveau logement.

— Les enfants ne prennent jamais l'air, poursuivit-elle, suivant l'ordre de récriminations qu'elle s'était fixé. C'est malsain. Voyez Gustave, il tousse pis qu'un damné. Et il a le nez rouge comme une carotte. Les petites, c'est pareil, elles ont l'âge de sauter à la corde. Vous ne voulez pas que je les envoie jouer dans la rue?»

Julie donnait raison à mademoiselle Douville. Paris avait beau être la plus belle ville au monde, et le quartier Saint-Sulpice fort attrayant, l'appartement de la rue Madame ne convenait pas à une famille de sept personnes. Mais leurs finances étaient à sec. Depuis son arrivée, elle faisait elle-même la classe aux enfants puisqu'elle n'avait pas les moyens de les inscrire dans une école. Il aurait fallu acheter un uniforme en drap bleu à Gustave et des petites robes de mérinos aux filles. C'était inabordable. Alors tous les matins, sur la table de la cuisine, elle montrait à Azélie à tracer des *a* et des *e*. Gustave apprenait les multiplications et les divisions avec Papineau, tandis que la pauvre Ézilda s'esquintait à réciter par cœur son petit catéchisme. Avec cette dernière, il fallait mettre des gants blancs car, à la moindre remontrance, elle fondait en larmes. En revanche, comme elle était habile de ses mains, il suffisait de lui tendre un crayon noir et elle charbonnait des petits bonshommes bien proportionnés sur un bout de papier.

Mais c'est encore Lactance qui était le plus à plaindre. Pauvre de lui! Il fallait qu'il soit bien déterminé à faire sa médecine. Il ne se passait pas une journée sans que son père essayât de l'en dissuader.

«Tu n'y arriveras jamais, insistait Papineau, sans délicatesse. Ce n'est pas de gaîté de cœur que je te dis ça, mais je n'ai pas les moyens de t'offrir les services d'un répétiteur pour préparer tes examens et je n'ai pas de quoi payer tes manuels.

— Je les emprunterai à la bibliothèque, rétorquait le jeune étudiant qui avait réponse à tout.

— Pourquoi t'obstines-tu? Tout serait si simple, pour toi comme pour nous, si tu acceptais le poste que t'offre ce bon monsieur Bossange à sa librairie. Une belle carrière t'attend quai Voltaire.

— Une carrière de commerçant? répétait Lactance avec dédain. Jamais. Ça ne m'intéresse pas. Je déteste les affaires. Je serai médecin, un point, c'est tout.»

Cela finissait toujours pareil. Papineau se cramponnait à sa certitude trop pessimiste et Lactance se renfermait dans son quant-à-soi. Julie n'était pas loin de croire, comme Papineau, que les épreuves qui attendaient Lactance étaient insurmontables.

Tôt ou tard, il devrait se résigner à abandonner. Mais elle refusait d'être la mère indigne qui, après avoir fait miroiter la carrière de son choix à son fils, le découragerait de poursuivre ses ambitions. N'avait-elle pas insisté pour qu'il vienne étudier en France ? Il n'appartenait pas aux enfants de payer de leur avenir les erreurs de leurs parents.

« Ne désespérez pas, Marguerite, dit-elle après un moment de réflexion. Je vais parler de tout cela à monsieur Papineau dès ce soir. »

Papineau rentra tard de la Bibliothèque nationale. Il s'en excusa à peine, les découvertes qu'il avait faites pour son histoire du Canada justifiant amplement le temps passé dans les ouvrages écornés par l'usage. Il n'avait pas vu les heures filer. Il aurait pu prendre l'omnibus, dans la rue Richelieu, mais il aurait dû débourser dix sols et ne serait guère arrivé plus tôt. Il avait préféré marcher, car il ne se lassait pas d'admirer Paris, prodigieusement beau en cette saison.

À peine eut-il le temps de jeter sa cape sur ses épaules et d'attraper son haut-de-forme que déjà le carrosse de louage qu'il avait réservé à grands frais se garait devant son logis. Le cocher en livrée aida Julie à monter. Elle fit un signe de la main aux enfants qui les regardèrent s'éloigner en répétant qu'elle ressemblait à une princesse des mille et une nuits. C'était à l'heure du crépuscule et la voiture descendait la rue de Rennes. Elle tourna au boulevard Saint-Germain et roula lentement jusqu'au pont de la Concorde. La Seine était toujours animée en fin de journée. Les chalands pleins de marchandises, qui étaient halés par des chevaux, passaient sous le pont à la file indienne.

« C'est beau ! dit Julie, en franchissant la Seine. Chaque fois, je suis éblouie. »

Ils arrivaient à la hauteur de l'obélisque. Le monument égyptien en granit rose, vieux de trente-trois siècles et couvert de hiéroglyphes, avait été transporté de Louqsor avec d'infinies précautions trois ans plus tôt. Il s'élevait au centre de la place de la Concorde et, tout autour, de magnifiques fontaines déversaient un torrent en jets d'eau. Les employés de la ville allumaient les lampes à gaz et la grande avenue des Champs-Élysées s'illumina comme par magie. C'était féerique. Le carrosse jaune et bleu du roi Louis-Philippe, dont les initiales L. P. étaient gravées sur la portière, passa à vive allure. Le monarque était accompagné d'une douzaine de cavaliers en uniforme bleu, blanc et rouge. Depuis son accession au trône, en 1830, il avait échappé à plusieurs attentats et sortait toujours sous bonne garde.

Le cabriolet des Papineau longea ensuite le jardin des Tuileries où s'était engouffré l'équipage du roi et ralentit en abordant l'étroite rue Royale encadrée de luxueuses boutiques. Les commerçants et les limonadiers fermaient pour la nuit et rentraient, ce qui alourdissait la circulation habituellement fluide. Ils avançaient maintenant au pas. Devant le ministère de la Marine, où jadis se dressait la guillotine par laquelle Louis XVI avait perdu la tête, la voiture s'arrêta et laissa traverser les piétons. Julie choisit ce moment pour aborder le délicat sujet qui provoquait inévitablement les sautes d'humeur de Papineau : le déménagement.

« As-tu commencé à chercher une maison ?

— Pas encore, répondit-il, en gardant les yeux droits devant lui.

— Ça ne peut plus durer. Nous vivons empilés les uns sur les autres. Toi, bien sûr, tu ne t'aperçois de rien, puisque tu passes tes journées à l'extérieur, mais...

— Je travaille à la bibliothèque, je ne m'amuse pas, répondit-il sèchement.

— Je ne te le reproche pas. Je veux simplement te faire comprendre que les études de Lactance en souffrent. Sais-tu seulement qu'il étudie jusqu'à onze heures chaque soir ? Le pauvre enfant me fait pitié et je crains pour sa santé.

— Je sais, fit-il, penaud. À quoi bon tourner le fer dans la plaie ? Nous n'avons pas les moyens de nous lancer dans des dépenses somptuaires.

— L'argent, l'argent, tu n'as que ce mot à la bouche.

— L'argent ne pousse pas dans les arbres. Je n'ai pas de revenus depuis trois ans. Je n'arrête pas d'écrire à nos parents pour qu'ils m'envoient les sommes qui me sont dues, mais ils ne se donnent même pas la peine de me répondre. Je n'ai pas non plus de nouvelles de mon père, qui devait vendre le reste de notre mobilier. Ni de mon frère Denis-Benjamin, qui agit comme si ma seigneurie ne rapportait plus un sou. Quant à Louis-Michel

Viger, qui a insisté pour aider mon père à s'occuper de mes affaires, il a vendu pour une bouchée de pain mes terrains en bordure de la rue Saint-Denis mais n'a pas cru bon de m'en aviser. Encore moins de m'envoyer la somme, si maigre soit-elle.

— En venant ici, je n'ai fait qu'empirer notre situation, constata Julie en baissant la voix. On manque de tout. Tu m'avais conseillé de ne rien apporter, à part mes vêtements et ceux des enfants. Il va donc falloir acheter des draps, des nappes, de la vaisselle... »

Il ne répondit pas. Cette conversation, ils l'avaient eue si souvent déjà. Il était le premier à regretter d'imposer des privations à sa famille. Sa femme le savait et elle aurait dû comprendre au lieu de lui rebattre les oreilles avec leur gêne.

« Moi non plus, je ne m'explique pas l'indifférence de nos amis, fit Julie, qui le sentait sur la défensive. On dirait qu'ils nous ont abandonnés.

— Je ne suis pas l'égoïste que tu crois, reprit-il comme s'il n'avait pas digéré sa remarque à propos de ses absences. Tous les jours, je sors avec les enfants. Ils ont visité le Louvre, le Panthéon, Notre-Dame de Paris... On ne peut pas me reprocher de négliger leur développement intellectuel.

— Calme-toi, mon chéri. Dès que j'ouvre la bouche, tu te sens attaqué. Tu es tellement primesautier qu'on ne peut même plus te parler. Est-ce si terrible de dire qu'il doit bien exister quelque part une maison modeste avec un petit jardin? On pourrait au moins chercher avant de s'avouer vaincus.

— Soit, tu as gagné. Demain, nous ferons des démarches. Es-tu contente là? »

Elle lui décocha son plus joli sourire. La voiture arrivait place de la Madeleine, dont l'église n'était qu'un vaste chantier. Sans clocher et sans croix, elle avait l'air d'un temple païen, au milieu d'un fatras de pierre. Les colonnes corinthiennes étaient déjà posées et la grande porte à vantaux en bronze doré, qu'éclairaient les candélabres à gaz de la rue, brillait d'une lumière blafarde dans la demi-obscurité. Une douce brise agitait les branches des cyprès plantés autour du monument funèbre, où avait été enterrée Marie-Antoinette, après avoir été guillotinée.

« J'aimerais voir l'intérieur de cette église. Tu m'amèneras, dimanche prochain? demanda Julie qui voulait se faire pardonner son insistance.

— Bien sûr, mais je te préviens, tu risques d'être déçue. »

Le carrosse tourna à gauche, passa devant le siège du ministère des Affaires étrangères et s'arrêta devant l'hôtel particulier des Guillemot.

« Jure-moi que tu ne m'en veux pas, fit Julie, avant de descendre de voiture.

— Mais non, je ne t'en veux pas... Je n'arrive jamais à t'en vouloir.

— Bon ! Alors tâchons de nous amuser un peu chez ta chère Elvire.

— Chez notre amie Elvire, corrigea-t-il.

— À la voir tourner autour de toi... »

❦

Les cabriolets déposaient leurs passagers devant la porte cochère et repartaient se garer plus loin. Devant la loge du concierge, Papineau prit un bougeoir de cuivre et guida Julie jusqu'au luxueux escalier. Il connaissait l'endroit pour y être souvent venu, mais Julie en était à sa première visite chez les Guillemot, un jeune couple dont son mari s'était entiché peu après son arrivée à Paris. Il sonna et l'hôtesse ouvrit aussitôt.

« Monsieur le président Papineau, vous n'avez pas oublié mon vendredi, lança-t-elle, la bouche en cœur. Bonsoir, madame, faites-moi le plaisir d'entrer. »

Elvire, une jeune femme fort gracieuse et toute bijoutée, tendit sa main gantée à Julie, avant de s'effacer pour lui céder le passage. Le valet l'aida à retirer sa pèlerine, prit la cape et le haut-de-forme de Papineau et disparut.

Le vendredi, c'était le jour qu'Elvire Guillemot avait choisi pour tenir salon. Elle y accueillait des poètes, des barons de la haute finance, quelques hommes politiques et un essaim d'artistes. Le dimanche, le groupe se déplaçait chez le banquier Laffitte et le jeudi, c'était au tour du général Ternaux-Compans de les accueillir chez lui. Il y avait les habitués, dont le docteur Rostan, médecin réputé, l'abbé Félicité de Lamennais dont les idées enflammaient la jeunesse, le poète-chansonnier Béranger, George-Washington, fils unique du général La Fayette, l'avocat Ledru-Rollin et le journaliste Louis Blanc, deux incorrigibles républicains, et enfin, madame Kock qui, malgré ses soixante-quinze ans, ne manquait jamais une soirée. Parfois, monsieur de Lamartine se joignait à eux. Quel plaisir c'était alors de l'entendre réciter ses vers.

Justement, Elvire Guillemot abandonna les Papineau au salon pour accueillir le poète qui faisait son entrée. Julie observa le magnétisme que son hôtesse exerçait sur l'écrivain d'une cinquantaine d'années. Rentré de Grèce et de Turquie depuis peu, il venait de publier ses *Recueils poétiques*. S'étant extasiée devant son *Jocelyn*, qu'elle pouvait réciter de mémoire, Elvire voulut savoir s'il se remettait de ses fatigues. Son voyage qui s'était terminé en Palestine avait dû être éprouvant, les conditions de vie étant si déroutantes dans certains coins reculés. Elle ne connaissait pas l'Orient – elle avait grandi à Charlestown, en Caroline du Sud, où son père était négociant –, mais elle aurait donné cher pour descendre le Nil ou flâner sur l'Acropole, comme son ami Lamartine.

La jeune Américaine avait à peine plus de vingt ans et se déplaçait avec une grâce tout aérienne. Sa robe rouge, au corsage ajusté, aux manches courtes bouillonnées au-dessus du coude et agrémentées d'une dentelle recouvrant partiellement l'avant-bras, lui allait à merveille. Elle avait piqué une rose dans son chignon aux reflets dorés. Ses manières semblaient légèrement étudiées, à la française, mais elle avait gardé de son enfance aux États-Unis un franc-parler qui étonnait en Europe. Cette aisance, jamais déplacée, plaisait aux hommes qu'elle tenait sous son charme. Malgré son jeune âge, elle maniait les armes de la séduction avec une habileté déconcertante.

Son mari, Eugène Guillemot, était le fils d'un teinturier parisien. À vingt-cinq ans, il avait parcouru les États-Unis et, depuis peu, signait des articles engagés fort appréciés dans les journaux républicains. Il claironnait son admiration pour Félicité de Lamennais, penseur français qui s'était rendu célèbre en prônant la séparation de l'Église et de l'État, ce qui lui avait valu la condamnation du pape Grégoire XVI. Lors d'un voyage à Philadelphie, il était entré en contact avec quelques exilés canadiens qui l'avaient gagné à leur cause. En apprenant l'arrivée de Papineau en France, il s'était empressé de lui rendre visite et lui avait proposé de l'introduire auprès de son ami, monsieur de Lamennais.

Le hasard faisant bien les choses, Elvire put sans mentir s'inventer des liens avec Papineau puisqu'elle était une vague parente des Porter d'Albany. Le prétexte était tout indiqué pour le promener dans Paris, car le pauvre exilé était alors privé de sa famille. Ainsi, pendant qu'Eugène s'intéressait à la mission politique de Papineau, Elvire lui changeait les idées, bien que leurs sorties se soient espacées depuis l'arrivée de Julie.

Evire ne s'adressait jamais à Papineau sans lui prendre la main. D'ailleurs elle ne lui parlait pas, elle chuchotait à son oreille. Julie s'amusait de constater que Papineau se laissait envoûter par les gestes, la voix chaude de cette toute jeune femme.

«Ce n'est qu'une gamine... Une délicieuse gamine», se défendait-il alors.

⸙

Dans le salon secondaire, le banquier Laffitte et George-Washington La Fayette discutaient de l'audacieuse intervention de Victor Hugo, mêlé malgré lui à un scandale qui alimentait la chronique mondaine. L'écrivain avait pris parti en faveur d'une jeune prostituée contre un gentilhomme

«Ça, c'est Hugo tout craché, lança le banquier. Il ne tolère pas l'injustice.

— Comment les choses se sont-elles passées? demanda Julie qui s'était approchée d'eux.

— Monsieur Hugo ne supportait pas l'idée qu'une cocotte aille en prison, commenta Albine, la princesse Moskowa, fille du banquier.»

L'affaire était somme toute banale. En sortant d'une soirée, l'écrivain attendait un cabriolet pour rentrer chez lui, place Royale, quand il avait vu un jeune homme bien mis se baisser pour ramasser une grosse poignée de neige et la planter dans le dos d'une fille en décolleté. La pauvre avait hurlé avant de se jeter sur son agresseur pour le rouer de coups. Attirés par les cris, les sergents étaient accourus. Ils avaient salué le farceur et emmené la prostituée au poste en l'assurant qu'elle prendrait six mois de prison ferme.

«Hugo aurait pu rentrer chez lui et protéger sa respectabilité, conclut Louis Blanc qui avait suivi l'affaire pour son journal. Au lieu de cela, il les a accompagnés au poste pour présenter son témoignage.

— J'imagine la tête qu'ont fait les gendarmes, fit la princesse, tout excitée par cette histoire.

— Figurez-vous qu'ils l'ont écouté avec indifférence, poursuivit le journaliste. Ce n'est que lorsqu'il a décliné son identité qu'ils se sont intéressés à sa déposition. Ils l'ont averti qu'il devait la signer s'il voulait qu'elle soit prise en compte. Et alors, Hugo a eu cette phrase : "Si la liberté de cette femme tient à ma signature, la voici." Et il signa. »

La voix de Louis Blanc portait et les autres invités s'étaient rapprochés. La plupart approuvaient la conduite de Victor Hugo qui, à quarante ans, avait déjà derrière lui une réputation enviable. Délaissant l'exploit du poète, les convives tombèrent ensuite à bras raccourcis sur le roi Louis-Philippe qui, à ce que l'un d'eux colporta, arrivait toujours en retard pour dîner, posait ses coudes sur la table et brassait bruyamment son café. Tout le monde éclata de rire lorsque quelqu'un évoqua son visage en forme de poire. Madame Kock s'approcha alors de Julie et lui glissa à l'oreille :

« Vous avez l'air de vous ennuyer, chère madame Papineau. Je me trompe ?

— Au contraire, c'est très intéressant », protesta-t-elle en rougissant.

Julie mentait mal. Elle était indifférente aux conversations qui se déroulaient chez Elvire, toujours les mêmes, d'un salon à l'autre. Elle n'arrivait pas à se passionner pour les confidences des femmes qui parlaient chiffon ou diamants comme si leur avenir en dépendait. Quant aux discussions des hommes, elles ne valaient guère mieux. Ils exploitaient les frasques des intellectuels et des aristocrates les plus en vue, soit en les faisant passer pour leurs amis intimes, soit pour les ridiculiser. Ou alors, ils prenaient leurs grands airs et, posant aux savants, étalaient leurs connaissances scientifiques sous les yeux des parfaits ignares à qui ils s'adressaient.

« Mais si, vous vous ennuyez, insista madame Kock. Une vieille dame comme moi a l'habitude de lire dans les pensées les plus secrètes. Venez vous asseoir avec moi, mes jambes me font souffrir. Toujours cette vilaine humidité. »

Elle entraîna Julie à l'extrémité de la pièce et se laissa tomber sur le canapé de velours vert.

« Les robes froufroutantes sont à l'honneur ce soir, n'est-ce pas ? » constata madame Kock, qui détaillait les dames faisant étalage de dentelles et de rubans. Et les hommes sont fort élégants. Ah! la belle jeunesse!»

Un jeune dandy en habit marron, pantalon gris à sous-pieds et escarpins, devisait avec son fils Paul Kock, à quelques pas d'elles. Il s'amusait à jouer avec son lorgnon, en contractant puis en relâchant la joue et l'arcade sourcilière sans s'aider de ses mains. L'invention du dernier cri avait du succès auprès des gentilhommes. Comme d'ailleurs la cigarette que fumait monsieur de La Fayette, en compagnie d'un militaire à moustache, sous l'œil attentif de deux dames qui le regardaient tirer de la fumée d'un petit rouleau de tabac haché et enveloppé dans un papier fin.

«Bientôt, vous connaîtrez mieux nos amis, l'assura madame Kock. Vous leur découvrirez des qualités et vous vous sentirez moins seule parmi nous. Voyez comme votre mari est déjà parfaitement à l'aise au milieu de tous ces gens.

— Monsieur Papineau a plus que moi l'habitude des salons parisiens, répondit Julie. Je vous avoue qu'il me faudra un certain temps pour m'y sentir à l'aise. Il n'est jamais facile de recommencer sa vie ailleurs. Nous parlons la même langue, mais notre façon de voir les choses est fort différente. Aux États-Unis, tout se passait en anglais, une langue que je ne maîtrise pas parfaitement, et pourtant, il me semblait que les mœurs américaines ressemblaient davantage à celles du Bas-Canada. Mon mari me recommande d'oublier mon ancienne vision des choses pour m'adapter à la vie d'ici.»

Elle n'allait pas entrer dans les détails, mais autant reconnaître que toute cette gaîté et cette désinvolture la gênaient. Comme disait si justement son beau-père Joseph, les fantômes du passé ne lâchaient pas prise facilement. La nuit, il y avait du sang partout dans ses cauchemars et elle se réveillait en sueur. Le corps de Chevalier de Lorimier se balançait au bout d'une corde, Henriette hurlait son chagrin... Malgré ses efforts, elle ne réussissait pas à tourner la page et se demandait parfois comment Papineau arrivait à cacher en société la désespérante tristesse qui le dévorait dans l'intimité.

«Vous trouvez peut-être nos soirées trop frivoles? demanda madame Kock, qui devinait ses déchirements intérieurs. C'est qu'il faut bien s'amuser, ma chère amie. Mais je vous comprends. Vous avez eu tellement d'épreuves, vous avez fait de si grands sacrifices que vous avez perdu l'habitude de sourire. Ça reviendra, vous verrez. Ça revient toujours. »

Madame Kock la regardait intensément.

« Vous me rappelez ma vie passée, ajouta-t-elle, en mettant sa main ridée dans la sienne. Savez-vous que je suis une étrangère ? Je suis née à Bâle. »

Julie l'implora de lui faire le récit de sa vie qui, prétendait Elvire, tenait du roman. La vieille dame s'en défendit. Elle avait certes vécu une cascade d'aventures, mais son drame le plus effroyable qui soit l'avait amenée à frôler le désespoir. Elle parla avec émotion de son mari, Conrad, un bel Hollandais qui avait fait fortune à Paris et qui avait été guillotiné sous la Terreur.

« J'avais vingt-neuf ans, dit-elle. Vous vous rendez compte ? J'ai eu la vie sauve parce que j'allaitais mon fils Paul, qui avait deux ans en 1793. Après, j'ai vécu dans l'angoisse d'être arrêtée. Les sans-culottes régnaient sur Paris, une pique à la main, un sabre au côté. Ils disaient que la nature m'ayant donné des mamelles, je devais être épargnée pour que mon fils devienne un citoyen fort. Le mot "monsieur" venait d'être proscrit. Il fallait dire "citoyen" ou "citoyenne". Et il n'était plus question de vouvoyer qui que ce soit. Le tutoiement s'imposait. »

Une domestique s'approcha avec un plateau rempli de bols de cristal et leur offrit du punch.

« Toutes les femmes n'ont pas eu ma chance, continua madame Kock, après avoir avalé une gorgée de boisson parfumée au citron. Je me rappelle une militante qui a fini sur l'échafaud pour avoir réclamé l'égalité. Il faut dire qu'elle ne mâchait pas ses mots, celle-là. Elle avait dépeint Robespierre comme un animal amphibie et Marat, comme un avorton de l'humanité. »

Madame Kock prenait un plaisir évident à se raconter. Au fur et à mesure que sa timidité tombait, Julie réclamait de nouveaux détails sur ces tragiques événements que la vieille dame racontait sans jamais s'apitoyer sur son sort.

« Mais, dites-moi, comment avez-vous repris goût à la vie après tant de malheurs ? demanda Julie.

— En vivant une journée à la fois, ma chère. C'est ce que je vous recommande. Tenez, si je vous emmenais dans les magasins la semaine prochaine, qu'en diriez-vous ? N'avez-vous pas droit à quelques petites fantaisies ? »

Julie déclina l'invitation sans oser avouer à sa nouvelle amie qu'elle n'avait pas les moyens de s'offrir le moindre luxe. Elle évoqua toutes les excuses imaginables : les enfants qu'il fallait faire étudier, le courrier en retard, le déménagement à préparer...

« Vous trouverez bien un moment à me consacrer, Julie, fit la vieille dame, comme si elle lui en intimait l'ordre. Vous permettez que je vous appelle Julie ? Moi qui ai toujours rêvé d'une fille, je n'ai qu'un fils, Paul, qui a à peu près votre âge. Alors, c'est entendu, je vous ferai signe au début de la semaine. »

Un domestique s'avança au milieu du salon et dit :

« Madame est servie. »

Elvire invita ses amis à passer à table. Elle prit le bras de Papineau pour faire les quelques pas qui les séparaient de la salle à manger. Julie observait le nouveau flirt de son mari. Elle n'était plus la femme jalouse qu'elle avait été jadis ou, à tout le moins, elle s'efforçait de considérer avec détachement ses fredaines. Il adorait les femmes, soit, mais jusqu'à preuve du contraire, il lui était fidèle. Elle glissa sa main sous l'autre bras de Papineau en lui décochant un regard moqueur.

Parfaite hôtesse, Elvire ne faisait pas les choses à moitié. Il y avait six hors-d'œuvre au menu, deux potages, un gras et un maigre, comme il convenait, quatre entrées, trois rôtis et deux entremets. Les hommes se régalèrent ensuite de fromages auxquels, bien entendu, les femmes ne touchèrent pas. Pour elles, il y avait de la crème fraîche, des confitures et des biscuits.

Après le dîner, les invités regagnèrent le salon aux meubles larges et ventrus, dont les Guillemot s'enorgueillissaient. Elvire s'installa au piano-forte pour interpréter une mazurka de Chopin. Papineau et son ami Lamennais prirent leurs places à la table de jeu, dans la pièce d'à côté, pour leur habituelle partie d'échecs.

❧

Félicité de Lamennais était un petit homme rabougri, d'apparence délicate, souvent misanthrope. Mais il avait les yeux perçants et ses idées, qu'il énonçait avec éloquence et assurance, lui attiraient de nombreux disciples. Comme Papineau, il avait la cinquantaine taciturne. D'humeur changeante, ils étaient tous deux portés au découragement. Leur ami commun, le chansonnier Pierre-Jean Béranger, avait l'habitude de dire qu'ils piquaient des colères du cœur. Si les emportements de Lamennais étaient imprévisibles et toujours d'une grande violence, ceux de Papineau étaient plus mesurés mais tout aussi redoutables.

Leur partie d'échecs hebdomadaire se déroulait habituellement dans un profond silence. Les yeux rivés sur l'échiquier, ils faisaient glisser les pièces d'une case à l'autre sans manifester de réaction devant leurs coups de maître. La cravate mal nouée, les cheveux fins, séparés par une raie sur le côté et soigneusement peignés derrière les oreilles, Lamennais avait l'air d'un professeur de mathématiques, ce qu'il avait été jadis. Au jeu, Papineau avait l'attitude plus décontractée de celui qui ne joue pas pour gagner mais pour s'amuser. S'il gardait son sérieux, pour ne pas offusquer son adversaire, un semblant de sourire se dessinait parfois sur ses lèvres.

À mi-temps, les deux amis s'allouaient une récréation dont ils profitaient pour débattre de questions politiques. Car ils étaient l'un et l'autre épris de liberté et se passionnaient pour la cause républicaine.

Papineau, un farouche anticlérical, était depuis longtemps un adepte de ce prédicateur révolutionnaire, dont il avait lu les *Paroles d'un Croyant*, publiées à Montréal par son ami Ludger Duvernay. Il souscrivait à sa dénonciation des rois qui écrasaient les petits et professait le même credo voulant que tous les hommes soient nés égaux. Lamennais, pour sa part, ne cachait pas son admiration pour le tribun canadien qui défendait outre-Atlantique les principes qui lui étaient si chers.

«Vos recherches avancent-elles à votre goût?» demanda l'abbé.

Monsieur de Lamennais faisait allusion aux démarches que Papineau avait entreprises dans le but d'intenter des poursuites criminelles contre sir John Colborne, qu'il accusait de meurtre. Douze hommes avaient été exécutés au Bas-Canada après des procès iniques, et le commandant militaire devait en répondre. À Londres, la cause devait être entendue devant la cour d'assises et Papineau avait besoin de nouvelles munitions pour prouver «les méfaits de ce monstre». Il rassemblait donc les documents incriminants à communiquer à son avocat anglais, sir John Roebuck. Le frère de Charles Hindenlang, pendu en même temps que Chevalier de Lorimier, avait accepté de se porter partie civile pour le meurtre de son frère, ce qui apportait de l'eau au moulin.

Tout s'annonçait bien quand Roebuck, qui le représentait devant la cour, l'avait informé que l'affaire était tombée à l'eau.

« Mon ami Roebuck a dû retirer sa poursuite, répondit Papineau.

— Vraiment? fit Félicité de Lamennais. Et pourquoi? Les atrocités que John Colborne a commises au Canada sont assez éloquentes pour le faire condamner.

— La cause a avorté tout simplement parce que la reine Victoria vient d'anoblir sir John. Elle l'a nommé lord Seaton et l'a doté d'une pension de 2 000 livres. La manœuvre est habile puisque, comme vous le savez, les dignitaires ne peuvent être poursuivis que devant leurs pairs.

— Je comprends votre désappointement, fit l'abbé, avant de reprendre la partie d'échecs. Mais, comme vous le savez, j'ai une foi sans bornes en la puissance de la vérité. »

Lamennais, qui cultivait la lenteur comme une vertu, prit tout son temps avant de déplacer un pion sur l'échiquier. Papineau en profita pour se laisser envahir par la *Symphonie fantastique* de Liszt qu'Elvire venait d'attaquer. Il leva les yeux en direction de la musicienne. À côté du piano, une femme était assise sur le bras d'un fauteuil en drap imprimé, la main posée nonchalamment sur le dossier. Elle avait l'air perdue dans ses rêves. Papineau admira sa magnifique chevelure rousse. Une tête d'Irlandaise, se dit-il, en songeant qu'il aimerait lui être présenté.

CHAPITRE XXI

Le curé Chartier

Papineau tint parole. Il dénicha bientôt une adorable maison au bout de la rue de Courcelles, sur la rive droite.

« C'est loin d'ici ? demanda Ézilda.

— On va pouvoir jouer dehors ? coupa Gustave.

— Courcelles... Courcelles... c'est au faubourg Saint-Honoré, si je ne me trompe pas, fit Lactance. Ouf ! ce n'est pas à la porte.

— Tu as raison, mon chéri, admit Julie qui s'assit à côté de lui pour en discuter. Nous voulons ton accord avant de louer cette maison. Les enfants y seraient très bien, mais ce déménagement t'imposerait un long trajet quotidien pour te rendre à l'École de médecine. »

Lactance réclama plus de détails. C'était en quelque sorte la campagne en plein cœur de Paris, expliqua Julie. Construite sur une élévation, la maison avait deux étages et, tenez-vous bien, cinq chambres à coucher.

« Elle est enveloppée de lilas, ajouta-t-elle à l'intention de Lactance. Tu sais combien toi et moi, nous aimons l'arôme du lilas. J'en mettrai dans toutes les pièces. »

Cachée dans les bosquets de verdure, la maison apparaissait comme un mirage, au bout d'une allée de marronniers. De la galerie, on découvrait la ville à ses pieds, et derrière, il y avait un grand terrain.

« Tu te rends compte, Lactance, le jardin a plus d'un arpent. On pourra y faire pousser tous les légumes imaginables. C'est une véritable aubaine.

— Ta mère a raison, dit Papineau. Le locataire actuel déménage à Versailles et nous cède son bail. Il fait le sacrifice des trois mois qu'il a déjà payés. Le loyer est de 1500 francs par année, mais nous en paierons 400 de moins qu'ici, où nous n'avons ni cour ni grenier. »

Les enfants sautaient de joie et battaient des mains en suppliant leur grand frère de dire oui. Lorsque Papineau leur promit d'acheter des lapins, les cris redoublèrent. Lactance se fit prier pour la forme, mais il se sentait incapable de refuser ce grand bonheur aux siens. Sans compter qu'il y trouverait son compte puisqu'il aurait sa chambre à lui. Il donna finalement son accord en soulignant que la marche était un excellent exercice de santé. Toute la maisonnée était si gaie qu'on aurait dit un jour de fête.

Si seulement Amédée était là ! Il leur manquait tant, ce grand escogriffe qui avait promis de venir les rejoindre dès qu'il aurait son diplôme en poche. Lactance suggéra de lui envoyer une mèche de cheveux de chacun d'entre eux. Mademoiselle Douville courut à la cuisine chercher ses ciseaux de couture et commença sa ronde en coupant le bout de la tresse brune d'Ézilda ; elle choisit ensuite une boucle tirant sur le roux de la tignasse de Gustave et quelques cheveux châtains aux reflets dorés d'Azélie et de Lactance. Julie s'appliqua à enlever les fils argentés qui ressortaient de ses cheveux bruns très foncés et Papineau dut se résigner à couper une mèche gris acier. Lactance recueillit tous les spécimens qu'il disposa sur du papier à lettres, comme lorsque enfant, il plaçait des feuilles d'érable ou d'orme dans son herbier.

« Mademoiselle Douville, où est votre mèche ? »

La bonne commença par refuser, prétextant que les cheveux d'une vieille personne n'avaient aucun intérêt pour un jeune homme. Mais devant les protestations, elle finit par retirer son bonnet et dénoua sa natte en disant que son Amédée adoré, qui se morfondait seul en Amérique, reconnaîtrait entre tous ses cheveux blancs.

« Vous croyez vraiment qu'Amédée se sent seul ? interrogea Lactance d'un air mystérieux. Je n'en suis pas si sûr...

— Que veux-tu dire ? demanda Julie tout à coup curieuse.

— Rien, rien, maman, esquiva Lactance en se laissant désirer.

— Allons, tu sais des choses, toi. Amédée t'aurait-il fait des confidences ? Je t'en supplie, parle.

— Ben... il m'a dit qu'il était amoureux.

— Amoureux ? fit Julie, un peu sceptique. Tu en es sûr ? »

Elle interrogea Papineau du regard. Était-il au courant ? Non, il avait quitté les États-Unis depuis trop longtemps. Mais pourquoi Amédée n'en avait-il rien dit à sa mère ? C'était bien la première fois qu'il lui cachait quelque chose.

« Connais-tu cette jeune fille ? demanda-t-elle à Lactance qui essayait de se dérober au supplice des questions, honteux d'avoir trahi sa promesse.

— Non, et puis d'ailleurs, j'en ai déjà trop dit. Amédée va me crucifier.

— Dis-nous au moins comment elle s'appelle, insista Julie.

— ...

— Allez ! Je te jure qu'il n'en saura rien.

— Bon, d'accord, mais j'ai votre parole ? Elle s'appelle Mary.

— Mary qui ?

— Mary Westcott. Il l'a rencontrée à Saratoga l'été dernier. C'est tout ce que je sais. Maintenant, bouche cousue. »

Là-dessus, on sonna. Mademoiselle Douville releva sa natte et noua son bonnet avant d'aller répondre. Elle revint tout énervée, la minute d'après, et remit la carte du visiteur à Julie qui s'écria.

« Oh ! non, pas lui. Je ne veux pas le voir chez moi.

— Qui est là, Marguerite ? demanda Papineau, intrigué.

— C'est... c'est le curé Chartier, monsieur.

— Qu'il entre donc.

— Mais attends, Louis-Joseph, je vais t'expliquer... »

Étienne Chartier surgit dans l'embrasure de la porte avant que la bonne lui eût fait signe d'entrer.

« Madame, laissez-moi au moins la chance d'expliquer le but de ma visite », dit-il, avant de s'adresser directement à Papineau : « Je suis mandaté par nos compatriotes pour vérifier où en sont vos démarches auprès des Français. Vous n'avez pas oublié que nous attendons beaucoup de votre voyage. »

Le curé arrêta de parler. Ses yeux n'arrivaient pas à se détacher de Papineau. Il le trouvait terriblement vieilli. Amaigri aussi. Pourtant il ne s'était écoulé que quelques mois depuis son départ d'Albany. Il reprit avec aplomb :

« Je me réjouis, monsieur, de pouvoir vous parler à cœur ouvert et vous donner la preuve de l'attachement que j'ai toujours eu pour vous.

— Monsieur Chartier, je vous en prie, ne soyez pas hypocrite, coupa Julie en le toisant. J'étais à Corbeau et je vous ai entendu réclamer la tête de mon mari.

— Ce n'est pas moi qui voulais le répudier, c'est Robert Nelson qui a soumis cette proposition à l'assemblée.

— Une proposition que vous avez appuyée, trancha-t-elle. Alors, ne venez pas nous parler de votre incommensurable attachement. C'est insultant. »

Papineau écoutait ce dialogue surprenant. Il avait eu vent du mauvais parti que lui avaient fait les réfugiés, à Corbeau, mais on lui avait caché la participation de son ami Chartier. Il était prêt à entendre ses explications et, après avoir fait sortir les enfants, à l'exception de Lactance, il le pria d'aller droit au but.

« Soit, répondit le curé en jetant un regard inquiet du côté de Julie. Peut-être ne connaissez-vous pas le nombre de vos ennemis politiques, monsieur, ni l'étendue des moyens qu'ils sont prêts à employer contre vous. Aussi, pour vous rendre service...

— Monsieur Chartier, épargnez-moi vos conseils. Expliquez-moi plutôt pourquoi, après m'avoir encouragé à venir chercher des appuis en France, après avoir demandé à ma femme d'intervenir pour me convaincre de la nécessité de ce voyage, vous vous êtes retourné contre moi et m'avez dénoncé auprès de mes compatriotes.

— Pour une raison très simple : je savais que votre popularité s'était considérablement effritée et je pensais que cette mission en France serait l'occasion de la reconquérir. Je ne vous cache pas non plus que je vous en ai voulu de vous dissocier de vos compatriotes, qui ont franchi la frontière canadienne sous le commandement de Robert Nelson. Je vous ai donc encouragé à partir parce que vous deveniez un obstacle sur le chemin de la révolution. Par amitié, oui, par pure amitié, je vous ai conseillé ce séjour à l'étranger.

— Je suis resté à l'écart de l'insurrection pour ne pas mettre en péril la vie des prisonniers qui étaient encore derrière les barreaux, répondit Papineau imperturbable.

— Leur vie n'était pas en danger. De toute manière, vous vous étiez engagé à délivrer le pays tout entier, non seulement quelques prisonniers.

— Cette expédition n'était qu'une étourderie. J'avais mis Robert Nelson en garde. Voyez vous-même le bain de sang qui a suivi.

— Vous appelez étourderie les généreux efforts des milliers de patriotes qui y ont participé ? demanda le curé d'un ton persifleur. Vous n'avez rien fait pour votre pays, à part jouer au diplomate.

— Vous en avez encore pour longtemps à injurier le chef des patriotes ? » intervint alors Julie qui ne contenait plus sa colère.

Le curé restait debout au milieu de la pièce. Personne ne l'avait prié de s'asseoir et il n'osait pas prendre un siège. Les mains dans le dos, il attaqua.

« Permettez, madame ? Monsieur Papineau doit entendre les reproches que ses compatriotes lui font. »

Son réquisitoire était foudroyant. Les Canadiens, prétendait-il, accusaient Papineau d'avoir amené le gouvernement britannique à les attaquer, en novembre 1837, sans leur fournir les moyens de se défendre. À Saint-Charles, comme à Saint-Benoît, les patriotes n'avaient ni armes ni munitions.

« La vérité me force à dire que votre imprévoyance est coupable, accusa le curé. Vous, le chef, portez la responsabilité de notre échec, monsieur.

— Vous oubliez que je n'ai jamais approuvé la violence, se défendit celui-ci. J'ai toujours prêché la résistance pacifique.

— Vous claironnez en France que vous vouliez vous en tenir à une agitation constitutionnelle. C'est fort bien dit et vous réussirez sans doute à faire croire aux Français que le peuple a été forcé de se défendre contre son gouvernement et qu'il n'a rien fait pour le provoquer. Mais ne répétez jamais devant vos compatriotes que vous ne vouliez pas la révolution. Personne ne vous croira. Nous avons tous entendu vos discours de l'été 1837 qui nous ont conduits à la révolution. »

Le curé tripotait nerveusement son chapeau. Il passait d'un grief à l'autre, sans attendre la réplique, remontant jusqu'aux 92 résolutions, que Papineau avait parrainées et qui avaient divisé les patriotes. Il lui reprocha sa superbe, devant la colonne de la liberté, érigée à Saint-Denis, à l'occasion de l'assemblée des Six-Comtés, à l'automne 1837, et au pied de laquelle les hommes lui avaient prêté serment d'allégeance, à lui, le grand homme alors au pinacle de sa gloire.

« Tant mieux si ce souvenir éveille encore dans votre cœur de douces émotions, ajouta-t-il narquois. Quel homme tant soit peu sensé n'aurait pas, après cette manifestation, regardé la révolution comme inévitable ? »

Le curé Chartier gardait son sang-froid. Il poursuivit en pointant Papineau du doigt.

« Après cela, comment pouvez-vous affirmer que vous n'avez pas voulu la révolution ? Avouez que c'était de la provocation et le gouverneur Gosford eût été un imbécile s'il n'avait pas réprimé cette révolte.

— Vous mélangez tout, répondit Papineau dont le calme olympien commençait à taper sur les nerfs du curé. Rien n'a été trouvé dans mes papiers qui vous permet d'affirmer que j'ai voulu la révolution.

— Mais, monsieur, vos actes et vos discours vous ont compromis bien plus que ne l'auraient fait vos écrits. – Il fit une pause. – Vous, dont on connaît les habitudes sédentaires, vous, si attaché à votre foyer, on vous a vu, cette année-là, parcourir la province pour convaincre les gens peu instruits de repousser le fer et le feu. Vous vouliez vous assurer que le peuple était mûr pour la révolution. Quant aux documents compromettants, c'est un fait qu'ils sont introuvables, mais rien ne nous prouve que vous n'avez pas détruit vos brouillons de lettres. Et j'irais plus loin : même si vous n'aviez pas écrit une seule ligne, même si vous n'aviez pas sciemment voulu la révolution, il n'en serait pas moins vrai que tout le pays a pu le croire. »

L'intarissable curé évoqua ensuite la déclaration d'indépendance que Papineau avait rédigée la veille de l'attaque de Saint-Denis, mais sur laquelle il n'avait pas apposé sa signature. Allait-il nier qu'il avait eu l'intention de le faire ? Il lui rappela que la Banque du Peuple avait été créée pour financer la révolution. Papineau n'oserait tout de même pas gommer ces réalités ?

« Vous qui aviez une telle emprise sur le peuple, vous qui aviez déjà opéré une révolution morale, vous deviez vous mettre à la tête d'une insurrection. »

Le ton devenait condescendant. Le curé s'apprêtait à juger le comportement ambigu de Papineau pendant les combats. Julie se crispa. Autant de mauvaise foi devenait insoutenable. L'accusateur allait jusqu'à prétendre qu'après la victoire de Saint-Denis, si le « grand chef » s'était rendu à Saint-Charles pour encourager ses troupes, celles-ci auraient été invicibles.

« Vous étiez tout-puissant et la confiance des gens en vous était illimitée. Vous n'auriez eu qu'à ordonner pour être obéi. Qu'aviez-vous à craindre ? Seigneur ! demandait le curé. Chaque

Canadien vous aurait fait un rempart de son corps. Dites-moi ce qui vous pressait tant de vous enfuir le premier aux États-Unis ? N'avez-vous pas songé qu'en désertant vous faisiez tomber les armes des bras du peuple ? Vous avez livré le pays à des forcenés qui avaient déjà un prétexte pour tout mettre à feu et à sang. »

Il s'arrêta. Puis, levant les yeux au ciel, il jeta sa dernière carte.

« Quel dommage que la nature ne vous ait pas doté d'autant de courage que d'éloquence ! Vous seriez aujourd'hui président de la République canadienne !

— Cette fois, j'en ai assez entendu, explosa Julie. Je vous prie de sortir de chez moi et de ne plus jamais y remettre les pieds !

— Oui, sortez, fit un Papineau soudainement tranchant, mais avant que vous disparaissiez à jamais de ma vue, je vais vous dire une chose. Vous prétendez être mandaté par nos compatriotes pour vérifier où j'en suis dans la mission qu'ils m'ont confiée. Au lieu d'enquêter, vous vous contentez de me lancer votre mépris au visage ! De m'accuser. Je ne m'attends pas à ce que vous leur rendiez compte de mes explications, mais j'aurai au moins la satisfaction d'avoir relevé vos absurdités. Alors, écoutez-moi, Étienne Chartier, que j'ai pu compter un jour au nombre de mes amis... »

Papineau ne mettait aucune agressivité dans ses propos. Il connaissait le bouillant curé depuis longtemps. Cet homme manipulable s'était laissé tromper. Il n'avait pas confiance en lui, mais il se faisait une question d'honneur de rétablir les faits.

« D'abord, pour ce qui est de mon départ de Saint-Denis, que vous qualifiez de fuite, je vous renvoie au docteur Wolfred Nelson qui commandait les opérations ce matin-là. Il vous confirmera que j'ai quitté le village à sa demande expresse. Là-dessus, je n'ai donc aucun reproche à me faire. Quant à mon refus de participer à l'insurrection de 1838, montée par son frère Robert, je n'ai pas à m'en disculper, non plus. Nos amis morts la corde au cou sont là pour nous rappeler le prix payé pour cette irresponsable aventure. Nos compatriotes sans armes et désorganisés sont allés tout droit au bûcher.

« Venons-en à ma mission. Sachez, monsieur, qu'en ce moment, il est illusoire d'espérer l'aide de la France. Et ce n'est pas faute d'avoir essayé d'intéresser les Français à notre cause. J'ai sollicité tous les hommes influents que j'ai pu trouver. Vous n'avez pas idée de la confusion qui règne dans les esprits. Le roi Louis-Philippe se préoccupe bien davantage de son différend avec l'Algérie. Il a échappé à plusieurs attentats contre sa personne et son pouvoir s'en est trouvé augmenté, de sorte que nos amis républicains ont peu d'influence à l'heure actuelle. Et je manque de moyens pour élargir mes relations. Voyez vous-même combien nous vivons à l'étroit, ma famille et moi.

« Contrairement à ce que vous affirmez, je n'ai reçu aucune bourse pour effectuer ce séjour. L'argent qu'on m'a offert, je l'ai refusé, conscient que mes compatriotes étaient dans un trop grand dénuement pour leur imposer ce nouveau sacrifice. J'assume moi-même les frais de mon séjour en France.

— Vos amis anglais ne peuvent-ils vous aider? demanda le curé Chartier qui ne trouvait rien à répondre aux arguments du chef des patriotes.

— Laissez-moi finir, trancha Papineau d'un ton autoritaire. La décision de la reine Victoria d'anoblir sir John Colborne m'empêche de le poursuivre pour meurtre. Cette partie de mon plan a donc échoué contre ma volonté. Je concentre maintenant mon énergie à empêcher l'Union du Bas et du Haut-Canada. C'est contre ce projet qu'il faut se battre maintenant. Ce n'est pas le moment de se lancer dans des folies, comme celle de Robert Nelson, qui provoqueraient de nouvelles vengeances. Le gouvernement anglais est machiavélique et brutal, l'avez-vous déjà oublié?

— Mais pourquoi ne pas nous avoir écrit tout cela? fit le curé qui laissait tomber son agressivité. Les mois ont passé et votre silence nous a paru suspect. Peut-être à tort, j'en conviens. Lorsque vous avez fait venir votre famille à Paris, nous nous sommes demandé si vous n'étiez pas en train de vous fixer en France, nous abandonnant à notre sort. Je suis là pour démêler le vrai du faux.

— Il ne me serait pas venu à l'esprit de me justifier, répliqua sèchement Papineau. Mon pays a toujours passé en premier et il continuera d'en être ainsi. Quant à votre aide, je n'en ai nullement besoin. Je n'ai jamais demandé qu'à ma conduite de défendre ma réputation et à la justice de chaque homme qui voudra parler de moi d'en dire ce qu'il en sait et rien d'autre. »

Le curé Chartier massacrait le rebord de son chapeau depuis que Papineau s'était lancé dans son long plaidoyer. Il avait perdu son allure hautaine et sentait qu'il était allé trop loin. La dignité de Papineau, plus encore que ses arguments, lui donnait à croire qu'il avait été abusé par les détracteurs du chef. Il n'avait qu'à regarder autour de lui pour constater que ce dernier ne menait pas une vie de pacha, bien au contraire. Il était d'une maigreur inquiétante et Julie souffrait probablement d'une esquinancie, car elle avait la voix enrouée. De plus, il était sensible à l'explication de Papineau voulant que le contexte politique qui existait en France ne soit pas propice. Louis-Philippe, pas plus que le président des États-Unis Van Buren, n'avait de motifs raisonnables pour s'engager dans un conflit avec la reine Victoria. Les réfugiés avaient sans doute surestimé leurs appuis à l'étranger.

Quant à lui, il s'était montré franchement injuste à l'égard de Papineau. Il faudrait qu'il s'en confesse, médita-t-il, en quittant la rue Madame.

CHAPITRE XXII

La vie parisienne

Après le départ d'Étienne Chartier, Papineau se referma sur lui-même. Impossible d'en tirer la moindre réaction, fût-ce de colère ou de rancune. À quelques jours de là, le curé lui envoya une pathétique lettre d'excuses. Papineau consentit à faire la paix avec lui et se rendit à l'Hôtel de Rouen, sans en souffler mot à Julie, de peur qu'elle ne l'en empêche. De toute manière, elle en avait plein les bras avec son déménagement, au point d'en oublier les humeurs de Papineau et les vilenies du curé dont elle ne voulait plus entendre le nom.

Les premières semaines passées au 10 bis, rue de Courcelles, furent paisibles, encore que Papineau ne retrouva pas le moral. Il s'isolait de plus en plus souvent à la bibliothèque et ne semblait heureux qu'au milieu des documents anciens. Il fréquentait l'Académie des sciences, où le professeur François Arago, astronome et physicien, lui avait ménagé ses entrées. Parfois il y emmenait Gustave, à l'Observatoire, et lui expliquait pourquoi les étoiles scintillaient et comment on pouvait déterminer la taille des planètes.

Julie mettait toutes ses énergies à aménager la maison à son goût. Elle était tout ce qu'on pouvait souhaiter : spacieuse, aérée et surtout bien éclairée, grâce aux portes-fenêtres qui s'ouvraient sur le parc Monceau à l'arrière et sur le cœur de Paris, en contrebas. Avec l'argent expédié par Joseph Papineau, elle avait retourné à son propriétaire les meubles de la rue Madame, à commencer par le vieux canapé aux ressorts fatigués, et avait acheté une causeuse en velours gris-bleu, une table en merisier pouvant accommoder douze personnes, un grand buffet-armoire, une étagère et une tapisserie illustrant *Le Roman de la rose*. Elle avait déniché un tapis de Perse usagé aux couleurs bien nettes et des chaises en bois de citronnier garnies de cuir.

De bon matin, une fois par semaine, madame Kock passait la prendre en fiacre pour l'emmener courir les boutiques. En sa compagnie, Julie ne résista pas à l'envie d'acheter un bureau en acajou pour les griffonnages littéraires de Papineau, façon de lui rappeler qu'elle aimerait qu'il travaille quelquefois chez lui. Elle n'avait lésiné ni sur les plumes, ni sur le papier à lettres rayé et l'avait approvisionné en encre bleue. Les petites filles étaient maintenant externes au pensionnat des dames de Saint-Joseph et la maison baignait dans le silence toute la journée. Il aurait pu y travailler à son aise.

Julie avait parfois des bouffées de nostalgie en pensant à son cher Canada qu'elle n'avait pas revu depuis deux ans. Quand le mal du pays la prenait, elle jardinait avec l'aide de Lactance, qui avait préparé le plan d'aménagement du potager. Il y avait dans le hangar tout ce qu'il fallait : une brouette, du sable, de la terre, une bêche, un arrosoir et des pelles. Lactance était un habile jardinier. C'était étonnant de voir les pêchers regorger de petits bourgeons, en mars, alors qu'au Bas-Canada la neige n'avait pas encore fondu. Il sema les pois d'abord et disposa les graines de fleurs dans des vases d'eau.

Plus attirée par la broderie, ce qu'elle faisait avec une dextérité impressionnante, Ézilda boudait le râteau plus grand qu'elle, tandis qu'Azélie, de moins en moins américaine, soignait les lapins et les poules qui cohabitaient en harmonie dans un clapier de fortune, au fond de la cour.

Le soir, Julie se couchait dans les draps blancs et les oreillers garnis de dentelle que Marie-Rosalie Dessaulles lui avait envoyés. Expédiée de Maska, la grosse malle remplie de linge de lit et de serviettes, qui s'était perdue dans le port de New York, s'était finalement retrouvée à Londres... trois mois plus tard.

En avril, Anne-Barbe Kock invita Julie à déjeuner au Café de Paris, boulevard des Italiens. Les deux femmes furent accueillies à l'entrée par un valet en livrée qui les conduisit à une table un peu en retrait, à l'extrémité d'une salle spacieuse, dont les hauts plafonds surprenaient. Des glaces couvraient les murs et des tapis multicolores, les planchers. Confortablement installées dans des banquettes à dossier recouvert de velours rouge, elles commandèrent un potage et une salade qu'elles mangèrent lentement.

«Je ne vous ai pas dit qu'Ézilda avait fait sa confirmation, annonça Julie. Je suis si contente, car elle avait un peu de retard par rapport aux autres élèves et cela la chagrinait. Les bonnes sœurs lui ont donné des cours de rattrapage et comme elle ne paraît pas ses douze ans, personne n'a remarqué qu'elle était plus âgée que les autres.

— Avez-vous vu un médecin français pour sa croissance ? demanda la vieille dame. Il y en a d'excellents à Paris.

— J'en ai discuté avec le docteur Rostan, le professeur de Lactance. Il croit, comme Robert Nelson, qui a soigné la petite à Montréal, que c'est un cas de nanisme irréversible, causé par une glande thyroïde déficiente. Lactance a fait des recherches dans ses manuels de médecine. Si j'ai bien compris ce qu'il m'a expliqué, elle ne sera pas difforme comme certains nains de naissance, mais elle conservera une apparence chétive et demeurera frileuse toute sa vie.

— Pauvre enfant !

— J'ai peur qu'elle développe des complexes, surtout lorsque sa jeune sœur l'aura dépassée en stature. Elles ont six ans de différence et Azélie profite. Pour l'instant ça va car Ézilda adore Azélie. Et puis, elle a si bon cœur.

— Bof ! ne vous en faites pas, chère Julie. Dans toutes les familles, il y a des grandes perches et des petites poupées. Elle s'y fera, vous verrez.

— Elle est un peu lente aussi. Elle n'est pas douée pour les études mais elle est très habile de ses mains.

— Vous voyez, le bon Dieu fait bien les choses. Il a ralenti son développement intellectuel, de sorte qu'elle souffrira moins de son infirmité. Et il l'a dotée d'une habileté qui en fera peut-être une artiste.

— Vous avez raison. Sait-on jamais ? La médecine pourrait bien découvrir une cure. En tout cas, Lactance m'a promis d'être vigilant.

— Votre Lactance est un jeune homme très attachant. Vous devez en être fière.

— Oui, c'est le plus doué de mes enfants. Mais il y a aussi Amédée que vous ne connaissez pas encore. C'est l'aîné et je vous confesse que j'ai un petit faible pour lui. Il sera un grand avocat. Je suis sûre que vous l'aimerez lorsqu'il viendra à Paris. Il me manque tellement ! »

Elles achevèrent de boire leur thé et madame Kock insista pour prendre l'addition. Elle paya et, pendant que la caissière lui rendait la monnaie, se tourna résolument vers Julie et annonça :

« Maintenant, suivez-moi. »

Les deux amies sortirent du restaurant, dépassèrent les Bains Chinois, fort recherchés pour les massages et les bains de vapeur, et marchèrent jusqu'à l'atelier de la couturière de madame Kock. Celle-ci poussa la porte et s'adressa à une jeune apprentie :

« Madame Delphine est là ?

— Je suis à vous dans une minute, cria une voix, derrière le rideau, dans l'arrière-boutique. Je termine une retouche et je vous rejoins. Donnez-vous la peine de vous asseoir, mesdames. »

Assises côte-à-côte, elles profitèrent de ce moment d'attente pour admirer les robes en damas broché suspendues dans la pièce. Sur le comptoir, il y avait des mètres de cotonnade de toutes les couleurs et des lainages imprimés, roulés et empilés les uns sur les autres.

« Tiens ! le style Pompadour revient à la mode, s'exclama madame Kock, en décrochant une robe. Comme ça fait vieillot ! Le corsage est plus long et les jupes sont superposées. »

La couturière fit son entrée, son galon à mesurer autour du cou, tenant d'une main une jolie robe à marguerites et de l'autre, un chapeau de soie blanche.

« Je vous les ai mis de côté, comme vous me l'aviez demandé, madame Kock.

— Merci, madame Delphine », dit-elle. Puis, se tournant vers Julie, elle ajouta : « C'est pour vous. Essayez-les.

— Mais... non, madame Kock, je ne peux accepter...

— Ne faites pas de manières, ma chère, je vous les offre. »

Toute à sa surprise, Julie, confuse, ne trouva rien de mieux que d'obéir. La robe était superbe sur elle et le petit chapeau lui allait à merveille.

« J'en étais certaine, fit madame Kock, en la regardant pivoter sur elle-même. Dès que j'ai aperçu cet amour de robe dans la vitrine de madame Delphine, je vous ai imaginée dedans. Vous voyez, malgré son âge vénérable, votre amie a du goût. »

Julie cherchait les mots pour exprimer sa gratitude. Elle se sentait gauche, émue aussi, par tant de sollicitude.

« Je ne peux pas accepter, dit-elle finalement. Vous avez fait refaire l'habit de votre neveu pour Lactance, vous lui avez offert une montre à Noël et une autre à Gustave... C'est trop, vous me mettez à la gêne. »

Madame Kock voulut la rassurer :

«Ne me remerciez pas. À mon âge, ce qu'on fait pour les autres, on le fait d'abord pour soi. Vous me feriez plaisir en la portant la prochaine fois que nous verrons nos amis.»

Pâques approchait et Julie, enfin installée, décida de réunir ses amis pour un souper fin, avant de se séparer pour l'été, car la plupart d'entre eux partaient à la mer en Normandie. La salle à manger aux boiseries à mi-murs était fort élégante avec sa table éclairée par les bougies des candélabres et dressée pour les grands jours. Le carrelage blanc et ardoise du plancher donnait peut-être un caractère froid à la pièce mais la cheminée qui diffusait une douce chaleur compensait. Au mur, la tapisserie ajoutait une touche de couleur.

Mademoiselle Douville achevait de disposer l'argenterie sur la nappe blanche, pendant qu'à la cuisine Julie vérifiait les assaisonnements de son bouilli persillé. Elle mit Ézilda à contribution et toutes deux lui trouvèrent un goût exquis. Sa batterie de cuisine ne comptait encore que des ustensiles essentiels : marmites en cuivre, bassines à confitures que la vieille bonne astiquait pour le coup d'œil, comme elle disait, et poêles en fonte noire. Les travaux domestiques n'ennuyaient pas Julie, bien au contraire. Elle était plutôt du genre frotteuse, ce que son mari lui reprochait parfois.

Tout était fin prêt. Papineau avait choisi les vins, comme il avait coutume de le faire au Bas-Canada. Julie venait de revêtir sa robe à marguerites lorsqu'on sonna. C'était un peu tôt et elle fut surprise, en redescendant au rez-de-chaussée, de se trouver nez à nez avec le curé Chartier qu'elle n'avait pas revu depuis sa charge empoisonnée contre Papineau.

Ce dernier avait remisé sa détestable arrogance. Il prit prétexte de la mort de monseigneur Lartigue, dont on venait de lui faire part, pour offrir ses condoléances à son cousin Papineau et à son épouse. Ce décès le priverait du voyage en Italie qu'il planifiait pour sensibiliser la curie romaine aux injustices de l'évêque de Montréal à son égard.

«Paix à son âme, soupira-t-il, d'un air faussement affecté. Que Dieu lui pardonne tout le mal que ses mandements anticanadiens nous ont fait. Il aura eu le temps de regretter ses péchés puisqu'il a passé une quinzaine de jours à l'hôpital, complètement paralysé, m'a-t-on écrit. Mais saviez-vous qu'avant de mourir, il avait envoyé une requête à la reine d'Angleterre pour s'opposer à l'Union des deux Canadas ?

— Il aurait pu partir en croisade plus tôt, répondit laconiquement Papineau, en acceptant la main que le curé lui tendait.

— N'empêche que le petit peuple a apprécié son geste puisqu'ils étaient dix mille à ses obsèques à l'église Notre-Dame.

— Nous n'étions pas, lui et moi, du même côté de la barricade, fit Papineau. Jean-Jacques était intelligent mais trop intransigeant. Des six cousins plus ou moins du même âge que nous étions, il part le premier. »

Julie se montra cordiale, au grand soulagement du curé qui redoutait sa rancune. Profitant d'un aparté avec elle, il prétendit, en se frappant la poitrine, avoir été dupé par Robert Nelson et quelques autres patriotes jaloux de Papineau. Julie ne laissa pas tomber totalement sa méfiance, mais l'invita néanmoins à se joindre à leurs invités qui commençaient à arriver, sachant que Papineau apprécierait son geste.

Le chansonnier Béranger, petit homme court au crâne lisse, gras comme un chanoine, sonna le premier. Il fit la conquête de Gustave en lui racontant qu'à son âge il avait assisté à la prise de la Bastille, du haut du toit de sa maison, et lui apprit sa célèbre chanson qui fustigeait la perfide Albion. Les Guillemot firent ensuite leur entrée, suivi de George-Washington La Fayette qui tenait un précieux document à la main.

« Cher président Papineau, je vous apporte les mémoires de mon père. J'ai pensé que les confidences du général vous distrairaient de vos soucis.

— Il y a une grande demande pour cet ouvrage, dit Hector Bossange qui consacrait un rayon complet de sa librairie aux homme célèbres.

— Si mon ami Bossange en recommande la lecture, et que vous me les offrez, mon cher George-Washington, vous pensez bien que je les dévorerai. »

Le curé Chartier était impressionné. Feu le marquis de La Fayette, ce grand général ayant servi sous les drapeaux français pendant la révolution américaine, avait donné le nom de son ami

George Washington à son fils. Il venait de lui être présenté. Le banquier Jacques Laffitte, un éminent libéral qui soutenait financièrement les causes révolutionnaires et qui avait fait abolir la peine de mort en France, mangeait lui aussi à la table de Papineau.

Mais le chef des patriotes lui semblait taciturne, comme s'il souffrait moralement. Il avait perdu cette gaîté que tout le monde admirait naguère. Les clabauderies de ses adversaires l'avaient miné. Le curé se promit d'écrire à Wolfred Nelson pour lui faire rapport. À l'évidence, monsieur Papineau n'était pas méprisé à Paris. On l'avait injustement calomnié.

On se mit bientôt à table et les artichauts firent leur apparition dans les assiettes déposées sur la nappe ornée de fleurs de toutes les couleurs.

« Quelqu'un parmi vous a-t-il entendu la conférence du professeur Arago ? demanda Louis Blanc. Les journaux du matin sont dithyrambiques. »

La veille, à l'Académie des sciences, le tout-Paris intellectuel avait entendu le comte François Arago décrire l'invention d'un certain Daguerre, qui avait mis au point un procédé consistant à capter des images sur une plaque d'argent. Très rapidement, l'inventeur avait étendu sa renommée. Restait à savoir si le daguerréotype avait de l'avenir. Les plus sceptiques en doutaient. Sous le règne conservateur de Louis-Philippe, les innovations techniques suscitaient plus de méfiance que d'enthousiasme. Mais ce soir-là, on était entre républicains et les invités des Papineau s'intéressaient vivement à l'invention qu'on commençait à appeler « photographie ».

« C'est tout simplement prodigieux, s'exclama Papineau, après avoir expliqué le procédé à ses amis qui avaient raté la conférence d'Arago.

— On croirait presque à de la magie, s'étonna madame Kock. Avez-vous pu examiner des specimens ?

— J'ai vu des scènes de Paris d'une précision stupéfiante. Des images fantomatiques comportant des détails que l'œil nu ne saisit pas. Sur certains clichés, il y a des personnages humains et sur d'autres, des paysages. »

Pendant qu'on servait le bouilli persillé, le banquier Laffitte demanda des nouvelles des affaires du Canada. S'il fallait en croire la rumeur, les Communes de Londres étaient en train d'étudier le projet d'Union des deux Canadas dans un climat d'indifférence total.

« Encore une fois le sort du Bas-Canada se joue sans que nous soyons consultés, déplora Papineau. Les Communes ignorent tout des problèmes coloniaux et sanctionnent habituellement les décisions du Colonial Office sans se poser trop de questions.

— Irez-vous à Londres pour essayer d'influencer le cours des choses ? demanda monsieur Laffitte.

— Mais oui, Louis-Joseph, pourquoi n'y vas-tu pas ? l'encouragea Julie, convaincue que l'intervention de son mari aurait de l'impact.

— Non, décida Papineau. Ce projet est trop injuste. Il nous met sur un pied d'égalité avec le Haut-Canada, qui est endetté et dont la population est inférieure à la nôtre. Si j'en débattais, cela pourrait laisser croire que j'en approuve le principe, ce qui est inexact.

— Excusez mon ignorance, mon ami, mais je ne vois pas où est le problème ? interrogea madame Kock.

— C'est très simple, chère madame. Avec l'Union, la population anglaise deviendra majoritaire au pays et le poids de la population française s'en trouvera affaibli, au moment de voter des lois ou de prendre des décisions concernant son avenir. Sans compter que le Bas-Canada sera appelé à payer les dettes du Haut-Canada, qui sont beaucoup plus élevées que les siennes.

— C'est tout à fait injuste, renchérit le curé Chartier. Même le clergé du Bas-Canada, qui n'a jamais fait preuve d'un grand sens patriotique, a protesté officiellement par la bouche de feu l'archevêque de Montréal.

— À Londres, nous avons aussi quelques appuis, dit Papineau. Le comte de Gosford juge dangereuse l'égalité de représentation entre les deux provinces et considère ce projet comme une conspiration de la classe mercantile.

— C'est aussi l'opinion de Daniel O'Connell, ajouta le curé Chartier qui commençait à s'enflammer. Devant les lords, le chef irlandais a fait remarquer avec justesse que seul le Haut-Canada avait été consulté. »

Le député O'Connell avait toujours manifesté sa sympathie pour la cause canadienne, qui ressemblait à celle du peuple irlandais. Toutefois, à la suite de la rébellion, il avait critiqué sévèrement les Canadiens qui, selon lui, avaient trahi la Couronne en ayant recours aux armes. Il les avait même qualifiés de pervers.

« C'est madame Dowling qui serait contente de vous entendre, dit Anne-Barbe Kock. Elle est en admiration devant Daniel O'Connell et se désolait qu'il se soit montré si dur envers les Canadiens.

— Qui est madame Dowling ? demanda Julie.

— Marcella Dowling est une amie irlandaise, répondit la vieille dame. Vous ne l'avez pas rencontrée chez Elvire Guillemot ? Elle y vient souvent pourtant. C'est une belle grande femme très rousse, toujours posée sauf lorsqu'elle parle de politique. Alors là, ses yeux deviennent pétillants et elle s'enflamme. Vous ne vous rappelez pas d'elle ?

— Non, vraiment, fit Julie en cherchant dans sa mémoire, je ne vois pas.

— Votre mari la connaît pourtant. N'est-ce pas, monsieur Papineau ? demanda madame Kock avec un sourire entendu.

— Oui, j'ai fait sa connaissance tout récemment, fit Papineau, après une hésitation qui n'échappa pas à Julie. C'est une véritable pasionaria, cette madame Dowling ! Elle a la fibre patriotique, c'est le moins qu'on puisse dire. »

Tandis que les verres de vieux porto de Madère se vidaient, la conversation déboucha sur le triste sort de l'Irlande qui s'apparentait à celui du Canada. Les hommes passèrent ensuite à la terrasse pour fumer le cigare. Les merles que Lactance n'avait pas encore disséqués sifflaient dans les lilas. Julie avait prévenu ses invités : ils pouvaient aller où bon leur semblait et s'amuser selon leurs fantaisies. Certains firent des patiences sur la galerie, d'autres jouèrent aux dominos. Julie avait fini par s'habituer aux conversations autour des tables de jeu et elle riait de bon cœur aux calembours parfois salés d'Anne-Barbe Kock.

Personne ne pensa plus au malheur des Canadiens, comme si leurs amis ne s'y intéressaient que pour faire plaisir à leurs hôtes. En fin de soirée, le curé Chartier repartit, fort impressionné par le respect et la considération qu'inspirait Papineau à ses relations distinguées. Il regrettait de ne pas avoir pu causer avec le grand Lamennais, qui s'était excusé de bonne heure. Il aurait tant aimé exposer son cas à ce prédicateur dont les idées d'avant-garde troublaient les prêtres du Bas-Canada. Après tout, lui aussi, il était traité en mouton noir dans son pays. Néanmoins, sa soirée avait été enrichissante et, sur le pas de la porte, il dit à Julie :

« Je vous fais mes adieux, ma chère dame. Je rentre au pays.

— Ne deviez-vous pas aller à Rome ?

— C'est maintenant inutile. J'espérais faire casser la sentence d'interdit que monseigneur Lartigue faisait peser contre moi. Maintenant qu'il est mort je pourrai facilement convaincre monseigneur Bourget de m'accorder la permission de retourner en Canada.

— Bon voyage, monsieur Chartier. Et si vous passez par Montréal, saluez bien nos amis de ma part. Dites-leur qu'ils me manquent et qu'un jour, peut-être nous reverrons-nous, si Dieu le veut.

— Et si la perfide Albion l'autorise ! » s'exclama en riant le curé, qui baisa la main de Julie et se retira.

CHAPITRE XXIII

Les cendres de Napoléon

À l'été 1840, Alfred de Vigny demanda à rencontrer Papineau. Le poète revenait de Londres, où il avait séjourné avec sa femme, Lydia Bunbury, pour régler la succession de son beau-père. Au cours de ce séjour, le hasard l'avait conduit aux Communes et il avait été choqué d'entendre les lords anglais discuter avec cynisme du sort des Français du Canada. Il s'en était ouvert à lord Durham dont il avait fait la connaissance à cette occasion. L'ex-gouverneur lui avait affirmé, comme si c'était une chose souhaitable, que l'assimilation de la race canadienne était déjà commencée.

« L'Anglais se propage, et c'est naturel puisqu'il s'agit de la langue des employeurs et des riches, lui avait-il dit. D'après les statistiques sur l'instruction publique, il y a dix fois plus d'enfants français qui apprennent l'anglais que d'enfants anglais qui suivent des leçons de français. »

Les arguments de lord Durham, sa façon de dépeindre les Canadiens comme de lamentables ignorants avaient irrité l'homme de lettres. Nul doute, dans son esprit, l'Angleterre s'apprêtait à étrangler la nation française d'outre-Atlantique. À son retour en France, il apprit que le bill d'Union avait reçu la sanction royale et, cinq jours plus tard, les journaux anglais annoncèrent la mort de lord Durham, emporté par la tuberculose.

Ayant lu l'*Histoire de la Résistance du Canada au gouvernement anglais,* Alfred de Vigny demanda à Louis Blanc d'organiser une rencontre entre lui et le chef des patriotes. Il arriva le premier au bureau de la *Revue du Progrès.* C'était un bel homme de quarante-trois ans aux traits racés, un peu maniéré. Il parlait d'une voix monotone qui ne s'animait pas, même s'il récitait des poèmes enflammés. Pour cette raison, d'ailleurs, il avait cessé de lire ses vers dans les salons. Lorsqu'une hôtesse l'en priait, il lui rappelait l'accueil glacial qu'il avait reçu chez madame d'Argoult, après avoir lu son poème, *La frégate*. Il avait alors eu ce mot d'humour à l'intention de la maîtresse du compositeur à la mode Franz Liszt : «Ma chère, ma frégate a fait naufrage dans votre salon.»

Devant Papineau, Alfred de Vigny commença par reproduire fidèlement le débat auquel il avait assisté aux Communes de Londres.

«Imaginez! s'étonna le poète, les lords discutaient de la nécessité absolue de donner le coup de grâce à une nation française de quatre cent cinquante mille âmes. Ils en parlaient froidement, devant moi, Français, au pied du trône vide de la reine.

— Mon cher monsieur de Vigny, ce n'est pas d'aujourd'hui que l'Angleterre viole sans remords les lois les plus sacrées de l'humanité, fit remarquer Papineau. Ses colonies l'ont appris durement. Pensez aux vingt mille Acadiens qui ont été déportés après le traité de Paris de 1755. Depuis quatre-vingts ans, nous, du Bas-Canada, subissons ses cours martiales et ses actes de barbarie qui soulèvent l'horreur du monde civilisé.

— C'est admirable qu'après tant d'années votre pays se révolte encore, plutôt que de se laisser dépouiller de ses coutumes.»

Vigny confirma aussi ce que Papineau redoutait. À Londres, Durham faisait figure de héros. Plus encore depuis qu'il était mort.

«J'ai lu des articles dithyrambiques sur lui, s'indigna de Vigny. Sans doute est-ce parce qu'il a eu le courage de dire tout haut que jamais la population anglaise ne tolérerait l'autorité d'une Chambre d'assemblée où les Français seraient majoritaires. Comme il a eu aussi l'honnêteté de souligner que les Anglais, qui ont une haute opinion d'eux-mêmes, ne cachent pas leur mépris pour les Canadiens d'origine française.

— Les lords n'ont retenu du rapport Durham que ce qui faisait leur affaire, affirma Papineau. Ils refusent d'introduire la responsabilité ministérielle mais approuvent l'Union des deux Canadas, en dépit de son caractère odieux et contre nature. En sacrifiant une population à l'autre, ils créeront des dissensions intestines qui feront le malheur des deux populations.

— C'était un homme intelligent, perspicace et je croyais...

— Le convaincre ?

— Non, bien sûr, mais à tout le moins lui exposer les risques que l'Union ferait courir à la population française. Que voulez-vous ? pour lui il s'agissait d'une simple querelle de race et il était convaincu qu'en anglicisant les Français, il leur rendait service à long terme.

— Il n'a rien compris, argumenta Papineau. Plusieurs de nos meneurs étaient de race anglaise : les Nelson, O'Callaghan, Brown... Et Mackenzie, dans le Haut-Canada. Notre rébellion de 1837 n'était pas une guerre de race, comme il l'a prétendu, mais une lutte contre la tyrannie, pour la liberté démocratique et la responsabilité ministérielle, au Bas comme au Haut-Canada.

— Reconnaissez tout de même, monsieur Papineau, que l'hostilité est inévitable entre les vainqueurs et les vaincus. Les familles immigrantes qui vous arrivent tous les jours d'Angleterre sont des pépinières d'ennemis et, bientôt, ils seront les plus nombreux, même dans le Bas-Canada.

— Vous avez raison, répondit-il, et c'est justement la solution que préconisait lord Durham : l'assimilation par l'immigration.»

Alfred de Vigny se leva. Il enfila ses gants lentement, en poussant le tissu sur chaque doigt, l'air préoccupé. Au moment de se retirer, il se retourna vers Papineau et blâma sévèrement les Français :

«Nous sommes les vrais coupables de cette tragédie, car nous vous avons abandonnés en 1759. La source des abus remonte à la défaite des plaines d'Abraham. Je l'ai fait remarquer à lord Durham qui a objecté que l'Angleterre avait conservé à la population française sa langue, son culte et ses lois féodales. Et je lui ai rappelé qu'en Canada les nouveaux maîtres s'étaient attribué les emplois les plus richement rétribués.

— Ce qui est toujours vrai. Avec une population sept fois supérieure, les Canadiens français ne représentent que le quart des officiers de l'administration.

— Ce genre d'argument ne touchait pas lord Durham, précisa le poète. Il est mort convaincu d'avoir raison. Il prétendait même qu'un jour le Canada rendrait justice à sa mémoire.»

Sur le pas de la porte, Papineau lui glissa un mot de sa mission, et de Vigny ne lui cacha pas qu'il doutait de ses chances de réussite.

« Le long siège de Québec, en 1759, est un événement oublié de nos jours. Comme semble l'être la nation canadienne tout entière pour le peuple français. »

Il trouvait la chose tragique et baissa les bras en signe d'impuissance, avant de comparer la France à un vaisseau qui aurait laissé derrière lui sa famille, dans une île déserte.

« Que fait Louis-Philippe ? demanda-t-il, comme s'il se parlait à lui-même. Rien. Il tient trop à l'amitié de l'Angleterre pour vouloir intervenir en votre faveur. J'ai bien peur, mon cher monsieur Papineau, que vous récoltiez ici plus de sympathie que d'aide réelle. La France n'étendra pas sa main paresseuse pour défendre cette tribu isolée », conclut le poète en montant dans son carrosse.

***

Alfred de Vigny n'avait pas tort. À Paris, l'Union des deux Canadas fit peu jaser. Même Papineau semblait s'y résigner. Il passa l'été chez lui à désherber son potager et à cueillir ses légumes avec Julie. Le bon air et l'exercice lui firent le plus grand bien. Il sortait peu car la ville était déserte et les amis dispersés. Les beaux jours, il emmenait les enfants au Jardin des Plantes, à côté de la halle au vin. Les animaux vivaient dehors et Gustave était fasciné par les singes dont il s'approchait pour la première fois. Plus craintive, Ézilda restait braquée devant les collections de chenilles et de papillons, animaux chétifs de la création.

« Louis-Joseph, j'envie ta sérénité », lui disait Julie, narquoise.

Elle ne comprenait pas qu'il soit si détaché de la politique en un moment aussi grave. Elle aurait voulu qu'il remuât ciel et terre pour dénoncer l'infamie des lords britanniques qui avaient décidé entre eux du sort du Canada. Comment avaient-ils pu voter l'Union sans l'assentiment des principaux intéressés ?

Une lettre de Montréal leur apprit avec stupéfaction que Louis-Hippolyte LaFontaine, le nouveau leader du Bas-Canada, ne rejetait pas la solution Durham. Il était convaincu que les réformistes du Bas et du Haut-Canada avaient tout intérêt à s'unir au sein d'un même État et à faire cause commune.

« Ah ! Ils sont d'habiles politiques, les Anglais, s'emportait Julie. Même un homme averti comme notre ami LaFontaine tombe dans leur piège.

— Allons, Julie, ne sois pas injuste, Louis-Hippolyte a tout de même protesté contre le refus du Parlement anglais de reconnaître la responsabilité ministérielle au nouveau pays. Mais tu as raison sur un point : les Canadiens, et notre ami LaFontaine en tête, auraient dû s'opposer à l'Union.

— Que veux-tu ? Ils n'ont pas de véritable chef. Tu devrais leur envoyer des directives, leur faire connaître tes opinions, à tout le moins.

— Nous sommes si loin, ma pauvre chérie, et nous n'avons qu'une vague idée de la situation qui règne là-bas. C'est comme si nous n'existions plus. »

Papineau avait à la fois tort et raison. Leurs lettres aux amis restaient souvent sans réponse. C'était tellement vrai que Julie avait décidé de ne plus écrire qu'à sa mère et à Amédée. Mais elle restait convaincue que Papineau faisait une grave erreur en laissant le champ libre à Louis-Hippolyte LaFontaine. Elle voulait le convaincre de faire circuler une pétition contre l'Union, avec son nom bien en vue en tête. Et pourquoi n'écrirait-il pas dans les journaux canadiens ? On lui céderait forcément une colonne ou deux.

Mais au lieu d'agir, Papineau sombrait dans la mélancolie. Tous les matins, il guettait le courrier, espérant un mot de LaFontaine ou de Viger qui ne venait pas. Il aurait aimé connaître l'opinion de ses anciens collègues. En lisant la *Gazette de Québec* qu'Amédée lui envoyait, il sentait que les articles étaient écrits sous l'empire de la crainte. Il refermait le journal et retournait à ses choux et à ses carottes, résigné à ne plus jouer aucun rôle politique.

Aux premiers jours de l'automne, le banquier Laffitte et sa famille rentrèrent de Dieppe. D'autres amis, qui s'étaient prélassés tout l'été sur les plages de Trouville et de Granville, regagnèrent aussi Paris où l'on ne parlait plus que du procès de Félicité de Lamennais qui s'ouvrait au vieux Palais de justice. L'ancienne demeure des préfets de Rome – quand la ville s'appelait encore Lutetia –, avait été plus d'une fois incendiée au fil des siècles, saccagée puis replâtrée par des ouvriers peu respectueux de son architecture sarrasine et gothique. Papineau aimait pourtant cet édifice d'un goût discutable. Stoïque devant la statue de Malesherbes élevée sous la Restauration, il attendait dans la grande salle que commencent les audiences.

Julie préférait s'encabaner, comme elle disait, prétextant un mal de gorge tenace, quand ce n'était pas le torticolis dont se plaignait Ézilda qui la retenait à la maison. Lactance les soignait de son mieux, mais il ne pouvait décidément rien contre l'humidité qui avait envahi la ville à la première gelée.

Chaque soir, Papineau rentrait du Palais de justice plus révolté que la veille. Le procureur général se montrait grossier, brutal même, et les jurés semblaient incapables d'apprécier un talent aussi élevé que celui de Félicité de Lamennais. Le 26 décembre, le verdict tomba : coupable !

Dans la salle d'audience, les intellectuels en vue, tels George Sand et Lamartine, étaient abasourdis. Comment la justice française pouvait-elle descendre aussi bas ? Le grand Chateaubriand fondit en larmes.

« Bande d'ignares », lâcha Papineau qui ne se contenait plus.

Lamennais fut condamné à un an de réclusion et à 2 000 francs d'amende pour avoir accusé le régime d'exploiter le pays, d'assommer ses serfs dans les rues et de les entasser dans les prisons. On le tenait enfin, cet homme qui avait traité les députés d'ambitieux imbéciles dirigés par un homme dont le seul principe était de n'en avoir aucun. Il allait payer pour son fameux « Peuple ! Peuple ! Réveille-toi enfin ! Esclaves, levez-vous ! Ne souffrez pas que l'on dégrade plus longtemps le nom d'homme ! » Cet appel, lancé aux chômeurs, dans son pamphlet, *L'esclave moderne*, était la goutte qui avait fait déborder le vase.

Après le prononcé de la sentence, Papineau s'arrêta chez le condamné, rue Tronchet, près de la Madeleine, avant de rentrer chez lui. Il grimpa les six étages du modeste édifice et arriva essoufflé à l'appartement. La porte s'ouvrit et l'abbé Lamennais l'accueillit en l'embrassant à la française, sur les deux joues. Papineau s'attendait à le trouver effondré mais fut surpris de le voir contrôler parfaitement ses émotions.

« Mon cher Papineau, nous souffrons pour les mêmes principes, vous et moi, lui dit-il, en l'invitant à entrer.

— Votre condamnation déshonore la France, jugea Papineau.

— Il valait mieux que je sois condamné qu'acquitté, répondit l'abbé. Cela prouve la justesse de mes reproches et attirera aussi l'attention des masses sur la nécessité de réformer nos institutions. »

Lamennais insista pour qu'il s'assoie, en l'assurant qu'il avait tout son temps. Sa visite lui faisait chaud au cœur. Plus tard, il préparerait sa valise, car on devait le conduire à la prison de Sainte-Pélagie à la fin du jour. Pour l'instant, il voulait causer un peu avec lui. Il parla d'abord des grands criminels qu'il côtoierait derrière les barreaux. On l'avait prévenu que les prisonniers étaient entassés pêle-mêle dans des cellules insalubres.

« C'est inhumain ! fit Papineau outré. Je ne peux pas croire qu'on ne vous accordera pas quelques privilèges. Vous ferez certainement un séjour en maison de santé. Vous obtiendrez aussi des permis pour sortir de temps à autre...

— Mendier des faveurs à ceux qui m'accusent ? Jamais. Mais rassurez-vous, je ne suis pas triste. Lorsqu'on est blessé dans son honneur et menacé dans son existence, pour avoir compati du fond de l'âme aux souffrances de ceux que la société laisse dans la détresse et pour avoir réclamé la justice à laquelle ils ont droit, on n'est pas triste, on est fier.

— Vous avez vu comme monsieur de Chateaubriand a pleuré ?

— Oui, et cela m'a ému, venant de l'auteur du *Génie du christianisme*, qui pourtant ne partage pas les mêmes idées politiques que moi.

— Il n'a pas supporté que la justice française outrage un homme illustre comme vous. »

En le quittant, Papineau lui promit d'aller à Sainte-Pélagie toutes les semaines. Qu'il se rassure, il ne l'abandonnerait pas dans le malheur. Ce serait un honneur de le fréquenter dans sa geôle.

Papineau tint parole. De bon matin, une fois la semaine, il quittait la maison de la rue de Courcelles à pied pour se rendre à la prison, à deux lieues de chez lui. Le dimanche, Béranger, surnommé l'ermite, sortait de sa tanière pour l'accompagner. Papineau déjeunait chez lui, après quoi ils marchaient ensemble jusqu'à Sainte-Pélagie. D'autres fois, lorsqu'il avait trop mal aux pieds, il demandait à Elvire Guillemot de l'emmener dans sa voiture.

Ces visites étaient pénibles. Le pauvre Féli, comme l'appelaient ses intimes, n'avait que la peau et les os et il était d'une grande nervosité. Parfois, derrière la grille, Papineau croisait George Sand ou Chateaubriand qui, eux aussi, visitaient leur ami martyr, dont ils vantaient le génie et l'âme de feu.

À la mi-décembre, le tout-Paris se donna rendez-vous aux Invalides pour accueillir solennellement les cendres de Napoléon. Les Papineau se firent conduire en fiacre jusqu'à l'esplanade, où ils attendirent comme des milliers de Parisiens l'arrivée du convoi.

Le roi Louis-Philippe avait chargé son fils, le prince de Joinville – que Julie avait croisé à Saratoga – de ramener le corps de l'empereur de Sainte-Hélène. L'expédition avait duré six mois et, au matin du 15, le char funèbre, traîné par seize chevaux noirs ornés de panaches blancs et recouverts de draps d'or, amorçait la dernière étape de son voyage, du pont de Neuilly aux Invalides. La neige mouillante ayant cessé, le convoi atteignit la place de la Concorde sous un ciel dégagé. À l'Arc de triomphe, la foule devint tellement dense, de chaque côté de l'avenue des Champs-Élysées, qu'une double haie de soldats et de gardes nationaux dut la retenir.

Une clameur s'éleva dans la cohue lorsque le char funèbre s'avança enfin sur l'esplanade. Vive l'empereur! Vive Napoléon! La masse pyramidale était posée sur quatre roues dorées et recouverte d'un crêpe violet. Papineau souleva Gustave qui voulait voir le cercueil déposé au fond du char. Avant de passer les grilles des Invalides, Papineau expliqua aux enfants que l'on devait à Louis XIV cet hôtel grandiose.

«Le Roi-Soleil? demanda Gustave.

— Oui, le Roi-Soleil a fait construire ce refuge pour les blessés de guerre qui erraient et mendiaient sur les routes.

— Alors, ce n'est pas la maison de Napoléon? fit Gustave, déçu.

— C'est-à-dire que Napoléon a demandé que son corps reposât ici, sur les bords de la Seine. Il est mort il y a vingt ans, mais c'est seulement maintenant que ses dernières volontés sont exaucées.»

Les grilles s'ouvraient sur un immense jardin où s'alignaient dix-huit canons de bronze du XVIIe siècle. Devant la façade, au-dessus du portail, Papineau attira l'attention des enfants sur l'effigie équestre de Louis XIV.

«Les enfants, donnez-vous la main, fit Julie qui ne se sentait jamais très bien dans la foule. Je ne veux pas que vous vous éloigniez. Compris, Gustave?

— Maman a raison, fit Papineau. Suivez-moi, nous avons des places avec les Guillemot dans l'église.»

Ils traversèrent la cour royale pour entrer dans l'église coiffée d'un dôme. Le sanctuaire était tendu de velours noir brodé en argent et de velours pourpre, brodé en or. Les lustres de cristal suspendus à la voûte scintillaient.

«C'est saisissant», laissa échapper Julie, en levant les yeux au ciel pour admirer la coupole peinte de toutes les couleurs.

— Tout ce faste, c'est beau et c'est grand, s'exclama Papineau. On se croirait au temps des Romains ou des Athéniens.»

Ils retrouvèrent les Guillemot, qui avaient réservé des sièges dans la section fréquentée par Victor Hugo et Honoré de Balzac. Elvire leur fit signe de la main, tout en continuant à chuchoter à l'oreille de la grande femme rousse qui l'accompagnait. Celle-ci salua Papineau, qui répondit de même. Nul doute, pensa Julie, qu'il s'agit de madame Dowling, dont tout le monde me parle.

La cérémonie officielle débuta au son de l'orgue. Les anciens soldats de la Grande Armée s'approchèrent du cercueil couvert du manteau et de la couronne que l'empereur portait le jour de son sacre. Gustave se souleva pour mieux voir, au pied du cercueil, le coffre contenant son cœur. Mais il n'entrevit que l'épée et le petit chapeau qu'il portait à la bataille d'Austerlitz. À ce moment, le prince de Joinville s'avança vers le roi.

«Sire, je vous remets les restes mortels de l'empereur Napoléon, dit-il d'une voix grave.

— Je les reçois, au nom de la France», répondit le roi.

Après la cérémonie, tout le monde quitta les lieux en ordre. Dehors, le froid était sec. Marcella Dowling se dirigea vers Papineau, à qui elle tendit sa main gantée, pendant qu'Elvire prenait le bras de Julie :

«Venez que je vous présente mon amie Marcella.»

Au milieu de tous ces beaux esprits, Papineau était comme un poisson dans l'eau. Son histoire du Canada prenait forme. Aux archives, il dénicha des documents dont il ne soupçonnait pas l'existence. Le soir, il rentrait à la maison pour faire sa toilette et repartait aussitôt. Il dînait chez les uns, veillait chez les autres, toujours avec le même enthousiasme.

Julie était loin de partager l'exaltation de son mari. L'argent était de plus en plus rare et elle devait faire preuve d'imagination pour arriver à joindre les deux bouts. Pendant que Papineau discutait de politique avec monsieur de Lamartine, dans un élégant salon, ou qu'à l'Institut il extrapolait sur les découvertes scientifiques avec son ami Arago, quand il n'assistait pas tout bonnement au cours de Michelet, l'auteur de la toute nouvelle *Histoire de France*, elle raccommodait des chaussettes. S'il passait quelques heures à la maison, il n'avait pas envie d'emmener Gustave patiner sur la route recouverte de glace ou glisser sur le traîneau qu'il lui avait offert pour son anniversaire. Pas plus qu'il n'avait le temps d'aider les fillettes dans leurs devoirs. Ce qu'il faisait ? Il pérorait. De grandes envolées lyriques sur la démocratie, la littérature ou les sciences, qui laissaient Julie froide.

« Quelle folle j'ai été de venir ici ! » explosait-elle.

Jamais elle ne s'était sentie aussi découragée. Elle ne voyait pas comment se résoudraient leurs problèmes financiers. Il faudrait bientôt retirer les fillettes du couvent des sœurs et aussi, quitter la jolie maison de la rue de Courcelles dont le loyer était beaucoup trop élevé pour leurs moyens.

Lactance l'inquiétait aussi. Il s'épuisait à voyager du faubourg Saint-Honoré à l'École de médecine. Il était obligé d'arriver tôt à la bibliothèque, car les ouvrages qu'il avait à consulter et qu'il ne pouvait pas s'acheter s'enlevaient dès l'ouverture. Ensuite, il filait sans déjeuner à la clinique pour sa leçon d'anatomie. S'il grignotait un bout de pain, pendant la journée, c'était beau. Tard le soir, il rentrait à la maison fourbu, après avoir fait d'innombrables pansements. La fatigue le rendait cynique. Quand Julie lui demandait à quoi il occupait son temps, il répondait : « Le matin, je vois mourir les gens à l'hôpital et l'après-midi, je les dissèque... »

La seule consolation de Julie lui venait d'Amédée qui lui écrivait de fort jolies lettres. Amédée, son cher Amédée, qui passerait les fêtes seul. Pour ses étrennes, elle lui avait acheté les œuvres complètes de Lamartine. Lui, il lui avait envoyé un boîtier en cuir maroquin, dans lequel il avait placé un daguerréotype de lui, pris à New York. Il n'était pas peu fier de ce portrait que le photographe Tredwell avait dû reprendre trois fois et sur lequel on distinguait jusqu'aux animaux gravés sur la chaîne de sa montre.

Amédée profitait de l'occasion pour lui annoncer une grande nouvelle : il avait obtenu sa licence de procureur de l'État de New York. Sans vouloir se vanter, il prétendait avoir brillé à l'examen du Barreau, qui s'était tenu à la Cour suprême et, le lendemain, il avait prêté serment au Capitole. Le moment était venu de s'établir. Mais où ? Il songeait à déménager en Louisiane, ce que Julie lui déconseilla par retour du courrier. Il jonglait aussi avec l'idée de faire carrière à New York en s'associant à un procureur de bonne réputation. Le chancelier Walworth approuvait ce projet ; il lui avait d'ailleurs remis une lettre de recommandation à l'intention d'un éminent juriste new-yorkais qui le prendrait peut-être comme associé. Julie craignait que son fils, si jeune, si naïf, se laisse entraîner dans quelque aventure douteuse, comme cela arrivait souvent dans les capitales. Elle aurait préféré qu'il se lançât plus modestement, pourquoi pas à Saratoga ? tout en continuant à donner ses cours de français à l'école pour jeunes filles.

Dans ses lettres, Amédée ne lui parlait jamais de cette Mary dont il était prétendument amoureux. Julie préférait croire que Lactance, un peu jaloux de son frère, avait inventé cette histoire et elle n'aborda jamais la question d'elle-même. Elle y repensa pourtant quand, quelques jours avant Pâques, Amédée lui écrivit qu'il était invité à dîner chez un certain monsieur Westcott.

CHAPITRE XXIV

La chute de Joseph

Au milieu de l'été 1841, une mauvaise nouvelle arriva à Paris par le courrier. Joseph Papineau avait fait une vilaine chute. Après avoir dîné chez son ami Jos Roy, qui habitait au-dessus de son magasin, en face de l'église Saint-Jacques, le vieillard s'était aperçu qu'il manquait de tabac et il était descendu pour en acheter. Chemin faisant, pris d'une faiblesse, il s'était appuyé sur le coin de la table posée sur des chevalets, à l'entrée du magasin. Mais les tréteaux avaient cédé sous son poids et le colosse s'était étendu de tout son long, se disloquant bêtement la hanche.

Comme il mesurait plus de six pieds anglais, il n'était pas question de le monter à l'étage. On l'installa donc dans une chambre du rez-de-chaussée. Sa jambe gauche était si enflée qu'il ne pouvait plus la bouger. Jos Roy voulut appeler un médecin, mais le vieillard refusa net. Il avait une sainte horreur des charlatans et préférait se soigner lui-même. Son ami proposa alors de faire venir un rebouteur pour remettre sa hanche en place. Jamais! s'impatienta Joseph. Inutile d'insister, il ne se laisserait pas examiner. Il avala une tisane et s'assoupit. Jos en profita pour expédier un exprès à Maska et Marie-Rosalie Dessaulles accourut aussitôt. C'est elle qui prévint son frère.

L'accident plongea Papineau et Julie dans l'inquiétude. L'attente d'une prochaine lettre leur parut insupportable. Elle arriva le surlendemain. Joseph avait fini par accepter de voir le rebouteur Quintal, en maugréant bien entendu, mais l'opération s'était avérée si douloureuse qu'il l'avait injurié. «Lâchez-moi», avait-il hurlé. Le rebouteur avait déguerpi, offusqué d'être traité de la sorte. Penaud, Joseph avait passé le reste de la journée à grogner contre ce faux guérisseur qui aurait dû continuer l'opération malgré ses cris. Peu après, son état de santé avait empiré. Marie-Rosalie avait fait venir d'autorité un second rebouteur qui, cette fois, lui avait remis les os en place. Une saignée aurait accéléré sa guérison mais Joseph s'y était opposé. Il en avait assez.

> *Louis-Joseph, rassure-toi*, écrivait-elle, *papa est costaud, il peut s'en tirer. Il est encore fiévreux, ce qui est normal après ce genre d'opération, mais il a bon appétit et ne se plaint pas. Au moment où j'écris ces lignes, il est assis dans son lit, en train de dicter des actes notariés à son associé.*

Les explications de Marie-Rosalie n'étaient qu'à demi rassurantes. Joseph avait quatre-vingt-huit ans et à cet âge les os sont fragiles.

« Mon père n'a jamais été malade de sa vie, remarqua Louis-Joseph.

— Il déteste se faire dorloter ! fit Julie. Et il n'est pas la patience incarnée. »

Elle n'osait pas quitter la maison de peur de rater un courrier. Lactance se montrait encore plus angoissé qu'elle. Il sursautait au moindre bruit, puis retombait dans une désolante tristesse, répétant qu'il avait un mauvais pressentiment. Il aurait donné cher pour être au chevet de son grand-père. Avec son fichu caractère, le vieil homme refuserait d'obéir à tout autre que son petit-fils préféré. Or, sans une bonne saignée, Lactance en était convaincu, la fièvre persisterait. Il fallait donc la lui imposer de force, comme le stipulait le code, dans les cas où on avait affaire à un malade récalcitrant. Tant pis s'il rechignait, puisque sa vie en dépendait.

« Je vous dis que la fièvre ne tombera pas d'elle-même », renâclait-il.

❧

Lactance avait raison. Bientôt fiévreux, Joseph commença à délirer. Aux coins de sa bouche, une écume blanchâtre apparut et, peu après, il perdit conscience. Lorsqu'il revint à lui, complètement paralysé, il n'avait plus l'usage de la parole. Marie-Rosalie envoya chercher le docteur qui, redoutant l'hémorragie cérébrale, lui ouvrit une veine pour le saigner. Mais il était trop tard et, d'un geste de la tête, il signifia à la famille que l'attaque d'apoplexie lui serait fatale. Son fils cadet, le curé Toussaint-Victor Papineau, sortit les saintes huiles pour lui administrer l'extrême-onction. Marie-Rosalie alluma les cierges et se plaça à côté du lit pour dire les répons. Elle glissa sa main dans celle de son vieux père :

«*Pax huic domi.*

— *Et omnibus habitantibus in ea.*»

Toussaint-Victor aspergea d'eau bénite le corps de Joseph. Puis il dessina une croix sur ses paupières avec les saintes huiles.

«*Kyrie eleison.*

— *Christe eleison.*»

Joseph expira à trois heures, sans avoir repris connaissance. Marie-Rosalie ouvrit la fenêtre, dont les volets étaient restés clos depuis la veille. Dans la lumière du jour, le visage du défunt paraissait au repos. Sa fille lui caressa les joues. Il avait une barbe de plusieurs jours, mais ses cheveux noués en queue sur la nuque n'étaient pas dépeignés. Il n'avait jamais consenti à se coiffer autrement, quoique cette mode fût passée. Même sur son lit de mort, il avait l'air d'un notable de province. Elle songea alors à Papineau qui, dans chacune de ses lettres, suppliait son père de venir le rejoindre à Paris. Il aurait tant aimé lui faire découvrir cette France qu'il ne connaissait que par les livres, mais dont il parlait comme s'il y avait vécu, lui qui était né sous le régime français.

Aux funérailles de Joseph Papineau, l'église Notre-Dame était noire de monde. Le cortège funèbre se déplaça ensuite au cimetière catholique du faubourg Saint-Antoine. On descendit son cercueil dans la fosse familale, où reposait déjà les enfants de Julie et de Louis-Joseph, Aurélie, morte onze ans plus tôt, et Ernest-Léonidas, emporté par le choléra en 1834.

❦

Rue de Courcelles, Julie alluma un cierge sous le portrait de Joseph Papineau, suspendu au-dessus du pupitre en acajou, dans la pièce qui tenait lieu de bibliothèque. C'était l'un des rares objets personnels qui les avaient suivis en exil. Elle recula de deux pas et le regarda longuement. Il était tel que dans son souvenir. Visage carré aux chairs tombantes, rides profondes, long nez... Les racines de ses cheveux blancs formaient une pointe qui s'avançait sur son front, comme sur les gravures illustrant Lucifer. La nature n'avait peut-être pas choyé son beau-père, mais sa physionomie ingrate était si attachante.

«Beau-papa, que vais-je devenir sans vous?» s'entendit-elle lui dire.

Elle se remémora leurs derniers adieux, en juin, deux ans plus tôt. Il revenait du port de New York où il avait laissé Lactance et il était impatient de retrouver ses pantoufles à la Petite-Nation. «J'ai fait un crochet par Saratoga, rien que pour vous rassurer, ma chère fille», lui avait-il dit. Il voulait qu'elle sache que son fils s'était confessé et avait communié avant de s'embarquer.

Son gilet noir flottait sur sa chemise. Sous un long manteau, il portait un pantalon qui tombait mollement sur ses chaussures. Il avait coiffé son chapeau haut-de-forme, dont il ne se séparait plus, fût-ce en plein été. Elle l'avait reconduit à la gare. Il avait choisi sa place, à l'avant du train, et était redescendu pour l'embrasser sur les deux joues et la tenir une dernière fois contre son cœur, comme s'il avait le pressentiment qu'il ne la reverrait plus. Puis il était remonté et, penché à la fenêtre, il lui avait adressé un signe de la main. Ensuite, il s'était assis, les deux mains posés sur sa canne. Il avait cet air bourru qui ne le quittait jamais, même s'il était joyeux.

Les derniers temps, ses sautes d'humeur se faisaient plus rares et ses impatiences étaient devenues prévisibles. Mais il ne la bourrassait plus, comme naguère, lorsqu'il l'emmenait en promenade à la Petite-Nation et qu'il la traitait de mauviette parce qu'elle détestait la vie paysanne.

L'horloge sonna la demie de deux heures. Papineau et Lactance étaient partis acheter des crêpes pour leurs chapeaux et leurs gants. Marguerite avait emmené les enfants au parc Monceau. Julie se laissa tomber sur la chaise, devant le portrait si ressemblant de Joseph qu'on aurait dit qu'il allait lui parler. Et elle pleura.

❦

Lactance, lui, ne pleurait pas, se comportait normalement et accomplissait ses tâches méthodiquement. Mais il avait des accès de mélancolie inquiétants et Papineau pensa qu'une promenade au grand air lui ferait du bien.

« Ça te plairait d'aller au Père-Lachaise ? » lui demanda-t-il.

Lactance acquiesça. L'idée de se retrouver dans un lieu de sépulture convenait parfaitement à ses pensées macabres. Ils attrapèrent un fiacre qui les conduisit au cimetière. Pendant le trajet, ils gardèrent le silence. Arrivés devant la grille du cimetière, boulevard Ménilmontant, Papineau lui mentionna que le père de La Chaise, qui avait laissé son nom à ce lieu, était le confesseur de Louis XIV. Lactance fit un signe de tête. Il le savait déjà. Et la conversation en resta là.

« Grand-père aurait été bien, ici, tout près de nous, dit-il, peu après.

— Je sais », répondit simplement Papineau.

C'était le lieu tout indiqué pour parler du disparu. Sa mort paraissait si irréelle. Joseph avait rendu l'âme dans ce Bas-Canada qu'ils avaient fui. Pendant ce temps, à Paris, la vie continuait comme si de rien n'était. Il n'y avait ni corps à veiller, ni condoléances à recueillir, ni obsèques... rien pour leur rappeler ce grand malheur. À croire qu'il s'agissait d'un mauvais rêve, dont ils se réveilleraient bientôt. Lactance et son père s'engagèrent dans l'allée principale et marchèrent lentement jusqu'à la rue du Repos. Devant le mausolée d'Héloïse et Abélard, les célèbres amants du XIIe siècle, Papineau confia à son fils :

« J'ai tout appris de mon père. Il a été mon modèle, dans la vie politique comme dans la vie privée. Seuls son pays et sa famille comptaient pour lui.

— Je n'avais jamais réalisé que grand-père était un contemporain de Washington, de Jefferson et de Franklin, fit Lactance. Je n'arrive pas à croire non plus qu'un jour il ait pu croiser le marquis de Montcalm dans la rue.

— Il ne l'a pas connu personnellement, mais il avait huit ans lors de la bataille des Plaines d'Abraham. Ça l'a marqué, forcément. »

Le cimetière du Père-Lachaise était aménagé avec art, comme un jardin de fleurs. Papineau en passa la remarque, avant de pousuivre ses confidences.

« À ses débuts en politique, mon père n'avait aucune notion de ce qu'était un parlement à l'anglaise. Il a tout appris seul, sans guide. Sa vie, il l'a consacrée à protéger les traditions françaises contre la volonté des Britanniques d'angliciser les Canadiens.

— Il me disait souvent qu'il se battait pour qu'un jour ma génération bénéficie des mêmes droits que les Anglais.

— C'était l'homme le plus populaire de son temps, constata Papineau avec fierté. Son patriotisme a formé plus d'un patriote. Peu importe ce qui arrivera, nous lui devons de ne pas avoir été éliminés. »

Papineau fit quelques pas vers la gauche et s'étonna de se trouver déjà devant les tombes de Molière et de La Fontaine. Il les imaginait plus au sud. Mais il poursuivit son propos :

« J'aurais voulu que tu le voies en Chambre. Quel géant ! Il se levait lentement, une feuille de papier à la main, attendait que les députés se taisent et alors, il parlait avec une telle éloquence que nous en étions médusés. »

Papineau sortit un mouchoir de sa poche. Lactance n'avait jamais vu son père pleurer. Il détourna les yeux, par pudeur. Il aurait aimé le consoler mais les mots ne venaient pas. Profitant d'un nouvel arrêt, devant la statue équestre du monument de Beaumarchais, il glissa son bras sous celui de son père et dit :

« Je ne m'habitue pas à l'idée que grand-papa ne reviendra pas. Nous étions très proches l'un de l'autre. Personne ne savait mieux que lui me calmer les nerfs. Vous savez comme je suis quand je m'emporte ? Lui, il me ramenait sur le plancher des vaches. »

Papineau sourit. Voulant passer sa main dans les cheveux blonds de son fils, il réalisa qu'il était aussi grand que lui.

« Tu n'en finis plus de grandir, toi. Bon ! assez de nostalgie ! Rentrons avant que ta mère ne s'inquiète.

— Pauvre maman ! fit Lactance. Elle n'est pas très heureuse à Paris.

— Ta mère n'est bien nulle part. »

Papineau regrettait ses paroles qui avaient fait sursauter Lactance.

« Des fois, je vous trouve cruel.

— Allons bon ! Tout de suite les grands mots. Je sais bien que ta mère n'a pas tout ce qu'elle désire à Paris. Qu'elle préfé-rerait être à Saratoga, avec Amédée. Je sais aussi que l'argent est rare et qu'elle aurait besoin d'aide à la maison...

— Elle manque de tout.

— N'exagère pas. Si elle consentait à se faire des amis, sa vie serait plus agréable. Il y a ici des dames d'une grande culture qui ne demanderaient pas mieux que de la piloter dans la ville. Elle ne s'ennuierait pas en leur compagnie.

— Pourquoi la laissez-vous si souvent seule ?

— Je ne la laisse pas seule, c'est elle qui refuse de m'accompagner. »

L'expression de son visage changea et Papineau se renfrogna. Il n'allait pas discuter de ses problèmes de ménage avec son fils. Sur Ménilmontant, ils sautèrent à bord de l'omnibus qui traversait la ville.

CHAPITRE XXV

La belle Irlandaise

Durant les mois qui suivirent la mort de Joseph, Lactance glissa dans une sorte de torpeur mélancolique dont il n'émergeait que pour donner libre cours à des élans de révolte tout aussi excessifs. Il traînait son vague à l'âme le long des quais de la Seine, en feuilletant des manuels de médecine à 23 sous qu'il n'avait pas les moyens d'acheter. Il éprouvait un sentiment de frustration à l'idée que ses confrères de la faculté pouvaient retenir les services de répétiteurs pour les aider à préparer l'examen d'anatomie, et lui pas. Sans cette aide, il n'obtiendrait jamais son baccalauréat. Il pouvait toujours suivre les cours, mais il ne prendrait pas le bonnet. Dévoré d'envie, il feignait l'indifférence la minute d'après, comme si rien, pas même son avenir, n'avait d'importance. Puis, subitement, une rage le poussait à continuer envers et contre tout.

Papineau décida d'intervenir auprès du professeur Rostan afin d'obtenir une révision du dossier de Lactance, pour qu'il soit exempté du baccalauréat ès lettres. Mais le conseil médical jugea que le certificat délivré par le collège de Saint-Hyacinthe était insuffisant. Cet échec découragea un peu plus le jeune homme qui s'irrita de voir que la démarche de son père n'avait pas abouti.

Miné de l'intérieur, il dépérissait à vue d'œil. Par souci d'économie, il ne mangeait plus que deux repas par jour. S'il sautait le déjeuner, il se sentait faible et était en proie à des étourdissements. Tout lui tombait des mains. Julie se demandait comment, soumis à un tel régime, il pouvait tenir le coup.

Un matin, il fut incapable de se lever, se plaignant d'une douleur au poumon gauche. Le professeur Rostan l'examina. Dieu merci ! il ne s'agissait que d'un début de pleurésie, mais il lui recommanda de se reposer. Congé d'hôpital pour dix jours.

Plus, si c'était nécessaire. Julie l'entoura de soins. Au bout d'une semaine, il avait déjà meilleure mine même s'il manquait toujours d'entrain. Était-ce l'anémie ou le spleen? Julie lui trouvait l'air de plus en plus étrange.

« Je suis dans une sécheresse de cœur et un ennui qui me dégoûtent de tout », lui avoua-t-il, lorsqu'elle lui apporta une tasse de bouillon et quelques tranches de poulet froid.

Ne supportant plus de traîner au lit, il s'était habillé. Assis dans un fauteuil du salon, il écrivait son journal dans un grand cahier posé sur ses genoux.

« Tiens, mange si tu veux te refaire des forces, insista Julie.

— Le cœur me lève rien qu'à voir de la charcuterie. C'est trop indigeste.

— Merci tout de même, répliqua-t-elle. C'est l'épuisement qui te rend aussi maussade? »

Depuis qu'il était attaché à l'hôpital Beaujon, il faisait des journées de dix heures. Il aidait aussi le professeur Rostan dans sa pratique privée, ce qui l'amenait à l'Hôtel-Dieu où il était autorisé à assister au cours de dissection. Pour lui exprimer sa gratitude, il traduisait de l'anglais au français les ouvrages dont son maître avait besoin.

« Je sais, je suis irritable, concéda Lactance. J'ai les nerfs en boule. J'en ai assez d'être à la merci des circonstances. Du jour au lendemain, mes projets risquent de s'évanouir. C'est intolérable, ça ne peut plus continuer...

— Allons, cesse de broyer du noir, l'encouragea Julie en touchant son front pour voir s'il faisait de la fièvre. Tu commences à prendre du mieux, mon chéri, ce n'est pas le moment de faire une rechute. »

Il referma son cahier d'un coup sec et le jeta violemment par terre à ses pieds. Puis il lança sa plume à l'autre bout de la pièce. Julie s'étonna de le voir s'emporter ainsi car, avec elle, il était habituellement doux et gentil.

« Vous ne voyez pas que je suis misérable jusqu'à la mendicité? Il me faut des cours particuliers, sinon je suis foutu. Vous m'entendez, maman? Foutu. J'ai besoin d'une trousse médicale. Je ne demande pas la lune, bon Dieu. Tous les médecins ont un équipement de base. J'ai écrit à Amédée pour qu'il m'envoie 50 louis. J'espère qu'il sera moins égoïste que la dernière fois.

—Tu n'as pas fait ça? le gronda Julie. Tu sais bien qu'Amédée tire le diable par la queue à Saratoga. Il n'a même pas les moyens d'aller tenter sa chance à New York. En plus, il est seul. Complètement seul. Tu n'aurais pas dû, il sera malheureux de ne pas pouvoir t'aider.

—Et moi? Pensez-vous à moi? Je suis assez humilié comme ça, n'en rajoutez pas. J'en viens à maudire cette famille d'exilés sans le sou que nous sommes devenus. Papa est d'une insouciance épouvantable. Il passe ses journées à la bibliothèque et ses soirées dans les salons. Et vous, vous ne m'aimez pas.»

Julie éclata en sanglots. Comment pouvait-il la tenir responsable de ses malheurs, alors qu'elle faisait tout pour l'aider? Elle était elle-même à bout de ressources, obligée de faire la classe à Gustave depuis deux ans. Il prenait du retard sur les autres enfants, mais elle n'y pouvait rien. C'était déjà assez gênant de savoir que les bonnes sœurs gardaient Ézilda et Azélie par charité. Après avoir connu la grande vie, au Bas-Canada, elle en était maintenant réduite à accepter les robes qu'on lui offrait, comme une mendiante.

«Tu es injuste, mon pauvre Lactance, lui dit-elle enfin. Oublies-tu que ton père est un proscrit? Tu dois être bien malheureux pour te montrer aussi méchant. Comment peux-tu me dire des choses pareilles?»

Elle s'arrêta pour sécher ses larmes. Lactance aussi était bouleversé. Son irritation s'estompa d'un coup. Il avait craché sa rancœur et cela l'avait soulagé. Mais les mots avaient dépassé sa pensée. Ses nerfs avaient craqué. Il se prit la tête entre les mains. Pour rien au monde il ne voulait offenser sa mère dont il n'avait jamais pu supporter le chagrin.

Il attrapa son vieux paletot de drap et sortit en courant, descendit la rue de Courcelles, traversa le parc Monceau et marcha d'un pas pressé jusqu'à l'Étoile, en proie au désespoir. La chaleur était accablante et, machinalement, il desserra son col, avant de grimper dans l'omnibus qui allait à Neuilly. Une folle envie de fuir Paris l'avait pris. Plus il s'éloignait de la ville, plus l'air devenait respirable. Des gens montaient et descendaient de la voiture publique, ils le saluaient et c'est à peine s'il répondait. Indifférent à ce qui se passait autour de lui, il se sentait comme un mort vivant.

Ses pensées allaient toutes vers l'épouvantable échec qu'était sa vie. Sans lui, que deviendraient les patients qu'il avait abandonnés depuis dix jours ? Il songea au jeune homme atteint d'une tumeur bien circonscrite au cou. Il avait prévu de faire une ponction exploratrice afin de s'assurer qu'elle n'envahirait pas les tissus voisins. Lui absent, qui s'en chargerait ? Il s'inquiétait aussi de la dame aux beaux cheveux blancs qui souffrait d'une angine. Comme elle devait le réclamer ! Il soupira. Qui allait faire les pansements dans les salles communes ? Et sa gentille patiente, la blanchisseuse de vingt-quatre ans hospitalisée à l'Hôtel-Dieu, qui s'occuperait d'elle ? Elle avait des menstruations anormalement abondantes qui provoquaient l'inflammation de l'utérus. À l'examen, il avait découvert une petite bosse au-dessus du pubis et une tumeur superficielle à l'aisselle. Tout était consigné dans son journal, mais il n'avait pas eu le temps d'aller à la bibliothèque pour étudier son cas. Il se sentait coupable de ne pas être à son poste, convaincu qu'en se dérobant à ses responsabilités, il mettait la vie de ses patients en danger.

L'omnibus ralentit brusquement près de la Porte Maillot. Les passagers s'étirèrent le cou. Il y avait un attroupement devant la petite épicerie.

« Dégagez, allez, dégagez..., ordonnait le sergent de ville.

— Le prince héritier est mort », cria un homme debout au milieu de la route.

La voiture s'immobilisa. Lactance en descendit et se fraya un chemin dans la cohue.

« Laissez-moi passer, je suis médecin. Que se passe-t-il ? demanda-t-il à une grosse dame qui se tenait devant le magasin, les yeux fixés sur la porte.

— Le duc d'Orléans a eu un accident, répondit-elle, en pointant du doigt le lieu de l'accident. Voyez son phaéton. »

Lactance tourna la tête et aperçut la petite voiture découverte, très haute sur roues, qui était renversée sur le côté.

« Comment est-ce arrivé ? Vous êtes sûre que c'est le duc d'Orléans ?

— Évidemment que je suis sûre. Il voyageait seul. On ne sait pas pourquoi ses chevaux se sont emballés. Le prince a essayé de sauter, mais son pied resta coincé et il a atterri tête première au sol. Son crâne a heurté une pierre. Quelqu'un l'a trouvé là, gisant sur le bord de la route. »

Il n'y avait aucune trace de sang sur le pavé et Lactance s'en étonna. La grosse femme continua son récit comme si elle ne l'avait pas entendu.

« On l'a transporté dans l'épicerie, devant vous. Le patron l'a installé sur un petit sommier, près du comptoir. On ne peut rien voir d'ici.

— C'est inconcevable ! A-t-il été examiné par un médecin ? enquêta Lactance.

— Évidemment ! Il paraît qu'il n'y avait ni plaie, ni fracture à la tempe gauche. C'est pourtant là qu'il s'est frappé. Apparemment, le docteur l'a saigné deux fois, sans succès. L'épicier nous a confirmé que le prince était bien mort. Il n'est jamais sorti du coma. »

Il était quatre heures et demie de l'après-midi. Lactance cherchait à s'approcher de l'héritier du trône qu'on évacuait. Un gendarme l'en empêcha.

« Éloignez-vous, monsieur.

— Mais je suis médecin. Je vais le sauver. »

Le gendarme dut le retenir à deux mains pour l'empêcher de s'approcher du brancard. Sans doute conscient d'avoir affaire à quelqu'un de troublé, il le força à le regarder dans les yeux.

« Du calme, monsieur, le prince n'a plus besoin de médecin. »

Lactance resta longtemps figé sur place, obsédé par la scène de l'accident qu'il essayait de reconstituer. Il imaginait les bêtes qui partaient à l'épouvante, le prince prêt à sauter, son pied coincé, la chute... Il entendait ses cris, puis le bruit du crâne qui se fracassait, c'était atroce. Il se boucha les oreilles. Ses dents claquaient sans qu'il puisse se contrôler. Le gendarme lui demanda s'il avait besoin d'aide. Il fit signe que non et courut se réfugier au pied d'un orme. Derrière lui, les voix se brouillèrent, avant de disparaître.

Il ne garda aucun souvenir de son retour à la maison. Il faisait nuit lorsqu'il entra dans le salon où ses parents s'inquiétaient de son absence.

« Je suis arrivé trop tard, marmonna-t-il, l'air hagard. Trop tard ! »

C'est tout ce qu'il réussit à articuler. Il s'épongea le front avec son mouchoir qu'il tripotait nerveusement. Sa bouche remuait bizarrement et ses yeux allaient de son père à sa mère. Il voulait raconter ce qui s'était passé mais ses propos étaient confus. À force de le questionner, Papineau obtint le fond de l'histoire, mais Julie se demanda si ce récit macabre n'était pas le fruit de son imagination. Lactance grelottait et elle pensa qu'il avait la fièvre. Elle n'osa pas le toucher, de peur qu'il s'emporte. Il ne voulut pas dîner et monta se coucher.

Il passa une nuit horrible à entendre des bruits de sabot qui se rapprochaient, puis s'éloignaient. Des roues qui grinçaient et des cris inhumains, désespérés. Mais le crâne en miettes, c'était son crâne à lui, et il en éprouvait presque une douleur physique. Il arrêtait la chaîne des instants pour en découper les moments. C'est ainsi qu'il restait suspendu dans le vide, entre le saut qu'il amorçait et la chute qui le tuait. Était-il en train de devenir fou?

Ses cauchemars le tinrent agité jusqu'à l'aurore. Ce 13 juillet 1842 resterait à jamais gravé dans sa mémoire. Il y avait un an, jour pour jour, que son grand-père Papineau était mort. Fallait-il y voir un mauvais présage?

❧

Anne-Barbe Kock avait un faible pour Lactance. Le voyant dans tous ses états, elle pensa qu'un séjour à la campagne lui remonterait le moral mieux que n'importe quel remède. Elle avait loué un hôtel particulier à Égremont, près de Saint-Germain, et proposa aux Papineau d'y passer la dernière semaine du mois d'août. Ce serait, disait-elle, une façon agréable de souligner la fin de l'été.

«Gustave et les petites en profiteraient aussi. Qu'en pensez-vous Julie?

— Je ne sais pas...

— Allons, vous menez une vie monastique, c'est insensé. Ah! si seulement j'avais votre âge... Quelles folies je ferais!

— Vous avez peut-être raison, après tout, les enfants n'ont pas quitté Paris de tout l'été.

— Vous non plus, ma chère. Vous êtes vous regardée dans la glace? Vous êtes pâle à faire peur.»

C'était décidé. Mais au moment de préparer les bagages, Julie regretta de s'être engagée. Elle n'avait rien à se mettre. Papineau s'impatienta.

«On ne s'en va pas au bal, bon Dieu!»

Elle se résigna à porter sa robe à marguerites. L'important, c'était que les enfants s'amusent au soleil. Ils avaient rendez-vous à l'embarcadère de la rue de la Pépinière, à petite distance de leur maison. Sur le coup de neuf heures, tout le monde était déjà installé et la diligence allait partir lorsqu'un fiacre s'arrêta devant le quai d'embarquement. Marcella Dowling en descendit.

«Enfin, chère amie, je désespérais de vous voir apparaître, fit madame Kock. J'ai cru que vous aviez changé d'idée.»

Elle descendit de la voiture pour aller au-devant de la belle Irlandaise qui tenait la main de son fils.

«Je ne vous ai pas prévenus? ajouta-t-elle en se tournant vers les Papineau. Marcella est des nôtres. Les Guillemot aussi, d'ailleurs, mais ils nous rejoindront à Égremont, car ils préféraient prendre le train. Elvire était excitée comme une petite fille à l'idée d'essayer la nouvelle ligne Paris–Saint-Germain.

— Nous sommes ravis de vous compter parmi nous, madame Dowling, fit Papineau en baisant la main gantée qu'elle lui tendait. Vraiment ravis.»

Le petit garçon se mit au garde-à-vous.

«Bonjour, monsieur Papineau, dit-il en soulevant sa casquette à glands pour le saluer.

— Bonjour, Michael, répondit celui-ci. Dis donc, tu as encore grandi, toi?»

Le fils de Marcella cassait un peu le français. Il avait une jolie frimousse picotée et une tête rousse comme celle de sa maman. Julie s'étonna qu'il connaisse Papineau. Michael lui tendit timidement la main. Il se déplaçait avec la gaucherie charmante qu'ont les enfants de bonne famille. Madame Kock l'entraîna dans la partie arrière du char, là où se trouvaient les petits Papineau.

«Venez, Gustave, Ézilda et Azélie, voici votre ami Michael.»

La voiture s'ébranla. Il faisait un temps superbe et la route fut très achalandée jusqu'au pont de Neuilly. Quand l'attelage tourna à gauche pour longer le bois de Boulogne, ils commencèrent à humer l'air de la campagne. Les enfants chantaient et les adultes causaient gaîment de choses anodines. Madame Kock vantait les mérites des voitures publiques. Pour rien au monde elle ne voyagerait en train, cette machine qui fume et qui tue.

«C'est le progrès, ma chère, remarqua Papineau. Le progrès.

— Vous avez raison, monsieur Papineau, il faut être de son temps, l'approuva Marcella, en lui décochant l'un de ses plus beaux sourires.

— Le progrès n'attire pas beaucoup les vieilles personnes comme moi, trancha madame Kock. Les gens de ma génération préfèrent la bonne vieille diligence qui grille les lieues aussi vite.

— Chacun a ses peurs, observa Julie, qui ne voulait pas être en reste. Moi, par exemple, je ne supporte pas les foules. Le dimanche de Pâques, nous avions d'excellents billets pour le concert d'orgues, à Notre-Dame. Eh bien ! il y avait tellement de monde dans la cathédrale que j'ai pris peur. Une sorte d'angoisse qui m'a forcée à quitter précipitamment les lieux. »

Lactance confirma l'incident. Sa mère, raconta-t-il, avait l'air si paniquée qu'il l'avait raccompagnée à la maison. Papineau vit dans la remarque de son fils un léger reproche qu'il ne releva pas. Ils roulèrent encore trois lieues avant d'arriver aux abords de Nanterre, qu'ils reconnurent aux toits ardoisés du château de Malmaison aperçu au loin.

« C'est ici, mes enfants, que Napoléon et Joséphine ont vécu des jours heureux », annonça Papineau qui ne ratait jamais une occasion de jouer au professeur. Et Gustave en profita pour chanter :

Napoléon avait cinq cents soldats,
marchant du même pas...

Les volets de la résidence d'été de l'impératrice étaient clos, cependant les jacinthes, les rhododendrons et les roses qui en ornaient la façade se reflétaient dans la pièce d'eau, devant le château. Mais déjà la diligence s'éloignait. Ils traversèrent Nanterre sans s'arrêter, virent Marly et son bel aqueduc relié à Versailles et enfin, s'arrêtèrent au bord de la Seine, vis-à-vis de Saint-Germain. Il avait suffi d'un peu plus d'une heure pour parcourir la distance depuis Paris. Il ne leur restait plus qu'à franchir à la file indienne le joli pont qui traversait la Seine et à monter l'escalier au bout duquel se trouvait une terrasse. C'était le point de rencontre des chasseurs qui s'enfonçaient ensuite dans le labyrinthe de sentiers boisés.

« Saviez-vous que cette forêt était la préférée d'Henri IV ? demanda madame Kock. Louis XIV et Charles X y chassaient aussi.

« — Le pauvre duc d'Orléans y venait parfois, ajouta tristement Lactance. Il n'y chassera plus maintenant.

— Paix à son âme, récita Julie en se signant.

— Allons, mes amis, dépêchons, ordonna madame Kock. L'hôtelier de Saint-Germain nous a préparé un déjeuner champêtre à la maison. Il ne faut pas le faire attendre. »

Mais Gustave ne voulait pas quitter la forêt avant d'avoir vu des cerfs et des sangliers. L'enfant finit par se laisser convaincre d'avancer quand Julie lui promit de le ramener le lendemain.

Le pavillon de madame Kock était situé à une lieue d'un village qui comptait plus d'hôtels particuliers datant du XVIIe siècle que de maisons modernes et de boutiques. Le propriétaire, monsieur Lanneau, les conduisit lui-même dans son cabriolet. La route, toute en vallons et en coteaux, zigzaguait entre les vergers de pommes bien mûres et de poiriers blancs. De chaque côté, dans les champs de culture dessinés symétriquement, comme de véritables potagers, des paysannes au dos courbés récoltaient des légumes dans des paniers de paille. De somptueuses propriétés voisinaient avec les maisons de ferme plus modestes, mais tout aussi bien entretenues.

C'était un endroit de rêve et Julie savourait à l'avance ces quelques jours volés au triste quotidien. Elle ignorait comment madame Kock avait pu amasser une telle fortune, mais tout était si charmant et la vue sur les vignobles, si impressionnante, qu'elle cessa derechef de se poser des questions. De la fenêtre de sa chambre, elle repéra au loin une tour du Moyen Âge, tout près de l'aqueduc de Marly, qu'elle avait aperçu plus tôt. Elle rangea son nécessaire de toilette et descendit rejoindre les autres à la terrasse surplombant des hameaux accrochés çà et là aux collines.

Les Guillemot arrivèrent bientôt et le repas débuta. La table avait été dressée à l'ombre d'un châtaigner géant. Ça sentait bon l'herbe fraîchement coupée. On déjeuna à la bonne franquette : soupe aux légumes, côtelette de mouton, pommes de terre avec un peu de beurre et pain de ménage. Pour dessert, une corbeille de raisin et des croquettes de riz pour les enfants. Julie suggéra de remplacer le lait par de l'orangeade. Elle se méfiait des laitages depuis qu'Ézilda avait souffert de coliques après en avoir bu.

Elvire était plus ravissante que jamais dans sa robe de coton imprimé aux couleurs pastel, dont les manches, plaquées sur le haut du bras par une série de fronces, prenaient de l'ampleur autour du coude et se resserraient finalement au poignet. Elle avait apporté une provision de vin de Bordeaux qui fut très appréciée. Pendant que son mari Eugène débouchait la première bouteille, elle demanda des nouvelles d'Amédée.

« Il vient d'être reçu avocat, répondit fièrement Julie.

— Mais c'est magnifique ! la félicita Marcella. Va-t-il s'établir à New York ?

— Cela paraît difficile, lui répondit Papineau. Il n'a pas encore d'associé mais notre ami, le juge Walworth, lui a fourni de bonnes références.

— *I know a good lawyer* à New York, annonça Marcella, je pourrais peut-être lui écrire. Qu'en dites-vous, madame Papineau ?

— C'est très gentil à vous, répondit Julie. Amédée est un jeune homme bien. Votre ami ne sera pas déçu.

— On me dit qu'il viendra bientôt à Paris ? ajouta Marcella.

— Nous l'attendons dans trois mois, enfin... dès qu'il aura obtenu sa citoyenneté américaine, expliqua Julie.

— Comme vous avez les yeux pétillants, madame Papineau, lorsque vous parlez de votre Amédée, fit Elvire, tout à coup moqueuse.

— Vous avez raison, Elvire, mais je me demande qui de lui ou de moi a le plus hâte de voir l'autre ? Savez-vous que ce sera la première fois en cinq ans que la famille sera réunie ? »

Le repas s'étira, en l'absence de Lactance qui avait profité du dernier service pour s'excuser. Il voulait se promener seul dans la forêt. Après le dessert, les enfants demandèrent la permission de quitter la table et ils détalèrent pour aller jouer à saute-mouton dans le jardin. Papineau et Eugène Guillemot burent leur café en parlant de l'Union des deux Canadas qui était maintenant chose faite, au grand dam du patriote, et se levèrent à leur tour. Les mains derrière le dos, ils s'éloignèrent en marchant lentement jusqu'au sentier qui menait au village. Elvire raccompagna madame Kock à sa chambre, car elle voulait faire une sieste, et Julie resta seule avec Marcella sur la terrasse.

« Voulez-vous encore un peu de thé, madame Dowling ? demanda-t-elle en soulevant la théière. Il est un peu fort, je vous préviens. »

Marcella tendit sa tasse en souriant.

« Appelez-moi Marcella, je vous en prie. »

C'était une superbe femme d'environ vingt-cinq ans, peut-être un peu plus, mais, si tel était le cas, rien n'y paraissait. Elle avait la peau blanche comme neige, des dents éclatantes et possédait une masse de cheveux couleur de feu qui convenait à son caractère passionné. Ses amis devinaient qu'elle s'ennuyait de l'Irlande à l'entendre évoquer les rochers à fleur d'eau et la brume qui, certains matins, couvrait la cime des arbres. Elle disait « mon île » lorsqu'elle parlait de son pays qu'elle avait quitté pour suivre son mari en France.

Officiellement, ils s'étaient exilés pour des raisons politiques, comme c'était le cas de nombreux militants d'une Irlande catholique et indépendante. Mais la vérité était tout autre et seuls leurs proches la connaissaient. Ayant sombré dans le whisky, le professeur Dowling était devenu *persona non grata* dans les universités irlandaises. Forcé de gagner sa vie ailleurs, il avait entrepris une nouvelle carrière d'enseignant en France. Sa femme avait espéré que Paris effacerait le tourment qu'avaient été les premières années de leur mariage. Or les choses s'étaient passées différemment. Marcella étendit ses longues jambes sur un tabouret pliant et retira son chapeau de paille avant de dénouer d'un geste lent ses cheveux.

« Quelle journée divine ! dit-elle, en soupirant d'aise. Je me sens si lasse. »

Une infinie tristesse l'envahit. Elle tourna son visage du côté du soleil et ferma les yeux. Ses cheveux étaient inondés de reflets brillants. Puis elle s'étira langoureusement et ajouta :

« Ça ne vous ennuie pas de passer un petit moment avec moi ? »

Julie la rassura. Elle était ravie de faire plus ample connaissance avec elle. Pour tromper le silence qui suivit, elle bredouilla des lieux communs sur le décor paradisiaque et sur la chance qu'elles avaient, toutes deux, d'être les invitées d'Anne-Barbe. Marcella la regardait comme si elle voulait lui faire des confidences. Mais elles ne s'étaient rencontrées qu'une seule fois, aux Invalides, et Julie doutait qu'elle soit du genre à raconter ses secrets intimes à une étrangère. Un certain mystère flottait autour de l'Irlandaise qui ne manquait pas pourtant de l'intriguer. Un mystère qu'elle aurait voulu percer. Elle connaissait la triste histoire du professeur Dowling et savait aussi que personne ne parlait de lui en présence de sa femme. Les rares fois qu'il l'avait accompagnée en société, il était ivre et avait laissé une impression désagréable.

Les amis de Marcella ne furent pas surpris d'apprendre que son vice lui avait fait perdre son poste de professeur à Paris et qu'il s'en allait enseigner à Montpellier. Cette fois, sa femme refusa de le suivre, sous prétexte que le petit Michael, qu'elle avait confié à des religieuses irlandaises, la retenait à Paris.

« Vous comptez passer toute la semaine avec nous ? demanda Julie en se raclant la gorge pour masquer sa gêne.

— Non, je dois rentrer à Paris demain, répondit-elle simplement. Madame Kock a été très bonne de m'inviter mais je cherche du travail. Mon mari est hospitalisé dans le sud de la France et j'ignore quand il pourra reprendre l'enseignement et m'envoyer de l'argent. »

Marcella espérait obtenir une place de dame de compagnie auprès d'une vieille Anglaise du quartier de l'Opéra. Elle aurait préféré être institutrice dans une famille mais, après de multiples démarches, elle ne croyait plus la chose possible. Elle avait d'excellentes recommandations et pourtant, partout où elle s'était présentée, la réputation du professeur Dowling l'avait précédée.

« Les gens croient que mon mari viendra troubler la paix dans leur maison. Alors ils refusent mes services.

— Après sa cure à l'hôpital, vous verrez, il sera guéri.

— Vous ne le connaissez pas. Vous avez déjà entendu parler d'une tête d'Irlandais ? continua-t-elle avec une pointe d'ironie dans la voix. Il est comme ça, Henry, entêté comme une mule. Et beau parleur aussi. Il m'a souvent fait la promesse de ne plus boire une goutte d'alcool. Mais dès que j'ai le dos tourné, il court chez le marchand de liqueurs. »

Marcella se souleva sur ses avant-bras et ajouta en regardant Julie :

« N'allez pas croire que je veuille me plaindre. Je ne sais pas d'ailleurs pourquoi je vous raconte tout cela. Vous allez penser que je n'ai aucune pudeur.

— Mais non, mais non, nous sommes seules, toutes les deux, et vous avez besoin de vous confier. Alors je vous écoute.

— J'apprécie votre délicatesse, madame Papineau. Votre mari aussi m'apporte beaucoup de réconfort. C'est l'homme le plus généreux que je connaisse. Il me parle souvent de vous et j'avais hâte de mieux vous connaître. »

Marcella enviait la chance de Julie. L'exil était une épreuve terrible, elle en convenait, mais vécu avec l'homme qu'on aime et qu'on admire, cela devait tout de même être moins pénible.

« Je ne sais pas si j'aime encore mon mari, avoua-t-elle en tournant une mèche de cheveux autour de son index. C'est terrible à dire, mais c'est comme ça. N'eût été de mon confesseur, je serais restée à Dublin avec mon fils. Voyez-vous, je suis croyante. Vous connaissez la règle ? Ce que Dieu a uni... »

Les enfants se tiraillaient et les deux femmes se retournèrent. Apparemment, Michael avait pincé le bras d'Azélie qui hurlait de douleur.

« *Mommy, mommy*, fit la petite en larmes, *Michael is hurting me*.

— Allons ma chérie, ce n'est pas si grave. Il n'y a pas de marque. »

Marcella se leva pour gronder son petit garçon qui protestait. Azélie l'avait pourchassé avec un lézard qu'elle essayait de glisser dans sa culotte.

« C'est impossible, Michael, Azélie n'a pas pu attraper un lézard. Ça ne se laisse pas attraper, un lézard.

— Puisque je vous dis qu'elle en a un. »

Azélie regardait Marcella, les bras dans le dos et les yeux pétillants de malice. Elle fit alors un grand geste pour montrer ses mains nues et elle éclata de rire, devant le petit garçon mécontent de s'être laissé prendre au piège.

« Bon, bon, *make peace, both of you.* »

La belle Irlandaise revint vers Julie et dit d'une voix empreinte d'émotion :

« Jeune mariée je rêvais d'une famille comme la vôtre, avec une ribambelle d'enfants beaux et intelligents. Je voulais avoir une petite fille comme votre Azélie. Une poupée qui vous regarde avec ses grands yeux espiègles. »

Les enfants reprirent leurs jeux. Marcella ne quittait pas Azélie du regard.

❦

L'après-midi traîna en douceur. Eugène Guillemot et Papineau marchèrent pendant une bonne heure, avant de déboucher d'un sentier, à la lisière du bois. Le soleil avait disparu derrière un nuage. Ils traversèrent les pelouses pour rejoindre les deux femmes auxquelles Elvire venait de s'ajouter. Derrière le petit groupe qui faisait cercle sur le plus haut plateau de la terrasse en escalier, on entendit un volet grincer. Madame Koch apparut à la fenêtre de sa chambre et leur fit signe qu'elle descendait.

« Marcella, vous devriez gronder monsieur Papineau, fit Eugène, en se laissant tomber dans une chaise longue. Figurez-vous qu'il m'a dit du mal de votre héros.

— Il dit du mal de Daniel O'Connell ? Ce n'est pas vrai ! Vous en avez contre mon chef, monsieur Papineau ? »

Marcella avait réagi rondement, ce qui lui valut d'être coiffée du titre ronflant de la pasionaria d'Égremont. Elle vouait au chef nationaliste irlandais une admiration qui ne s'était jamais démentie depuis que, jeune fille, elle l'avait vu haranguer la foule à Dublin. C'était un fort bel homme, grand et musclé, ce qui n'était pas pour lui déplaire. Sa voix, chaude et puissante, avait fait de lui le tribun le plus envié de son temps. Aujourd'hui, à soixante-sept ans, il était toujours aussi séduisant et sa détermination à lutter contre les injustices exaltait Marcella comme aux premiers jours. La cause irlandaise qu'elle prêchait dans les salons donnait un sens à sa vie. Elle rit de bon cœur de se voir l'objet des moqueries mais n'en démordit pas.

« Dites-moi au moins ce que vous lui reprochez ?

— De refuser aux autres ce qu'il réclame pour son peuple, répondit Papineau. Voilà quinze ans qu'il prêche la révolte aux Irlandais et il nie aux Canadiens le droit de se libérer de leurs chaînes.

— *Come now* ! votre parallèle ne résiste pas à l'analyse. Monsieur O'Connell est contre la violence et les effusions de sang, *that is all*. Vous êtes de mauvaise foi, *mister* Papineau.

— Bon Dieu ! Mais qui a commencé la guerre civile chez nous ? Qui a tué trois innocents à la place d'Armes de Montréal, en 1832 ? Et en 1837, qui a pris l'initiative des combats ? Il faudra que je vous donne des cours particuliers d'histoire du Canada, ma chère Marcella. »

Papineau s'enflammait. Quoi qu'elle puisse en penser, sa comparaison tenait et il allait le lui démontrer. L'Irlande n'avait plus de Parlement et celui du Canada n'avait aucun poids. L'Irlande payait avec ses impôts les dettes de l'Angleterre, le

Bas-Canada aussi, en plus d'effacer celles du Haut-Canada d'avant l'Union. Dans les deux pays, les postes de juges et de fonctionnaires étaient réservés aux Anglais. Enfin, la haine du Canadien contre son oppresseur n'avait d'égale que celle de l'Irlandais face au même despote.

« La violence existe aussi en Irlande, madame Dowling, intervint Julie. Des siècles d'histoire l'expliquent. »

Marcella hochait la tête :

« Daniel O'Connell ne comprend pas pourquoi les Canadiens ont pris les armes alors qu'ils avaient une législature. Il veut émanciper le peuple irlandais par la voie de ses institutions parlementaires et il croit que vous auriez dû emprunter le même chemin

— Mais que diable pensez-vous que nous voulions ? » demanda Papineau qui s'emportait, mais en y mettant une chaleur tout amicale. Londres nous a refusé le gouvernement responsable. À quoi bon posséder un Parlement si ses élus n'ont pas le pouvoir de faire des lois ou de lever des impôts ? »

Julie observait la scène. Marcella s'animait et, avec elle, Papineau n'aurait pas le dernier mot. Son sang irlandais bouillonnait. Lorsqu'elle s'emportait, elle passait de l'anglais au français indifféremment, le toisait, le défiait et réfutait ses arguments avec aplomb, en épiant ses réactions du coin de l'œil. Julie pensa : J'étais comme elle avant de connaître l'exil. Depuis, un ressort s'était brisé en elle et sa belle assurance, qu'elle admirait maintenant chez la jeune femme qui tenait tête à Papineau en le dévorant des yeux, avait disparu.

Cependant, le chef des patriotes était très fort et Marcella commençait à être à bout d'arguments. Ayant tout à fait repris son calme, il compara sans passion la résistance passive de leurs compatriotes respectifs. Les Irlandais et les Canadiens s'étaient montrés très patients avec les Anglais, l'avait-elle donc oublié ? Et pouvait-elle affirmer aujourd'hui que l'Irlande ne connaîtrait pas, elle aussi, une rébellion comme celle du Canada ? Voyant qu'elle allait perdre la partie, Marcella prit un ton de séductrice :

« Louis-Joseph, vous avez pour votre pays un attachement indéfectible qui me touche. Vous le portez sur vos épaules, comme le chef des patriotes irlandais. Ne vous a-t-on pas surnommé le "O'Connell canadien"? Comme lui, vous enseignez à votre peuple à relever la tête devant les tyrans. »

La belle Irlandaise rougit. Ce n'était pas tant la flatterie qu'elle s'était permise qui la troublait, mais elle venait de se rendre compte qu'elle avait appelé par son prénom un homme qui avait presque deux fois son âge. Elle s'en excusa. Il la pria de n'en rien faire. Loin de s'en offusquer, il paraissait envoûté.

« Ma chère Marcella, ne vous excusez pas. Cela me rajeunit de vous entendre m'appeler Louis-Joseph.

— Allez, Marcella, dit Elvire en faisant une moue boudeuse. Laissez monsieur Papineau tranquille ! Je vous préviens, il est à moi. Je ne vous dispute pas votre héros irlandais, alors laissez-moi le mien. Je suis peut-être Américaine de naissance mais j'ai adopté la cause canadienne de mon héros. »

Madame Kock avait suivi le manège de Marcella et elle s'amusait maintenant de la sortie enflammée d'Elvire. Comment Julie réagirait-elle à cette surenchère d'admiration à l'égard de son mari ?

« Dites-moi, madame Papineau, fit-elle, une lueur narquoise dans les yeux, comment trouvez-vous l'effronterie des jeunes femmes modernes ?

— Oh ! moi, j'observe l'effet de ce genre de flatteries sur mon mari, surtout lorsqu'elles sont le fait de jeunes femmes. Regardez-le, il est fier comme un paon. À cinquante ans et des poussières, ce n'est pas moi qui entreprendrai de le changer ! »

CHAPITRE XXVI

L'infidélité

Les vacances à Égremont se terminèrent sur une note discordante. Leurs valises bouclées en prévision du départ, les invités d'Anne-Barbe Kock allaient commander une voiture pour les conduire à la gare, quand leur hôtesse insista pour les réunir au petit salon qui donnait sur le jardin muré, du côté de l'église. Elle déboucha une dernière bouteille de champagne en leur annonçant qu'elle voulait partager son grand bonheur avec eux. Elle avait gardé son secret jusqu'à la dernière minute mais, n'y tenant plus, elle passait aux aveux :

« Je suis amoureuse et je vais me marier. »

Ses amis furent tout décontenancés par la nouvelle, car personne n'avait la moindre idée du nom de son fiancé. Lorsque Anne-Barbe leur confia qu'il s'agissait de Théobald, un jeune homme fauché comme les blés, ce fut la consternation. Les mauvaises langues soupçonnaient le militaire d'une trentaine d'années de tourner autour de la riche veuve pour lui soutirer de l'argent. Il venait en effet de se dépêtrer d'une liaison déshonorante avec une femme mariée et cherchait de nouvelles ressources pour assurer le train de vie auquel il était habitué. Cependant, l'idée d'une idylle entre lui et Anne-Barbe leur semblait loufoque à cause de la différence d'âge. Leur amie était trop lucide pour ne pas lire dans le jeu du jeune intrigant. Sans compter qu'elle avait passé depuis longtemps l'âge de perdre la tête comme une gamine.

Un commentaire n'attendait pas l'autre. C'était à qui lui ferait entendre raison. L'un évoqua la mauvaise réputation du jeune Théobald, l'autre, les pièges qui guettaient les dames trop fortunées. Quelqu'un fit alors allusion à ses soixante-quinze ans révolus et elle se fâcha. Oubliant qu'ils étaient ses invités, elle les accabla de reproches qui les laissèrent pantois : ils étaient tous des ingrats ! Elle les avait accueillis chez elle, les avait nourris, leur avait servi ses meilleurs vins et avait offert des gâteries à leurs enfants. Aucun d'eux n'avait assez de générosité pour se réjouir de son bonheur ? Voilà comment ils exprimaient leur reconnaissance : en l'insultant. Elle était précieuse, leur amitié !

Le malaise persista jusqu'au départ qui se déroula en son absence. Enfermée dans sa chambre, elle attendait que tous ces indésirables – c'était ainsi qu'elle les qualifiait – aient disparu de sa vue ! Personne ne la revit au cours des semaines qui suivirent. Comme la chronique mondaine des journaux n'annonça pas son mariage, ils en vinrent à croire que leur vieille amie avait retrouvé ses sens. Elle se lasserait de bouder et donnerait bientôt signe de vie.

Julie avait ses propres soucis. N'ayant plus les moyens de tenir une maison dont le loyer était aussi exorbitant, la famille quitta la rue de Courcelles pour emménager dans un logement de la rue d'à côté, avec vue sur le magnifique parc Monceau. Ils allaient y trouver certains avantages mais au moment du déménagement, ils avaient tous des visages de carême. Les enfants ne se consolaient pas de devoir se séparer de leurs lapins et Lactance rechignait parce qu'il avait espéré se rapprocher de l'École de médecine. Encore une fois, tout s'était décidé sans qu'on tienne compte de ses besoins à lui.

Décembre commença malgré tout en douceur. À la veille de l'Immaculée Conception, Marie-Barbe Kock refit surface. Elle invita Julie à l'accompagner aux Conférences à Notre-Dame. Le célèbre abbé Lacordaire, fraîchement revenu de Rome, y prêchait pendant l'Avent.

Julie hésita avant d'accepter. Elle se méfiait désormais de la générosité de la vieille dame, qui ne s'était pas gênée pour lui mettre sous le nez ses largesses passées. Mais d'un autre côté, l'idée d'aller entendre l'un des plus grands prédicateurs du temps l'attirait. Madame Kock se vantait d'avoir obtenu d'excellentes places dans la basilique. Depuis que les femmes du monde couraient les églises autant que l'opéra, les conférenciers en soutane étaient cotés en fonction du nombre de quêtes et des recettes qu'ils réalisaient. Avec l'abbé Lacordaire, le prix des chaises avait triplé, ce que la vieille dame ne manqua pas de mentionner à Julie, en prenant son siège dans la nef. Son invitée commençait à regretter sa sortie. Elle n'avait encore rien entendu.

L'abbé Lacordaire était à son mieux. Très digne dans son élégante tunique de dominicain, il parla avec éloquence contre la licence des mœurs. Il avait le débit d'un comédien du Théâtre-Français. Même si en après-midi les sermons étaient réservés aux dames, messieurs de Lamartine et de Chateaubriand occupaient le banc d'œuvre, ce qui fit jaser. D'autres hommes, en tenue de cavalier, pantalon sans pied, gilet de couleur vive et gants blancs, se tenaient à l'arrière, comme s'ils n'étaient pas certains d'être les bienvenus.

Après la cérémonie, il y eut, sur le parvis de la cathédrale, un attroupement de dames distinguées qui commentaient le sermon. L'abbé avait été brillant et plusieurs avaient apprécié qu'il s'inspire des plus grands poètes pour exposer sa doctrine. Julie, qui le connaissait de réputation – Lacordaire était un disciple de Félicité de Lamennais –, se déclara impressionnée tant par sa culture que par ses idées. Madame Kock se montra plus critique. Elle préférait les prêches de l'abbé Rastignac, plus inflexible lorsqu'il enseignait le dogme, pendant le carême.

Anne-Barbe Kock invita Julie à monter dans sa calèche fermée, garée en retrait, non loin de la porte centrale. La vieille dame pria ensuite son cocher de faire un long détour avant de ramener son amie rue Monceau, car elle avait deux mots à lui dire. Le domestique prit la rue du Cloître et se dirigea au pas jusqu'au pont menant à l'île Saint-Louis dont il fit lentement le tour.

« Vous pensez bien, ma chère amie, que je n'ai pas demandé à vous voir simplement pour que nous allions entendre monsieur de Lacordaire.

— Ah bon ! Vous voulez me parler de votre prochain mariage ?

— Surtout pas. Ce sujet ne concerne que moi. Non, ce que j'ai à vous dire...

— Vous commencez à m'intriguer, madame Kock, l'interrompit Julie.

— Croyez bien que je me serais passée de cet entretien qui vous sera désagréable, j'en ai peur. »

La vieille dame simulait l'embarras, mais elle savait exactement où elle voulait en venir et Julie comprit qu'elle avait été attirée dans un guet-apens. Mais elle n'allait pas se laisser avaler tout cru.

« Allons, madame Kock, si je vous ai offensée à Égremont, je le regrette. Mais il n'était pas nécessaire de vous donner tout ce mal pour me le reprocher.

— Écoutez, ma chère Julie, dit Anne-Barbe. Ce qui s'est passé à Égremont est oublié. Je suis votre amie et je veux simplement vous mettre en garde contre une femme qui a des vues sur votre mari. Je me sens d'autant plus responsable que c'est moi qui l'ai présentée à monsieur Papineau.

— Vous aussi, écoutez-moi ! rétorqua Julie, qui n'aimait pas la tournure que prenait la conversation. Elvire est une jeune femme que j'adore. Elle a de l'affection pour Papineau et il n'y a pas de mal à cela. N'allez pas imaginer d'intrigue entre eux, ce serait pure invention de votre part.

— Je ne vous parle pas d'Elvire mais de Marcella Dowling, protesta Anne-Barbe. Je m'étonne que vous n'ayez pas remarqué ses petites manigances cousues de fil blanc. J'aurais fermé les yeux si je ne les avais pas croisés au Louvre, l'autre jour. Monsieur Papineau vous a-t-il parlé de ce rendez-vous ? »

Julie encaissa le coup en s'efforçant de cacher son trouble intérieur. Papineau ne lui en avait rien dit, c'était exact. Mais cela ne signifiait pas qu'il se soit compromis avec Marcella Dowling, dont il avait deux fois l'âge. Les insinuations de madame Kock étaient déplacées et elle le lui dit sèchement. Mais la vieille dame la relança :

« Ma chère, je ne m'avancerais pas sur ce terrain glissant sans preuve. La semaine dernière, le frère de Marcella, monsieur Atkinson, est venu de Dublin pour la voir. Comme elle ne pouvait pas lui offrir le gîte, j'ai offert de l'héberger. Ne me demandez pas pourquoi, mais il s'est confié à moi. Il s'inquiétait de savoir sa sœur seule à Paris, dans son état, et il craignait qu'elle décidât d'aller rejoindre son mari à Montpellier. Vous êtes au courant, je suppose ?

— Au courant de quoi ? s'impatienta Julie.

— Vous ne savez pas que Marcella est enceinte ? Pour éviter les cancans, elle songe à reprendre la vie commune jusqu'à la naissance de l'enfant.

— Vous n'allez tout de même pas en attribuer la paternité à mon mari ? Ce serait le comble !

— Ne montez pas sur vos grands chevaux, Julie. Je vous disais simplement que le frère de Marcella voulait la convaincre de ne pas retourner avec son mari. Il est violent, imprévisible, et elle pourrait s'en repentir.

— Je suis navrée d'apprendre que madame Dowling est dans l'embarras, mais je ne vois pas en quoi cela concerne monsieur Papineau.

— Connaissant l'amitié de votre mari pour sa sœur, monsieur Atkinson s'est ouvert à lui. Je sais qu'ils se sont vus. Et avant qu'il s'en retourne à Dublin, il a reçu cette lettre de monsieur Papineau qu'il a laissée sur la commode de sa chambre où je l'ai trouvée. »

Elle ouvrit son sac et en tira une feuille pliée en trois. Julie n'eut aucun mal à reconnaître l'écriture de Papineau. Elle aurait voulu détourner la tête, lui dire qu'elle ne se prêterait pas à cette comédie, mais elle était paralysée. Anne-Barbe poursuivit :

« Je vous fais grâce des civilités, votre mari étant un homme porté sur les formules pompeuses. Je m'en tiendrai à ce qu'il a écrit à propos de Marcella. Voici : "Je l'admire, je la respecte, je l'aime et je la plains trop sincèrement pour ne pas trouver que c'est un devoir très urgent envers elle, et un plaisir bien grand pour moi, que d'essayer de lui faire oublier un instant d'aussi amers souvenirs que ceux que représentent pour elle les injustices que lui a si souvent fait éprouver le professeur Dowling", etc. »

Un moment interloquée, Julie se ressaisit et ordonna au cocher de la reconduire rue Monceau sans plus tarder. Elle pria aussi madame Kock de se taire. Elle n'avait pas l'intention d'en entendre davantage. Louis-Joseph avait écrit « je l'aime », à propos de Marcella, et les mots résonnaient en elle pendant que la voiture filait à vive allure. Elle avait mal comme jamais encore.

❧

À la maison, les enfants trépignaient d'impatience. Julie avait promis de les conduire au parc Monceau et, bien qu'elle fût encore perturbée par les révélations de madame Kock, elle n'eut pas la force de leur refuser cette sortie. C'était l'heure du goûter et elle les emmena d'abord à la pâtisserie où ils se gavèrent d'éclairs au chocolat, de savarins et de choux. Elle les trouva beaux et innocents. Gustave était à croquer dans son costume de matelot et ses filles avaient l'air de petites demoiselles dans leurs robes en jaconas bleu ciel à manches ballon. Elles portaient un joli chapeau sur leurs bandeaux frisés et un foulard de mousseline autour du cou. Ses chers petits! Ils étaient sa lumière, ils donnaient un sens à sa vie qui venait de s'effondrer d'un seul coup.

Décembre à Paris ressemblait à Montréal, l'automne. Au milieu du parc, elle repéra un banc, sous un saule à demi dénudé. Pendant que les enfants s'amusaient à se lancer les feuilles mortes qui jonchaient le sol, elle s'assit, anxieuse de remettre de l'ordre dans ses idées. Y avait-il seulement une parcelle de vérité dans le roman à deux sous que la vieille écornifleuse lui avait rapporté? Et si ce n'était qu'une abominable vengeance concoctée par une femme blessée dans son orgueil? Hélas! cette lettre de Papineau à monsieur Atkinson était bien de sa main. Elle se rappela soudainement que Louis-Joseph avait refusé d'emmener Gustave au Louvre, la semaine précédente, en prétextant qu'il allait rejoindre des amis...

Julie commençait à soupçonner la plus horrible des trahisons. Elle avait quarante-six ans et son mari était peut-être amoureux d'une jeune femme qui en avait à peine vingt-cinq. Une femme magnifique, séduisante, intelligente. C'était trop injuste. Devant une rivale pareille, quelle chance avait-elle de garder son mari? Après vingt-quatre ans de vie commune, les passions les plus ardentes s'attiédissent forcément.

Avait-elle traversé l'Atlantique pour en arriver là? Elle se sentait démunie et terriblement impuissante. L'homme pour qui elle avait laissé son pays, sa famille, ses amis en aimait une autre. Rien n'était donc sacré? Les épreuves qu'ils avaient traversées ensemble auraient dû raviver leur amour, les river l'un à l'autre. À la vie, à la mort. Julie avait épuisé ses forces et son courage dans d'autres drames; elle avait tout risqué pour cet homme qui s'était attaché à la première femme venue. Le pire, c'est qu'elle ne se sentait même pas l'énergie de se battre pour le reconquérir.

«*Mommy*, vous pleurez?»

Azélie grimpa sur le banc et colla sa petite joue contre celle toute mouillée de sa mère qui se laissa câliner.

«Juste un tout petit peu, ma chérie, mais ce n'est rien de grave.

« — C'est moi qui vous ai fait de la peine ? demanda à son tour Gustave.

— Non, non, je pensais à... à grand-mère Bruneau. Je m'ennuie d'elle. Je crois que nous allons rentrer en Canada.

— Youpi ! fit Gustave en battant des mains. Papa viendra avec nous, hein, maman ?

— J'espère de tout mon cœur, mes amours. »

Gustave courut jusqu'à la maison, surexcité. En voulant enjamber un trou sur la chaussée, il glissa dans le crottin de cheval. Il était incapable de se nettoyer les pieds. Plus il essayait de se dépêtrer, plus il en mettait partout. Il implora sa mère des yeux, avec l'air penaud du petit garçon qui a fait un mauvais coup. Julie ne put s'empêcher de rire de sa déconvenue. Elle le nettoya et lui fit promettre d'enlever ses bottines avant d'entrer dans l'appartement.

C'est donc en pied de bas que Gustave se précipita à l'intérieur, où il trouva son père en train de lire au salon.

« Papa, papa, maman dit que nous rentrons en Canada, cria-t-il.

— Qu'est-ce que c'est que cette histoire ? demanda Papineau en interrogeant Julie du regard. Mais... tu as pleuré ?

— Maman s'ennuie de grand-maman, répondit Gustave à sa place. Il faut que nous allions à Verchères. Vous viendrez avec nous, papa ?

— Les enfants, laissez-nous. Maman et moi avons à parler. »

Papineau entraîna Julie dans la chambre et referma la porte derrière eux.

« Dis-moi ce qui te met dans cet état. N'as-tu pas vu madame Kock, aujourd'hui ? Je parie que cette vieille chouette a encore fait des siennes. »

Il s'approcha d'elle et voulut la toucher mais elle se raidit. Une lumière blafarde de fin de journée pénétrait par la fenêtre. Julie recula d'un pas et dit d'une voix étranglée :

« Tout ce temps, je voyais qu'Elvire te tournait autour. Ça flattait ton orgueil et je ne m'en offusquais pas. Jamais je ne t'aurais soupçonné de trahison.

— Elvire ? Mais tu es tombée sur la tête ? Tu ne vas pas croire ce qu'Anne-Barbe Kock colporte ?

— Je ne te parle pas d'Elvire mais de Marcella Dowling. Étais-tu, oui ou non, au Louvre avec cette femme ?

— Ah ! c'est d'elle dont vous avez parlé. Oui, j'y étais, et je ne m'en cache pas. J'admire Marcella.

— Je sais, tu l'admires, tu la respectes, tu l'aimes et c'est un plaisir pour toi d'alléger ses malheurs.

— Où vas-tu pêcher ça ?

— Tu ne reconnais plus ta propre prose ? Madame Kock m'a montré ta lettre au frère de Marcella Dowling.

— Cette madame Kock est démoniaque. Elle se dit sa protectrice et elle la persécute ? Ses calomnies, fruit d'une imagination maladive, me révoltent.

— Pauvre petite persécutée ! lança Julie narquoise. Tu m'excuseras de pleurer sur l'échec de ma vie plutôt que sur le triste sort de ta belle Irlandaise. Je veux rentrer en Canada.

— C'est impossible, Julie. D'abord, nous n'avons pas les moyens d'acheter les billets. Et puis, pense aux enfants qui doivent finir leur année scolaire.

— J'y pense, figure-toi. Je n'ai pas envie qu'ils aient sous les yeux le grotesque spectacle de leur père qui, à son retour d'âge, fréquente les jeunes femmes sans morale.

— Ne sois pas ridicule. Tu sais bien que c'est toi que j'aime. Marcella n'est qu'une amie. »

Julie se mordit les lèvres. Elle s'était juré de rester digne.

« Si tu m'aimes, dit-elle doucement en se laissant choir sur le lit, rentre avec moi. Nous n'avons plus rien à faire ici.

— Je n'ai pas terminé ma mission.

— Ta mission ! Tu me fais rire. Quelle mission ? »

Papineau quitta la pièce, comme s'il ne voulait pas en entendre davantage, la laissant seule, désemparée. La porte avait claqué. Elle n'aurait pas pu dire s'il était en colère contre elle ou contre lui-même. Elle s'étendit sur l'édredon et pleura doucement. Un bruit de pas la fit sursauter. Personne ne devait la trouver dans cet état. Elle mit de l'ordre à sa coiffure, tandis que la porte de la chambre s'ouvrit. Papineau reparut. Il y avait dans le regard livide de sa femme une telle désillusion qu'il faillit rebrousser chemin. C'est elle qui rompit le silence.

« Puisque Marcella ne compte pas pour toi, pourquoi refuses-tu de rentrer au pays ? Notre sort est de plus en plus précaire ici. »

Papineau esquissa une grimace. Il n'avait pas fait les premiers pas vers elle pour qu'elle lui rebatte les oreilles avec leurs sempiternels problèmes d'argent. Voyant qu'il était agacé, elle changea d'attitude.

« Veux-tu que nous parlions de Marcella ?

— Il n'y a rien à dire de plus, répondit-il d'un ton sec. C'est une belle amitié, un point, c'est tout. Je ne suis pas un enfant et je n'ai pas de comptes à rendre.

— C'est inoui, fit-elle en forçant le sourire. C'est moi qui suis blessée et c'est toi qui es vexé.

— Je te le répète, Julie, tu n'as pas à être blessée. Et je suis contrarié que tu fasses confiance à cette vieille folle de madame Kock plutôt qu'à moi.

— Surtout, ne nie pas. Dis-moi qu'il s'agit d'un égarement passager, dis-moi que rien n'est joué, mais je t'en supplie, ne mens pas.

— Je n'ai jamais cessé de t'aimer, Julie. Tu es ma femme pour toujours. Mais est-ce que cela m'interdit de cultiver des liens d'amitié parfaitement innocents ?

— Tu vas la revoir ?

— Évidemment. Elle a besoin d'un ami plus que jamais...

— Et moi ? Je n'ai besoin de personne ? »

Il ne répondit pas. Julie pousuivit, comme pour elle-même :

« J'ai fait une folie en venant à Paris. Je m'ennuie à mourir. Je ne supporte plus notre vie de parias. Personne ne compatit à ma fatigue, à ma lassitude. Tu me réponds distraitement quand je te parle. Ta chaleur et ta compréhension, tu les gardes pour une autre. Pour une femme qui a vingt ans de moins que moi.

— Tu es la seule responsable de ta solitude. Tu t'isoles, tu refuses les amis qui te tendent la main. Et tu voudrais m'enfermer avec toi.

— Je ne vais pas dans le monde parce que j'ai honte. Mes robes sont usées à la corde. Nous n'avons pas de voiture, nous vivons de la charité de nos relations. Leur pitié me tue. Tu ne trouves pas ça humiliant ? Moi si. Vas-tu finir par admettre que ta mission en France est un échec total ? Je t'en supplie, rentrons.

— Mes amis comprennent mieux que toi ma situation, reprocha Papineau.

— Tes amis français ? Ils te discréditent derrière ton dos. Ils raillent ton accent canadien, ta parole ampoulée. Je trouvais les Américains froids et égoïstes mais les Français sont bien pires.

Avec eux, tout n'est que démonstration, parure et convenance. Ils n'ont rien fait, ni pour toi ni pour notre pays.

— Assez! Julie. Tu inventes n'importe quoi.

— Maintenant que tes amis connaissent l'état de nos finances, n'as-tu pas remarqué qu'ils prennent leurs distances? Bientôt, ils nous accuseront d'être des pique-assiette... Tu peux toujours te targuer de fréquenter les salons à la mode et de vivre entouré de célébrités, n'empêche qu'à part quelques fidèles, comme les Guillemot, on ne nous invite plus. »

Julie réitéra calmement sa décision de rentrer en Canada, mais Papineau refusa d'en entendre parler. Il tourna les talons et sortit à nouveau de la chambre. Restée seule, elle résolut d'envoyer un mot à Amédée pour le supplier de venir au plus vite.

Ce soir-là, elle lui écrivit une lettre qui ressemblait à un appel au secours.

CHAPITRE XXVII

Amédée accourt

Le 17 janvier 1843, la diligence venant du Havre s'arrêta dans la cour des Messageries, rue Saint-Honoré. L'horloge indiquait midi. Amédée en descendit, son passeport américain à la main. Déçu que personne ne le lui demande, il le rangea dans la poche de sa veste, à côté de son certificat de naturalisation, et attendit que les douaniers aient examiné sa malle, avant de se diriger vers la sortie. Ouf! laissa-t-il échapper. Après s'être fait ballotter pendant vingt jours en mer et avoir roulé sur les routes cahoteuses de France pendant dix-sept heures, il n'était pas mécontent de marcher sur la terre ferme.

Papineau l'attendait avec le petit Gustave à la porte des Messageries. Il n'avait pas embrassé son fils aîné depuis quatre ans. C'était émouvant de les voir se regarder, se toucher après une si longue absence. Ils montèrent dans un fiacre qui les conduisit au 25 rue Monceau. Amédée grimpa au quatrième et se jeta dans les bras de sa mère. Puis il lui prit la main, déposa un baiser au creux de la paume et lui chuchota à l'oreille :

«Je suis là, maman, je suis là. Tout ira bien maintenant.

— Tes lettres ont été mes seules consolations, lui dit-elle en l'étreignant. Ce que tu es pâle, mon chéri!»

Il avait beaucoup maigri. Elle ignorait qu'il avait été malade peu avant son départ. Il avait même consulté le docteur Robert Nelson, car les pilules d'opium et de calomel que l'apothicaire de Broadway lui avait fait avaler n'avaient pas arrêté les vomissements.

«Robert? Tu as consulté Robert Nelson? fit Julie, surprise. Je croyais que vous étiez en froid.

— J'ai fait une attaque de choléra, maman. Je ne gardais rien, pas même la rhubarbe ni la magnésie. Je savais que le docteur Nelson avait ouvert un cabinet à New York et, dans mon état, mes griefs contre lui ne pesaient pas lourds.

— Tu as bien fait. Et alors?

— Il est venu sans tarder. Il m'a prescrit des gouttes de laudanum pour me faire dormir, des pilules d'aloès et une poudre de seidlitz pour stopper les vomissements. Il m'a recommandé d'attendre au lendemain pour manger du gruau de maïs et du bouillon de bœuf, en m'assurant qu'avec cette diète, je serais bien dans moins de deux jours.

— L'as-tu revu? Comment était-il?

— Je l'ai trouvé extrêment distant mais poli. Il n'a pas dit un mot de papa et ne m'a pas demandé de vos nouvelles non plus.

— Pourquoi ne m'as-tu pas écrit que tu étais malade?

— Je ne voulais pas vous inquiéter. Je sentais que ça n'allait pas. »

Julie reconnut que, pour elle aussi, les derniers mois avaient été éprouvants. Azélie avait eu une rechute. Le docteur Rostan avait d'abord craint une méningite pour finalement conclure à une fièvre nerveuse. La petite avait pris du froid dans ce logement chauffé par un seul poêle. Mais qu'y pouvait-elle? Le bois coûtait cher et il fallait économiser. Lactance avait filé un mauvais coton tout l'automne. Il allait mieux mais était toujours à fleur de peau. Quant à Papineau, il ne faisait qu'entrer et sortir. Elle n'en dit pas plus, car mademoiselle Douville arrivait avec les petites filles qui explosèrent de joie en sautant au cou de leur grand frère.

« Mon Amédée! s'extasia la vieille domestique. Regardez-moi ce beau jeune homme! Vingt-trois ans et toutes ses dents! Le meilleur de la famille! dit-elle.

— Et moi alors? fit Gustave, en ruant son frère de coups.

— Jaloux, jaloux... »

Amédée entreprit de chatouiller le petit garçon qui riait aux éclats. Tout le monde parlait en même temps. De peine et de misère, il réussit à raconter son interminable traversée à bord d'un navire américain de 800 tonneaux, transportant des marchandises.

« J'étais le seul passager du *Ville de Lyon*, vous vous rendez compte? Personne avec qui sabler le champagne, le soir du jour de l'An. Aucune jolie dame à embrasser. En prévision de la traversée, j'avais acheté le dernier roman de Charles Dickens, *Oliver Twist*, mais le départ a été retardé, si bien que j'avais fini de le lire avant de partir. Comble de malheur! j'ai été cloué cinq jours au lit, avec le mal de mer.

— Pas étonnant qu'il ne te reste que la peau et les os, dit Marguerite, en l'examinant sous toutes les coutures. Il va falloir te remplumer, mon gars.

— Nous, au jour de l'An, nous sommes tous allés dîner chez les Guillemot, raconta Gustave. Sauf maman, qui a passé la journée à bouder dans son lit. »

Julie bafouilla qu'elle n'avait pas l'esprit des fêtes. Papineau en profita pour insinuer que seules les retraites et les prédications, qu'elle courait comme d'autres vont au bal, lui procuraient des sensations fortes.

« Tu oublies les chants d'église qui me nourrissent aussi, mon cher. Chacun trouve la paix où il peut, lui répondit-elle sans le regarder.

— Maman a peur de l'orgue, ajouta Gustave. Dimanche dernier, elle a failli s'évanouir. Elle pensait que le tonnerre était tombé sur l'église. »

Papineau expliqua à Amédée qu'en France les prêtres recherchaient les effets théâtraux qui, à son avis, conviendraient mieux à l'opéra.

« Or dimanche dernier, le prédicateur avait choisi une musique endiablée pour exprimer les désordres de la nature. Ta mère n'avait pas tort d'être effrayée. Les bruits arrachés à l'orgue pouvaient faire croire à un tremblement de terre. »

Il allait en rajouter lorsque Lactance entra en coup de vent et se confondit en excuses. Il avait assisté le docteur Rostan lors d'une délicate opération sur une jeune femme qui souffrait d'un abcès au sein. Le chirurgien avait fait deux incisions et c'est lui, Lactance, qui avait installé une mèche dans la chair. Il n'avait pu se libérer avant la fin des manœuvres, car c'était encore lui qui était chargé de recoudre la plaie.

« La pauvre femme a failli perdre connaissance, raconta-t-il. C'était très douloureux, mais elle s'en trouvera soulagée. »

Amédée était impressionné.

« Tu as l'air de connaître ton affaire, lui dit-il, en lui faisant l'accolade.

— Si Lactance pouvait seulement rajeunir votre mère ! » fit Papineau, pince-sans-rire.

Amédée observait Julie. Il la trouva belle. Elle avait retrouvé sa taille de jeune fille et ses cheveux étaient plus lustrés que dans son souvenir. Son regard était triste pourtant. Elle avait fait dresser la table comme pour un jour de fête et Marguerite apportait les plats qu'elle déposait sur la nappe brodée. Pour la première fois depuis la rébellion, ils étaient tous réunis sous un même toit. Julie avait tant rêvé de ce moment-là. Amédée lui souriait et elle le dévorait des yeux, sans que, pour une fois, Lactance en prenne ombrage, lui qui rivalisait toujours avec son frère pour obtenir l'attention de leur mère. Amédée devinait cependant que quelque chose ne tournait pas rond, à la manière dont Julie ignorait Papineau. Lui, au contraire, on aurait dit qu'il cherchait à la flatter. Mais Amédée ne s'en inquiéta pas. L'heure était aux retrouvailles et, lui aussi, il y avait si longtemps qu'il attendait ce jour béni.

« Dis-nous, mon chéri, comment sont nos amis ? demanda Julie. Ils ne nous écrivent plus. Nous ont-ils déjà oubliés ? »

Amédée avait passé quelques semaines en Canada avant de s'embarquer pour la France et il en parlait comme d'un pèlerinage. Il avait eu tout un choc en traversant la frontière. Des soldats bivouaquaient sur les routes. On avait aussi bâti des casernes en brique à Saint-Jean, d'autres en pierre, à Laprairie. Partout, les gens lui semblaient désabusés et fuyants. Personne ne voulait parler du passé, comme si ce n'était plus qu'un mauvais cauchemar à oublier.

« Et Montréal ? Comment as-tu trouvé Montréal ? » interrogea Papineau.

Amédée hésita. Sur la façade de leur maison, rue Bonsecours, il avait vu une patte d'oie, signe indiquant que les loyalistes avaient l'intention de la confisquer. C'était ainsi que l'armée marquait les édifices de l'État. Il passa vite sur cet épisode et entreprit plutôt de donner des nouvelles de la famille. À Verchères, grand-mère Bruneau avait la forme. Elle avait juré de ne pas remettre les pieds à Montréal tant que son gendre Papineau ne serait pas de retour, et elle tenait parole. Le curé René-Olivier avait encore pris du lard à la ceinture et son tour de taille était apeurant. À Maska, c'était le calme plat. Marie-Rosalie ne vivait plus que pour ses bonnes œuvres. Papineau voulut savoir s'il avait raison d'espérer la venue de sa sœur à Paris, au printemps. Amédée fit signe que non, la situation financière des Dessaulles s'était détériorée ces derniers temps. Louis-Antoine avait fait de mauvaises affaires et il avait mis sa mère dans le pétrin. Quant à l'ami Louis-Michel Viger, il avait repris les livres de compte de Joseph Papineau et, malgré les apparences, il s'occupait sérieusement de leurs affaires.

« Plusieurs de nos amis croient que vous ne devriez pas revenir en Canada, informa-t-il son père. Ce serait trop dangereux. Par contre, d'autres, comme les sulpiciens, à qui j'ai aussi posé la même question, pensent qu'advenant votre retour au pays, tout se passerait bien.

— Ma décision est arrêtée, affirma Papineau, qui n'avait pas l'intention d'en débattre. Je ne retournerai pas en Canada tant qu'un seul de mes compatriotes en sera exclu, parce qu'il se sera dévoué à la cause. »

Julie lui fit remarquer que la plupart des patriotes qui s'étaient compromis pendant les troubles étaient déjà de retour au pays. Amédée abonda dans le même sens, annonçant que même Wolfred Nelson était rentré. Il avait d'abord fait un séjour clandestin à Saint-Denis et constatant que personne ne lui mettait des bâtons dans les roues, il était allé chercher sa famille à Plattsburg. Depuis quelques mois, il pratiquait la médecine à Montréal. Il avait ouvert un cabinet à l'angle des rues Saint-Lambert et Saint-Jacques et les choses allaient assez bien. Ludger Duvernay l'avait suivi peu après. Il se proposait de ressusciter *La Minerve*, avec l'aide d'Édouard-Raymond Fabre. Le libraire leur dirait de vive voix où en était le projet, puisqu'il était attendu à Paris prochainement. Quant à l'ineffable curé Chartier, il avait encore gaffé.

« Figurez-vous qu'il a fait son *mea culpa*, raconta Amédée en s'animant. Il a reconnu publiquement que les peuples n'ont pas le droit de se révolter contre leur gouvernement et a signé des aveux dans lesquels il renie tous ses discours d'avant la rébellion. Le martyr Chénier a dû se retourner dans sa tombe !

— Quelle girouette ! fit Julie. Cet homme est pourri jusqu'à l'âme.

— Il en a été quitte pour son trouble, car monseigneur Bourget a quand même refusé de le reprendre dans le diocèse de Montréal. Il lui a conseillé de réparer le mal qu'il avait fait par une vie apostolique... aux États-Unis. »

Malgré les nombreux exemples de patriotes qui étaient rentrés au pays, Papineau s'entêtait à refuser d'envisager son retour.

« Je ne m'humilierai pas. Ça, jamais ! jura-t-il.

— Qui te parle de rentrer en Canada ? lui demanda Julie. Moi, ce que je désire, c'est m'installer aux États-Unis, avec Amédée. Je pourrais visiter nos parents quand il me plairait, mais il n'est pas question de vivre au pays, du moins pas avant son indépendance.

— À ce compte-là, pourquoi quitter l'Europe ? s'enquit Papineau. Paris vaut bien New York.

— Ce que tu dis là est pur égoïsme ! éclata Julie. Tu ne te soucies guère des sacrifices que tu imposes à ta famille. Tu oublies Gustave qui n'a pas mis les pieds dans une école depuis trois ans.

— Et toi, tu oublies Lactance, ma chère, rétorqua-t-il en appuyant exagérément sur le « ma chère ». Il serait irresponsable de quitter la France avant qu'il n'ait complété son éducation médicale. Trois ans d'études à Paris en vaudront six en Amérique.

— À la condition que nous puissions lui offrir les services d'un répétiteur pour hâter ses progrès, très cher, ce qui n'est pas le cas... Tes maigres revenus ne le permettent pas, n'est-ce pas ?

— Ah ! non, vous n'allez pas me mêler à vos chicanes, lâcha Lactance en se levant de table. J'en ai assez. C'est toujours le même scénario. Vous vous servez de moi pour régler vos comptes personnels. »

Julie se ressaisit la première.

« Lactance a raison, ce n'est pas le moment de se crêper le chignon, très cher. L'important, c'est qu'Amédée soit là, avec nous.

— Levons donc notre verre au succès de maître Papineau qui aura bientôt son cabinet sur Wall Street », enchaîna son père, trop content d'échapper à cet échange qui avait des airs de déjà vu.

Amédée fronça les sourcils. La prospérité à portée de la main ? Rien n'était moins sûr. Les portes se fermaient plus qu'elles ne s'ouvraient autour de lui et New York n'était peut-être pas l'éden imaginé. Il avait déchanté ces derniers temps et avait profité de la traversée pour réfléchir longuement à son avenir. L'idée d'un retour définitif en Canada n'était certes pas à écarter.

« Tu n'y penses pas sérieusement, dit Julie. Et ta carrière ?

— Puisque je vous répète qu'à New York mes affaires n'avancent pas, lui répondit-il, quêtant sa complicité. Je vous serais plus utile à la Petite-Nation. À l'heure actuelle, seul un avocat pourrait forcer nos censitaires à payer leurs dus. Or les honoraires légaux coûtent une fortune et mangent nos rentrées. Si j'étais à la seigneurie, je pourrais poursuivre les mauvais payants et récupérer l'argent qui nous revient.»

Ni Papineau ni Julie, pour une fois d'accord, n'approuvaient ce projet. Amédée ne devait pas compromettre son avenir pour voler au secours des siens. Ils n'en étaient pas réduits à cette extrémité, il y avait sûrement d'autres moyens de s'en sortir.

«Si tu administrais la seigneurie, tu serais l'objet de malveillance de la part des autorités, dit Papineau. Étant donné mes activités passées, on te surveillerait. Ardent patriote comme tu l'es, tu adhérerais aux associations politiques et il se trouverait bien un délateur pour te perdre.»

Le jeune homme haussa les épaules. Il n'avait guère le choix et il les suppliait de le comprendre. Ce n'était pas de gaîté de cœur qu'il avait pris ce parti. Préféraient-ils le voir s'exiler à la Nouvelle-Orléans, comme plusieurs de ses amis? Au Texas? Au Missouri? En Amérique du Sud? Il fallait de l'argent pour s'établir à New York. Or il était endetté, il arrivait à peine à payer sa pension. Il avait beau écrire à Montréal et à Saint-Hyacinthe, personne ne lui répondait. Si par chance l'un ou l'autre de leurs parents se décidait à lui envoyer un mot, il lui parlait de tout, sauf d'argent.

Julie prit la tête de son fils dans ses mains. Elle s'en voulait de ne pas pouvoir l'aider à s'établir, lui qui avait subi les pires épreuves et fait montre de tant de courage. Lui pardonnerait-il un jour? Elle ne perdait pas confiance et lui recommandait la patience : il était jeune, il était sujet américain, il réussirait à New York, elle n'en doutait pas. Papineau abonda dans le même sens :

«Tu irais t'ensevelir dans un des États à esclaves, toi, un passionné de liberté? Si la violence nous éloigne du sol natal, n'allons pas vivre là où cette même violence est tout aussi hideuse. Sans parler de l'insalubrité du climat. Non, mon fils, écoute-moi, ne t'éloigne pas de New York, sinon tu romprais pour toujours avec ta famille. Car si par malheur nous ne pouvions pas retourner au pays, nous nous établirions assurément sur les bords de l'Hudson ou du lac Champlain. Tu nous chagrinerais si tu t'éloignais de nous. À défaut d'un cabinet à New

York, si vraiment c'est impossible, tu trouveras certainement à te caser à Albany.

— Ou à Saratoga, répondit Amédée, songeur. J'y ai des attaches.

— Des attaches? fit Julie.

— Oui, mademoiselle Mary Westcott, une jeune fille que je fréquente depuis deux ans et qui pourrait devenir ma fiancée dans quelques mois.

— Amédée! fit Julie, abasourdie.

— Tiens, fit Lactance, narquois, le chat sort enfin du sac. »

Amédée était euphorique. Chaque matin, son père lui servait de guide dans le Paris historique. Ensemble, ils ratissaient la ville comme deux copains. Place de la Concorde, les Champs-Élysées, l'Arc de triomphe, l'Étoile... ils faisaient demi-tour et remontaient vers les Tuileries. En passant devant le Louvre, ils examinaient les traces laissées par les balles de fusil, dans les murs, lors du bain de sang de juillet 1830, puis la fenêtre d'où Charles IX avait tiré sur les Huguenots, pendant le massacre de la Saint-Barthélemy. Devant un bock de bière, ou assis sur un banc public, Papineau fournissait jusqu'au plus petit détail : l'année de la construction d'un édifice, la hauteur du dôme... Amédée notait tout dans un cahier noir dont il ne se séparait jamais.

Le soir, en famille, après le dîner, il lisait à voix haute *Notre-Dame de Paris* que Victor Hugo venait de publier. C'était d'autant plus excitant qu'il connaissait maintenant les lieux évoqués dans le roman. La nuit venue, lorsqu'il ne trouvait pas le sommeil, il restait de longs moments à la fenêtre d'où il apercevait les hauteurs de Montmartre, piquées de moulins à vent. Quel panorama!

Julie ne se lassait pas de le voir s'émerveiller pour tout et pour rien. De le sentir heureux la comblait. Février se donnait des airs d'avril et Amédée n'en revenait pas de ce doux climat qui l'invitait à user ses semelles dans les rues de Paris. De jour en jour, Julie remettait au lendemain la conversation qu'elle s'était promis d'avoir avec lui au sujet de son retour en Amérique. Qu'il profite encore un peu de son séjour! Il serait toujours temps de le mettre en face de son dilemme.

Parfois, Amédée l'accompagnait au marché. Il lui prenait le bras sur les Grands Boulevards, s'étonnait de constater que tout était ouvert, le dimanche comme en semaine. Il la forçait à s'arrêter devant la vitrine d'un photographe pour examiner les premiers daguerréotypes en couleur et il voulait son avis avant d'acheter des gants. D'autres jours, il accompagnait Lactance à son cours d'anatomie et se risquait même dans les salles de dissection. Avec Gustave, il passait des heures au Jardin des Plantes, dans le cabinet d'animaux empaillés, ou au Panthéon que le garçonnet avait pris en affection à cause des caveaux souterrains où se trouvaient les tombeaux de Voltaire et de Rousseau.

Les jours gris et frisquets, Amédée suivait son père aux Archives de la marine. Papineau avait obtenu la permission d'y poursuivre ses recherches sur la Nouvelle-France. Il en était d'autant plus fier que lord Durham, en son temps, s'était vu refuser l'accès à cette impressionnante bibliothèque. Le père et le fils fouillèrent les papiers officiels pendant des heures, pour finir par découvrir que leur aïeul Simon Papineau était arrivé en Canada en 1665, comme soldat, dans le célèbre régiment de Carignan-Sallières, qui avait vaincu les Iroquois.

Papineau présenta son fils aîné aux Guillemot, aux Laffitte et aux La Fayette. Il l'emmena chez Félicité de Lamennais qui venait d'être libéré de prison. L'abbé était si populaire qu'il fallait un billet signé de sa main pour être admis dans son appartement, toujours sous bonne garde. Mais Papineau faisait partie des intimes. Certains soirs, ils veillaient à la résidence du neveu de l'abbé, monsieur Benoît-Champy, qui accueillait chez lui les meilleurs violons de Paris et où l'on dansait des quadrilles. Amédée y fit la connaissance du frère de Victor Hugo, Abel, qui venait de publier *La France pittoresque*. Il rencontra aussi l'amiral Beaudin et le général Ternaux-Compas, heureux d'accueillir dans leur cercle intime le fils du président Papineau. L'admiration d'Amédée pour son père ne faisait que grandir.

Amédée referma *Notre-Dame de Paris* et tout le monde demeura un moment silencieux, comme subjugué par la beauté du texte et la profondeur des sentiments. Hugo était décidément un écrivain de génie. Julie ne comprenait pas que les gens du milieu littéraire français soient si critiques envers lui. Ils étaient sans doute envieux de son remarquable succès.

« Que diriez-vous si nous allions voir sa dernière pièce, *Lucrèce Borgia*, à l'Odéon ? proposa Papineau, C'est mademoiselle George qui joue le rôle-titre. Elle est incontestablement la plus grande tragédienne de l'heure.

— La plus grosse aussi, répliqua Lactance qui adorait choquer. Si j'y vais, ce sera plutôt pour admirer la maîtresse de Victor Hugo, Juliette Drouet.

— Lactance ! gronda Julie. Il y a des enfants dans la pièce. Depuis quand colportes-tu de tels commérages ?

— Si vous entendiez mes confrères de la faculté, vous apprendriez des choses à vous faire rougir jusqu'au blanc des yeux, chère maman !

— Mademoiselle Drouet n'a qu'un rôle secondaire dans *Lucrèce Borgia,* précisa Papineau, tandis que mademoiselle George est, m'assure-t-on, tout simplement éblouissante.

— J'avoue que je ne comprends pas pourquoi Hugo ne donne pas les meilleurs rôles à sa maîtresse, reprit Lactance. Cela serait d'autant plus justifié qu'à cinquante-quatre ans, sa rivale, votre mademoiselle George, n'est plus dans sa prime jeunesse. Et ça se voit !

— Tout simplement parce que ta Juliette Drouet, qui est en effet plus jeune que mademoiselle George, joue mal, répondit Papineau.

— Elle joue peut-être comme un pied, reconnut Lactance, mais avez-vous remarqué ses épaules ? Et son cou ? Et sa gorge ?

— Et son nombril ! fit Gustave qui, malgré ses douze ans, ne perdait pas un mot de la conversation.

— C'est une question de goût, évidemment, enchaîna Amédée. Moi, je préférerais aller voir *Phèdre*, de Racine, au Théâtre-Français. Il paraît que mademoiselle Rachel est belle à vous couper le souffle. Je ne l'ai encore jamais vue jouer, mais les journaux prétendent qu'elle est l'étoile montante.

— Elle n'est pas mal, concéda Lactance, mais à côté de Juliette Drouet dont la peau est blanche comme...

— Comme celle de madame Dowling ? » risqua la petite Ézilda qui parlait peu mais observait beaucoup.

Julie ne broncha pas et Papineau esquissa un sourire gêné.

«Non, comme celle de maman, corrigea Gustave, en passant sa main sur la joue de sa mère. Maman est la plus belle des mamans. Plus belle que toutes les actrices de la Comédie-Française.

— Tu as raison, mon Gustave, ta maman est la plus magnifique de toutes les femmes que je connaisse», aquiesça Papineau, sautant sur l'occasion pour retrouver la faveur de Julie.

Les enfants criaient oui, oui, oui en chœur. Papineau se leva et demanda qui voulait l'accompagner à l'Odéon, le lendemain. Lactance fit signe que oui, tandis qu'Amédée se tourna vers sa mère.

«J'irai au Théâtre-Français avec maman, si elle veut bien être mon escorte.

— Bonne idée, approuva Lactance. Elle te protégera contre les tentations. Mademoiselle Rachel pourrait t'attirer dans ses filets et te faire oublier les charmes de mademoiselle comment déjà? Ah! oui, mademoiselle Westcott.

— Arrête ton numéro, Lactance.

— J'accepte ton invitation, dit Julie. À tout prendre, j'aime autant voir la dérive d'une femme mal aimée que les passions troubles d'une mère indigne. Comme dit Phèdre : "J'ai langui, j'ai séché dans le feu, dans les larmes."

— La jalousie! fit Papineau, grandiloquent. Qui mieux que Racine la met à nu?

— Et la trahison à laquelle les faibles cèdent parce que le plaisir a plus d'attrait. C'est Racine qui le dit, ce n'est pas moi, enchaîna Julie avec un sourire entendu.

— Oh là là! fit Lactance admiratif. Comme nos parents ont des lettres!»

***

Au Théâtre-Français, le lendemain, mademoiselle Rachel était superbe dans le rôle de Phèdre. Assis à l'orchestre, Julie et Amédée se laissèrent subjuguer par son jeu. La critique avait raison de saluer son «génie précoce». La salle, pleine jusqu'aux combles, comme chaque fois qu'elle montait sur scène, l'applaudit à tout rompre. Elle était en train de déclasser mademoiselle George, plus distinguée, certes, mais que son obésité rendait grotesque. Après la pièce, Amédée proposa à sa mère de faire quelques pas sous les arcades du Palais-Royal.

«Nous n'avons pas encore eu la chance d'avoir une vraie conversation, seul à seul, lui dit-il, en lui prenant le bras. Je vois bien que vous faites des efforts pour paraître gaie alors que vous êtes triste. Dites-moi ce qui ne va pas.

«Je suis au bout de ma résignation...», lui répondit-elle en baissant la voix, comme si elle avait honte. Je déteste la vie à Paris. J'ai le mal du pays, en plus de m'ennuyer de toi, et les enfants aussi sont malheureux, tu peux m'en croire. Tu as vu, aussi, comment la pauvre Marguerite a vieilli ?

— C'est l'argent qui fait problème, n'est-ce pas ? »

Julie hocha la tête, comme si elle allait lui confier quelque chose, mais elle se retint au dernier instant et dit plutôt :

«C'est angoissant de ne jamais savoir quand le secours viendra. Nous n'avons plus de ressources, je ne vois pas comment nous réussirons à rembourser les dépenses que nous avons contractées en venant ici. Je n'ai jamais été aussi découragée depuis le début de mon exil. Ton père ne voit rien et ne veut rien entendre... Les Français restent sourds à ses appels à l'aide. Le Canada ne les intéresse pas. Nous perdons notre temps ici.

— Et vous voulez rentrer en Amérique, fit Amédée. Le mieux serait de vous établir en banlieue de New York. Il y a de jolis cottages à louer avec des jardins. Ils sont bon marché et le transport vers la ville est bien organisé. Si vous venez, je ferai une dernière tentative pour m'y établir. Je veillerai sur vous, maman.

— J'aimerais que tu convainques ton père de me laisser partir.

— Papa se laissera peut-être tenter par ce projet.

— Il ne faut pas compter sur lui... Il ne rentrera pas.

— Vous partiriez sans lui ?

— J'emmènerai les filles et Gustave avec moi. Lactance doit terminer ses études avant de penser à rentrer. Ton père restera avec lui.

— Mais aurez-vous le courage de supporter une nouvelle séparation ?

— Si je reste ici, je prolongerai une situation qui m'est encore plus insupportable. Ton père a ses torts, j'ai les miens. C'est inconciliable. Il se comporte comme un rentier qui passe son temps dans les salons mondains et les bibliothèques, pendant que moi, je rafistole nos vieilles hardes. Ce n'est pas ainsi que j'envisageais ma vie.

— Ne soyez pas injuste, papa travaille. J'ai vu ses recherches aux Archives de la marine. Ça m'a impressionné.

— L'histoire, c'est beau. Mais je n'accepte pas qu'il renonce à sauver son pays. Sa mission n'est plus qu'un alibi qu'il invoque pour se justifier de rester à Paris, au lieu de rentrer à Montréal et de poursuivre la lutte contre la tyrannie.

— Vous êtes dure envers lui. Y a-t-il autre chose qui ne va pas entre papa et vous ?

— La vie m'a endurcie, mon cher Amédée. Malgré ce que nous avons enduré, je crois qu'il faut continuer à se battre pour sauver notre pays, si l'on ne veut pas que nos compatriotes deviennent des dégénérés soumis au joug anglais pour les siècles à venir.

— Je ne vous connaissais pas cette combativité. Dites-vous ces choses-là à papa ?

— Bien sûr, mais il y a belle lurette qu'il n'écoute plus personne. Il s'invente de nouvelles causes et oublie la nôtre. Le sort de monsieur de Lamennais le préoccupe beaucoup plus que celui de ses compatriotes, tu peux m'en croire. Je n'ai rien contre l'abbé, je t'assure, mais de là à faire un trait sur les Canadiens qui subissent des violences autrement plus odieuses, c'est désespérant. »

Il y eut un lourd silence. Amédée essayait de comprendre entre les lignes la vindicte de sa mère à l'endroit de Papineau. Elle lui faisait un procès si féroce qu'il finit par lui dire en la fixant dans les yeux :

« Vous ne me racontez pas tout.

— C'est tout ce que tu apprendras de moi pour le moment. Je suis tellement humiliée. »

Il n'en fallait pas plus pour qu'Amédée mène sa propre enquête. Dès le lendemain, il traîna Lactance au Louvre sous prétexte de visiter la galerie des grands maîtres avec quelqu'un qui s'y connaissait en peinture. Lactance protesta : il était amateur d'art, de là à se prendre pour un expert... Amédée insista et les deux frères prirent l'omnibus jusqu'à la rue de Rivoli. C'était jour de semaine et le passage Richelieu était désert. À l'aide d'un plan, ils se retrouvèrent devant la galerie Denon consacrée aux antiquités grecques et romaines. Ils furent tentés de jeter un coup d'œil aux sarcophages du deuxième siècle, mais ils montèrent à l'étage où se trouvaient les tableaux de l'École française.

Amédée s'arrêta longuement devant le regard triste de *La Joconde* de Léonard de Vinci, alors que Lactance voulait l'entraîner dans la salle des autoportraits de Rembrandt, le maître du clair-obscur. Puis, posant au connaisseur, il ne manqua pas de souligner l'influence italienne chez Georges de La Tour et chez Poussin, en particulier dans *L'enlèvement des Sabines*.

Ce n'est qu'en cherchant la sortie, au moment d'emprunter le couloir menant à la *Victoire* de Samothrace, qu'Amédée posa la question qui lui brûlait les lèvres :

« Dis-moi, Lactance, pourquoi papa refuse-t-il de rentrer en Amérique ? Il me semble évident que Paris est une ville-musée. On ne se lasse pas d'en apprécier les beautés, mais ce n'est pas un endroit pour élever sa famille.

— C'est ce que maman se tue à lui répéter. Il ne veut rien entendre. Ce n'est pas normal qu'un enfant comme Gustave n'aille pas en classe depuis trois ans. Le pauvre n'a pas d'amis et maman se désole de le voir perdre son temps. Tu sais ce que papa lui répond ? Que notre petit frère apprend davantage dans les musées que sur les bancs d'école. C'est tout à fait irres-ponsable.

— Maman m'a demandé de le convaincre de laisser partir la famille.

— Il devrait rentrer, lui aussi. Là encore, maman a raison : il ne s'intéresse plus au sort des Canadiens.

— Tu y vas fort, mon vieux. »

Amédée réclamait des preuves ? Eh bien ! Lactance allait lui en fournir. Pas plus tard que la veille, il avait demandé à son père de l'aider à organiser un comité chargé de convaincre de jeunes Français d'aller se battre en Amérique. En échange de leur participation, on leur attribuerait des terres en république canadienne.

« Papa a commencé par soulever la difficulté de collecter des fonds. Lorsque je lui ai fait remarquer qu'avec de l'argent américain et des officiers français tout deviendrait possible, il m'a traité de grand naïf, s'est levé et est parti.

— C'est vrai que tu es naïf. Papa est contre la violence. Comment veux-tu qu'il approuve un plan comme le tien?»

Dehors, le temps était sec et ils rentrèrent à pied par les Champs-Élysées.

«Maman a l'air de plus en plus mélancolique, dit Amédée.

— Je sais. Ça me tue de la voir ainsi.

— Qu'a-t-elle au juste?

— Demande à Papa, il te répondra qu'elle souffre d'une maladie des nerfs. En termes médicaux, cela s'appelle le spleen d'hypocondrie ou l'humeur noire. Notre père qui se prend pour Dieu le Père, médecin des âmes, a diagnostiqué chez elle rien de moins que la plus obscure de toutes les affections nerveuses.

— Je te sens sarcastique, mon frère.

— La vérité c'est que le torchon brûle entre papa et maman depuis un mois et elle n'a pas tous les torts, crois-moi.

— Pourquoi reste-t-elle confinée à la maison? Elle ne l'accompagne jamais dans ses sorties, prétendument parce qu'elle n'a rien à se mettre sur le dos. Ça me semble futile comme raison, non?

— Si tu voyais les dames élégantes qu'ils fréquentent dans la belle société parisienne, tu la comprendrais.

— Non, il n'y a pas que cela. Maman n'a jamais été une femme coquette ou frivole. Quelque chose m'échappe. Pourquoi papa est-il si heureux et maman, si malheureuse?»

Lactance, qui vivait leur quotidien de plus en plus difficile, et qui soupçonnait des choses, ne put satisfaire la curiosité de son frère. Tout le portait à croire que Marcella Dowling n'était pas étrangère aux difficultés matrimoniales de ses parents, mais il n'avait pas de preuve.

CHAPITRE XXVIII

La séparation

Papineau redoutait une nouvelle séparation. Sa vie était parsemée de scènes d'adieux, toutes aussi déchirantes les unes que les autres. Il ne supportait plus l'idée de vivre loin des siens. Était-ce demander l'impossible ? Après tout, Paris n'était pas la terre de Caïn. Il lui semblait que Julie n'avait pas fait l'effort de s'adapter. Croyait-elle vraiment qu'il ne souffrait pas, lui aussi ? Le Paris littéraire et scientifique l'enchantait, certes, mais tout le reste l'ennuyait. Il renoncerait volontiers aux soirées mondaines qu'il s'imposait pour y rencontrer des diplomates, si sa mission était accomplie. L'échec de ses démarches et son impuissance lui pesaient plus que Julie ne voulait le croire. Il s'efforçait de paraître gai, à cause des enfants, mais s'il avait suivi son penchant naturel, il se serait laissé aller au découragement.

Il voulait bien admettre que les affreuses migraines dont sa femme se plaignait étaient réelles et il reconnaissait que les eaux de Saratoga pourraient avoir des effets bénéfiques sur ses nerfs fragiles. Avec trois jeunes enfants à la maison, et une vieille bonne mal en point, elle ne jouissait pas à Paris de la liberté nécessaire pour vaincre sa tendance à la mélancolie. Mais cela n'était pas une raison pour disperser sa famille. Il était convaincu que le temps arrangerait les choses, à condition que Julie y mette du sien. Surtout qu'elle s'enlève de la tête qu'il lui était infidèle. Comme s'il avait l'âge des fredaines ! Il n'était pas loin de croire qu'elle prenait prétexte des indiscrétions de cette folle de madame Kock pour plier bagage, ce qu'elle souhaitait faire depuis fort longtemps. Il reprochait d'ailleurs à Amédée de l'encourager dans son projet.

Un samedi de la fin de mars, un incident fit pencher la balance en faveur du départ de Julie. Le libraire montréalais, Édouard-Raymond Fabre, venu à Paris pour reconduire son fils

Édouard-Charles chez les sulpiciens d'Issy-les-Moulineaux, courut chez les Papineau dès son arrivée.

« Voyez comme je suis en sueur, dit-il, en s'appuyant sur le coin d'un bahut. Mais j'avais si hâte de vous serrer la main, mon cher Papineau. »

Le libraire respirait bruyamment. De gras, il était devenu obèse. Mais il avait conservé son visage poupin, encore qu'il avait quelques cheveux en moins.

« Nous pensons souvent à vous, nous aussi, répondit Papineau, en lui donnant l'accolade.

— Je n'ai qu'une minute...

— Prenez au moins le temps de nous rassurer sur vos affaires. »

Tout allait bien dans le monde des livres, confirma le libraire, venu faire provision de titres à la mode. Chateaubriand, Lamartine, Hugo et Stendhal étaient très en demande au Bas-Canada.

« À part ça ? » demanda Papineau.

Devinant que son ami se languissait d'avoir des nouvelles du pays, Édouard-Raymond Fabre lui répondit laconiquement, après avoir repris son souffle :

« Le temps s'est arrêté à Montréal mais, Dieu merci ! les Canadiens continuent de dévorer les ouvrages français. »

Se tournant vers Lactance, il s'empressa de passer à un autre sujet, réservant pour plus tard la conversation politique qu'il aurait avec Papineau.

« Votre père m'a écrit que vous refusiez d'embrasser le plus beau métier du monde ? Vous qui aimez les livres, vous auriez fait un excellent libraire. »

Lactance répondit avec aplomb :

« Je veux être médecin. C'est ma vocation. Comme on dit : j'ai ça dans le sang. Ce qui ne m'empêche pas d'avoir le nez dans les livres du matin au soir.

— C'est moi, monsieur Fabre, qui veux être libraire, fit Gustave, en tirant sur sa redingote pour attirer son attention. Je suis fou des livres.

— Toi ? fit Azélie en pouffant de rire, tu ne vas même pas à l'école, tu es trop ignorant pour être libraire. »

Elle avait les yeux pétillants de malice et le malheureux Gustave éclata en sanglots. Il tapa du pied et alla se jeter dans les bras de sa mère. Julie murmura à l'intention de Papineau :

« Tu vois bien que ça n'a aucun sens. Au train où vont les choses, cet enfant perdra son avenir. »

Après le départ de l'ami Fabre, ni l'un ni l'autre ne reparla du gros chagrin de Gustave. Mais en se mettant au lit, Papineau baissa pavillon. Il consentit enfin à ce que Julie rentre en Amérique avec les enfants. Ça lui crevait le cœur mais les larmes de Gustave l'avaient convaincu. Au fond, elle avait peut-être raison de vouloir partir. Elle était une bonne mère et avait toujours fait passer l'intérêt de ses enfants avant tout le reste. Il l'admirait pour cela. Aussi, il respecterait sa décision, mais il espérait qu'elle en fasse autant. Car, s'il n'était pas certain de vouloir finir ses jours en France, il était hors de question qu'il se précipitât au pays sans avoir obtenu de garanties. Il ne lui promettait rien, mais il tenait à ce qu'elle sache qu'il la rejoindrait dès que le moment serait propice.

« Tu fais comme tu veux », répondit-elle simplement en éteignant la lampe.

Papineau chercha le sommeil en vain. Il se souleva dans le lit et redressa ses oreillers, comme pour lui signifier qu'il avait besoin de parler. Elle ralluma et le laissa s'épancher. Un pli contractait le coin de sa bouche, tandis qu'il évoquait sa conversation avec Édouard-Raymond Fabre. Il en était encore tout perturbé. Le rondouillet libraire l'avait regardé avec les mêmes yeux admiratifs qu'au temps où il était encore le chef. Il l'avait d'abord rassuré : avec lui dans les parages, le nom de Papineau ne serait pas oublié de sitôt. Il maintenait bien vivant le souvenir de l'*orateur* de l'Assemblée, dans tout le Bas-Canada.

Depuis les troubles, les vieilles amitiés étaient une denrée rare et celle du libraire lui faisait chaud au cœur. Il se rappelait avec nostalgie les belles soirées passées jadis dans l'arrière-boutique enfumée de sa librairie, rue Saint-Vincent, à échafauder des plans pour tirer le pays des griffes de l'Angleterre. Ils étaient une dizaine de patriotes, parfois davantage, à tempêter contre les gouverneurs Aylmer ou Gosford ou à s'insurger contre le projet d'Union des deux Canadas qui réapparaissait, tel un épouvantail, chaque décennie. Il avait encore frais à l'esprit les envolées lyriques de Louis-Hippolyte LaFontaine, qu'un rien faisait bondir, les anecdotes truculentes de Jacques Viger, qui connaissait l'histoire du Canada comme le fond de sa poche, les odes au pays que chantait George-Étienne Cartier, un trémolo dans la voix, et la naïveté de Charles-Ovide Perrault, le jeune avocat promu à un bel avenir.

Et moi, pensa-t-il, je trônais comme un paon. Lui revint à la mémoire ce fameux soir où il avait surpris ses amis en suggérant que les Canadiens suivent l'exemple des Bostoniens qui, à la Révolution américaine, avaient boycotté les produits anglais. Son mot d'ordre avait été suivi à la lettre dans tout le Bas-Canada. Les femmes circulaient en robe de lin, les hommes portaient des chaussettes tricotées à la main et tout ce beau monde avait troqué le scotch pour le cidre. À quoi ces privations avaient-elles servi ? se demandait-il maintenant.

« Quel beau gâchis que tout cela ! » laissa-t-il échapper en soupirant.

Cinq ans s'étaient écoulés depuis ces âpres discussions autour du feu. Et maintenant, LaFontaine marchait main dans la main avec ceux qui avaient imposé l'Union, contre la volonté des Canadiens, Viger était devenu membre d'une association de loyalistes et Cartier avait imploré le pardon du gouverneur. Quant à lui, Papineau, son petit « Boston tea party » de 1837 avait tourné au désastre et il se languissait en exil, en pensant à ceux qui y avaient laissé leur vie. Comme Charles-Ovide Perrault, tué par les fusils anglais, à la bataille de Saint-Denis. Une mort inutile, injuste même. Le libraire Fabre avait dû se mettre à genoux pour convaincre le curé du village de le laisser enterrer à un endroit décent, le long de la rivière Richelieu.

Édouard-Raymond Fabre avait hoché la tête en lui racontant l'incident. Désormais, rien ne le surprenait plus :

« Faites-vous tuer pour vos compatriotes qui vous refusent ensuite quelques pieds de terre pour recevoir vos cendres. »

Ils avaient épilogué sur l'ingratitude des Canadiens. Papineau avait réitéré sa conviction qu'il courait de graves dangers s'il s'aventurait au Canada sans faire amende honorable, ce qui était hors de question :

« Vous me connaissez trop pour penser que je renierais qui je suis.

— Au pays, les Canadiens vous espèrent, mon cher Papineau, lui avait déclaré le libraire en lui serrant la main, car il allait partir. Vous seul pouvez nous tirer de la situation actuelle. Je n'ose vous presser, vous avez toutes les raisons d'être dégoûté de la vie publique. Mais il y aurait tant à faire au pays. »

Longtemps après le départ du fidèle Fabre, son appel résonnait encore dans la tête de Papineau. Surtout ses derniers mots prononcés sur le pas de la porte : «Si vous reveniez, l'accueil qu'on vous réserverait vous consolerait des jours amers vécus en terre d'exil. Je le désire ardemment. »

Julie vit que Papineau était bouleversé.

«Tu souffres beaucoup? murmura-t-elle enfin. Ça doit être terrible de voir tous ses efforts réduits à néant. De se sentir aussi impuissant...

— Le pire, c'est de devoir quémander comme un mendiant des nouvelles de mes anciens compagnons d'armes, lui confia-t-il. Il y a eu des élections en Canada, LaFontaine est maintenant premier ministre et personne n'a pensé m'écrire pour m'expliquer les dessous de l'affaire. Se sont-ils concertés avant d'accepter l'Union? Ont-ils renié la cause pour laquelle nous nous sommes battus? Ou est-ce que cela fait partie d'une stratégie dont j'ignore les tenants et les aboutissants?

— Tes compatriotes t'attendent, reprit Julie pour l'encourager. Un mot de toi et ils te suivront. Tu as entendu Édouard-Raymond? Tu restes leur idole. Ils te rééliront à la Chambre dès que tu le voudras.

— S'ils avaient tant besoin de moi, ils me feraient signe? rétorqua-t-il amer. Leur silence est un aveu. Ils se débrouillent très bien sans moi.

— Il ne faut pas confondre l'indifférence de nos parents et de nos amis avec l'indéfectible attachement du peuple à l'égard de son chef.»

Papineau ne broncha pas et Julie poursuivit sa pensée :

«Je ne sais plus où j'en suis, avoua-t-elle. Nous sommes peut-être injustes envers nos amis. Si j'en crois monsieur Fabre, Louis-Hippolyte LaFontaine a entamé des démarches auprès du nouveau gouverneur Metcalfe pour que toute poursuite contre toi soit abandonnée.

— Ah! la fameuse amnistie. N'as-tu pas lu ce que les gazettes anglaises ont écrit à ce sujet? Paraît-il qu'elle engloberait tous les déportés mais comporterait une exception : «le vieux Papineau». S'ils n'avaient pas employé cette épithète insolente, je leur pardonnerais. Mais devant l'injure...

— Les autres sont presque tous rentrés, fit remarquer Julie qui crut détecter de l'amour-propre dans l'entêtement de son mari.

— Sait-on seulement dans quelles conditions je serais admis au pays ? Crois-tu que je pourrais vivre, là où je ne serais pas autorisé à parler librement ?

— J'admets que les tories ne te tiennent pas en grande estime, concéda Julie. Tu as probablement raison de te méfier d'un beau geste venant d'eux. »

Papineau rejetait farouchement l'idée de faire amende honorable, si c'était là la condition de son retour. C'était insultant de demander aux exilés de renier leur passé et machiavélique de les laisser rentrer au pays pour ensuite les ostraciser en ressuscitant de nouvelles accusations qu'ils pensaient oubliées. À ce prix-là, il préférait encore la tyrannie russe qui prévenait le dissident sur le point de traverser la frontière : « N'avance pas ou tu mourras. » Il se tourna vers Julie et l'implora du regard, comme pour lui dire : essaie de me comprendre...

« Crois-tu vraiment que j'abandonne mes compatriotes ? Tu ne vois donc pas que je voudrais rentrer au pays avec des résultats tangibles ? Hélas ! il est inutile de parler de l'indépendance du Canada dans une France plus monarchiste que jamais, et qui cherche à se rapprocher de l'Angleterre pour mieux se protéger contre la Russie et l'Autriche. Je n'ai cependant pas encore perdu tout espoir... Sache que je ne me résigne pas à mettre fin à cet exil sans en rapporter au moins quelques bénéfices pour les Canadiens.

— Ce ne serait pas plutôt ta belle Irlandaise qui te retiendrait à Paris ? risqua Julie en le fixant de ses yeux accusateurs.

— Ce que tu peux être injuste, ma pauvre Julie. Je te parle de mon pays qui me hante nuit et jour, je te parle de ce qui m'écorche vif, au plus profond de moi-même, et toi, tu gâches tout avec ta jalousie. »

Julie laissa tomber. De toute façon, sa décision était prise. Elle rentrait en Canada, avec ou sans Papineau. Quelque chose s'était brisé entre eux depuis l'échec de la rébellion. L'exil, au lieu de les amener à recoller les pots cassés, les éloignait l'un de l'autre plus encore. Elle se tourna contre le mur et fit semblant de dormir.

« Monsieur Fabre, c'est la Providence qui vous a envoyé à Paris, dit Julie au libraire, à quelques jours de là. Vous allez me ramener à Montréal.

— Ce serait un honneur pour moi, ma chère amie... Je vois que Papineau ne tient pas compte de mes exhortations. J'espère au moins qu'il est d'accord pour que je vous serve de cicérone. »

Justement, oui, Papineau consentait enfin à laisser partir sa famille. Il était devenu singulièrement patient, se montrait plus attentif que jamais aux besoins des enfants et évitait avec Julie les occasions prochaines de heurts.

Amédée était reparti le premier, au matin du 10 mai 1843. Il s'ennuyait de Mary qui lui envoyait de tendres lettres de Saratoga et il jonglait avec l'idée de demander sa main dès son retour aux États-Unis. Maintenant que Papineau s'était résigné à la séparation et puisque sa mère allait traverser l'Atlantique sous bonne escorte, il ne songeait plus qu'à ses fiançailles. En embrassant Julie, il émit un souhait qui s'adressait plutôt à Papineau :

« Fasse le ciel que nous soyons tous réunis en Amérique avant longtemps ! »

Un mois plus tard, le 15 juin, un superbe jeudi !, ce fut au tour de Julie et des enfants de boucler leurs valises. Les préparatifs s'achevèrent dans le plus grand affolement. Le salon ressemblait à un champ de bataille, jonché de malles à demi pleines, ouvertes sur le parquet de chêne. Les manteaux et les capelines étaient étalés sur le dos des fauteuils en attendant d'être pliés et mis dans les bagages à la dernière minute. Julie arrosa une dernière fois ses géraniums en s'efforçant de cacher sa tristesse. Surtout, il ne fallait pas que Gustave ou Azélie devinent sa peur au moment d'abandonner Papineau à son sort. En passant devant la glace, elle remarqua les poches sous ses yeux et son teint blême. Elle avait à peine fermé l'œil. Sa dernière nuit à Paris. Y reviendrait-elle un jour ? Elle ne le souhaitait pas. Les souvenirs qu'elle rapportait au pays ne valaient même pas la peine d'être conservés.

Après un ultime déjeuner qui s'étira jusqu'au milieu de l'après-midi, toute la famille s'entassa dans une voiture de louage pour se rendre aux Messageries Lafitte. Papineau s'efforçait de dominer la situation. Elvire et son mari étaient là qui inondaient Julie de conseils pour la traversée. À cinq heures, les passagers furent invités à gagner leur place dans la diligence.

Julie passa sommairement en revue son petit monde, vérifia qu'elle avait tous ses papiers et confia Papineau à Lactance.

« Je compte sur toi, mon chéri », l'encouragea-t-elle.

Lactance saisit la main de sa mère qu'il appuya sur ses lèvres en retenant ses sanglots. L'émotion lui coupait la parole mais Julie s'efforça de lui sourire. Elle caressa avec la paume de sa main son visage aux traits adolescents, ses cheveux fins, presque blonds. Puis, elle respira profondément. Surtout, il ne fallait pas flancher. Après tout, c'était sa décision de partir et elle sentait intuitivement que c'était la bonne, malgré le désespoir que suscitait ce départ. Son costume de voyage en toile bleue, sur lequel elle avait jeté une capote baleinée qui s'évasait autour du visage lui conférait l'air d'une voyageuse distinguée. Ézilda, qui ne la lâchait pas d'un pouce, tenait serré contre elle le châle de cachemire de sa mère, plié en quatre. Gustave se gavait de *gimblettes* et Azélie pleurnichait parce que son *daddy* ne voulait pas monter dans la voiture avec elle. Papineau retint ses enfants contre son cœur et embrassa passionnément Julie.

« Je t'attendrai aussi longtemps qu'il faudra », lui murmura-t-elle en s'arrachant de ses bras.

Il n'arrivait pas à détacher son regard de sa femme tandis qu'elle montait dans la diligence. Elle avait la taille si fine, on aurait dit qu'elle volait. L'instant d'avant, alors qu'il la tenait tout contre lui, il avait remarqué la petite veine qui palpitait dans son cou. Il avait alors eu la folle envie de la suivre ou de l'empêcher de partir. Désorienté, ne sachant plus très bien quoi faire pour arrêter le temps et empêcher l'inéluctable de se produire, il attendit, quêta presque, un dernier regard de la femme dont il serait séparé pour la deuxième fois en si peu de temps. Mais Julie ne se retourna pas. Il comprit alors que l'abîme se creusait déjà entre eux. Lactance restait figé sur le quai, les lèvres serrées, tout à son désespoir d'être encore une fois arraché à l'être qu'il aimait le plus au monde, sa mère. Il ressentirait son absence jusque dans sa chair.

La diligence s'éloigna au galop en direction du Mans. De là, Julie et les enfants s'embarqueraient pour Brighton, en Angleterre, d'où ils fileraient vers Liverpool, où les attendait l'*Hibernia* d'Halifax. Quand l'attelage eut disparu, Papineau et Lactance rentrèrent tous les deux à l'appartement qu'ils trouvèrent trop grand. L'âme triste et vide, ils soupèrent de pain tartiné au sucre d'érable du Canada qu'avait apporté le libraire Fabre.

338

Les jours suivants, Papineau parut accaparé par ses affaires. Lactance s'efforçait de lui être agréable, mais on aurait dit que son père cherchait à l'éviter. Ils dénichèrent assez facilement un logement plus conforme à leurs besoins et à leurs moyens. Mais chaque soir, Papineau disparaissait, tantôt chez les Guillemot, qui l'invitaient à dîner ou à l'opéra, tantôt chez Félicité de Lamennais, avec qui il jouait aux échecs. D'autres fois, il se contentait d'annoncer à son fils qu'il allait chez des amis sans plus. Lactance devinait alors qu'il passerait la soirée chez Marcella Dowling, de retour à Paris après un court séjour auprès de son mari dans le sud de la France. Lactance mangeait alors seul, tout à son désespoir de savoir sa mère si loin. Il rageait contre son père qui l'ignorait, trop occupé à faire la cour à l'Irlandaise. Le plus souvent, l'étudiant se contentait de grignoter ce qui lui tombait sous la main. Sa digestion en souffrait et il se purgeait avec du sulfate de magnésium. Mais son père ne semblait s'apercevoir de rien, comme s'il ne le voyait plus.

Leur nouveau logement était situé au 34 rue de Rivoli, à l'angle de la rue Castiglione, dans l'une des maisons nouvellement construites en face des Tuileries. Le quartier était charmant, avec ses arcades en enfilade. Papineau se trouvait désormais à deux pas des Archives de la marine, rue Royale, où il passait le plus clair de ses journées. Il se vantait de pouvoir aller à pied chez les Guillemot, place de la Madeleine, ou chez l'ami Féli, rue Tronchet. Mais, en vérité, il ne quittait pour ainsi dire plus madame Dowling. Lorsque Lactance lui en passait la remarque, il se justifiait en inventant toutes sortes de raisons : la pauvre Marcella allait accoucher d'un moment à l'autre, ses amies irlandaises étaient reparties et son mari alcoolique dépérissait à l'hôpital. Il trouvait donc normal qu'exilé involontaire comme elle, il lui apportât l'aide qu'une femme dans sa condition requérait. Quand Lactance insistait trop, Papineau le rembarrait sèchement :

« De quoi te mêles-tu ? »

Le jeune homme se recroquevillait en l'accusant intérieurement de ne pas être loyal envers Julie.

Un soir, Papineau quitta Marcella à onze heures en lui annonçant qu'il serait de retour le lendemain pour prendre des nouvelles de la jolie maman.

« Oh ! non, cher ami, l'assura-t-elle. Nous passerons encore deux ou trois soirées ensemble avant que le bébé ne se décide à arriver.

— Ne faites pas d'invitations que vous seriez forcée d'annuler, lui conseilla-t-il, moqueur. Votre témérité toute irlandaise vous jouera un vilain tour. »

Le lendemain matin, un messager apporta un pli parfumé à Papineau. À sept heures du matin, avant l'arrivée de la sage-femme, Marcella avait accouché d'une belle fille. L'enfant était en parfaite santé, comme sa mère, qui espérait sa visite, le soir même. Papineau proposa à Lactance de l'accompagner pour féliciter l'heureuse maman, mais celui-ci déclina vivement l'invitation, prétextant qu'il devait se rendre à l'École de médecine.

Lactance ne mentait qu'à demi. Depuis le départ de Julie, il se concentrait sur ses études. De la rue de Rivoli à son école, le trajet se faisait facilement. Il n'avait qu'à longer la Seine jusqu'au pont des Arts. Par temps pluvieux, il se mettait à l'abri dans la serre construite sur le tablier du pont et attendait la fin de l'ondée, en étudiant les plantes rares qui le passionnaient toujours autant que durant son enfance.

Les nouvelles qu'il avait reçues de Julie annonçaient son arrivée à Liverpool sans anicroche. Mais après, plus rien. Juillet s'était presque envolé sans que lui parvienne la moindre information concernant la traversée. Une lettre d'Amédée lui apprit qu'il avait lui-même fait le voyage en quarante-deux jours, ce qui était étonnamment long en cette saison.

Un matin de la fin de juillet, après avoir avalé une tasse de chocolat chaud au Café du Mont-Royal, Lactance se rendit à l'Hôtel-Dieu, comme d'habitude. Le portier de l'hôpital lui remit un message urgent d'Hector Bossange le priant de passer à sa librairie dans les meilleurs délais. Il fit demi-tour et se précipita quai de Voltaire. En l'apercevant dans le cadre de la porte, le libraire s'excusa auprès d'un client et courut au-devant de lui.

«Mon cher Lactance, je ne voudrais pas vous inquiéter inutilement, mais j'ai peur d'avoir de mauvaises nouvelles à vous communiquer. Un bateau à vapeur parti de Liverpool le premier du mois, donc le même jour que celui de votre chère mère, s'est échoué.

— Maman est morte! s'écria Lactance en mettant ses mains devant sa bouche. Ma petite maman!

— Attendez! Ne vous alarmez pas, jeune homme, ordonna monsieur Bossange. Rien ne prouve qu'il s'agisse du bateau de votre mère. J'ai télégraphié pour avoir plus de détails mais je n'ai encore rien reçu. Écrivez-moi votre nouvelle adresse sur ce bout de papier et je vous ferai suivre l'information.»

Lactance s'exécuta comme un automate et courut chez lui, en proie à une véritable crise de nerfs. Son père était parti en Bourgogne avec l'abbé de Lamennais et il n'avait aucun moyen de le joindre. Incapable d'avaler la tisane royale qui aurait pu le disposer au sommeil, il se coucha mais n'arriva pas à dormir. Étendu sur son lit, les yeux grands ouverts, il pensait aux orages si menaçants en mer, l'été. Il entendait la sirène du vapeur, imaginait le capitaine hurlant des ordres. Vite, qu'on lance les signaux de détresse. Il n'en finissait plus de compter dans sa tête les canots de sauvetage. Il fermait les yeux pour ne plus voir sa mère, ses sœurs, son petit frère qui sautaient par-dessus bord, s'agrippaient aux embarcations surchargées qui chaviraient...

Ce n'est qu'en toute fin de journée qu'une dépêche lui fut livrée. Le libraire Bossange ignorait toujours le nom du vapeur échoué près des côtes d'Halifax, mais il avait appris de source non confirmée qu'il n'y avait pas eu de victimes. «Courage! Lactance. Votre mère est probablement vivante», lui écrivit-il.

Ce furent les seules informations que Lactance put fournir à son père lorsqu'il rentra le dimanche. Le pauvre jeune homme était hystérique. Oubliant sa propre inquiétude, Papineau appela le docteur Rostan à son chevet.

CHAPITRE XXIX

L'Amérique

Papineau et Lactance l'ignoraient encore, mais Julie avait eu une traversée sans histoire. Elle tirait maintenant à sa fin.

Une nuée de mouettes affamées tournoyaient au-dessus de l'eau et s'enhardissaient jusqu'au mât de l'*Hibernia*. Le ciel était constellé et la brise, rassurante. Quelle paix ! Après la fièvre du départ, le contraste était saisissant. Une fois les enfants au lit, sous la bonne garde de mademoiselle Douville, aussi épuisée que sa tribu, Julie jeta un châle sur ses épaules et monta sur le pont supérieur. Le buste appuyé au bastingage, elle échafauda ses plans pour l'avenir, en regardant les étoiles.

Elle se sentait devenir fébrile. Pour la première fois de sa vie, elle envisageait l'avenir sans Papineau. Jusqu'à la dernière minute, elle avait espéré qu'il la suivrait. Seule au milieu de l'océan, la réalité lui sauta au visage. Il n'était plus là. Lui reviendrait-il un jour ? Elle refusait de croire que Marcella avait pris sa place dans son cœur. Jamais elle n'avait revu la belle Irlandaise et elle s'était efforcée d'oublier jusqu'à son existence. On lui avait rapporté qu'elle ne se trouvait plus à Paris, qu'elle avait rejoint son mari dans le sud de la France, où elle allait probablement accoucher.

Papineau n'avait pas reparlé de Marcella, sauf pour répéter à Julie que son obstination à rester en France n'avait rien à voir avec la jeune femme. Seules des raisons politiques lui interdisaient un retour précipité au Canada-Uni, voilà tout. Le reste était le fruit de son imagination féminine. Il lui avait juré que rien de répréhensible ne s'était passé entre Marcella et lui. Elle s'accrochait à cet espoir, mais sans trop y croire, car elle n'arrivait pas à chasser de sa mémoire le « je l'aime » écrit de la main de Papineau. Julie ne le savait que trop, Louis-Joseph n'était pas homme à utiliser inconsidérément le verbe aimer.

La journée passait habituellement sans trop de mal, mais l'angoisse de l'avenir la saisissait le soir venu. Comment réorganiser sa vie sans l'homme qui en avait été le centre depuis vingt-cinq ans ? Immobile dans le noir, elle observait sur l'entrepont des immigrants allemands qui jouaient des airs nostalgiques au violon et à la clarinette. Ils étaient une centaine qui dansaient comme à la kermesse, au son d'une musique qui couvrait leurs voix.

Lorsque les musiciens se turent, elle resta à flâner sur le pont. À revivre inlassablement ses adieux déchirants sur le quai des Messageries Lafitte. Elle avait senti peser sur elle le regard de Papineau tandis qu'elle s'engouffrait dans la diligence. Mais elle ne s'était pas retournée, de peur de s'attendrir et aussi pour masquer ses larmes. Elle ne voulait pas lui offrir le spectacle de sa faiblesse.

Sa décision était la bonne, elle en était sûre, même si son choix la torturait, maintenant qu'elle était séparée de lui, seule sur cet océan dont l'immensité ajoutait à son désarroi. S'était-elle avouée vaincue trop tôt ? Louis-Joseph aurait peut-être fini par consentir à s'embarquer avec eux si elle y avait mis plus de chaleur, au lieu de s'entêter à lui rappeler ses responsabilités de pourvoyeur, auxquelles il ne pouvait pas se dérober éternellement. Elle était partie pour le bien des enfants, se répétait-elle obstinément. Mais ses raisons, si limpides à Paris, lui semblaient tout à coup plus floues. Comment savoir si son départ n'était pas une fuite ?

La fatigue de la journée la gagna peu à peu et, pour ne pas y céder, Julie respira de grandes bouffées d'air marin. Elle appréhendait de se retrouver dans son étroite couchette à soupeser le pour et le contre de son départ précipité. Sans se lasser, elle contemplait le mouvement de la vague pour mieux tromper ses craintes. Son plan était simple. Elle passerait quelque temps à Saratoga et en profiterait pour se calmer les nerfs. Ensuite elle traverserait dans ce Canada qui lui avait semblé si loin à Paris et où elle n'était pas sûre de vouloir vivre. Elle irait embrasser sa mère, à Verchères. De là, elle se rendrait à Saint-Hyacinthe pour inscrire Gustave au collège, puis, sans tarder, trouver un couvent pour Azélie et Ézilda. Une fois la vie de son petit monde organisée, elle prendrait la route de Montréal afin de vérifier si elle se sentait la force d'y vivre. L'idée naguère impensable qu'elle pourrait s'établir au Canada-Uni, plutôt qu'à New York, la rebutait de moins en moins. Une voix intérieure lui répétait : «Louis-Joseph reviendra au pays, tu verras, il reviendra...»

Le libraire Fabre l'encourageait fortement dans cette voie. Cet ami sûr s'avérait un protecteur fort attentif et les heures passées en sa compagnie coulaient en douceur. Il n'était ni un amateur de cartes, ni un joueur d'échecs et préférait la rejoindre sur le pont, plutôt que de s'enfermer dans une salle enfumée pour jouer sa bourse, comme il disait.

«Du moment que je ne dérange pas vos rêveries», prit-il la peine de vérifier, lorsqu'il la surprit sur la dunette.

Édouard-Raymond Fabre était un érudit. Il pouvait commenter les ouvrages les plus récents comme les grands classiques. Il aimait à raconter sa rencontre avec Charles Dickens deux ans plus tôt. L'écrivain anglais avait séjourné un mois à Montréal, alors que le Théâtre Royal présentait une de ses pièces. Le libraire était passé lui serrer la main à l'hôtel Rasco, où il était descendu avec madame Dickens.

Julie l'écoutait aussi parler de Paris, une ville que le libraire connaissait sur le bout de ses doigts pour y avoir vécu vers 1820 et y avoir appris son métier. S'il trouvait injuste les jugements sévères qu'elle portait sur la vie parisienne, il admettait que ce n'était pas un endroit pour élever une famille. Lui-même s'y était refusé, même si son avenir professionnel était tout tracé à la librairie Bossange du quai d'Orsay. Les jours passant, leurs échanges devenaient plus familiers. Julie lui avoua même sa rancune à l'égard de certains amis canadiens, à qui elle reprochait d'avoir coupé les ponts avec Papineau pendant son exil.

«Faut-il leur en tenir rigueur ? Qu'en pensez-vous, mon ami ?

— Oubliez le passé, chère Julie, répondit le libraire sans hésiter. Eux aussi, ils ont beaucoup souffert de la défaite du mouvement patriotique. La vie les a malmenés, comme vous. Le temps arrangera tout, vous verrez.»

Julie ne demandait pas mieux que de pardonner. De toute manière, Papineau occupait toutes ses pensées. Se sentant en confiance, elle osa lui parler de l'entêtement déraisonnable de son mari. Mais le libraire s'empressa d'excuser Papineau, insistant sur son courage et sa fierté plutôt que sur sa volonté arrêtée de ne pas revenir au pays sans certaines garanties. Sa voix se chargeait d'émotion lorsqu'il épilogua sur son très cher ami qu'il trouvait héroïque dans le malheur. Plus beau, plus patient, plus résigné.

« Son exil me révolte, dit-il. Je ne le répéterai jamais trop, le pays a besoin de lui.

— Et moi donc ! sourit Julie.

— Vous verrez, il viendra vous rejoindre. Soyez patiente, chère Julie. »

En mer, tous les matins se ressemblent. Le commandant de bord aidait les enfants à apprêter leurs lignes pour pêcher la morue. Gustave fut déclaré grand champion, après avoir attrapé coup sur coup quatre gros poissons qu'il n'aurait pas pu nommer. Ce lundi-là, pourtant, ça ne mordait pas, et notre champion s'impatientait. Il allait faire son deuil de la pêche miraculeuse, lorsque le bateau s'enlisa dans un banc de sable. Le capitaine ordonna à l'équipage de sonder la profondeur et le pêcheur en herbe en profita pour lancer sa ligne et s'attaquer aux maquereaux. C'était mieux que rien.

Julie employa l'heure creuse précédant le déjeuner à remplir sa promesse à Lactance. Il l'avait suppliée de jeter à la mer une bouteille contenant un billet doux qui lui serait adressé. Sur un bout de papier elle griffonna : « Mon chéri, nous pensons à toi très fort. Ta maman qui t'aime et ne t'oublie pas. Julie B. Papineau ». Gustave et Ézilda ajoutèrent trois xxx affectueux, cependant qu'Azélie dessina un cœur. Une fois la bouteille scellée de cire rouge, Gustave la lança à l'eau dans un geste exagérément cérémonieux. Contrairement à sa mère, le garçonnet était sûr que la vague rejetterait le précieux message sur les côtes normandes et, ainsi, Lactance aurait de leurs nouvelles.

Certains jours, les enfants assommaient Julie de leurs questions : pourquoi papa n'est-il pas parti avec nous ? Quand viendra-t-il ? Qu'est-ce qu'il fera sans nous à Paris ? Elle avait ses réponses toutes faites qui comblaient leur curiosité sur le moment, mais ils revenaient à la charge. Azélie prenait alors une voix larmoyante pour l'implorer :

«Le temps est long sans mon *daddy*. Écrivez-lui que je m'ennuie trop de lui... Dites-le-lui, maman. Ça le décidera à prendre le prochain bateau.»

La cloche qui les appelait à la salle à manger mettait fin à leurs jérémiades. À mesure que le navire approchait de sa destination, les après-midi devinrent fort agités. Les enfants jouaient au *shuffle plate*, sous l'œil attentif du commandant de bord qui comptait les points en surveillant la mer. Son sifflet accroché au cou, il émettait deux petits coups successifs dès qu'il apercevait un brick de guerre à l'horizon. Les enfants accouraient alors en se bousculant à qui mieux mieux pour emprunter sa lunette.

«Ça, c'est le *Kentucky*, leur annonça-t-il. C'est un cotonnier de Mobile, en Alabama, ou de la Nouvelle-Orléans, je ne sais plus.»

De son poste, à la proue, le capitaine Wotton donna l'ordre de hisser le pavillon britannique tandis qu'un membre de l'équipage du *Kentucky* s'approchait en chaloupe et montait à bord pour parlementer avec lui. L'entretien dura une dizaine de minutes, après quoi le visiteur repartit, sans que rien de ce qui s'était dit transpire. Peu après, le temps se refroidit et le vent s'intensifia. Julie crut apercevoir des banquises à faible distance du bateau et s'en inquiéta. Mais le capitaine l'assura qu'il s'agissait de mirages, comme le cas est fréquent en mer. Au dîner, le champagne aidant, elle osa ramener sur le tapis les fameux glaciers qu'elle était sûre d'avoir aperçus. Il reconnut alors qu'ils avaient failli heurter des banquises, non loin du banc de Terre-Neuve.

«Vous êtes perspicace, madame Papineau. J'ai manœuvré pour m'en écarter et nous nous en sommes bien tirés, tout compte fait», ajouta-t-il, car son visiteur du *Kentucky* l'avait informé qu'un navire anglais, parti le même jour de Liverpool, avait fait naufrage.

— Quelle malchance! s'exclama Julie en hochant la tête. Je prie le ciel pour que ni mon mari ni mes fils ne nous croient perdus!»

C'était la pleine lune et Julie permit aux enfants de l'accompagner sur le pont pour assister au spectacle féerique que donnaient les baleines. Azélie n'avait pas assez de ses deux yeux pour suivre les gros mammifères qui se propulsaient gracieusement dans les airs, puis disparaissaient sous l'eau dans un grand bouillon d'écume blanchâtre. Ils allèrent ensuite se coucher, gorgés d'air marin, en rêvant à leur arrivée qui ne tarderait plus guère.

❦

Le dernier jour, Gustave arriva en coup de vent sur le pont :
«Maman, maman, venez vite.
— Mais où étais-tu passé ? lui demanda-t-elle. Voilà un quart d'heure que Marguerite te cherche partout.
— J'étais sur l'entrepont, répondit-il. Une femme est morte. Ils vont la jeter à l'eau.»
Une immigrante venait en effet d'être retrouvée sans vie, couchée entre son frère et sa sœur qui n'osaient plus bouger. Tous trois étaient âgés de plus de soixante-quinze ans. L'incident avait attiré les passagers qui regardèrent en silence les obsèques. Le corps fut enveloppé dans une pièce découpée dans la voile et étendu sur une planche recouverte d'une courtepointe qui tenait lieu de drap mortuaire. Les passagers allemands entonnèrent un chant funèbre de leur pays en se découvrant. Au signal, le lieutenant Rich enleva le drap, et les matelots, soulevant la planche, firent glisser le corps qui s'enfonça dans la mer.
L'incident parut macabre à Julie qui avait tendance à interpréter les événements comme des signes, sinon des pressentiments. Mais la vieille Allemande fut vite oubliée quand, à midi, le capitaine Wotton cria :
«*Land's ahoy.*»
Les passagers se précipitèrent vers l'avant du bateau. C'était bien vrai, la côte de Long Island, à New York, était en vue. Dans moins d'une heure, ils débarqueraient sur l'île de la quarantaine. L'équipage procéda au décompte des passagers. Au départ, il y avait 296 immigrants, la plupart originaires de la Bavière, mais il fallut se rendre à l'évidence : ils étaient maintenant 300 ! Entre Liverpool et New York, cinq nouveaux citoyens américains avaient vu le jour.
À l'entrée du port, un pilote yankee monta à bord pour diriger les manœuvres. Il distribua des journaux aux passagers qui les dévorèrent. Monsieur Fabre et Julie apprirent que la population des États-Unis atteignait maintenant dix-sept millions

d'habitants, que le nouveau président, le Virginien John Tyler, avait annexé une partie du Nouveau-Brunswick à l'État du Maine, avec la bénédiction des Anglais, et qu'un nouveau sport commençait à faire rage : le baseball.

Pour tuer le temps, Gustave lançait de gros morceaux de lard attachés à une chaîne aux requins qui nageaient autour du bateau. L'après-midi lui parut interminable, comme à sa mère, d'ailleurs. New York était à la fois si près et inatteignable. Au loin, des lumières scintillaient et les poteaux de télégraphe étaient visibles à l'œil nu. Bien avant le signal, les passagers se pressèrent autour de la porte pour accéder à la plate-forme, prêts à monter dans les canots assurant la navette entre le bateau et le quai de la quarantaine. L'impatience se lisait sur les visages, chacun serrant son bagage à main contre sa poitrine. Un concert de chants rauques, offert par les grenouilles, qui proliféraient dans les marécages entourant l'île, leur tenait compagnie.

Les formalités se déroulèrent dans l'ordre. Aucun passager ne fut retenu en quarantaine et, après quelques heures seulement, tous purent regagner l'*Hibernia* qui les attendait pour appareiller. Julie et les enfants firent partie du dernier contingent à mettre pied à terre. Elle craignait les bousculades et obligea sa marmaille à se tenir en retrait, tant qu'il y eut de l'agitation sur la plate-forme de débarquement.

Elle n'oublierait jamais ses premiers pas dans New York. Elle eut l'étrange sentiment que son destin prenait un tour différent. Il régnait une grande agitation dans le port. Son cœur battait comme si la tourmente de son exil parisien n'était déjà plus qu'un mauvais souvenir. Elle se sentit reconnaissante à l'égard de cette terre américaine qui l'avait si généreusement accueillie après sa fuite du Bas-Canada. La France l'avait déçue et si jamais la vie s'avérait impossible à Montréal, elle se fixerait aux États-Unis.

Comparé au silence des dernières semaines, le bruit était ahurissant dans le port. Les dockers au torse nu déchargeaient les marchandises des bateaux aux noms bizarres, sous la surveillance de contremaîtres au teint noirci par le soleil, qui hurlaient leurs ordres dans toutes les langues. Plus loin, dans la rade, une vieille épave penchée sur le côté somnolait. Le ciel était bas et la ville triste. Elle ne reconnut pas le New York qu'elle avait sillonné au bras de Louis-Joseph, cinq ans plus tôt, ni même celui qu'elle avait apprivoisé avec Marie-Rosalie, avant son départ pour la France. La pluie venait de cesser, lessivant les rues habituellement encrassées. Le tohu-bohu s'atténua à mesure qu'ils s'éloignèrent des entrepôts. Julie suivait monsieur Fabre comme une automate. Elle s'en remettait à lui pour tout.

En se rapprochant de la gare, elle reconnut la silhouette d'Amédée. Grand, les épaules carrées, tout le portrait de son père, ses lunettes cerclées d'acier en plus. Il avait les cheveux plus courts qu'à Paris et ne portait plus l'affreux accoutrement qui le rendait ridicule. Elle le trouva joli garçon. Il plissait ses yeux de myope, comme si la lumière l'aveuglait, et ne reconnut sa mère que lorsqu'elle fut à quelques pas de lui.

«Maman, dit-il, en poussant un soupir de soulagement, quelle frousse j'ai eue! Savez-vous qu'il y a eu un naufrage? Pendant un moment, j'ai cru qu'il s'agissait de l'*Hibernia*.

— Mon chéri, nous avons eu une traversée parfaite. Douze jours à peine! Tu te rends compte? D'après le capitaine Wotton, c'est un exploit.»

Elle serra très fort sa main et le retint contre elle, pour éviter qu'il voie ses yeux s'embuer. Surtout, qu'il ne devine pas son chagrin. Le premier, Amédée se détourna. Il s'empressa d'aider monsieur Fabre, occupé à compter les malles que les porteurs ramenaient du bateau.

CHAPITRE XXX

Le Canada-Uni

Julie s'épongea le front, elle était en sueur. Après une nuit inconfortable à l'hôtel Globe, elle n'avait nulle envie de s'éterniser à New York pendant les jours les plus torrides de l'année. À la première heure, Amédée qui avait mal dormi, lui aussi, se précipita au port, Gustave à ses trousses, avec pour mission de réserver des places sur le premier vapeur pour Bridgeport, d'où ils voyageraient en train jusqu'à Albany. Disposant d'une heure, Julie sauta dans un cab et se fit conduire au bureau d'enregistrement des douanes, pour remettre à William Lyon Mackenzie, l'ancien chef des patriotes du Haut-Canada, la lettre que Papineau lui avait confiée.

De la porte ouverte sur la rue, elle fit un signe de la main à son vieil ami qui, au fond de la salle, la regardait s'approcher, les avant-bras appuyés sur une pile de dossiers, comme s'il émergeait d'un profond sommeil.

« Alors, cher monsieur Willie, lança-t-elle, en détaillant la table jonchée de feuilles couvertes de griffonnages que le ventilateur à hélice suspendu au plafond agitait, c'est ici que vous passez toutes vos journées ?

— Eh oui ! fit l'Écossais, en se levant. Me voilà rond-de-cuir. J'espérais obtenir le poste d'inspecteur mais on m'a nommé commis, avec un salaire de famine. Comment voulez-vous que je fasse vivre une femme et dix enfants, avec un maigre 700 dollars par année ? »

Il hochait la tête, comme si ça dépassait l'entendement.

« En être rendu là à cinquante ans. Je paie cher mon franc-parler ! »

Il l'embrassa sur les deux joues.

« Mais parlons plutôt de vous, ma chère. Quelle belle apparition ! Ce n'est pas vraiment une surprise. Quand j'ai su que votre bateau était en rade – il avait lu la liste des passagers dans le journal –, j'ai pensé que vous me feriez une petite visite.

— Qu'advient-il de votre *Mackenzie's Gazette*? s'enquit Julie. Ne me dites pas qu'elle ne paraît plus?

— Bof! ici les affaires canadiennes n'intéressent personne. Mon journal coûtait plus qu'il ne rapportait. Et la mesquinerie du président Van Buren, qui s'est acharné à me faire procès sur procès, est venue à bout de ma résistance.»

Julie n'osa pas le lui dire, mais elle avait trouvé mortellement ennuyeux les exemplaires qu'il leur avait fait parvenir à Paris. Mackenzie avait perdu son dynamisme d'antan. Et pour cause! Son journal, il l'avait tenu à bout de bras, presque seul, et pendant des mois, il en avait dirigé la publication de sa prison new-yorkaise.

«Nous avons souvent pensé à vous lorsque vous étiez derrière les barreaux, dit-elle en lui serrant chaleureusement la main.

— Cette prison est une aberration. Figurez-vous que les industries déversent leurs eaux usées dans les marais au milieu desquels les architectes ont eu la brillante idée de la construire. Vous n'imaginez pas combien c'était insalubre. Avec ça, la nourriture était infecte. Ma pauvre mère n'a pas supporté de me voir croupir dans ce trou. Elle en est morte de chagrin.

— Pardonnez-moi, je l'ignorais. Elle avait quatre-vingt-douze ans, tout de même.

— N'empêche! J'ai été condamné à dix-huit mois, mais le président Van Buren a reçu tellement de lettres de protestation qu'il m'a fait relâcher avant la fin de la première année. Mais il me le paiera, Van Buren. Vous n'avez pas idée combien il va le regretter.

— Que voulez-vous dire?

— Le manuscrit que vous voyez là sur le coin de mon bureau, répondit-il en pointant du doigt une pile de feuilles plus haute que large, j'y travaille depuis des années. Regardez le titre et vous comprendrez tout.»

Julie souleva le carton qui recouvrait l'impressionnant document dont les feuilles étaient retenues ensemble par un ruban noir et lut, écrit en gros caractères sur la page de garde, *The Life and Time of Martin Van Buren.*

«Il ne sera pas dit que l'ex-président des États-Unis aura persécuté les pauvres exilés canadiens impunément», jura l'Écossais.

Willie était toujours aussi marabout. En voilà un qui n'avait pas retourné sa veste, pensa Julie qui en avait contre les revirements de George-Étienne Cartier et autres infidèles. Personne n'avait réussi à lui clouer les épaules au plancher. Jamais il ne renoncerait à ses idéaux.

« Vous boirez bien un verre de limonade avec moi, insista Mackenzie, qui ne voulait pas la laisser partir avant de lui avoir demandé des nouvelles de son ami Papineau. Il y a un café juste en face. Suivez-moi. »

Il retira sa visière et prit le bras de Julie en lui disant à l'oreille.

« J'étais pourtant convaincu qu'il rentrerait avec vous, Julie. Qu'est-ce qui le retient dans les vieux pays, dites-moi ?

— C'est une longue histoire, répondit-elle, en traversant la rue pour se rendre chez le limonadier. Je vous ai apporté une lettre de lui. Il vous explique ses raisons mieux que je saurais le faire. À vous d'en juger ! »

Ils s'attablèrent sous un gros ventilateur. Mackenzie lut en filigrane, tout en émettant des sons à peine audibles, ponctués de *well*, *well*...

« Votre mari n'a pas l'air d'un homme qui songe à rentrer au bercail.

— Papineau est convaincu qu'il serait arrêté à la frontière.

— J'en doute, mais je comprends ses objections. Moi non plus, je ne m'abaisserai pas à demander pardon aux autorités anglaises. Il y a assez de George-Étienne Cartier et du curé Chartier qui se sont humiliés de la sorte.

— S'il n'en tenait qu'à moi, je m'installerais à New York plutôt qu'en Canada, lui confia Julie. L'avenir de mes enfants serait mieux assuré.

— Amédée vous a-t-il dit que j'avais obtenu la citoyenneté américaine en même temps que lui ? Je peux maintenant finir mes jours aux États-Unis. Nous vivons pauvrement, ma famille et moi, mais, *as we say*, j'ai ma fierté.

— Vous êtes comme Papineau, vous ne faites pas confiance au gouvernement du Canada-Uni. On m'a rapporté que notre ami LaFontaine avait réclamé de Londres l'amnistie pour tous les exilés, vous deux compris.

— Votre ami LaFontaine marche *hand in hand* avec le gouverneur, fit-il d'un ton sec. Il est son instrument.

— Louis-Hippolyte est pourtant aussi réformiste que vous et moi.

— Il l'a été, je vous le concède, mais maintenant, il ne fait plus que ce que le gouvernement lui demande. Alors, vous comprendrez que son amnistie me laisse froid. Le seul bénéfice que j'en tirerais, c'est qu'elle me permettrait enfin de percevoir mes créances.

— Apparemment, les Canadiens l'appuient.

— Oui, je sais, et j'en suis fort mécontent. LaFontaine espère tirer le meilleur parti de l'Union, mais je pense que c'est une erreur. On ne bâtit pas un pays sur des injustices aussi criantes. Surtout, on ne s'habitue pas à être traités en citoyens de second ordre. Assez parlé de politique ! Je ne m'en occupe plus maintenant. Vous ne me demandez pas de nouvelles du docteur Nelson ?

— Robert ? dit-elle sur un ton qui se voulait indifférent. Mais pourquoi pas ? Comment va-t-il ?

— Eh bien ! votre docteur a repris sa pratique et, ma foi, il se débrouille fort bien. Il a son bureau tout près d'ici et il commence à être connu.

— C'est un excellent médecin, je n'en ai jamais douté. Il aurait mieux fait de se contenter de soigner les malades », cingla Julie avec une pointe d'amertume dans la voix. Elle ne lui pardonnerait jamais sa conduite envers Papineau.

« Nous nous croisons parfois dans le quartier, mais nous ne nous fréquentons plus. Vous serez contente d'apprendre qu'il ne fait plus la révolution. Irez-vous le voir ?

— Je ne crois pas, non », répondit-elle d'un ton décidé.

Robert le Diable appartenait à un passé qu'elle ne voulait plus remuer. Elle regarda l'heure et constata qu'il était temps de prendre congé. Mackenzie lui serra chaudement la main et ne la lâcha qu'après lui avoir arraché la promesse de passer à son bureau chaque fois qu'elle viendrait à New York.

« C'est promis, Willie. Et dès que je connaîtrai la date du retour de Papineau, je vous le ferai savoir. »

Amédée avait retenu des places sur le *Croton,* à quai devant la traverse de Catherine Street, dans le vieux New York. Au fur et à mesure que le bateau s'éloigna de la ville, l'air se rafraîchit. Sous son ombrelle, Julie se protégeait de l'ardent soleil, en regardant les canards et les oiseaux pêcher dans l'eau calme de l'étroite East River. Amédée déployait une patience d'ange avec le très agité Gustave qui courait d'un bout à l'autre du pont. Julie remarqua l'air taciturne de son aîné. Se sentant observé, celui-ci se referma davantage, pointant mécaniquement du doigt les édifices publics qui défilaient sous leurs yeux :

« Vous voyez, à gauche, Hell's Gate, célébré par Washington Irving dans ses livres ; et là, devant nous, c'est le fort de Frog's Point. »

Mais les enfants ne s'intéressaient pas aux curiosités qu'il s'évertuait à leur montrer. Azélie avait elle aussi des fourmis dans les jambes alors qu'Ézilda, la lilliputienne, s'accrochait aux jupes de sa mère. Ils en avaient plus qu'assez des bateaux et ne pensaient qu'à monter dans le train tout neuf qui devait les conduire à Albany à une vitesse jamais vue : trente milles à l'heure. Au terminus de Bridgeport, le chef de gare installa la tribu dans le wagon de queue dont les banquettes capitonnées se faisaient face.

Mais là s'arrêtait le modernisme. Car si le confort était douillet, le convoi avançait à pas de tortue. Un locomoteur grinchant tirait les wagons tandis qu'un autre poussait derrière. À peine dépassait-il dix milles à l'heure sur les rails pourtant libres de tout obstacle, contrairement à ce qu'annonçaient les panneaux qui vantaient les prouesses du nouveau train. Au bout d'un tunnel, il déboucha sur une vaste prairie. Le terrain devint alors plus accidenté et les chevaux d'acier, comme on appelait les locomoteurs, s'essoufflèrent. Ils étaient nettement moins fringants que les bêtes qui jadis tiraient les convois.

À quelques milles de la jonction des deux voies, le train s'immobilisa, pour céder le passage au *Newyorker* qui se dirigeait en sens contraire mais qui, ce jour-là, accusait un certain retard. Au bout d'une heure d'attente, le train reprit sa marche. À part Amédée, personne n'avait maugréé, comme si la résignation était de mise. Julie sourit en pensant que dans la même situation, les Français auraient fait tout un esclandre. Autre pays, autres mœurs ! Elle reprit sa place dans le wagon, près de la portière ouverte, de manière à profiter de la fraîcheur qui descendait avec le jour.

«Tu n'as pas l'air dans ton assiette, mon Amédée, dit-elle après l'avoir observé pendant un bon moment. Quelque chose te tracasse ? Tu n'as pas desserré les dents depuis des heures, sauf pour bougonner.

— Ce n'est rien. Un peu de fatigue, sans doute.

— Allons donc ! Tu penses vraiment que je ne vois pas le petit nuage qui assombrit ton visage ?

— Puisque je vous assure que tout va comme sur des roulettes.

— D'accord, n'en parlons plus. Mais tu ne m'as encore rien dit de ta chère Mary. J'espère la rencontrer à Saratoga.

— Je ne sais pas si cela sera possible... Sa famille visite des parents en Pennsylvanie. Enfin, je crois, ajouta-t-il sans conviction.

— Tu ne sais pas où se trouve ta fiancée ? demanda-t-elle d'un air incrédule. Allons donc !

— Mary n'est plus ma fiancée, répondit-il en baissant les yeux.

— Que s'est-il passé ? À Paris, tu étais pourtant sûr de ses sentiments.

— Ses sentiments pour moi ne sont pas en cause. Dans toutes ses lettres, elle me jure qu'elle m'aime. Mais son père s'oppose à notre mariage.

— Pourquoi donc ? Tu es le gendre idéal, celui dont rêvent tous les pères. Tu as une profession, une belle éducation, tu viens d'une famille respectable...

— Une famille respectable, oui, mais qui a le tort d'être catholique, dit-il, en replaçant ses cheveux en bataille. Les Westcott sont presbytériens. Mary ne s'en formalise pas mais son père a des réticences. Oh ! maman, si vous saviez combien mon âme est triste.

— As-tu argumenté ? Les mariages mixtes ne sont pas un déshonneur.

— J'ai promis au père de Mary de la laisser pratiquer sa religion, de l'accompagner à l'église, si elle le désirait.

— Et alors ?

— Il n'a pas dit non, enfin pas un non catégorique. J'ai même l'impression qu'il me trouve assez sympathique. Il consentirait à notre mariage, si seulement je reniais le catholicisme.

— Tu n'y penses pas sérieusement ?

— Je serais prêt à tout pour ne pas perdre Mary. Enfin, nous verrons. Son père a promis d'y réfléchir, à condition qu'elle accepte d'attendre quatre ou cinq ans avant de se marier. Il veut éprouver notre amour.

— Ce n'est pas une si mauvaise idée.

— Maman ! protesta-t-il, comme si elle prononçait une hérésie. Quatre ans, c'est 1 460 jours, 35 000 heures... L'éternité ! Mary songe à défier son père. Si j'osais, je l'enlèverais, comme dans les romans.

— Mon chéri, je t'en prie, j'en appelle à ta raison. On ne compromet pas son avenir sur un coup de tête. Si vous n'avez pas la patience d'attendre, c'est que votre amour n'est pas assez fort. Pense au nombre d'années que ton père et moi avons passé éloignés l'un de l'autre. Tu découvriras que la séparation, si cruelle soit-elle, ne vient pas à bout du vrai amour.

— Ce n'est pas ma conception du mariage, répondit-il tristement. Mary et moi, nous ne vivrons jamais l'un sans l'autre. Pas une seconde... Si nous nous épousons un jour. »

Julie ne l'obstina pas. La vie se chargerait bien d'enseigner à Amédée qu'on ne fait pas toujours ce que l'on veut. Mais il était inutile de l'ennuyer avec ce qu'il appelait ses sermons maternels. Les enfants somnolaient tout à côté et elle voulait profiter encore un peu de ce tête-à-tête avec son aîné.

« Puisque nous parlons de séparation, fit Amédée, après un bref silence, à vous de me dire comment vous supportez cette nouvelle épreuve. Vous n'êtes pas exactement ce que j'appelle un boute-en-train.

— Eh bien ! comme tu vois, je n'ai pas réussi à convaincre ton père de rentrer avec moi. Il prétend qu'il a besoin de temps. J'espère seulement que je ne me suis pas trompée en revenant sans lui.

— Mais je suis là, maman. Nous l'attendrons ensemble. Je suis de plus en plus décidé à pratiquer le droit à Montréal. À New York, je tourne en rond et d'ailleurs, plus rien ne me retient. Autant en profiter pour obtenir un brevet canadien et m'établir convenablement. Vous ne pensez pas ?

— Je n'arrive pas à comprendre que tu ne puisses pas te bâtir une clientèle à New York.

— Moi non plus, je ne comprends pas, mais je le constate. Les Français des États-Unis sont trop égoïstes pour confier leurs affaires légales à un Canadien infortuné. C'est pourtant le même sang qui coule dans nos veines, bon Dieu !

— Tu as peut-être raison de vouloir t'établir à Montréal. Laisse-moi le temps de voir si je me sens capable d'y affronter quotidiennement nos ennemis. Nous déciderons ensuite à tête reposée. »

Le sifflet du train retentit à nouveau dans la brunante. Julie reconnut la rivière Hudson. Assise sur le bout de la banquette, les yeux rivés à la fenêtre, elle guettait les lumières d'Albany qui n'allaient plus tarder à apparaître. Ce soir-là, dans sa chambre, à l'hôtel State, quand son petit monde fut au lit, elle se déshabilla tristement, en pensant que la capitale, sans Papineau, ne lui disait rien qui vaille. Pour peu, elle aurait pleuré toutes les larmes de son corps. Mais à quoi bon s'accabler de reproches ? Le mieux était de foncer.

Le lendemain, elle prendrait la première diligence pour Saratoga. D'après Amédée, la ville d'eau n'avait guère changé depuis son départ. Une nouvelle église presbytérienne était apparue, deux édifices avaient surgi au milieu de Broadway, le Union Hall s'était doté d'une spacieuse véranda... Rien pour se sentir dépaysée. Mais ce paradis était sûrement encombré de villégiateurs et les Walworth refuseraient sans doute de la laisser descendre dans l'un ou l'autre des hôtels remplis de vacanciers que l'alcool rendait bruyants, le soir venu.

Elle s'endormit en pensant que les bains de pluie lui seraient bénéfiques. Elle boirait aussi à la source du Congrès. Le chancelier voudrait sûrement l'accompagner. Ils se rappelleraient les merveilleux moments d'une vie qu'elle n'aurait jamais dû quitter, cinq ans plus tôt.

⌁⌁⌁

Ayant appris que les Westcott était de retour à Saratoga, Amédée ne se sentit pas le courage de passer devant la maison de sa fiancée sans pouvoir la demander, encore moins celui d'affronter son père, un homme insensible et cruel. Il partit donc pour Montréal le lendemain, décidé à y compléter sa cléricature. Julie ne s'éternisa pas non plus chez les Walworth. Sa cure thermale terminée, elle sentit elle aussi l'appel du pays. Ses amis américains auraient aimé la retenir plus longtemps, mais elle préféra suivre son fils aîné.

Lorsque la diligence s'engagea sur les routes poussiéreuses, Julie n'avait nul regret, à peine un léger nœud dans la gorge. Un nouveau jour se levait qui s'achèverait aux portes de sa terre natale. Les villages succédaient aux champs de blé et aux forêts de conifères. La rivière Hudson devint bientôt le canal Champlain. Glen Falls, Sandy Hill, Kingsbury, Foot Ann... Des lieux qui disparaissaient derrière elle sans laisser de traces.

À Whitehall, le ciel se rembrunit, comme de coutume. Nichée au creux d'un rocher, la ville la plus grise de l'État ne voyait jamais le soleil. Julie prit son passage et celui des enfants au quai du village. Le pyroscaphe se préparait à lever les amarres, sous une pluie fine qui n'avait pas l'air de vouloir durer, quand Gustave refusa de monter sur la passerelle.

« La pluie va me tremper, pleurnicha-t-il en courant se réfugier sous un peuplier. Je vais être tout mouillé.

— Allons, petit capricieux, marche avant que je t'attrape », le gronda mademoiselle Douville en le poussant devant elle.

Le bateau s'éloigna de Whitehall et fit escale quelques heures plus tard, au pied des ruines du fort Ticonderoga. Pendant le déjeuner, Gustave s'échappa pour aller voir la poudrière. Julie le retrouva au fond de la voûte et lui administra une bonne fessée, sous les yeux béats d'un vieux soldat qui servait de guide aux visiteurs.

« Gustave, tu ne me quittes plus d'une semelle ! Compris ? » lâcha-t-elle, à bout de patience.

Ce soir-là, Gustave fit à nouveau des siennes en refusant d'aller se coucher dans la chambre des hommes. Il implora si bien mademoiselle Douville qu'elle consentit à lui faire une place dans la chambre des dames. À l'aurore, l'enfant dormait toujours à poings fermés lorsque Julie s'éveilla. Elle se leva sans bruit et monta sur le pont supérieur. Il faisait à peine jour. Le bateau quittait les eaux américaines et s'avançait doucement sur la rivière Richelieu qui, à la frontière entre les deux pays, se rétrécissait. Trois aigles noirs et un à tête blanche planaient au-dessus du bâtiment, conférant au moment une impression sinistre. L'île aux Noix et ses pâturages verts se profilèrent alors dans le brouillard matinal qui commençait à se lever. Julie venait d'entrer au Canada-Uni. Un mélange de joie et d'anxiété l'animait. En disparaissant derrière elle, le lac Champlain emportait un pan de sa vie. Elle était de retour dans ce Canada qu'elle avait aimé et détesté durant ses années d'exil. Mille questions sans réponse surgissaient dans sa tête. Sa vieille mère serait-elle changée ? Qui viendrait l'accueillir à Saint-Jean. Y aurait-il seulement quelqu'un ?

À six heures, lavés et bichonnés par mademoiselle Douville, les enfants la rejoignirent sur le pont. Le commis aux douanes monta à bord et autorisa les passagers à débarquer sans vérifier leurs bagages. Malgré l'heure matinale, le vieux quai de Saint-Jean était déjà grouillant de commerçants qui s'activaient autour du poste de douane. Un policier distribuait des passeports aux voyageurs américains. Julie lui demanda si elle devait s'en procurer un, mais il l'assura que les citoyens canadiens n'en avaient nullement besoin. Sitôt les formalités complétées, la plupart des voyageurs se dirigèrent à la hâte vers la gare des trains où les attendait le *Dorchester*. La Champlain and St. Lawrence Railroad annonçait au haut-parleur son départ pour Laprairie.

« Maman, maman, cria Ézilda, regardez, il y a des soldats partout. Des dragons, des fantassins, des canonniers... Pour sûr, c'est la guerre.

— Mais non, idiote, fit Gustave sûr de son fait. Ils sont en permission. Tu ne vois donc pas leur caserne ?

— Où ça ?

— Tu es aveugle ou quoi ? » fit Gustave en lui montrant l'édifice en brique.

Mademoiselle Douville le gronda. Elle ne tolérait pas que son Gustave se montre impoli, même avec ses sœurs. Au milieu d'un brouhaha indescriptible, Julie finit par récupérer les bagages et les fit porter au débarcadère.

« Ohé ! Bonjour, tante Julie, salut les enfants. Bienvenue au Canada-Uni », lança une voix familière venant du quai.

Louis-Antoine Dessaulles se tenait debout et agitait les bras, dans la barouche ouverte, au pied du débarcadère.

« Mon Louis-Antoine, je pensais bien que tu serais là », répondit Julie.

Elle était tout sourire, franchement ravie de reconnaître un visage cher dans cette foule hétéroclite.

« C'est un plaisir de vous revoir, ma tante. Un plaisir pour les yeux aussi, car vous avez rajeuni de dix ans ! La France a fait des merveilles à votre peau autant qu'à votre silhouette.

— Tu es toujours aussi galant homme.

— Je ne fais jamais que d'honnêtes compliments, s'empressa-t-il d'ajouter. Vous avez en effet la taille fine comme une guêpe. »

Louis-Antoine l'aida à monter dans la voiture et la rejoignit sur la banquette, pendant que les enfants grimpaient derrière. Mademoiselle Douville prit place à côté du cocher. Lorsque tout le monde fut prêt pour le départ, celui-ci fit claquer son fouet.

« En route ! » lança-t-il.

Louis-Antoine proposa à sa délicieuse tante, comme il l'appelait, de l'emmener déjeuner au chic St. John's Hotel, le seul de la place. Ensuite il la reconduirait à Verchères, où sa mère et son frère, le curé Bruneau, l'attendaient avec impatience. Elle y passerait la nuit et, le lendemain, ils repartiraient pour Saint-Hyacinthe. Il avait prévu son itinéraire jusque dans les moindres détails.

« J'ai l'habitude, dit-il, d'un air entendu. Vous pouvez me suivre les yeux fermés. »

L'hôtel était rempli de voyageurs qui allaient et venaient familièrement d'une table à l'autre. On aurait dit que tout le monde se connaissait dans ce pays. L'accent canadien, que les enfants avaient tout à fait oublié, les surprit mais ils en firent peu de cas, occupés à s'empiffrer de ragoût de boulettes, un mets qu'ils auraient reconnu entre mille. Ça sentait bon la cuisine canadienne et ils savouraient enfin du vrai lait.

Louis-Antoine commanda du vin, tout en demandant des nouvelles de Papineau. Il voulait savoir comment son oncle occupait ses journées à Paris, s'il voyageait dans les vieux pays... Tout, tout, tout, insista-t-il. Julie lui parla de son *Histoire du Canada*, qui accaparait le gros de ses énergies. Elle lui donna des précisions sur l'amitié que son mari avait nouée avec le grand Lamennais, mais se garda de lui confier sa déception d'être rentrée au pays sans lui. Ce n'était pas tant l'obstination de Papineau qui la gênait, mais son propre départ, si difficile à expliquer. Comme si elle s'en voulait d'avoir abandonné son mari dans son exil lointain.

Lorsqu'il l'interrogea enfin sur cette subite séparation, elle se contenta de lui mentionner que son entêté de mari refusait de fouler le sol natal tant qu'un seul de ses compatriotes serait forcé de vivre loin de sa patrie. Elle le comprenait, mais elle avait cru de son devoir d'assurer l'avenir de ses enfants, ici, plutôt qu'en

Europe, où leur situation demeurait précaire. Il n'insista pas et dit simplement :

« De toute manière, Papineau risquerait gros en rentrant tout de suite. Il doit attendre l'amnistie que nous promet votre ami LaFontaine.

— Cousin Louis... Je t'en prie, écoute-moi... Zinzin Louis ! »

Azélie tirait sur la redingote de son grand cousin. Il la fit grimper sur ses genoux et l'écouta raconter les mésaventures de ses lapins et de ses poules qui s'étaient multipliés au fond du jardin, rue de Courcelles.

« Tu parles comme une pie, Azélie. On dirait une vraie petite Parisienne », fit-il en se moquant de son accent pointu.

On allait servir la tarte au sucre du pays lorsque Julie lui demanda :

« Comment va ta mère ? Marie-Rosalie t'a-t-elle annoncé que je comptais passer quelque temps chez elle, à la seigneurie ?

— Justement, je voulais vous prévenir. Nous avons eu des embarras financiers. Rien de bien grave, rassurez-vous, mais maman va sûrement vous en parler. Elle s'inquiète pour un rien... »

Julie se redressa. Louis-Antoine n'avait pas l'habitude de mettre des gants blancs avec elle. Elle le sentait pourtant sur ses gardes.

« Explique-moi ce qui ne va pas.

— Il n'y a rien à expliquer. J'ai tout réglé. »

Son visage se referma. Julie était intriguée.

« Les enfants, je vous offre une glace à la fraise, proposa-t-elle. Allez au comptoir avec mademoiselle Douville. »

Gustave, Ézilda et Azélie disparurent avec leur bonne et Julie bombarda son neveu de questions.

« Je vous l'ai déjà dit, maman pense que nous sommes ruinés mais vous la connaissez, elle voit tout en noir.

— Êtes-vous ruinés, oui ou non ? Tu devrais le savoir puisque tu t'occupes des affaires de la seigneurie. Ta mère t'a donné carte blanche. »

Il leva les yeux en l'air et tambourina avec ses doigts sur la table. À l'évidence, il n'avait pas l'intention de subir un interrogatoire.

« Mais enfin ! Louis-Antoine, insista Julie, parle-moi...

— Si vous voulez discuter de politique, je suis consentant. Je vous exposerai en long et en large ce que je pense de l'Union des deux Canadas qui va conduire à notre anéantissement. Je vous avouerai même que je me suis sottement trompé quant aux présumées qualités de votre ami LaFontaine, qui n'est rien d'autre qu'un intrigant. Mais si vous avez l'intention de me sermonner, je décampe. Ma chère tante Julie, à vous de choisir.»

Il l'embrassa sur les deux joues et se leva d'un bond, en la fixant de ses yeux pénétrants. Louis-Antoine n'avait pas son pareil pour déstabiliser ses interlocuteurs. Les enfants revinrent trop tôt en se léchant les babines et en répétant que la crème à la glace, comme on disait en Canada, était bien meilleure que celle de Paris.

«Vite, tout le monde à bord, on s'en va», lança Louis-Antoine qui voulait profiter du moment pour échapper à la discussion. Chacun reprit sa place dans la voiture, qui sortit de la ville au pas.

«Alors? demanda-t-il malicieusement à Julie. J'attends toujours votre réponse.

— Va pour la politique, répondit-elle en faisant mine de tomber dans son piège. On verra bien comment la conversation tournera. Puisque tu y tiens, explique-moi en quoi tu t'es trompé sur Louis-Hippolyte LaFontaine.

— Au début, il m'a épaté. Les Anglais avaient interdit la langue française à la Chambre. Or monsieur LaFontaine s'est levé et a prononcé son premier discours dans la langue de Molière. Il a prévenu les députés que, même si l'anglais lui était aussi familier que le français, il s'adresserait à eux dans la langue de ses compatriotes, ne fût-ce que pour protester contre cette cruelle injustice de l'Acte d'Union, qui proscrivait la langue maternelle de la majorité de la population du Canada. Ce jour-là, LaFontaine a gagné le respect des Anglais comme des Canadiens.»

Louis-Antoine s'était alors pris à espérer que le nouveau chef aurait assez de poigne pour imposer les réformes souhaitées. Mais peu après, il avait retourné sa veste. Ce faux Napoléon, comme ses adversaires l'avaient surnommé par dérision, devenait un peu plus anglais chaque jour. Ses intérêts personnels passaient avant ceux des Canadiens. *Me first*.

«Ne vaut-il pas mieux avoir un Canadien français comme chef plutôt qu'un Anglais insensible à nos droits? objecta Julie.

— Vous avez raison. Mais nous n'avons pas besoin d'un chef qui se compromet avec nos adversaires. Mon oncle

Papineau fait une grave erreur en se laissant ravir sa place par LaFontaine, un ambitieux de la pire espèce. »

Julie l'encouragea à lui écrire à Paris pour lui raconter dans le détail ce qui se passait dans l'arène politique canadienne. Venant de son neveu, cela aurait plus de poids que venant d'elle, car son mari la soupçonnait de vouloir tout bonnement le convaincre de revenir. Louis-Antoine promit de le faire.

« Maintenant, tu vas m'écouter, Louis-Antoine, commença-t-elle en adoptant un ton presque maternel. Nous voilà seuls, toi et moi, comme nous l'étions au milieu de l'océan. Tu sais combien je t'aime. Sache aussi que je ne te juge pas, mais j'essaie simplement de comprendre ce qui s'est passé. »

Le jeune homme esquissa un geste d'impatience. Julie qui le savait astucieux se demanda comment il s'y prendrait pour se dérober à ses questions. Cependant, comme il avait remarqué sa détermination, il feignit de se résigner :

« Soit, je vous dirai tout. Mais il faudra remettre cette conversation à plus tard. Nous arriverons bientôt à Verchères. »

Julie fit la moue. Elle n'avait pas prévu que son ratoureux de neveu avait un dernier tour dans son sac. Il s'amusa de sa bouderie.

« Allez, soyez bonne joueuse, tante Julie. Demain, en allant à Maska, je vous dévoilerai tous mes secrets. Vous verrez, ce n'est pas sorcier. »

CHAPITRE XXXI

La fortune des Dessaulles

Dans la barouche ouverte aux quatre vents, les enfants ricanaient et les cigales chantaient. La journée était trop belle pour se chamailler. Julie reconnut de loin le village de Verchères qui semblait dormir au milieu des immenses champs de culture.

« Les plants ont l'air ravagés ! s'étonna-t-elle.

« Ce sont les effets dévastateurs de la mouche à blé, expliqua Louis-Antoine ravi de parler d'autre chose. Toutes les récoltes sont endommagées. Les cultivateurs n'en mèneront pas large cet automne.

— Partout ? Même dans l'Outaouais ? Nos braves censitaires de la Petite-Nation doivent frôler la misère noire, comme disait Joseph Papineau. »

Julie pensa alors que sa propre situation financière n'était guère plus encourageante que celle des Dessaulles. À la seigneurie de Papineau, plus personne ne payait son cens depuis belle lurette, pas même en nature. Il aurait fallu poursuivre les récalcitrants en justice pour récupérer ce qui était dû. Or Julie ne s'y résignerait jamais. Ces gens étaient pauvres comme Job ! Louis-Antoine devina ses pensées :

« Autant vous y faire, ma chère tante, ce n'est plus le Bas-Canada que vous avez connu. Il n'y a pas que les paysans qui en arrachent. Les gens de profession travaillent à crédit et les commerçants font faillite. »

— Il est certain que la seigneurie prospérerait davantage si le seigneur s'en occupait personnellement, se plaignit Julie, laissant entendre par là que Papineau se montrait bien insouciant.

— Pourquoi Amédée ne prendrait-il pas les choses en main ? proposa son cousin Dessaulles.

— Il n'en est pas question, trancha Julie. Amédée est avocat. S'il ne peut pas s'établir à New York, il le fera à Montréal. Mais je ne lui permettrai pas de sacrifier son avenir à sa famille. Il a encore un père, que je sache. »

Louis-Antoine saisit l'allusion mais ne la commenta pas.

« Dans ce cas, pourquoi n'iriez-vous pas vous établir à la Petite-Nation ? Les censitaires accepteraient plus facilement de rembourser la seigneuresse, quitte à le faire en nature, sinon en argent.

— Moi ? s'exclama Julie. Administrer la seigneurie ? Tu n'y penses pas ? Ah ! si seulement Papineau voulait comprendre le bon sens ! J'ai tout essayé pour le convaincre de vendre sa seigneurie. Nous pourrions nous acheter une propriété aux États-Unis, où les terres sont riches et le climat agréable. J'aurais tant voulu vivre dans un pays de liberté, plutôt que dans ce Bas-Canada où nos droits sont bafoués. – Elle soupira. – Mais Papineau est tellement attaché à sa seigneurie qu'il n'arrive pas à se décider. »

Le clocher de l'église de Verchères était en vue. Dans les prés, les vaches s'étaient accroupies à l'ombre des érables géants, pour se protéger du soleil. La voiture croisa une charrette à foin et le cocher leur fit un signe de la main. Les maisons blanches aux toits argentés, alignées le long du Saint-Laurent, étale en cette journée sans vent, brillaient au soleil. D'abord éloignées les unes des autres, les habitations se succédaient maintenant dans la rue principale. Il sembla à Julie que les arbres avaient poussé, surtout les peupliers qui pointaient en flèche vers le firmament.

La silhouette du presbytère couvert de lierre se précisa. Plus la calèche s'en rapprochait, plus l'impatience de Julie grandissait. Elle n'en doutait pas, sa mère l'attendait sur la véranda. Elle l'imaginait se berçant, ses mains potelées croisées sur ses cuisses, un vieux chapelet enroulé entre les doigts. Elle avait dû se faire gronder par le curé René-Olivier qui n'aimait pas la voir dehors en plein soleil, pendant la canicule. Mais elle se serait obstinée, ne voulant pour rien au monde rater l'arrivée de sa fille.

Julie songea tout à coup que Marie-Anne Bruneau avait passé sa vie à se languir pour elle. Petite fille à Québec, lorsqu'elle revenait du couvent des Ursulines, elle était accueillie par sa mère qui faisait le guet à la fenêtre du magasin général de la place Royale. Bien plus tard, quand Julie fut enceinte, Marie-Anne venait attendre l'enfant avec elle, rue Bonsecours. Pendant la terrible épidémie de choléra qui avait ravagé Montréal, elle l'avait hébergée tout un été, à Verchères, avec ses petits. Et c'était encore au presbytère de son frère qu'elle avait été abritée et dorlotée par sa mère, quand Papineau s'était enfui pour échapper aux habits rouges, après la rébellion. Elle était bel et bien à son poste, sur la galerie, à surveiller l'arrivée de sa Julie

« Maman, s'écria-t-elle, en descendant de la calèche. Ma petite maman chérie, comme vous m'avez manqué !

— Ma fille, ma Julie, viens dans mes bras », sanglota la veuve Bruneau en l'étreignant.

La mère et la fille étaient soudées l'une à l'autre. Marie-Anne n'avait jamais su exprimer ses sentiments autrement qu'en invoquant le ciel. Entre deux sanglots, elle hoquetait bruyamment : ma Julie, ma fille... Merci bonne Sainte-Anne ! Julie entendait le cœur de sa vieille mère battre si fort contre sa poitrine qu'elle s'en effraya. Mais déjà, le muscle usé reprenait son rythme normal et Marie-Anne tirait de son tablier un long mouchoir pour essuyer les yeux de sa fille et les siens.

« Grand-mère, grand-mère, s'exclamèrent Ézilda, Gustave et Azélie.

— Laissez-moi vous regarder, mes chérubins. Comme vous avez grandi et embelli ! Mais toi, ma Julie, tu n'as plus que la peau et les os.

— Je sais, maman, je sais, j'ai beaucoup maigri. La vie n'a pas été facile, croyez-moi. »

Attiré par les cris de joie, le curé Bruneau sortit à son tour du presbytère et les embrassades recommencèrent de plus belle. René-Olivier était de stature imposante, très rond aussi, et Julie dut se mettre sur le bout des pieds pour qu'il puisse déposer un baiser fraternel sur son front.

« Mais dis-moi ce qui t'arrive, grand frère ? lui demanda-t-elle d'un ton ironique. Tu es gras comme un voleur. Il n'y a pas eu de famine ici ?

— Et toi, petite sœur, te voilà mince comme un fil.

— Elle est trop maigrichonne, répéta sa mère. Va falloir la remplumer.

— Mais non, fit Louis-Antoine, tante Julie est très bien comme ça. »

Assise à côté de sa mère, sur la véranda, Julie l'écoutait énumérer les chagrins que le bon Dieu lui avait envoyés, ces derniers temps. Elle l'assura, en prenant son fils à témoin, qu'elle avait tout enduré dans la résignation chrétienne.

« Au ciel, cela vous sera rendu au centuple, certifia le curé.

— Maman, où sont passées vos belles vignes ? » demanda soudain Julie, qui se rappelait les arbrisseaux grimpants que la veuve avait plantés en arrivant à Verchères.

La vieille dame voulut se lever en s'agrippant d'une main au garde-fou, mais elle se laissa retomber en soupirant. Toute seule, elle n'y arriverait pas. Julie l'aida à se rendre au bout de la galerie.

« Ah ! ma fille, de grands vents les ont emportées. Mais, Dieu merci ! le presbytère n'a subi aucun dégât.

— Verchères souffre dans son âme, pérora le curé. Les intempéries, on finit par les oublier. Mais les gestes de dépravation et d'humiliation que l'armée anglaise a fait subir à mes paroissiens resteront gravés à jamais dans ma mémoire. »

Le curé Bruneau raconta à Julie comment, après l'insurrection de Robert Nelson, les soldats de Colborne avaient investi les villages, obligeant les Canadiens de Chambly à Contrecœur à les loger et à les nourrir.

« Ils se sont comportés comme de véritables terroristes, répétait-il en contenant sa fureur avec peine. Aux limites de Verchères, la troupe a planté un drapeau rouge. Cela signifiait qu'à partir de là, ils avaient ordre de piller les demeures des paysans, ce qu'ils ont fait systématiquement, en cassant la vaisselle et en détruisant les meubles. Le soir, le major McNichol et le capitaine Bell ont décidé de se fixer au presbytère et m'ont avisé que leurs hommes dormiraient dans la salle paroissiale.

— J'étais horrifiée, continua Marie-Anne Bruneau. Ils sont arrivés les uns après les autres, traînant leur butin volé : de l'argenterie, des tableaux, même du jambon fumé. Tu penses bien, ma fille, que les paroissiens n'ont pas tardé à venir demander l'aide du curé.

— J'ai protesté auprès du major McNichol, reprit René-Olivier, après avoir avalé une gorgée d'eau. À Verchères, personne ne s'était révolté, ni lors de la rébellion, ni pendant l'insurrection. Sais-tu ce qu'il m'a répondu ? Qu'il était navré, mais qu'on lui avait ordonné de mater les brigands. Nous avons parlementé et il a fini par reconnaître que les dangereux bandits étaient des habitants sans malice et que le gouvernement anglais punissait des innocents.

— Maintenant, nous arrivons à en parler plus calmement, fit Marie-Anne Bruneau, mais tu n'imagines pas le cauchemar que nous avons vécu. »

La vieille leva les bras au ciel. Rien que d'y penser, son cœur se remit à palpiter.

« À Saint-Denis, ç'a été encore pire qu'ici, continua-t-elle sur sa lancée. Les vandales ont répandu de l'huile sur les planchers et dans les armoires. Ensuite, ils ont vidé sur le sol les poches de blé et de pois remisées au grenier. C'est simple ! ils ont réduit en mille miettes tout ce qui pouvait être cassé.

— Je n'en crois pas mes oreilles, fit Julie, abasourdie. Pourquoi ne m'avez-vous pas écrit ce qui se passait ? J'avais l'impression que vous aviez plus ou moins échappé à la tourmente.

— Tu avais ton lot d'épreuves et nous ne voulions pas t'inquiéter, fit le curé qui ajouta : Toi non plus, petite sœur, tu ne nous disais pas tout. »

À six heures, ils pique-niquèrent sur la terrasse, derrière le presbytère, pour la plus grande joie des enfants qui se jetèrent sur les épis de blé d'Inde recouverts de beurre fondu dont ils avaient été privés depuis quelques années. Le curé les questionna sur leurs connaissances acquises en France. Il s'intéressait particulièrement aux progrès de Gustave.

« Il a du retard dans ses études, admit Julie, en passant doucement la main dans les cheveux de son fils. Gustave n'a pas fréquenté l'école depuis notre départ. Nous lui avons fait la classe à la maison.

— J'ai visité tous les musées avec papa, fit candidement le petit garçon. C'est encore mieux que d'aller en classe. »

Julie croyait entendre Papineau. Combien de fois ne lui avait-il pas vanté les mérites de la culture que son plus jeune fils acquérait au jour le jour, dans ce Paris historique sans pareil au monde.

« Fini l'école buissonnière, mon petit Gustave, dit-elle, avant d'ajouter à l'intention du curé : Je vais l'inscrire au collège de Saint-Hyacinthe. Le directeur m'a écrit qu'il rattraperait le temps perdu. Il est très fort en histoire et en français. Surtout, il adore la lecture.

— Mon héros, c'est Napoléon, lança Gustave avec fierté. Je connais sa vie par cœur.

— En quelle année la bataille d'Austerlitz ? questionna le curé incrédule.

— En 1805, répondit Gustave sans hésiter.

— Pas mal, mon garçon. Et où a eu lieu le sacre de Napoléon ?

— Ben voyons, à Notre-Dame de Paris, mon oncle », le nargua Gustave.

Le curé Bruneau s'adonnait à son occupation favorite et Gustave s'en tirait admirablement bien. Dans ce cocon familial, Julie se sentit tout à coup rassurée quant à l'avenir. Elle en éprouva une sorte d'apaisement.

La soirée se prolongea sur la véranda. À onze heures, Julie ne fut pas mécontente de retrouver son ancienne chambre, qui donnait sur le fleuve. Les murs, déjà défraîchis avant son départ, étaient recouverts du même papier peint aux couleurs blafardes. La servante du curé avait fermé les rideaux pour empêcher la chaleur de pénétrer pendant la journée. Elle s'empressa de les tirer et resta un moment assise sur le tablier de la fenêtre à regarder le reflet de la lune sur l'eau, comme elle l'avait fait si souvent dans le passé. L'odeur de varech lui était familière. De tous ses refuges, Verchères était celui qu'elle chérissait le plus. Était-ce la présence sécurisante de son frère curé ? Ou la chaleur maternelle ? Rien ne semblait changé au bord du Saint-Laurent. Mais en même temps, plus rien n'était pareil.

« Louis-Joseph, pourquoi m'as-tu laissée partir... », murmura-t-elle.

Marie-Anne Bruneau qui entrait sur la pointe des pieds n'entendit pas le cri du cœur de sa fille. Devinant sa présence, celle-ci se retourna. La vieille dame s'était assise sur le bord du lit. Sa main ridée glissait sur l'édredon fleuri. Elle avait la tête toute blanche et son visage cuivré aux traits ravinés luisait comme de la soie. Julie la trouva belle.

« Laissez-moi vous regarder, ma petite maman. »

Une légère brise gonfla le rideau. Julie se leva d'instinct pour fermer la fenêtre. Un vieux réflexe car sa mère était sensible aux courants d'air. Marie-Anne se tenait le corps bien droit et attendait le moment propice. Julie revint s'asseoir à côté d'elle.

« Ma fille, maintenant que nous sommes seules, toutes les deux, dis-moi pourquoi ton mari n'est pas rentré avec toi ?

— Voyons maman, vous le savez. Je vous l'ai expliqué dans mes lettres.

— Julie, reprocha Marie-Anne, la place d'une épouse est auprès de son mari. J'ai prié le bon Dieu pour que tu ne l'oublies pas. Quand ton père a fait faillite, au début du siècle, il ne me serait jamais venu à l'idée de l'abandonner. Je me suis retroussée les manches et j'ai peiné dur jusqu'à ce que ses affaires reprennent. On se marie pour le meilleur, comme pour le pire.

— Mais, maman, je n'avais pas d'autre choix, fit Julie qui cherchait à se justifier. Gustave n'allait pas à l'école, Ézilda et Azélie manquaient de tout... J'ai fait pour le mieux. Vous n'allez pas me chicaner ? Je me suis tellement ennuyée de vous. »

Elle se blottit contre sa mère qui ne broncha pas.

« Sache que je n'approuve pas ta décision, trancha-t-elle d'un ton autoritaire. » Puis, s'adoucissant, elle ajouta : « Mais tu as bien fait de m'amener mes petits-enfants. Quant aux raisons profondes qui t'ont poussée à déserter Louis-Joseph, comme dirait ton frère, le curé, j'en perds mon latin. »

La vieille dame prit sa fille dans ses bras. Tout allait si vite autour d'elle. À quatre-vingts ans passés, pouvait-elle encore juger de ce qu'il convenait de faire ou de ne pas faire ? Une grande affliction se lisait dans le regard de Julie et elle se doutait que ça n'allait pas entre elle et Papineau. Mais elle n'ajouta rien. Julie avait toujours su mener sa barque et jamais elle ne prenait de décisions à la légère. Elle avait peut-être agi sagement, cette fois-ci encore. L'avenir le dirait.

À dix heures, le lendemain, la voiture de Louis-Antoine Dessaulles quitta le presbytère de Verchères. Grand-mère Bruneau, qui avait espéré garder Julie encore quelques jours, lui fit promettre de revenir bientôt. Pour être sûre de la revoir prochainement, elle garda les enfants avec elle. D'une certaine manière, Julie n'était pas mécontente de voyager seule avec son neveu. L'ardent soleil de la veille avait fait place au temps gris, mais la route n'était pas encombrée. Assise sur la banquette, à côté de lui, elle attendait qu'il amorce sa confession.

Louis-Antoine ne semblait pas pressé de raconter sa déconfiture financière. Pendant tout le trajet jusqu'à Saint-Antoine, puis sur le bac traversant la rivière Richelieu, il tourna et retourna le dilemme dans sa tête. Par où devait-il commencer son récit ? Il n'était pas question d'expliquer à Julie qu'il avait engagé le capital familial dans des spéculations extravagantes qui avaient mal tourné. Ni que ses dettes qui se montaient à 8000 livres étaient toutes exigibles. Quant aux causes de ses déboires, elles demeuraient obscures même pour lui. Il n'arrivait pas à déterminer quelle transaction l'avait fait basculer, ni à quel moment il avait commis l'erreur irréparable. Une chose était sûre, certains emprunts lui avaient été consentis à des taux usuraires, allant parfois jusqu'à quinze pour cent, et plusieurs de ses créanciers avaient obtenu des jugements contre lui.

« Je me suis fait rouler, avoua-t-il enfin. Ma réputation de mauvais payeur, je la dois à Machiavel en personne ! J'ai nommé le seigneur Debartzch. »

Louis-Antoine était amoureux de la fille de Pierre-Dominique Debartzch, un ancien député qui l'avait entraîné dans des projets risqués en lui promettant de doubler son capital. Il y avait plutôt perdu sa chemise, tandis que le misérable Debartzch avait pu éponger ses pertes grâce à ses réserves financières. Louis-Antoine n'était pas loin de croire que le filou avait tout manigancé pour s'emparer de la seigneurie Dessaulles.

« Vous connaissez le seigneur Debartzch ? fit-il avec dédain. Il m'a fait mille promesses, y compris celle de me donner sa fille en mariage. Mais les mois ont passé et Caroline s'est lassée d'attendre que je refasse fortune. Elle reluque un jeune homme plus argenté. »

Julie ne savait plus si elle devait le plaindre ou succomber à l'envie qui la tenaillait de lui frotter les oreilles. Elle avait toujours considéré Louis-Antoine comme son fils. Ils avaient vécu tant d'aventures ces dernières années et il était toujours accouru lorsqu'elle avait eu besoin de lui.

Mais elle n'était pas dupe. S'il avait du charme à revendre, le jeune chenapan cultivait aussi ses vilains défauts, dont celui d'être trop prodigue de ses sous. À Paris, il avait les poches trouées ! Il descendait dans les meilleurs hôtels. Plutôt que de prendre l'omnibus, comme Amédée ou Lactance, il louait des carrosses pour se déplacer et s'habillait en dandy. Combien de fois ne lui avait-elle pas répété que ses idées de grandeur allaient le perdre ? Cependant, s'il avait fait des folies avec l'argent de sa mère, Louis-Antoine n'était pas malhonnête. Et il n'avait sûrement pas tout englouti au jeu, encore qu'il ne dédaignait pas tricher aux cartes. Mais c'était pour s'amuser et il ne pariait que de petites sommes.

Après un moment de réflexion, elle finit par lui demander comment lui, un jeune homme intelligent, avait pu s'empêtrer ainsi.

«Je vous le répète, ce n'est qu'une gêne momentanée, répondit-il en esquivant la réponse à sa question. J'ai des tas de projets. À Londres, mes amis anglais m'ont introduit au *Politechnical Institute* où j'ai assisté à des expériences avec de l'électricité qui m'ont ouvert l'esprit à des idées nouvelles.

— Ce n'est pas cela qui va renflouer tes coffres.

— Pourquoi pas? J'ai l'intention d'importer des techniques expérimentées dans les manufactures londoniennes. Mais tout cela prend du temps.

— Et de l'argent. Tu es si jeune, si inexpérimenté. Et Papineau n'est plus là pour veiller sur toi, comme il l'a toujours fait depuis la mort de ton père. Ce n'est certes pas ce Debartzch, que je connais de longue date, qui va t'enseigner une saine gestion. C'est un spéculateur sans scrupules qui ne s'est pas gêné pour trahir les patriotes quand cela faisait son affaire.»

Cette histoire de beau-père profiteur était aberrante mais plausible! Il était inutile de charger Louis-Antoine de tous les péchés du monde, il fallait plutôt trouver autre chose que des projets en l'air pour le sortir du pétrin.

«Mesures-tu seulement les conséquences de ta situation? Tu as un frère et une sœur. À leur majorité, tu devras remettre à chacun la part de la seigneurie que ton père leur a léguée. Tu n'as pas le droit de dilapider leur héritage. As-tu songé à une solution à court terme?

— Je vais nous tirer d'embarras d'une façon ou d'une autre. Mes nouvelles entreprises pourraient vous surprendre.

— De quelles nouvelles entreprises parles-tu? Qu'est-ce que tu mijotes encore?»

Louis-Antoine lui annonça qu'il s'était lancé dans la fabrication de la chandelle et du savon.

«Contrairement à l'Europe, nous devons fabriquer des objets de première nécessité et non des biens de luxe, lui expliqua-t-il comme s'il avait longuement étudié la question. On peut aisément tirer profit de tout ce que les masses achètent. C'est pourquoi, l'an prochain, j'ai l'intention de semer des graines de pavot, ce qui me permettra de produire de l'huile de lampe et de l'huile de table, en plus des chandelles et du savon. Brillant, non ?»

Il la narguait, c'était évident. Julie parvint à l'interrompre en haussant la voix.

«Tout de même, Louis-Antoine, tu es trop intelligent pour penser que je vais gober un projet aussi déraisonnable. Tu n'as plus un sou vaillant.»

Elle l'implora du regard. Il devait comprendre qu'en continuant dans cette voie, il entraînait toute sa famille dans sa chute.

«Tu as déjà essayé la culture de la betterave à sucre, l'an dernier, et tu as manqué ton coup, lui objecta-t-elle.

— Est-ce ma faute si l'on ne peut pas concurrencer le prix du sucre des Antilles ?»

Voyant que Julie ne lâchait pas prise, il s'engagea dans une autre avenue.

«Le chemin de fer va bientôt passer sur notre domaine et je suis en pourparlers avec la Champlain and St. Lawrence Railroad pour exproprier plusieurs de nos terres. Cela va me rapporter gros. Très gros. Vous voyez, j'ai plus d'une corde à mon arc.»

Décidément, il avait réponse à tout et Julie tournait en rond, lorsqu'il lui assena le coup de grâce :

«J'envisage aussi de vendre la seigneurie.»

Le ton était provocant et Julie en fut saisie.

«Et ta mère ? demanda-t-elle en s'efforçant de garder son sang-froid. Où irait-elle ? Y as-tu seulement pensé ?

— Pourquoi pas à Saint-Marc ? rétorqua-t-il. Son frère Toussaint-Victor vient d'y être nommé curé et il a offert de la loger chez lui.

— C'est inouï ! s'indigna Julie. Réfléchis deux minutes. C'est toute sa vie qu'elle laisserait derrière elle. Son manoir, son splendide jardin, ses fleurs...

— Ses tulipes et ses roses pousseront aussi bien au presbytère de Saint-Marc, fit-il, comme si le sort en était jeté.

— Incroyable ! Mais tu n'as donc aucun sentiment ?»

C'était peine perdue, Louis-Antoine n'en ferait jamais qu'à sa tête. Le trajet s'achevait et Julie n'avait pas réussi à le raisonner. Ils avaient traversé sans les voir les villages de Saint-Denis et Saint-Charles, tout à leur stérile discussion. À Saint-Hyacinthe, Louis-Antoine avait salué d'un signe de tête les passants, en continuant à se défendre avec la dernière énergie. Il avait épuisé ses arguments lorsque sa voiture s'engagea dans l'allée de peupliers du manoir Dessaulles et s'immobilisa devant le portail. Au même moment, une calèche sombre repartait avec ses deux occupants.

«Qui peut bien visiter ta mère si tôt le matin?» demanda Julie, intriguée.

Louis-Antoine n'eut pas le temps de répondre, car Marie-Rosalie se précipitait à leur rencontre.

«Mon fils, hurla-t-elle. Les avocats de Jos Bistodeau, ton prêteur, sortent d'ici. Ils ont instruction de saisir la propriété. Ils m'ont priée de quitter les lieux dans les meilleurs délais. Tout est fini», ajouta-t-elle en se prenant la tête dans les mains.

La seigneuresse Dessaulles n'avait pas encore aperçu Julie, qui était descendue de la voiture du côté opposé.

«Ne vous inquiétez pas, maman, j'ai les choses bien en main, répondit Louis-Antoine d'un ton exagérément rassurant. Vous pouvez dormir sur vos deux oreilles. Hier, j'ai contracté un nouvel emprunt qui couvrira toutes nos dettes. Bistodeau sera remboursé aujourd'hui même.

— Tes dettes, corrigea Julie.

— D'accord, mes dettes, puisque vous insistez.»

Il commençait à être excédé par les remarques de Julie et se dirigea vers la maison sans l'attendre. Mais voilà qu'elle en remettait :

«À quelles conditions as-tu signé cet emprunt, mon pauvre Louis-Antoine? Et pourquoi n'en as-tu rien dit à ta mère?»

Les yeux de Marie-Rosalie allaient de l'un à l'autre. Elle ne comprenait rien de ce qui se passait.

«Je ne tiens jamais ma mère au courant de mes transactions, répondit sèchement Louis-Antoine. J'essaie de lui épargner les inquiétudes. Quant aux conditions, elles ne regardent que moi.»

Julie s'avança vers Marie-Rosalie qui paraissait si anéantie qu'elle en faisait pitié. Sa robe grise à col blanc était frippée. Seule sa coiffe en dentelle pouvait laisser soupçonner qu'elle avait été une grande dame. Sans doute avait-elle toujours été négligée, mais jamais Julie ne l'avait vue aussi débraillée. Ses lèvres tremblaient lorsqu'elle s'étira pour l'embrasser.

«Te voilà enfin, petite sœur. Je n'ai plus rien, plus rien...

— Sèche tes larmes, Marie-Rosalie. Je suis là maintenant.»

C'est ainsi que sans jamais l'avoir décidé, Julie passa l'automne à Maska, avec ses trois enfants qu'elle récupéra chez sa mère. Dire qu'elle y fut heureuse serait exagéré. Mais elle connut des moments de paix et de douceur. Louis-Antoine avait réussi à sauver la seigneurie, du moins pour le moment. Mais il était tout à fait inutile d'essayer de convaincre Marie-Rosalie de confier la gestion de ses biens à des mains plus expérimentées. La seigneuresse se fâchait tout net. Elle avait même signé de nouvelles procurations, à son fils, convaincue qu'il serait favorisé par la fortune.

D'une certaine manière, les problèmes financiers des Dessaulles occupèrent les pensées de Julie au point de lui faire un peu oublier sa profonde solitude. Mais Noël approchait et les lettres de Papineau l'attristaient. Il ne semblait pas pressé de venir la rejoindre en Canada. Ce serait son premier Noël sans lui depuis 1837. Elle le lui écrivit, pensant l'émouvoir :

18 décembre 1844

Cher, très cher Louis-Joseph,

J'étais venue à Maska pour une semaine et j'y suis encore, quatre mois plus tard. Je ne me résigne pas à quitter ta sœur. À nous voir, on dirait deux pauvres veuves.

À mon arrivée en Canada, tout le monde m'a trouvé rajeunie et embellie. Les femmes surtout m'envient d'être aussi leste. Il est vrai que je me sens mieux. Je me suis débarrassée de mes affreux maux de tête.

Gustave est pensionnaire au collège de Saint-Hyacinthe. Cet automne, il a eu une grosse fièvre accompagnée de vomissements et j'ai été obligée de le garder à la maison pendant quelques jours. Il aurait aimé que son cher docteur Lactance soit là pour le soigner. Après avoir été purgé, il s'est rétabli et je l'ai renvoyé au collège. Il est en versification et se classe parmi les meilleurs élèves. Tes filles aussi sont très appliquées au couvent. Après la classe, je leur fais répéter les leçons de géographie et la grammaire, tandis que Louis-Antoine se charge du latin. Ézilda a un peu de difficulté avec ses versions mais son cousin se montre patient avec elle. Elle a moins de talent que les autres et je pense qu'elle ne poursuivra pas de longues études. Quant à Azélie, nous en ferons sûrement une pianiste de concert. Tout le voisinage se pâme devant son talent. Amédée a dû t'écrire qu'il avait déniché un emploi de scrutateur, en vue des prochaines élections.

Tu ne m'écris pas souvent et cela me chagrine, je ne comprends pas ton indifférence. Tes loisirs t'occupent-ils au point que tu n'as plus le temps de penser à moi ? J'espère que Lactance ne m'oublie pas. Si ce n'est pas un plaisir de m'écrire, c'est un devoir. Pour lui, du moins.

Tu me demandes de t'envoyer plus d'argent. L'embarras dans lequel tu te trouves me désole mais j'ai espoir que tes arrérages seront bientôt votés. Je t'en conjure, occupe-toi de Lactance. N'ajoute pas à ses déboires en le privant d'une bonne alimentation et ne le laisse pas souffrir de froid. Habille-le chaudement. Fais ajuster ton vieux manteau à sa taille et achète-lui une robe de chambre ouatée. Je t'enverrai du secours dès que je le pourrai. Je me serrerai la ceinture. Ici, je n'ai besoin de rien et les enfants de peu.

Ta sœur refuse que je paie pension, bien qu'elle soit à la gêne, elle aussi. Pour compenser, Amédée nous apporte des biftecks, des oranges et du sucre du pays lorsqu'il vient de Montréal. Il est juste que je la dédommage des dépenses que nous lui occasionnons. Ici, les prix sont plus bas qu'en France. Surtout, il y a du bois en abondance. Marie-Rosalie nous répète sans cesse : «Ne craignez pas de chauffer, c'est ce qui coûte le moins». Notre vieille Marguerite souffre autant de la chaleur à Maska que du froid à Paris, ce qui n'est pas peu dire !

Le jour, Marie-Rosalie et moi montons au grenier pour classer tes livres et nous assurer qu'ils ne s'abîment pas. Le soir, elle lit à haute voix Les Mémoires de la duchesse d'Abrantès. Cela nous amuse beaucoup. Mais lorsque nous parlons de toi, nous redevenons tristes. Les enfants s'ennuient de leur papa chéri, surtout avec le temps des fêtes qui approche. Tu verras arriver l'année nouvelle loin de nous. J'imagine que tu feras tes

*visites du jour de l'An à nos amis de la Madeleine.
J'espère que tu embrasseras les dames laides et dévotes
avec autant de fougue que les belles et les séduisantes.*

*Ici, tout le monde t'attend. Tes amis viennent me
voir de Montréal. Je leur dis que tu rentreras dès que
l'amnistie sera décrétée, mais ils me répondent que tu
n'en as pas besoin. Ils sont convaincus qu'un homme
influent comme toi est indispensable, car le Parlement
actuel est un corps sans tête.*

*Tu déplores mon départ, m'écris-tu. Moi, je ne le
regrette que parce que nous sommes séparés. Pour le
reste, je suis beaucoup mieux ici. Cependant, il n'y a
rien de plus pénible que l'ennui que j'éprouve à te savoir
si loin. Je te laisse libre car je ne veux pas encourir tes
reproches, mais je ne suis, je ne peux être heureuse
avant ton retour. Reviens-moi.*

Ta Julie, ta femme pour toujours.

*P.-S. — Fais mes amitiés à madame D. Je lui
souhaite du bonheur.*

Julie déposa sa plume, plia sa feuille et la poussa sur le coin
de la table. Refermer une lettre, c'est un peu dire adieu. Son
cœur se serra. Avait-elle écrit ce qu'il fallait pour le toucher?
Était-elle allée trop loin? Comment savoir?

Elle resta un moment immobile, toute à ses pensées. Puis,
d'un pas décidé, elle se dirigea vers la commode et ouvrit son
coffret à bijoux pour en retirer un billet de 50 piastres qu'elle
glissa au centre de sa lettre. C'était la pension de Gustave. Elle
solliciterait un délai auprès du supérieur du collège de Saint-
Hyacinthe, qui ne pouvait pas le lui refuser.

Il lui restait à trouver le moyen de faire parvenir une dizaine
de louis à Lactance. Dans ses lettres à Amédée, il se plaignait de
manquer de tout. Elle savait qu'il se priverait plutôt que de
demander de l'argent à son père. Elle l'aiderait donc, sans le dire
à Papineau.

CHAPITRE XXXII

L'insupportable secret

Lactance ne leva pas les yeux lorsque Papineau rentra du théâtre. De toute manière, son père ne lui adressait plus la parole, sinon pour lui donner des ordres. Mais ce soir-là pourtant, il tournait autour de lui, comme s'il le soupçonnait de lui cacher des choses.

« Où as-tu pris ce manuel ? demanda Papineau en lui enlevant le livre de biologie des mains.

— Je l'ai acheté, répondit Lactance en le défiant.

— Et où, puis-je savoir, as-tu pris l'argent ? »

Le ton était narquois et le regard dur, ce qui irrita Lactance.

« Amédée m'a envoyé 12 louis. J'étais misérable jusqu'à la mendicité. Cela fait des semaines que je n'ai plus un sou. Je vous l'ai répété cent fois. »

Papineau grimaça. Il ne supportait pas les remontrances de son fils.

« Dis tout de suite que je te prive. Et va pleurnicher dans les bras de ta mère et de ton frère.

— Je sais, nous sommes des gueux, vous me l'avez assez répété. Mais admettez que vos privations sont moins pénibles que les miennes. Je n'ai pas les moyens d'aller au théâtre, moi, ni au restaurant, ni à la campagne. Je me contente des viandes salées que vous rapportez ici... quand vous y pensez. »

Cette fois, Papineau explosa :

« Assez ! Je ne prends jamais de plaisir qui diminuerait le tien ou celui de tes frères et sœurs. Je t'interdis de t'adresser à moi sur ce ton et je ne tolérerai pas que tu me juges. Notre peu d'aisance me fait assez souffrir sans que tu en rajoutes. Il eût mieux valu que nous traversions cette épreuve tous ensemble, mais ta mère ne l'a pas voulu. Je n'ai plus ni famille, ni maison, à part cet ennuyeux refuge où je viens le moins souvent possible. »

La remarque de Papineau atteignit Lactance en plein cœur. Son père ne perdait jamais une occasion de lui faire sentir qu'il n'existait pas à ses yeux, qu'il était un moins-que-rien. Humilié, il haussa le ton :

« Pourquoi toujours accuser maman quand vous savez qu'elle a été très courageuse et tout à fait raisonnable dans les circonstances ? D'ailleurs, si vous êtes si misérable, il n'en tient qu'à vous pour que cela cesse. Pourquoi ne rentrez-vous pas au pays ?

— À cause de tes études, tout simplement.

— Bon, c'est ma faute à présent. Je vous l'ai déjà dit, deux ou trois mois de plus à Paris me seraient utiles, mais je suis prêt à partir quand vous voudrez.

— Dans ce cas, tu devrais peut-être t'en retourner au plus vite. Le gouvernement canadien va bientôt passer une loi qui interdira à ceux qui ont fait leurs études à l'étranger de pratiquer la médecine.

— Aucune importance, fit Lactance qui soupçonnait son père de vouloir se débarrasser de lui. Je n'aurai qu'à prendre mon diplôme universitaire aux États-Unis, ce qui serait encore mieux.

— Tu songes peut-être à pratiquer à Paris ? interrogea Papineau

— Vous voulez rire ? Il y a deux mille médecins qui crèvent de faim ici. »

Papineau se laissa tomber lourdement dans un fauteuil. Il oscillait toujours entre la colère et l'effondrement. Quand il voyait son père dans cet état, Lactance éprouvait de la pitié pour lui. Il n'avait plus le panache d'autrefois, au temps où il pouvait entraîner tout le peuple derrière lui.

« Je ne sais pas si je retournerai jamais en Amérique, marmotta Papineau.

— Est-ce la situation politique qui vous en empêche ?

— L'avenir du Canada m'apparaît lugubre. Quand je pense à la violence subie par ma famille, après la rébellion, j'éprouve de la répugnance à l'idée de revoir les lieux et les responsables de cet effroyable épisode de ma vie. »

Il avait l'air abattu mais sa mauvaise humeur avait disparu.

« Ta mère m'appelle, ajouta-t-il, comme s'il voulait attendrir Lactance. Dans ses lettres, Amédée me réclame, lui aussi. Ils ne comprennent pas que cela est au-dessus de mes forces. J'ai ma fierté, je ne veux pas m'abaisser à mendier le pardon à nos tortionnaires.

— Maman m'assure pourtant que toutes les difficultés entourant votre retour sont aplanies. Elle se désole de vous savoir si indécis, si irrésolu...

— Qu'en sais-tu vraiment ? coupa Papineau. Tu discutes avec les absents maintenant ? »

Il avait retrouvé son aplomb et son ton était à nouveau teinté d'agressivité.

« Elle me l'a écrit, claironna Lactance sans désarmer. Cela vous surprend peut-être mais elle m'aime, elle. Maman trouve insensé que vous mainteniez votre famille dans l'incertitude pour des considérations morales qui ne tiennent plus. Vous n'avez pas le droit de l'abandonner à son sort !

— Ce que je fais, je le fais dans l'intérêt de ma famille, rugit Papineau. Si je rentre, je serai de nouveau happé par la politique. Tu n'es pas plus raisonnable que ta mère et tes reproches sont aussi injustes que les siens. »

Lactance sentit qu'il avait touché une corde sensible. Papineau refusait d'admettre que ce n'était pas tant l'idée de vivre au Canada qui lui était désagréable mais la perspective de remonter dans l'arène.

« Qu'est-ce qui vous oblige à vous mêler des affaires publiques ? lui demanda-t-il. Vous pourriez vous établir à la Petite-Nation où nous serions à l'aise, tandis qu'ici, nous sommes pauvres comme des mendiants.

— Si ta mère ne m'avait pas quitté, les choses seraient différentes.

— Si maman était restée, elle serait à moitié morte. Gustave était en train de gâcher son avenir puisque vous n'aviez pas les moyens de lui payer le collège, et ni Amédée ni moi n'aurions pu nous établir en France comme avocat ou comme médecin.

— Tu t'ériges en juge de ton père, maintenant ? interrogea Papineau, sarcastique

— Non, papa, mais je crois être en âge de vous exposer mes vues. Elles me semblent justes et raisonnables. Vous refusez de regarder la réalité en face. »

Papineau s'éloigna sans rien ajouter. En passant devant la table, près de l'entrée, il vit une lettre qui lui était adressée. Il reconnut l'écriture allongée de Marcella et s'empressa de la décacheter. *« Please come, as soon as possible »*, écrivait-elle. Il attrapa son parapluie et sortit brusquement sans saluer son fils dont il ne voulait plus entendre les reproches.

Son père parti, Lactance se sentit floué, une fois de plus. Toutes leurs conversations se terminaient de la même façon. Il en avait assez d'être son souffre-douleur et de supporter son irritabilité. L'entêtement de Papineau était si aveugle qu'il masquait une immense faiblesse. Comment expliquer qu'un homme de sa stature, dont les Canadiens admiraient la force et l'autorité, n'arrivait plus à prendre la moindre décision ?

Lactance s'efforça de retrouver son calme. Il s'en voulait de s'être laissé entraîner dans une énième querelle, aussi acerbe que les précédentes. Ne s'était-il pas juré de ne plus aborder avec son père la question de son retour, l'un et l'autre ayant épuisé tous les arguments ? Mais l'insistance de Julie, qui l'implorait dans ses lettres, le déchirait. Il se sentait écartelé entre une mère bien-aimée mais lointaine, qui remettait son bonheur entre ses mains, et un père qui l'accablait de son mépris dès qu'il ouvrait la bouche.

Depuis le départ de Julie, il était le témoin impuissant du désespoir de Papineau, qui passait de la plus aveugle colère au découragement le plus complet, quand il n'en venait pas à l'injustice. Pareil régime de vie attaquait le système nerveux déjà fragile de Lactance. Ses forces diminuaient car, en plus, il mangeait peu et mal. Ses études en souffraient forcément et son moral était si bas qu'il n'était plus sûr de porter un jour le bonnet de médecin.

« Qu'est-ce qui me retient ici ? » se demandait-il. Autour de lui, tout était sinistre. Les pièce étaient sombres, même en plein jour. Lactance prit alors l'une des plus graves décisions de sa vie. Il allait rentrer en Canada pour y terminer ses études médicales. Il disposait encore d'un peu de temps, car la loi qu'avait brandie Papineau ne serait pas adoptée avant quelques mois. Ses professeurs, parmi les plus éminents médecins parisiens, lui remettraient des certificats signés de leur main et il était convaincu qu'à Montréal on lui accorderait sans problème les équivalences requises, de manière à accélérer l'obtention de son permis de pratiquer.

Sa voie lui semblait toute tracée et il en ressentit un profond soulagement. En retardant son départ, il ne ferait qu'accentuer la crise dans laquelle son père et lui se débattaient. Lactance avait fait l'impossible pour l'aider mais, devant sa mauvaise foi évidente, il pouvait le quitter sans remords. Julie le comprendrait d'abandonner Papineau à son sort, l'ayant fait, elle-même, avant lui.

L'irrésistible envie de prévenir sa mère de son prochain retour l'envahit tout à coup. Il décida de lui écrire sur le champ mais fouilla en vain dans son pupitre pour y trouver du papier à lettres. Dieu sait pourtant qu'il l'économisait en remplissant chaque page de haut en bas de son écriture minuscule, presque illisible. Il referma son tiroir avec brusquerie et fouilla dans son sac, mais pas l'ombre d'une feuille blanche ne s'y trouvait. Comme son père en avait habituellement en réserve, il se dirigea vers sa chambre, dans laquelle il pénétrait toujours avec une certaine gêne. Au fond de la pièce, la table de travail baignait dans l'obscurité. Lactance alluma la lampe et découvrit un amas de papiers à demi-barbouillés et des brouillons de textes. Il détestait fouiller dans les affaires des autres. Aussi, avec une extrême délicatesse, il souleva la lettre commencée qui figurait sur le dessus d'une pile de feuilles vierges.

Mais la page inachevée le narguait. Papineau avait tracé de sa belle écriture un *Chère Marcella* qui piqua sa curiosité. Il lut :

«Puisse au jour du vingt-cinquième anniversaire de la naissance d'une aussi parfaite amie...» Lactance s'arrêta, en proie à un malaise. Cette lettre ne lui était pas destinée et il se sentait coupable de la lire. Il déposa la feuille où il l'avait prise et continua à chercher du papier. Cependant la curiosité le dévorait. Ses yeux retournaient sans cesse à la page inachevée. Il s'agissait d'un brouillon, comme en faisait foi les ratures. La tentation était si forte qu'il succomba :

> *Aujourd'hui, depuis cinq heures ce matin jusqu'à minuit, je vous ai donné tout mon temps et mes pensées. Mon sommeil ne peut que s'en ressentir. Je vous verrai en songe, soit au paradis, soit sur les Champs-Élysées, et toujours me tendant la main...*

Il était ensuite question d'un court voyage que madame Dowling avait entrepris par temps maussade et qui avait donné de l'inquiétude à Papineau. Il s'excusait d'abuser de sa patience en lui écrivant ce déluge de pages, mais il notait pêle-mêle ce qui lui passait par la tête, comme elle l'en avait prié. Il racontait aussi sa visite à sa chère petite malade. Lactance comprit qu'il s'agissait de Theresa, le bébé de Marcella, dont il parlait avec affection. Il releva la tête, surpris. Pourquoi, diable ! son père se souciait-il autant de cette enfant ? Les derniers mots de la page le troublèrent plus encore. Papineau implorait Marcella d'accepter son cadeau d'anniversaire et lui écrivait en conclusion :

> *Vous ne pourrez jamais exagérer quand vous parlerez de mon sincère et respectueux attachement pour vous. Votre ami tout dévoué. Louis-Joseph.*

Lactance regagna ses quartiers en oubliant de prendre les feuilles qu'il était venu chercher. Il ne songea plus à la lettre qu'il voulait écrire à sa mère. Il connaissait maintenant le grave secret de son père. Un secret qui expliquait pas mal de choses, dont sa résolution inébranlable de demeurer à Paris en dépit des appels répétés de Julie.

***

Papineau marchait rapidement sous la pluie, en proie à un profond malaise. Il s'était montré odieux envers son fils. Mais il ne supportait plus ses airs de chien battu. Ni ses reproches à peine voilés qui l'exaspéraient. Chaque fois que Lactance lui faisait la morale ou lui tenait tête, il éprouvait l'envie irrépressible de l'humilier. Le fin finaud savait lire en lui, deviner ses pensées les plus intimes. Et cela lui devenait insupportable. Qu'il parte donc ! pensait-il en tournant le coin de la rue de Rivoli. De toute manière, leur cohabitation devenait plus difficile chaque jour. Il avait beau chercher à l'éviter, quand il se trouvait en sa présence, c'était à qui lancerait les pires méchancetés.

Le manque d'argent était la source de leur commune frustration. Les viandes séchées dont se plaignait Lactance, Papineau les rapportait à la maison pour économiser sur les restaurants qui étaient hors de prix. Il en mangeait aussi, pardi ! Mais le pire était de se sentir épié, jugé, condamné...

Papineau englobait Julie dans les blâmes qu'il adressait à son fils. Elle le boudait, ne répondant à ses lettres que pour se plaindre. Et voilà maintenant qu'elle utilisait Lactance contre lui. Son adoration pour sa mère le poussait à le rendre responsable, lui, de tous les malheurs de la famille.

Le visage d'une Julie rancunière qui ne voulait pas désarmer lui apparut. Personne ne l'avait forcée à quitter Paris et si elle regrettait aujourd'hui sa décision irréfléchie, elle n'avait qu'à s'en prendre à elle-même. Il n'admettait pas non plus qu'elle sape son autorité en prenant Lactance comme témoin de leur mésentente. À défaut de comprendre, elle devrait au moins respecter sa décision et ne pas laisser sa déception dominer sa raison.

Papineau tira sur sa montre et vit qu'il était passé dix heures. Marcella l'inviterait-elle quand même à entrer? Assurément puisqu'elle l'avait supplié de passer. Devant le 40 rue de Provence il hésita, puis sonna.

«*My dear friend*, s'écria Marcella en s'emparant des deux mains qu'il lui tendait. Je vous espérais.»

Elle avait pleuré, Papineau n'en pouvait douter à en juger par ses yeux rougis.

«Qu'y a-t-il, ma chère? La petite Theresa ne va pas mieux?

— Elle est tout à fait remise, au contraire. Pardonnez-moi si je vous ai dérangé, vous arrivez du théâtre, je sais, mais j'avais besoin de vous parler.

— Vous ne me dérangez jamais, ma très chère Marcella. Si je peux vous être utile, je serai le plus heureux des hommes.

— Mais vous avez l'air préoccupé, cher ami, dit la jeune Irlandaise. Pour tout dire, vous avez une tête à faire peur, ajouta-t-elle en esquissant un sourire triste. Avez-vous reçu de mauvaises nouvelles du Canada?

— Mais non, laissons cela. De toute manière, Julie ne m'écrit plus. Elle me reproche de ne pas rentrer au pays.

— *No news is good news*, comme on dit en Irlande», le consola Marcella.

Elle avait un petit accent exquis et Papineau se sentit tout réconforté par sa seule présence. Elle l'invita à passer au boudoir et lui servit un whisky, avant de s'asseoir à côté de lui sur le canapé de velours brun taupe. Elle cherchait ses mots et Papineau devina que ce qu'elle avait à lui dire ne serait pas très agréable à entendre.

«Tout d'abord, permettez-moi de vous remercier d'être passé voir ma fille malade, pendant ma retraite fermée, et laissez-moi aussi m'excuser de vous avoir imposé cette démarche. On m'avait écrit qu'elle avait eu des convulsions et j'étais si inquiète. Vous avez été parfait.

— J'ai suivi vos consignes. J'ai fait comme si je venais chez vous par hasard et que j'ignorais que vous n'y étiez pas. Lorsque j'ai constaté de mes yeux que la petite allait mieux, je suis reparti tout à fait rassuré.

— J'étais si angoissée à l'idée de ne pas être à son chevet. Vous comprenez, je ne pouvais pas quitter le monastère avant la fin de la retraite. J'étais sûre que vous ne me refuseriez pas ce service. J'avais confiance en vous, un si bon père, et puis, aussi, pour d'autres raisons que votre cœur connaît.

— N'y pensez plus, chère Marcella, c'était tout à fait normal de faire appel à moi dans les circonstances.

— Je vous remercie aussi pour le très beau cadeau d'anniversaire que vous m'avez offert, mais je ne puis l'accepter. D'ailleurs, vous n'auriez pas dû.

— Mais on n'a pas tous les jours vingt-cinq ans. Je vous en prie, ne me privez pas du bonheur de vous témoigner mon attachement. Dans mon triste exil, vous êtes comme un rayon de soleil et je tenais à vous exprimer ma gratitude d'être simplement vous-même.

— Ne m'en voulez pas si je vous fais de la peine, murmura Marcella d'un ton mal assuré, c'est malgré moi... Je dois vous demander de cesser vos visites chez moi. Nous ne devons plus nous voir, du moins pendant un certain temps.

— Vous aurais-je offensée sans le vouloir ?

— Oh ! non, mon très bon ami, veuillez me croire, vous n'êtes pour rien dans cette décision. Mais je ne vois pas comment faire taire madame Kock autrement. Elle répand des faussetés sur notre compte. »

Papineau se redressa. La vieille folle avait-elle encore fait des siennes ? Il l'avait vertement semoncée après sa conversation avec Julie, à l'ombre de Notre-Dame. Elle lui avait juré qu'il avait tout faux dans cette affaire, que Julie avait sauté aux conclusions sans raison. Il devait la croire, jamais elle n'aurait dit quoi que ce soit qui puisse faire du tort à Marcella ou chagriner Julie. À la fin, Anne-Barbe lui avait promis de tenir sa langue et il avait consenti à passer l'éponge.

« Expliquez-vous, je vous en supplie, dit Papineau. Anne-Barbe Kock n'en est plus à ses premières médisances. Ne vaudrait-il pas mieux les ignorer ?

— Pendant ma retraite, vous l'avez vue, n'est-ce pas ? Vous lui avez parlé de moi. Elle m'a rapporté votre conversation en se donnant le beau rôle et en vous laissant le vilain. Je ne crois pas la moitié de ce qu'elle m'a raconté, mais je crains que ses cancans ne nous fassent un tort considérable.

— Si j'ai mentionné votre nom en sa présence, c'est certainement avec respect et admiration, soyez-en assurée. Elle jacassait contre votre mari et sa passion pour la boisson et j'ai simplement déploré les injustices dont vous souffriez à cause de lui. C'était peut-être indiscret de ma part mais comme elle est votre confidente, je n'ai pas pensé à mal. Je lui ai mentionné que je m'efforçais de vous faire oublier d'aussi amers souvenirs. Vraiment, je ne vois rien là qui puisse vous nuire.

— Ne vous emportez pas, je vous en prie, et laissez-moi finir. Madame Kock prétend que vous lui avez demandé de l'argent en mon nom. Vous lui auriez dit que j'en avais besoin pour entreprendre des procédures judiciaires en vue d'une séparation d'avec mon mari. Elle se serait alors étonnée d'une pareille démarche venant d'un pur étranger, ce à quoi vous lui auriez répondu que vous ne l'étiez plus tout à fait.

— C'est faux ! assura Papineau. Jamais je n'aurais osé laisser entendre à madame Kock qu'il pût y avoir entre nous des sentiments autres que l'amitié et l'affection.

— J'ai protesté, convaincue qu'elle avait mal compris vos propos. Mais elle les a répétés, en m'assurant qu'elle ne me jugeait pas.

— Marcella, vous me connaissez quand même un tout petit peu. Vous savez bien que je n'aurais jamais demandé un sou en votre nom, ni pour une séparation, ni pour toute autre raison. Au contraire, c'est madame Kock qui m'a laissé entendre que vous songiez à vous séparer. Je lui ai précisé qu'en tant qu'avocat et ami, je vous déconseillais toute poursuite. Si l'alcoolisme de votre mari était exposé sur la place publique, ses créanciers pourraient en profiter pour réclamer les rares biens que vous possédez. Vous me croyez, Marcella ?

— Bien sûr, n'en doutez pas, cher Louis-Joseph, je sais que vous êtes sincère.

— J'ai ajouté que j'avais consulté un avocat, à votre demande, pour savoir combien vous coûteraient de telles démarches, si vous décidiez de les entreprendre. Je pense en outre lui avoir mentionné que, devant le prix exorbitant demandé, soit 600 francs, vous jugiez ces procédures superflues puisque, à votre avis, personne n'oserait vous enlever le peu que vous aviez.

— Que vous a-t-elle répondu ? demanda Marcella.

— Elle a spontanément conclu que vous iriez chercher de l'aide en Irlande, auprès de votre famille. Elle se disait prête à mettre à votre disposition la somme nécessaire pour le voyage. Je n'étais pas d'accord, je comprends trop les sentiments d'orgueil et de fierté qui vous animent, étant moi-même dans une situation identique à la vôtre, et je connais votre volonté de ne compter que sur vos ressources personnelles. Je lui ai suggéré de vous aider à trouver une place de dame de compagnie, au lieu de vous pousser à tenter des démarches qui ne vous mèneraient nulle part.

— J'en étais sûre, s'exclama Marcella. Elle a complètement déformé vos paroles. Elle voulait me faire croire que vous vous vantiez d'avoir de l'emprise sur moi. Que vous vous arrogiez des droits dans mes décisions.

— Comme si un homme de mon âge, et avec mon expérience de la vie, pouvait se comporter vis-à-vis une femme telle que vous autrement qu'avec le plus grand respect ! Mon cœur est pur, Marcella, et mes intentions n'ont jamais été de vous causer la moindre souffrance. Si vous m'interdisez de vous voir, vous me condamnez à un long et pénible carême.

— Je le sais, mon ami, et je tiens à ce que notre amitié demeure intacte. Mais je suis innocente et je trouve insultant d'être soupçonnée dans mon intimité. Madame Kock a appris que vous étiez accouru au chevet de ma petite Theresa et elle s'en est étonnée ouvertement, comme si vous aviez des raisons cachées de chérir cette enfant privée de père. Je ne veux pas vous exposer davantage à sa mesquinerie.

— Si quelqu'un mérite le bonheur, c'est vous, ma chère Marcella.

— Je n'aurais jamais dû confier mes tourments à cette vieille femme indigne. Aujourd'hui, elle détruit ma réputation.

— Surtout, ne vous faites aucun reproche. Vous avez trop longtemps caché les écarts de votre époux par un sentiment exagéré du devoir. Il était normal de faire confiance à la personne qui se disait votre amie. Comment pouviez-vous deviner qu'elle allait débiter d'odieuses insinuations sur vous et sur moi ?

— Je ne comprends pas ce qui la pousse à tant de méchanceté.

— Elle est sans doute jalouse de votre jeunesse et de votre

beauté, suggéra Papineau, en lui prenant la main pour la baiser affectueusement.

— Et, pourquoi pas de l'amitié que vous me portez ? insinua l'Irlandaise en lui rendant son sourire. »

Papineau sécha les larmes de Marcella, sans que celle-ci l'en empêche. Mais il se faisait tard et il dut se résigner à prendre congé d'elle. Une pensée l'effleura au moment de franchir le seuil du 40 rue de Provence. Comment vivrait-il, privé de sa présence ? Elle était ce qu'il avait de plus cher, à Paris, où sa vie était parsemée de désagréments.

Il rentra chez lui à pied, lentement, plus seul et triste que jamais, à la pensée de l'interdiction de voir Marcella qui pesait désormais sur sa vie. Il était forcé d'admettre que ce nouveau coup du destin l'atteignait cruellement. La belle amitié qu'il entretenait avec Marcella n'était en rien coupable. La tentation de pousser plus loin cette liaison toute platonique l'avait certes effleuré, cependant il n'y aurait cédé qu'avec prudence, car il était un homme d'honneur et de devoir. Mais jamais il n'avait imaginé que la vie – ou les mauvaises langues – se chargerait de les séparer.

CHAPITRE XXXIII

Rue Notre-Dame

Ignorant tout de ce qui se tramait à Paris, à part le fait que Papineau demeurait insensible à ses appels répétés, Julie jugea néanmoins qu'elle avait assez attendu. Elle ne renonçait pas à lui – ça jamais ! – mais elle n'allait pas passer le reste de ses jours à Maska, à vivre aux crochets de cette pauvre Marie-Rosalie Dessaulles. Une lettre de Lactance lui annonçait son propre retour, seul, au début de l'été. Elle ne laisserait pas ses enfants éparpillés aux quatre vents. Le moment était venu de reconstituer sa famille. Le mieux serait de prendre maison à Montréal. Amédée, qui venait d'être nommé commissaire du recensement ne gagnait encore qu'un salaire de famine, mais il consentait à l'aider pour le loyer. Il était prêt à tous les sacrifices pour renouer avec ses frères et sœurs dont il vivait séparé depuis trop longtemps.

Le printemps fut hâtif et les chemins se défoncèrent dès le début d'avril. Julie laissa ses filles aux bons soins de Marie-Rosalie, le temps de se rendre à Montréal pour voir à sa nouvelle installation. Amédée avait repéré un logis libre, au milieu de la petite rue Saint-Jacques, communément appelée «rue des avocats». Mais avant de signer le bail, il souhaitait qu'elle vérifie s'il lui semblait convenable. Elle avait insisté pour que les pièces soient bien éclairées et que chacun ait son coin à lui.

Les premiers rayons coloraient le paysage mascoutain lorsqu'elle monta dans le *coach* garé devant le magasin général, dans la rue principale. C'était une voiture vétuste qui portait bien. Le temps était sec et la route en bon état. Tout au long du trajet jusqu'à la montagne de Belœil, elle revit ses plans pour la énième fois dans sa tête. Lactance aurait besoin d'un cabinet pour soigner ses patients puisque, elle n'en doutait plus, il serait reçu médecin sans problème. Elle croisait les doigts pour que

Gustave puisse continuer ses études au collège de Saint-Hyacinthe, lui qui était si souvent malade depuis son retour de France. Il viendrait les retrouver aux vacances d'été et mademoiselle Douville, qu'elle emmenerait aussi à Montréal, serait trop heureuse de lui faire une place dans ses quartiers. Quant aux filles, elles partageraient la même chambre. Cela allait de soi, d'autant plus que Julie jonglait avec l'idée d'envoyer Azélie au couvent des Dames du Sacré-Cœur, si ses moyens le lui permettaient.

L'idée ne souriait guère à Papineau, à qui elle en avait glissé un mot dans sa dernière lettre. Il jugeait l'enfant trop jeune, à dix ans, pour vivre loin de sa mère. Julie pensait plutôt, comme sa vieille bonne, qu'Azélie était gâtée et qu'elle avait besoin d'encadrement. Quelques années de pensionnat lui feraient le plus grand bien.

D'ailleurs, comment Papineau pouvait-il juger de ce qui serait le mieux pour Azélie? se demandait-elle. Il ne manquait pas d'audace de jouer les bons pères de famille, après lui avoir allègrement refilé le gros des responsabilités familiales. Il n'avait même pas été capable de vivre en harmonie avec ce pauvre Lactance qui, redoutait-elle, lui reviendrait en lambeaux.

Elle remonta son châle sur son cou. Une douce brise s'était levée. La montagne de Saint-Bruno était maintenant derrière elle et la route traversait une vaste plaine. Ce n'était pas le moment de prendre un refroidissement. Il y avait bien assez de Gustave qui lui donnait de l'inquiétude. L'enfant passait de plus en plus de temps à l'infirmerie du collège à cause de ses problèmes respiratoires et pulmonaires. La dernière fois, le supérieur le lui avait renvoyé. Elle lui avait donné des bains bouillants et l'avait frictionné au mercure. Mademoiselle Douville prétendait qu'il avait reçu un coup de poing à la poitrine, administré par un camarade plus costaud que lui. Julie croyait plutôt que l'humidité parisienne était la grande responsable de sa maladie récurrente.

À l'auberge Booth de Chambly, où ils s'arrêtèrent pour changer de chevaux, Julie eut tout juste le temps d'avaler un thé chaud avant d'entendre la voix du cocher crier «*All aboard*». Elle reprit sa place dans la voiture pour franchir la dernière étape, jusqu'à la traverse de Longueuil. Étrange, ce mélange de panique et d'excitation qu'elle ressentait à l'idée de renouer avec Montréal, après six ans d'absence. Les images se bousculaient dans sa tête. Elle se revoyait marchant bras dessus, bras dessous avec Henriette de Lorimier, qui était sortie brutalement de sa vie, peut-être pour toujours. Mais le souvenir de Marguerite Viger, qu'elle avait écrasé de son mépris la veille de son départ pour les États-Unis, la chavirait plus encore. Fallait-il qu'elle ait été amère pour accuser sa meilleure amie de trahison, elle dont le seul tort avait été de refuser de participer à la rébellion !

La diligence s'engagea sur la passerelle du traversier de Longueuil. Les passagers se dirigèrent vers la rotonde. Au cocher qui l'invitait à descendre, elle indiqua qu'elle préférait garder son siège plutôt que d'aller voir les palefreniers fouetter violemment les chevaux aux membres décharnés qui tournaient en rond, sans répit, pour faire avancer le traversier. Au quai d'Hochelaga, la voiture prit sa place dans la longue filée qui se dirigea vers le faubourg Québec, au cœur de Montréal. Julie n'avait pas assez de ses deux yeux pour tout découvrir. Devant la prison du Pied-du-Courant, l'échafaud avait disparu. Elle regarda le fleuve : cela avait été la dernière vision de Chevalier de Lorimier avant d'être pendu. Ce n'était que le début d'un voyage qui lui réserverait son lot d'amers souvenirs.

Le chemin, bordé de vergers, zigzaguait à l'infini. À l'entrée du faubourg, la première chose qui frappa Julie fut l'étroitesse des rues principales, comparée aux artères américaines. Les pavés étaient en mauvais état et la pierre des maisons lui parut affreusement sombre. L'attelage avançait au trot. Lorsque la voiture traversa la rue Bonsecours, elle eut à peine le temps d'apercevoir les volets clos de sa maison – sa chère maison louée à des inconnus – et, plus bas, le clocher de la chapelle qui luisait au soleil. Le vieux château de Ramezay surgit alors, inchangé, puis la place Jacques-Cartier avec sa colonne Nelson, symbole de la Conquête. Tout était comme elle s'y attendait, mais en même temps, la rue Notre-Dame s'était métamorphosée. La diligence s'arrêta devant le nouveau magasin Henry Morgan & Co. qui exposait en vitrine des chapeaux et des gants anglais, de la dentelle de Bruges et des tissus indiens. Elle arrondit les yeux pour lire les prix mais déjà le cocher fouettait ses chevaux qui repartaient. Plus loin, un écriteau attira son attention : Librairie Beauchemin. Tiens, pensa-t-elle, Édouard-Raymond Fabre n'est plus seul au royaume du livre. En face de la place d'Armes, l'église Notre-Dame, qui faisait corps avec le séminaire de Saint-Sulpice, était enfin chapeautée de ses deux tours.

La diligence emprunta la rue Le Royer jusqu'à de la Commune où les passagers descendirent. Julie n'était plus qu'à petite distance de sa destination. Elle laissa ses bagages à la consigne et marcha lentement, le long de la rue Saint-Paul. Sur la façade, l'enseigne du Rasco's Hotel était imprimée en gros caractères, entre le premier et le deuxième étage. Achevé en 1837, l'établissement était devenu le plus fashionable de Montréal, grâce à sa salle de concert, au rez-de-chaussée.

Le hall de l'établissement parut achalandé à Julie qui espérait se rendre au comptoir sans être remarquée. Elle s'avança d'un pas faussement assuré, resserrant son manteau de velours noir sur sa poitrine. Les conversations s'interrompirent presque à l'unisson et toutes les têtes se levèrent. Elle salua à la ronde d'un signe timide. Une légère rougeur teintait son visage qui s'illumina quand enfin le vieil aubergiste, aussi trapu que dans son souvenir, sortit de derrière le bar pour lui souhaiter la bienvenue. Il avait un visage qui exprimait sa joie de la revoir.

« Vous êtes toujours au poste, monsieur Rasco, lui dit-elle en souriant.

— Ah ! je vieillis, madame Papineau, pas de doute, répondit-il, avec l'accent savoureux du nord de l'Italie, combiné à celui adopté après quarante ans en sol canadien. Mais je n'ai pas assez d'économies pour aller finir mes jours en Italie.

— Vous y pensez toujours, alors ?

— Et comment ! Je me donne un an ou deux et puis, *bye, bye*, la visite. »

Un groupe d'avocats discutaient à voix basse dans le restaurant adjacent au lobby. L'aubergiste bomba le torse. C'étaient des habitués, ces hommes distingués, en costume sombre, qui fréquentaient son établissement.

« Vous venez de rater monsieur LaFontaine, dit-il avec une déception non dissimulée. Il mange ici tous les midis. C'est dommage ! Il aurait certainement aimé vous saluer.

— Nous aurons bien l'occasion de nous rencontrer, répondit-elle. Je suis à Montréal pour un bout de temps.

— Vous dînerez à ma table d'hôte, n'est-ce pas ?

— Non, pas ce soir, monsieur Rasco. Demain sans doute... Aujourd'hui, mon fils Amédée m'emmène à la Villa Rosa.

L'aubergiste savait que les Papineau avaient déjà habité l'immense demeure nichée sur la montagne, convertie depuis peu en un chic hôtel par son concurrent et ami, un peu moins italien que lui cependant, monsieur Donegani.

« Vous y allez en pèlerinage, je suppose ? demanda-t-il.

— Peut-être bien, oui », répondit simplement Julie d'un air absent.

En réalité, elle n'osait pas encore se l'avouer, mais elle redoutait de franchir le seuil de cette magnifique demeure entourée d'arbres fruitiers, de ruisseaux et de fontaines, où jadis elle avait donné un bal remarqué en l'honneur de lord Aylmer. Papineau était alors au faîte de sa gloire et une invitation à sa table était aussi convoitée qu'un tête-à-tête chez le gouverneur anglais. Mais c'était là, dans ce décor aussi luxueux qu'enchanteur, qu'était survenu le premier grand drame de sa vie. Aurélie, sa fille chérie, y était morte des fièvres, à quatre ans. Il lui suffisait de fermer les yeux pour revoir clairement la chambre rose où s'était déroulée l'agonie de l'enfant. L'idée de pénétrer dans cette maison damnée, de renouer avec l'agencement des pièces et l'odeur des boiseries la bouleversait et l'attirait tout à la fois. Il lui semblait que les cris de désespoir qu'elle avait lâchés, et ses blâmes sacrilèges, étaient restés accrochés aux murs. Revenant à la réalité, elle dit, plus pour elle-même que pour l'aubergiste :

« J'irai, puisque je suis revenue jusqu'ici pour me libérer de mes vieux fantômes. »

L'homme l'invita à le suivre à sa chambre, la plus belle de l'hôtel. Il marchait lentement, maugréant contre sa corpulence. En haut de l'escalier, il s'arrêta pour reprendre son souffle et pria Julie de passer devant. La porte de la chambre était fermée à clef. Il tira sur une chaîne au bout de laquelle était accroché un impressionnant trousseau et tempêta encore, cette fois parce qu'il n'arrivait pas à trouver la bonne. Il vint à bout d'ouvrir mais la pièce demeura obscure. Il tira les volets pour laisser pénétrer le soleil.

« Mon garçon est parti chercher vos bagages, dit monsieur Rasco qui lui suggéra de se reposer en attendant.

— Je vous remercie, mais je préfère aller renifler l'air de la ville. »

L'après-midi débutait à peine et Julie avait tout son temps. Amédée la rejoindrait dans le hall de l'hôtel en fin de journée pour l'emmener visiter un logis à louer, après quoi ils iraient dîner à la Villa de la montagne. La pensée de se promener, seule avec ses souvenirs, la troublait agréablement. Le salon de thé était à moitié désert. Elle commanda une pointe de tarte aux pommes qu'elle dévora avec plaisir, avant de se retrouver dans la rue Saint-Paul, sans but précis, s'arrêtant devant les vitrines, plus pour se donner une contenance que par intérêt.

Les rues étaient infestées de militaires en costume rouge et de policiers coiffés d'un feutre, qui tenaient à la main le fameux bâton surmonté d'une couronne. Cela donnait l'impression d'une ville sous surveillance. L'attitude des commerçants aussi l'intriguait. Ceux qui la reconnaissaient lui faisaient signe d'entrer, demandaient discrètement des nouvelles de Papineau, comme s'ils avaient peur qu'on les entende, et vite, ils enchaînaient avec enthousiasme sur la nouvelle du jour : le Parlement du Canada-Uni aurait bientôt pignon sur rue à Montréal.

« Oui, oui, ici même, lui annonça son ancien négociant de vin lorsqu'elle s'arrêta chez lui pour le saluer. Le gouvernement a loué le marché Sainte-Anne et s'y installera avant la prochaine session. On va faire des affaires d'or.

— Sans compter que les Anglais sont furieux, renchérit son commis. Ils se plaignent que la suprématie anglaise est en péril.

— Allez-y, madame Papineau, vous verrez. Ils ont commencé à déménager les étals de boucher et les comptoirs à légumes. Même la grande bascule pour les pesées a été remisée dans un bâtiment de bois, à l'arrière.

— Mais où iront les cultivateurs ? demanda Julie.

— À la place Jacques Cartier. Ce sera plus commode pour eux comme pour nous. »

Julie continua son chemin jusqu'au marché. Elle observa un moment le brouhaha des cultivateurs qui se préparaient à quitter la ville. La fatigue se lisait sur leurs visages. Comme il n'y avait toujours pas d'abattoir à Montréal, ils étaient forcés de dépecer leurs animaux de boucherie à la ferme, avant de descendre en ville, le matin. Elle s'approcha des étals pour regarder les prix : le poulet était à 8 sols, la dinde à 4 francs, le bœuf à 2 et le lièvre, que Papineau aimait tant, à 15 sols le couple. Elle remonta vers la rue Notre-Dame qu'elle trouva décidément trop étroite.

Tout près de là, la maison de Chevalier de Lorimier lui apparut soudain, en apparence habitée. Elle s'avança jusqu'à la grille et interrogea un petit garçon qui jouait dans la cour. Il haussa les épaules. Non, personne du nom d'Henriette de Lorimier n'habitait dans les parages. Elle s'éloigna, le cœur serré, et marcha tête basse jusqu'à ce qu'elle se heurte à son vieux porteur d'eau, qui la regardait venir sur le trottoir de bois. Il lui montra sa charrette toute neuve dans laquelle il transportait des tonneaux remplis d'eau puisée dans le fleuve.

« Si vous avez besoin de mes services...

— Oui, oui, comptez sur moi, je vous ferai signe. »

Elle reprit sa course. Le magasin de monsieur Boudreau était à deux pas de là et elle y entra.

« Madame Papineau, quelle bonne surprise !

— Bonjour monsieur Boudreau, c'est chez vous que je fais ma première course. Je voudrais du berghamson. Mon fils Gustave a besoin d'une chemise de nuit chaude pour le collège. La nuit, il se découvre et prend froid. Un bonnet aussi, car il a souvent mal aux oreilles. »

Monsieur Boudreau alla chercher la pièce de tissu épais, d'un gris soutenu, qu'il tailla habilement. Il connaissait les goûts de Julie et devina à un pouce près combien il en fallait pour habiller le jeune Gustave qui avait sûrement grandi, depuis le temps.

« À Maska, on ne trouve pas d'aussi belle flanelle, lui dit-elle en le remerciant.

— Revenez me voir, madame Papineau, ça me fait toujours plaisir de vous servir. »

Elle continua jusqu'au Champ-de-Mars, puis fit demi-tour et se dirigea d'un pas décidé vers la librairie Fabre. Le commis l'informa que le libraire était à La Minerve. Elle descendit donc la rue Saint-Vincent jusqu'au numéro 13, où Ludger Duvernay avait installé son nouvel atelier d'imprimerie. Une douzaine de typographes s'activaient autour des presses. En costume noir, sur une chemise d'un blanc immaculé, un foulard de soie savamment noué autour du cou, Ludger vint à sa rencontre. Il avait l'air d'un poisson dans l'eau. Se rappelant leurs tristes conversations, durant l'exil new-yorkais, il crut bon de la rassurer sur son sort : il avait retrouvé le feu sacré. D'ailleurs, il l'invita à faire le tour du propriétaire. Elle remarqua qu'il s'était jeté quelques petits coups derrière la cravate.

« Suivez-moi, chère madame. Mon installation est modeste mais que voulez-vous ? Après la rébellion, mes biens ont été vendus à l'encan et je n'ai pas les moyens de m'offrir un équipement du dernier cri. Ça ne fait rien, je suis prêt à tous les sacrifices pour *La Minerve*. J'ai même abandonné à mes concurrents l'édition de livres et de brochures pour me consacrer entièrement à mon journal. »

Il entraîna Julie dans son bureau vitré où l'attendait son ami Édouard-Raymond Fabre, comme dans le bon vieux temps.

« Ah ! ma compagne de voyage préférée ! lança le libraire. Vous vous êtes enfin décidée à remettre les pieds à Montréal.

— Comme vous dites. Mais... je ne voudrais pas déranger votre conciliabule.

— Vous tombez bien, au contraire, l'assura Ludger Duvernay, nous terminions notre réunion de l'Association pour la délivrance.

— Oui, nous recueillons des fonds pour le retour de nos compatriotes exilés en Australie, expliqua le libraire.

— Moi, je sollicite les donateurs et mon ami Fabre tient les livres, précisa le journaliste. Vous connaissez son esprit mathématique et mon sens des affaires. Nous formons une belle paire. Deux indécrottables associés.

— Vous êtes au courant des dernières nouvelles ? lui demanda le libraire.

— Si vous parlez de la décision de Londres de ne pas proclamer l'amnistie générale, je suis au courant, répondit-elle. Les mauvaises nouvelles voyagent vite.

— Le gouverneur Metcalfe nous a garanti qu'il accorderait un pardon individuel à ceux qui en feraient la demande, ajouta Duvernay, qui y voyait un pas dans la bonne direction puisque tous les exilés pouvaient désormais rentrer.

— Le problème, c'est que ceux qui ont été déportés en Australie n'ont pas d'argent pour payer leur passage, argua le libraire. Alors nous faisons des démarches pour que le Colonial Office paie leur billet jusqu'en Angleterre. Les Canadiens se chargeront du reste. Mais ce n'est pas gagné.

— Au fait, ce pardon est valable pour monsieur Papineau comme pour les autres exilés, précisa le journaliste, qui guetta sa réaction.

— Monsieur Duvernay, fit Julie en mesurant ses paroles, vous connaissez trop mon mari pour penser qu'il se prêterait à ce genre de compromis. Cela reviendrait à admettre qu'il est coupable.

— L'important, fit Ludger Duvernay plus frondeur, c'est de pouvoir revenir au pays, tête haute, en son âme et conscience, n'est-ce pas? Comme dit le dicton, à cheval donné on ne regarde pas la bride.

— Revenir, oui, mais pas à n'importe quel prix, corrigea Julie. De toute manière, Papineau est contre l'Union.»

Ludger Duvernay chercha la complicité de son ami Fabre qui piquait du nez sur ses documents. Madame Papineau l'ignorait-elle? *La Minerve* appuyait l'Union sans équivoque. Personnellement, le journaliste considérait le nouveau régime comme un moindre mal puisque Louis-Hippolyte LaFontaine s'était donné pour mission d'en combattre les iniquités de l'intérieur. Il ne cacha pas non plus à sa visiteuse qu'il avait l'obligation morale d'appuyer le chef réformiste qui, soit dit en passant, le soutenait financièrement.

Qu'il se rassure, précisa Julie, elle avait eu l'occasion de constater que la nouvelle *Minerve* vantait les mérites de LaFontaine à pleines pages. Elle avait aussi compris que les plus ardents patriotes s'accommodaient désormais d'un statut qu'ils auraient autrefois dénoncé et elle eut brusquement envie de demander au journaliste où était passé son esprit critique. Elle s'en abstint, de peur de se laisser entraîner dans une discussion politique, ce que Papineau lui avait formellement interdit. Le moment était mal choisi et elle allait passer à un autre sujet quand Duvernay la relança.

«Notre ami Papineau doit pourtant savoir que la Couronne n'engagera jamais de poursuites contre lui. Alors dites-nous pourquoi il n'est pas rentré avec vous?»

La question sonna faux à l'oreille de Julie qui ne cacha pas son agacement.

«Monsieur Fabre vous a sûrement expliqué que mon mari préférait attendre que soient réglées certaines questions demeurées en suspens depuis des années. Ne trouvez-vous pas injuste, monsieur Duvernay, que son salaire d'*orateur* de la Chambre ne lui ait jamais été payé? Quatre mille cinq cents livres, ce n'est pas rien. L'Assemblée avait légalement voté son traitement mais le gouverneur Gosford, de sinistre mémoire, avait refusé d'y donner suite, sans doute pour le punir de sa résistance.

— Allons donc ! D'autres que lui auraient passé l'éponge. À quoi bon s'entêter pour une affaire de gros sous ? Faudrait-il lui offrir un billet de retour pour le convaincre de reprendre sa place parmi nous ? »

Le journaliste lui servit un verre qu'elle refusa. Il remplit le sien de scotch anglais.

« Ce n'est pas une question d'argent », répondit sèchement Julie.

Il avala une gorgée avant d'ajouter :

« Vous ne me ferez pas croire que monsieur Papineau n'a pas d'autres raisons de rester en France. Peut-être n'a-t-il tout simplement pas envie de rentrer, après tout ? »

Julie avait la désagréable impression que le tapis lui glissait sous les pieds. Le libraire Fabre vint à son secours.

« Allons, Ludger, je vous ai déjà dit que notre ami Papineau avait entrepris une œuvre mo-nu-men-ta-le, fit-il. Il écrit l'histoire du Canada. Depuis des mois, il passe ses journées aux Archives de la marine.

— Ah bon ! », fit un Duvernay faussement convaincu de la pertinence de l'explication.

Puis, comme s'il regrettait son indiscrétion, il prit une voix chaleureuse pour demander à Julie si elle lui ferait l'honneur d'assister à la fête de la Saint-Jean-Baptiste qu'il organisait, cette année encore.

« Je n'en sais rien, répondit-elle, dissimulant mal sa colère.

— Vous ne devez pas manquer le banquet à l'hôtel Nelson, lui recommanda alors le libraire pour échapper au dialogue de sourds qui se déroulait sous ses yeux. L'an dernier, monsieur Duvernay a levé son verre à la santé du gouverneur anglais et à celle de Sa Gracieuse Majesté. Du jamais vu ! Notre brave Jean-Baptiste en a rougi jusqu'aux oreilles. »

Édouard-Raymond Fabre riait à fendre l'âme et Ludger Duvernay lui jura qu'il ne l'emporterait pas en paradis. Les deux compères avaient repris leurs espiègleries d'antan. Au Bas-Canada, la vie continuait comme si rien ne s'était passé. Julie pensa qu'elle devrait s'ajuster à cette nouvelle réalité.

« Vous serez sûrement invitée à faire la quête à la grand-messe du 24 juin, poursuivit Duvernay, ironique.

— Comment ça ? demanda-t-elle intriguée.

— En tant qu'épouse d'un révolutionnaire de 1837, votre tour viendra. Ne savez-vous pas que les dames se disputent cet honneur ? L'an dernier, madame LaFontaine a été choisie.

— Adèle ?

— En personne. Au banquet qui a suivi, elle a chanté notre nouvel air national avec les autres dames. »

Ludger Duvernay se racla la gorge et entonna : « Vive la Canadienne... et ses jolis yeux doux...

— Quand mon ami Ludger devient lyrique, c'est qu'il a quelque chose à se faire pardonner.

— Changeons de sujet, voulez-vous ? fit Julie qui avait retrouvé son aplomb. Dites-moi plutôt, vous, le journaliste qui sait tout, où se trouve le curé Étienne Chartier ? Depuis sa visite à Paris, nous n'avons eu aucune nouvelle de lui.

— Il est en Louisiane, je pense. Apparemment, il a été nommé curé d'une paroisse ou directeur d'un séminaire de théologie, je ne sais trop.

— Ah bon ! je croyais qu'il était définitivement rentré au pays. N'a-t-il pas demandé son pardon au gouverneur ? Ma belle-sœur affirme qu'il répand des calomnies sur le compte de Papineau. Il est même allé la voir à Maska pour se plaindre de lui. J'aurais bien aimé lui dire deux mots dans le blanc des yeux.

— À Montréal aussi, il a déversé son fiel, confirma Ludger Duvernay. Mais on ne le voit plus guère, ces temps-ci, car monseigneur Bourget lui a refusé le poste qu'il convoitait dans son diocèse.

— L'évêque trouve que le curé n'a pas assez fait pénitence, renchérit monsieur Fabre. Je pense comme lui, d'ailleurs, mais pour de toutes autres raisons. À mon avis, Étienne Chartier est un homme sans jugement qui nuit à la cause. J'aime autant le voir loin d'ici. »

Prétextant qu'elle avait quelques courses à faire avant le dîner, Julie se leva, cependant que Ludger Duvernay essayait en vain de la retenir. En quittant La Minerve, elle descendit jusqu'à la rue Saint-Paul, en proie à une sorte de malaise. Lui faudrait-il justifier l'absence de Papineau encore et encore ? L'obstination de son mari ne résistait pas à l'analyse. Au mieux, elle témoignait d'un incommensurable orgueil. Au pire, elle cachait des raisons obscures et peut-être inavouables. À l'évidence, Ludger

Duvernay savait des choses qu'il n'avait pas osé dire. D'autres, elle n'en doutait plus, n'en pensaient pas moins.

«Est-ce que je deviendrais trop méfiante?» se demanda-t-elle, convaincue qu'elle aurait mieux fait de rester aux États-Unis plutôt que de s'exposer à ce déshabillage.

Dehors, le temps s'était rafraîchi et elle pressa le pas, cependant que la voix du crieur arrivait jusqu'à elle: «*God save the Queen!*»

CHAPITRE XXXIV

La rumeur d'outre-Atlantique

À la Banque du Peuple, Louis-Michel Viger occupait l'ancien bureau de Peter McGill, président de la Bank of Montreal, qui avait déménagé ses pénates dans un édifice flambant neuf de la rue Saint-Jacques. Le banquier-patriote claironnait qu'il avait acheté sa seule rivale, ce à quoi Peter McGill répliquait qu'il lui avait plutôt refilé ses vieux meubles.

Mais cet après-midi-là, le cousin de Papineau – et son meilleur ami – était de mauvais poil. Il avait déjeuné trop lourdement et pressentait que sa digestion serait laborieuse. Il grimpa lentement les marches de l'imposant porche à colonnades doriques surmonté d'un fronton et entra dans l'immeuble de style georgien. La raideur qui affectait ses articulations le força à s'arrêter. Les jours de grande humidité, sa goutte lui menait la vie dure. Il l'avait attrapée à la prison de Montréal où il avait été incarcéré – on le soupçonnait de ramasser des fonds pour faire la révolution. Sa banque avait survécu à la rébellion, malgré les efforts acharnés des loyalistes pour l'abattre. Et Sa Gracieuse Majesté Victoria venait de la créer officiellement.

Beau-Louis, comme l'avait surnommé Papineau, en était le président à vie. Il avait pris un coup de vieux ces derniers temps. Certes, il était toujours séduisant avec ses yeux pétillants surmontés d'épais sourcils noirs comme du charbon. Cependant, son visage était trop replet et, comme tout banquier qui se respecte, il exhibait sans pudeur un ventre rebondi.

Dans le vestibule, le gardien somnolait. Il se redressa promptement au passage de son président qui traversa la salle où se négociaient les emprunts en regardant droit devant lui, pour échapper aux clients qui essaieraient de l'intercepter. Amédée Papineau l'attendait sur un banc, devant le comptoir des changeurs. Le banquier sut immédiatement que le fils de Papineau

403

venait lui demander de l'argent et en ressentit de l'agacement. À la mort de Joseph Papineau, il avait pris en main les affaires personnelles de son ami exilé à Paris, qui étaient loin d'être florissantes, ce que sa famille ne semblait pas comprendre.

«Suis-moi», fit Viger, sans même un sourire.

Après avoir donné des directives pour qu'on ne les dérangeât pas, il pénétra en silence dans son luxueux bureau aux murs sombres. Amédée avait la manie de passer à la banque sans s'annoncer. Cette vilaine habitude agaçait le banquier qui referma derrière eux la porte sur laquelle était inscrit en gros caractères : President's Office. Chaque fois qu'il passait devant l'inscription, il se promettait de la faire effacer pour la remplacer par : Bureau du président.

«Je n'ai que cinq minutes à te consacrer», dit-il d'un ton sec.

Assis dans un fauteuil de cuir marron, Amédée exposa calmement la raison de sa visite. La même que d'habitude, fit-il, signifiant par là qu'il avait un urgent besoin d'argent.

«Le paiement de la pension de Gustave est en retard et le collège vient d'envoyer un deuxième avis.

— J'ai déjà expédié la somme à ta mère à Saint-Hyacinthe.

— Je sais, mais l'argent a servi à autre chose. Mon père n'avait rien reçu de vous depuis des mois et il n'avait plus un centime en poche. Alors, il a bien fallu que maman lui poste le peu qu'il lui restait.»

Louis-Michel Viger arpentait la pièce, pressé d'en finir.

«Que veux-tu que je fasse? s'impatienta-t-il. L'argent ne tombe pas du ciel et je ne suis pas magicien. Papineau n'a aucune idée de la situation qui règne à Montréal.»

Amédée ne répondit pas. Les problèmes financiers de sa famille le minaient depuis des mois. Ce soir-là, sa mère lui remettrait probablement la liste des achats indispensables à leur nouvel établissement : des lits, des paillasses, des commodes, des ustensiles de cuisine...

«Julie n'aurait jamais dû rentrer sans Papineau, lâcha Louis-Michel Viger, comme s'il devinait ce qu'Amédée avait derrière la tête. Une famille qui vit à deux endroits double ses dépenses.»

Le jugement était sévère. Le banquier aimait pourtant Julie qui lui rendait son affection. Il ne manquait jamais de lui rappeler que son mariage l'avait privé de son compagnon d'aventures, ce qu'il lui pardonnait volontiers. Les deux anciens camarades ne s'étaient pas revus depuis la rébellion et Louis-Michel Viger n'approuvait pas la façon dont Papineau menait sa barque.

«Maman a fait pour le mieux, protesta Amédée. À Paris, la vie était impossible.

— Et Papineau? Pourquoi refuse-t-il d'assumer ses responsabilités? Julie ne les a pas faits toute seule, ces enfants-là.

— Mon père ne devrait plus tarder. Si seulement ses arrérages lui étaient payés, cela nous permettrait de tenir bon et de respirer un peu en attendant que ses affaires se règlent.

— Là je t'arrête, mon bonhomme, fit Louis-Michel Viger, de plus en plus maussade. Même ta mère admet que Papineau ne reviendra pas de sitôt.»

Amédée redressa la tête. Où son oncle avait-il pêché cette histoire? Il l'assura qu'au contraire sa mère comptait les jours. Mais le banquier n'en démordait pas.

«Pas de cachettes avec moi, lui reprocha-t-il, sans mâcher ses mots. Tous les Canadiens qui ont vu ton père à Paris savent qu'il a, comment dire? qu'il a des attaches à Paris. Cela fait jaser. Enfin, je ne t'apprends rien puisque tu connais mieux que moi ses amitiés parisiennes. Et ta mère a d'ailleurs laissé entendre à ses amis que Papineau pourrait s'y établir définitivement.»

Amédée en était abasourdi. Comment un homme qui se disait le meilleur ami de son père pouvait-il répandre ce tissu de mensonges?

«Papa ne trahirait jamais maman pour une autre femme, si c'est ce que vous voulez insinuer, fit-il en se levant d'un bond.

— Ta mère est rentrée précipitamment de France parce qu'elle n'acceptait pas que Papineau se conduise ainsi, voilà tout, rétorqua Viger en martelant ses mots. Elle se réfugie derrière des explications qui ne tiennent pas debout pour justifier son refus de revenir. Elle accuse même LaFontaine de retarder le paiement de ses arrérages pour empêcher le chef de revenir au pays et elle le soupçonne de s'être emparé de sa place en son absence.

— Vous êtes condamnable de faire peser de pareils soupçons sur un homme comme Papineau. C'est de la perfidie! cingla Amédée.

— Je sais que ta position n'est pas facile», reprit Louis-Michel Viger en adoptant un ton moins accusateur.

Le banquier s'assit sur le bras du fauteuil dans lequel Amédée s'était laissé tomber et, voyant qu'il l'avait profondément blessé, lui dit :

« Si je te parle aussi franchement, c'est pour te secouer. Rien ne sert de te boucher les yeux. Autant regarder les choses en face, tu ne recevras aucune aide de ta famille pour t'établir. Lactance non plus, d'ailleurs. Julie a trois jeunes enfants à élever et ton père préfère végéter à Paris plutôt que de pourvoir aux besoins de sa famille. C'est ça la dure réalité, mon pauvre Amédée. »

Le jeune avocat ne répondit pas. Il restait là, cloué sur son siège, incapable de chasser de son esprit l'idée qu'une liaison extraconjugale se dissimulait derrière les raisons politiques invoquées par son père pour rester en France.

« Je peux faire quelque chose pour toi. Si tu me le permets, j'entreprendrai des démarches pour t'obtenir un poste de fonctionnaire. »

La fenêtre était ouverte et dehors, le bruit des sabots sur la chaussée parvenait jusqu'à eux. Amédée ne broncha pas et Louis-Michel Viger enchaîna :

« Veux-tu être nommé protonotaire, Amédée ? Tu recevrais un salaire convenable qui te permettrait non seulement de subvenir à tes propres besoins mais aussi d'aider ta mère, en attendant que ton père revienne à de meilleurs sentiments. Car il finira par rentrer, je le connais assez pour n'en pas douter.

— Vous voulez rire, monsieur Viger, explosa Amédée. Pensez-vous sérieusement que le gouvernement anglais nommerait à un poste honorable le fils de Louis-Joseph Papineau, le chef des rebelles ?

— Les temps changent, Amédée. Réfléchis bien à ma proposition. »

Comment, grands dieux ! la rumeur d'une aventure sentimentale impliquant Papineau avait-elle pu traverser l'Atlantique ? songeait Amédée en quittant la Banque du Peuple. Planté comme un clou à l'angle des rues Saint-Jacques et Saint-Sacrement, il oscillait entre l'amertume et la panique. Il revint sur ses pas, s'arrêta à nouveau devant l'édifice à deux étages, hésitant sur le

parti à prendre. Allait-il foncer dans le bureau du banquier calomniateur pour lui faire ravaler ses paroles et exiger qu'il lui remette
sur le champ tous les documents relatifs aux affaires de son père ?
Sur la façade de la banque, quatre bas-reliefs illustraient
l'agriculture, la navigation, les arts et métiers et le commerce. Les
mamelles du Bas-Canada, marmotta-t-il. Si le pays avait encore
sa fierté, c'est parce que Papineau la lui avait insufflée. Il lui avait
sacrifié sa famille. Personne n'avait le droit de le traiter avec
mépris, pas même le banquier Viger qui prétendait être son
meilleur ami.

L'après-midi tirait à sa fin. Secoué par les cancans qu'il
venait d'entendre, Amédée rentra chez lui, rue Saint-Georges. À
son grand soulagement, la pension était déserte. Il monta au
deuxième, s'enferma dans sa chambre et se jeta sur le lit, envahi
par le doute. S'il y avait du vrai dans les allégations de Viger ?
Le beau visage inondé de larmes de sa mère surgit dans son
esprit. Il la revoyait à Paris qui le suppliait de l'aider, en lui
disant : « Je suis au bout de ma résignation. Si je reste ici, je ne
fais que prolonger une situation qui m'est insupportable. Ton
père a ses torts, j'ai les miens. C'est inconciliable. » Il n'avait
pas cherché à en savoir plus. Ce n'était pas dans sa nature de
forcer les confidences.

Se pouvait-il que Lactance ait tout deviné ? pensa-t-il en se
rappelant sa remarque lorsqu'il lui avait demandé pourquoi leur
mère avait l'air si triste. Ils étaient dans le large couloir du
Louvre et son frère s'était arrêté pour lui répondre que le torchon
brûlait entre leurs parents : « Maman n'a pas tous les torts, tu
peux m'en croire », avait-il ajouté.

Le tout nouveau carillon de l'église Notre-Dame sonna
l'angélus. Amédée se releva d'un bond, trempa une serviette dans
le bassin d'eau froide que la femme de chambre laissait en permanence sur son lavoir et s'humecta le visage et la nuque. Il était
très en retard. Sa mère l'attendait sans doute déjà dans le hall de
l'hôtel Rasco. Elle détestait poireauter dans les endroits publics.
Il enfila à la hâte un pantalon pressé, mis une longue veste,
enroula son foulard de laine à son cou et dévala l'escalier. Sa
pension était à quelques rues à peine du Rasco. Chemin faisant, il
décida qu'il n'irait pas visiter le logement à louer. La délicate
conversation qu'il entendait avoir avec sa mère risquait de s'éterniser et il valait mieux vider cette question une fois pour toutes.

Dans la rue, il accéléra le pas. Son voiturier habituel, monsieur Fleurant, qu'il avait retenu pour la soirée, l'attendait devant la porte du Rasco dans sa calèche toute neuve.

⁓

La Villa Rosa n'avait rien perdu de son charme mystérieux. Nichée en haut de la montagne, la propriété cossue qu'avait habitée les Papineau en des temps meilleurs avait vue sur le fleuve, au-delà duquel scintillaient les lumières de Laprairie. Construite au début du siècle par le riche homme d'affaires William McGillivray, qui l'avait laissée en héritage à son neveu, elle avait été témoin de tant de malheurs qu'on la disait hantée. Julie s'appuya au bras d'Amédée pour descendre de la calèche qui s'était immobilisée devant l'étang orné de magnifiques fontaines de marbre.

«Je me rappelle que je jouais à cache-cache avec Lactance dans le sous-bois, dit Amédée. Nous avions une peur bleue de trébucher sur un squelette.

— C'est ici qu'Aurélie nous a quittés, observa Julie en contemplant le jardin où sa fille avait gambadé, avant de disparaître pour toujours.

— Maintenant, cet hôtel est devenu le rendez-vous de tous nos amis. La cuisine du chef italien a réussi à faire fuir les fantômes qui nous effrayaient!»

Il regarda sa mère tendrement, lui serra la main :

«Il ne faut pas revenir en arrière, maman. Aurélie est bien, là où elle est.

— Ta petite sœur ne me quitte jamais, répondit Julie en caressant le médaillon qui pendait sur sa poitrine et dans lequel elle avait glissé une mèche de ses cheveux.

— Je sais», dit simplement Amédée, tandis qu'ils s'approchaient de la porte d'entrée où les attendait le propriétaire.

Le tavernier John Donegani, un Montréalais de père italien, possédait une soixantaine de propriétés à Montréal, dont plusieurs dans le quartier huppé de la côte Saint-Antoine. Bien que considéré comme un Anglais, il avait toujours appuyé la lutte des patriotes pour un gouvernement responsable

«Chère madame Papineau, votre fils m'a prévenu que vous alliez prendre votre premier dîner à Montréal dans mon restaurant. Vous me faites un grand honneur. C'est mon ami Francesco Rasco qui doit être jaloux !

— Ne dites pas de mal de monsieur Rasco, fit Julie en lui serrant la main. C'est chez lui que je dormirai ce soir.

— Évidemment, son hôtel est plus central pour vos déplacements. Mais chez moi, l'air est pur.

— Monsieur Donegani, dit Julie sur le ton de la confidence, je me suis laissé dire que votre cuisine était la meilleure au monde.

— Vous arrivez de Paris, là où la gastronomie n'a pas son pareil. Comment arriverai-je à satisfaire votre palais ? »

L'hôtelier l'aida à retirer son manteau de velours noir et s'effaça pour lui céder le passage. Le maître d'hôtel se chargea de la reconduire à sa table, à l'extrémité du salon qui avait été transformé en salle à manger. Mis à part les murs lambrissés et les plafonniers en cristal, il ne restait plus rien du décor passé. Elle se retourna pour glisser à l'oreille d'Amédée :

« Tu te rends compte ? C'est ici que j'ai valsé avec le gouverneur Aylmer.

— À votre place, je ne m'en vanterais pas », la gronda gentiment Amédée.

Les tables étaient toutes occupées sauf celle placée à côté de la cheminée, sous une fenêtre plombée donnant sur la ville. L'entrée de Julie n'était pas passée inaperçue. Elle était resplendissante dans sa robe de soie noire garnie de satin. Ses longs cheveux remontés en chignon et parsemés de fils argentés lui conféraient une dignité que son port de tête accentuait. À son cou, la chaîne en or, cadeau de Papineau, supportait un pendentif rapporté de France. En face d'elle, son escorte, le tout aussi élégant Amédée, la regardait avec l'admiration d'un fils entiché de sa mère. De son côté, Julie pensait : ce qu'il ressemble à Papineau ! Mêmes épaules, même profil, même façon d'envelopper son interlocuteur, comme si rien d'autre ne comptait.

La Villa Rosa était fréquentée par la belle société montréalaise qui aimait être vue. Julie remarqua, au fond de la salle à manger, George-Étienne Cartier, qui dînait en compagnie de sa fiancée, Hortense, la fille du libraire Fabre. Le seigneur Masson, de Terrebonne, paraissait en conciliabule avec le président de la Bank of Montreal, Peter McGill. Le financier William Molson mangeait en solitaire, deux tables plus loin. Amédée chuchota à l'oreille de sa mère les noms des personnes dignes d'importance qui se trouvaient à leur gauche et qu'elle ne connaissait pas.

«Ne vous retournez pas, lui dit-il, mais légèrement derrière vous, j'aperçois maître Lewis Drummond qui a défendu Chevalier de Lorimier devant la cour martiale. Il paraît qu'il a remué ciel et terre pour le sauver. Il discute avec le nouveau maire de Montréal, Joseph Bourret.»

Le regard d'Amédée parcourut la salle à la recherche de quelques potins à rapporter à sa mère qui savourait lentement un potage à la julienne. Il adorait cette complicité qui s'établissait toujours entre eux lorsqu'ils sortaient ensemble. Il eut tout à coup l'impression que Julie faisait les frais des murmures de leurs voisins de table. La femme du chef des patriotes de 1837 était de retour au Canada, mais sans son mari.

«Demain, tout Montréal saura que vous êtes en ville», lui souffla-t-il.

Amédée s'était laissé tenter par le cuissot de chevreuil à la piémontaise et Julie avait opté pour la dinde truffée. Le sommelier avait versé le bordeaux rouge dans leurs coupes de cristal et s'était retiré. Elle parlait depuis un bon moment lorsqu'elle soupçonna Amédée de ne pas être attentif à ses propos.

«Tu me suis? demanda-t-elle.

— Oui, oui, bien sûr. Vous disiez que les personnes que vous aviez croisées aujourd'hui vous avaient semblé indifférentes à tout.

— Pis que ça, fit-elle en plantant son couteau dans la chair blanche. Elles sont apathiques. Ou peut-être ont-elles peur? C'est assez normal, d'ailleurs, on ne peut pas faire un pas sans tomber sur un uniforme.»

Julie se sentait tout drôle, comme étrangère dans sa propre ville. Presque une intruse. Elle croisait des gens qui la dévisageaient comme un oiseau rare, puis qui détournaient la tête, gênés. Une autre chose l'intriguait. À peu près personne n'avait évoqué devant elle les tragiques événements de 1837-1838, comme s'ils avaient perdu la mémoire. Elle avait cru retrouver une cité à la dérive, marquée à jamais par son passé de vaincue. Et pourtant, l'hôtelier, les commerçants, les bonnes dames croisées au salon de thé ne songeaient au contraire qu'à rire et à s'amuser. Le printemps, sans doute... À moins qu'ils préfèrent ne pas se rappeler, surtout ceux qui s'étaient ralliés aux vainqueurs. On aurait dit qu'un profond égoïsme animait les Montréalais. À part Ludger Duvernay et le libraire Fabre, qui d'autres pensaient aux exilés et aux absents ? Qui souhaitait vraiment le retour de Papineau ?

« Mais je constate que mes petites histoires ne t'intéressent pas », soupira-t-elle, en s'apercevant qu'Amédée l'écoutait encore d'une oreille distraite.

Amédée parut confus. Il déposa sa fourchette sur le bord de son assiette, avança le coude gauche sur la table et se gratta derrière l'oreille. Julie lui tendit la main, comme pour l'aider à lui confier ce qui n'allait pas.

« J'attends, mon chéri. Tu as quelque chose à me dire, non ?

— Eh bien ! maman, ce que j'ai appris aujourd'hui est épouvantable, commença-t-il, lorsque le serveur eut enlevé leurs assiettes.

— Tu m'inquiètes.

— J'ai vu Louis-Michel Viger cet après-midi.

— Bon, je devine. Il t'a dit que nous étions ruinés. Est-ce ce qui te met dans cet état ? Allons donc ! Il nous chante la même chanson depuis des mois. Tu veux mon avis ? Sa banque l'accapare et la gestion de nos affaires l'ennuie mortellement. Nous venons au dernier rang de ses préoccupations. »

Amédée jeta un regard circulaire, histoire de s'assurer qu'il n'y avait pas une douzaine de paires d'yeux braqués sur eux.

« Vous n'y êtes pas du tout, reprit-il plus bas. Figurez-vous qu'il prétend que papa n'a pas l'intention de rentrer au pays. Ni tout de suite ni plus tard.

— Qu'est-ce qu'il va chercher là ? Il doit pourtant savoir que Papineau ne se mettra jamais à genoux. Qu'il reviendra tête haute et à son heure. »

Amédée était au supplice. Comment achever son indicible confession sans accabler sa mère ? Il prenait toujours grand soin de la ménager mais, cette fois, il se sentait impuissant.

« Je suis sérieux, maman. Louis-Michel Viger affirme que papa a refait sa vie en France. Enfin, vous voyez ce que je veux dire.

— Non, je ne te suis pas du tout, répondit Julie d'un ton agacé. Et j'ai la désagréable impression que tu tournes autour du pot. »

Amédée regarda sa mère longuement. Le chandelier qui ornait la table illuminait son visage inquiet. Il s'en voulut de lui imposer un nouveau chagrin.

«Il m'est extrêmement pénible d'entrer dans tous les détails de ma conversation avec Viger. Mais puisque vous insistez, sachez qu'il pense aussi que vous accusez faussement monsieur LaFontaine d'empêcher le retour de papa, alors que vous connaissez parfaitement les vraies raisons de son obstination à rester en France.»

Julie eut un mouvement d'hésitation, avala une gorgée de vin et dit, sans déposer son verre :

«C'est insensé, voyons. Je prends toutes les précautions pour ne pas parler de politique. Et je suis certaine que je n'ai jamais prononcé le nom de Louis-Hippolyte LaFontaine. Ni à Maska ni à Montréal.»

Sa lèvre supérieure tremblait légèrement. Tout son être se crispait. Amédée avait-il été mis au courant de l'existence de Marcella Dowling? se demanda-t-elle. Comment Louis-Michel Viger en aurait-il été informé? Par le libraire Fabre, assurément !

Les hypothèses se bousculaient dans sa tête et Julie préféra ne pas relever l'allusion d'Amédée aux «vraies raisons» qui retenaient son père à Paris.

«Mais qui a bien pu débiter de pareils propos sur mon compte? Il faut que ces personnes soient bien méchantes.»

Elle s'efforçait de le rassurer quand George-Étienne Cartier s'arrêta pour la saluer avant de quitter la Villa Rosa. Amédée épiait sa mère du coin de l'œil pendant qu'elle faisait la causette avec Petit George. Il craignait qu'elle ne s'effondre dans la salle à manger remplie. Non, elle tenait bon. Cartier parti, elle poursuivit tout haut ce qui ressemblait à un monologue intérieur.

«À moins que l'indiscrétion ne vienne de monsieur Fabre, avec qui j'ai eu de longues conversations en mer? Mais c'est impossible, j'ai toujours mesuré mes paroles dès qu'il était question de politique. Je ne suis pas assez folle pour dire des choses pareilles au sujet de LaFontaine, même à un ami intime comme le libraire.»

Julie esquivait l'accusation d'infidélité lancée par Louis-Michel Viger, comme si elle ne voulait pas s'y arrêter. Le maître d'hôtel s'approcha pour proposer des fromages. Amédée déclina d'un signe de tête, mais il insistait : madame désirerait peut-être autre chose? Une crème caramel? Non? Alors il s'assura que tout allait bien et se retira.

« Maman, je n'aurais pas dû vous rapporter cette conversation, regretta Amédée.

— Au contraire, tu as bien fait. Mais je te le répète, je suis innocente de ce dont m'accuse monsieur Viger. Il n'a pas le droit de me traiter ainsi. Ce n'est certes pas après avoir vécu dans le malheur et les privations pendant des années que je vais me laisser calomnier de la sorte. Quant à ma décision de revenir au pays, notre distingué cousin devrait respecter mes motifs et ne pas en imaginer d'autres. Pour ce qui est de ses insinuations sur Papineau, j'ignore ce qu'il cherche à nous dire. »

Devant l'assurance de Julie, Amédée se convainquit qu'elle avait raison. Cela faisait plusieurs mois, d'ailleurs, qu'il pressentait une scène du genre avec Louis-Michel Viger. Ce dernier n'était pas d'accord avec ses décisions concernant son propre avenir et ne ratait pas une occasion de le lui faire sentir.

« Il croit que j'aurais dû m'établir aux États-Unis, mais que papa a insisté pour que je rentre au Canada pour prendre charge de la famille à sa place.

— Encore une calomnie, s'exclama Julie. Ton père tenait mordicus à te voir pratiquer le droit à New York. Et moi aussi, car je savais qu'ici tu t'exposerais à des désagréments. Tu as choisi Montréal contre notre volonté.

— Je suis assez grand pour régler ma vie comme je l'entends.

— Viger a toujours été jaloux de ton père, poursuivit-elle d'une voix tout à fait posée. Il n'ignore pas que tu as eu une jeunesse difficile et c'est cruel de sa part de te faire entrevoir un avenir désolant, après les efforts que tu as mis à te préparer. Je ne me gênerai pas pour le lui dire.

— À quoi cela vous servirait-il? demanda Amédée en haussant les épaules. Nous n'allons pas continuer à remuer cette vase. »

Elle trempa ses lèvres dans le vin et ajouta pensivement :

« Tu as peut-être raison. Si nos affaires sont mauvaises, ce n'est ni ta faute ni la mienne. Mais je t'en conjure, ne demande plus rien à Louis-Michel Viger, nous nous débrouillerons sans lui. Tu n'as pas à me recommander de ménager, j'y suis habituée. Une chose est certaine, il ne doit plus s'occuper de nos affaires. Cette responsabilité t'appartient jusqu'au retour de ton père.

— Il reviendra, dites ?

— Bien sûr, mon chéri, il reviendra. Ne sois pas inquiet et prends courage. »

CHAPITRE XXXV

Chère Marguerite

Une fois rentrée à l'hôtel Rasco, la porte de sa chambre fermée à clef, Julie piqua l'une des pires crises de nerfs de sa vie. Cela débuta par des sanglots désespérés qu'elle étouffa tant bien que mal en s'enfouissant la tête dans l'oreiller. Étendue tout habillée sur le lit d'acajou, elle gémissait, secouée par des spasmes. Jamais elle ne s'était sentie aussi abandonnée. Elle se traîna jusqu'à l'armoire, y prit sa trousse de toilette dont elle sortit un flocon d'éther avec lequel elle se frictionna la poitrine. La drogue l'apaisa. Elle en profita pour se déshabiller et se glisser sous les draps, espérant que le sommeil l'arrache à la réalité.

Quand les spasmes réapparurent, la panique la gagna. Son cœur battait si fort qu'elle songea à appeler à l'aide. Elle voulut s'asseoir mais son corps ne bougea pas, comme s'il était paralysé. Après quelques minutes, le calme revint lentement. Elle éteignit la chandelle qui conférait à la pièce un air lugubre.

Que je meure enfin, et c'en sera fini de mon tourment ! murmura-t-elle entre deux soupirs. Qui me pleurera ? Louis-Joseph versera-t-il une seule larme pour moi, lui qui m'a laissée repartir si facilement ? Il sera enfin libre d'épouser sa belle Irlandaise, si jeune, si rousse, si flamboyante, si... Elle se mordit la lèvre de rage. Le mariage – le sien en tout cas – n'était que mirage et tromperie. Dieu vous unit pour le meilleur comme pour le pire, lui avait rappelé sa vieille mère. À Papineau le meilleur, à moi le pire ! pensa-t-elle. L'amertume qui la rongeait venait de l'humiliation qu'elle ressentait à la pensée que ses amis, vrais ou faux, la voyaient maintenant comme une femme trompée. Une cocue !

Dieu la punissait-il d'avoir quitté le lit conjugal ? D'avoir abandonné son irréprochable mari, trop parfait, trop orgueilleux pour admettre ses torts ? Aurait-il fallu qu'elle partage sa couche avec l'autre ? Quand une charmante âme lui avait fait comprendre que Papineau faisait la cour à une femme de vingt-cinq ans, elle avait ragé. Et comme elle n'avait jamais eu la résignation docile, elle avait plié bagage. Papineau n'était pas près de le lui pardonner et Dieu était de mèche avec lui. Son châtiment ? L'indifférence croissante d'un mari qui ne parlait toujours pas de son retour, même après des mois de séparation avec sa femme légitime. Comme pénitence, elle était condamnée à supporter la pitié de ses proches, qui soupçonnaient déjà le grand homme de l'avoir laissée pour une autre.

Prise tout à coup d'un excès de dévotion, elle se jeta à genoux. Les coudes appuyés sur l'édredon brodé et les mains croisées sous le menton, elle implorait la clémence de Dieu : Acte de contrition, mon Dieu, j'ai un très grand regret de vous avoir offensé, parce que vous êtes infiniment bon et que le péché vous déplaît. Je prends la ferme résolution... Quelle résolution ? se demanda-t-elle. Je n'ai plus rien à offrir que mon chagrin, plus d'espoir aucun. Mon Dieu, je prends la ferme résolution de ne plus vous offenser et de faire pénitence. Comme si je ne faisais pas déjà assez pénitence. Ainsi soit-il.

Lorsqu'elle s'allongea à nouveau, Julie se sentit plus sereine. La prière avait eu l'effet d'un baume apaisant. Elle ferma les yeux et dormit une heure, peut-être deux. Brusquement, elle se réveilla en proie aux pires angoisses.

Partir... Oui, elle devait quitter cette ville peu accueillante qu'elle venait à peine de retrouver. Le mieux ne serait-il pas de rester cachée dans sa chambre d'hôtel jusqu'à son départ pour Verchères ou Maska ? Pourquoi ne se réfugierait-elle pas à la Petite-Nation, loin de tous ces gens qui la jugeaient et la plaignaient ? Mais elle ne se sentait pas le courage d'affronter les questions délicates de la famille de Louis-Joseph. Elle n'irait donc pas dans l'Outaouais. D'un autre côté, elle n'allait pas se laisser épier dans la rue, comme une bête de cirque, ni s'obliger à tourner la tête ou à changer de trottoir. Elle était blessée, certes, diminuée même, mais il lui restait sa fierté.

Il devait être deux heures du matin et l'hôtel baignait dans le silence, cependant qu'elle ressassait encore sa honte, convaincue que Louis-Michel Viger, le libraire Fabre et les autres gloussaient en évoquant les conquêtes parisiennes de leur ami Papineau et la tournaient en dérision, elle, la laissée-pour-compte.

L'enfant de Marcella surgit alors dans son esprit. La petite fille qu'elle n'avait jamais vue, mais dont les traits rappelaient peut-être ceux d'Azélie. L'idée d'un tel déshonneur l'avait déjà effleurée, mais elle s'était obligée à la chasser car il lui était insupportable d'imaginer pareille trahison. Au milieu de cette nuit cauchemardesque, l'innocente enfant de l'Irlandaise lui apparaissait, puis disparaissait comme pour la narguer. L'irréparable s'était-il produit?

Il ne lui vint pas à l'esprit qu'elle pouvait dénaturer les faits. À aucun moment elle ne voulut croire que Louis-Michel Viger avait tout bonnement voulu aider Amédée, qui attendait trop souvent des autres ce qu'il aurait dû obtenir par lui-même. Elle ne voulait voir que méchanceté et mesquinerie chez cet homme. Les Viger avaient toujours envié les Papineau et l'occasion était belle pour eux de les écraser. Le grand patriote de 1837 avait raté sa rébellion, s'était enfui à l'étranger et abandonnait maintenant sa famille. La postérité le jugerait. Toute une aubaine pour ces Othello et autres jaloux.

Quitter Montréal au plus tôt, c'était décidément ce qu'elle avait de mieux à faire. Amédée, avec sa bonne nature, se tirerait d'affaires seul. Azélie serait pensionnaire, comme Gustave, mais Julie garderait Lactance près d'elle. Fragile Lactance, bafoué par son père. Lactance qui avait tout vu et tout compris. Elle allait le chérir, lui faire oublier ses blessures en pansant les siennes. Elle ne se séparerait pas non plus de la minuscule Ézilda. Dans sa bonté, Dieu l'avait créée sans grand esprit pour qu'elle accepte avec résignation son nanisme. Julie décida qu'elle se consacrerait à ses deux enfants les plus vulnérables. Le souvenir d'Henriette de Lorimier, qui avait dû quitter la ville comme une coupable, avec ses filles, deux orphelines qui ne savaient pas pourquoi on les pointait du doigt, s'imposa à son esprit. Dieu lui réservait un destin similaire à celui de son amie, dont le malheur l'avait laissée par trop indifférente.

Les premières lueurs du jour pointaient. Julie se leva pour fermer les persiennes qui laissaient passer un filet de lumière et retourna se coucher, le dos contre la fenêtre. Elle voulait rester dans le noir. Penser plutôt que dormir. Elle aurait le reste de sa vie pour se reposer. Elle se sentait lâche et ne résista pas à l'envie de se vautrer dans son malheur. Puis, subitement, la honte et le désarroi firent place à la colère. Tout ce qui arrivait était la faute de Papineau. Il l'avait entraînée à Paris pour la délaisser et l'humilier. N'avait-il pas insisté pour qu'elle vienne le rejoindre ? «L'ennui de toi me rend triste», lui avait-il écrit. Et encore : «Je ne vis que pour le jour où tu seras à mes côtés.» Elle l'avait cru, elle l'aimait follement. L'aimerait toujours. Pour la première fois depuis leur séparation, sur le quai des Messageries Lafitte, elle douta d'elle-même. Marcella avait gagné, elle avait perdu. Julie n'imaginait même pas qu'il existât un moyen de ramener Papineau à elle. Il était trop tard.

Peut-être ! pensa-t-elle, dans un sursaut d'énergie, mais cet homme était le père de cinq enfants dont trois encore en bas âge. Il pouvait la renier, elle, mais il n'avait pas le droit d'effacer des innocents de sa vie. Quand sa fibre paternelle se sentait coupable, il lui prodiguait ses précieux conseils dans ses lettres : «Ne force pas Gustave à monter en belles-lettres, il sera mieux en versification... Garde Azélie auprès de toi, elle a besoin de sa mère... Ne gronde pas Ézilda pour ses échecs scolaires, elle est nerveuse, il lui faut de la douceur...»

Ses filles n'avaient-elles pas besoin des caresses de leur père ? Papineau savait-il que sa cadette pleurait, le soir, avant de s'endormir, en pensant à son papa chéri, si loin, si loin... Oubliait-il que sa petite Ézilda guettait le postier chaque matin ? Qu'il fallait la consoler lorsqu'il passait tout droit ou qu'il n'y avait pas de lettre de France ?

Julie en avait plus qu'assez des conseils domestiques du Parisien : ne loue pas trop grand, ne dépense pas inutilement, pourquoi ne pas rester chez ma sœur si bonne pour toi, la vie est peu chère à Maska... Tout en lui prêchant la frugalité, il ne se gênait pas pour réclamer de l'argent qu'il dépensait à visiter ses amis dans leurs châteaux de province. Sa dernière lettre était truffée de projets. Il revenait de La Grange, le domaine des La Fayette qui avaient insisté pour qu'il y vînt. Le mois prochain, il irait passer une quinzaine en Bourgogne, avec monsieur de Lamennais... Mais il ne séjournerait pas à Égremont puisqu'il était en froid avec madame Kock.

Au fait, pourquoi cette brouille ? Il n'avait pas osé lui écrire que c'était à cause de cette Marcella, dont le nom apparaissait dans chacune de ses lettres. Marcella s'inquiétait de la tournure du procès d'O'Connell, en Irlande. Marcella n'aimait pas Eugène Sue et ses *Mystères de Paris* n'étaient que des mystères d'enfer. Marcella avait soigné cette ingrate de madame Kock jusqu'à l'épuisement... Julie serra les dents.

Qu'il le dise franchement s'il l'avait rayée de sa vie ! L'incertitude dans laquelle Papineau l'avait laissée depuis un an lui était insupportable, et sa conduite inexplicable. Comment, se demanda-t-elle à l'instar de Lactance, un homme de sa stature était-il devenu un être aussi irrésolu ? Et cruel aussi, puisqu'il faisait le malheur des siens.

Julie chercha son mouchoir sous l'oreiller. Au petit matin, après une nuit sans sommeil, ses larmes coulaient doucement. Elle ne pouvait en supporter davantage. Malade, usée, elle était lasse de se montrer gaie alors qu'elle était triste, courageuse pour mieux cacher son angoisse. Et si d'aventure elle se plaignait, Papineau la renvoyait à sa décision fatale : « Tu as fait ton sort. »

La pluie s'était mise à tomber et le bruit des gouttes sur les carreaux l'endormit pour de bon. Elle ne reprit conscience qu'à midi, quand la femme de chambre frappa.

« Madame ? M'entendez-vous, madame ? répéta-t-elle en entrouvrant la porte. Oh ! Excusez-moi, madame, je ne voulais pas vous réveiller.

— Mais quelle heure est-il donc ? bafouilla Julie en étouffant un bâillement.

— Midi, madame. Je suis venue vous dire que vous avez un visiteur.

— Je ne veux voir personne. Dites-lui de revenir plus tard.

— Bien, madame. Voulez-vous que je vous apporte un bouillon chaud ?

— Je n'ai pas faim, dit-elle, en se tournant du côté de la fenêtre. J'ai pris des gouttes de laudanum. L'effet soporifique m'a enlevé l'appétit... »

La femme de chambre revint avec un bol de bouillon fumant auquel Julie ne toucha pas. Elle dormit d'un sommeil profond jusqu'à quatre heures. Des coups répétés à sa porte la sortirent de l'engourdissement.

« C'est encore moi, madame. Votre fils est passé, il reviendra après son travail. Et le monsieur de ce matin est de retour. Voici sa carte. »

Julie prit le carton et lut le nom de Jacques Viger, son ancien voisin de la rue Bonsecours, son vieil ami qu'elle avait traité de renégat, après la rébellion.

« Jacques ? Comment sait-il que je suis là ? se demanda-t-elle.

— Il insiste pour vous voir, madame. Il dit que c'est urgent.

— Bon prévenez-le que je descends. Demandez-lui d'attendre dans le petit salon, au rez-de-chaussée. Le temps de faire ma toilette et je le rejoins. »

Jacques Viger arpentait le boudoir vert pomme dans tous les sens. S'il avait eu le moral, il aurait dit en riant qu'il avait la fale basse. Mais il n'avait pas la tête à s'amuser. Tous les dix pas, il s'arrêtait, s'appuyait contre l'armoire Louis XV et faisait courir nerveusement ses doigts sur le tablier. Puis il repartait, marchait jusqu'à la porte grande ouverte, s'étirait le cou pour voir si quelqu'un venait et faisait demi-tour.

« Monsieur Jacques ? s'exclama Julie en entrant, encore sous l'effet de la surprise.

— Ma belle voisine, fit-il en s'approchant pour lui prendre les deux mains.

— Vous venez pour me faire des reproches, vous aussi.

— Je ne comprends pas... Je tombe mal, peut-être ?

— Mais non, oubliez ce que je viens de dire. Je n'ai pas dormi de la nuit. Voilà pourquoi j'ai les nerfs à fleur de peau. Donnez-moi plutôt de vos nouvelles. Comment va Marguerite ? »

Jacques, l'ami de toujours, l'excentrique voisin, était là devant elle, avec son visage aux traits disgracieux. Il avait cet air triste, désespéré, qui le rendait si attachant. Mais l'œil n'était plus pétillant comme jadis. Il ne souriait pas.

« Justement, reprit-il, je me suis permis de venir vous voir en son nom. J'ai appris seulement ce matin que vous étiez de retour à Montréal. Comme il n'y a pas une minute à perdre, je suis vite accouru.

— Que voulez-vous dire, Jacques, il est arrivé quelque chose à Marguerite ? Mais parlez, voyons.

— Marguerite se meurt, voilà la triste nouvelle que je vous apporte, chère voisine. Je suis effondré. Le docteur Wolfred Nelson n'a plus aucun espoir. »

Julie se laissa tomber dans le premier fauteuil venu.

« Marguerite, mon amie Marguerite que j'aime tant va mourir... Jacques, dites-moi que ce n'est pas vrai. »

Elle se couvrit le visage de ses mains. Décidément, elle n'était revenue à Montréal que pour collectionner les malheurs. La veille, au cours de sa promenade, elle avait failli frapper à la porte de sa voisine pour s'expliquer, pour tenter de reconstruire un pont, après leur terrible querelle de 1837 où elle l'avait accusée de trahir les patriotes. Les Viger et les Papineau ne s'étaient jamais reparlé depuis ces dramatiques événements. Julie les avait détestés pour s'être tenus à l'écart de la rébellion. Elle avait souvent regretté par la suite sa brouille avec Marguerite, coupable d'être la femme de Jacques Viger, rien de plus. C'était lui, et non elle, qui avait opté pour le parti des Anglais. Pourquoi s'en était-elle prise à Marguerite, sa meilleure amie ? Aujourd'hui, elle était même prête à pardonner à son voisin terrassé par la maladie de sa femme. Elle ne ressentait plus ni rancune ni colère.

« Une tumeur maligne, dit-il, en soupirant. Le docteur Wolfred lui donne de l'opium pour l'empêcher de souffrir.

— Oh ! Jacques, c'est effroyable. »

Jacques Viger esquissa un signe d'impuissance. Il n'arrivait pas à détacher ses yeux de Julie. Sa chère voisine, sa partenaire aux cartes, qui battait des mains comme une petite fille, lorsque, soir après soir, dans la salle à manger de l'un ou de l'autre, ils raflaient tous les deux la cagnotte devant un Louis-Joseph et une Marguerite déconfits.

« Vous n'avez pas oublié nos veillées à quatre ? C'était le bon temps ! fit-il en la serrant contre sa poitrine. Comme c'est triste de vous retrouver en pareilles circonstances. »

Tout son attachement se lisait dans ce geste et Julie lui rendit son étreinte.

« Marguerite ! répétait-elle inlassablement.

— Votre amie Marguerite a eu bien du chagrin à cause de vous, Julie. Pardonnez ma franchise, mais elle vous a trouvée terriblement dure envers elle. C'est à moi qu'il aurait fallu dire ces choses qui l'ont tant blessée.

— Notre cause s'écroulait, Papineau était en fuite, c'était la fin du monde, les militaires étaient partout... essayez de me comprendre. C'est vrai, j'ai été injuste envers elle, mais la vie ne m'a pas fait de cadeau, non plus, se défendit Julie.

— Je sais, je sais, et l'heure est mal choisie pour vous accabler de reproches. Sans doute aimeriez-vous en faire autant à mon endroit, vous aussi. Pour l'amour de Marguerite, laissons dormir nos vieux griefs. M'autorisez-vous à vous demander une faveur ?

— Tout ce que vous voulez, Jacques. Dites-moi ce que je peux faire pour vous, je le ferai.

— M'accompagneriez-vous à la maison ? Marguerite serait si touchée, si réconfortée de vous revoir. Elle partirait pour l'au-delà convaincue que vous ne lui en voulez plus du tout. Elle a tant regretté votre rupture.

— Moi aussi, j'ai eu des regrets. Des remords surtout. J'ai... j'ai été odieuse. Elle ne méritait pas ma cruauté. Je monte chercher ma pèlerine et je vous suis. »

La veille, si elle avait soigneusement évité la rue Bonsecours, ce n'était pas à cause de Marguerite. Elle n'avait tout simplement pas le cœur de revoir sa maison occupée par des étrangers. Aussi, en tournant le coin de la rue Notre-Dame, elle serra le bras de Jacques : elle venait d'apercevoir la fenêtre de sa chambre et, juste en dessous, celle de la salle à manger que les voyous du Doric Club avaient lapidée, en novembre 1837. Ils ralentirent devant la porte cochère. Son visage s'assombrit lorsqu'elle remarqua la patte d'oie à demi effacée que les loyalistes avaient tracée sur la façade de la maison.

« Amédée m'avait prévenue », dit-elle, en grimaçant.

Elle détourna vivement la tête pour ne plus voir l'horrible graffiti, et traversa chez ses voisins, où son amie agonisait.

◆◆◆◆◆◆◆

Marguerite Viger s'était assoupie. Son visage était très pâle et sa respiration lente mais régulière. Un cadavre vivant, songea Julie, qui la trouvait horriblement amaigrie, au point d'être méconnaissable. Une odeur de désinfectant lui monta aux narines. Jacques chercha alors à l'éloigner du lit.

« Venez, dit-il. Pour l'instant, il faut la laisser se reposer. Elle dort d'un sommeil agité depuis quelques jours. »

Il entraîna Julie dans le couloir en parlant à voix basse. Le mal, raconta-t-il était venu subitement, le mois précédent. Marguerite avait d'abord cru a un retour de ses rhumatismes et ne s'en était pas inquiétée. Mais les douleurs avaient persisté, d'impitoyables élancements au niveau de la poitrine, et elle s'était finalement laissé convaincre de consulter le docteur Nelson, qui avait posé un diagnostic d'une franchise brutale. Aucun doute possible, elle ne guérirait pas.

« Au début, elle gardait le moral et continuait à jurer qu'elle m'enterrerait, raconta Jacques. Elle priait la bonne Sainte Vierge, espérant un miracle. Contre tout bon sens. Je faisais semblant d'y croire, mais je voyais bien ses forces diminuer de jour en jour. »

Sans fausse pudeur, Jacques Viger décrivait son quotidien depuis que la mort rôdait dans sa maison. Il se cachait souvent pour pleurer. Mais on aurait dit que Marguerite le devinait. Elle lui prenait la main et murmurait tendrement : « Tu ne te débarrasseras pas de moi aussi facilement. » Un matin, elle alla tout à fait mieux. Assez en tout cas pour qu'il l'aide à se lever. Il l'avait installée dans son fauteuil, près de la fenêtre et, pour la première fois depuis le début de sa maladie, il avait tiré les rideaux et levé le store. Elle voulait manger des bananes et l'avait supplié d'aller en chercher au marché. « Tu es sûre que je peux te laisser ? » Il hésitait toujours à s'éloigner, même pour une demi-heure.

Hélas ! ce n'était qu'une rémission. Le mal qui lui dévorait l'intérieur revint, plus virulent encore. Le docteur Nelson lui avait prescrit des médicaments qui l'assommaient. Jacques avait placé sa couchette à côté du grand lit. Le soir, il enfilait sa chemise de nuit et s'étendait à côté d'elle. Il dormait mal, en proie aux pires appréhensions, mais cela le rassurait d'être là, prêt à accourir si sa femme se réveillait et réclamait à boire. Elle avait comme un gros caillot dans la gorge et il craignait toujours qu'elle s'étouffât en toussant. Parfois, aux petites heures, elle avait si mal aux articulations qu'il se levait pour lui frictionner les membres. D'autres fois, il se contentait d'appliquer une pommade sur ses plaies de lit.

Julie le trouva bien à plaindre. Il protesta. On ne s'apitoie pas sur soi-même quand on jouit d'une bonne santé. À part ses petits cors aux pieds qui le faisaient souffrir comme jamais, il avait la chance d'être en forme. Assez en tout cas pour voir à ce que Marguerite ne manquât de rien.

« J'ai fait mon deuil, lui avoua-t-il. Je n'espère plus rien, je m'en remets à la Providence.

— À votre place, je me révolterais, protesta Julie.

— Ce serait inutile puisque c'est la volonté de Dieu et qu'Il ne nous envoie que ce que nous avons la force de supporter. »

Elle allait méditer cette réflexion qui pouvait aussi s'appliquer à sa propre vie, quand Jacques Viger enchaîna, les yeux pleins d'eau :

« Ce que je ne supporte pas, c'est de la voir mourir à petit feu. La mort n'est rien à côté de la souffrance physique. Mon impuissance à la secourir, moi qui partage tout avec elle depuis quarante ans, c'est cela, le pire. »

Marguerite émit un son faible et Jacques se précipita vers elle.

« Mon Jacques, murmura-t-elle, je t'entends jacasser mais je ne te vois plus...

— Ma douce, tu as de la belle visite. »

La malade ouvrit lentement les yeux, chercha son mouchoir pour essuyer la pellicule transparente qui les couvrait. Elle n'était pas certaine de reconnaître l'ombre qui se précisait en s'avançant vers le lit. Elle fixait Julie, comme pour s'assurer que les médicaments ne la troublaient pas.

« Julie ? Est-ce vous ? »

Marguerite n'avait plus qu'un filet de voix. Julie s'approcha tout près du visage creusé, ravagé de son amie. Ses cheveux collés sur la nuque laissaient voir les veines du cou gonflées et la peau d'une pâleur anémique. Elle cherchait en vain la Marguerite énergique de naguère. De sa beauté, de sa vitalité, il ne restait plus rien. Que d'heures elles avaient passées ensemble, Julie au piano et sa voisine chantant de sa belle voix chaude *Comment veux-tu que je vive ?*

« Vous êtes venue, Julie... je n'osais plus l'espérer, murmura la malade.

— Marguerite, comment avez-vous pu douter que je n'accourrais pas vers vous sachant que vous étiez malade ? »

Marguerite ferma les yeux. L'une et l'autre pensaient à leur dernière rencontre, presque en face de la chapelle Notre-Dame-de-Bonsecours. Julie se revoyait hautaine, méprisante, qui accusait son amie d'avoir viré loyaliste, et d'être la complice de ceux qui assassinaient les rebelles. Et Marguerite, stupéfaite, qui s'était laissé gagner par la colère et avait blâmé Papineau d'avoir mené les Canadiens dans un cul-de-sac, puis de les avoir abandonnés avant de filer à l'anglaise. Elles ne s'étaient jamais écrit, pas même un mot griffonné à la hâte, pour se donner signe de vie. Aucune des deux n'avait voulu faire les premiers pas, même si chacune regrettait ses paroles qui avaient dépassé sa pensée.

« On fait la paix, chère, chère Julie ? articula difficilement la malade.

— On fait la paix », acquiesça Julie.

Il y avait tant de tendresse et d'amitié entre elles. Cette rencontre, à l'heure où tout était fini pour Marguerite, les déchirait et les soulageait tout à la fois. La main déjà glacée de la moribonde glissa sur le drap blanc jusqu'à celle de Julie pour l'étreindre avec l'énergie renouvelée du désespoir

« Je ne voulais pas partir sans vous avoir dit combien vous m'étiez chère », murmura Marguerite, en grimaçant de douleur.

Julie retint ses sanglots. La malade s'en aperçut, sourit – un sourire hideux d'agonisante – et bafouilla des mots inaudibles. Elle garda sa main dans celle de Marguerite jusqu'à ce que le sommeil la gagnât, s'éloigna ensuite du lit, à regret, comme si elle eût voulu prolonger à jamais cet ultime moment d'intimité.

Jacques s'approcha, caressa délicatement la joue de sa femme, puis son front. Il était bouleversant d'amour et d'attentions.

« Ma douce s'est assoupie, dit-il en entraînant Julie dans le couloir. C'est incroyable comme les médecins peuvent abrutir les malades avec leurs calmants pour les empêcher de souffrir. »

Lorsque Wolfred Nelson arriva rue Bonsecours, Jacques Viger insista pour garder Julie avec lui, pendant que le médecin montait au chevet de sa patiente. La visite médicale lui était insupportable, mais il n'avait pas le courage d'attendre seul en bas. Aussi invita-t-il sa voisine à prendre le thé avec lui à la bibliothèque. Julie le suivit dans sa pièce de travail où s'empilaient pêle-mêle les papiers. Il y en avait partout sur sa table et sur l'entablement des fenêtres donnant sur la rue. Épinglées au mur, les cartes géographiques avaient jauni. C'était son royaume, là où, jour après jour, il poursuivait ses recherches historiques, sans but précis, à part l'envie d'emmagasiner le plus d'informations possible sur la vie et les mœurs de ses ancêtres canadiens.

« Vous excuserez le désordre, lui dit-il. J'ai interdit à quiconque d'en faire le ménage. Les femmes font tout disparaître, c'est agaçant. »

Il replaça sa plume abandonnée à côté de la bouteille d'encre laissée ouverte, épousseta d'un geste maladroit, le coin de la table, ce qui eut pour effet d'attirer l'attention sur la poussière qui la recouvrait.

« Mon travail a progressé depuis votre départ, lui annonça-t-il en s'essuyant les mains l'une dans l'autre. J'ai recopié toute ma correspondance et réuni mes recherches historiques en un volume. Actuellement, je rassemble mes cartes et mes dessins en vue d'en faire un deuxième.

— Vous avez du pain sur la planche.

— Depuis que la Ville m'a dégommé, je me suis promu archiviste volontaire. »

L'ancien maire de Montréal, qui avait connu ses heures de gloire vers 1830, n'avait jamais digéré qu'on le destitue, lui qui avait modernisé sa ville. On lui avait même retiré sa charge d'inspecteur des chemins. Pourtant, il n'avait été mêlé d'aucune façon aux événements sanglants de novembre 1837. À peine s'était-il amusé aux dépens de lord Gosford, en faisant remarquer publiquement et un peu cavalièrement sans doute, que le gouverneur n'avait pas inventé les boutons à quatre trous.

« Seul avec ma paperasse, je ne risque pas de me chamailler. Lisez, dit-il, en lui tendant un cahier à couverture noire. Ce sont des expressions typiquement bas-canadiennes que j'ai recueillies en confessant les vieux.

Julie ouvrit le cahier et lut à haute-voix :

« *Écrapoutir, empocheter, écarter*, ça peut aller en se creusant les méninges, dit-elle en relevant la tête, mais je ne vois vraiment pas quel peut être le sens du mot *escolter*.

— Je vous ai eue, ma chère voisine. *Escolter* signifie avoir l'estomac découvert d'une manière indécente. Ce que, bien entendu, vous n'oseriez jamais faire, vous, une dame distinguée ! »

Elle s'amusa de sa remarque.

« Joseph Papineau utilisait des expressions suaves qui auraient bien figuré dans votre collection.

— Ah ! mon oncle Joseph ! C'était un grand homme, dit-il, admiratif. Il avait la fermeté de Caton, la probité d'Aristide et l'éloquence de Démosthène.

— Pourquoi vous donnez-vous tout ce mal, lui demanda Julie qui craignait toujours que la conversation retombe, tant elle le sentait énervé.

— Parce que l'histoire est ma passion, répondit-il. Mes prédécesseurs ont fait des erreurs de date, d'orthographe, de fait. Je me sens investi de l'impitoyable fonction de les corriger, moi qui éprouve une telle horreur pour le faux et un amour inné pour le vrai.»

Il avait débité sa réponse comme s'il récitait une leçon. Julie vit qu'il mettait beaucoup d'énergie à paraître naturel. Au milieu d'une phrase, il s'arrêtait net et regardait nerveusement du côté de l'escalier.

«N'avez-vous rien entendu?

— Rien.»

Il montait quand même voir si Wolfred avait besoin de lui. Puis il redescendait aussi vite, comme s'il avait peur que Julie s'envole. Sous la table, le vieux chien Finfin se manifesta en s'étirant de tout son long. Julie se pencha pour flatter son museau devenu tout blanc. Il devait avoir une douzaine d'années.

«Rappelez-vous, Jacques, Finfin se prenait pour la mère des chatons d'Ézilda.»

S'il s'en souvenait! Il n'avait qu'à regarder son vieux compagnon de route et les souvenirs de bon voisinage se bousculaient dans sa mémoire.

«Mon Finfin s'ennuie de sa maîtresse, confia-t-il. Avec sa patte, il gratte jusqu'à ce qu'il ait réussi à entrebâiller la porte de sa chambre et passe des heures au pied de son lit. Pour sûr, il va trouver la maison vide.»

Le docteur descendit lentement les marches de l'escalier. Il recommanda à Jacques Viger d'envoyer chercher le prêtre. Ce n'était plus qu'une question d'heures. Cette nuit, peut-être... Au plus tard demain matin, tout serait fini. Jacques approuva : l'âme de Marguerite était en règle mais les consolations de la religion lui seraient bénéfiques à la veille du grand voyage. Julie offrit de passer la nuit avec lui. Ils se relayeraient au chevet de Marguerite.

«Vous pourrez prendre un peu de repos, Jacques.

— Vous êtes gentille, mais je préfère rester seul avec ma douce, cette nuit.»

Wolfred Nelson raccompagna Julie à son hôtel. Pendant le trajet qu'ils firent à pied, il lui exprima chaudement sa joie de la voir enfin de retour à Montréal. Il s'enquit d'Amédée et de Lactance, cependant que Julie demandait des nouvelles de sa femme et de ses fils.

Ni l'un ni l'autre ne parla de Papineau, mais tous les deux pensaient la même chose : il aurait dû être là, avec ses amis éplorés.

Marguerite reçut le Viatique et mourut l'âme en paix, à six heures, au matin du 27 mai. Jacques l'avait installée dans le grand lit à rideaux, habillée de sa robe noire en crêpe. Il avait glissé un crucifix entre ses mains.

Monseigneur Bourget était venu en personne pour rassurer l'ancien maire Viger : la cérémonie funèbre à Notre-Dame serait grandiose et il prononcerait lui-même l'oraison. Jacques avait commandé un cercueil de chêne pour sa belle et il avait insisté auprès de l'évêque de Montréal pour que l'orgue joue le *De Profundis*, comme aux funérailles de monseigneur Lartigue. Marguerite serait enterrée dans la crypte.

En sortant de l'église, après le service funèbre, Julie se tourna vers Amédée qui l'accompagnait et lui demanda :

« Tu veux bien que nous allions au cimetière ? Je voudrais me recueillir sur la tombe de ton grand-père Papineau. »

Au cimetière catholique du faubourg Saint-Antoine, ils marchèrent côte-à-côte jusqu'au terrain particulier des Papineau et s'agenouillèrent devant la pierre tombale de Joseph.

« Beau-papa, chuchota Julie, je ne sais plus où j'en suis. Vous étiez de si bon conseil... Je me sens seule, depuis que vous n'êtes plus là pour m'éclairer. »

Elle resta un bon moment à poursuivre ainsi son monologue intérieur. Puis, elle se leva et, reprenant le bras d'Amédée, se dirigea vers la voiture qui les attendait à la grille du cimetière.

CHAPITRE XXXVI

Docteur Lactance Papineau

À la mi-juillet 1844, après des péripéties hautes en couleur, Lactance débarqua du paquebot à New York, en une seule pièce, ce qui en soi était tout un exploit. Ensuite, les jours suivants, passés sur les eaux bien domptées de l'Hudson ou sur les routes poussiéreuses, du côté de Saratoga, lui avaient semblé interminables. En quittant le vapeur *Burlington*, à Saint-Jean, il avait l'impression de revenir de Cochinchine ou d'Alexandrie. Au douanier qui exécutait les formalités d'usage, il déclina d'un trait son identité : docteur Lactance Papineau, diplômé de Paris, sans adresse précise pour le moment.

« Qu'avez-vous à déclarer ?

— Mes instruments de chirurgie, achetés en France, et une grosse caisse de livres.

— Quel genre de livres ? demanda le fonctionnaire d'une voix monocorde.

— Rien de compromettant : des manuels de physiologie, d'anatomie et de botanique, pour la plupart, répondit-il en tendant son passeport anglais au douanier.

— Rapportez-vous des médicaments ?

— De l'huile de ricin, du laudanum, du Balsam lapini, du sirop et du vitriol... enfin ce que je n'ai pas utilisé durant la traversée. Vous comprenez, il y avait des malades à bord et j'ai dû les soigner. »

Le douanier s'en fichait éperdument. Il cocha son nom sur sa liste et remplit mécaniquement les espaces vides sur la fiche de renseignements qu'il tendit ensuite à Lactance pour qu'il la signe. Une fois son passeport estampillé, il alla rejoindre son vieux portefeuille, dans la poche-revolver de son veston. Le voyageur ramassa ensuite son bagage à main et sa trousse médicale et franchit la barrière. Amédée, qui le regardait venir, le trouva maigre comme un échalas – il disait «échalote» – mais de tenue impeccable. Costume anglais, un peu élimé cependant, gants et chapeau assortis, le bout d'un lorgnon dépassant de la poche de sa veste, Lactance, lui sembla-t-il, contrôlait mal sa nervosité. La fatigue du voyage, pensa Amédée, qui lui fit l'accolade.

Dans les minutes qui suivirent, son frère lui parut bizarre et plutôt surexcité. Il déballa ses premières impressions dans la plus grande confusion et ses commentaires fusaient sans nuances : Saint-Jean n'était qu'un banal village de campagne envahi par un essaim d'habits rouges prétentieux, les douanes étaient une perte de temps et les douaniers, des paresseux, peu importait leur nationalité...

«Et papa, comment va-t-il ? coupa Amédée pour arrêter son bavardage.

— Papa ? Il est plus pessimiste que jamais, irritable et parfaitement irrésolu.»

Le jugement était cinglant et le ton sévère. Amédée était déçu :

«J'espérais que tu m'apportes la nouvelle de son retour prochain. Maman est inconsolable.

— En vérité, notre père était plus impatient de me voir quitter Paris que de planifier son propre départ. Il n'a plus assez de courage pour trancher dans un sens ou dans l'autre. Il ne décide plus rien, d'ailleurs. Un jour, il parle d'acheter son billet, le lendemain il se laisse arrêter par des obstacles imaginaires. Ces derniers temps, il ne se donnait même plus la peine de m'écouter lorsque je lui parlais. Tout ce que je lui disais n'était qu'un tissu d'insignifiances. La plus légère observation de ma part déclenchait les reproches les plus acerbes. Il m'ordonnait de la boucler et je devais subir ses sautes d'humeur en silence. J'ai souffert plus que tu ne l'imagineras jamais. À l'appartement, l'atmosphère était devenue si irrespirable que j'ai décampé. Quatre ans de torture m'ont dégoûté à jamais de la vie parisienne.»

C'était un procès en règle que Lactance faisait à son père et Amédée pensa qu'il devait être excédé pour l'accabler ainsi.

«Je suis exaspéré», confirma Lactance en se tortillant comme s'il était sur le point d'exploser.

Amédée le prit par le cou pour le calmer, car il parlait très fort, comme s'il cherchait à se donner en spectacle. Lactance se ressaisit alors, passa sa main dans sa chevelure blonde que le vent soulevait, et dit dans un excès de joie surprenant, après sa tirade rancunière.

« Oublions ça, veux-tu ? Puisque je suis médecin, rien n'est perdu.

— Tu as pris le bonnet ?

— Pas exactement, mais j'ai toutes les attestations qu'il faut pour passer le brevet au Canada. »

Il se précipita sur sa valise qu'il ouvrit pour en sortir un certificat d'études que lui avait remis le docteur Rostan : « Monsieur Papineau (Joseph-Benjamin-Lactance) a suivi mes cours de clinique avec le plus grand zèle et la plus grande exactitude. »

« Toutes mes félicitations, mon cher docteur, s'écria Amédée, viens que je te la serre.

— Attends un peu, jeune avocaillon ! ce n'est pas tout... »

Sa valise grande ouverte sur le quai, il sortit pêle-mêle une chemise, un souvenir destiné à une jeune fille – qu'il s'empressa de retirer de la vue de son fouineux de frère –, son nécessaire de toilette, des bas, jusqu'à ce qu'enfin il tombe sur d'autres attestations officielles, identiques à la première, mais signées de la main de ses professeurs de pathologie interne, d'hygiène et de chimie organique. Les docteurs Breschetz, Duval, Morea et Robin y certifiaient qu'il avait étudié les maladies de la peau, fait des accouchements thérapeutiques et complété ses cours cliniques avec application.

Amédée l'aida à ramasser les précieux documents qui menaçaient de partir au vent, ce qui aurait été la dernière catastrophe d'une série dont Lactance entreprit la narration avec une telle fougue que son frère n'osa pas l'interrompre. Tout avait commencé à se déglinguer quand le train de Rouen, ayant franchi trois tunnels, remonta la côte des Amants – « Tu te rends compte, Amédée, la côte des Amants ! » Une jolie femme un tantinet vulgaire l'avait apostrophé. Il avait fait l'erreur de répondre à ses questions, ce qui l'avait encouragée à le suivre dans la rue. Pour s'en débarrasser, il n'avait rien trouvé de plus intelligent que de prendre ses jambes à son cou. Quel imbécile !

Seul dans sa chambre verrouillée à double tour, à l'Hôtel d'Angleterre, il avait réalisé que ses instruments de chirurgie avaient disparu. Mais il n'avait pas osé se rendre au bureau des réclamations, de peur de tomber sur sa poursuivante. Le lendemain, un pli de Papineau lui avait appris qu'il avait oublié sa trousse à Paris et qu'elle arriverait au Havre par la prochaine diligence. Comme son bateau accusait un retard, il avait pu récupérer ses foutus instruments avant de monter à bord. Mais il n'était pas au bout de ses peines.

«J'ai eu la désagréable surprise d'apprendre que je partageais la cabine du petit-fils du gouverneur du Canada. Un dénommé John Steamish que je ne connaissais ni d'Ève ni d'Adam. En fait, le type s'avéra sympathique, pour un Anglais descendant d'un colonisateur, et notre cohabitation se déroula correctement, chacun évitant comme la peste les discussions de nature politique. Et quand mon cochambreur se mit à vomir ses entrailles, je crus de mon devoir de le soigner, tout Anglais fût-il.»

Le reste de la traversée s'était déroulé sans histoire. Il avait lu Montaigne et pêché la morue. Le capitaine, un passionné de whist, l'avait pris d'une telle affection – «un peu trop, si tu veux mon avis» – qu'il le gardait à la table de jeu jusqu'à dix heures tous les soirs. Il passa vite sur les beaux côtés : le spectacle des baleines, le champagne sablé le 4 juillet pour souligner la déclaration de l'Indépendance américaine, etc.

«Venons-en à l'apothéose, mon cher Amédée...»

Dans le port de New York, au moment du débarquement, il s'était engagé distraitement sur la passerelle, ému au moment de fouler le sol américain. Il avait buté sur une malle et était alors tombé à plat ventre, devant un large public, en plus de s'infliger une entorse à la cheville, ce qui expliquait sa démarche hésitante.

Amédée riait de bon cœur. Son frère n'avait perdu ni son sens de l'humour ni sa merveilleuse faculté de rire à ses propres dépens. Une qualité qui lui faisait défaut et qu'il avait souvent enviée à Lactance.

«Vieux frère ! Je suis drôlement content de te revoir.»

***

Son long monologue achevé, Lactance sortit un lorgnon de sa poche, en essuya les lentilles avec son mouchoir et le plaça sur son nez en faisant une grimace à son frère.

«Pourquoi as-tu acheté cet objet ridicule ? demanda Amédée. C'est bon pour les petits vieux.

— Ma vue a baissé, comme la tienne, figure-toi. Sauf que moi, je ne voulais pas déplaire à maman qui déteste les lunettes.

— Alors là, je vais t'en apprendre une bonne : figure-toi que maman en porte, elle aussi.

— Ah oui ? eh bien ! la voilà punie, rigola Lactance.

— Malgré son aversion pour les montures, elle a dû s'y résigner, car elle n'arrivait plus à lire, surtout à la tombée du jour.

— Mais toi, Amédée ? Dis-moi, que deviens-tu ?

— Moi, ça peut aller. Je viens d'être nommé protonotaire. Plus précisément greffier à la Cour du banc de la reine. J'ai été choisi parmi soixante candidats.

— Pas mal ! Et tu ne m'en parlais pas !

— Comment veux-tu que je place un mot ? Tu es un véritable moulin à paroles. À côté de toi, Azélie est muette comme une carpe !

— Alors vas-y, je me tais et je t'écoute. »

Amédée l'entraîna de l'autre côté de la rue, dans un petit parc aménagé avec des bancs et des fleurs. Ils avaient du temps à tuer avant le départ des chars publics et le moment était propice pour mettre Lactance au parfum. La vie ne l'avait pas choyé, lui non plus, commença-t-il. Pour tout dire, il était allé de désillusion en désillusion. Les démarches qu'il avait tentées pour s'attacher une clientèle, d'abord à New York, ensuite à Montréal, avaient toutes échoué.

« Que veux-tu, mon vieux, je ne peux m'appuyer sur aucune de nos anciennes relations. »

Ce n'était qu'à moitié vrai. LaFontaine et Cartier l'ignoraient royalement, c'était exact, mais les Viger cherchaient à l'aider, encore qu'ils lui faisaient sentir que c'était par pure charité. Ses oncles Papineau avaient leurs propres soucis financiers et il s'était interdit de leur imposer les siens. Quant à Louis-Antoine Dessaulles, leur prodigue cousin, il était au bord de la faillite.

« Je te croyais commissaire du recencement ? fit Lactance.

— Je l'étais. Mais sais-tu comment se passe la vie d'un commissaire ? De huit heures du matin à cinq heures du soir, il sillonne le faubourg, de la rue Sanguinet au quartier Sainte-Marie, puis il descend la rue Saint-Laurent en s'arrêtant à chaque maison pour en compter les habitants. Éreintant, mon vieux ! Une besogne de chien ! Trente-sept jours pour recenser 3 733 citoyens. Après, j'ai passé deux semaines enfermé dans un bureau insalubre à recopier trois fois ces données. Je n'étais pas fâché de céder ma place. »

Amédée s'anima pour raconter comment, brusquement, sans que rien le laisse prévoir, le vent avait tourné pour lui. Louis-Michel Viger, qu'il ne portait pas dans son cœur, mais pour d'autres raisons, avait soumis sa candidature au poste de greffier et le gouverneur l'avait agréée. Une lettre signée du secrétaire provincial, Dominick Daly, lui était parvenue, un beau matin : il était nommé protonotaire, avec des émoluments de 300 louis par an.

«J'ai prêté serment devant le greffier de la paix et j'ai pris possession de mon bureau, au Palais de justice. *La Minerve* et *L'Aurore* ont annoncé ma nomination et je suis allé présenter mes hommages au gouverneur Metcalfe.

— Il t'a reçu ?

— Évidemment. Je n'irais pas jusqu'à dire qu'il a déroulé le tapis rouge mais ça s'est bien passé, mis à part le fait que j'ai attendu deux heures dans l'antichambre pour le voir... cinq minutes. Il est plus vieux que je ne l'imaginais et la plaie cancéreuse qui lui dévore la joue droite semble le faire souffrir atrocement. Il m'a demandé des nouvelles de papa. Je lui ai répondu que j'espérais son retour sous peu et il m'a assuré qu'il le souhaitait, lui aussi.

— Des paroles en l'air, trancha Lactance. S'il voulait vraiment que papa revienne, il lui paierait ses arrérages. Ce serait la seule façon de le faire bouger.

— Mais puisque nous parlons de papa, es-tu au courant d'une rumeur voulant qu'il ait des raisons secrètes de vouloir s'établir en France ? Les mauvaises langues prétendent que...

— Qu'il y a une autre femme dans sa vie ? C'était peut-être vrai il y a quelques mois, mais je n'en suis plus tout à fait sûr à présent.

— C'est vrai, oui ou non ? J'ai besoin de connaître la vérité.

— Elle s'appelle Marcella Dowling, est irlandaise et a vingt-cinq ans... J'ai ma petite hypothèse.

— Sont-ils amants ? voulut savoir Amédée.

— Si tu veux mon avis, c'est un amour platonique, sans plus. Madame Dowling est très religieuse et papa a le sens du devoir beaucoup trop poussé pour commettre l'adultère. Je serais porté à croire qu'il y a beaucoup de tendresse entre eux sans plus. Mais laissons cela, dis-moi plutôt où en sont tes amours ?»

Amédée restait sur sa faim. Cependant, la perspective de parler à son frère de Mary, sa Mary, l'emporta :

«Me voilà fiancé officiellement. J'étais sur le point de me résigner à oublier Mary, puisque son père s'obstinait à me refuser comme gendre, quand il est revenu sur sa décision. Mon intuition me dit que mon nouveau statut social n'est pas étranger à son changement d'attitude à mon égard. Un protonotaire, ça fait bien dans un salon. Mieux, en tout cas qu'un avocat sans clients.

— Ou qu'un recenseur...» ponctua Lactance.

Peu après sa nomination, Amédée s'était rendu à Saratoga, pour y rencontrer son ami Clarence Walworth, le fils du chancelier, qui s'embarquait pour la Belgique, où il allait faire son noviciat chez les prêtres rédemptoristes.

«Tu te souviens de Clarence? Il est presbytérien de naissance, mais il s'est converti à l'Église épiscopale, puis au catholicisme. Ce pauvre garçon est complètement fêlé!»

Amédée avait profité de ce séjour pour revoir Mary et, au cours d'une longue promenade, ils s'étaient dit adieu.

«J'étais complètement anéanti, mon vieux. En désespoir de cause, avant de quitter le village, j'ai expédié un mot à monsieur Westcott pour essayer de le convaincre que sa fille ferait une bonne affaire en m'épousant.

— T'a-t-il répondu?

— Pas exactement, mais la veille de mon départ, je jasais avec Clarence et son père au salon, quand la bonne vint me dire : *"Mr. Westcott is in the parlor, sir. He wishes to see you."* Je cours, il me serre la main en m'annonçant qu'il m'avait suffisamment mis à l'épreuve et qu'il consentait à notre mariage. Il me remet un billet de Mary me confirmant que son père ne s'opposait plus à nos fréquentations.»

Amédée n'en était pas encore revenu :

«Alors que je croyais tout perdu, tout recommençait. Je suis rentré de Saratoga fiancé, du moins officieusement. Il ne me restait plus qu'à convaincre maman qu'elle n'avait rien à craindre d'une bru protestante et hérétique. Ah! Mary, Mary, Mary, si tu savais comme elle est jolie, sensible, cultivée...

— Et Louis-Antoine? interrogea Lactance. A-t-il l'intention de se marier, lui aussi?»

La question n'était pas innocente. Lactance savait que son cousin Dessaulles reluquait Caroline Debartzch que lui-même aimait en secret depuis des années. – Le cadeau enfoui au fond de sa valise lui était destiné. – Il était curieux de savoir comment la jeune fille répondait aux avances de son cousin. Car si le champ était libre, il n'abandonnait pas l'idée de lui faire la cour. La réponse d'Amédée lui fit l'effet d'une douche froide :

«Personne ne t'a prévenu ? Mademoiselle Debarzch a rompu avec Louis-Antoine pour se fiancer à un étranger. Elle n'avait que faire d'un soupirant sans le sou. J'espère que tu n'attendais rien d'elle.

— Moi, tu sais, le mariage ne m'attire pas, bafouilla Lactance en rougissant comme un adolescent pris en faute. Je n'ai pas la vocation. Jamais je n'ai rencontré une jeune fille digne de l'amour que je serais prêt à lui consentir. Quant aux demoiselles riches, leurs prétentions sont illimitées. Mon indifférence et ma fierté ne les gagneront jamais.

— Que de beaux principes ! mon cher docteur. Sache que je pensais comme toi jusqu'à ce que la perle rare vienne scintiller dans mon jardin intime ! »

❧

Lactance se leva, prétextant qu'il avait les jambes engourdies. Il sautilla sur un pied, puis sur l'autre et se rassit :

«Tu ne me parles pas de maman ? Sauf l'incident des lunettes, tu ne m'as encore rien dit. Me cacherais-tu quelque chose ?

— Pas du tout. Il y a peu à dire sinon qu'elle ne se remet pas de l'absence de papa. Elle s'est enterrée à Verchères et s'apitoie sur son sort du matin au soir. Jamais je ne l'ai vue aussi accablée. Et naturellement sa santé s'en ressent. Après chacune des lettres de papa, elle garde le lit pendant des jours, prend trop de vomitifs et se lance dans des neuvaines à n'en plus finir. Le curé Bruneau est ravi de la voir prier les bras en croix, grand-mère aussi, évidemment. Elle devient bigote ! La religion est son refuge, comme si elle avait une faute à se faire pardonner. J'essaie de la convaincre de venir s'installer à Montréal. Elle n'a pas dit non, je pense qu'elle t'attendait avant de prendre une décision. Elle prétend que tu auras besoin d'elle pour organiser ta nouvelle vie. En tout cas, vieux frère, il était grand temps que tu refasses surface parce que moi, je ne sais plus quoi faire pour la sortir de sa léthargie et de ses dévotions.

— Elle m'a écrit une lettre accablante que papa a interceptée, confia Lactance. Il était très en colère parce qu'elle l'accusait de faire fi de ses responsabilités familiales. Il la soupçonnait de me confier ses états d'âme pour saper son autorité sur moi. Tu parles! Il a été deux jours sans m'adresser la parole. Avant mon départ, il m'a remis un mot pour elle. Je n'ai pas l'impression qu'il lui remontera le moral.

— Papa ne semble pas comprendre que maman souffre à cause de lui.

— Je vais m'occuper d'elle, tu verras, promit Lactance. Je sais m'y prendre avec maman.»

Amédée doutait de ses chances de succès. Mais il ne s'en ouvrit pas, trop content d'avoir quelqu'un avec qui partager cette lourde tâche.

⁂

Le surlendemain de son arrivée à Montréal, derrière les portes closes de la bibliothèque du Palais de justice, rue Saint-Jacques, Lactance fut reçu médecin et chirurgien. Les trois examinateurs du Bureau médical l'avaient interrogé pendant une heure. Un feu roulant de questions, dont plusieurs colles, et il s'en était tiré avec les compliments des éminents docteurs McCullock et Sewell et de son grand cousin Olivier-Théophile Bruneau, professeur à la faculté de médecine de l'Université McGill.

Amédée attendait le verdict à son bureau de ce même Palais de justice, dans l'ancienne prison. En apprenant le succès de son frère, il s'exclama:

«Docteur Papineau, le premier homme que la famille ait donné au corps auguste des Esculape!»

Sa licence en main, Lactance courut jusqu'à l'embarcadère du *Britania*, qui faisait la navette entre Montréal et Verchères, et supplia le capitaine d'apporter la bonne nouvelle à sa mère.

À la mi-août, Julie organisa un dîner de retrouvailles en l'honneur de Lactance. Louis-Antoine, sa mère, Marie-Rosalie et ses frères et sœurs vinrent de Maska avec, bien entendu, Gustave qui trépignait d'impatience à l'idée de revoir son cher Lactance. Il arriva le bras en écharpe, ce qui créa tout un émoi.

«Tu es blessé? montre ton bras à maman», s'écria Julie atterrée.

Elle parlait toujours à Gustave comme s'il n'avait pas l'âge de raison, ce qui agaçait le grand garçon qui avait maintenant quatorze ans.

« Pas de panique, ce n'est rien, fit-il un tantinet impatient, en cachant son bras. Ça s'est passé dans la cour de récréation. Un de mes copains courait, son canif ouvert à la main. En me croisant, il m'a coupé assez profondément le pouce et plus légèrement les quatre autres doigts de la main droite.

Un canif? Dans la cour de récréation? Julie n'en revenait pas.

« Il n'a pas fait exprès, maman, c'était un accident. J'ai encore un peu de mal à écrire, c'est tout. »

L'arrivée du libraire Fabre et de son épouse mit fin à la discussion. Peu après, Louis-Michel Viger avec qui Julie s'était réconciliée à l'issue d'une douloureuse explication, fit son entrée au presbytère de Verchères au bras de la seigneuresse de l'Assomption, avec qui il venait de convoler en justes noces. C'était la première fois depuis longtemps que Julie était entourée de tous ses enfants, de sa vieille mère et d'autant d'amis. Il ne manquait que Louis-Joseph pour que son bonheur fût complet.

Le curé Bruneau avait préparé un petit discours de circonstance :

« Chers parents et amis, nous sommes réunis aujourd'hui pour souhaiter la bienvenue à notre cher neveu Lactance, qui rentre de France où il s'est ouvert l'esprit aux trésors culturels, scientifiques et religieux. Nous voulons féliciter le docteur Papineau, ci-devant chirurgien au Canada-Uni, à vingt-deux ans, et lui dire combien nous sommes fiers de lui. »

Les bravos fusèrent, ponctués de « vieux frère » par-ci, et de « Lac » par là. La douzaine de cousins et cousines Papineau-Bruneau-Dessaulles étaient bruyants et endiablés. Un peu à l'écart, Julie pleurait de joie et la bonne Marguerite qui s'efforçait de la consoler, répétait, le visage inondé de larmes, « notre beau Lactance nous fait donc honneur ! »

Les jeunes et les moins jeunes mangèrent toute la nourriture que le bon Dieu, dans son infinie bonté, avait fait descendre sur le presbytère de Verchères, comme le rappela pieusement le curé Bruneau. Ils en étaient à déguster la tarte au sucre lorsque, à la table des « vieux » comme disait effrontément Gustave, Édouard-Raymond Fabre annonça le prochain mariage de sa fille avec le jeune et éminent avocat George-Étienne Cartier. Il se félicitait d'avoir fait de grands sacrifices pour donner une bonne éducation à sa chère Hortense.

«C'est le meilleur parti en ville», statua-t-il, sans que personne autour de lui le contredise.

À la table d'à côté, les cousins et cousines protestèrent, en prenant soin, cependant, de ne pas trop élever la voix pour ne pas indisposer le libraire et encourir les foudres de leurs parents.

«Petit George, l'ex-patriote recyclé en faux réformiste, qui écrit son prénom à l'anglaise et qui insulte mon oncle Papineau en public», chuchota Louis-Antoine Dessaulles à Lactance, sur un ton sarcastique, en faisant allusion à un récent duel que Cartier avait provoqué et qui avait tourné en queue de poisson.

— Qu'est-ce que tu me racontes là? voulut savoir Lactance.

— Ça s'est passé à l'hôtel Nelson, raconta-t-il. Petit George a reproché à Papineau de l'avoir entraîné, lui et d'autres innocentes victimes, dans une folle aventure. Tu auras compris, mon cher cousin, que ce traître parlait de la rébellion. Quelqu'un s'est alors levé pour protester contre cette odieuse insinuation et Cartier l'a traité de petit impertinent. Le jeune homme l'a frappé et, le lendemain, Cartier lui a envoyé ses témoins.

— Qui a remporté le duel? demanda Lactance.

— Il n'a pas eu lieu. Finalement, le jeune a fait ses excuses à Cartier. Remarque qu'il a eu raison. Pourquoi risquer la vie pour une ordure pareille?

— LaFontaine n'est pas mieux, intervint Amédée avec dédain. Il prétend qu'il n'a pas participé aux insurrections de 1837 et 1838 parce qu'elles n'avaient aucune chance de réussir. Il est plus facile de dire cela que d'admettre qu'il était trop lâche pour se battre.»

Lorsque les cousins et cousines eurent bien mangé et bien bu, et dansé jusqu'à épuisement, ils regagnèrent, qui Maska, qui Montréal. Grand-mère Bruneau bayait aux corneilles devant le curé qui posait ses sempiternelles questions d'histoire à Gustave. Le petit futé s'efforçait de lire les réponses sur les lèvres d'Amédée, posté derrière son plantureux oncle qui n'y vit que du feu!

Enfin seul avec Julie, sur la galerie du presbytère, Lactance l'écoutait énumérer ses projets. D'abord, elle irait conduire Azélie au couvent des sœurs du Sacré-Cœur, à Saint-Jacques de l'Achigan, où elle serait pensionnaire.

« Je vous accompagnerai, décida Lactance.

— D'accord. Ensuite, nous prendrons maison à Montréal.

— Ma petite maman, c'est donc vrai ? Vous attendiez mon retour pour affronter la grande ville. Je serai votre protecteur, lui jura Lactance en se redressant fièrement, comme soulevé par cet amour maternel qu'il avait mendié pendant de si longues années sans que Julie y porte attention, mais qui se manifestait enfin dans son sentiment de dépendance à son égard.

— Que Dieu t'entende, mon fils. Je suis très affligée et je n'ai plus de forces, ni au moral, ni au physique. Je me sens si vieille, si usée...

— Mais non, maman, mais non... Vous êtes au contraire plus belle que jamais. Heureux le fils dont la mère est une femme comme vous.

— Tu es trop gentil, Lactance, lui sourit Julie, en laissant glisser une main sur sa joue brûlante d'amour maternel. Je ne regrette pas d'être revenue d'Europe, tu peux m'en croire, mon chéri, mais l'insécurité et la terrible solitude me rendent irritable. Je ne m'explique toujours pas la conduite de ton père. Il fait notre malheur, c'est inexcusable.

— Je suis là maintenant, fit-il en l'embrassant sans que Julie manifeste de l'agacement, comme elle le faisait parfois naguère quand il la câlinait trop.

— Je vais m'occuper de ton installation, j'ai pensé à tout. Tu auras un cabinet et une chambre. Amédée a trouvé un logis dans la petite rue Saint-Jacques. Ce n'est pas le grand luxe, mais nous y serons bien.

— Bientôt, j'aurai une clientèle et je pourrai mettre la main à la pâte.

— Si jamais ton père se décide un jour à venir nous rejoindre, il sera toujours temps de trouver une maison plus spacieuse.

— Papa ? fit Lactance surpris de cette allusion à son retour possible. Ne vous ai-je pas dit qu'il s'en allait en Italie ? »

Lactance tira de sa poche la lettre de Papineau qu'il tendit à sa mère.

« Si tu dis vrai, c'est la fin de tout, soupira-t-elle, en décachetant la missive sur laquelle il avait écrit de son écriture fine mais énergique un seul mot : *Julie*.

— Voulez-vous que je me retire, maman ?

— Non, reste, je n'ai pas de secret pour toi. »

Elle plissa les yeux pour lire. Lactance était au supplice. Il aurait préféré disparaître et sauta sur le premier prétexte pour essayer de se défiler.

«Avez-vous besoin de vos lunettes? Je peux aller les chercher.

— Ça va, je lis encore sans mes lunettes, tu sais.»

Alors elle commença à lire à haute voix. Assis sur les marches de l'escalier, un brin de foin séché entre les dents, Lactance l'écouta.

Mon amie, notre séparation est beaucoup plus douloureuse pour moi que pour toi qui vis au pays, entourée de nos enfants. Mon isolement est autrement plus pénible. Le départ de Lactance m'ensevelit, mais je lutterai contre cette nouvelle adversité. Et j'en serai meurtri. J'espère ne pas m'écraser sous le faix.

«Le pôvre! Combien il doit être malheureux!» laissa échapper Julie d'un ton cassant, avant de poursuivre sa lecture.

Tes reproches et tes insinuations sont injustes, écrivait Papineau, qui faisait allusion à sa dernière lettre, dans laquelle elle déplorait son entêtement. *Malgré le chagrin que te cause mon absence, je te demande ta confiance. J'y ai droit.*

Jusque-là, Julie avait lu d'un ton posé. Elle s'emporta lorsqu'elle réalisa que Louis-Joseph rejetait tout le blâme sur elle, lui reprochant son incapacité de s'adapter à la vie qu'elle avait délibérément choisie. Choquée, elle poursuivit sa lecture mais en prenant Lactance à témoin de l'égarement de son père :

Ta faiblesse me désole. Tu sombres dans un abattement exagéré qui mine ta santé et finira par altérer ton humeur si tu ne luttes pas avec un peu plus d'énergie. Tu penses trop à tes épeuves et pas assez aux consolations que tu reçois de nos enfants.

Je te l'ai dit et te le répète : j'irai vous rejoindre dès que mon honneur et celui de mon pays me le permettront. Pas avant. Sois raisonnable et comprends que ce que je fais est dans l'intérêt de la famille.

En attendant, j'ai l'intention de visiter Naples, Rome,
Florence et Venise. Je ne me pardonnerais pas de laisser
passer cette chance. Je me sens si seul à Paris. Je ne vois
plus madame Kock avec qui je suis toujours brouillé,
monsieur de Lamennais se repose à la campagne, Elvire
et son mari voyagent en Angleterre et madame Dowling
nous a quittés pour de bon. L.J. Papineau.

Julie froissa la lettre dans un geste rageur. Lactance tenta gauchement de l'apaiser, redoutant qu'elle se mette à sangloter devant lui. Son père était injuste et malhonnête. Il savait de quoi il parlait, ayant subi ses humeurs dans leur triste garni parisien. Jamais il ne lui pardonnerait de maltraiter ainsi sa mère. Droite sur sa chaise, le regard absent, Julie semblait inerte. Mais elle ne pleurait pas. Soudain, elle amorça un long monologue oubliant la présence de son fils.

« Il est en bonne santé et je suis malade. Il vit au milieu des jouissances et je suis seule et désolée. Il a mille sujets de distraction, fréquente les grands maîtres et leurs chefs-d'œuvre, découvre les prodiges de la science, pendant que je m'arrache les cheveux à essayer de procurer à chacun de nos enfants ce dont il a besoin. Il a les moyens d'aller en Italie, alors que nous tirons le diable par la queue... »

Elle s'arrêta, esquissa un geste d'impuissance et conclut, en se rappelant Lactance qui l'avait écoutée sans bouger :

« Oh ! je perds mon temps et ma salive. Ton père se fiche éperdument de mes tourments. Pour lui, je ne suis qu'une grincheuse, une plaignarde, une capricieuse. »

Après un lourd silence, elle bombarda Lactance de questions :

« Que s'est-il passé exactement à Paris ? Pourquoi Papineau s'est-il brouillé avec madame Koch ? Et où est passé Marcella Dowling ? »

Elle avait prononcé le nom de l'Irlandaise avec un soupçon de jalousie dans la voix qui n'échappa pas à Lactance.

« Madame Dowling est rentrée chez elle, en Irlande, s'empressa-t-il de répondre, comme pour la rassurer. Son mari est mort dans une clinique de Montpellier et elle a décidé de quitter la France où trop de mauvais souvenirs l'assaillaient. »

Julie ricana. C'était donc ça, la vraie raison de l'escapade de Papineau en Italie. Les chefs-d'œuvre de l'art florentin ou vénitien n'y étaient pour rien. Plus prosaïquement, son mari s'en allait noyer un chagrin d'amour. Mais à quoi bon tourmenter Lactance? songea-t-elle. Il mentirait pour couvrir son père.

« Apparemment, c'est son confesseur jésuite qui a recommandé à madame Dowling de quitter Paris, ajouta-t-il sans qu'elle ait eu à l'en prier. Il jugeait d'un mauvais œil son amitié trop exclusive avec... une certaine personne. »

Lactance n'osa pas nommer son père et Julie lui en sut gré, même si tous deux savaient à qui il faisait allusion.

« Quant à madame Kock, poursuivit-il, j'ai cru comprendre qu'elle avait calomnié papa. Il lui aurait réclamé des excuses qu'elle aurait refusé de lui offrir. Enfin, quelque chose du genre. »

L'explication de Lactance était volontairement floue, un tantinet tarabiscotée, mais Julie laissa tomber. Elle en avait assez entendu pour un soir. Elle ramassa la lettre qu'elle avait laissée tomber sur le sol, la défroissa de son mieux, avant de la faire disparaître dans son corsage.

« Tout bien pesé, je la garde, annonça-t-elle, en souriant tristemement à son fils. Chaque fois que l'envie me prendra d'espérer le retour de ton père, ou même simplement de m'attendrir en pensant à lui, je la relirai comme on se précipite sous l'eau glacée pour recouvrer ses sens. Je me suis assez rendue ridicule. Nous allons nous concocter une nouvelle vie en nous passant de lui. »

Lactance s'obligea au silence. Il avait trop souffert du mépris de son père pour ne pas ressentir la tentation de le dénigrer devant Julie. Il avait tout vu, tout entendu, tout compris. La complicité de sa mère eût été une si douce vengeance pour lui! Mais, d'un autre côté, ses révélations l'auraient brisée. Comme il ne supportait pas de la voir souffrir, il se tut. Du moins pour le moment.

CHAPITRE XXXVII

Le frère de l'autre

Il pleuvait des clous sur Montréal, le 23 septembre, jour du «grand barda», comme disait Amédée, qui avait loué une maison, petite rue Saint-Jacques. La veille, les peintres avaient fini de rafraîchir les murs et il attendait maintenant Julie qui devait arriver d'une minute à l'autre. Il était plutôt fier de son choix. Rares étaient les logis à louer aussi bien équipés. La cuisine était dotée de fourneaux à vapeur, il y avait un cabinet de toilette, un bain, des latrines à réservoir mécanique... Tout cela coûtait 120 dollars pour six mois, plus les charges d'aqueduc, naturellement.

Ézilda se pointa la première, flanquée de l'indispensable mademoiselle Douville. Parties de Maska, à l'aube, la jeune fille et sa bonne ramenaient une partie du ménage : des lits, des draps, des serviettes, le tout prêté par la seigneuresse Dessaulles, deux ou trois commodes marchandées à Verchères et le précieux piano que Julie avait sauvé du naufrage, en l'expédiant chez son frère, avant de partir en exil.

C'est la minuscule Ézilda, maintenant âgée de quinze ans, qui donnait les directives à l'homme engagé du curé Bruneau, un colosse chargé de conduire la voiture et de déménager les meubles. En arrivant, elle lui ordonna d'ouvrir toutes les fenêtres, car il fallait aérer copieusement. Sa mère avait une sainte horreur des odeurs de peinture et elle-même ne supportait pas les effluves que dégageait le gros savon de ménage utilisé pour éliminer la crasse des anciens locataires.

Le logis était à moitié vide lorsque Julie sonna. Amédée lui ouvrit. Il avait pris la matinée de congé pour aider au déménagement. Mais il s'empressa de lui annoncer qu'elle ne devait pas se surprendre s'il s'éclipsait au beau milieu du chantier, car il était invité au bal du gouverneur Metcalfe.

«Je suis attendu à Monkland à huit heures pour un dîner à la française, s'excusa-t-il. Il y aura une vingtaine de convives, toutes des personnes distinguées et influentes.

— Voyons, Amédée, tu ne peux pas me faire faux bond un jour pareil.

— Je suis navré, maman, mais une telle invitation ne se refuse pas. Dans ma situation...»

Julie comprenait mais elle était désappointée. Elle comptait sur lui pour dérider Lactance qui boudait depuis la veille et se traînait les pieds d'une pièce à l'autre.

«Tu promènes encore ta face de carême», lui lança Amédée qui était d'humeur provocante.

— Il y a de quoi», fit Lactance, décidé à ne pas s'en laisser imposer par son frère, qui en menait trop large à son goût dans la famille.

Tout, dans ce déménagement, avait été décidé à son insu, ce qu'il jugeait inconcevable. À vingt-trois ans, et reçu médecin par-dessus le marché, il méritait un minimum de considération. Or la maison choisie par Amédée ne contenait pas de chambre pour lui. Pas le moindre recoin. Son bagage avait été expédié dans un studio minable de la rue Craig.

«Écoute Lactance, implora Julie, je ne peux pas vous loger tous dans cette maison. Je ne suis pas magicienne.

— Et moi, je suis le dindon de la farce. Amédée a droit à une chambre, indéniablement la plus belle, Ézilda a la sienne, petite mais charmante, et pas moi. Dites-le donc franchement si je ne compte pas.

— Tu as tort de le prendre sur ce ton, protesta-t-elle avec véhémence. Tu es très choyé puisque ton frère a loué un cabinet, dans la rue d'à côté, rien que pour toi. Tu pourras y soigner tes patients et y dormir mais tu prendras tes repas ici, avec nous.

— Et vivement que je débarrasse le plancher!

— Tâche de comprendre, mon chéri. Amédée n'a pas les moyens de faire plus et toi, ta clientèle est encore embryonnaire. Je n'ai reçu que cent louis de Viger, en tout et pour tout. Alors j'essaie d'être le plus équitable possible.»

Cette décision, Julie l'avait prise à contrecœur. Avait-elle d'autre choix? Mais Lactance ne l'écoutait plus. Il l'accablait de reproches : elle ne l'avait jamais aimé, elle cherchait à l'écarter, il s'était toujours senti de trop... Ses vieux griefs de mal-aimé refaisaient surface, tandis qu'il poursuivait sa litanie. Ça crevait les yeux, sa mère préférait son beau grand Amédée, son chou-chou.»

Il grimaçait de dégoût en répétant le prénom de son frère.

«Arrête, Lactance. Ne fais pas l'enfant, tu n'as plus dix ans!»

S'enfermant dans un profond mutisme, il fixait sa mère de ses grands yeux tristes, comme pour lui dire : je suis rentré au pays pour vous, rien que pour vous, et voilà comment vous me traitez!

Mais elle n'avait pas le cœur à s'attendrir, ni à se laisser marcher sur les pieds. La chambre destinée à Lactance existait bel et bien, sous les combles de cette maison beaucoup trop exiguë pour leurs besoins. Cependant Julie l'avait cédée à son beau-frère, Denis-Benjamin Papineau, qui était député et dont le gouvernement allait bientôt siéger à Montréal. Moyennant un loyer appréciable, il habiterait avec eux pendant la durée de la session.

«Penses-tu que cela me comble de joie de prendre un chambreur? demanda-t-elle à Lactance qui, malgré son humeur exécrable, la suivait comme un chien de poche. C'est un surcroît de travail dont je me serais passée volontiers mais je n'ai pas les moyens de nous priver de ce supplément d'argent.»

Lactance ne répondit pas et suivit sa mère dans les mansardes où se trouvait déjà Ézilda, occupée à faire le lit de son oncle Denis-Benjamin.

«Nous aurions pu en discuter, objecta Lactance, dans une ultime tentative pour l'émouvoir. J'aurais sûrement trouvé une solution plus juste.

— Tais-toi, Lactance, ordonna Ézilda. Tu ne vois pas que tu fais de la peine à maman? Elle a assez de chagrin sans que tu en rajoutes.

— Ah! toi, je n'ai pas de leçon à recevoir d'une petite drôlesse de quinze ans. Commence par grandir et après, on en reparlera.»

Ézilda reçut la remarque de Lactance comme une gifle. Elle resta un moment médusée, puis s'enfuit en courant, convaincue que son frère ridiculisait son infirmité. Réalisant alors sa bévue, Lactance tenta de la rappeler.

«Attends, Ézilda, je ne voulais pas dire grandir mais vieillir.»

La petite avait disparu.

«Tu ne pourrais pas ménager tes paroles ? grogna Amédée. Tu sais qu'Ézilda a l'épiderme sensible lorsqu'il s'agit de sa taille. T'arrive-t-il de penser aux autres ? Tu te prends pour le nombril du monde ou quoi ?»

Lactance resta confondu. Ce n'était qu'un malentendu, il n'était pas mesquin, ne l'avait jamais été, et il adorait sa sœur. Julie sortit derrière Ézilda en répétant que la pauvre enfant ne méritait pas pareille cruauté.

«J'ai compris, vous êtes tous contre moi, fit Lactance plein de dépit. Je suis un monstre. Un abominable ours mal léché qui ne sait pas vivre. Je vous fais mes excuses et je disparais. Entre les quatre murs de ma piaule, je ne martyriserai personne. Adieu !»

Il descendit les escaliers si vite qu'il dut s'agripper à la rampe pour ne pas rater les trois dernières marches. La table basse qui traînait dans le hall tomba à la renverse, mais Lactance poursuivit sa course jusqu'à la porte d'entrée qu'il referma si violemment que les murs tremblèrent.

«C'est incroyable ! lâcha Amédée. Il est possédé du démon ou quoi ?

— Il est si excitable que je ne sais plus comment lui parler, dit Julie qui était dans tous ses états. Chaque fois qu'il pique une crise, j'ai peur de ce dont il serait capable. Un mot de trop et il explose.

— Si vous voulez mon avis, Lactance a besoin d'un médecin. Vous devriez en parler au docteur Wolfred Nelson.

— Ce n'est pas facile. Quand j'insinue qu'il est fatigué et irritable, il prend la mouche.

— En tout cas, moi, je ne l'ai jamais vu aussi impulsif. Il me semble que ses crises de nerfs sont de plus en plus rapprochées.»

Julie promit d'y voir. Le reste de la journée se déroula dans le calme, mais un relent de tristesse flottait dans l'air. Amédée et l'homme engagé déchargèrent les meubles pendant qu'Ézilda aidait la vieille Marguerite à distribuer les serviettes dans les chambres. Il y avait des cartons partout et Julie essayait de s'y retrouver dans ce capharnaüm.

«Petite misère !» soupira-t-elle, comme naguère son beau-père Joseph. Je n'en sortirai jamais.»

Elle allait d'une pièce à l'autre, maussade, fermement convaincue que cette maison ne convenait pas aux besoins de sa famille. Au rez-de-chaussée, la salle à manger était chargée de meubles trop lourds et le salon n'était guère plus logeable. Quant aux deux chambres, celle d'Ézilda et la sienne, elles étaient si petites qu'à défaut de pouvoir y installer une couchette moyenne, elles devaient se contenter d'un baudet.

« C'est Amédée qui a choisi ce logis et il n'y a que lui qui en soit satisfait », ronchonnait-elle, en prenant Ézilda à témoin.

Heureusement qu'elle pouvait compter sur sa fille. Une vraie petite ménagère, dont Julie appréciait le sens pratique et l'efficacité. Surtout, elle savait s'y prendre avec la vieille Marguerite qui ne levait plus le petit doigt sans rechigner. Ses grognements, plus instinctifs que malintentionnés, provoquaient des flammèches qu'Ézilda éteignait avec une patience d'ange. En fin de journée, lorsque l'évêque de Montréal, monseigneur Ignace Bourget, s'arrêta pour bénir la maisonnée, il fut accueilli par Ézilda, tout intimidée par le prélat.

« Que fais-tu à la maison, ma petite ? lui demanda-t-il, surpris de la trouver là.

— J'aide maman, monseigneur, répondit-elle en faisant la révérence.

— Tu n'es pas au couvent ? Je te trouve bien jeune pour interrompre tes études. Tu n'aimerais pas aller chez les sœurs ?

— J'ai quinze ans, monseigneur, répondit-elle en baissant la tête. Et puis j'ai trop de difficultés en classe. J'attends le retour de mon papa. Il est le meilleur précepteur au monde. Avec lui, j'apprendrai très très vite. »

La première session du deuxième Parlement du Canada-Uni s'ouvrit à Montréal le 28 novembre 1844. Sa valise sous le bras, Denis-Benjamin Papineau, promu conseiller exécutif, arriva la veille, juste à temps pour fêter ses cinquante-quatre ans avec la famille de son frère. Sa chambre, haut perchée dans les mansardes, lui parut tout à fait convenable.

« J'aime mieux être à l'étroit en famille que seul en pension », répétait-il à Julie qui n'en finissait plus de s'excuser de ne pas le loger plus confortablement.

Grand, plus élancé que son frère Louis-Joseph, dont il était le cadet de trois ans, Denis-Benjamin Papineau avait la peau cuivrée des hommes qui vivent au grand air. En sa qualité de régisseur de la seigneurie de la Petite-Nation, poste qu'il occupait depuis une vingtaine d'années, il avait acquis une si bonne réputation dans l'Outaouais qu'il venait d'être élu député du comté. L'arpentage, l'exploitation forestière et les moulins hydrauliques lui étaient plus familiers que la politique, mais il mourait d'envie de se mesurer à ce monde complexe qui hantait la vie des siens depuis deux générations.

Les premiers temps, la présence de Denis-Benjamin dans la maison s'avéra agréable. Il rendait à Julie de petits services fort appréciés. Ainsi montait-il lui-même à sa chambre le pot d'eau pour ses ablutions matinales. Et il n'avait pas son pareil pour allumer un feu dans la cheminée. Il enfouissait la bûche sous les cendres de la veille et la flamme jaillissait comme par magie.

Grâce à son intervention auprès du procureur général, les lettres et les papiers personnels saisis dans la maison de Papineau, en novembre 1837, furent rendus à Julie. C'est encore lui qui avança à sa belle-sœur l'argent pour payer le compte en souffrance du docteur Robert Nelson qui avait soigné les enfants Papineau pendant des années sans jamais rien réclamer. Il insistait maintenant pour que ses honoraires lui soient remboursés, même s'il ne pouvait ignorer la situation délicate dans laquelle Julie se trouvait.

Pourtant, malgré la bonne volonté de Denis-Benjamin, la cohabitation devint par moments difficile. Quand la famille se retrouvait à table, autour d'un fricot d'huîtres ou d'un bœuf à la mode, l'on pouvait sans risque discuter de l'annexion du Texas par les États-Unis ou des prochaines fiançailles d'Amédée. Si quelqu'un extrapolait sur la venue prochaine des transatlantiques dans le port de Montréal, tout le monde s'entendait pour dire que les travaux de creusage n'avançaient pas assez vite. Mais lorsque l'un ou l'autre s'aventurait sur le terrain glissant de la politique canadienne, la conversation tournait au vinaigre. Amédée et Lactance se querellaient, cependant que Julie et son beau-frère s'affrontaient crête haute, comme coqs en furie.

Les questions d'argent étaient tout aussi périlleuses. Julie s'était laissé dire que le gouvernement s'apprêtait à remettre à Papineau ses arrérages. La somme promettait d'être rondelette puisqu'elle représentait la totalité de ses émoluments d'*orateur* de la Chambre, au cours des années précédant les troubles.

Cependant le remboursement annoncé un jour était reporté *sine die* le lendemain, sans que Denis-Benjamin puisse lui fournir de raison valable. En attendant un règlement définitif, il avait convaincu ses collègues de confier à Papineau des travaux d'écriture. Il s'agissait de copier des documents aux archives coloniales de Paris, en échange de quoi son frère recevrait 200 louis. Mais cet arrangement n'impressionnait pas Julie, qui jugeait la somme dérisoire comparée aux honoraires que le gouvernement de New York octroyait aux copistes dépêchés en mission dans la Ville lumière.

«Je fais ce que je peux, protesta Denis-Benjamin, agacé par le manque de compréhension de Julie. Je ne suis pas premier ministre.

— Pour ses arrérages, avez-vous des nouvelles? insistait Julie qui revenait presque quotidiennement à la charge.

— Le dossier suit son cours», rétorquait-il en s'efforçant de cacher son exaspération.

Julie ne croyait plus un mot de ses belles promesses. Malgré ses grands airs, Denis-Benjamin était sans influence. Décidément, pensa-t-elle, il n'a pas l'étoffe de Papineau. Il ne lui arrive même pas à la cheville.

«Ce n'est certes pas la dernière trouvaille de mon cher frère qui va accélérer le règlement de l'affaire, objecta Denis-Benjamin, qui sentait peser sur lui le jugement sévère et injuste de sa belle-sœur.

— Que voulez-vous insinuer?

— Je n'insinue rien, j'affirme que Papineau aurait pu garder pour lui ses critiques du gouvernement canadien. Sa lettre, publiée à la une des journaux, n'est pas un modèle de diplomatie. C'est très fâcheux.

— Vous croyez que la publication de cette lettre retardera le paiement de ses arrérages? demanda Amédée qui bondissait lorsqu'il était question d'argent.

— Il n'y a pas de doute, reconnut-il. D'autant plus que Papineau porte des jugements sur des faits qu'il ne connaît pas.»

Ces mots choquèrent Julie et elle demeura convaincue que Denis-Benjamin sautait sur le premier prétexte pour masquer son impuissance.

Voir Denis-Benjamin assis à la place de Papineau dans la salle à manger, jour après jour, contrariait Julie. Devoir compter sur lui pour régler les petites dettes domestiques aussi. Mais elle aurait pu oublier ces désagréments si seulement les exploits politiques de son beau-frère avaient été un tant soit peu reluisants. La présence d'un Papineau dans un gouvernement à la solde des Anglais, c'était plus qu'elle ne pouvait tolérer. Elle n'était pas loin de croire, comme son mari, qu'un honnête homme n'aurait jamais accepté une place de ministre au Canada-Uni. Denis-Benjamin se comportait comme un bureaucrate et un vendu. N'avait-il pas contribué à faire élire un président de la Chambre unilingue anglais? Elle avait été trois jours sans lui adresser la parole.

Amédée, qui soupçonnait sa mère de prendre ombrage des honneurs que recueillait le frère de Papineau, une gloire éclipsant l'autre, s'efforçait de calmer les tempêtes qu'elle déchaînait par ses emportements intempestifs. Mais Julie se rebiffait devant les appels à la prudence de son fils trop sage :

« Ton oncle soutient un gouvernement qui le hait et se sert de lui pour créer des divisions entre les Canadiens, argumentait-elle. Et tu voudrais que je me taise? Le cher homme est faible. »

Encore heureux que Denis-Benjamin ait été dur d'oreille. En Chambre, il perdait d'ailleurs la moitié des délibérations. Mais qu'il entende ou non ses commentaires, Julie s'en fichait et cela l'enrageait de voir Amédée aussi pusillanime. Jamais il n'aurait affronté son oncle, pas même pour défendre les intérêts de son père.

« Ça ne te choque pas de le voir engoué de tout ce qui est anglais? Ah! les Papineau lui ont fait une réputation qu'il a fortement démentie. Denis-Benjamin se croit aussi habile politicien que son frère, alors qu'il n'en a pas une étincelle.

— Vous n'allez quand même pas semer la pagaille, protesta Amédée, avant de brandir l'argument massue. Pensez à sa part du loyer.

— C'est vrai, mais je sais seulement que Papineau ne reviendra pas tant que son frère fera partie du gouvernement. Il ne veut pas s'exposer à être obligé de le blâmer publiquement, et il ne peut pas l'approuver. »

Il y eut une accalmie de quelques semaines. Occupée à suivre la retraite du carême prêchée par monseigneur Bourget, à l'Église Notre-Dame, Julie évitait les occasions prochaines de péché par manquement à la charité chrétienne, en se tenant loin de son beau-frère. Celui-ci faisait pourtant de son mieux pour redorer son blason terni. En Chambre, il s'était même fait le champion de l'usage du français, ce qui lui avait mérité les éloges des réformistes. Mais le torchon recommença à brûler lorsqu'il appuya la décision du gouvernement d'indemniser les habitants du Haut-Canada qui avaient subi des pertes pendant les troubles de 1837-1838.

« Et les nôtres ? explosa Julie. La justice commande d'indemniser aussi les victimes du Bas-Canada.

— Le principe que vous invoquez est juste, Julie, mais il ne s'applique pas, répondit un Denis-Benjamin Papineau plus hautain qu'à l'accoutumée.

— Pourquoi ? Exposez-moi vos raisons, si tant est qu'elles puissent me convaincre. »

Denis-Benjamin Papineau se retrancha derrière une explication boiteuse :

« On ne connaît pas le montant des réclamations bas-canadiennes.

— Voilà une odieuse façon de se donner bonne conscience ! »

Après cette passe d'armes, l'animosité qui se développait de part et d'autre monta d'un cran. Dieu merci ! la session tirait à sa fin. Un matin, Denis-Benjamin se présenta au petit déjeuner le visage couvert de plaques rouges. Il se sentait fiévreux. Amédée courut chercher Lactance qui examina les bourrelets tuméfiés de son oncle et diagnostiqua de l'érysipèle, une maladie de la peau causée par une bactérie mal connue de la science. Lui ayant administré une bonne dose d'opium, il lui recommanda le repos complet. Oubliant ses griefs, Julie le veilla comme elle l'aurait fait pour son plus fidèle ami.

Denis-Benjamin dormit pendant trois jours et trois nuits. Ensuite se sentant trop faible pour retourner en Chambre, il décida sur un coup de tête de rentrer à la Petite-Nation pour se faire soigner par sa femme, Angèle.

Ainsi s'acheva son séjour dans la famille de son frère Louis-Joseph. Ce fut aussi la fin d'une petite guerre qui ne menait nulle part.

CHAPITRE XXXVIII

Enfin, Papineau !

La première lettre d'Italie arriva enfin. Julie réunit la famille au salon pour écouter Amédée en lire des passages. Papineau y décrivait Rome avec toute la poésie dont il était capable.

Debout, au milieu de la pièce, Amédée se gratta la gorge comme le font les conférenciers et attaqua : «"J'ai commencé ma journée d'une manière toute païenne au Colisée, berceau de la Rome antique."» Il arrêta sa lecture pour réclamer un peu de silence.

«Chut ! Taisez-vous, ordonna-t-il, écoutez ce qu'écrit papa. Je reprends : "Mais comme il pleuvait, j'ai pris la direction du Vatican. Voir enfin Saint-Pierre, les œuvres de Michel-Ange et de Raphaël ! Vous pensez bien que j'ai sollicité une audience avec le Saint-Père, quand ça ne serait que pour embrasser sa mule bénie et faire plaisir à ma pieuse femme. Ainsi, je pourrai lui offrir mes lèvres sanctifiées à baiser, elles lui apparaîtront plus appétissantes"...»

Julie ne broncha pas. L'allusion à sa piété excessive était habituelle sous la plume de son mari. Mais Amédée releva la tête à nouveau, le temps d'un commentaire :

«Papa n'a pas perdu son sens de l'humour à ce que je vois. Il nous jure aussi que les grâces célestes qu'il a reçues ont lavé ses peccadilles parisiennes.

— Il a l'air de meilleure humeur que lorsque nous partagions notre monotone quotidien sous le ciel gris de Paris, observa Lactance, de plus en plus rancunier vis-à-vis de son père.

— Je continue, l'arrêta Amédée, qui refusait de se laisser entraîner sur ce terrain : "J'ai eu le bonheur de voir le Vésuve dans un de ses moments de colère et d'agitation. À moins de dix pas d'où la lave coulait, les pierres et les cendres revolaient."

— Nous parle-t-il de son retour ? demanda Ézilda, peu sensible aux émois volcaniques de son père.

— Ne m'interrompez pas tout le temps, s'impatienta Amédée. Je continue : "Je surplombais l'immense foyer où s'agitaient des matières en fusion. J'avais l'impression que la croûte tremblait sous mes pieds. Quel spectacle que cette vaste mer de feu quand le jour tombe !"

— Comme je l'envie, soupira Julie d'un ton aigri. Voyager dans l'insouciance, profiter des bons côtés de la vie, sans en subir les contrariétés... »

Lactance laissa porter son regard au loin avant de conclure, songeur :

« Pour papa, qui se promène au bout du monde, le Canada doit être un point obscur d'où rien de beau ne rayonne. »

Il n'en fallait pas davantage pour que Julie laisse transpirer un peu plus encore son aigreur :

« Dire que j'aurais pu faire ce voyage en Italie ! J'ai tout sacrifié et j'ai été trompée dans mes plus chères espérances. Ma vie est devenue monotone. Votre père retire les avantages, et moi, j'écope des soucis.

— Maman, reprocha Amédée, vous n'allez pas recommencer à vous plaindre ? Nous sommes là et nous vous aimons. Ça devrait vous combler. »

Mais Lactance pensait comme sa mère.

« En tout cas, après tant de jouissances, si papa ne revient pas auprès de nous qui le réclamons si fort, c'est qu'il a oublié que l'amour ne se trouve pas dans les décombres silencieux des monuments antiques.

— S'il ne veut plus de nous, enchaîna Julie en croisant les bras pour montrer sa détermination, qu'il vienne au moins régler nos affaires. Après, il pourra vivre ailleurs, si c'est son désir.

— Vous êtes injuste, maman, répliqua l'apôtre de la bonne entente qu'était devenu Amédée. À mon avis, c'est la hantise de devoir renouer avec la politique qui le retient à Paris.

— Rien ni personne n'oblige votre père à revenir à la vie publique, fulmina Julie. Mais s'il veut se retirer, qu'il prévienne au moins ses compatriotes. Il leur doit bien cette franchise.

— Maman a raison, approuva Lactance, qui se leva pour aller à la fenêtre. De toute manière, sa carrière politique est finie. – Il s'arrêta net pour mesurer l'effet de sa tirade. – À peine rentré, papa s'opposerait ouvertement au gouverneur, ce qui serait mal vu. J'aimerais mieux qu'il se retire à la Petite-Nation pour vivre avec sa famille et diriger les affaires de sa seigneurie.

— Dieu l'en garde! protesta Julie, dans un cri qui laissait clairement deviner son opposition au projet de Lactance. Si votre père ne veut plus se mêler de politique, soit, mais qu'il vende son domaine. Après, il sera libre de mener sa vie comme bon lui semblera. Quant à moi, je retournerai aux États-Unis, loin de ce pays de malheur qu'est devenu le Canada. »

Elle les regarda l'un après l'autre avant de terminer sa pensée :

« Ne comptez surtout pas sur moi pour aller m'enterrer au fond des bois avec les sauvages !

— Mais, maman, vous n'êtes pas sérieuse? fit Amédée complètement ahuri par la tournure de la conversation. Le pays a besoin de papa plus que jamais. Il est la main qui peut tenir le timon. Et vous voudriez qu'il s'éloigne de la politique? Qu'il se fixe aux États-Unis avec vous? C'est un malheur pour notre peuple qu'il ne soit pas déjà en Chambre. En tant qu'*orateur* ou même simplement comme conseiller exécutif, il ferait cent fois plus de bien à son pays que retiré sur ses terres de la Petite-Nation.

— Et Hippolyte LaFontaine? interrogea Lactance en toisant son frère. C'est lui le chef, maintenant, l'aurais-tu oublié par hasard ?

— LaFontaine n'est pas un tribun, objecta Amédée. Il essaie de convaincre les gens à coup de raisonnements compliqués, alors que papa fait vibrer les cœurs, touche les cordes sensibles, soulève les passions, remue les foules. – Amédée devenait grandiloquent lorsqu'il faisait l'éloge de son père. – « Quelle formidable mission l'attend! Éduquer le peuple, l'amener à la liberté et à l'indépendance. Qu'il rentre et les Canadiens tomberont à ses pieds comme avant 1837 !

— Amédée a raison sur un point, concéda Julie. LaFontaine n'a aucune influence sur le peuple. Par contre, il est habile puisqu'il a réussi à tromper nos amis. Croyez-moi, plus que tout autre, probablement plus que Cartier, ce traître a peur de voir débarquer Papineau l'un de ces quatre matins. »

Le reste de la missive d'Italie se perdait dans les banalités touristiques. Papineau se disait tout chagrin au moment de

457

quitter Venise, car il s'était entiché de la place Saint-Marc et de ses promenades en gondoles sur les canaux vénitiens. Il s'en allait flâner un moment en Suisse. Après ? Peut-être traverserait-il la Belgique, rien n'était encore décidé. Il prévoyait passer l'été à Paris. Mais de son éventuel retour, pas un seul mot, comme s'il s'amusait à laisser planer le mystère.

« Il a trop de distractions, pensa Julie, qui l'imaginait au milieu des plaisirs. Il a la tête ailleurs... »

L'été de 1845 passait et son espoir de voir Louis-Joseph revenir s'atténuait. Enfermée dans sa chambre, elle ressassait ses griefs, comme si elle prenait plaisir à se mutiler, à s'humilier, à souffrir. La déception se lisait sur son visage. Devant l'impitoyable miroir, elle sortait son poudrier et se poudrait le nez, espérant camoufler son chagrin. Un peu de rouge sur les joues réanimerait peut-être son teint blafard. Elle en rajoutait, avant de ranger mécaniquement ses petits pots dans le tiroir.

C'était un jour de grisaille qui convenait à ses mornes pensées. Dans moins d'une heure, elle serait forcée de prendre la route de Maska. Elle avait promis à Gustave d'assister à l'examen public du collège. Comme une automate, elle déambulerait dans les corridors de l'institution. Il faudrait serrer des mains, interroger les professeurs sur les progrès de son fils, répondre qu'elle allait bien... Oui, mentir, esquiver, sourire, malgré la rancœur qui la dévorait.

La dernière trouvaille de son cher époux dépassait l'entendement. Après des semaines de silence, voilà qu'il lui avait écrit pour lui reprocher ses dépenses soi-disant somptuaires. Son logement coûtait les yeux de la tête, avait-il prétendu, en apprenant qu'elle avait accepté une hausse du loyer. Il devenait mesquin. Comment osait-il affirmer qu'elle gaspillait leurs modestes ressources, alors qu'elle se privait de distractions pendant qu'il se prélassait en Europe ? C'était sa première sortie depuis des mois et elle n'avait rien à se mettre. Elle ouvrit le placard et décrocha son éternelle robe de soie noire qu'elle enfila en geignant.

Cependant, elle ne s'emportait pas comme naguère. Plus rien ne l'étonnait de la part de Papineau. « À chaque jour suffit sa peine», se répétait-elle comme un leitmotiv. Désormais, seuls ses enfants comptaient. Le manque d'assurance d'Amédée et de Lactance, privés des conseils judicieux d'un père attentif, était palpable au moment d'amorcer leur carrière. Elle y pallierait dans la mesure du possible.

Julie s'empara d'un flacon de parfum à moitié vide et en vaporisa sur sa nuque. Une odeur divine l'imprégna. Elle se sourit dans la glace. Il fallait continuer à vivre comme si de rien n'était. Sauver la face, au moins.

Quoi qu'en pensât Papineau, elle avait été bien avisée de placer Azélie au couvent du Sacré-Cœur, à Saint-Jacques-de-l'Achigan. L'enfant était douée et, après seulement quelques mois, la supérieure parlait d'elle en termes élogieux. La petite fille capricieuse à l'accent parisien, un tantinet prétentieuse, qu'elle avait accueillie à son pensionnat s'était métamorphosée en élève modèle et dévote. Pour sa première communion, Julie lui avait taillé une robe blanche dans un tissu fin que son amie Elvire lui avait expédié de Paris. Ézilda avait brodé le petit col sur lequel tombait un voile de communiante retenu par une couronne de roses. En secret, Julie caressait le rêve de voir Azélie entrer en religion. Avec ses talents de musicienne, elle ferait un professeur de chant ou de piano exceptionnel.

Pauvre Azélie, qui priait avec ferveur pour le retour de son papa avant les grandes vacances. Elle ne serait pas exaucée. Julie aurait été la première étonnée de voir Papineau raccourcir son été parisien pour les beaux yeux de sa fille chérie. Devant ce qu'elle considérait comme l'indécision chronique de son mari, Julie s'était résignée à quitter son logement de la petite rue Saint-Jacques. Le départ de Denis-Benjamin avait creusé un trou financier que son maigre budget ne pouvait absorber. Amédée était retourné en pension et Lactance avait gardé son studio, qu'il avait fini par adopter malgré ses premières objections.

Gustave aussi attendait son père comme le messie. À seize ans, il était indiscipliné et le supérieur du collège craignait pour son année scolaire. Julie ne blâmait pas entièrement son fils. Peut-être se croyait-il supérieur à ses camarades, comme le déploraient ses professeurs. Mais pouvait-on lui reprocher de s'exprimer avec plus d'aisance que les autres collégiens? S'il avait moins fréquenté les musées parisiens et plus souvent les salles d'étude, il aurait sans doute appris à respecter le règlement. Elle l'avait semoncé si vertement qu'il lui avait promis de se ressaisir.

« As-tu tenu ta promesse ? » lui demanda-t-elle d'un ton sévère, en arrivant au collège peu avant la cérémonie.

Gustave s'empressa de la rassurer. Elle n'aurait pas honte, une manne de prix allait tomber sur lui.

« Vous pouvez être tranquille, fanfaronna-t-il. Je paraîtrai bien à l'examen. »

Lorsqu'il rejoignit ses camarades sur l'estrade, Julie ressentit de la gêne, non pas à cause de sa performance – il répondait très bien aux questions des examinateurs – mais à cause de son accoutrement. Les manches de sa vieille veste achetée à Paris trois ans plus tôt étaient trop courtes, élimées aux coudes et les poches rapiécées. C'est fou ce qu'il avait grandi, elle n'avait pas remarqué. Pauvre enfant ! pensa-t-elle. Il n'a pas voulu m'imposer de nouvelles dépenses. Elle se promit de lui acheter un habillement complet pour la rentrée.

Gustave était fier comme un paon. Il remportait le premier prix en histoire du Moyen Âge et quatre accessits.

« Papa aurait été content de moi, hein, maman ? » dit-il, en lui tendant son bulletin à l'issue de la cérémonie.

Il se classait premier en littérature et avait d'excellents résultats en géographie d'Afrique et d'Océanie. Il avait eu de la difficulté avec ses versions grecques, mais ses notes de mathématiques étaient impressionnantes. Pour le récompenser, Julie promit de l'emmener au cirque pendant le long congé.

Les vacances filèrent hélas ! trop vite. Septembre arriva et toujours pas de nouvelles de Papineau. Azélie retourna au couvent, le cœur serré. Moins héroïque, Gustave pesta contre son père en bouclant sa valise. Quant à Ézilda, elle se résignait mal à passer l'automne à Verchères, loin de sa maman qui prenait pension à Montréal, en attendant de trouver un nouveau logis moins coûteux.

« J'ai dispersé mes enfants, confia-t-elle tristement à Lactance, venu l'attendre au vapeur, au quai du bout de l'île.

— Devinez quoi ? fit-il, mystérieux.

— Tu as reçu des nouvelles de ton père ?

— Non, mais ce que j'ai à vous annoncer est presque aussi excitant.

— Ne me fais pas languir.

« — Eh bien ! c'est officiel, je viens d'être nommé professeur de botanique à la faculté de médecine de l'Université McGill. »

Julie lui sauta littéralement au cou :

« Extraordinaire ! Mon chéri, c'est merveilleux. Tu ne pouvais pas me faire une plus grande joie. »

À l'automne 1845, Papineau annonça son retour, même si l'amnistie n'avait pas été promulguée et que ses arrérages demeuraient en suspens. Lactance éclata d'un rire hystérique en apprenant la nouvelle, au hasard d'une courte lettre expédiée à Julie depuis Londres. Son père avait reporté sa décision tellement de fois, il les avait déçus si souvent, qu'il refusait d'y croire tant qu'il n'aurait pas la preuve que « l'exilé volontaire », comme il l'avait surnommé, voguait sur l'Atlantique.

Papineau s'était bel et bien embarqué à Liverpool au début de septembre. Les journaux américains qui publiaient la liste des passagers confirmèrent sa présence à bord du transatlantique attendu à Boston à la fin du mois. Ils mentionnaient en outre – au grand dam de Julie – qu'avant de rentrer en Amérique, « monsieur Louis-Joseph Papineau s'était rendu à Dublin pour visiter des amis irlandais ». Du coup, sa joie s'estompa. Elle avait prévu aller l'accueillir à New York, mais en découvrant qu'il avait fait un détour pour embrasser sa belle Irlandaise, toute envie de faire le voyage aux États-Unis disparut. Amédée partit donc seul à la rencontre de son père, pendant que Lactance se chargeait de remonter le moral de leur mère.

« Allez, maman, il faut savoir pardonner. Papa revient, n'est-ce pas ce qui compte ? Vous pouvez faire semblant que son retour vous laisse indifférente, mais je ne vous crois pas. Je vous connais quand même un peu, petite maman ! »

Julie se laissa attendrir. Elle ne demandait pas mieux que de recoller les morceaux de sa misérable existence. Cet homme qui lui revenait, c'était l'amour de sa vie. Il lui en avait fait voir de toutes les couleurs, certes, mais elle ressentait l'irrésistible désir de tourner la page. Après réflexion, elle consentit à aller l'accueillir à Saint-Jean, mais à la condition que Lactance l'accompagnât.

Au matin du grand jour, sur le quai de la gare, elle resta un moment comme pétrifiée devant Papineau qui s'avançait vers elle, un sac de voyage en bandoulière. Il lui parut vieilli. Beau, superbe même, mais le teint plus sombre et le cheveu légèrement clairsemé. Elle ferma les yeux puis les rouvrit. Non, ce n'était pas un mirage, il était bien là, devant elle, dans un costume gris de confection impeccable. Il lui tendait les bras. Le sentiment qui l'envahit alors lui sembla familier. Ils avaient déjà vécu ce moment intense des retrouvailles. À Saratoga, puis à Havre-de-Grâce, en France, et maintenant, à Saint-Jean, sur le trottoir de bois qui longeait la Richelieu.

« Louis-Joseph, murmura-t-elle doucement, je ne t'espérais plus. »

Ce furent les seuls mots qu'elle réussit à prononcer avant de se retrouver enfermée dans ses bras. Depuis qu'ils s'étaient arrachés l'un à l'autre, sur le quai des Messageries Lafitte, elle n'avait jamais cessé de l'attendre. Deux interminables années au cours desquelles elle avait vécu toutes les émotions imaginables, du chagrin d'amour à la rancune qui, certains jours, ressemblait à de la haine. Et toujours, la nostalgie de sa chaleur contre sa peau.

« Ah ! Julie... ma Julie. »

Papineau faisait des efforts pour se ressaisir. Il tenait sa femme serrée contre lui, il foulait le sol de son pays, il était entouré de ses enfants... C'était trop, il était comme paralysé, incapable de s'arracher à ce moment sublime.

« Bienvenue au Canada-Uni, mon cher papa, lança Lactance pour couper court aux effusions. Vous verrez, votre vie sera calme et heureuse ici, pourvu, bien entendu, que vous ne mettiez pas le pied sur le terrain de la politique... plus mouvant, plus trompeur que celui du Vésuve !

— Voilà notre cher docteur qui donne ses ordres, ironisa Amédée en appliquant une tape amicale dans le dos de son frère. Vous ne l'avez pas encore vu à l'œuvre, papa. Non content d'avoir décroché son diplôme pour soigner les corps, notre cher Lactance se croit béni des dieux pour soigner les âmes. Il décide tout : ce que nous devons faire, ce que nous pouvons dire, où nous devrions aller... »

Julie observait ses fils qui se démenaient comme deux diables pour capter l'attention de leur père. De grands garçons qui tournaient autour de lui comme des abeilles devant la ruche. Mais Papineau n'écoutait qu'à moitié, absorbé à chercher dans les yeux de sa femme une lueur de tendresse. Elle portait une robe blanche qu'il ne lui connaissait pas et qui lui affinait la taille. Ses épaules étaient recouvertes d'un châle fleuri rapporté de France. Elle lui parut fragile comme une porcelaine. Les yeux embués de larmes, il avait l'air penaud, presque contrit. Julie n'entendait plus ni les pitreries de ses fils ni le bourdonnement des voyageurs qui couraient vers le quai d'embarquement, traînant leurs malles sur des chariots grinçants. Elle aima ce moment d'abandon, quand tombent les défenses et que l'on enterre une fois pour toutes sa rancune.

Plutôt que d'affronter tout de suite Montréal, Papineau entreprit avec Julie une tournée dans la parenté. Première étape, Verchères, où il délia de sa promesse sa belle-mère, Marie-Anne Bruneau, qui avait juré ne pas remettre les pieds en ville avant le retour de son gendre préféré. À quatre-vingt-quatre ans, elle tenait encore sur ses jambes, mais elle n'était plus certaine de vouloir s'aventurer au-delà du jardin du curé.

À Maska, Papineau était attendu impatiemment par Marie-Rosalie Dessaulles. Dès l'arrivée, il insista pour descendre un moment dans la cave en terre battue du manoir. Si souvent, durant son exil, il avait revisité en esprit chaque recoin du caveau à légumes où il s'était terré, en décembre 1837, pour échapper aux rafles sauvages des habits rouges. Jamais il n'oublierait les angoisses qui l'avaient torturé dans sa morbide tanière. Il avoua à sa sœur ce qu'il n'avait encore confié à personne, pas même à Julie : il avait tiré un trait sur sa vie politique. Il n'était plus question de vendre sa seigneurie, il s'y établirait définitivement.

« Je me sens enchaîné à mon pays et à ma famille comme l'huître au rocher », ajouta-t-il, déterminé à se livrer au destin qui l'attendait.

Louis-Antoine leva son verre à la santé de son père spirituel. Bien entendu, le jeune homme se fit un devoir de lui cacher ses ennuis financiers, se croyant plus avisé de le flatter, en lui soulignant combien il était attendu dans ce Bas-Canada en déroute. Marie-Rosalie se demandait où elle trouverait le courage d'exposer froidement les déboires de son fils à Papineau, mais aussi comment elle s'y prendrait pour annoncer à Louis-Antoine que son héros se retirait pour de bon de la politique. Elle se détendit. Cela pouvait attendre au lendemain. Elle ouvrit l'armoire, au fond du salon meublé à l'ancienne, et dont le tapis, posé sur un plancher ciré, était élimé par endroits, et en sortit un portrait d'elle exécuté par le peintre Dulongpré.

« Voyons, maman, voulez-vous bien cacher cette horreur, s'écria Louis-Antoine, en se précipitant pour lui arracher le tableau des mains.

— Marie-Rosalie ! fit Julie qui n'en croyait pas ses yeux. Comment avez-vous pu vous laisser portraiturer dans cette pose guindée. Et cette coiffure lourde...

— On dirait la fée Carabosse, lança candidement Gustave, qui avait obtenu la permission de s'absenter du collège pour voir son père.

— Tu as raison, mon Gustave, approuva Marie-Rosalie, en replaçant l'œuvre dans l'armoire. Le vieux Dulongpré est mort après m'avoir immortalisée ainsi. En le voyant arriver devant la grille du paradis, saint Pierre a dû l'expédier au purgatoire en le grondant : "Va expier ta faute d'avoir présenter notre fille Marie-Rosalie sous des traits aussi ingrats."»

L'incident dérida la famille qui dominait mal son émotivité. Mais après ces touchantes retrouvailles, il fallut se séparer à nouveau. Gustave y consentit à la condition que son père le ramène lui-même au collège. Il le traîna ensuite à l'observatoire, où il lui raconta qu'il passait des heures à étudier les étoiles et à l'appeler parce qu'il avait grand besoin de lui. Papineau commençait à réaliser ce que son absence avait coûté à ses enfants. Il s'en voulut.

Au couvent de Saint-Jacques de l'Achigan où il se rendit le lendemain avec Julie, il se heurta à la supérieure qui lui refusa la permission de voir Azélie. S'appuyant sur le sacro-saint règlement interdisant les visites, elle lui suggéra d'en faire le sacrifice. De peine et de misère, il finit par obtenir que la couventine puisse rencontrer brièvement ses parents, dans l'austère parloir, sous le regard sévère d'une nonne qui louchait effrontément. Assise un peu à l'écart, elle ne quitta pas la fillette des yeux de toute l'entrevue et, au bout de sept minutes exactement, l'invita à la suivre à la chapelle pour la confession. La petite obéit docilement et s'éloigna de ses parents sans même essuyer une larme.

« S'il n'en tenait qu'à moi, soupira Papineau, je retirerais Azélie de chez les bonnes sœurs et je la ramènerais à Montréal. »

Sentant le blâme derrière la remarque de Papineau, Julie lui objecta qu'une bonne éducation était un outil précieux dans la vie d'une jeune fille privée de père. Cette discussion-là, et plusieurs autres, couvaient sous la cendre. Il faudrait bien qu'elle se décide à aborder les sujets soigneusement refoulés depuis l'arrivée de Papineau. La question de leur installation permanente ne se poserait qu'ensuite.

Mais ni l'un ni l'autre ne semblaient pressés d'avoir cette explication qui risquait de leur faire mal. Leur bonheur retrouvé semblait si fragile qu'ils en prenaient un soin jaloux. Papineau préférait s'épancher sur le drame des mendiants qui assiégeaient Rome en famine ; il épilogua aussi sur la révolte antiroyaliste qui se concoctait dans les officines parisiennes et parla abondamment de l'histoire de la colonisation du Canada, dont il avait recopié plus de cinq mille pages aux Archives de la guerre et de la marine. De son côté, Julie se garda de toute référence qui pouvait donner prise à la discussion.

À la sortie du village de Saint-Jacques de l'Achigan, la route devint si cahoteuse qu'il fallut ralentir. La calèche n'avança plus qu'au pas, ce qui retarda l'arrivée à l'Assomption. La cloche annonçant le départ du vapeur sonnait et les câbles le retenant à la poutre d'ancrage avaient été détachés lorsque les Papineau touchèrent le quai. En apercevant des retardataires qui leur faisaient des signes désespérés, les matelots étendirent un large madrier au-dessus du vide. L'un d'eux donna le bras à Julie pour l'aider à monter à bord, cependant que le cocher lançait les deux petites valises sur le pont qu'ils avaient gagné de justesse. Ils purent enfin respirer un peu.

Le Saint-Louis s'éloigna du quai sous le soleil de midi. On se serait cru en plein été. Assis dans une chaise de toile à côté de Julie, un verre d'eau fraîche à la main, Papineau lui annonça le plus naturellement du monde qu'il entrevoyait leur avenir à la Petite-Nation. Il se sentait l'âme d'un seigneur et voulait faire fructifier l'héritage que ses parents lui avait légué après une vie de labeurs. Julie, qui n'avait jamais voulu considérer ce projet, lui cacha d'abord sa déception.

« Te souviens-tu du cap Bonsecours que je t'ai fait découvrir pendant une promenade à cheval, il y a de cela bien longtemps ? demanda-t-il. Eh bien ! je n'ai jamais oublié la promesse que je t'ai faite, ce matin-là. Le moment est venu de construire le château dont nous avons rêvé ensemble.»

L'eau du fleuve était calme. Ils s'étaient installés à l'abri du vent, en retrait des autres passagers qui s'animaient sur la dunette.

«C'était un beau rêve, concéda Julie, mais les temps ont changé et nous aussi. Une vie de gentilhomme campagnard te conviendrait-elle vraiment ?

— Pourquoi pas ? Bien administrée, notre seigneurie nous offrirait une existence économique. – Il lui prit la main et sa voix se fit convaincante. – Tu as traversé des temps durs, je sais, mais tôt ou tard, ce qui m'est dû me sera remboursé et alors, je t'offrirai une vie douce qui te fera oublier tes épreuves.

— As-tu pensé à nos filles ? argumenta Julie, mais sans laisser poindre sa désapprobation. Quel avenir auront-elles en pays de colonisation ?

— Tu dramatises toujours, lui reprocha-t-il tendrement. Pour l'instant, ce sont encore des fillettes. Il est un peu tôt pour songer à les marier, ne trouves-tu pas ? D'ailleurs, si elles devaient rester vieilles filles, je serais capable de m'en réjouir, figure-toi. Elles sont déjà des demoiselles tout à fait accomplies...

— Tu n'y es pas pour grand-chose, fit Julie, mi-sérieuse, mi-moqueuse.

— C'est ton œuvre à toi seule, je le reconnais. Mais quand j'y aurai mis la dernière main, elles seront encore plus merveilleuses.»

Papineau rit de sa trouvaille. À voir la tête de Julie, il comprit qu'elle s'amusait aussi de son humour et s'enhardit :

«Que mes filles se préparent à s'occuper de leur vieux père et je serai le plus heureux des hommes. Azélie jouera du piano pour moi et Ézilda cultivera les fleurs dans les jardins magnifiques que nous aménagerons autour de notre château. Tu verras, Julie, la seigneurie deviendra notre refuge doré.

— Eh bien ! moi, fit Julie, après un bref silence, je souhaiterais pour mes filles un avenir plus enviable, dans un lieu moins désert.

— Mais puisque nous en ferons un paradis, ma chère Julie !

— Sois sérieux, les maris se font rares à la butte aux maringouins. Tu ne voudrais pas que tes filles restent sur le carreau ?

— Ma parole, tu ne penses qu'à les marier ! Elles n'ont peut-être pas envie de quitter leurs parents. Leur as-tu jamais demandé ce qu'elles voulaient ?

— L'idée qu'elles se font d'une vie agréable n'a rien à voir avec le quotidien en forêt. Elles ne s'en cachent pas, d'ailleurs. Il faut être bien égoïste pour perdre de vue le bonheur des êtres chers. Parfois, tu me renverses, Louis-Joseph.

— Après avoir trop souffert, j'ai atteint un âge où tout m'indiffère, admit-il, soudainement sérieux. Mes enfants m'ont rattaché à la vie et je n'ai jamais rien décidé qui ne soit pour leur bien.

— Ah oui ? fit Julie que la conversation aiguillonnait. Ta conscience a dû te tarauder en Italie lorsque, pour prolonger ton plaisir, tu ajoutais à nos privations. Et ton échappée en Irlande, qui privait nos enfants de leur père pendant leurs vacances, était-elle bien nécessaire ?

— Tu ne vas quand même pas me faire une scène pour deux malheureux jours à Dublin ?

— Malheureux ?

— Tu joues avec les mots.

— Et toi, tu glisses le problème sous le tapis. Comme d'habitude... »

C'était reparti. Mais, curieusement, leur querelle de ménage n'avait plus le mordant d'autrefois. Les coups qu'ils se portaient les atteignaient moins. Avant, un mot de trop et l'un ou l'autre, piqué à vif, brandissait le spectre de la rupture. Connaissant leur caractère impulsif, ils redoutaient les paroles en l'air, celles qui, une fois lâchées, ne pouvaient être ni pardonnées, ni oubliées. Ils ne s'expliquaient pas ce retournement. Était-ce l'usure, la lassitude qui vient avec l'âge ? Ou la complicité qui se tisse avec les années, même dans l'adversité ? Ils pouvaient maintenant se quereller tout à leur aise, cela ne tirait plus à conséquence. Aucun des deux ne songerait à menacer l'autre de le quitter. Julie et Papineau venaient de comprendre enfin qu'ils étaient soudés l'un à l'autre pour le reste de leurs jours.

« Allons bon, fit Julie en esquissant un sourire en coin, voilà que je prends la mouche, maintenant...

— La belle dame aux longues griffes a gardé la forme, se moqua Papineau.

— C'est qu'il a fallu que j'apprenne à me battre seule, tu n'étais plus là, ne l'oublie pas, cher époux retrouvé.

— Je savais que tu passerais au travers. Tu es une épouse irréprochable et une trop bonne mère pour sacrifier le bonheur de nos enfants pour te venger de moi !

— Démagogue !

— Mais revenons-en au fait, mon adorable belliqueuse. C'est évident que je préfère ma seigneurie à toute autre propriété.

— Tu m'avais promis d'essayer de la vendre en Angleterre.

— Ce que j'ai fait mais sans succès. Je consentirais à vendre le domaine à perte uniquement s'il devenait risqué pour des raisons politiques de rester au pays. Mais ce n'est pas le cas, à moins d'une nouvelle guerre...

— Je ne te demande pas de fuir, mais d'améliorer notre sort. Aux États-Unis, les terres sont riches, le climat est clément, nous avons de bons amis : les Porter, les Walworth...

— Ici, nos amis ne sont pas moins précieux, rétorqua Papineau.

— Nos amis canadiens ? Parlons-en ! En ton absence, personne ne m'a aidée. À part celle d'Édouard-Raymond Fabre, les riches amitiés d'antan se sont étiolées. Le beau Viger a été d'un égoïsme et d'une léthargie stupéfiante. Quant aux Cartier et Duvernay, ils ont viré capot.

— Louis-Michel Viger est malade et tu le sais. Alors ne sois pas méchante.

— Je sais, sa goutte. Mais il n'a eu ni chaleur, ni compréhension. Non, rien ne nous retient plus dans ce pays de malheur. Amédée va épouser une Américaine, il pourrait faire carrière à Saratoga. Et nous nous installerions tout près...

— Tu oublies Lactance. Il enseigne la botanique à l'Université McGill.

— Il trouvera sans difficulté un poste dans une université new-yorkaise. »

Julie sembla inflexible à Papineau. Le vapeur s'arrêta à Varennes pour laisser descendre les promeneurs du dimanche et prendre une douzaine de nouveaux passagers allant à Montréal. Papineau attendit que le brouhaha se soit calmé pour poursuivre l'exposé de son grand projet.

« La question d'un éventuel déménagement aux États-Unis ne se pose pas puisque la seigneurie n'est pas vendue, observa-t-il. Je n'ai pas d'autres ressources pour gagner ma vie et la tienne.

— Et la politique? risqua Julie en passant son bras sous le sien. Je n'arrive pas à croire que tu puisses faire une croix sur ton pays, alors qu'il a tant besoin de toi.

— Oh! tu sais, quand je vois mes cousins et mon propre frère Denis-Benjamin servir sous les ordres du gouverneur anglais, j'éprouve un tel dégoût. Faut-il absolument choisir entre l'exil perpétuel et la servilité humiliante? Je préfère faire fructifier mes terres.

— Si tu étais rentré plus tôt, ce serait toi, aujourd'hui, qui dicterais au peuple la conduite à suivre, au lieu de ton ex-lieutenant LaFontaine, cet usurpateur qui prétendait travailler à ton retour, alors que c'était tout le contraire. Cet ambitieux égare les Canadiens.

— Tu es injuste, Julie. LaFontaine s'oppose à l'Angleterre. Faiblement, je le reconnais, mais il a quand même réussi à canaliser le mécontentement général.

— À quel prix? le relança-t-elle. Il nous propose la paix dans la soumission et le déshonneur. Si nous continuons à vivre sous le joug de l'Angleterre, nous serons tout à fait dégénérés. Je m'étais promis de ne plus vivre dans ce pays avant qu'il ne soit libre. Mais puisque j'y suis, et comme tu ne veux pas envisager notre établissement aux États-Unis, je te conseille de reprendre la direction des affaires publiques. C'est ton devoir.

— Mais est-ce mon souhait? s'interrogea Papineau en lui lançant un regard de détresse. Je n'ai pas la vanité de me croire indispensable. Sache aussi que je serais revenu plus tôt au pays si tu ne m'avais pas poussé à retourner dans l'arène politique. Je ne me suis jamais dérobé à mon devoir. Mais j'aspire maintenant à une vie de famille et d'étude. J'y ai droit.

— Alors que moi, je ne souhaite rien d'autre que de retrouver ma vie d'avant les troubles, aux côtés de ce Louis-Joseph Papineau qui faisait corps avec son peuple. Mon plus cher désir, vois-tu, serait de récupérer notre maison de la rue Bonsecours.

— On ne revient pas en arrière», trancha Papineau en fixant le quai du bout de l'île qui était en vue. Le jour tombait et le temps se rafraîchit. Julie poursuivit sur sa lancée:

«Nous pourrions demander au locataire de résilier son bail, moyennant une légère compensation.

— Tu vas trop vite en affaires, fit-il en hochant la tête en signe de protestation. Et tu t'agites dans tous les sens. Il y a quelque temps, tu te trouvais à la gêne dans une maison trop petite. Quinze jours après, tu en veux une trop grande, sans songer à la fatigue que cela t'occasionnerait. Un jour tu casses maison pour aller en pension, le lendemain, tes idées de grandeur t'assaillent. C'est à n'y rien comprendre.

— Alors là, tu exagères. J'ai quitté mon logis de la petite rue Saint-Jacques parce que je n'avais plus les moyens de le garder, et non parce qu'il était exigu. D'ailleurs toi-même, de Paris, tu me reprochais de payer un loyer exorbitant. À mots non couverts, tu me suggérais de déménager. »

Papineau reprit le fil de son raisonnement, comme s'il n'avait pas entendu les explications de sa femme :

« Tu préfères vivre à Montréal, où tu as connu de grandes frayeurs qui t'ont ébranlée physiquement et moralement et tu crains la vie à la campagne parce que tu t'imagines que tu auras toute la maisonnée sur les bras. Mais mon intention est de te fournir de l'aide.

— Je t'en prie, mon chéri, ne dis pas non à mon projet sans y avoir réfléchi.

— J'aurais volontiers passé l'hiver à l'hôtel, fit Papineau. Ensuite, nous aurions gagné l'Outaouais pour entreprendre le grand chantier.

— À l'hôtel pendant six mois ? Tu t'y sentirais vite à l'étroit. »

Le vapeur s'ancra. Les manœuvres attachèrent les cordages pendant que les passagers se préparaient à débarquer. Papineau quitta sa chaise à regret et dit à Julie qui rassemblait ses affaires dans son sac de voyage :

« Au fond, tu as peut-être raison. Je verrai si notre locataire peut nous rendre ce service. Mais je te préviens, nous ne resterons à Montréal que le temps d'y voir un peu plus clair. »

Julie était aux oiseaux, tandis qu'elle posait prudemment le pied sur la passerelle de débarquement.

CHAPITRE XXXIX

L'été indien

L'été de la Saint-Martin, qu'on appelait *Indian summer* aux États-Unis, s'était emparé du Canada-Uni. Papineau bénissait ce redoux. On aurait dit un ciel d'Italie venu réchauffer le feuillage d'automne d'un rouge exceptionnel, inconnu ailleurs au monde.

Son arrivée à Montréal ne passa pas inaperçue. Il avait établi ses quartiers temporaires à l'hôtel Rasco de la rue Saint-Paul. Le vieil aubergiste avait mis un boudoir à sa disposition et le défilé des visiteurs ne s'était pas fait attendre. De vieilles connaissances, des admirateurs, des confrères, tout un chacun voulait serrer la main du grand tribun.

Wolfred Nelson se présenta le premier. Le héros de Saint-Denis, fraîchement réélu député de Richelieu, se remémora leur visite inutile au président Van Buren, à Washington, cinq ans plus tôt. Papineau avait déjà perdu ses illusions mais, lui, refusait de croire que les Américains ne lèveraient pas le petit doigt pour aider les patriotes canadiens. C'étaient là de désagréables souvenirs qui, malgré tout, restaient chers à son cœur. Le docteur lui donna ensuite des nouvelles de leurs proches, à commencer par Robert Nelson.

«*Would you believe it ?* Mon frère s'est expatrié en Californie.

— La ruée vers l'or ? fit Julie qui s'était jointe à eux, dans le petit salon vert pomme de l'hôtel.

— À ce qu'il paraît, répondit le médecin. J'ignore s'il fera fortune avant que les Californies ne soient annexées aux États-Unis. Imaginez la pagaille qui s'ensuivra !

— Et le docteur Duchesnois, demanda Papineau, que devient-il ?

— Mon confrère Duchesnois, si bagarreur du temps de notre exil à Burlington, *well*, il a planté sa tente au Chili, ce qui n'est pas non plus l'endroit le plus paisible au monde.»

Le libraire Fabre arriva sur les entrefaites, honoré de souhaiter la bienvenue à son cher Papineau, à qui il rappela ses efforts à Paris pour le convaincre de revenir au pays. Il était accompagné de Ludger Duvernay, venu lui offrir un abonnement à sa nouvelle *Minerve*. Jacques Viger se présenta un peu plus tard, après s'être fait annoncer. Sa verdeur rasséréna Papineau qui redoutait ce premier contact. Mais son voisin semblait s'être remis de la mort de Marguerite et avait passé l'éponge sur leur querelle passée. Tout feu tout flamme, il vanta ses travaux d'historien, brandissant comme un trésor la *Légende du Chien d'or* qu'il tenait à la main. C'était l'original, l'assura-t-il. L'ancien maire de Montréal se montra tout aussi intéressé par les documents que recelaient les archives parisiennes sur la Nouvelle-France et dont lui parla Papineau.

Le lendemain, l'ex-chef des patriotes accueillit avec émotion le capitaine Luc-Clément Fortin de Rivière-du-Sud, chez qui il avait passé sa dernière nuit au Bas-Canada, en décembre 1837. Il reçut ensuite avec empressement une délégation de citoyens des Trois-Rivières, suivie d'un groupe d'anciens députés ainsi que des gens du quartier.

Avec son frère Denis-Benjamin, de retour à Montréal pour la session, Papineau évita de parler politique, pour ne pas avoir à le sermonner, car il était devenu trop « anglais » à son goût. Il lui toucha mot, cependant, des projets qu'il caressait pour la Petite-Nation et suggéra qu'ils les réalisent ensemble. Il ne manquait plus que Louis-Michel Viger, son meilleur ami, qui arriva pour dîner, sa nouvelle épouse au bras. Mais comme pour confirmer les soupçons de Julie, Louis-Hippolyte LaFontaine et son acolyte, George-Étienne Cartier, ne se montrèrent pas le bout du nez.

Autant de sympathie venant des quatre coins du Bas-Canada aurait dû réjouir Papineau. Julie constatait plutôt que son humeur devenait plus chagrine chaque jour. Après avoir mis bout à bout les réflexions des uns et les commentaires des autres, il jugeait la situation du Canada humiliante.

« Tout ce que je vois, tout ce que j'entends me désole, lui confia-t-il, à l'issue d'un après-midi de rencontres. Auparavant, les Canadiens souffraient mais ils n'adulaient pas leurs oppresseurs. Aujourd'hui, ils se déshonorent et se mettent à genoux devant eux.

— Ils n'attendent plus que toi pour leur ouvrir les yeux, mon chéri. Tout va changer maintenant que tu es de retour. Ils ont besoin d'un vrai chef qui reste libre vis-à-vis des Anglais. »

Louis-Hippolyte LaFontaine se décida enfin à venir présenter ses hommages à l'illustre revenant. Il était grand temps, l'été indien avait déjà cédé la place aux premières gelées annonciatrices de l'hiver. À tergiverser plus longtemps, le nouveau chef réformiste se serait exposé aux cancans. Après avoir fait déposer sa carte, il se présenta à l'hôtel Rasco. C'était l'heure du déjeuner et Papineau l'attendait dans le hall. L'entrée de l'ancien et du nouveau chef dans le restaurant déjà bondé provoqua des murmures à peine feutrés parmi les convives. L'aubergiste Rasco leur avait réservé une table à l'écart, près d'une fenêtre qui donnait sur la rue Saint-Paul. En gagnant leur place, l'un et l'autre échangèrent poignées de mains et saluts avec les habitués, des avocats et des hommes politiques pour la plupart.

Les deux rivaux étaient le point de mire. Que pouvaient-ils donc se raconter ? La conversation débuta d'une manière tout à fait décontractée, LaFontaine dissertant longuement sur les avantages que Montréal retirait à être le siège du gouvernement. Il se disait très satisfait de l'immense salle où se tenaient les délibérations de la Chambre, au marché Sainte-Anne, tout comme de la plus petite, où se réunissait le Conseil législatif. Papineau s'informa du climat qui régnait entre les réformistes et le gouverneur, puis il s'enquit de la santé et du moral de ses anciens collègues, toutes questions auxquelles répondait LaFontaine qui, en bon élève, évitait les détails pouvant prêter à interprétation. L'un et l'autre paraissaient détendus, sinon exubérants, et résolument sur leurs gardes. En fait, leur complicité s'exerça davantage autour du menu que de la situation politique. Ainsi, ils s'amusèrent de la fausse soupe à la tortue qu'on leur avait servie et constatèrent, non sans s'en réjouir, que la grillade présentée « selon les normes anglaises » était beaucoup plus tendre que tout ce qu'ils avaient mangé dans les restaurants londoniens.

Au dessert, l'échange se corsa. Les questions de Papineau devenaient plus incisives, plus insistantes. Gardant son calme,

LaFontaine laissait fondre doucement la boule de sorbet au citron dans sa cuillère, avant de la porter à ses lèvres. Ce ne fut qu'en avalant une seconde bouchée qu'il commença à parler des dernières élections, comme l'en priait Papineau. Il confirma d'abord que Louis-Antoine Dessaulles, qui avait été battu à plate couture, n'avait eu aucune chance. Il était trop impulsif, trop bagarreur aussi, sans compter que ses revers financiers l'avaient entraîné dans une escalade de procès – une vingtaine en tout –, qui avaient considérablement terni sa réputation.

« Mais votre neveu est encore jeune, précisa-t-il, comme s'il regrettait sa sévérité, il aura bien le temps de se faire élire. »

Sans attendre la réaction de Papineau, il enchaîna sur les récents succès de leur ami commun, Wolfred Nelson, qui avait retrouvé son prestige et sa fougue d'antan. N'était-il pas le seul Canadien à avoir vaincu l'armée anglaise pendant les rébellions ? Et quel courage dans l'adversité ! Rentré des États-Unis pauvre comme un indigent, il s'était retroussé les manches plutôt que de s'apitoyer sur son sort comme tant d'autres. Ses efforts commençaient d'ailleurs à porter des fruits. Quant à George-Étienne Cartier, il poursuivait une brillante carrière d'avocat et s'intéressait de près aux chemins de fer qui relieraient bientôt Montréal aux grandes villes d'Amérique.

« Je ne serais pas étonné qu'il fasse prochainement le saut en politique, ajouta LaFontaine, en guettant la réaction de Papineau. Il en meurt d'envie.

— On m'a rapporté que votre ami Cartier salissait mon nom. »

La remarque de Papineau fut suivie d'un bref silence embarrassé. La cuillère de LaFontaine attaqua sa dernière bouchée de sorbet qu'il savoura sans lever les yeux, tandis que Papineau poursuivait sans détour :

« Paraît-il qu'il m'accuse d'avoir entraîné la jeunesse naturellement bagarreuse dans la plus folle équipée.

— Oh ! vous savez, il faut être philosophe, répondit LaFontaine laconique. Ce drame, personne n'est près de l'oublier. Chacun y va de son interprétation des faits. Moi, je pense qu'il faut regarder devant et non derrière. »

L'explication était peu convaincante, mais Papineau ne s'éternisa pas sur le sujet. À la table voisine, les convives se levèrent. Il les salua d'un signe de tête, tout en prononçant quelques paroles anodines, comme pour se donner une contenance. Une fois leurs voisins disparus, il se pencha vers son ex-collègue, occupé à verser un nuage de lait dans son café.

«Quelque chose m'échappe, reprit-il en avalant lui-même une gorgée de café noir. Vous qui avez affirmé publiquement que l'Union était un acte injuste et despotique, comment pouvez-vous travailler à son établissement ? »

LaFontaine déposa sa petite cuillère sur le bord de la soucoupe, posa ses coudes sur la table et se croisa les mains, avant de répondre.

«J'ai la conviction que l'Union des réformistes du Haut et du Bas-Canada nous apportera de meilleurs résultats qu'une vaine contestation.

— L'authentique patriotisme ne devrait-il pas plutôt nous inciter à refuser de coopérer à la mise en œuvre de ce que vous reconnaissez vous-même comme étant une injustice criante et que moi, j'appelle un acte de pillage, de dégradation politique, dont l'objet réel est d'angliciser les Canadiens ?

— Je le répète, à l'heure actuelle, toute opposition à outrance est stérile. Vous êtes parti depuis trop longtemps, mon cher Papineau. Il a coulé de l'eau sous les ponts pendant votre exil. N'oubliez pas que c'est grâce à l'Union si la langue française a été réhabilitée et si tous les exilés de 1837 ont pu rentrer.

— Admettez au moins que le principe d'une seule législature pour un si vaste territoire est vicieux. Comment arriverez-vous à répondre aux demandes locales et parfois contradictoires des uns et des autres, sans engendrer de nouvelles inégalités ?

— Les réformistes du Haut comme ceux du Bas-Canada poursuivent le même objectif : l'établissement d'un gouvernement responsable. En mettant nos efforts en commun, nous nous approchons du but.

— Le gouvernement responsable ? ricana Papineau. Si Londres avait voulu l'instaurer dans ses colonies, elle aurait commencé par respecter les droits acquis et aurait donné à chaque province une représentation proportionnelle à sa population.

— Ne croyez pas que je me repose aveuglément sur les promesses du gouverneur, protesta LaFontaine. Je sais qu'il ne concédera rien de bon cœur, mais je suis convaincu que tout dépend de la composition de la Chambre d'assemblée. En d'autres termes, à nous, les élus, de lui tenir tête et d'exiger.

— Vous ne m'enlèverez pas de l'idée que vous faites fausse route, trancha Papineau. Consentir à l'Union, c'est trahir la nation canadienne. Londres n'a-t-elle pas affirmé que ce serait une aberration d'accorder au Canada un gouvernement responsable comparable à celui qui existe en Angleterre ? N'a-t-elle pas rappelé la nécessité d'exercer une constante vigilance sur ce qui se passe dans ses colonies et de choisir elle-même les fonctionnaires ? »

Papineau se ménagea une pause et, en esquissant un mouvement de recul, débita d'un trait une nouvelle ronde de questions auxquelles il n'espérait même pas de réponses :

« Il suffit de regarder ce qui se passe, bon Dieu ! Même sous le gouvernement dont vous me vantez les mérites, le pouvoir est entre les mains exclusives du gouverneur. Aux dernières élections n'avez-vous pas eu à déplorer l'intervention des troupes ? N'ont-elles pas donné lieu à des effusions de sang ? Comme en 1832 ou en 1834 ?

— Les réformistes que je dirige en Chambre ne sont peut-être pas aussi influents que vous le souhaiteriez, mais ils ralentissent le mal.

— En étant des instruments passifs entre les mains du gouverneur ? Vous vous trompez lourdement. »

LaFontaine ne put retenir une moue d'agacement. Il s'essuya les lèvres et déposa sa serviette sur le coin de la table. La conversation allait en rester là. À compter de cet instant, il feignit l'indifférence. La sagesse lui avait enseigné à refuser les débats stériles. Le toupet dressé, tel un coq aux aguets, Papineau fonçait tête première, toujours prêt pour l'attaque, comme naguère. Mais il avait vieilli et il avait souffert, c'était indéniable. Pourtant, il refusait de revoir ses positions, comme si rien, pas même les drames qui l'avaient si cruellement marqué, n'avaient eu de prise sur lui. À l'évidence, il ne tirait aucune leçon du passé, alors que lui, LaFontaine, s'en inspirait pour construire l'avenir.

« Vous êtes toujours le même, à ce que je vois, monsieur Papineau.

— Le même en tout. Je n'ai rien oublié. Rien renié. »

Lafontaine encaissa l'accusation sans réagir. C'était inutile. Les deux hommes se levèrent de table pour marquer la fin de leur dialogue de sourds.

CHAPITRE XL

Lactance craque

Des goélettes et des bricks somnolaient dans le port, leurs mâts pointés vers le ciel. Sans la lune, l'obscurité aurait été totale. L'œil hagard et la barbe longue, Lactance Papineau se faufilait le long des quais, tel un chat noir un vendredi treize.

«Qu'est-ce que tu fous là, mon vieux? tonna Amédée en apercevant son frère. Je te cherche partout depuis des heures.»

Lactance continua son chemin, comme s'il n'avait pas entendu.

«Ne te sauve pas, je t'en prie, c'est moi, Amédée.»

Trop tard. Son étrange frère avait enjambé la clôture de la rue des Commissaires et, agile comme un animal en fuite, s'était enfoncé dans une ruelle obscure. Des odeurs douteuses forcèrent Amédée à rebrousser chemin, ce qu'il fit en maugréant contre Lactance qui, pour la deuxième fois, venait de passer dans la rue sans le voir. Il n'était pas loin de le croire somnambule. Ou fou. On lui avait rapporté que si quelqu'un se présentait par hasard à son studio et qu'il frappait à la porte, Lactance éteignait la bougie pour faire croire qu'il était absent. Lorsque la famille avait regagné la rue Bonsecours, il avait fait toute une histoire pour ne pas reprendre ses anciens quartiers, lui qui avait tant rouspété parce que Julie n'avait pas prévu de chambre pour lui dans le logis de la petite rue Saint-Jacques.

Amédée raconta sa poursuite nocturne à Julie qui ne fut pas autrement surprise car, depuis quelque temps, elle se faisait du mauvais sang pour Lactance. Il agissait de façon bizarre depuis l'arrivée de son père. Tantôt il l'affrontait ouvertement, se montrant même grossier, et d'autres fois il le toisait de haut, superbement, les dents serrés et le mépris imprimé sur le visage. Après, il sombrait dans la déprime et disparaissait des jours entiers dans l'obscurité de sa chambre sans donner signe de vie.

«Je le trouve insaisissable, admit-elle. Si j'ai le malheur de lui demander ce qui ne va pas, il me claque la porte au nez en me disant de me mêler de mes affaires. Il ne m'a jamais parlé sur ce ton auparavant. Il saute un repas sur deux, comme s'il préférait grignoter dans sa chambre plutôt que de se retrouver devant les autres, à table. Le lendemain, il sort de sa retraite et peut tout aussi bien me prendre dans ses bras en m'appelant sa petite maman d'amour.

— L'avez-vous envoyé chez le docteur Nelson, comme je vous l'avais suggéré? s'enquit Amédée.

— Il a refusé de le voir, sous prétexte que Wolfred est membre d'un gouvernement asservi.

— Maman, il lui manque un bardeau. Faites quelque chose, je vous en conjure.

— Si nous invitions ton ami le docteur Beaudriau à venir passer la soirée à la maison? Mine de rien, il pourrait observer Lactance sans éveiller ses soupçons et se faire une idée de ce qui ne va pas.

— Guillaume? N'est-il pas un peu jeune pour traiter un cas aussi complexe?

— On ne lui demandera qu'un avis, répondit Julie. D'ailleurs, j'ai pu l'observer, à Albany. Il a soigné Azélie avec talent.»

Le lendemain, après sa journée de travail au Palais de justice, Amédée passa au cabinet de Guillaume Beaudriau qu'il ramena à la maison. Ils étaient installés au salon que Julie avait redécoré comme dans le temps, et sirotaient tranquillement un apéritif, quand Lactance fit son apparition dans le cadre de la porte. La robe de chambre boutonnée de travers, les cheveux ébouriffés, il était d'une pâleur cadavérique.

«Qu'est-ce qu'il fait ici, celui-là? cingla-t-il en pointant Guillaume Beaudriau du menton. J'ai dit: pas de médecin.

— Grands dieux! Lactance, calme-toi, protesta Amédée. Guillaume n'est pas ici pour te soigner. Il est venu placoter avec moi, son confrère de collège. Je l'ai croisé dans la rue et ramené à la maison, voilà tout.»

Lactance grimaça, comme pour signifier à la ronde qu'il n'était pas dupe du subterfuge. Guillaume Beaudriau se dirigea alors vers Julie et lui baisa la main.

«La vérité, mon cher Lactance, c'est que je suis amoureux fou de ta mère. Tu te souviens comme elle m'a fait passer un mauvais quart d'heure à Albany? Ce genre d'expérience crée des liens pour toute une vie.»

Julie sourit à l'allusion du jeune médecin.

«J'y suis allée un peu fort à Albany, admit-elle. Mais il faut me comprendre. Azélie était malade et j'avais si peur. Vous, Guillaume, sans vouloir vous manquer de respect, vous aviez l'air d'un gamin trop entreprenant. Comment pouvais-je deviner que vos méthodes thérapeutiques étaient les bonnes?

— Je l'ai guérie, votre Azélie.

— Vous l'avez guérie, en effet, malgré ma méchante humeur, et je ne l'oublierai jamais. Mais assez parlé de mon vilain caractère. Dites-nous plutôt ce que vous avez fait depuis l'exil.»

Après avoir tenté sa chance en Louisiane, et y avoir laissé le peu d'économies qu'il avait en poche, Guillaume venait de rentrer au pays. Montréal avait besoin de médecins, par suite de la recrudescence de l'immigration irlandaise, et il était en train de se bâtir une clientèle assez enviable.

«Il est vrai que mes malades ne me paient pas rubis sur l'ongle, avoua-t-il, mais dès qu'ils vont mieux, ils m'envoient un petit quelque chose.

— Quant à ceux qui crèvent, ils se font enterrer avec leur argent, fit Lactance, pour ajouter son grain de sel.

— Parlons de vous, monsieur Papineau, reprit Guillaume en s'adressant à Louis-Joseph qui n'avait pas encore dit mot. Comment trouvez-vous le Canada après une si longue absence?»

Lactance s'agita sur son siège et marmonna d'un ton hostile :

«Vous devriez plutôt demander à mon honorable père comment il a pu abandonner sa merveilleuse femme aussi longtemps.»

Julie posa son index sur les lèvres de son fils pour lui signifier de se taire. Papineau, qui avait deviné le sens, sinon les termes exacts de la désagréable remarque de son fils, lui tourna le dos et entreprit ni plus ni moins de se justifier auprès du jeune médecin. Il s'était juré de revenir seulement lorsque tous les exilés seraient autorisés à rentrer, à la suite d'une amnistie générale, ce qui expliquait son séjour prolongé en Europe. Il en avait fait une question de principe. La conversation déboucha alors sur les malheureux patriotes expédiés en Australie, après l'insurrection de 1838, et qui arrivaient au Canada les uns après les autres, certains dans un état physique lamentable. Guillaume pouvait en témoigner, lui qui en avait soigné un ou deux à son cabinet.

«Comptez-vous effectuer prochainement un retour en politique, monsieur Papineau? l'interrogea-t-il. Je me suis laissé dire que les élections ne tarderaient pas et j'imagine que ce ne sont pas les propositions qui manquent.

— Allons donc, grommela Lactance, un rictus aux lèvres. Qu'est-ce que mon père irait faire dans cette galère? Il est fini!

— Tu permets? fit Papineau d'autorité, en le braquant du regard. Je peux encore répondre quand on m'interroge.

— Je sais mieux que vous dans quel état est notre malheureux pays. Et j'ai compris qu'il n'y a rien à faire ici, même pour qui s'appelle Papineau. Je méprise le Canada-Uni et son gouvernement asservi. Puisque nous sommes incapables d'être un peuple libre, nous méritons l'esclavage.

— Papa peut changer tout ça, avança Amédée, qui n'attendait que l'occasion de manifester son optimisme naturel.

— Papa en redresseur des torts? ricana Lactance. En sauveur de la patrie? Mais il est dépassé, le cher homme. Parfaitement déclassé. Au suivant...»

Cette fois, Julie s'emporta. Lactance ne devait pas manquer de respect à son père. Pas devant elle, en tout cas. Ses récriminations, toujours les mêmes. l'excédaient. Tantôt, il reprochait à Papineau de l'avoir privé du strict nécessaire, à Paris; tantôt, il lui en voulait d'avoir imposé une existence de gueux à sa famille, au Canada, pendant qu'il menait une vie de pacha en Europe. Mais Julie redoutait surtout ses allusions à la future carrière politique de Papineau. Ses insupportables sarcasmes l'ulcéraient et provoquaient des scènes à n'en plus finir entre eux.

Ne tenant aucun compte des remontrances de sa mère, Lactance haussa encore le ton en s'adressant à Papineau :

«Il fut un temps où votre présence sur l'échiquier politique aurait pu faire pencher la balance du côté du peuple. Vous auriez organisé une opposition efficace et sans doute auriez-vous réussi à faire modifier les clauses injustes de l'Acte d'Union. Mais il aurait fallu revenir au pays plus tôt, mon cher père. Maintenant, il est trop tard. Aujourd'hui, votre style, vos attaques ne sont plus de l'air du temps.

— Tu devrais monter te reposer, Lactance, lui ordonna Julie, en prenant la même voix que lorsqu'il était gamin. Tu as les nerfs à fleur de peau. Va ! »

Lactance se leva docilement. Il déposa un baiser sur le front de sa mère et se dirigea vers la porte, tandis que Papineau, l'ignorant, expliquait à Guillaume qu'il avait plutôt envie d'entreprendre la construction d'un manoir à l'image de ceux qu'il avait fréquentés en France que de se porter candidat aux élections.

« Voyez-vous ça ! s'exclama Lactance en se retournant d'un coup sec, au moment de sortir. Mon père jure ses grands dieux qu'il ne songe pas à retourner en politique. Il prétend s'établir à la Petite-Nation alors que c'est faux, archi-faux. Il ne l'admettra pas, bien entendu, mais notez ce que je vous prédis : il sautera dans la mêlée... et ce sera pour son plus grand malheur et le nôtre, une fois de plus !

— Assez ! explosa Papineau. Disparais de ma vue ! »

Il n'avait jamais été la patience incarnée, en particulier avec son effronté de fils. Lactance parlait à tort et à travers, comme d'habitude. Ses propos semblaient incohérents, ce qui n'était pas nouveau non plus. Personne ne lui avait demandé son avis, de quoi se mêlait-il au juste ? Mais loin de déguerpir comme son père le lui avait ordonné, Lactance reprit ses attaques qui fusaient en rafale. La réplique de Papineau fut si violente qu'il en perdit contenance. Le docteur Beaudriau crut bon de lui venir en aide :

« Pourquoi es-tu cruel, toi habituellement si gentleman, Lactance ? »

La remarque aurait dû apaiser la rancune de Lactance et lui fournir l'occasion d'effectuer une sortie honorable. Au contraire, il s'emporta :

« Parce que je suis naturellement cruel. Tu l'ignorais ? Le gentleman en moi n'est qu'un masque. Je suis tout le contraire : méchant, foncièrement méchant. J'adore faire souffrir les autres...»

Et il éclata d'un rire sardonique.

« Tu es complètement...»

Amédée s'arrêta net, regrettant déjà d'être entré dans la mêlée.

« Fou ! Vas-y, finis ta phrase, dis-le que je suis fou», hurla Lactance hors de lui.

481

Julie l'implora de se calmer. Elle fit signe à Amédée de se taire et tâcha de faire comprendre à Papineau que Lactance n'était pas dans son état normal. Mais la scène, franchement disgracieuse, avait trop ulcéré Papineau qui ne supportait plus son fils. Dans son délire, l'impertinent réussissait toujours à toucher une corde sensible chez lui. Comment Lactance pouvait-il savoir que, ce soir-là, son père avait rendez-vous à l'hôtel Rasco avec une délégation du comté de Saint-Maurice qui espérait le convaincre de briguer les suffrages ? Et comment avait-il deviné que la proposition ne le laissait pas indifférent ? Il s'excusa auprès de Guillaume Beaudriau et prit congé, en promettant à Julie d'être de retour à temps pour le dîner.

« Je vous accompagne, papa, fit Amédée en le suivant. Salut, Guillaume, à plus tard. »

Lactance disparut, lui aussi. Restée seule avec le jeune médecin, Julie rapprocha sa chaise de la sienne.

« Croyez-vous qu'il soit en train de perdre la raison ? lui demanda-t-elle, d'une voix troublée. Si tel était le cas, j'aimerais mieux le voir mort. »

Guillaume Beaudriau hésitait à se prononcer. Le cas lui semblait complexe. Ce n'était pas tant la violence de la colère de Lactance qui le préoccupait mais ses épisodes de léthargie qui, à ce que lui avait raconté Amédée, se prolongeaient pendant des heures, dans l'obscurité de son cabinet.

« Madame Papineau, dites-moi comment tout a commencé. Vous rappelez-vous un événement particulier qui l'aurait déstabilisé ? Une histoire d'amour qui aurait mal tourné ? Un patient qu'il aurait perdu par suite d'une erreur de diagnostic ? »

Julie avait beau chercher, elle ne voyait pas. Lactance ne se vantait ni de ses prouesses professionnelles ni de ses échecs. Quant aux filles, elle ne lui connaissait aucune amourette.

« Son agressivité vis-à-vis de son père est-elle accidentelle ? voulut savoir le jeune docteur. Peut-être faudrait-il chercher à comprendre ce que cette fureur cache. »

À Paris, la cohabitation de Lactance et de son père n'avait pas été de tout repos, admit Julie. Mais il s'était réjoui comme toute la famille de voir Papineau rentrer au pays. Les premiers temps, il s'était montré attentif, toujours prêt à lui rendre service. Un beau jour, sans que rien l'expliquât, il avait commencé à lui lancer des flèches. Timides d'abord, empoisonnées ensuite.

« J'ai pensé qu'ils avaient de vieux comptes à régler, du temps de leur vie à Paris, et je me suis dit que les choses se tasseraient. »

Julie se souvenait aussi que Lactance s'était rendu à la seigneurie de l'Assomption pour soigner son grand cousin, Louis-Michel Viger, qui souffrait d'une infection à l'œil. Aurait-il pris froid au cours de ce voyage ? Au retour, la traversée en bac avait été houleuse et il s'en était plaint. La pluie tombait à torrent et il était rentré chez lui complètement détrempé. Le lendemain, une grosse fièvre l'avait cloué au lit pour quelques jours.

« Qui l'a soigné ? demanda le jeune Beaudriau.

— Personne. Il ne voulait voir aucun médecin et préférait se guérir lui-même. Il a combattu le mal par d'abondantes saignées. Il en a probablement abusé car elles l'ont laissé sans énergie et fort amaigri, comme vous avez pu le voir. »

Pendant sa maladie, Julie s'était rendue quotidiennement à son studio mal chauffé. Tout était sens dessus dessous, les tiroirs de sa commode ouverts en permanence et ses vêtements abandonnés en tas dans un coin. Au mur, un portrait d'Hippocrate suspendu de travers voisinait avec des daguerréotypes de son grand-père Papineau et de sa grand-mère Bruneau, épinglés à la hâte. Il avait obstrué les fenêtres avec des couvertures pour masquer la lumière. À la tête du lit, sur sa table de chevet, à côté de sa poudre à dents, l'eau qui traînait dans le lave-main était d'une couleur douteuse. Sur sa table de travail trônaient son petit canot d'écorce et ses calumets de paix, conservés depuis l'enfance, à côté d'un poignard finement ciselé et rapporté de Paris. Il y tenait comme à la prunelle de ses yeux.

Julie l'avait supplié de venir habiter avec eux, rue Bonsecours. Il avait d'abord refusé, sous prétexte qu'il préférait vivre en réclusion plutôt qu'en famille. Il prétendait que seul, il ne faisait de mal à personne. Mais la fièvre ne cédant pas, elle avait préparé sa valise et lui avait ordonné de la suivre. Il avait fini par obéir, à condition que Julie s'occupât elle-même de lui, ce qu'elle avait fait religieusement. Il avait retrouvé l'appétit, mais son moral restait à plat.

« Je vous passe les détails de son comportement erratique des mois suivants, mon cher Guillaume », termina Julie. Disons simplement qu'il était tout miel avec moi et tout fiel avec son père. »

Mais le docteur Beaudriau insistait pour connaître le moindre détail et elle reprit le fil de son histoire. Après sa fièvre, l'état d'esprit de Lactance s'était amélioré lentement. À Noël, il avait même fait danser Marie-Anne Bruneau venue passer les fêtes – ses premières depuis dix ans – à Montréal. Il avait pleuré longuement, presque exagérément, en apprenant que sa cousine Honorine venait de perdre son mari, le docteur Leman, mort à Buckingham, en lui laissant deux jeunes enfants.

« Il était inconsolable, précisa Julie, mais je n'y ai pas fait vraiment attention. À douze ans, il avait été secrètement amoureux d'Honorine. En y repensant, je me rends compte que sa peine était sans doute excessive. »

Lactance avait malgré tout fait ses visites du jour de l'An avec Papineau et Amédée et aucun des deux n'avait remarqué quoi que ce soit d'anormal dans sa façon de se comporter vis-à-vis des autres.

Au cours de l'hiver, brusquement, ses sorties mondaines cessèrent. Il refusa d'accompagner Amédée et Louis-Antoine au bal du gouverneur et bouda le théâtre qu'il adorait pourtant, préférant lire dans son lit, surtout les poésies de Victor Hugo et de Ronsard. Tout ce qui concernait la politique l'ennuyait désormais. Il n'apprécia guère *Le Journal d'un exilé politique aux Terres australes* qu'un réfugié en Australie, Léandre Ducharme, venait de publier et qu'Amédée avait dévoré en deux heures, et referma sans les terminer *Les Œuvres de Jefferson*, qui faisaient fureur aux États-Unis. Il consentit de mauvaise grâce à assister à la lecture publique d'Amédée, à l'Institut canadien, mais critiqua vertement son exposé d'économie politique qu'il jugea médiocre. Lactance se montrait de plus en plus sévère aussi avec son père qui, à ses yeux, ne faisait rien qui vaille. S'ils se trouvaient dans la même pièce, c'était fatal, ils s'asticotaient. Fort heureusement, Papineau avait passé le mois de janvier à la Petite-Nation, ce qui avait soulagé Julie, qui ne pouvait plus tolérer les prises de bec entre le père et le fils.

Lactance avait profité de ce répit pour préparer les cours de botanique qu'il devait dispenser à l'Université McGill. Pendant des heures, il entretenait la famille de physiologie végétale. Tous, même Ézilda, faisaient un effort désespéré pour paraître intéressés à ses propos beaucoup trop pointus pour le commun des mortels, de peur qu'il ne sombre à nouveau dans un état second, comme celui qui les avait tant alarmés. Le matin de son premier cours, il avait passé tout un savon à Ézilda. La malheureuse avait cherché à lui faire plaisir en repassant sa chemise et son jabot. Insatisfait du résultat, il l'avait chicanée, accusant du même souffle mademoiselle Douville de le négliger. C'était sa responsabilité à elle de s'occuper de son linge. Le climat était tendu mais, ce même soir, à son retour de l'université, Lactance était un homme transformé : calme, agréable, aimable même. Il semblait avoir une double personnalité.

Sa bonne humeur avait été de courte durée. Fallait-il mettre sa rechute sur le compte d'un surcroît de travail ? Julie avait voulu le croire. Car en plus de donner des cours à l'université, il s'était attaqué à une étude sur la théorie de l'homéopathie qui fut publiée dans la *Revue canadienne*. Au début de mars, il avait aussi donné une lecture publique sur les généralités de l'histoire naturelle et la manière de l'étudier. Bon joueur, Amédée qui y avait assisté, l'avait chaudement félicité même si, un mois plus tôt, son frère avait démoli la sienne.

« Lactance continuait-il à voir des malades ? demanda le docteur Beaudriau. Je veux dire, pratiquait-il encore la médecine ?

— Oh ! il avait bien quelques patients, mais il soignait surtout ses oncles et ses cousins, observa Julie. On aurait dit que la botanique occupait toutes ses pensées. Il prétendait chercher, dans l'étude des plantes, des applications à utiliser en médecine. Déjà en France, il avait suivi des cours de sciences naturelles à la Sorbonne et passait son temps libre au Jardin des Plantes. »

Julie se leva en priant Guillaume de l'excuser : elle voulait voir où en était le dîner.

« Vous allez manger avec nous, j'espère ? »

Le jeune homme déclina l'invitation. Il avait encore des malades à visiter mais il accepterait volontiers un autre apéritif. Elle lui servit un doigt de porto, fila à la cuisine pour en revenir aussitôt.

« Alors voilà, je vous ai tout raconté. Son épuisement physique a provoqué une nouvelle poussée de fièvre, plus pernicieuse que la première. Lactance est mieux, du moins physiquement, mais ça ne va pas du tout dans sa tête, comme vous avez pu le constater.

— En effet, remarqua le médecin d'un air songeur.

— Qu'en pensez-vous, Guillaume ? Soyez franc, ai-je raison de m'alarmer ?

— Lactance a assurément besoin de repos. Mais je ne suis pas tenté de lui prescrire de puissants médicaments pour l'instant. Si vous pouviez l'éloigner de la ville pendant quelques semaines, cela aurait un effet bénéfique sur ses nerfs fragiles. Le mieux serait qu'il ait le moins de contact possible avec son père mais, si c'est impossible, l'air pur et les grands espaces le calmeront peut-être. Du moins, je l'espère. »

Julie baissa les yeux. Le sort en était jeté. Elle devrait donc se résigner à passer l'été à la Petite-Nation. Depuis un certain temps, Papineau ne parlait plus que d'y construire son fameux manoir et il la suppliait de l'accompagner pendant les vacances des enfants. Jusque-là, elle avait résisté à ses demandes, mais si la santé de Lactance l'exigeait, elle n'avait d'autre choix que de se soumettre à la volonté de Dieu.

« Je suivrai votre conseil, Guillaume, promit-elle. Encore une question cependant : croyez-vous que Lactance soit en état d'assister au mariage d'Amédée ? »

CHAPITRE XLI

Le mariage d'Amédée

Amédée tenait mordicus à ce que Lactance lui serve de garçon d'honneur à son mariage. Mais l'idée n'était pas sans lui donner des sueurs froides. S'il fallait que son étrange frère fasse des frasques ! S'il éclatait d'un rire sardonique au beau milieu de la cérémonie nuptiale ! Ou pis, s'il tombait à bras raccourcis sur Papineau devant les invités embarrassés !

Tout au long du voyage, depuis Montréal jusqu'à Saratoga, le fiancé épia son frère à travers ses lunettes, redoutant de déceler au hasard d'un geste ou d'une parole, l'indice d'une rechute. Jusque-là, rien d'anormal et Amédée commença à mieux respirer. Papineau se tenait à l'écart, évitant tout commentaire pouvant indisposer son fils qui, pour stable qu'il parut, n'en demeurait pas moins imprévisible.

Julie avait préféré rester à Montréal, soi-disant pour préparer le bal en l'honneur des jeunes mariés, qu'elle donnait à leur retour de voyage de noces. De toute manière, ce mariage presbytérien ne l'enchantait pas, ce qu'elle n'osa pas avouer cependant, de peur qu'on la jugeât mal. Mais elle concéda volontiers à Papineau qu'elle avait une peur bleue de voir Lactance se mal conduire et fit promettre à son mari de ne pas le quitter d'une semelle. Après leur départ, elle continua de se ronger les sangs, incapable de chasser de sa mémoire la dernière phrase de Lactance, au moment de monter dans le vapeur.

« Ils pensent que je suis fou ! »

Mademoiselle Douville ne cessait de geindre :

« Pourvu qu'il ne gâche pas le mariage de notre Amédée. Mon doux Seigneur, faites qu'il ne fasse pas de crise ! »

Contre toute attente, Lactance ne se permit aucun esclandre. En arrivant à Saratoga, il s'extasia devant les fleurs déjà écloses et apprécia le soleil de mai, ardent comme en plein été. Papineau se fit déposer chez le chancelier Walworth, tandis qu'Amédée passa d'abord chez sa fiancée qu'il n'avait pas vue depuis une éternité. Laissé à lui-même, Lactance se promena dans la ville, cherchant le parc où il allait naguère faire un tour avec son grand-père Papineau. Il passa un long moment à la source du Congrès, à boire de l'eau réputée pour ses qualités fortifiantes, convaincu que son état nerveux, dont il était parfaitement conscient, était dû au surmenage. Il avait tendance à pousser son organisme jusqu'aux limites de l'épuisement. Le moment était venu de se discipliner. À la tombée du jour, il rentra sagement chez le chancelier, juste à temps pour le dîner qu'il prit d'un air absent, répondant poliment mais sans y mettre d'ardeur aux questions qu'on lui posait. Papineau voulut croire que son fils s'était laissé gagner par la fatigue du voyage, qu'il ressentait lui aussi, cependant que leurs hôtes attribuèrent le silence du jeune homme à sa timidité excessive, qu'ils avaient déjà remarquée lors de son séjour précédent à Saratoga.

Le matin du grand jour, le 20 mai, Lactance avait retrouvé la forme. Il arriva chez les Westcott, à neuf heures, en compagnie de Papineau et d'Amédée qui se ressemblaient comme deux gouttes d'eau, dans leur longue redingote noire, et leurs chapeaux hauts de forme identiques. Une trentaine d'invités étaient déjà au rendez-vous, des amis du temps de leur exil américain pour la plupart. Le chancelier Walworth, qui avait rédigé le contrat de mariage d'Amédée, donnait le bras à la toujours belle Maria Walworth, si fière de son *dear Amédée*, à qui elle était restée attachée, malgré la distance et les années passées. Miss Lucy, miss Anna et miss Sarah, les trois inséparables amies de Mary, étaient ravissantes dans leurs robes de demoiselles d'honneur. Maître Ellsworth, chez qui Amédée avait fait sa cléricature, était là aussi, comme Erastus Corning, le fondateur du New York Central Railroad, qui sillonnait l'État, et le plantureux hôtelier Washington Putnam.

Dos contre la cheminée de marbre blanc, dans l'élégant et cossu salon tendu de rouge des Westcott, Amédée contemplait sa fiancée qui descendait lentement le grand escalier, au bras de son père, plus sévère que nature dans son habit d'apparat. Le ministre Chester de l'église presbytérienne s'avança jusqu'au milieu du hall. Chacun prit sa place et le célébrant rappela briè-vement les devoirs du mariage. Mais Amédée n'écoutait pas, absorbé par sa vision de Mary, dont les cheveux châtain clair, relevés en un haut chignon, brillaient sur sa tête. On aurait dit des pépites d'or. Elle lui souriait de ses belles dents blanches, sa main repoussant élégamment son voile de mariée qui faisait de l'ombrage sur sa joue. Qu'elle a de beaux yeux bleus ! pensa-t-il.

«*Mary Eleonor Wescott, do you take Louis-Joseph-Amédée Papineau for your spouse ?*

— *I do*», répondit la jeune fille d'une voix chantante.

Au signal, Lactance s'approcha du futur marié pour lui remettre le jonc qu'il tenait serré dans sa main. Amédée glissa l'anneau d'or au doigt de sa fiancée. En moins d'un quart d'heure la cérémonie était finie. Encouragés par les invités, les jeunes époux s'embrassèrent. Au signal, les flûtes à champagne apparurent pleines de bulles pétillantes sur les plateaux d'argent. C'est encore Lactance qui, en sa qualité de garçon d'honneur, se chargea de rompre le gâteau à quatre étages, nappé de crème pâtissière, que les demoiselles d'honneur distribuèrent. Il eut alors une pensée pour sa mère qui n'aurait pas apprécié des noces aussi expéditives. Elle avait beau admirer les mœurs décontractées des Américains, et Dieu sait qu'elle leur rebattait les oreilles avec ces champions de la démocratie, son culte de la tradition était trop poussé pour qu'elle accepte de réduire le sacrement du mariage à sa plus simple expression.

Papineau, lui, ne s'arrêtait pas aux considérations protocolaires. *In Rome, do as the Romans do*, pensait-il en imaginant, lui aussi, la tête de Julie qui n'admettait pas que l'union nuptiale soit consacrée ailleurs que dans une église. Le premier, il embrassa la mariée qu'il trouvait éblouissante dans sa longue robe blanche parée de fines dentelles. Il serra la main de son fils en lui murmurant, nostalgique : «Mary est aussi belle que l'était ta mère le jour de notre mariage.»

D'un même mouvement, le père et le fils se tournèrent vers la frêle jeune femme qui, dans un geste gracieux, détachait les fleurs de son bouquet pour les lancer aux demoiselles. «Vive la mariée», criaient celles-ci en français.

Dans sa maison de la rue Bonsecours, Julie attendait les jeunes mariés. Ça lui faisait tout drôle de les accueillir dans les lieux qu'elle avait apprivoisés aux premiers jours de son propre mariage, vingt-huit ans plus tôt, et où Amédée avait lui-même grandi. Ézilda surveillait la rue depuis le matin, lorsqu'elle entendit des bruits de sabot.

« Maman, les voilà. »

Julie courut à la fenêtre de la bibliothèque, d'où elle aperçut, derrière la vitre, un cabriolet tiré par une paire de chevaux noirs, qui s'arrêtait devant la porte cochère. Amédée ouvrit la portière, sauta de la voiture, en fit le tour et, après avoir retiré son chapeau haut de forme, aida une élégante jeune femme, sûrement Mary, à en descendre. Elle portait une robe de popeline garnie de rubans de velours rose, des bas de soie et des escarpins fins.

Julie, qui avait tiré légèrement le rideau pour mieux l'observer, la trouva à son goût. Mary avait cet air typique des jeunes filles de bonne famille. Ses yeux de myope, plissés comme si elle souriait, semblaient supplier Amédée de ne pas trop s'éloigner. C'était bien inutile puisqu'il s'était juré de ne jamais la perdre de vue. Pendant les présentations, la jeune femme très mince rougit candidement en faisant sa révérence devant Julie, grand-mère Bruneau et Ézilda.

Julie tombait littéralement sous le charme enfantin de sa jeune bru aux mèches dorées et aux magnifiques yeux bleus. Mary pouvait dormir sur ses deux oreilles, sa belle-mère l'avait déjà adoptée.

Une mère ne cède jamais de plein gré son fils aîné à une autre femme et Julie n'était pas des plus héroïques. Mais elle gardait dans sa mémoire l'accueil glacial que lui avait réservé la mère de Louis-Joseph et elle s'était juré que, peu importe ses premières impressions, elle donnerait sa chance à la femme qu'Amédée choisirait. Celle-ci était exquise et c'était de bon augure.

« Ma chère Mary, fit-elle, permettez que je vous embrasse, Amédée m'a tant parlé de vous que je vous aimais déjà avant de vous connaître. »

Dans les heures qui suivirent, les parents et amis se présentèrent tour à tour, rue Bonsecours, pour rencontrer la perle rare dont Amédée faisait l'éloge depuis des mois. Julie observait encore la jeune mariée qui retournait adroitement les compliments et plaisantait sur les trop nombreuses qualités qu'Amédée

lui attribuait. Sa belle éducation, reçue à l'Académie des demoiselles de Saratoga, impressionnait, comme son français qu'elle
parlait avec un accent charmant. Lorsque Julie vanta sa maîtrise
de la langue, Mary se pendit au bras d'Amédée, «le meilleur
professeur au monde», en lui faisant des yeux doux. Le nouveau
marié raconta alors que, pour arrondir ses fins de mois, il avait
effectivement enseigné le français à une classe de jeunes Américaines de Saratoga, toutes plus séduisantes les unes que les
autres. Mais il ne voyait que la jolie miss Westcott et ç'avait été
un calvaire pour lui – il insista là-dessus – de donner ses cours
sans jamais trahir ses sentiments. Le dernier jour, après la remise
des prix, il l'avait suivie dans le jardin pour lui avouer son
amour, terrorisé à l'idée qu'elle le rabroue.

«Eh bien! ma chère maman, figurez-vous qu'elle a ri. Vous
avez bien compris, Mary s'est moquée de moi.

— Non, ce n'est pas vrai, je n'ai pas ri, protesta Mary dont
les joues s'empourpraient. J'ai peut-être souri mais de là à dire
que j'ai ri...

— Puisque je vous assure qu'elle a ri, insista Amédée. Vous
devinez, ma chère maman, combien je me suis senti parfaitement
ri-di-cu-le.

— Amédée, tu vas me faire passer pour une tête de linotte,
fit Mary.

— Et alors, poursuivit Amédée comme s'il n'avait pas été
interrompu, elle m'a dit d'une traite qu'elle savait depuis des
lunes que j'étais amoureux d'elle; elle m'a avoué qu'elle était
folle de moi, elle aussi, et a ajouté cette chose épouvantable : ses
amies pariaient depuis des semaines sur le jour où je me déci-
derais à faire ma déclaration.»

L'histoire fit le tour de la famille. Mais le clou de la journée
fut le récit qu'Amédée fit de son voyage de noces à Boston et
dans les White Mountains. Car, ô surprise, ses beaux-parents les
avaient chaperonnés.

«Tu blagues? fit Louis-Antoine Dessaulles, qui n'en croyait
pas ses oreilles. Vous avez fait un voyage de noces... à quatre?

— Tu nous fait marcher?» renchérit Lactance qui jugeait la
chose aberrante.

Amédée, lui, n'y trouvait rien à redire. Dans le train aux
murs d'acajou et aux banquettes de velours, les deux couples,
assis face à face, avaient devisé gentiment. À Springfield, dans

le Massachusetts, ils étaient descendus dans un excellent hôtel où ses beaux-parents occupaient... la chambre voisine. À Boston, il avait passé une heure à lire les journaux dans la salle des nouvelles, en compagnie de monsieur Westcott, pendant que Mary et sa mère faisaient des emplettes. Le quatuor avait visité la célèbre Université Harvard, un cimetière qui ressemblait à celui du Père-Lachaise, à Paris, et l'arsenal de la Marine, réputé mondialement. Un jour, ils s'étaient rendus à la fabrique de pianos de Chickerings où Mary avait reçu de ses parents un piano en bois de rose d'une valeur de 450 dollars.

« D'accord, tes beaux-parents vous choyaient, mais vous laissaient-ils jamais seuls ? » demanda Louis-Antoine, qui avait une tout autre idée de ce que devait être une *honeymoon*.

Évidemment, répondit Amédée, qui se rappelait s'être promené avec Mary, en carrosse fermé... un jour de pluie. Mais dès le lendemain, sous un soleil éclatant, ils avaient retrouvé la charmante compagnie de monsieur et madame Westcott, avec qui ils avaient fait le trajet jusqu'au mont Washington. Le sol s'était asséché en un rien de temps et ils avaient pêché la truite à quatre. Ils avaient ensuite joué aux quilles et fait d'inoubliables excursions en montagne. Enfin, à Whitehall, le jour du départ, ils avaient vidé une dernière bouteille de champagne et s'étaient séparés la larme à l'œil.

« Et bon débarras !

— Lactance ! reprocha Julie. Ce n'est pas très gentil.

— Et vous maman ? Où papa vous a-t-il emmenée en voyage de noces ? demanda Amédée qui continuait de penser que le sien avait été impeccable.

— Au risque de scandaliser Lactance, je vous dirai que nous sommes allés à Saint-Hyacinthe. Plus précisément au manoir Dessaulles où j'ai fait la connaissance de vos grands-parents Papineau, de vos oncles et de votre tante Marie-Rosalie. Dans mon temps aussi, les parents chaperonnaient les jeunes mariés.

— Oui mais là, vous remontez au déluge.

— Lactance ! »

Le bal fut des plus réussis. Julie et Louis-Joseph valsèrent jusqu'au petit matin, sous le regard attendri de leurs enfants qui ne demandaient pas mieux que de les voir ainsi enlacés. Mary passa la soirée pendue au cou d'Amédée. Elle ne s'éloigna de lui que le temps d'esquisser quelques pas de danse avec ses nombreux cousins, mais revenait vers lui sitôt la musique arrêtée.

Le lendemain, par une chaleur torride, la famille se dispersa. Amédée et Mary aménagèrent dans un trois pièces flambant neuf, au premier étage de l'hôtel Donegani, rue Saint-Paul. Leurs meubles arrivèrent bientôt de New York suivis, peu après, du magnifique piano de Mary. La jeune mariée en eut pour plusieurs jours à défaire ses malles et à déballer les cadeaux de noces, pendant qu'Amédée reprenait le collier au Palais de justice.

De son côté, Louis-Joseph, heureux comme un roi, se préparait à prendre la route de la Petite-Nation en compagnie de Julie, d'Ézilda et de mademoiselle Douville. Chargées de provisions pour passer l'été, celles-ci affichaient un air de « condamnées ». Là-bas, c'était la saison des *bibittes* et elles auraient volontiers retardé leur départ d'une semaine ou deux. Mais la goutte qui fit déborder le vase fut la décision tardive de Lactance de rester en ville.

« Il ne va pas recommencer ? » fulmina Papineau en se rappelant les crises que piquait Lactance enfant au moment de quitter un lieu pour un autre, quand tout le monde s'affairait autour des derniers préparatifs. « Ce qu'il me tape sur les nerfs ! »

Julie exhorta son mari au calme : ce n'était pas le moment d'étaler sa mauvaise humeur. Il se rendrait plus utile en cherchant Lactance qui avait disparu après avoir annoncé qu'il ne partirait pas. Elle fouilla elle-même la maison et ses dépendances avec mademoiselle Douville et Ézilda.

Elles le trouvèrent finalement au milieu du salon, derrière les portes closes. Il farfouillait à quatre pattes sous les fauteuils, à la recherche de son monocle. Pendant le bal, il avait dansé une gigue endiablée et prétendait l'avoir échappé quelque part. Il pestait contre la bonne qui avait mal fait le ménage et, la minute d'après, soupçonnait un des invités de lui avoir volé sa précieuse lorgnette.

« Tu es sûr de l'avoir perdu ce soir-là ? demanda Julie incrédule.

— Oui, oui, oui, s'impatienta-t-il, je ne suis pas complètement idiot. D'ailleurs, je l'avais en ma possession à la procession de la Fête-Dieu et à la messe de la Saint-Jean-Baptiste.

— Ce n'est pas grave, Lactance, fit doucement Julie, la bonne va le retrouver et Amédée te l'apportera lorsqu'il viendra.

— J'ai dit que je ne partais pas avec vous, maman. Inutile d'insister... ma décision est prise.

— Mais oui, tu pars avec nous, mon chéri, tu as besoin de repos, nous en avons longuement discuté, toi et moi, et tu étais d'accord.»

Elle lui parlait comme à un enfant et Lactance se mit à taper du pied.

«Laissez-moi tranquille, hurla-t-il, comme un hystérique. Je ne suis ni étourdi ni superficiel, moi. J'ai du travail et il n'y a que cela qui compte. Trop de jeunes gens ne pensent qu'à s'amuser et ne comprennent pas la nécessité de s'imposer des règles sévères. Moi, je sais ce que j'ai à faire.

— À la Petite-Nation, tu pourras préparer tes cours en toute quiétude, argumenta Julie. Ton père t'aidera.

— Pouah!»

Lactance poursuivit son interminable monologue sur la nécessité de se dépasser. C'est finalement Papineau qui trancha. Si Lactance refusait de partir, eh bien, qu'il reste! La famille n'allait pas se laisser empoisonner la vie par un petit docteur prétentieux et incohérent.

«Incohérent? explosa Lactance. Vous osez me traiter de fou? Sachez, mon cher père, que je suis plus équilibré que vous. Si vous ne terrorisiez pas ma mère comme vous le faites, elle resterait avec moi, à Montréal, plutôt que d'aller s'enterrer dans votre forêt seigneuriale où elle crève d'ennui.»

La scène bouleversa Ézilda qui fondit en larmes. Papineau donna des ordres pour qu'on hisse les bagages sur le toit et à l'arrière de la voiture, puis il décréta le départ qui se fit dans le plus parfait silence, en l'absence de Lactance, enfermé dans sa chambre.

CHAPITRE XLII

De si belles vacances !

Resté à Montréal, Amédée ne savait plus à quel saint se vouer. L'état de Lactance continuait de se dégrader et le médecin se perdait en conjectures. Deux fois déjà, il avait dû s'arracher aux bras de Mary pour passer la nuit auprès de son frère. Le pauvre divaguait et menaçait d'aller courir les rues, convaincu que d'horribles monstres le pourchassaient. Il le tenait éveillé jusqu'à l'aube.

À bout de ressources et de patience, Amédée résolut de le reconduire lui-même à la Petite-Nation. Le plus dur serait de le convaincre de partir. Mine de rien, il lui annonça son intention d'aller faire un tour à la «butte aux maringouins», comme disait Julie, pour voir de ses yeux comment leur mère s'adaptait à la vie champêtre, elle qui était partie à reculons. Le plus innocemment du monde, il lui proposa de l'accompagner, sous prétexte que la route était longue et qu'à deux le temps passerait plus vite.

Le stratagème fonctionna. Lactance acquiesça à cette proposition qui ne lui sembla pas incongrue et se montra calme jusqu'à Lachine. Le vapeur *Oldfield* les mena ensuite à Pointe-Fortune où ils sautèrent dans la diligence pour franchir les six lieues du Long-Sault. Jusque-là, rien à signaler. Ils bavardèrent comme si de rien n'était. Le pape Grégoire XVI venait de mourir et ils lui cherchèrent un successeur aux idées plus modernes. Plus loin, à bord du *Porcupine* qui descendait l'Outaouais, Lactance se referma comme une huître, réalisant subitement le guet-apens dans lequel il était tombé. Écrasé dans sa chaise longue, les yeux fermés, il s'emmura dans ses pensées et Amédée ne voulut pas l'importuner. Après douze heures de route, les deux frères débarquèrent au quai de Chipaye, qui marquait les débuts du domaine de la Petite-Nation. Lactance se sentait si faible qu'Amédée dut le soutenir.

«Pauvre Lactance», murmura Julie, toute bouleversée en apercevant son fils décharné, les yeux hagards, comme absent, qui s'avançait péniblement vers elle. Tu as bien fait de me l'amener», chuchota-t-elle à l'oreille d'Amédée.

Lactance ne trouva même pas la force de protester. Pendant le reste de la journée, la famille resta sur le qui-vive, de peur de contrarier le malade. Toute la soirée, Ézilda piqua du nez sur sa broderie et Papineau ne desserra pas les dents. Le pauvre Lactance paraissait à cent lieues des siens et ne semblait pas remarquer les précautions dont ils l'entouraient. Seule Julie gardait espoir que l'air pur, une nourriture saine et l'affection de sa mère lui feraient du bien.

Amédée repartit le lendemain, à l'aurore, en cachette de Lactance.

« Au revoir, maman, je vous le confie. Ayez du courage.

— Tu reviendras bientôt, n'est-ce pas ?

— Sitôt l'école terminée je vous amènerai Gustave et Azélie, c'est promis. »

De cet été de 1846, exceptionnellement beau et chaud, Julie garda le souvenir du bonheur familial retrouvé. Ils occupaient l'ancienne maison de Joseph, demeurée vide depuis sa mort, à quelques lieues de la presqu'île de Denis-Benjamin.

Lactance remontait miraculeusement la pente, sous les soins attendris de Julie qui le dorlotait comme un bébé. À la mi-juillet, en pleine canicule, Amédée et Mary se pointèrent au quai du village avec le reste de la tribu. Ils avaient la gorge enrouée tant ils avaient chanté pendant tout le trajet. Azélie sauta au cou de son père, qu'elle entraîna par la main jusqu'à la grange où jadis grand-père Papineau mesurait ses petits-enfants. Elle avait grandi de quatre pouces depuis la dernière fois. Julie s'extasia devant la parfaite jeune fille qu'elle était devenue, polie et soignée, et en attribua le mérite aux sœurs du Sacré-Cœur, ce qui horripila Papineau, qui espérait garder Azélie à la maison l'automne venu. Presque aussi grand que ses frères aînés, Gustave eut droit aux bonnes vieilles moqueries sur la mauvaise herbe qui pousse comme du chiendent. Seule la minuscule Ézilda n'avait pas profité, mais elle ne semblait plus s'en faire avec la paralysie de sa croissance.

À la première occasion, Lactance prit Amédée en aparté pour le remercier. Il avait eu raison de lui imposer ce séjour à la Petite-Nation. Qu'il se rassure, il ne lui en voulait pas et s'engagea même à faire tout en son pouvoir pour guérir ses nerfs malades. Il ne comprenait toujours pas comment cette vilaine maladie s'était attaquée à lui et reconnut qu'il se sentait humilié d'être sous son emprise. Par moments, il était si désespéré qu'il songeait à s'enlever la vie.

Le 28 juillet, sous un soleil de plomb, les huit chevaux attelés aux quatre voitures domaniales piaffaient dans la cour. À la cuisine, Julie et Angelle, la femme de Denis-Benjamin, achevaient de remplir les paniers de victuailles pour ce qui s'annonçait comme le plus gargantuesque pique-nique jamais vu à la Petite-Nation : pâté de foie, terrine de canard, œufs farcis, veau en gelée, salade aux noix et une montagne de desserts, dont l'irrésistible tarte au sucre, d'après la recette de la défunte tante Victoire que grand-père aimait tant.

«La tarte ou la tante?» demanda l'impertinent Gustave qui ne se souvenait ni de l'une ni de l'autre.

Ils avaient tous de quoi fêter. Denis-Benjamin Papineau, récemment promu premier ministre, avait réussi à convaincre le gouvernement de l'Union de voter le traitement intouché de son frère. Quelque 4 500 livres qui serviraient à construire un luxueux manoir inspiré des châteaux de la vallée de la Loire que l'*ex-orateur* de la Chambre d'assemblée avait fréquentés, au temps de son exil, ce qu'il rappelait à tout venant.

Papineau attendait ce jour depuis longtemps, trop heureux de partager avec les siens son grand rêve sur le point de devenir réalité. Marie-Rosalie Dessaulles et ses trois enfants arrivèrent juste à temps pour se joindre aux Papineau, qui n'avaient jamais été aussi nombreux. En tout, seize cousins et cousines, de dix à trente et un ans, certains déjà mariés, d'autres encore aux études. Comme le temps passait! Même le curé Toussaint-Victor Papineau avait abandonné sa paroisse de Saint-Marc pour participer aux retrouvailles.

La caravane se mit en branle sur le coup de onze heures, dans une joyeuse cacophonie qui dura jusqu'à ce qu'elle atteigne le sommet du cap Bonsecours. Pour ce déjeuner sur l'herbe, Papineau avait choisi un lieu chargé de sens. C'était en effet sur ce site d'une beauté à couper le souffle, et qu'il avait découvert avec Julie, douze ans plus tôt, qu'il construirait son manoir surplombant l'Outaouais. Les travaux de défrichement étaient complétés et les fondations, sur le point d'être creusées.

Tel un grand seigneur, Papineau exposa ses plans à son auditoire attentif bien qu'agité. Le geste large, généreux, il décrivit fougueusement les étapes successives de son établissement. Il avait fait abattre tous les arbres qui nuisaient à la vue du fleuve, ne conservant que ceux qui feraient de l'ombre, dans ce parc qui serait dessiné à la française. Il était prématuré de parler de plans définitifs pour le manoir mais, chose certaine, il refusait d'envisager une construction de brique, comme le lui suggérait Denis-Benjamin. Dans ce coin de pays où la pierre était de grande qualité, il valait mieux opter pour ce matériau, d'autant plus qu'il y avait une carrière à proximité. Pour les murs des fondations, il hésitait entre la pierre à chaux et la pierre à grès. Il ferait miner le roc à plusieurs endroits et trancherait. S'avançant de quelques pas, il indiqua le tracé du chemin qui mènerait à la résidence, puis revint à l'emplacement du manoir et s'écria sur le ton qu'il empruntait jadis pour ses discours électoraux :

«Mes enfants, l'an prochain nous serons ici chez nous. Votre mère ne partage pas encore mon euphorie mais ça viendra.»

Julie fut tentée de l'encourager dans ce projet qui commençait à l'exciter, elle aussi. Mais au même moment, elle aperçut son petit chenapan de fils qui s'aventurait au bord de la falaise.

«Gustave, prends garde !» s'écria-t-elle.

— Maman, maman, regardez la nuée de canards sauvages dans les joncs.

— Mon chéri, éloigne-toi du précipice, je t'en supplie, tu me fais frémir...

— Allez ! maman poule, j'ai quinze ans. Laissez-moi de la corde.»

Le rire fut général. Profitant de l'intermède comique, Gustave accompagné d'Azélie et d'Ézilda grimpèrent dans les broussailles, jusqu'aux pics les plus élevés, en lâchant de petits cris, pour apeurer leur mère qui persistait à les traiter comme des enfants d'école. La leçon porta et Julie s'efforça de regarder ailleurs.

Amédée prit Mary par la main et l'entraîna au haut d'une colline voisine habitée par trois pins géants. Il tira un coup de fusil en décrétant :

« Nous le baptisons Rocher Mary.

— Hourra, hourra, hourra », applaudirent les cousins et cousines à l'unisson.

Mary se pencha pour cueillir quelques mûres et des bleuets sauvages qu'elle fit goûter à Amédée. Lactance en réclama et elle lui ordonna d'ouvrir la bouche en fermant les yeux pour mieux savourer les petits fruits dont elle lui faisait cadeau. Il rougit de bonheur. Julie songea alors à la douceur de vivre que connaîtrait son fils s'il rencontrait un jour une jeune fille comme Mary. Il avait un inaltérable besoin de tendresse. Rouvrant les yeux, Lactance décocha à Julie un regard complice, comme s'il devinait ses pensées.

Pendant que les garçons se disputaient les canots pour aller pêcher la perchaude, au petit lac rond comme un miroir à main, tout à côté, les filles étendaient les nappes à carreaux sur l'herbe fauchée ras, en échangeant des confidences sur leurs amoureux, réels ou imaginaires. Mary avait l'air de bien s'amuser. À croire qu'elle faisait partie de la famille depuis toujours.

« Laissez-moi vous aider », dit-elle à Julie, en s'emparant des serviettes de table qu'elle disposa sur les nappes, avant de revenir pour déballer les provisions. Lorsqu'elles se retrouvèrent sans les autres, la jeune Américaine ajouta tout bas, en bafouillant presque :

« Je... je suis un peu gênée de vous demander cela, madame Papineau, mais j'aimerais vous parler seule à seule, tout à l'heure. Ou demain, si vous préférez ?

— Pourquoi pas maintenant ? répondit Julie en jetant un regard tout autour. Nous en avons presque fini avec les préparatifs. Les garçons ne seront pas de retour avant un petit bout de temps, si vous voulez, nous pouvons marcher toutes les deux du côté de la grève.

— *All right.* »

Les dernières bouchées à l'érable disposées dans les assiettes et une fois les tartes aux pommes taillées en pointe, le tout sous la bonne garde d'Angelle et de ses filles, Julie et Mary empruntèrent le sentier dont les herbes avaient été piétinées. D'entrée de jeu, la jeune mariée annonça le sujet de ses préoccupations. Il s'agissait... de ses devoirs conjugaux, expliqua-t-elle. Elle souhaitait vivement obtenir quelques éclaircissements de la part d'une femme d'expérience qui serait en mesure de la comprendre, sans la juger.

« J'ai confiance en vous », dit-elle, en guettant un signe d'encouragement chez sa belle-mère.

Surprise, Julie s'efforça d'abord de cacher son trouble. Elle n'avait pas l'habitude d'aborder des sujets aussi délicats, ni avec ses propres sœurs ni avec ses belles-sœurs, encore moins avec sa scrupuleuse de mère.

« Vous allez me trouver impertinente de vous confier mon intimité, alors que nous nous connaissons à peine, poursuivit Mary, sans perdre son aplomb mais un peu plus crispée de minute en minute.

— Au contraire, j'apprécie votre franchise, Mary, dit Julie, en lui prenant la main pour la rassurer. Je vais essayer de vous aider de mon mieux. Je n'ai pas beaucoup d'expérience en la matière, mes filles sont encore bien jeunes, mais dites-moi ce qui vous préoccupe. »

Julie était sûre d'avoir deviné le secret de Mary. Elle s'inquiétait probablement des irrégularités de son cycle menstruel ou encore, elle redoutait une grossesse douloureuse, sa mère étant morte en couches à vingt-cinq ans. La pensée que sa jeune bru voulait se plaindre de la maladresse d'Amédée lui effleura l'esprit, mais elle chassa cette idée complètement insensée. Son fils était un jeune homme trop délicat, trop amoureux pour brusquer sa délicieuse femme. Mary entreprit alors de s'expliquer :

« J'aimerais savoir si... si c'est mal de le faire tous les jours. Absolument tous les jours. »

La question était si directe que Julie en resta bouche bée.

« Vous n'aimez pas... l'amour ?

— Si, si, au contraire. Je me suis mal exprimée. En fait, je veux savoir si c'est péché d'aimer ça, justement. Faut-il en demander pardon à Dieu ?

— Mais non, Mary, lui sourit Julie. Votre chair et celle d'Amédée n'en forment plus qu'une, avez-vous oublié ce qu'a dit le pasteur le matin de votre mariage ? Tant de femmes se plaignent de la trop grande assiduité de leurs maris. Du moment que le vôtre n'abuse pas de vous...

— Oh ! non, Amédée est si gentil avec moi, plein de tendresse. Quand je me sens fatiguée et que j'ai sommeil, il me laisse dormir. Je sais qu'il ne faut jamais se refuser à son mari, sous peine de désobéir à Dieu, mais je me dis qu'Il comprend, non ?

— Bien sûr qu'Il comprend ! »

Mary tergiversait, c'était évident.

« Voyez-vous, finit-elle par avouer, il y a des nuits où je le fais juste pour le plaisir et pas du tout pour avoir un bébé. Le lendemain, je me sens terriblement coupable.

— Mais non, mais non, surtout pas de culpabilité. Dans la vie, il vient un moment où les maris sont moins attentifs à leur épouse. Moins affectueux aussi. Alors, Mary, profitez de votre bonheur pendant qu'il dure. Vous êtes tellement beaux, tous les deux. »

Mary rit d'un petit rire nerveux et Julie la trouva charmante. Bras dessus bras dessous, elles remontèrent vers le haut plateau où les jeunes gens devaient déjà les attendre.

« Je ne sais pas où j'ai pris le courage de vous dire toutes ces choses... *so intimate*, fit Mary en regardant Julie avec reconnaissance, mais ça m'a fait le plus grand bien. Je me sens soulagée.

— Vos parents sont si loin.

— Ma mère est morte quand j'avais cinq ans. Madame Westcott, la deuxième femme de mon père, a été bonne pour moi. Je suis très attachée à elle mais, comment vous dire ? Jamais je n'oserais aborder ces questions avec elle. *Oh ! my God !, she is so scrupulous !* Elle est Anglaise jusqu'au bout des ongles. Très très *british*.

— Venez bavarder avec moi quand vous voudrez, ma chère Mary. Je suis votre amie. Du moment que vous ne faites pas trop souffrir mon Amédée... »

Les garçons les rattrapèrent au milieu de la côte. Ils étaient dans un état de surexcitation peu ordinaire. Après la pêche, ils avaient repris le sentier qui remontait au cap Bonsecours. Mais pour faire plus court, Gustave avait piqué à travers champ. Manque de chance, il avait marché à pieds joints sur un nid de guêpes. Il hurlait à pleins poumons. Amédée et Lactance avaient bondi à son secours pour se retrouver peu après dans les mêmes draps. Ils exhibaient leurs bras tachetés d'horribles piqûres, preuve qu'ils n'exagéraient pas.

«C'est bien fait pour vous, se moqua Azélie, accourue au son des cris.

— Mais attendez, reprit Amédée en se tournant vers les dames, vous ne savez pas le pire.

— Amédée! fit Julie. Tu as le visage couvert de rougeurs.»

Honteux, Amédée dut avouer à son tour qu'en jouant au sauveteur il s'était aventuré dans une talle d'herbe à puce.

«J'ai pris le venin à la figure. Mais ne vous inquiétez pas, maman, Lactance va m'arranger ça. Vous verrez, il n'y paraîtra rien le jour de mes noces d'or.»

Lactance fouilla dans sa trousse et en sortit une pommade qui soulagea ses frères en un rien de temps.

«Tout le monde à table! décréta Papineau de sa voix de grand seigneur.

— Vous voulez dire, tout le monde à quatre pattes», répondit du tac au tac Gustave, en s'asseyant à l'indienne.

***

La construction du manoir seigneurial débuta lentement. Malgré sa grande hâte, Papineau se résigna à règler d'abord les problèmes de ses censitaires qui avaient trimé dur pendant la crise économique et ne voyaient toujours pas le bout du tunnel. Le Canada-Uni s'était peut-être relevé, mais les colons continuaient à en arracher. Après l'épidémie de la mouche à blé, dont les ravages avaient forcé certains d'entre eux à abandonner la culture, la maladie de la patate avait ruiné les dernières récoltes. Leurs bêtes aussi pâtissaient. Le foin se vendait à prix d'or et la paille, moins coûteuse, devenait si difficile à trouver que les vaches et les chevaux de labour mouraient de faim. La bonne volonté des colons n'était pas en cause, mais à l'évidence, ils ne s'en sortiraient pas sans le secours de leur seigneur, enfin de retour après des années d'absence.

Papineau les écouta, épongea les dettes des plus mal pris et mit de l'ordre dans les affaires de la seigneurie, laissées à l'abandon par son frère Denis-Benjamin, plus préoccupé de politique que de ses responsabilités d'agent des terres. Il fallait ouvrir des chemins sur tout le domaine, défricher des arpents de terre cultivables pour accorder des concessions à de nouveaux colons, poser des digues, réparer les moulins... Le vaillant seigneur s'activa tout l'été.

Désormais, l'administration accaparait ses énergies. Il aurait dû se sentir déprimé devant autant de misère et de récriminations. Et pourtant, jamais il n'avait paru aussi heureux. Il ne semblait plus nostalgique de la vie parisienne, pour le plus grand soulagement de Julie. Lorsqu'il rentrait le soir, fourbu, il n'avait d'autre envie que de préparer sa journée du lendemain.

Le dimanche, c'était sacré, les Papineau et les Dessaulles jouaient aux cartes. Un soir, cependant, Papineau abandonna les joueurs à leur partie pour aller discuter du prix de l'orge et du tracé des routes avec son frère Denis-Benjamin, sur la véranda. Louis-Antoine Dessaulles et Lactance, qui venaient de perdre au whist, se joignirent à eux pour fumer une pipe. La conversation prit une tournure imprévue quand les deux frères entreprirent de convaincre leur neveu Louis-Antoine d'abandonner ses projets de manufacture de chandelles pour se concentrer sur la production agricole.

« Tu as la chance de posséder une seigneurie qui compte parmi les meilleures terres au Canada, affirma Denis-Benjamin qui s'y connaissait en sol.

— C'était vrai auparavant, répliqua Louis-Antoine. Mais, de récolte en récolte, notre sol s'est appauvri. Depuis quelques années, il ne donne qu'un grain maladif.

— Ça se corrige, mon neveu, ça se corrige, assura encore Denis-Benjamin qui se mit en frais de lui exposer les techniques peu coûteuses qu'il faudrait envisager pour engraisser sa terre.

— Hélas ! Je n'ai pas l'âme d'un laboureur, décréta le jeune seigneur d'un air hautain. Si seulement j'avais épousé Caroline Debartzch, quelle fortune serait la mienne aujourd'hui !

— Elle n'a pas encore hérité que je sache, fit Papineau.

— C'est tout comme, puisque son père est à l'article de la mort. Il lui léguera sûrement sa propriété, en plus d'un beau magot.

— Pierre-Dominique Debartzch se meurt ? répéta Papineau, surpris.

— Demandez à mon oncle Toussaient-Victor si vous ne me croyez pas. »

On fit venir le curé qui laissa la table de jeu en maugréant. Il confirma que son plus éminent paroissien avait reçu les derniers sacrements de ses mains, peu avant son départ pour la Petite-Nation.

« À cette heure-ci, il est peut-être passé de vie à trépas.

— Après ce que m'a fait cet intrigant, se hérissa Louis-Antoine, qu'il brûle éternellement en enfer. Jamais je ne lui pardonnerai d'avoir profité de mon inexpérience.

— Alors, si je comprends bien, le père t'a volé tout rond et la fille n'a pas voulu de toi, fit Toussaint-Victor, pince-sans-rire.

— C'est à peu près ça, confirma Louis-Antoine. La belle Caroline a préféré épouser un réfugié polonais. »

Il avait prononcé la nationalité d'Édouard-Sylvestre de Rottermund avec mépris, ce qui indisposa le curé :

« Le comte de Rottermund, dont j'ai béni le mariage avec mademoiselle Debartzch, est un homme magnifique, rectifia-t-il. À trente ans, il est ingénieur géologue et il vient d'ailleurs d'être nommé inspecteur des mines.

— En tout cas, lui, il n'a pas à se faire de souci pour l'avenir », conclut Louis-Antoine, sans rancune, comme s'il s'agissait d'une histoire classée.

Lactance sembla alors tomber des nues. Il interrogea le curé de Saint-Marc sur l'époux de Caroline, convaincu que sa réputation était surfaite. Soit, le comte était minéralogiste mais, au cercle d'Histoire naturelle, dont il était lui-même membre, il s'était laissé dire que le Polonais était aussi beau-parleur que son beau-père Debartzch. Le curé Papineau protesta encore, soupçonnant son neveu d'être jaloux, ce dont Lactance se défendit mollement.

« Les demoiselles riches ne font jamais de mariages d'amour, argumenta-t-il, le regard perdu dans le lointain. Elles épousent l'argent, non la valeur. Et dans ce cas-ci, le titre. Un médecin qui commence et qui ne jouit pas d'une fortune personnelle, ce n'était pas assez bien pour elle. Ah ! comme je la méprise. »

Il vint les yeux pleins d'eau. Autour de lui, les hommes échangèrent des regards interrogateurs. Quelle attitude fallait-il prendre ? C'était un secret de Polichinelle que la jeune Caroline avait éconduit cavalièrement Lactance. Affront suprême, elle lui avait retourné le souvenir qu'il lui avait rapporté de Paris. Louis-Antoine appliqua une tape amicale sur l'épaule de son cousin et dit pour le consoler :

« T'en fais pas, mon vieux Lactance, une de perdue, dix de retrouvées...

— Qui te dit que j'en cherche une autre ? »

Son visage s'était décomposé. Il se leva précipitamment et lâcha haineux, avant de disparaître :

« Imbécile ! »

Cette nuit-là, Lactance garda toute la maisonnée sur le qui-vive par ses cris et ses monologues. On aurait dit qu'il était en grande conversation avec Julie.

« Maman, maman, répétait-il, je me marie, maman, il faut des fleurs, beaucoup de fleurs pour l'autel.

— Calme-toi, mon chéri, répondit celle-ci, en se précipitant à son chevet.

— Vous ne comprenez pas, maman, il faut parer l'autel, c'est votre rôle. »

Il était en nage. Julie lui épongea le front mais il hurla.

« Ne me touchez pas, ne me touchez pas, c'est mal, vous êtes ma mère. Mais nous allons nous marier et les choses vont changer. Ah ! si vous saviez combien je suis heureux de vous voir toute de blanc vêtue. »

Il chanta l'hymne nuptial, s'arrêta net au milieu d'une strophe et hurla :

« Nooooonnnnn... je ne pourrai jamais. Je suis impuissant, je le sais, je suis impuissant. Il n'y a rien à faire. »

Papineau et Amédée se précipitèrent dans la chambre et captèrent ses dernières paroles.

« Sa folie est peut-être causée par la continence, suggéra Amédée.

— J'en doute, répondit Papineau. Un jeune homme frêle, dont l'imagination n'a pas été brûlée par des lectures érotiques, ne souffre pas d'être privé de vie charnelle. D'ailleurs, il s'est toujours montré chaste et réservé.

— Chut », fit Julie.

Lactance se souleva sur ses oreillers, regarda sa mère, son père et son frère rassemblés autour de lui et dans un rictus désespéré lâcha :

« Pourquoi vous moquez-vous de moi ? »

La nouvelle crise nerveuse de Lactance s'avéra plus sévère que les précédentes. Après, il n'alla plus en excursion avec ses cousins et ne courut plus à travers champs avec Azélie. Les promenades en chaloupe à la Rivière-au-Saumon ne lui disaient rien et il refusait d'accompagner Julie aux nouvelles sources de Calédonia, presque aussi miraculeuses que celles de Saratoga, et qui n'étaient qu'à trois lieues du domaine. Quand Amédée lui ramena une chauve-souris à disséquer, il la repoussa sans explication. S'il consentait à suivre la tribu à la messe du dimanche, c'était seulement pour échapper au harcèlement maternel qu'il ne supportait plus.

Les tempêtes tropicales, si courantes en cette saison, l'excitaient. Le visage écrasé contre la vitre, il interprétait la moindre perturbation atmosphérique comme l'annonce d'un cyclone. Le spectacle des canots d'écorce remplis de sauvages cherchant refuge déclenchait chez lui des réactions hystériques : il se tenait les côtes pour rire à gorge déployée à la vue des voyageurs en détresse, mais s'emportait lorsque les naufragés grimpaient aux rochers pour s'abriter.

Si ses nuits étaient effroyables, ses délires diurnes s'accompagnaient d'idées de grandeur. Il noircissait des pages de son écriture illisible qu'il destinait aux journaux. Se croyant investi de pouvoirs supérieurs, il prétendait que l'Université McGill l'avait chargé de réformer la santé au Canada. Parfois, il s'en prenait à ses collègues dont il dénonçait les erreurs scientifiques. Preuves à l'appui, il démolissait leurs thèses savantes. D'autres fois, il les accusait de le plagier. Ses lettres dûment signées, il les confiait en grand secret à mademoiselle Douville qui promettait de les mettre à la poste le jour même, ce que, bien entendu, elle se gardait de faire.

Plus agacé qu'inquiet, Papineau ne semblait pas prendre au sérieux l'état de son fils, à qui il tenait rigueur de gâcher de si belles vacances. Il s'entêtait à l'obstiner sur tout et sur rien.

« Tu vises la perfection dans ton art, Lactance, et tu t'irrites des obstacles sur ta route, lui reprochait-il, en le voyant s'acharner à rédiger des exposés dévastateurs. La patience est une vertu que tu ne pratiques pas assez.

— Foutez-moi la paix. La médecine a besoin d'être réformée en Canada. »

Déconcerté par l'impertinence de son fils, Papineau continuait cependant à l'inonder de ses précieux conseils paternels :

« Tu veux imposer des changements trop rapides. Les mentalités sont lentes à évoluer, j'en sais quelque chose. Je t'exhorte à la modération, car la passion est mauvaise conseillère. Ne mets pas ta santé en péril. Tu fais mourir ta mère à petit feu.»

Lactance n'écoutait plus. Des boules de cire enfoncées loin dans les oreilles, il chantonnait pour narguer son père, qui, comme de raison, multipliait les remontrances. Le bel été virait au cauchemar. Julie pleurait, Papineau s'emportait, Ézilda s'enfuyait...

«Il faut le placer en institution, Julie, décréta Papineau, qui ne le supportait plus. Non seulement il gâche sa vie, mais il empoisonne la nôtre.

— Même en parfaite santé, cet enfant n'a jamais été heureux, admit tristement Julie. Maintenant, son état l'humilie. Tu pourrais essayer de le comprendre au lieu de lui déclarer la guerre.

— Tu ne vois pas qu'il me cherche ?

— Tu n'as jamais su comment t'y prendre avec lui. Au lieu de lui témoigner de l'affection, ce dont il a désespérément besoin, tu le contredis violemment, même sur des questions anodines. Tu n'as aucune considération pour lui et il le sent.

— Je ne peux pas l'approuver quand il accuse faussement ses confrères de se liguer contre lui. Quant à la demoiselle Debartzch, s'il l'avait vraiment aimée, nous l'aurions su. Il faut chercher ailleurs la cause de son déséquilibre.»

Julie s'épuisait à force de se sentir écartelée entre le père et le fils.

«Vous êtes tous les deux pareils, lui reprochait-elle, pleine de dépit. Charmants en société, vous ménagez les susceptibilités des étrangers, mais vous vous montrez intolérants et injurieux l'un envers l'autre. C'est excusable chez un malade mais impardonnable chez un père qui aime son enfant atteint d'un mal aussi grave.»

Papineau se leva, prit sa veste sur le portemanteau et se dirigea vers la sortie. Mais Julie n'avait pas dit son dernier mot :

«Tu as de grands torts envers lui, comme tu en as eu à Paris.

— Ne te gêne pas, continue, fais mon procès. Et profites-en pour ressortir tes vieux griefs.

— Tu ne changeras jamais, toujours emporté, prêt à contredire.»

La Petite-Nation se vida peu à peu de ses habitants saison-
niers. Gustave retourna au collège de Saint-Hyacinthe et Azélie
au couvent nouvellement déménagé à Joliette. La seigneurie
redevenue silencieuse, Julie se sentit plus seule que jamais avec
son immense chagrin et cultiva un sentiment de culpabilité
démesuré : elle n'avait pas consacré assez de temps à Gustave et
s'en voulait aussi de ne pas avoir accompagné Azélie chez les
sœurs. Pis encore, elle n'avait pas su guérir Lactance.

« Je suis dépassée par les événements », gémissait-elle,
prenant à témoin la patiente Ézilda, toujours là, prête à consoler
sa mère et à l'épauler.

Papineau n'était pas d'humeur à écouter les jérémiades de sa
femme. Il lui en voulait de se laisser aller au découragement,
alors qu'il eût fallu se réconforter mutuellement. C'était un
vilain défaut que de s'apitoyer sur son sort.

« La raison n'a pas assez d'emprise sur toi, lui reprocha-t-il
sèchement. Tu devrais prendre exemple sur moi. Je ne me laisse
jamais abattre. »

Ils s'entendaient au moins sur un point : Lactance avait
besoin de soins professionnels. Papineau s'empressa de demander l'avis d'un de ses amis médecins à New York. Dans une
lettre de cinq pages, il s'efforça de lui décrire les symptômes
qu'il avait observés chez son fils, à commencer par son déséquilibre émotif, son instabilité et son imagination exaltée. Chez
lui, le délire était passé à une phase plus aiguë. Ses idées de
grandeur et sa soif de pouvoir avaient disparu, pour faire place à
un profond désespoir. Depuis peu, il manifestait aussi des instincts autodestructeurs inquiétants.

Au physique, ça n'allait pas non plus. Lactance manquait
d'appétit. Même devant les plats dont il raffolait, il chipotait,
dédaigneux. À ce régime, il avait littéralement fondu. Fallait-il
craindre une tumeur cérébrale ? La paralysie générale ? Ou
l'épilepsie, vu les convulsions que déclenchait une trop grande
agitation ? Papineau s'y perdait devant toutes ces hypothèses,
refusant cependant d'admettre que la maladie de son fils pût être
fatale, une perspective qui angoissait Julie.

Le docteur Earle, un Américain fort respecté dans sa profession, lui répondit avec empressement. L'hystérie était un état
pathologique trop grave pour être traité à distance, écrivit-il. La
maladie s'accompagnait de troubles sensoriels et psychiques qui

étaient susceptibles de disparaître sous l'influence de la persuasion, ce qui se produisait rarement. Les manifestations hystériques traduisaient habituellement des conflits affectifs refoulés ou non parvenus à la conscience. Le sujet, et il insistait sur ce point, devait obligatoirement être éloigné de sa famille et du lieu où se déroulaient ses crises. Dès lors, il recommandait à Papineau de lui amener son fils à l'asile de Bloomingdale, près de New York. Il le garderait en observation le temps qu'il faudrait et s'occuperait de lui personnellement. Il ne voyait aucune autre solution.

Dans un moment de lucidité, Lactance consentit à entreprendre le voyage. La cure, espérait-il, le sauverait peut-être. Les derniers jours, il ressemblait à un oiseau blessé, recroquevillé sur lui-même. Le matin de son départ, il renvoya sans y toucher le plateau à déjeuner que mademoiselle Douville lui avait préparé. Il descendit en costume de voyage, sa trousse de médecin à la main. La voiture était garée devant la porte. Amédée et Louis-Antoine, rappelés à la Petite-Nation pour la circonstance, se tenaient de chaque côté de la portière, prêts à l'attraper s'il cherchait à leur échapper.

C'était inutile, Lactance s'engouffra docilement à l'intérieur, à côté de son père, sans un mot, sans un sourire, tout à fait résigné à son sort. Julie courut jusqu'à lui, refusant de le laisser partir sans un baiser ou un mot d'encouragement.

«Lactance», fit-elle d'une voix désespérée.

Alors, il fondit en larmes :

«Pardonnez-moi, maman, mon esprit chavire... J'ai si peur.»

Effondrée, Julie regarda s'éloigner la voiture qui emmenait son fils à l'asile d'aliénés. Le malheur qui la poursuivait depuis tant d'années ne lui accordait pas un moment de répit.

CHAPITRE XLIII

Valses viennoises

Une fois Lactance interné à New York, Julie ne songea plus qu'à quitter la Petite-Nation. De toute manière, Papineau ne se souciait guère de sa présence, encore moins de ses humeurs chagrines, qu'il balayait du revers de la main comme autant de signes de faiblesse. Il n'appréciait pas le spleen féminin.

Il était grand temps qu'elle tire sa révérence. Elle s'ennuyait à périr, lisant du matin au soir tous les romans-feuilletons qui lui tombaient sous la main : «La comtesse a deux maris», d'Honoré de Balzac, dans *La Revue canadienne*; son «Père Goriot», dans *L'Ami du peuple* et les romans d'Alexandre Dumas, dans *Le Fantasque*. Chaque épisode finissait par un suspense qui la tenait en haleine jusqu'au prochain numéro, qu'elle recevait toujours en retard, ce qui ajoutait à son impatience. C'est ainsi qu'elle ne connut jamais le dénouement du *Petit Bossu*, un roman de Paul de Kock, le fils de sa vieille amie parisienne, car elle ne put se procurer le dernier exemplaire du journal qui le publiait en feuilleton.

«Je lis jusqu'à en user mes lunettes», répétait-elle en maugréant contre son isolement.

À la première occasion, Julie regagna donc la rue Bonsecours avec Ézilda et la fidèle mademoiselle Douville, laissant Papineau avec ses censitaires. La ville lui sembla plus agitée que jamais. En face de chez elle, la maison désertée par Jacques Viger avait été transformée en mess des officiers, et les militaires y circulaient à toute heure du jour. La chapelle Notre-Dame-de-Bonsecours était en réfection et les échafaudages menaçaient de s'écrouler sur les fidèles. Quant à la place Jacques-Cartier, elle était si encombrée de charretiers qu'on ne pouvait plus y circuler à pied. Tout cela défigurait le faubourg, mais Julie en faisait peu de cas puisqu'elle retrouvait sa maison.

Son sens pratique l'incita à commander douze cordes de bois qui lui coûtèrent 19 shillings. Une bonne affaire ! Puis, elle acheta un poêle Franklin, d'après le modèle si populaire à New York, et se sentit d'attaque pour affronter l'hiver. Entre-temps, à l'hôtel Donegani, la chaudière à vapeur de la cuisine explosa, provoquant l'écroulement d'un mur de soutien, sous l'appartement d'Amédée et de Mary, qui déménagèrent provisoirement rue Bonsecours, ce qui d'une certaine manière, changea le cours des choses.

Brisée par la démence de Lactance et l'éloignement de Papineau qui s'incrustait à la Petite-Nation, Julie concevait sa vie comme une série de vicissitudes signées de la main d'un Dieu cruel, qui n'accordait son salut qu'à ceux qui le gagnaient chèrement. L'arrivée de Mary dans son quotidien lui redonna un peu de cette joie de vivre qui lui faisait défaut. Dieu l'éprouvait, mais en même temps, Il lui envoyait Mary pour l'aider à surmonter son cortège de contrariétés et de désillusions. La mystique qui émergeait en elle avec l'âge s'expliquait mal pourquoi le Très-Haut avait choisi une protestante au lieu d'une catholique pour adoucir sa pauvre vie. Qu'importait !

Julie allait d'ailleurs de surprise en surprise dans ce Montréal en effervescence pris d'assaut par une nouvelle génération désireuse de se libérer des carcans du passé, en particulier du discours politique de ses aînés qu'elle jugeait éculé et passé de mode. Même si leur admiration pour le grand Papineau restait intacte, Louis-Antoine et Amédée n'échappaient pas totalement à ce courant nouveau qui exigeait la critique des idées anciennes.

Aux premiers jours de l'automne, les deux cousins adhérèrent à l'Institut canadien de Montréal dont ils furent bientôt les membres les plus assidus. Curieusement, l'Institut était né d'une injustice calquée sur celles qui révoltaient jadis leurs pères. Depuis vingt-cinq ans en effet, autre privilège du vainqueur, les jeunes Anglais de la ville profitaient d'une bibliothèque bien garnie, la Montreal Library, doublée de la News Room and Exchange, où ils pouvaient lire les gazettes. Les jeunes Canadiens français étaient privés des mêmes avantages. Las des historiettes pieuses que l'évêque de Montréal, monseigneur Bourget, plus catholique que le pape, mettait à leur disposition par l'entremise de l'Œuvre des bons livres, ils fondèrent ce lieu de débats, doté d'une bibliothèque garnie d'ouvrages d'économie politique qui n'avaient pas droit de cité chez l'évêque. D'éminents conférenciers venaient s'y exprimer en toute liberté sur l'éducation et l'industrie, sans se soucier des interdits épiscopaux.

Bien que monseigneur Bourget lui ait exprimé ses inquiétudes devant l'engouement de la jeunesse pour les causeries à tendance anticléricale de l'Institut, la dévote Julie ne résista pas à l'envie d'accompagner Mary et Amédée, rue Saint-Vincent, pour entendre le juge Charles Mondelet entretenir son auditoire des devoirs sociaux de la femme. Ce fut la première d'une série de sorties qui égayèrent son automne.

Dans l'espoir d'éloigner Julie de la chapelle Notre-Dame-de-Bonsecours où, pendant de trop longues heures, elle égrenait son chapelet pour la guérison de Lactance, Amédée se précipita au square Dalhousie et acheta des billets pour le spectacle le plus attendu de l'automne, *Les Valses viennoises*. Depuis que la Compagnie gaz métropolitain éclairait les rues de la ville, les Montréalais prenaient d'assaut les salles de concert et les théâtres, au grand dam des puritains de monseigneur Bourget qui flairaient là aussi des odeurs de péché.

Le Hayes House présentait habituellement des pièces de Shakespeare, en anglais, mais le spectacle de danse qui prenait l'affiche avait connu un tel succès à New York et à Boston qu'on s'attendait à ce qu'il fasse salle comble. Amédée choisit les meilleures places au balcon car le parterre donnait souvent lieu à des scènes disgracieuses. On y criait, on tapait des mains, on fumait même. Placée devant le fait accompli, Julie s'inclina de bonne grâce. Si elle n'était pas entichée d'opéra, elle raffolait des concerts, en particulier des valses viennoises, qu'elle avait découvertes à Paris.

Le soir de la première, la salle du Hayes House était noire de monde. Julie et Mary se faufilèrent jusqu'au vestiaire des dames pour y déposer leurs manteaux, avant de rejoindre Amédée dans le grand hall. Un inconnu le félicitait pour son article contre la peine de mort, paru dans *La Minerve* le matin même, et dans lequel il réclamait l'emprisonnement à vie plutôt que la pendaison pour un Trifluvien condamné pour viol.

«Le droit de donner la mort n'existe pas», pérorait le jeune clerc, en appui à sa thèse.

Les trois coups résonnèrent, mettant fin abruptement à ce qui s'annonçait comme un long exposé. Les spectateurs gagnèrent leurs places. Amédée installa ses escortes l'une à côté de l'autre, près de la balustrade, se réservant le siège derrière elles. D'un geste de la tête, il salua des connaissances qui occupaient les *boxes* voisins. Puis, il ajusta sa lunette d'approche et repéra la loge du gouverneur. Lord Elgin, qui avait remplacé le gouverneur Metcalfe, mort d'un cancer quelques mois plus tôt, venait d'arriver en poste et les distingués curieux s'étiraient le cou pour se faire une idée du genre d'homme que Londres leur avait expédié. À trente-cinq ans, le jeune lord avait gagné ses galons en Jamaïque où il avait occupé des fonctions similaires. Mais ce qui le rendait suspect, aux yeux des Canadiens, c'était moins son passé d'administrateur colonial que sa femme qui n'était nulle autre que la fille de lord Durham. Or ce dernier n'avait pas laissé beaucoup d'amis au pays.

«Lady Elgin n'est pas mal, foi de connaisseur», constata Amédée qui tendit sa lunette à Mary.

Mary-Louisa Lambton avait l'épaisse chevelure noire et bouclée de son père, le même teint hâlé, les traits délicats et le port de tête aussi noble avec l'arrogance en moins.

«Tu trouves? fit Mary, en esquissant une moue désapprobatrice. Elle est trop maigrichonne. Lui, par contre est fort bel homme...»

Le rideau s'écarta, obligeant les deux tourtereaux jaloux à mettre fin à leur conversation. Salué par les applaudissements d'usage, l'orchestre composé de trente-huit musiciens allemands entama l'ouverture, suivie de la première pièce au programme, *La Danse des fleurs*. De sa loge, Julie jouissait d'une vue plongeante sur la scène au décor pastel. L'éclairage, renforcé au-dessus de l'orchestre, laissait voir avec la même netteté les violonistes qui promenaient leur archet et les doigts du pianiste qui martelaient le clavier. La baguette du chef dansait aussi sous ses yeux. La valse était enlevante et les soixante petites Allemandes voltigeaient avec la précision d'un régiment, sous les six lustres. Subjuguée, elle succomba au charme des valses de Strauss, qui faisaient alors fureur à Vienne.

À l'entracte, une musique militaire refroidit la salle. Les spectateurs envahirent le hall en vantant la performance de l'orchestre et les prouesses des danseuses. C'était tellement plus excitant que d'assister à la énième représentation des *Fourberies de Scapin*. Molière était alors en déclin et les pièces plus récentes du répertoire français trouvaient rarement leur chemin jusqu'à Montréal.

Un attroupement attira l'attention d'Amédée qui s'en approcha. Au milieu de la mêlée se trouvait Horace Nelson, fils de Wolfred.

«Horace était un de mes confrères de collège, glissa-t-il à l'oreille de Mary. Il s'est battu à Saint-Denis en 1837. Lorsque les Anglais l'ont pris en chasse, il s'est réfugié chez ma tante Dessaulles qui l'a caché, sous un matelas, dans la chambre de la bonne. Ç'a été la panique quand l'officier anglais qui fouillait le manoir, a enfoncé son épée dans le duvet. Le pauvre Horace est ressorti de sa cachette avec une longue déchirure à sa veste.»

Ces renseignements fournis à voix basse, Amédée se tut pour écouter le jeune docteur exposer aux gens en cercle autour de lui comment il avait expérimenté l'anesthésie sur des chiens. L'affaire suscitait beaucoup d'intérêt. Les uns applaudissaient à son exploit, les autres, bien que polis, doutaient que cette nouvelle technique puisse un jour être essayée sur des humains.

«Me croiriez-vous si je vous disais que j'en ai fait l'expérience sur une femme?» rétorqua le jeune médecin avec aplomb.

Un murmure se fit entendre. Horace Nelson sourit. Il était habitué aux réactions d'incrédulité. Qu'on le croie ou non, il avait bel et bien démontré l'efficacité de l'éther sur un être humain. Les sceptiques pouvaient interroger le docteur Wolfred Nelson.

«Mon père m'a demandé de faire respirer de l'éther à la patiente qu'il était sur le point d'opérer, enchaîna-t-il. C'est ce que j'ai fait et il a ensuite pu procéder tout à son aise à l'ablation de la tumeur. Vous ne le savez peut-être pas, mais ce fluide est un antiseptique et un anesthésique fort efficace.

— Dis-nous comment tu procèdes, l'interrogea Amédée, fasciné par la découverte.

— C'est simple, mon cher Amédée, répondit celui-ci. Je dépose l'éther dans une vessie de bœuf reliée à un masque par un vieux manche de parapluie.

— Ça fonctionne? Le patient s'endort?

— Et comment!»

Le cercle s'était agrandi et les dames tombaient en pâmoison devant le médecin qui était plutôt bel homme, drapé dans son costume de lieutenant-colonel du 32e Régiment de la New York State Militia, qu'il portait encore par fidélité, bien qu'il soit revenu d'exil depuis longtemps. Julie pensa alors au merveilleux avenir qui attendait ce jeune médecin passionné. Le beau visage triste et émacié de Lactance se superposa à celui du fils de Wolfred Nelson.

À peine plus âgé que Lactance, Horace était, comme lui, le fils d'un homme célèbre. Julie le croisait quelquefois près de l'École de médecine et de chirurgie de Montréal, qu'il avait fondée avec des médecins de langue anglaise. Il marchait toujours d'un pas militaire, comme son père, le long de la rue Saint-Urbain, près de la place d'Armes. Sans doute s'en allait-il donner ses cours d'anatomie ou de physiologie.

Pourquoi fallait-il que tout réussisse à Horace, alors que tout échappait à Lactance, si près du but, lui aussi ? D'où venait cette épouvantable maladie qui paralysait son fils ? Y avait-il encore un avenir pour un jeune médecin dont l'esprit déraillait ? Les questions se bousculaient dans sa tête, lorsqu'elle tendit l'oreille pour saisir la conversation qui s'était engagée dans son dos. Elle entendit distinctement le nom de Lactance Papineau. Les mots « folie » et « pauvre mère » parvinrent jusqu'à elle. Julie était incapable d'identifier les potineurs, mais elle réalisa qu'on la prenait en pitié. C'était insoutenable et elle regagna sa loge sans se retourner, en s'efforçant de ne rien laisser paraître de son trouble. Elle avait pourtant tout fait pour que la maladie de son fils ne soit pas ébruitée. Mais les mauvaises langues savaient comment éventer un secret et elle était impuissante contre leur méchanceté.

Lorsque l'orchestre attaqua la deuxième partie du programme, un pas hongrois tout aussi éblouissant que la pièce précédente, la magie n'opérait plus. Julie avait l'esprit ailleurs. De temps à autre, elle se retournait pour vérifier si Amédée appréciait le spectacle. Il ne fallait pas gâcher son plaisir. Elle s'obligea à laisser son regard fixé sur les danseuses qui virevoltaient maintenant au son d'un air plus apparenté aux valses de Chopin qu'à celles de Strauss, mais elle n'avait plus le cœur à écouter. Le destin tragique de Lactance et celui magnifique d'Horace Nelson occupaient ses pensées. Wolfred avait prénommé son fils en hommage au célèbre général anglais, Horatius Nelson, cependant que le jeune et hardi médecin appelait le sien George-Washington, comme si les mânes des grands hommes ne pouvaient faire autrement que de flotter autour de lui. L'injustice de la situation la révoltait. Pendant qu'Horace se laissait admirer par les flatteurs, son fils à elle, médecin comme lui, gisait sur un lit d'aliéné.

Infiniment gracieuses, les petites Allemandes avaient revêtu des robes vaporeuses pour esquisser un pas oriental d'une légèreté et d'une fraîcheur délicieuses. La salle était conquise, les têtes battaient la mesure comme le balancier d'un métronome. La fin du spectacle arriva trop tôt au gré d'Amédée et de Mary, mais la soirée de Julie était gâchée. Au parterre quelqu'un se leva pour aller porter des fleurs à la première danseuse. Le public l'applaudit à tout rompre, puis, lentement, les fauteuils se vidèrent pendant que les musiciens commençaient à ranger leurs instruments.

***

Dehors, une pluie glacée tombait. Plantées sous la marquise, au-dessus de la porte du théâtre, Julie et Mary attendirent plus d'un quart d'heure le cab 38, qu'Amédée trouva au bout d'une interminable queue. Malgré son impatience, et les efforts du cocher, il leur fallut un nouveau quart d'heure pour retourner cueillir les dames à l'entrée.

Sur le chemin du retour, Mary turluta une valse : « La, la lala... pompom, pompom... » Ce concert romantique l'avait mise en train. Profitant de son engouement subit pour la musique, Amédée la gronda gentiment : elle négligeait son piano, ne pratiquait pas suffisamment. Mary se défendit : elle était trop occupée pour passer ses journées à faire des gammes. La tête tournée vers la vitre, Julie semblait à cent lieues de là.

« Ça ne va pas, maman ? s'enquit Amédée.

— Pauvre malheureux Lactance. Je n'arrive pas à le chasser de mon esprit depuis que j'ai vu briller Horace Nelson. Dieu est trop injuste. Je deviens indifférente à tout, même à la musique... »

Mary fit signe à Amédée de la laisser tranquille. Il était minuit lorsqu'ils arrivèrent à la maison. Personne n'avait sommeil et les jeunes mariés proposèrent de prendre le thé à la cuisine. Il n'était pas nécessaire de réveiller la bonne, ils se débrouilleraient sans elle. Amédée ralluma le feu du poêle qui s'était presque éteint et s'installa à la table, entre sa femme et Julie, en attendant que le thé infuse.

« Le cher petit ne m'écrit même pas, reprit-elle, préoccupée par Lactance. Si seulement je pouvais aller le voir à New York.

— Allons donc, maman, vous savez que les visites lui sont interdites, par ordre exprès du médecin. C'est pour son bien.

— Que connaît-il de Lactance, ce médecin, pour décider de le priver de la présence de sa mère ? C'est trop cruel. Il ne tient pas compte de son caractère sensible, ni de son attachement à sa famille. Ah ! pourquoi n'y suis-je pas allée déjà, malgré la consigne ? Moi, sa mère, je sais qu'il a besoin de ma tendresse, de mes encouragements. Je ne serais pas étonnée que le docteur ne lui remette même pas mes lettres. À ce régime, ton frère va mourir de chagrin. »

Mary chercha le regard d'Amédée, comme si elle hésitait à se mêler d'une conversation aussi personnelle. Les plus récentes nouvelles qu'Amédée avait reçues de Bloomingdale étaient si désespérantes qu'il s'était permis de les cacher à sa mère.

« Il faut faire confiance au docteur Earle, dit Mary avec conviction. Vous lui avez confié votre fils, attendez un peu avant de conclure que tout est perdu.

— La décision de le faire enfermer a été prise contre ma volonté », rétorqua Julie d'un ton exagérément mordant qui visait Papineau.

Elle ne lui pardonnait pas d'avoir interné Lactance à Bloomingdale, si loin d'elle. Les mois passaient sans que le mieux espéré se fasse sentir. Dans les lamentables bulletins de santé que le médecin leur expédiait, il ne parlait que de délire et d'hallucinations. À quoi rimaient ces traitements ? Si seulement on l'avait écoutée ! Un cœur de mère peut plus que tous les savants du monde. Eût-elle passé l'hiver avec lui qu'il se serait déjà rétabli. Elle l'aurait encouragé à combattre ses idées noires, l'aurait câliné comme seule une maman sait le faire. Au lieu de cela, il avait été laissé à lui-même et vivait entouré d'insensés, ce qui expliquait probablement ses rechutes. Il n'était pas néces- saire d'avoir fait de longues études pour comprendre que, dans ses moments de lucidité, Lactance mourait de honte de se savoir enfermé avec des déments.

Julie trempa ses lèvres dans le thé brûlant :

« Il doit se sentir délaissé dans sa maison de fous. Personne avec qui parler sa langue. Personne à qui parler tout court. C'est suffisant pour lui faire perdre le peu de raison qu'il lui reste. »

Elle ne se cachait plus le fait que les problèmes de Lactance trouvaient leur source à Paris. Jamais elle n'aurait dû le laisser seul avec son père. Le remords la rongeait. Avec une sensibilité comme la sienne et des nerfs à fleur de peau, il n'aurait pas fallu le jeter en pâture à Papineau qui n'en avait fait qu'une bouchée, tellement préoccupé de sa seule personne qu'il ne s'était pas aperçu que son fils était en train de se noyer.

« Je ne peux pas le laisser mourir avec l'impression que je l'ai abandonné à son triste sort, gémit Julie, sous le regard impuissant d'Amédée.

— Ce n'est pas le moment de le rapatrier, opina-t-il. Lactance est beaucoup trop faible. Je ne parle pas seulement de son esprit malade mais de son corps aussi. L'épidémie de typhus est à nos portes et nous devrons probablement nous éloigner de Montréal, nous aussi. En ce moment, excusez-moi de vous le dire crûment, mais Lactance est mieux où il est.

— Qui te parle de le ramener ici ? coupa Julie. Je veux l'emmener à Saratoga. Une bonne cure d'eau lui fera plus de bien que les traitements qu'on expérimente sur lui à Bloomingdale. »

Elle se tut, n'osant pas aller au bout de sa pensée. Mais dans son for intérieur, elle savait que Lactance ne pourrait jamais reprendre une vie normale à Montréal. Sa réputation était ruinée. Qui voudrait consulter un médecin qui n'est plus maître de ses esprits ? Il n'avait plus ni patrie ni parents ni amis. Même s'il revenait à la santé, on le regarderait avec mépris. Elle devait le protéger contre la calomnie et la médisance.

« Il y a une chose qui me consolerait, même dans sa folie, finit-elle par dire. Ce serait de le voir revenir à des sentiments religieux dont il n'aurait jamais dû s'écarter. S'il mourait sans que Dieu m'exauce, je serais inconsolable. »

À la même époque, Gustave participa à une expédition en raquettes, organisée par le collège, dans la campagne mascoutaine. Il avait neigé la veille et la surface était poudreuse.

Trois heures durant, il avait marché comme un légionnaire, sans ménager ses efforts, pour ne pas se laisser distancer par ses camarades. On aurait dit qu'il voulait défier le sort. À la brunante, il était rentré au dortoir, fier de lui mais à bout de forces. Il transpirait abondamment dans ses vêtements détrempés. La fièvre apparut le lendemain matin.

Dès les premiers symptômes, le collège expédia l'étudiant chez sa tante Marie-Rosalie en lui recommandant de le saigner. Le médecin, qui s'était d'abord contenté de lui prescrire un léger purgatif, commença de s'alarmer lorsque les douleurs à la tête devinrent si violentes qu'une inflammation du cerveau était à craindre. Il lui appliqua les mouches derrière les oreilles.

Mais la fièvre s'avéra si coriace que Papineau s'arracha à la Petite-Nation pour courir à son chevet, à Maska. Un matin, Gustave sembla mieux. Il était moins brûlant, ne tremblait plus, ne claquait plus des dents. Il garda même tout son petit déjeuner : un œuf, une rôtie sans beurre et une tasse de thé. Le lendemain, les maux de tête revinrent en force et son cœur se mit à battre si fort que le docteur cessa de le saigner, de peur de voir le mal dégénérer en fièvre typhoïde. Mais ce qu'il redoutait surtout, c'était une défaillance cardiaque.

« Il n'a que dix-sept ans, protesta Papineau.

— Ce n'est pas une question d'âge, et sa maladie est opiniâtre. »

Les prêtres du collège s'avisèrent que le moment était venu de lui administrer les derniers sacrements. Ils s'attendaient à un refus de la part d'un non-croyant comme Papineau, mais le directeur prit néanmoins l'initiative de lui en parler.

« S'il pouvait communier, monsieur Papineau, ça ne lui ferait courir aucun danger, au contraire.

— Pourquoi pas ? répondit celui-ci. S'il y consent, je ne m'y oppose pas. »

À Montréal, dans la chapelle Notre-Dame-de-Bonsecours presque déserte, Julie poursuivait un long monologue avec Dieu. Cette fois, dans ses prières, il n'était plus question de Lactance mais de Gustave atteint, lui aussi, par la malédiction qui pesait sur elle.

« Mon Dieu, je vous en supplie, sauvez-le. Prenez ma vie, si vous le désirez, mais laissez vivre mon petit Gustave. Vous m'avez déjà enlevé Aurélie... je ne peux perdre un deuxième enfant. »

Les lettres de Maska étaient si alarmantes. Elle se leva et s'avança dans l'allée jusqu'à la balustrade, où elle s'agenouilla :

« Bonne Sainte vierge, vous qui êtes une mère, je vous implore... Dites à votre Fils que s'Il prête vie à Gustave, j'en ferai un prêtre, je vous le jure. »

Son serment fut-il entendu ? Le lendemain, Louis-Antoine Dessaules surgit, rue Bonsecours, comme Julie revenait de la chapelle.

« Gustave est sauvé ! annonça le jeune seigneur. La fièvre a disparu. Le médecin a interrompu les gouttes d'opium.

— Dieu soit loué !

— Les prêtres du collège prétendent que le miracle vient de l'extrême-onction. La Providence en action ! comme ils disent ! Mon oncle Papineau penche plutôt en faveur de la médecine de cheval que le docteur lui administre depuis trois semaines. Quant à Gustave, figurez-vous qu'il réclame des oranges, des citrons et de l'eau de Saratoga.

— Merci, bonne Sainte Vierge ! Mon petit m'est rendu, pleura Julie en joignant les mains comme pour prier.

— Il m'a demandé de vous donner un gros baiser de sa part et vous supplie de ne pas le gronder. Il a payé assez cher son imprudence. »

CHAPITRE XLIV

L'asile Bloomingdale

Neuf mois s'étaient écoulés depuis l'internement de Lactance à l'asile Bloomingdale. Chaque matin, Julie guettait le courrier. Aucune nouvelle de lui. Rien. Maintenant que Gustave était rétabli et retourné au collège, toute son attention se dirigea du côté de son second fils. Le 2 avril 1847 – elle s'en souviendrait longtemps, c'était jour de débâcle –, une dépêche signée du médecin new-yorkais arriva : «*Venez vite*», écrivait-il sans plus.

Malgré l'urgence, Papineau et Julie durent patienter jusqu'à l'ouverture de la navigation sur le lac Champlain. Une interminable semaine, suivie d'un voyage qui n'en finissait plus. Jamais la route Montréal-New York ne leur avait paru si longue et pourtant, ils n'auraient pas pu franchir les étapes plus rapidement. Ils ne s'étaient même pas arrêtés à Saratoga, où le juge Walworth venait de perdre sa chère Maria à la suite d'une étrange maladie qui l'avait laissée languissante des mois durant. À New York, après une nuit passée chez madame Porter, qui y vivait maintenant, ils se firent conduire à Bloomingdale, à quelques milles de la ville.

À première vue, l'édifice avait un aspect redoutable. Murs de brique sombre, fenêtres grillagées, fossés aménagés le long des palissades... «Une prison», songea Julie dont la gorge se noua.

Contrairement à ce qu'elle s'était imaginé, l'intérieur de l'asile lui parut plus accueillant. Les parquets luisaient comme dans un couvent et les murs lambrissés de chêne conféraient au parloir une impression de confort, sinon d'aise. Bloomingdale accueillait des malades argentés, laissant les démunis aux soins de l'assistance publique. Il se dégageait pourtant du décor quelque chose d'insaisissable et de lugubre.

«Mon cœur bat si fort, dit Julie à Papineau, qui restait de marbre comme toujours. J'ai peur de la réaction de Lactance, peur qu'il ait empiré, peur qu'il ne veuille pas nous voir...»

Une infirmière les conduisit à la salle où se trouvait monsieur Lactance. Le couloir silencieux et désert leur parut froid. Ils traversèrent ensuite une longue pièce aux murs désespérément gris, dans laquelle l'infirmière les laissa seuls un moment. Des pensionnaires impassibles étaient retenus à leurs fauteuils roulants par des ceintures de cuir, alors que, le long des murs, de pauvres hères gisaient sur des civières, les yeux fixés au plafond et le visage hagard. L'état végétatif dans lequel ils semblaient confinés suscita un malaise chez Julie. Elle restait là, immobile au milieu de la salle, sans que les malades fissent attention à elle, comme si elle n'existait pas.

L'infirmière réapparut et entraîna le couple à sa suite jusqu'à la dernière salle. Une forte odeur de latrines monta au nez de Julie tandis qu'elle s'arrêtait devant une porte vitrée d'où elle aperçut la silhouette de Lactance. Cheveux blonds, coupés trop court, veste boutonnée de travers, il était affalé sur sa chaise, les yeux fermés. Tel un vérolé, il avait le visage couvert de boutons purulents. Il était horrible à voir. Elle s'accrocha au bras de Papineau qui paraissait tout aussi bouleversé.

«Mon Dieu!» murmura-t-elle. Qu'est-ce qu'ils lui ont fait?»

Le sang battait dans ses veines. Elle ressentait une grande frayeur mêlée d'horreur. Le docteur Earle, prévenu de leur arrivée, insista pour leur parler avant de les laisser franchir la porte.

«*Please follow me*, dit-il d'autorité. Vous le verrez ensuite.»

Des effluves de médicaments flottaient dans son bureau. Contre le mur, l'armoire à pharmacie remplie de flacons était fermée à clef. Le docteur enleva sa chienne sans se presser, la déposa sur la patère, à côté d'une modeste étagère remplie d'ouvrages scientifiques, et pria monsieur et madame Papineau de prendre place sur les chaises droites placées devant sa table de travail.

«Rassurez-vous, votre fils va assez bien dans les circonstances. Lorsque je vous ai écrit, il venait d'attenter à sa vie. Maintenant, il est hors de danger et peut de nouveau aller où bon lui semble sur la propriété.

— Lactance a voulu se suicider? Mais c'est abominable!»

Julie était consternée. Elle criait presque pour réclamer des détails : où, comment, pourquoi...

«Il a voulu s'ouvrir les veines, mais l'infirmier a pu l'arrêter à temps. Comme il ne mangeait plus et qu'il était très affaibli, il n'a pas résisté.

— Pourquoi ? répéta-t-elle.

— Il est conscient de sa maladie mais ne l'accepte pas. Certains jours, il est étonnamment lucide et sa cohérence me renverse.

— N'est-ce pas là un progrès ? demanda Papineau.

— Oui et non. Car le lendemain, nous pouvons constater un affaiblissement de la mémoire, une fatigue générale inattendue et un repliement sur soi qui peut aller jusqu'à l'état dépressif.

— Le fait de réaliser qu'il est entouré d'aliénés doit forcément le porter au découragement, opina Julie. Je ne vous cache pas, docteur Earle, que j'étais contre cet internement.

— Je vous comprends, madame, fit le médecin avec douceur, mais votre fils est très malade. Nous ne le gardons pas ici pour l'humilier. J'ai besoin de temps. Mes observations ne me permettent pas encore d'affirmer que les cellules du cerveau sont irrémédiablement endommagées...

— Docteur, j'ai le droit de savoir ce qui en est. Je suis sa mère ! s'écria Julie en élevant la voix. »

Le médecin caressait les longs favoris qui encadraient son visage, en détaillant la mère de son patient, comme s'il espérait découvrir un indice pouvant l'aider à le comprendre. Un hurlement terrifiant fendit l'air. Sans se départir de son calme – il était habitué aux cris des aliénés –, il ferma la porte.

«J'allais vous dire aussi que ses hallucinations n'ont pas diminué, malgré la médication, et que les traitements doivent se poursuivre jusqu'à ce que j'obtienne des résultats. J'ai ici le dossier de votre fils. »

Il s'empara d'une chemise placée sur le dessus de la pile et l'ouvrit. La fiche d'inscription cartonnée du patient numéro 48 contenait les renseignements d'usage : nom, âge, état civil, profession, date d'admission, etc. Venaient ensuite les symptômes dominants, puis les observations quotidiennes. Le médecin soulevait une feuille, puis l'autre.

«Voyez ? 12 novembre : État d'inertie prolongé ; le patient garde constamment les yeux baissés. Le 13 : Reste indifférent à ce qui se passe autour de lui. Insouciant dans sa tenue. Fuit les autres pensionnaires.

— Mais ces pauvres malheureux lui renvoient une image effroyable de lui, c'est évident, insista Julie.

— Même la présence de son cousin, que nous avons autorisée en décembre dernier, n'a apporté aucune amélioration, enchaîna le médecin sans tenir compte de sa remarque.

—.C'est moi qui lui ai envoyé mon neveu Casimir, expliqua Julie. Je pensais qu'il se sentirait moins seul et que la présence d'un membre de sa famille l'aiderait à se rétablir.

— Mais il n'est pas seul, madame Papineau. Votre fils fait partie de la petite communauté de Bloomingdale.

— Pensez-vous réellement ramener Lactance à la raison quand ceux qui l'entourent hurlent, rient ou pleurent sans savoir pourquoi, ignorant qui ils sont? J'ai vu dans vos salles plus de physionomies atones et de cerveaux en bouillie que durant toute ma vie.»

Le docteur évita de répondre. Il se pencha à nouveau sur le dossier de Lactance, pour marquer la fin de cet échange sur le climat qui régnait à la clinique.

«Pemettez-moi de continuer ma lecture, madame. Le 12 janvier, nous avons expérimenté l'hydrothérapie et j'ai noté que le traitement avait du succès. En février, il a commencé à fréquenter la serre de l'institution, ce qui a semblé lui plaire. Nous avons observé que sa passion pour les plantes pouvait jouer un rôle thérapeutique. En mars, le 22, plus exactement, j'ai constaté qu'il s'était remis à lire. Pas très longtemps à la fois, car ça le fatiguait. Il s'est plaint d'avoir des difficultés à se concentrer.

— Pourquoi garde-t-il les yeux fermés? s'enquit Papineau.

— Anémie, fatigue, appelez ça comme vous voudrez. Il n'a pas d'appétit et a perdu beaucoup de forces. Il digère bien et évacue normalement. Mais, je vous le répète, nous n'avons pas encore trouvé de thérapeutique satisfaisante.»

Le médecin tourna la dernière page du dossier sur laquelle il n'avait écrit que deux mots : Antécédents familiaux. Il déposa la feuille sur le bureau et dit :

«L'expérience médicale a démontré que, souvent, ce sont de simples rencontres qui provoquent les accidents cérébraux. L'éducation et le milieu social peuvent prémunir les personnes prédisposées contre ces accidents. Mais ils sont susceptibles aussi de les amener à en subir les contrecoups.»

Il se leva, fit quelques pas jusqu'à la fenêtre.

«Lactance ne parle jamais de sa vie familiale. Si vous pouviez me consacrer un peu de temps, j'aurais besoin d'en savoir plus sur les drames ou les émotions fortes qui ont pu provoquer ce déséquilibre.»

Papineau offrit volontiers son concours. Cependant, avant qu'il ne commence à tracer un tableau complet des événements qui avaient bouleversé la vie de son fils, en particulier la rébellion de 1837, mais aussi les privations qu'il avait endurées à Paris et qui avaient sûrement contribué à affaiblir son organisme, il proposa au médecin de libérer Julie : elle mourait d'envie d'aller retrouver Lactance. Le docteur Earle acquiesça, non sans la mettre en garde contre les tentatives de manipulation de son fils :

«Madame Papineau, lui recommanda-t-il, en la reconduisant dans le couloir, je vous préviens, il essayera de vous convaincre qu'il est assez bien pour rentrer avec vous, en Canada. Ce ne serait pas prudent, croyez-moi, je ne suis même pas sûr que votre visite aura un effet bénéfique. S'il en est bouleversé, son état pourrait se détériorer.»

Peu lui importaient les avertissements du docteur Earle, Julie n'avait plus qu'une idée en tête : sortir son fils de cette maison de fous. Si Lactance rechutait, il faudrait en chercher la cause dans son contact quotidien avec des insensés et non dans le choc qu'il pourrait ressentir à revoir sa mère. Elle était fermement convaincue que le docteur le croyait plus malade qu'il ne l'était en réalité. Son fils surmené n'avait pas la force morale ni la résistance physique pour dominer ses échecs. On n'enferme pas un jeune homme bien portant simplement parce qu'il traverse un état mélancolique.

C'est donc animée d'une volonté teintée de révolte qu'elle se fit conduire à lui. Plus que jamais, elle était convaincue que Lactance ne devait pas se résigner à son sort d'aliéné.

***

La serre de Bloomingdale était adossée au versant ouest de l'édifice principal. On y accédait par le réfectoire. Les premiers tréteaux étaient réservés aux semis, cependant que le reste de l'espace vitré regorgeait de plantes exotiques. Armé d'un sécateur bien aiguisé, Lactance procédait à une greffe sur l'une d'elles. Il était si concentré qu'il n'entendit pas Julie approcher.

Elle pensa qu'il devait avoir la même application lorsqu'il opérait des malades. Il avait revêtu un surtout de laboratoire, comme celui de son médecin. Sa greffe terminée, il déposa l'instrument sur le chevalet et s'épongea le front en soupirant de satisfaction. Il avait l'air épuisé. En levant les yeux – ses beaux yeux bleus qui semblaient perdus dans le vague –, il remarqua la présence de sa mère et courut se blottir dans ses bras, en pleurant comme un petit enfant :

« Maman, maman, maman », balbutia-t-il en se pressant contre elle.

Il l'étreignait si fort qu'elle en étouffait. Elle réussit à se dégager et chercha dans son regard l'étincelle qui l'animait jadis. Cela lui arrachait le cœur de voir son visage assombri par la mélancolie.

« Il faudra soigner tes vilains boutons, lui dit-elle en passant sa main sur sa joue. Et laisser pousser ta tignasse blonde.

— Ah ! maman, rien qu'à vous voir, je reprends goût à la vie », articula-t-il en resserrant son étreinte.

Ni l'un ni l'autre n'aurait su répéter correctement les phrases dites dans les minutes qui ont suivi tant leur émotion était forte. Lactance s'agitait, pleurait, lui prenait les mains. Julie cherchait à lui cacher ses impressions. Son état était pitoyable : il était squelettique, ses yeux clignaient constamment, comme s'il avait perdu l'habitude de la lumière, et sa voix était empâtée. Bien qu'extrêmement nerveux, il paraissait en possession de toutes ses facultés, ce qui était consolant. Ses traits subissaient une légère distorsion lorsqu'il s'enflammait. L'infirmière lui apporta un liquide jaunâtre dans le fond d'un verre. Il avala le sédatif d'un trait et parut se calmer. Après, il parla plus raisonnablement.

À l'extrémité de la serre, un homme à la tête hirsute chantonnait en poussant des détritus imaginaires à l'aide d'un manche au bout duquel il n'y avait ni paille ni crin. Il marchait pesamment, à petits pas, sans se déplacer pour la peine.

« Allons dehors, suggéra Lactance. Ici on m'épie. »

Il prit Julie par le bras et l'entraîna dans les jardins, à l'arrière de l'asile. Il fit un grand effort pour descendre les marches qui menaient aux bancs regroupés autour de l'étang et parut gêné qu'elle le remarquât. À trop rester étendu, ses muscles s'étaient ankylosés.

« Et papa ? Où est papa ? » demanda-t-il soudainement.

Il fut soulagé d'apprendre que sa mère n'était pas venue seule à New York et manifesta une certaine hâte à l'idée d'embrasser son père. Surtout, il voulait les rassurer sur son sort. Il était bien traité et n'avait pas une critique, pas un reproche à adresser à quiconque. Le docteur Earle qui le traitait en ami – il n'osa pas dire en collègue – avait toute sa confiance. L'établissement était bien tenu et la qualité des soins, exceptionnelle. Il en mettait trop et Julie finit par en douter. Elle nota une légère confusion dans les idées, mais il ne semblait pas abattu comme auparavant.

«Comment me trouvez-vous?» lui demanda-t-il à brûle-pourpoint.

— Maigre comme un clou, mon chéri, répondit Julie en riant du bout des dents. Elle ajouta après une minute d'hésitation : «Tu me parais tout à fait cohérent, si tu veux savoir. Tu t'exprimes un peu plus lentement que d'habitude, mais c'est sûrement l'effet des médicaments.

— Un jour, je me sens parfaitement normal et le lendemain, je ne sais plus où j'en suis. Ces retours en arrière, quand tout est à recommencer, me découragent.»

Lactance gardait les yeux fermés en parlant, ce que Julie attribua à son extrême faiblesse. Il devait fournir de grands efforts pour se concentrer.

Tu manques d'énergie, mon chéri. Manges-tu à ta faim? demanda-t-elle.

— Je n'ai pas d'appétit. Je sais, je devrais me forcer. Maintenant que vous êtes là, je vais manger toutes mes croûtes, c'est promis.»

Il ouvrit les yeux pour réitérer sa promesse et son visage s'illumina, c'en était bouleversant de lire sa joie. Julie s'en émut. Il sortit un mouchoir de sa poche et lui essuya le visage d'un geste caressant.

«Ma petite maman, répétait-il, comme s'il n'en revenait pas de la toucher enfin. Pourquoi n'êtes-vous pas venue plus tôt?

— Ton médecin me l'avait interdit, lui répondit-elle. Tu sais aussi que je ne pourrai pas te ramener avec moi si tu n'es pas parfaitement rétabli. Le docteur Earle n'est pas certain que ma visite soit une bonne chose.»

Lactance hocha la tête.

«Il a beau être médecin, il ne comprend pas combien je souffre moralement d'être séparé de vous, laissé à moi-même, sans occupation, livré à des pensées désespérantes. Le dégoût, la honte de me voir dans cette maison, avec ces gens, m'empêchent de me ressaisir. »

Il détourna la tête, mais elle le força à la regarder.

« Tu vas m'aider à t'aider, mon chéri, n'est-ce pas ?

— Je sens que vous me comprenez, maman. Avec vous, je suis assuré d'aller mieux. Et papa, qui est l'homme le plus sensible et le plus aimant du monde, qui m'a fait tant de bien, va achever ma guérison.

— Parlant du loup, le voilà ! » fit Papineau d'un ton enjoué.

Papineau arrivait par derrière et Lactance fut à nouveau envahi d'émotions. Il lui sauta au cou, cherchant les mots pour lui dire son bonheur.

« Papa, vous souvenez-vous quand j'étais petit ? J'étais si malade que le docteur Nelson désespérait de moi. Vous m'aviez pris dans vos bras, vous m'aviez enveloppé dans une couverture écossaise et m'aviez emmené faire le tour de la montagne en voiture. Ce jour-là, j'ai commencé à me rétablir. »

Il riait nerveusement, puis, baissant la tête, ajouta :

« J'espère que vous opérerez le même miracle aujourd'hui... »

Papineau lui proposa de marcher avec lui. Ils empruntèrent l'allée de gravier qui divisait les jardins en deux et s'arrêtèrent devant un bosquet de lilas en fleur.

« Il faudra planter du lilas autour du manoir, dit Lactance après avoir humé le parfum des fleurs. Beaucoup de lilas blanc et mauve. Il poussera bien à la Petite-Nation. Vous ne me dites pas si vos travaux avancent bien ?

— Oh ! tu sais, ça va lentement. L'aménagement des fleurs et des arbustes n'est pas mon rayon. Je compte sur toi pour me conseiller. Tu t'y connais mieux que moi en botanique.

— Je voudrais y être, en ce moment, au lieu de végéter dans cette... cette prison.

— Ne dis pas ça, Lactance, pas devant ta mère.

— Mais non, ne vous inquiétez pas, je ne fais plus de colère. Je suis doux comme un agneau. Continuez, papa, parlez-moi du domaine. »

Il ferma les yeux, comme pour imaginer le pourtour du manoir. Il rêvait de tulipes de toutes les couleurs, de muguet qu'il faudrait planter près des fondations de la maison, de cèdres bien taillés – c'était la nouvelle mode – et d'une allée de peupliers, comme chez tante Dessaulles. Papineau se laissa prendre au jeu :

«Julie aura son oratoire, Ézilda sa laiterie, Azélie son boudoir, toi, ta serre et moi, ma bibliothèque.

— Voilà la vie qu'il me faut, s'exclama Lactance. Oh ! comme vous aviez raison, papa, j'ai eu tort de vouloir briller dans ma profession et de cultiver des ambitions démesurées. C'était absurde de m'irriter contre les contrariétés. Je ne songe plus à la gloire. Maintenant, c'est fini.

— C'est le propre des jeunes gens de ton âge de voir trop grand, le rassura Papineau. Ne t'en fais pas, la sagesse vient avec les années.

— Il faudra que j'écrive à cette pauvre Ézilda qui a tant souffert à cause de moi.»

Ils firent encore quelques pas. Mais Lactance, affaibli par la promenade, traînait les pieds. Il se rendit compte qu'il ralentissait la marche de son père et s'excusa :

«Je n'ai pas mis le nez dehors depuis si longtemps.»

Revenu à la hauteur de Julie, il s'assit sur le banc en fer forgé à côté d'elle. Il posa sa tête sur son épaule et lui serra le bras, comme pour s'assurer que tout cela n'était pas un rêve et qu'elle ne disparaîtrait pas.

«Ne m'abandonnez pas dans cet hôpital, avec tous ces malades, j'ai peur de finir par leur ressembler, lui glissa-t-il à l'oreille. Ça m'angoisse et je passe des nuits à m'interroger. Vous me le promettez, maman, vous qui me rattachez à la vie?»

Tel un enfant malheureux, il s'accrocha au cou de sa mère pour lui chuchoter plus bas encore :

«Je vous en supplie. Ne laissez pas les médecins convaincre papa de vous laisser partir sans moi. Sinon, je suis perdu.»

⚜

Le docteur Earle n'en revenait tout simplement pas. Durant les jours qui suivirent, les progrès de son patient dépassaient ses prévisions les plus optimistes. La présence réconfortante de ses parents l'avait transformé. Il était cependant hors de question de le considérer comme guéri, puisque le système nerveux était lésé, et c'est à contrecœur qu'il consentit à signer son congé. Mais Papineau avait insisté. Il était bien obligé de reconnaître que Julie avait raison. À deux, ils avaient fait plus pour lui en quelques jours que les médecins en neuf mois de cure fermée.

Ils emmenèrent d'abord Lactance à Saratoga où les bains thérapeutiques et autres avantages d'une ville d'eau firent disparaître ses éruptions cutanées. Sa convalescence s'acheva ensuite à la Petite-Nation. Mais sa réadaptation ne fut pas facile. Au début, il se renfrogna, comme gêné de sa condition. S'il se faisait un devoir de paraître à table, il ne levait pas les yeux de son assiette et ne se mêlait pas à la conversation de ses frères et sœurs. À l'automne, encore aimaigri mais avec un système nerveux remis à neuf, comme il disait sans trop de conviction, il put reprendre ses cours de botanique à l'Université McGill.

Gustave regagna la rue Bonsecours en même temps que son frère. Une lettre du supérieur du collège de Saint-Hyacinthe informait ses parents que le collège ne l'accepterait pas à la rentrée. Il était renvoyé pour avoir refusé de faire ses Pâques. L'inquiétude causée par sa récente maladie empêcha Julie de sermonner son fils aussi irréligieux que son père et elle ne s'opposa pas à ce qu'on l'inscrivît en classe de philosophie au collège de Montréal. Elle serait alors à même de veiller sur lui... et sur sa vocation, car elle n'oubliait pas sa promesse d'en faire un prêtre.

Amédée et Mary avaient déniché un joli nid au Beaver Hall Terrace, dans l'ouest de la ville. Ils s'y installèrent, tout en continuant de fréquenter assidûment la maison paternelle. Entourée de tout son monde ou presque – il ne manquait plus qu'Azélie qui terminait ses études au couvent des Dames du Sacré-Cœur –, Julie recommença à voir la vie en rose. Mais l'année qui s'achevait avait été si éprouvante, et ses épreuves si désespérantes, qu'elle n'osait plus trop croire au bonheur.

Elle n'avait pas tout à fait tort. Les élections allaient bientôt secouer sa fragile quiétude. Après avoir juré ses grands dieux que jamais, au grand jamais, il ne ferait le saut en politique, Papineau se laissa finalement fléchir. Le dernier obstacle à son retour venait de tomber : son frère Denis-Benjamin avait remis sa démission. Il n'était plus premier ministre et l'ancien chef des patriotes n'aurait donc pas à croiser le fer avec lui en Chambre.

En janvier 1848, Papineau fut élu député de Saint-Maurice, dans le gouvernement maintenant dirigé par son ancien protégé, Louis-Hippolyte LaFontaine.

CHAPITRE XLV

La conspiration

Débarrassé de ses échoppes de légumes et de poisson, le marché Sainte-Anne s'était refait une beauté. Le parlement du Canada-Uni qu'il abritait désormais affichait l'air digne qui convenait au siège du gouvernement. C'était un vaste édifice composé d'un corps central et de deux ailes latérales, situé à l'extrémité ouest de la rue des Commissaires, au coin de la rue McGill.

Un mois de mars sans neige, ça ne s'était jamais vu. Le libraire Fabre avait convaincu son ami Ludger Duvernay de se rendre à pied à la séance de la Chambre d'assemblée qui s'annonçait comme la plus courue de la session. Ils entrèrent par la grande porte au moment même où la cloche sonnait le début des travaux. Députés et visiteurs se dirigèrent prestement vers l'escalier menant à l'immense salle qui pouvait accueillir jusqu'à cinq cents personnes. Au premier étage, le sergent d'armes indiquait le couloir sud à ceux qui hésitaient entre deux directions. Il salua le directeur de *La Minerve* d'un signe de tête. Celui-ci entraîna le libraire vers la galerie qui leur assurerait le meilleur point de vue.

« Vous allez voir, Papineau va faire fureur, dit Fabre.

— Ne vous illusionnez pas, mon cher Édouard-Raymond, lui conseilla Duvernay, le match sera rude. »

N'empêche, la première véritable intervention de Louis-Joseph Papineau depuis son retour en politique piquait la curiosité de tout un chacun. Le tribun allait-il fourbir ses armes ? Dans le troisième Parlement de l'Union, qui s'était ouvert à la fin de février, les patriotes d'hier occupaient le devant de la scène, comme avant les troubles. Le grand vainqueur, Louis-Hippolyte LaFontaine, dans le rôle de premier ministre, le bedonnant Louis-Michel Viger, dans celui de receveur général, Wolfred Nelson, le héros de Saint-Denis, à nouveau député de Richelieu, et Papineau, élu par acclamation dans le comté de Saint-Maurice, qui s'excusait presque d'être là, pour ainsi dire contre son gré. Dès les premières séances, il devint évident que ses anciens amis ne lui feraient pas de quartier. Signe des temps, l'élection d'un *orateur* de la Chambre s'était faite sans que quiconque songe à lui offrir le poste qu'il avait occupé jadis avec brio. Il y avait de l'animosité dans l'air. Plus silencieux que d'habitude, le grand tribun, comme l'appelait le libraire Fabre, attendait son heure.

«Ils vont rencontrer leur homme», assurait-il, lui dont l'admiration pour Papineau ne s'était jamais démentie. Il lui suffira d'un bon discours, comme il en est capable, et il ralliera tout le monde. J'ose me flatter qu'avant la fin de la session, il aura reconquis son influence passée.

— Comment pouvez-vous penser cela? interrogea Duvernay que son enthousiasme aveugle agaçait. Notre ami Papineau est beaucoup trop autoritaire et individualiste pour rester dans les rangs. Il est incapable de jouer les seconds rôles. Si vous voulez mon avis, il n'aurait jamais dû revenir en politique.»

Le journaliste ne voyait pas comment Papineau pourrait accepter l'autorité de LaFontaine envers lequel il était beaucoup trop critique. Le nouveau chef était bien en selle. Avec son collègue du Haut-Canada, Robert Baldwin, il avait convaincu le gouverneur d'accorder enfin le gouvernement responsable aux Canadiens. Les temps changeaient donc. Lord Elgin avait demandé à un Canadien français, LaFontaine, de former le nouveau gouvernement. Une première dans les annales du pays. Il lui avait également cédé quelques-unes de ses prérogatives, notamment celle de procéder aux nominations dans la fonction publique. Autre nouveauté, désormais, le gouverneur ne se mêlerait plus de politique. C'était une grande victoire pour la démocratie, au terme d'une lutte plus que cinquantenaire, à laquelle Papineau avait d'ailleurs travaillé d'arrache-pied. Mais ce serait un autre que lui qui en recueillerait le crédit. Ludger Duvernay n'était pas loin de croire que Papineau n'était plus l'homme de la situation. Il arrivait sur l'échiquier politique comme un éléphant dans un magasin de porcelaine, disait-il.

«Alors là, vous frôlez le ridicule, rétorqua Fabre en s'efforçant de ne pas hausser le ton. Papineau est l'honnête homme par excellence et j'ai confiance en son jugement et en son habileté.

— Moi aussi, je l'admire, protesta Duvernay. Mais je crains simplement qu'il ne se fasse du mal à lui-même et que le pays n'en retire aucun bien.

— Nous verrons. Vous saurez bien me donner raison », conclut Fabre alors que la séance commençait.

Les affaires courantes expédiées, le nouvel *orateur* de la Chambre donna la parole à Louis-Joseph Papineau. Au milieu d'un silence religieux, celui-ci se leva. Veste de satin et pantalon de laine assorti, il était d'une élégance toute parisienne. Avant de partir de la maison, ce matin-là, Julie avait insisté : il ne devait pas faire pitié, elle voulait être fière de lui. Elle avait fait préparer son jabot de dentelle qu'il avait docilement attaché au col de sa chemise. Ses favoris tournaient au gris mais le noir dominait encore dans sa chevelure fournie. Il avait toujours une belle prestance et commandait le respect. Les feuilles de son discours en place devant lui, il attaqua :

« Monsieur l'*orateur* », articula-t-il, en posant son regard sur les membres de la Chambre.

Il s'était bien préparé. La veille, il avait peaufiné son discours durant toute la soirée. Julie l'avait fait répéter pendant des heures, lui recommandant de biffer certaines épithètes trop cavalières – ou trop féroces. Elle voulait que ses arguments portent et il ne devait pas les atténuer en les enveloppant dans des formules provocantes. Ou trop ampoulées.

Ce n'était pas sans avoir longuement réfléchi qu'il avait décidé de porter un grand coup. LaFontaine avait tort de pavoiser. Son nouveau cabinet à deux têtes comptait sept ministres anglais contre quatre français. La Chambre ? Pour cinquante députés canadiens-anglais, il y avait vingt-cinq Canadiens français. C'était ça, le gouvernement de l'Union, un canard boiteux qui faisait fi de l'égalité. Son ex-disciple s'était laissé prendre au piège. Il fallait maintenant se tirer de cette aventure chimérique.

« Plus vite l'Union sera rappelée, mieux cela vaudra, lança-t-il avec conviction. Doté d'une représentation aussi inégale, le gouvernement responsable est une illusion. J'ai toujours été l'ennemi du monopole et des privilèges. Aussi, je n'ai pas peur d'affirmer que le Bas-Canada a été honteusement vendu au

Haut-Canada. Tant que ce système n'aura pas disparu, comment pouvons-nous avoir foi en un gouvernement responsable ? Je l'ai dit et je le répète, chaque province doit bénéficier d'une représentation proportionnelle à sa population. »

Le ton monta d'un cran. Papineau avait le geste large, comme le chef d'orchestre qui bat la mesure. Mais sa rhétorique grandiloquente, dont il n'avait pas réussi à se débarrasser malgré les supplices de Julie, acheva de crisper ses adversaires aussi bien que ses amis d'hier. Par ce discours-fleuve, il démontrait qu'il n'avait nulle intention de s'incliner devant la solidarité de parti. Pis, il se battrait, lisière levée, envers et contre les réformistes, jusqu'à la fin s'il le fallait.

« Monsieur l'orateur, conclut-il à l'issue d'un vibrant plaidoyer de deux heures, les Canadiens n'ont aucune justice à attendre de l'Angleterre. Pour eux, la soumission est une flétrissure et un arrêt de mort. L'indépendance, au contraire, est un principe de résurrection de vie. »

Plutôt satisfait de lui, Papineau se laissa tomber sur son siège, cependant qu'un jeune député se levait pour lui reprocher son impatience :

« J'éprouve un certain déplaisir à prendre la parole après l'honorable député de Saint-Maurice avec qui je diffère d'opinion, dit-il poliment. Pourquoi tant de précipitation ? Qu'il donne au moins à l'Union le temps de porter ses fruits. »

Un député tory réclama ensuite la parole. Adversaire acharné de Papineau avant 1837, le colonel Gugy l'attaqua avec virulence, en s'adressant à l'*orateur*, selon la coutume :

« Avec des idées comme les siennes, lâcha-t-il, il veut entraîner le peuple vers le précipice, comme il l'a déjà fait... avant de le trahir en s'enfuyant. »

Papineau bondit de son siège, blanc de colère, et réclama son droit de réplique :

« Si le parti anglais de 1837 était resté dans les limites de la loi, comme nous du parti canadien, ce que le gouverneur du temps, lord Gosford, a d'ailleurs reconnu, il n'y aurait pas eu de troubles. Au lieu de cela, la cavalerie, les troupes et des volontaires armés jusqu'aux dents arrêtèrent des innocents contre qui aucune accusation n'avait été portée. »

Papineau s'autorisa un temps d'arrêt dont personne n'osa profiter à ses dépens. Il poursuivit :

« Monsieur Gugy sait quels sont ceux parmi nous qui ont à se reprocher les scènes de carnage d'une époque dont il n'aurait jamais dû évoquer le souvenir, fulmina-t-il. S'il est un homme qui devrait éviter ce genre de rappel, c'est assurément le député de Sherbrooke. »

Gugy, lieutenant-colonel de milice pendant la rébellion, tourna au cramoisi. Il n'avait jamais réussi à faire taire les rumeurs voulant qu'au cours de la bataille de Saint-Eustache, en décembre 1837, il soit entré à cheval dans l'église paroissiale pour y mettre le feu. Il voulut contre-attaquer mais l'*orateur* l'en empêcha. L'assemblée retrouva un semblant d'ordre et la parole alla au député de Montmorency, Joseph Cauchon, qui commença par déplorer le disgracieux retour au passé du tory Gugy :

« L'attaque peu respectueuse du député de Sherbrooke contre l'honorable membre de Saint-Maurice, qui ne l'avait pas provoqué, est regrettable. Cela dit, j'ai déjà admiré les brûlantes harangues de ce dernier, mais elles ne m'impressionnent plus parce qu'elles ne mènent à rien. La politique du passé nous a conduit au suicide, tant elle était excessive. Certains hommes sont puissants à détruire, mais ils n'ont jamais rien élevé sur les ruines qu'ils ont laissées. »

Un murmure d'approbation traversa la salle. Wolfred Nelson prit alors la relève sans trop ouvrir son jeu :

« Je suis fier du sang anglais qui coule dans mes veines, commença-t-il. Comme le député de Saint-Maurice, je connais moi aussi les funestes intentions des auteurs de l'Union qui veulent anéantir le Bas-Canada. Il est vrai qu'on nous a chargés des dettes contractées par l'extravagance et la cupidité du Haut-Canada. Nous étions beaucoup plus nombreux et on nous a alloué le même nombre de représentants. »

Le silence de plomb qui avait accueilli la diatribe de Papineau figea de nouveau l'enceinte. Nelson commandait le respect. Sa feuille de route était des plus éloquentes. Il avait remporté la seule victoire patriote de la rébellion, lors de cette fameuse bataille de Saint-Denis que Papineau avait désertée. Une victoire arrachée à l'armée anglaise, qu'il avait payée de sa liberté. Fort de son prestige, le médecin-député poursuivit son raisonnement :

« Mais les choses ont changé. Le chef du gouvernement est un Bas-Canadien pur sang, dit-il en se tournant vers LaFontaine.

Un chef d'esprit pratique qui nous a obtenu le gouvernement responsable. Nous jouissons maintenant d'un degré de liberté proche de la démocratie. Cette réussite a suscité la jalousie d'hommes dépourvus de talent pour gouverner et rongés d'espérances déçues.»

L'implacable guerrier termina sa harangue sans regarder Papineau, que sa remarque visait, en réitérant sa foi en l'Union. Cette façon de se comporter troubla le libraire Fabre :

«C'est épouvantable, chuchota-t-il à l'oreille de Ludger Duvernay qui prenait des notes pour son article, ils font tout pour le perdre. Papineau a du mérite de lutter presque seul contre une bande d'intrigants comme LaFontaine et Nelson.»

La joute oratoire s'essouffla d'elle-même. En fin d'après-midi, l'*orateur* leva l'assemblée. Papineau rangea ses notes, serra la main de ses anciens supporters visiblement mal à l'aise. Les uns quittaient la salle convaincus que le malaise qui venait de diviser la Chambre avait été créé artificiellement, les autres trouvant pitoyable le grand homme prisonnier d'une hargne qui le rendait vindicatif et revanchard.

Dans la salle de presse, Louis-Antoine Dessaulles, journaliste au nouveau journal *L'avenir*, rédigeait son compte rendu des débats :

> *Les Anglais ont reconnu le rugissement du lion,* écrivait-il. *Ils lui ont répondu par des cris de rage et de haine. Eux qui croyaient dévorer en paix leurs grasses victimes, ils ont raison d'être épouvantés. Papineau est revenu plus canadien qu'il n'était parti, si la chose est possible. Il est encore capable de nous mener à la victoire.*

Au moment où il terminait sa phrase, la porte s'ouvrit et Papineau entra.

«Ah! mon oncle, vous avez été for-mi-da-ble, s'exclama Louis-Antoine, avant d'ajouter avec cet air cabotin que le dandy aimait adopter parfois : vous avez réduit en miettes l'accusation du moucheron de Montmorency! Mais pemettez-moi de vous dire que vous avez raté une belle occasion de rappeler à ce Gugy qu'il a paradé dans le village de Saint-Eustache en exhibant le cœur de notre regretté docteur Chénier.

— Allons, Louis-Antoine, tu dis des bêtises», remarqua Papineau en lui tapotant l'épaule avec une affection toute paternelle. – Il l'aimait bien, ce jeune fanfaron qu'il avait élevé comme ses fils après la mort de Jean Dessaulles et chez qui il avait détecté cette passion politique capable de soulever les montagnes. – «Tu sais qu'il n'existe aucune preuve que le colonel Gugy ait outragé les restes de Chénier. En politique, pour être crédible, il faut s'en tenir aux faits connus et prouvés. Ne l'oublie jamais, tu t'éviteras ainsi bien des poursuites!»

Louis-Antoine Dessaulles joua alors la carte à laquelle Papineau était sensible entre toutes :

«En tout cas, mon oncle, les réformistes auront beau vous exclure de leurs conciliabules et vous traiter en intrus, le peuple restera à vos côtés. Comme en 1837.»

À l'arrivée de Papineau, la salle de presse s'était vidée, à l'exception du directeur de *La Minerve*, Ludger Duvernay, qui commençait à regretter de ne pas s'être éclipsé au journal avec son ami Fabre. Il griffonnait des notes sur sa feuille, sans lever la tête. Papineau l'y contraignit.

«Monsieur Duvernay, lui dit-il. Je suis content de vous trouver ici, sans quoi j'aurais été forcé de passer à votre journal pour vous rencontrer enfin!

— Vous n'y êtes pas allé de main morte, grogna Ludger Duvernay, sur le ton du reproche.

— Je n'ai rien dit de plus que je n'ai toujours clamé, riposta Papineau, imperturbable. J'ai réitéré ma conviction que la suprématie du Parlement doit être prédominante et que le Conseil législatif doit être aboli parce qu'il fait obstacle à la volonté du peuple, telle qu'exprimée par l'Assemblée.

— Quand même! riposta le fondateur de la Société patriotique Saint-Jean-Baptiste, qui n'admettait pas qu'un député réformiste critique publiquement son chef. Vous semez la zizanie dans nos rangs alors que vous vous étiez engagé à soutenir l'administration LaFontaine et à éviter toute division.

— Avez-vous cru un seul instant que je demeurerais silencieux alors qu'on tente de leurrer mes compatriotes? C'est bien mal me connaître, monsieur Duvernay.»

Le journaliste restait sur ses positions. Comme tant d'autres patriotes d'hier, il avait fait son lit, lui aussi, et rien de ce que Papineau pouvait dire ne le ferait changer d'idée :

« Il n'y a pas de doute, insinua-t-il d'un ton agacé. En trahissant vos promesses, vous dévoilez votre jeu. Il est clair, que vous voulez fonder un troisième parti.

— Vous confondez intentions et stratégie, mon cher ! En laissant croire au gouverneur qu'un parti plus extrémiste pourrait se lever s'il refuse d'acquiescer à nos demandes, j'apporte de l'eau au moulin des réformistes.

— Permettez, monsieur Papineau ? fit Louis-Hippolyte LaFontaine qui venait d'entrer dans la salle de presse. Je crois plutôt que vous brouillez les cartes. »

Il s'avança jusqu'à son mentor et le toisa.

« Vous réclamez le rappel de l'Union au moment où Londres paraît le mieux disposé vis-à-vis des Canadiens.

— Ah ! vous trouvez ? rétorqua Papineau en prenant un air narquois. Oubliez-vous que depuis l'Union les impôts ont doublé ? Oubliez-vous que le Bas-Canada fait les frais de votre politique de conciliation, alors que le Haut-Canada, moins populeux, se voit accorder des privilèges honteux ? Je vous avais prévenu que j'étais le même en tout. Je ne peux me taire devant l'injustice !

— Et moi, je vous réponds que vous êtes demeuré absent trop longtemps pour comprendre le pays tel qu'il a évolué. Revenez sur terre, monsieur Papineau ! Nous ne sommes plus en 1837 ! Votre rébellion a échoué.

— D'ici quelques années, l'arrêta celui-ci, le Bas-Canada sera au Haut-Canada ce que l'Irlande est à l'Angleterre. Je vous le prédis.

— Vous, on peut dire que vous possédez l'art de montrer les choses sous un jour désespérant », le railla Duvernay en s'immisçant dans le débat.

LaFontaine recouvra son calme le premier. Il fit appel au bon sens de son collègue :

« Monsieur Papineau, au départ, ceux qui ont conçu l'Union voulaient écraser les Canadiens français. C'est tout à fait exact, comme le docteur Nelson nous l'a rappelé tout à l'heure. Mais les loyalistes ont-ils atteint leur but ? Non. Nous avons, au contraire, fait de grands progrès. Tout homme sensé reconnaîtra que l'opposition systématique que vous préconisez aurait conduit le Bas-Canada à sa perte.

— Vous n'allez tout de même pas nier que l'Acte d'Union contient des dispositions injustes envers les Canadiens français ?» s'insurgea Papineau.

Louis-Antoine Dessaulles s'approcha des deux hommes et renchérit :

«Avez-vous déjà oublié, monsieur le premier ministre, que l'intention cachée de Londres est de nous mettre en état d'infériorité afin que nous n'inspirions plus de crainte aux Canadiens anglais ?»

D'un naturel patient, LaFontaine allait plaider sa cause quand un page lui apporta un pli marqué du sceau du gouverneur. Il lut et releva les yeux :

«Nous continuerons cette discussion un autre jour, monsieur Papineau. Vous m'excuserez, le gouverneur me demande.»

Il se tourna vers Ludger Duvernay pour le prévenir qu'il le rejoindrait plus tard à *La Minerve* et salua à la ronde. Le directeur du journal rassembla ses affaires et se leva.

«À mon tour de vous faire faux bond, messieurs. J'ai un article à rédiger. Je file au journal.

— Attendez, fit Papineau en le retenant. Puis-je vous demander de publier mon discours ?

— Je regrette, monsieur Papineau, mais dorénavant vos textes ne sont plus les bienvenus à *La Minerve*, annonça Duvernay, qui profita de l'effet de surprise pour sortir de la salle.

— Nous le publierons dans *L'Avenir*, mon oncle, décida Louis-Antoine en s'emparant du document que Papineau tenait à la main. Et nous serons très fiers de le faire.»

***

Lord Elgin faisait les cent pas dans son cabinet privé, en attendant le premier ministre LaFontaine. Il voulait en avoir le cœur net. La sortie de Papineau en Chambre représentait-elle une menace ?

Les fonctions qu'il occupait depuis quelques mois n'étaient pas de tout repos. À trente-sept ans, il avait l'habitude des missions périlleuses, ayant fait ses classes à la Jamaïque où les affaires coloniales lui avaient donné du fil à retordre. S'il avait le front dégarni, c'était de s'être arraché les cheveux à tenter de concilier l'inconciliable. Ce qu'il avait d'ailleurs réussi en remportant tous les éloges.

Au Canada, c'était une tout autre affaire. Il avait choisi la politique de la souplesse, comme son beau-père, lord Durham, avant lui, et en dépit des réserves que le Colonial Office lui avait exprimées. Avec les Canadiens, il fallait tenir solidement le gouvernail, tout en jetant parfois du lest. L'Union était réalisée et il faisait confiance au gouvernement de monsieur LaFontaine. Doté d'un flair exceptionnel, le gouverneur pouvait se vanter de s'être gagné des sympathies dans le camp réformiste et chez les loyalistes. Il n'affichait aucune partisannerie et sa neutralité rapportait.

Quelque chose le chicotait pourtant. L'Union était beaucoup moins solide qu'il n'y paraissait à première vue. Londres l'avait imposée au Bas-Canada par des moyens arbitraires, ce qu'en homme lucide il était obligé d'admettre. Ses prédécesseurs avaient eu la maladresse d'avouer leurs objectifs réels et la population française s'en était trouvée irritée, à juste titre. En le rappelant en Chambre, ce jour-là, Papineau avait rouvert la blessure.

Voilà ce dont il voulait discuter avec le premier ministre LaFontaine. Leurs rapports étaient toujours empreints de cordialité et de confiance mutuelle.

«Entrez, monsieur LaFontaine, lui dit-il, je ne vous retiendrai que quelques minutes.

— J'ai tout mon temps, Excellence.

— Je n'irai pas par quatre chemins. Monsieur Papineau revient à la vie publique dans le but avoué de prouver que l'Union est un piège. Il hait la Grande-Bretagne et prône le système républicain. Je le soupçonne d'être jaloux de vous, qui êtes devenu le leader des Canadiens français pendant son éclipse.

— Il ne peut rien contre le fait que le gouvernement responsable existe, Excellence, répondit avec assurance LaFontaine.

— Je m'attends à ce qu'il fasse bientôt campagne en faveur de l'annexion aux États-Unis. Ses sympathies américaines sont évidentes.

— Personnellement, je m'inquiète davantage des répercussions que pourrait avoir ici la révolution qui perturbe actuellement la France. Monsieur Papineau n'hésitera pas à s'en inspirer pour enflammer notre jeunesse.

— Si je vous comprends bien, c'est un homme dangereux qui a encore beaucoup d'influence sur les Canadiens français. Je n'oublie pas non plus qu'il a déjà réussi à les enthousiasmer pour la bataille.»

LaFontaine admettait que l'inflexibilité de Papineau faisait problème. L'ancien chef refusait de reconnaître que les temps avaient changé et que le peuple n'avait nulle envie de prendre les armes de nouveau. C'était d'autant plus étonnant qu'il avait payé très cher ses velléités d'indépendance nationale.

«Papineau fait trop de tort au pays pour qu'on lui laisse le champ libre, jugea-t-il enfin. Qu'il le veuille ou non, j'obtiendrai pacifiquement ce que les patriotes revendiquaient naguère par des discours violents.»

Lord Elgin avisa son premier ministre que son devoir lui commandait de prévenir Londres qu'un nouveau pion était apparu sur l'échiquier. LaFontaine se retira, non sans donner au gouverneur l'assurance qu'il tenait la situation en main.

Lord Elgin s'efforça de paraître tout à fait rassuré, ce qui n'était qu'à moitié vrai. Dans cette affaire, c'étaient moins les envolées patriotiques du tribun que ses velléités d'annexion aux États-Unis qui le préoccupaient. Ce vieux rêve bas-canadien était une réelle menace. Quand Papineau suggérait aux Canadiens d'aller se promener aux États-Unis, où les cultivateurs étaient beaucoup plus à l'aise qu'ici, et qu'il leur rappelait que, là-bas, les terres les moins fertiles se vendaient dix fois plus cher que celles de ce côté-ci de la frontière, il marquait des points.

Bien qu'il n'ait pas jugé à propos de s'en ouvrir à LaFontaine, le gouverneur se sentait pris entre l'arbre et l'écorce. Londres ne verrait certes pas la perte du Canada comme un désastre. Le prestige de l'Angleterre en souffrirait, mais que de dépenses exorbitantes seraient évitées! Que de soucis éliminés!

Lord Elgin renvoya son aide de camp. Il voulait rester seul pour réfléchir à son aise. Il se sentait comme le capitaine d'un vaisseau délabré, envoyé en Canada en quête de bois de construction. Il était arrivé à bon port, contre vents, marées et glaces flottantes. Il aurait dû pavoiser, mais les armateurs lui faisaient sentir qu'il eût mieux valu que tout l'attirail fût allé par le fond. Car alors, ils auraient touché l'assurance.

Autant se l'avouer, pensait-il, à Londres, le Canada commençait à être considéré comme une mauvaise affaire. Mais il n'était pas homme à abandonner le navire à l'heure du danger. Aussi longtemps qu'il en aurait la charge, il le maintiendrait à flot.

⁂

Louis-Hippolyte LaFontaine marchait d'un pas pressé vers *La Minerve*. Pas question de se laisser ralentir par ses rhumatismes, il n'était pas d'humeur à s'apitoyer sur son sort. Pour tout dire, il était franchement contrarié. Il avait manœuvré adroitement pour redonner aux Canadiens français la fierté qui leur faisait si cruellement défaut. Or voilà qu'au moment de savourer sa réussite, le vieux Papineau se mettait au travers de sa route. Le nouveau chef était sur la corde raide. Les paroles rassurantes qu'il venait de prononcer devant le gouverneur sonnaient faux, car la partie était loin d'être gagnée. Oui, il allait se débarrasser de l'importun, comme il venait de s'y engager. Mais comment ? Il n'en avait aucune idée.

« Il n'y a pas de place pour deux chefs », grommela-t-il en entrant sans frapper. Il accrocha son pardessus sur l'un des crochets, à l'entrée du journal, et traversa la salle de rédaction comme s'il se trouvait chez lui. Les presses tournaient bruyamment. Dans le bureau du directeur Duvernay, la conversation allait grand train entre Wolfred Nelson, George-Étienne Cartier et le député Cauchon qui avait eu maille à partir avec Papineau le jour même, en Chambre.

« Mes amis, ordonna LaFontaine en fronçant le sourcil, nous allons tenir un conseil de guerre. »

Ludger Duvernay tira une chaise et l'invita à s'asseoir :

« Vous n'avez pas besoin de nous faire un dessin, lança-t-il. Papineau est un agitateur irresponsable. Il convient de régler son sort ».

Un vaniteux, un fomenteur de troubles... Les épithètes fusaient. Entre amis, nul n'était besoin de mettre des gants blancs. La prudence était néanmoins de mise. Ils étaient tous d'accord pour faire taire l'indésirable, mais sans perdre la face. Le tribun était trop populaire encore pour sous-estimer ses appuis. Duvernay proposa de mettre les journaux à contribution. Dans *La Minerve*, par exemple, Papineau apparaîtrait sous son plus mauvais jour, celui d'un vieux politicien frustré aux idées désuètes, ce qu'il était d'ailleurs.

LaFontaine recula d'instinct. Il parut décontenancé. Était-il nécessaire d'aller aussi loin ? Une bonne leçon suffirait peut-être.

« Je vous conjure d'avoir du courage et de la ténacité dans l'orage, protesta Joseph-Édouard Cauchon.

— N'ayez crainte, répondit LaFontaine qui s'était ressaisi, je n'en démordrai pas, nous allons le détruire. Nous pourrions commencer par l'isoler.

— Ce ne sera pas facile, fit Cartier. Les Canadiens l'adorent. C'est tout simple, ils le regardent encore comme leur sauveur, peu importe ses échecs.

— C'est cela qui me désole le plus, s'attrista LaFontaine en hochant la tête. Avec son influence sur les masses, il aurait pu nous être d'un grand secours, si seulement il avait voulu mettre ses talents à notre service.

— Nous n'avons pas besoin d'un dictateur comme lui ! décida Duvernay. Il est incapable de persévérer dans la voie modérée qui s'avère si efficace.

— Il faut le noircir dans l'opinion publique, réitéra Cartier, l'œil malicieux.

— Je n'aurais jamais cru en arriver là, soupira LaFontaine. Mais j'en ai assez de ses attaques virulentes contre tous ceux qui, en son absence, ont assumé le commandement dans des conditions difficiles et qui tentent maintenant de tirer le meilleur parti des nouvelles institutions.

— Vous avez raison, approuva Duvernay qui buvait les paroles de son chef, Papineau veut nous faire passer pour des traîtres alors que nous sommes en train de réparer le gâchis qu'il nous a laissé. »

Il ne restait plus qu'à mettre au point la stratégie.

« Si quelqu'un répandait l'idée que Papineau s'est enfui de Saint-Denis avant la bataille ? suggéra Cartier. Tout le monde conclurait qu'il n'est qu'un lâche et un poltron.

— Mais comment faire ? questionna LaFontaine. Son passé est tout de même garant de son honneur.

— J'irai au front, moi, annonça Wolfred Nelson, qui n'était pas disert depuis le début de la discussion. Je raconterai comment le grand Papineau s'est vraiment comporté à l'heure du danger.

— Les journaux s'empresseront de rapporter vos paroles, approuva Ludger Duvernay en se frottant les mains de satisfaction. Ce sera dévastateur. Qui mettrait en doute les paroles du héros de Saint-Denis ? »

CHAPITRE XLVI

Le docteur Nelson attaque

Il pleuvait abondamment depuis quelques jours. Un temps à ne pas mettre le nez dehors. La crue des eaux n'avait pas fait de dégât dans le faubourg, mais les chemins étaient détrempés. Rue Bonsecours, la soirée s'annonçait calme. Papineau se faisait battre à plate couture par Gustave, un joueur d'échecs hors pair, pendant que Julie relisait pour la énième fois la lettre d'Elvire, arrivée de Paris le matin même.

«Tu te rends compte, Louis-Joseph, le quartier de la Madeleine a été mis à feu et à sac. Il y a eu au moins dix mille tués et soixante-quinze mille blessés.»

Elvire avait la plume généreuse. Elle n'était pas avare de détails et racontait en long et en large les émeutes sanglantes de février 1848, la chute de la Bourse, les progrès du socialisme engendrés par l'accroissement de la population ouvrière... Leurs amis communs, Alphonse de Lamartine et Louis Blanc, étaient entrés au gouvernement provisoire. Ils s'efforçaient de calmer les insurgés. Le roi Louis-Philippe venait d'abdiquer et s'était exilé en Angleterre. Louis-Napoléon sortirait gagnant de la révolution, elle en était certaine. Le neveu de l'empereur avait la situation bien en main.

«La France républicaine est sublime, affirma Papineau, béat d'admiration. Si j'avais pu prévoir qu'un si beau jour était tout proche, je serais resté à Paris.»

Julie ne releva pas le commentaire de Papineau, se contentant de jeter un regard complice à Lactance, qui lisait des poèmes, écrasé dans son fauteuil, les jambes sur l'accotoir. Elle ne se laisserait pas entraîner dans une discussion stérile. Les choses allaient merveilleusement bien depuis la rentrée politique de Papineau. Un moment déstabilisé par la campagne de salissage orchestrée par ses anciens amis et ponctuée d'insinuations lancées en Chambre, sous le couvert de l'immunité parlementaire, Papineau avait bientôt réalisé que ses adversaires chantaient victoire prématurément. Ils pouvaient le railler tout à leur aise, le peuple le portait toujours aux nues.

Elle avait pu s'en rendre compte, elle qui l'avait accompagné lors de sa tournée triomphale dans l'est du Bas-Canada. L'accueil princier que les habitants lui avaient réservé, le long du Saint-Laurent, était éloquent. Chaque étape avait été marquée de nouvelles acclamations. Tantôt des feux de joie s'allumaient sur son passage. Tantôt les cultivateurs avaient pris congé de labours pour le voir passer dans le village. À Québec même, quatre mille personnes l'avaient applaudi à tout rompre, comme dans le bon temps. Après son discours, la foule l'avait raccompagné en triomphe à l'hôtel Albion où il était descendu.

Julie n'exagérait pas. À ceux qui la soupçonnaient de prendre des vessies pour des lanternes, elle racontait ce qu'elle avait vu et entendu : les gens des villes et des campagnes buvaient les paroles de Papineau, ils étaient prêts à le suivre de nouveau.

Elle avait eu l'impression de revivre les années d'avant la rébellion et se félicitait de l'avoir convaincu de reprendre son bâton de pèlerin. Il avait longtemps tergiversé, remettant sa décision à une date ultérieure ou s'évanouissant à la Petite-Nation au premier prétexte. Mais elle l'avait placé devant ses responsabilités. De deux choses l'une : ou bien il acceptait la proposition de la délégation du comté de Saint-Maurice, qui l'avait choisi par acclamation et le courtisait depuis des mois, ou alors, il annonçait officiellement qu'il se retirait de la politique. Il avait fini par se rendre à son argument suprême : le peuple le réclamait, le pays avait encore besoin de lui.

Julie remuait ses plaisants souvenirs lorsque Louis-Antoine fit irruption dans le salon, une pile de journaux sous le bras. Papineau sursauta.

«Louis-Antoine, quel bon vent t'amène?» fit-il en posant sa tour sur l'échiquier, trop content d'échapper à une partie qu'il allait de toute évidence perdre, au profit du champion en herbe qu'était Gustave.

Louis-Antoine avait un visage fâché. Il lança *La Minerve* par terre comme un vulgaire torchon et déposa les autres gazettes au bout du récamier où se tenait Julie.

«Ils ne l'emporteront pas en paradis... Je vous jure qu'ils n'ont pas fini d'entendre parler de moi... Je leur réserve un chien de ma chienne.»

Bouffi de colère, il ne cherchait même pas à cacher son courroux.

«Calme-toi, Louis-Antoine», fit Julie qui s'étira pour prendre le journal sur le dessus de la pile, tandis que Papineau se levait pour ramasser *La Minerve* que Lactance attrapa avant lui.

«C'est une attaque grossière, accusa Louis-Antoine en regardant Papineau. Toujours à propos de votre supposée fuite de Saint-Denis...

— La vieille rengaine, constata froidement Papineau en retournant à ses échecs. Je n'ai pas l'intention de gâcher ma soirée pour si peu.

— Cette fois, c'est grave, lâcha Louis-Antoine. La charge vient du docteur Nelson.

— Écoutez plutôt, ordonna Lactance qui entreprit de lire à haute voix l'article de *La Minerve* : "Le chef, qui a fui durant la mêlée et qui par conséquent a perdu son droit de commandement, veut maintenant arracher les rênes à des mains sages et habiles, pour les saisir lui-même et les lâcher encore une fois, aussitôt qu'il verra le précipice où son étourderie aura conduit le char de l'État"...

— Nom de Dieu, Louis-Antoine, sursauta Papineau, tu es sûr que ça vient de mon ami Wolfred?

— Attendez, vous n'avez encore rien entendu, dit Louis-Antoine en s'emparant du journal que tenait Lactance. Votre ami, comme vous l'appelez, a dit qu'il ne s'était pas caché, lui, qu'il ne s'était pas déguisé, lui, qu'il n'avait pas changé de nom, lui. – Il ajusta son lorgnon et lut : "Je m'appelais Wolfred Nelson lorsque j'ai fait comprendre à mes braves compagnons d'armes qu'il fallait se débander. Je m'appelais encore Wolfred Nelson dans les cachots, en exil, aux États-Unis, etc. Je suis revenu pauvre au milieu de vous, mais avec un nom sans flétrissure"... Ça continue comme ça pendant une pleine colonne.

— C'est impossible, protesta Julie. Le docteur n'a pas pu affirmer des choses pareilles. Non, non, non, c'est de la diffamation. Vous ne me ferez jamais croire qu'un homme d'honneur comme lui ait pu se prêter à ce jeu!

— Tante Julie, le docteur Nelson a prononcé ce discours dans le comté de Richelieu, devant des centaines de citoyens. *La Minerve* s'est naturellement fait le plaisir de rapporter ses paroles. J'ai tout vérifié avant de vous prévenir. »

Louis-Antoine se tut. Il parut désolé d'être le messager de malheur.

« Je comprends Julie de n'en rien croire, expliqua Papineau. Wolfred et moi sommes des amis de longue date. Du moins, c'est ce que je croyais. La haine qui suinte de tous ses pores me glace. »

Julie était renversée. Elle se cala au fond du récamier et chercha à se rappeler avec précision certains faits qui contredisaient les affirmations du docteur.

« Lorsque Wolfred Nelson est revenu des Bermudes, raconta-t-elle, partout où il passait, il faisait ton éloge. C'en était gênant de le voir te porter aux nues comme il le faisait.

— Je me souviens, renchérit Papineau, quand je suis allé rencontrer le président Van Buren avec lui à Washington. Wolfred n'a pas cessé de me dire combien je lui avais manqué pendant son séjour aux Bermudes.

— L'assemblée de Corbeau non plus, je ne suis pas près de l'oublier, s'indigna Julie. Il a donné un coup de poing sur la table et a dit : "C'est MOI qui commandais à Saint-Denis et c'est MOI qui ai donné l'ordre à monsieur Papineau de partir. Il était le chef, une balle pouvait le frapper et, lui mort, tout aurait été perdu." Je n'ai quand même pas inventé tout cela. Des dizaines de témoins pourraient corroborer. »

Elle s'arrêta avant de poursuivre en détachant chaque mot :

« Je me rappelle qu'il a ajouté : "Celui qui prétend que monsieur Papineau a fui à Saint-Denis est un être méprisable." »

Les preuves de l'amitié, de la fidélité de Wolfred Nelson étaient nombreuses. Et pourtant, aujourd'hui, il reniait tout. Stupéfait, Papineau n'en finissait plus d'énumérer les beaux gestes du docteur à son égard :

« À mon retour d'Europe, il fut le premier à venir me souhaiter la bienvenue.

— Minute ! s'écria Gustave qui ne comprenait rien à toute cette histoire. Vous allez trop vite. Expliquez-moi ce qui se passe, je ne vous suis plus. »

Il s'était éloigné de la table de jeu et leur souligna qu'il n'était qu'un enfant quand la rébellion avait éclaté. Il voulait connaître le fin fond de l'affaire, sans brûler les étapes :

«Premièrement, papa, y étiez-vous, oui ou non, à Saint-Denis, le matin de la bataille ?

— Et comment ! répondit Louis-Antoine, c'est moi qui l'ai conduit chez le docteur Nelson.

— Je suis arrivé chez lui en ami, raconta Papineau d'une voix posée. Je voulais l'avertir que la loi martiale était proclamée et qu'on nous accusait, lui et moi, de haute trahison. Je l'ai trouvé en armes, entouré d'hommes prêts pour le combat. Ils étaient sous ses ordres. Je voulais me battre avec eux, mais il m'a prié de m'éloigner du danger, sous prétexte qu'on aurait besoin d'un négociateur après le combat. Il m'a convaincu que les Anglais auraient de la répugnance à parlementer avec quelqu'un qui se serait battu. J'ai donné l'exemple de l'obéissance et je suis parti. Je n'ai ni avancé ni reculé d'un pas sans qu'il m'en eût donné l'ordre. Après tout, il était le général de notre armée.

— Mais je ne comprends toujours pas, interrompit encore Gustave. Si vous étiez le chef, pourquoi était-ce le docteur Nelson qui commandait ?

— Il faut se rappeler le contexte, Gustave, expliqua Papineau. Nous étions en danger, des mandats d'arrêt avaient été émis contre nous. Alors, nous avons tenu une réunion du Conseil des patriotes au cours de laquelle il fut décidé que je m'occuperais des questions d'ordre civil, alors que le docteur Nelson dirigerait les activités militaires. C'est aussi simple que ça. Malheureusement, tous les documents qui pourraient en attester ont brûlé dans l'incendie de la maison du docteur.

— Mais alors, expliquez-moi pourquoi il ment ? demanda candidement Gustave.

— Tout simplement parce que mon retour en Chambre dérange mes amis d'hier. Lui et monsieur LaFontaine acceptent maintenant ce qu'ils combattaient il y a dix ans. Ils veulent me bâillonner pour m'empêcher de rappeler publiquement des vérités qu'ils ont sacrifiées à leur carrière politique.

— Il faut contre-attaquer, mon oncle, s'exclama Louis-Antoine en frappant du poing dans la paume de sa main. Vous devez confondre ces traîtres !

— Louis-Antoine a raison, approuva Julie. Tu dois défendre ton honneur.

— Je vous aiderai, promit Dessaulles qui exultait à l'idée de se battre aux côtés de Papineau. Si vous voulez, je vais commencer par retrouver ceux qui étaient avec nous, à Saint-Denis, et je leur ferai signer une déclaration sous serment. On va voir ce qu'on va voir. »

À quelques jours de là, le temps se mit au beau. Les pavés de la rue Bonsecours étaient secs comme en été. Garée en face de la maison des Papineau, la voiture de Wolfred Nelson narguait Julie, postée à la fenêtre de la bibliothèque. Au bout d'une heure de guet, elle aperçut le docteur devant la porte de l'ancienne demeure de Jacques Viger, convertie en caserne militaire. Que diable faisait-il là ? Peut-être avait-il été appelé au chevet d'un officier malade ? Le typhus était à l'état épidémique dans la ville et les victimes se multipliaient. Elle retourna à ses travaux d'aiguille mais revenait inexorablement vers la fenêtre, intriguée par ce qui se passait de l'autre côté de la rue. Et Louis-Joseph qui devait rentrer à la maison d'une minute à l'autre ! S'il fallait que les deux hommes se croisent !

Papineau remontait justement la rue Bonsecours. Julie redouta un affrontement. Il avait le pas lourd et paraissait abattu. Comme il a l'air vieux ! pensa-t-elle. On dirait qu'il porte le poids du monde sur ses épaules De toutes les armes dirigées contre son mari, depuis son retour en politique, l'attaque de Nelson, affilée comme la pointe d'une baïonnette, l'avait atteint le plus cruellement. Jusque-là, il avait semblé reprendre goût à la polémique. Ses vieux réflexes de bagarreur refaisaient surface. Mais la mauvaise foi et les mensonges flagrants de Wolfred le désarmaient. Pour en finir avec cette injuste diffamation, il avait réclamé un débat public sur la question de sa présence à Saint-Denis, mais son accusateur s'était défilé, invoquant des raisons qui n'avaient ni queue ni tête.

Les yeux rivés à la fenêtre, Julie sentit la panique la gagner. Papineau arrivait devant la maison au moment où le docteur descendait les marches du mess des officiers. L'un en face de l'autre, les deux hommes eurent un moment de surprise, comme une hésitation devant le parti à prendre. Papineau, le premier, réagit :

«Pourquoi tant de haine, docteur? demanda-t-il en scrutant son adversaire d'un air désolé. La vérité et la justice seraient-elles devenues le dernier de vos soucis?

— Reconnaissez vos torts, monsieur Papineau, rétorqua l'ancien compagnon d'armes devenu renégat. Vous n'avez, ni dans votre personne, ni dans votre famille, éprouvé les souffrances que vous avez fait descendre sur ceux qui ont eu le malheur de croire en vos belles paroles.

— Ces belles paroles, comme vous dites, vous les profériez avec autant d'ardeur, dois-je vous le rappeler? Je vous mets au défi de prouver le moindre blâme contre moi. J'ai toujours dit la vérité. C'est facile de m'attaquer aujourd'hui, mais vous vous enfoncez davantage dans le cloaque où vous baignez depuis que vous avez trahi nos combats d'hier. Débattons la question en public, vous et moi, voulez-vous? Nous tirerons au clair vos insinuations trompeuses!

— Vous voudriez convoquer une nouvelle Assemblée des Six-Comtés pour réécrire à votre façon les événements de 1837, n'est-ce pas? Eh bien! figurez-vous que je ne tomberai pas dans votre piège!

— Qui a suggéré à nos compatriotes de fondre leurs cuillères d'étain pour en faire des balles, à l'Assemblée des Six-Comtés? Vous, Nelson, vous, pas moi! Je m'évertuais à vous convaincre d'éviter la violence.

— Ne cherchez pas à mêler les cartes, Papineau. Vous vous êtes conduit comme un lâche à Saint-Denis. Vous vous êtes enfui, bride abattue, sur un de mes chevaux. C'est votre fuite à la Sancho Pança qui a amené la défaite finale. Mais peut-être faut-il remercier Dieu d'avoir fait échouer vos projets? ricana-t-il. Car je suis persuadé que vous auriez gouverné avec une verge de fer.

— Ce n'est pas ce que vous prétendiez pourtant à votre retour des Bermudes, lorsque nous nous sommes revus aux États-Unis. Vous avez changé votre version des faits, mon cher Nelson!

— Je vous le concède. En exil, j'ai parlé en bien de vous. J'ai cherché à vous mettre à l'abri du mépris et de l'indignation générale qui pesaient sur votre nom. Je respectais l'homme d'État et le patriote désintéressé que vous étiez, nonobstant votre piètre performance militaire et votre fuite honteuse aux États-Unis, qui vous a sauvé du cachot auquel moi j'ai goûté! Vous jouissiez encore de toute ma confiance et je vous ai défendu au point de me créer des ennemis. Mon propre frère Robert m'en a longtemps voulu à cause de vous... »

Papineau était furieux :

« La vérité, c'est que vous me trahissez parce que vous espérez tirer profit de ma chute. Mais, c'est votre honneur que vous avez perdu.

— Vous êtes pathétique, riposta Nelson dont le sourire se fit grimaçant. J'ai assumé la responsabilité de mes actes. Vous, au contraire, vous ne respectez même pas les morts. J'ai mieux à faire que de me chamailler avec vous. Si vous avez perdu tout respect de vous-même, moi, j'ai des devoirs à remplir. Nous nous reverrons en Chambre où je briserai plus d'une lance contre vous. »

Le docteur monta dans sa voiture et s'éloigna. Papineau traversa la rue, sortit la clef de sa poche et déverrouilla la serrure. Julie avait tout vu de sa fenêtre et courut au-devant de lui. Elle remarqua son visage crispé.

« Et alors ? Que t'a dit Nelson ? »

Papineau prit le temps d'enlever son manteau, d'aller vers le cabinet à liqueurs et de se servir un verre de scotch, avant de répondre.

« Wolfred pousse l'ignominie jusqu'à répéter ses lâches calomnies devant moi. Une trahison pareille de la part d'un homme que j'ai longtemps aimé comme un frère m'attriste et m'indigne. Le moins nous reparlerons de cela, le mieux ce sera pour tout le monde.

— Tu ne vas pas te dérober devant un homme aussi vil ? protesta Julie.

— Pourquoi pas ? répondit-il laconiquement. Le mal est fait. Irréparable. J'ai beau me défendre avec la dernière énergie, on m'a déjà condamné. »

Il se laissa tomber dans un fauteuil et avala une rasade. Julie s'approcha de lui pour lui masser les épaules. Il avait l'air complètement démoli. Elle sentit sa main qui cherchait la sienne.

« Tu n'as pas l'habitude de te laisser abattre, fit-elle d'une voix douce. Il faut réagir.

— Tu ne comprends pas... – Il hésitait, ce qu'il avait à lui dire n'était pas facile. – Comment t'expliquer ? Ce que je répète *ad nauseam* est la stricte vérité : j'ai quitté Saint-Denis sur les ordres de Nelson, j'ai obéi au commandant, comme tout soldat consciencieux...

— Mais alors, tu n'as rien à te reprocher ?

— Oui, justement. Je n'aurais jamais dû partir à l'heure du combat, confessa Papineau en baissant les yeux. Je croyais faire mon devoir. Tout le monde m'y poussait. On prétendait que ma présence attiserait la rage des Anglais, que je serais responsable du bain de sang si je me montrais, *et cætera*. Je te jure que je ne suis pas parti par lâcheté.

— Je le sais, mon chéri. Crois-tu que j'ai douté de toi un seul instant ?

— J'aurais dû suivre ma première idée et me battre avec mes compatriotes. Il ne se passe pas une journée sans que je me le reproche. Il m'arrive encore de me demander ce qu'ils ont pensé en réalisant que celui qui les avait menés aussi loin n'était plus là au moment du danger.

— Rappelle-toi, tu ne voulais pas de ce combat sanglant, tu le leur déconseillais.

— Eux non plus ne voulaient pas se battre et pourtant, ils ont fait face à l'ennemi. »

Là-dessus, comme soulagé par cet aveu qu'il ruminait depuis tant d'années, Papineau annonça à Julie qu'il se retirait définitivement du débat sur sa présumée fuite. Il ne répondrait plus aux attaques, n'aborderait plus la question ni dans les journaux ni dans les assemblées. Il comptait aussi prendre la route de l'Outaouais où il passerait plusieurs mois, le temps de laisser les choses se calmer. Il n'avait plus qu'une envie : parcourir ses terres et édifier le manoir où il rêvait de finir ses jours.

Au moment de boucler ses valises, quelques jours plus tard, Papineau ordonna à Julie et à chacun des enfants de se tenir loin de la campagne de salissage qui battait son plein. S'il se faisait une question d'honneur de s'élever au-dessus des calomnies, s'il refusait de remuer toute cette boue, il entendait que les siens fassent de même. Seul Louis-Antoine était autorisé à répondre à ses détracteurs. Puisqu'il l'accompagnait à Saint-Denis, le matin de la bataille, il était éclaboussé lui aussi par cette affaire.

L'interdit ne dérangea pas Amédée outre mesure. De toute façon, un commis de l'État, nommé par le gouverneur en Conseil, ne devait pas se mêler de politique. Quant à Lactance, il se fichait de cette histoire comme de l'an quarante. À part les plantes vertes et les boutures, rien ne le sortait de sa léthargie. Il avait recommencé à s'isoler et, s'il s'efforçait d'éviter les chicanes de famille, c'était de peur d'être à nouveau expédié à l'autre bout de la planète.

Seul Gustave refusait de désarmer. À dix-neuf ans, plus passionné encore de politique que ses frères, il ne voyait pas comment il pouvait s'occuper à autre chose qu'à blanchir le nom de son père. Son insistance exaspérait Julie qui lui reprochait de négliger sa pratique religieuse. Il s'ensuivit des discussions corsées entre la mère, obsédée par la «vocation» d'un fils, et ce dernier qui rêvait plutôt de devenir journaliste. Louis-Antoine apaisa son jeune cousin en lui promettant de l'emmener avec lui à *L'Avenir*, où le chef de la rédaction consentirait sans doute à lui confier un article à écrire de temps à autre.

CHAPITRE XLVII

La croisade de Louis-Antoine

À la Petite-Nation, loin de la grenouillère politique, Papineau recouvra sa sérénité, au fil de l'été.

L'herbe était encore humide de rosée lorsqu'au petit matin il sellait son cheval et allait au trot jusqu'au cap Bonsecours. Il laissait la bête sous le grand orme et marchait jusqu'à la pointe de terre qui surplombait l'Outaouais. Il promenait sa lunette d'approche, un cadeau d'Amédée, sur son domaine, depuis la dense forêt jusqu'au rivage tout en bas. Ensuite, il projetait son regard au loin, sur les eaux de la rivière, s'arrêtant un moment sur le bout de l'île à Roussin, où se dressait jadis la maison de son père. Seul vestige d'une époque révolue, la cheminée blanche qui était restée longtemps debout venait d'être emportée par les glaces du printemps.

Après, c'était le rituel. Le seigneur s'affairait sur le chantier, revoyant ses plans de construction du manoir et des dépendances, toujours les mêmes : ici, la remise à calèches, là, l'écurie flanquée d'un poulailler et, au bout d'un chemin gravelé, la petite chapelle de pierre à laquelle Julie tenait tant. Plus tard, il clôturerait l'abri des animaux et planterait des pruniers et des vignes. Il avait abandonné ses velléités de fabriquer du vin de bleuets, le climat de la région ne s'y prêtait pas. Mais les projets ne manquaient pas, bien au contraire. Le bassin serait en vue, avec son jet d'eau, et l'on observerait de la galerie les baignades des canards. Les allées traverseraient les jardins saturés de fleurs qui voisineraient avec les parterres verdoyants.

Son royaume ! Il en rêvait depuis si longtemps. Rien d'autre ne l'intéressait plus dans la vie. Si seulement Julie pouvait le comprendre et venir partager sa nouvelle existence de gentilhomme campagnard !

La seigneuresse était arrivée à la Petite-Nation au début de l'été avec Ézilda et Azélie. Parfois, elle l'accompagnait au cap pour voir où en étaient les travaux. Au fil des semaines, les hommes avaient défriché le pourtour du manoir, transporté et cordé le bois sec, brûlé les vieilles souches. Papineau ne garda que les arbres sains et un bosquet pour faire un peu d'ombre, du côté du franc soleil. Ensuite il avait fait creuser les fondations – 64 pieds français de long sur 44 pieds de large –, sous les yeux admiratifs de sa femme qui succombait lentement aux charmes champêtres du domaine en voie de prendre forme. À la mi-août, le rez-de-chaussée et le premier étage étaient apparus. Le maître d'œuvre n'avait toujours pas décidé de la forme du toit quand les pluies diluviennes étaient venues ralentir la construction et décourager Julie d'habiter un pays aussi austère. Elle n'avait pas eu de mal à convaincre ses filles de rentrer avec elle à Montréal, laissant Papineau seul avec Lactance.

Pauvre Lactance ! Une lettre de l'Université McGill l'avait averti qu'on allait se passer de ses services, à la rentrée. Le motif de son renvoi ? Le professeur de botanique s'était absenté trop souvent l'année précédente. Nulle part il n'était fait mention de son internement à Bloomingdale, mais la direction lui reprochait néanmoins de se comporter bizarrement et d'entrer en conflit avec ses collègues sans raison apparente. Lactance n'avait pas protesté, comme si ce pan de sa vie était déjà derrière lui. Depuis, il s'affairait sur le chantier, autoritaire et impatient, donnant des directives abracadabrantes aux ouvriers qui ne savaient plus à quel saint se vouer. Papineau avait dû établir des règles claires. Seul le seigneur pouvait les autoriser à transporter la pierre et la chaux ou commander le bardeau pour le toit.

Tout compte fait, la construction du manoir seigneurial coûterait moins cher que prévu. Papineau n'avait à débourser que pour l'achat de certains matériaux et ses censitaires sévèrement endettés fournissaient aussi la main-d'œuvre gratuitement. C'est ainsi qu'il avait pu se procurer de la belle planche chez ceux qui ne payaient leurs redevances ni en grain ni en argent.

Papineau détacha la bride accrochée à l'arbre centenaire et remonta sur son cheval. Sans se presser, il descendit la pente abrupte qui menait au pied du cap Bonsecours. C'était l'heure où habituellement le *Beaver* arrivait de Montréal avec sa cargaison de provisions, le courrier et les journaux, avant de continuer sa route jusqu'à Bytown. Mais le vapeur, en avance ce jour-là, avait déjà complété sa livraison et s'éloignait du quai de Boult lorsque le seigneur de la Petite-Nation atteignit le rivage. Celui-ci réclama son courrier au commis de l'entrepôt qui achevait de ranger la marchandise.

« Désolé, monsieur Lactance est déjà passé, lui répondit-il. Je lui ai aussi remis vos gazettes. »

Papineau le remercia. Tant pis pour le courrier ! Il avait rendez-vous au moulin à farine, à l'autre extrémité de la seigneurie, et n'avait pas le temps de retourner à la maison. Bonnes ou mauvaises, les nouvelles attendraient au soir. Il enfourcha sa monture, derrière l'entrepôt, et repartit sans se presser.

C'était peut-être mieux ainsi, pensa-t-il. En suivant de loin le vent de fronde qui soufflait sur sa personne, depuis Montréal, il arriverait peut-être à s'en détacher tout à fait. Les lettres de Louis-Antoine regorgeaient d'un optimisme qui tranchait avec la hargne du docteur Nelson, étalée à pleines pages dans *La Minerve*.

Son neveu prenait sa mission au sérieux. Il avait passé une partie de l'été au village de Saint-Denis à rechercher des témoins disposés à corroborer sa version des faits. Il en avait déniché une bonne vingtaine prêts à confirmer sous serment qu'à leur connaissance le docteur Nelson avait bel et bien ordonné à Papineau de quitter le village avant l'arrivée des troupes. Pendant ce temps, George-Étienne Cartier sillonnait les mêmes rangs pour confesser ses anciens compagnons d'armes. Les cancans du village colportaient que le jeune avocat forçait les confidences, mais qu'importait : il recueillait lui aussi une manne de témoignages, tous plus ou moins contradictoires, qui se retrouvaient à la une de *La Minerve*.

Il s'ensuivit, dans les journaux, un chassé-croisé rocambolesque. Les uns soupçonnaient Papineau de s'être caché dans le grenier de Nelson, d'autres prétendaient que ce dernier lui avait mis un pistolet sur la gorge pour l'obliger à se battre et que le grand tribun avait fouetté son cheval pour déguerpir au plus vite... Les jours passant, il devint impossible de démêler le vrai du faux. On ne savait plus trop qui était sur les lieux, au matin du 23 novembre 1837. Qui donnait les ordres ? Qui obéissait ?

Papineau avait beau se creuser la tête, il ne comprenait pas l'acharnement de Nelson. Quelle satisfaction le docteur pouvait-il trouver à vouloir clouer au sol un adversaire qui ne lui répondait même plus ? se demandait-il. Certains jours, le silence qu'il s'était imposé lui pesait. La main sur le cœur, Nelson avait nié que Papineau se soit emparé d'un fusil avec l'intention de se battre ; il avait démenti avoir fait appel à sa raison pour l'obliger à partir et prétendait que la fuite de Papineau avait découragé les patriotes jusque-là sans peur. C'était ahurissant de mentir ainsi ! Il n'avait donc plus aucune retenue morale ?

Mais Nelson n'était pas le seul à le traiter de fanatique, en plus d'égratigner au passage son neveu Dessaulles, taxé d'écervelé. Avec tout le mépris dont il était capable – et probablement après avoir pris un coup de trop, comme d'habitude –, un autre de ses vieux amis, Ludger Duvernay, comparait Louis-Antoine à un petit chien barbet dont la fidélité canine l'attachait aux pas de son oncle. Pour la première fois, Papineau songea à intenter à *La Minerve* des poursuites en libelle diffamatoire.

Le seigneur traîna au moulin de manière à ne rentrer à la maison qu'à l'heure de se mettre à table. C'était le moment de la journée qu'il redoutait le plus. Dans quel état trouverait-il Lactance ? Il ne l'avait pas croisé de la journée et le soupçonnait d'être resté enfermé, à crier après les domestiques qui le fuyaient comme la peste.

Lactance était renfrogné, comme il s'y attendait. Il ne leva pas les yeux de son assiette, considérant sa soupe à l'orge avec dégoût.

« Qu'est-ce que tu as fait de bon aujourd'hui, mon Lactance ? demanda Papineau de manière anodine.

— Rien... »

Papineau n'insista pas. C'était sans espoir. Sous sa serviette, il trouva une lettre adressée à lui. Elle avait été décachetée. Reconnaissant l'écriture de Marcella Dowling, il sortit de ses gonds :

« De quel droit t'es-tu permis d'ouvrir mon courrier ? Ton indiscrétion est intolérable. Je t'avais pourtant averti de ne pas toucher aux lettres qui me sont destinées !

— Vous êtes fâché parce que cette lettre vient de votre chère *Mrs. Dowling* ? »

Lactance avait prononcé son nom à l'anglaise.

«Pas du tout, riposta son père. C'est la deuxième fois que je te réprimande à ce sujet. Tu as eu l'impertinence de recommencer, malgré mon avertissement.

— J'étais curieux de savoir ce que votre belle Irlandaise avait à vous raconter, le nargua-t-il. Dans une famille, il ne devrait pas y avoir de mystère. D'ailleurs, lisez-là, la prose de Marcella Dowling, vous verrez, elle ne contient aucun secret scandaleux qui ferait pleurer maman...

— Cette lettre m'appartient, espèce de vaurien ! Libre à moi de partager son contenu avec toi, en tout ou en partie. Mais ce n'est pas à toi d'en décider. »

Papineau frappa du poing sur la table. Il ne viendrait jamais à bout de ce grand garçon agressif et rancunier. Ce n'était pas que le contenu de la lettre l'inquiétait, Marcella lui parlait probablement de l'école pour jeunes filles qu'elle dirigeait à Dublin. Leur relation épistolaire avait pris un tour mondain et, entre eux, la distance s'installait lentement. N'empêche qu'à soixante ans il avait droit à une correspondance confidentielle, bon Dieu ! Incapable de contenir son courroux, il assena à Lactance une série de remontrances, toutes plus anodines les unes que les autres, en vérité. Le jeune homme s'emporta à son tour : si son père n'avait que des peccadilles à lui reprocher, qu'il se taise !

« J'en ai assez de subir votre persécution, fit-il, bouillonnant de rage. Vous me confinez dans le rôle de l'idiot de la famille alors que je suis studieux, éclairé, honorable. Il y a des droits sacrés. Le droit à l'amour paternel que vous me refusez, le droit à la protection... Du haut de votre suffisance, pour ne pas dire de votre dédain, vous m'en privez depuis toujours. »

Il hurlait. Craignant de voir les ustentiles voler et la vaisselle se fracasser sur les murs, Papineau retrouva son sang-froid.

« Mange ta soupe, elle va refroidir.

— Voyez comme il me parle ! À croire que je suis retombé en enfance ! J'en ai assez. Dès demain, je décampe.

— Où iras-tu ? interrogea Papineau en le scrutant d'un air inquisiteur.

— À Montréal, pardieu.

— C'est impossible, Lactance, ta mère ne veut pas.

— Et pourquoi ma mère ne voudrait-elle pas de son fils ?

— Tu le sais, elle te l'a déjà dit. Tes colères sont si violentes qu'Ézilda a peur de toi.

— Non content de me mépriser, vous voulez maintenant me faire croire que ma mère me fuit. Quand je suis avec elle, je reste bien sage. Je fais attention à ne pas la fatiguer, je passe des semaines sans parler.

— Ta mère est malade...

— C'est vous qui la rendez malade. Vos querelles politiques l'épuisent. Vous ne comprenez donc pas ? Sortez-en, de la vie publique ! C'est le seul moyen de reposer maman. Toute cette excitation la rend nerveuse. »

Écœuré de ses propres jérémiades, Lactance parut se calmer et pleura sur son sort de mal-aimé. Pourquoi ne jouissait-il pas, comme les jeunes gens de son âge, d'une vie familiale chaleureuse ? Ah ! se sentir aimé des siens, partager leurs tourments, comme cela devait être réconfortant !

« Écoute-moi bien, Lactance. Pense ce que tu voudras de moi, mais il est hors de question que tu t'installes rue Bonsecours. Je paierai ta pension ailleurs, s'il le faut. Alors je t'en prie, laisse ta mère et ta sœur vivre en paix.

— Je n'irai pas ailleurs, s'entêta-t-il. Je ne suis bien qu'avec maman. C'est cruel de me persécuter ainsi.

— Je ne te donnerai pas l'argent du voyage.

— Eh bien ! je me débrouillerai sans vous. »

Ils ne se reparlèrent pas de la soirée. À l'aube, Papineau repartit sur ses terres, sans laisser à Lactance les louis pour payer son passage sur le vapeur.

***

Le surlendemain, Julie avait rendez-vous avec monseigneur Bourget à l'évêché. Elle allait monter dans la calèche quand le postier l'accosta pour lui remettre en main propre une lettre de monsieur Papineau. Elle le remercia de sa délicatesse et la glissa dans son sac. Chemin faisant, elle ne résista pas à l'envie de la décacheter.

Papineau prenait des gants blancs pour lui annoncer que Lactance pouvait rebondir à la maison d'un moment à l'autre. Il avait fait l'impossible pour le retenir et se disait sincèrement désolé. Il promettait de revenir de la Petite-Nation dès que le terrain autour du manoir serait aplani, sans quoi il ne pourrait pas semer le gazon le printemps venu.

«Je t'en supplie, ma chère Julie, écrivait-il en conclusion, devant Lactance, dissimule un moment ta déception. Il ne la supporterait pas.»

Julie replia la lettre en se demandant comment elle préviendrait Ézilda de l'arrivée prochaine de son frère. La petite tremblait à la seule mention de son nom, tant il avait fait d'elle sa tête de Turc. Le mieux serait peut-être de l'expédier à Verchères, chez sa grand-mère, du moins jusqu'au retour de Papineau. Il était le seul capable de raisonner Lactance. Elle appuya la tête contre la vitre. Dehors, les premières feuilles de l'automne volaient au vent. Une vive appréhension s'empara d'elle.

«Le vent est à l'orage», pensa-t-elle.

Qu'avait-elle fait à Dieu pour mériter des enfants aussi décevants? Après Lactance – l'obstiné, l'incontrôlable Lactance –, voilà que Gustave faisait preuve d'indiscipline. Il se montrait de plus en plus hautain, négligeait ses études et surtout, refusait d'aller à l'église. Son fragile espoir d'en faire un prêtre était bien anéanti. Elle accepterait sa décision s'il consentait néanmoins à fréquenter les sacrements plutôt qu'à les fuir comme un impie. Qu'il embrasse la carrière d'avocat ou celle de journaliste, elle pouvait s'en accommoder, à la condition qu'il vive dans la crainte de Dieu, plutôt que de le défier, comme ses amis de l'Institut canadien.

Ce n'était certes pas son agnostique de père qui l'aiderait à remettre Gustave dans le droit chemin, lui qui traitait de mangeux de balustre ceux qui fréquentaient le clergé. Monseigneur Bourget, par contre, était un homme de bon conseil. Il l'écouterait mieux que quiconque. Elle appréciait son jugement et il s'était toujours montré intéressé aux progrès de ses enfants.

Vingt minutes plus tard, sa voiture s'arrêta devant la haute grille en fer du nouveau palais épiscopal, à quelques pas de la cathédrale Saint-Jacques. L'imposant édifice en pierre de taille était orné de six colonnes ioniques. Monseigneur Bourget avait des goût luxueux, son palais ayant coûté 80 000 dollars. Julie fut introduite dans le salon particulier de l'évêque.

«Votre Excellence, fit-elle sans détour, je m'inquiète pour Gustave.»

Elle fit glisser de ses doigts un gant, puis l'autre, lentement, sans pouvoir dire si elle attendait un réconfort ou une condamnation de ses méthodes d'éducation.

«Ah! Gustave, le journaliste. Je lis quelquefois ses articles dans *L'Avenir*. Il me surprend d'ailleurs. Je l'imaginais timide, romantique même.

— Il ne m'écoute plus, monseigneur. Lorsque je lui rappelle ses devoirs de chrétien, il me rit au nez. Aucun de ses frères ne m'a jamais parlé sur ce ton.

— C'est de son âge, fit l'évêque en esquissant un geste d'impuissance. La jeune génération nous échappe. Elle se laisse berner par ceux qui prônent des principes révolutionnaires. Gustave ne devrait pas lire des livres qui avivent l'esprit de révolte. »

Julie assura l'évêque qu'elle surveillait les ouvrages qui entraient dans sa maison. Mais il lui était difficile de censurer les journaux. Comme homme politique, Papineau prenait connaissance de tout ce qui s'écrivait. D'ailleurs, ce n'était pas ce qui l'inquiétait. Chez elle, la saine discussion était permise, encouragée même. Le brassage d'idées qui en découlait avait toujours été salutaire. Amédée, Lactance et Louis-Antoine en avaient bénéficié, elle n'en doutait pas.

«Vos fils ont peut-être été entraînés par votre neveu qui, lui, s'est éloigné de la religion par trop de liberté intellectuelle», suggéra l'évêque, sans vouloir la brusquer.

Julie en doutait. Ses fils et son neveu n'étaient pas des plus pieux, mais ils étaient honnêtes et chastes, elle pouvait en répondre. Gustave n'était pas un mauvais garçon, lui non plus. Cependant, il représentait son dernier espoir d'avoir un fils dans les ordres. Un prêtre serait d'un grand réconfort alors que, avec le temps, elle sentait monter en elle une ferveur religieuse qui compensait pour les malheurs d'une existence difficile.

«Gustave a été très malade, l'an dernier. J'ai promis à Dieu d'en faire un prêtre s'il lui prêtait vie.

— Ma chère madame, la vocation ne s'impose pas. Seul votre fils peut en décider. Vous l'encouragez, c'est bien. Mais vous ne pouvez rien de plus, sinon prier pour que l'appel du Seigneur jaillisse en lui.

— Je comptais sur Gustave pour gagner mon ciel, ajouta Julie en soutenant le regard de l'évêque. Toute mère qui donne un fils à Dieu n'est-elle pas assurée d'une place de choix pour l'éternité ?

— Ne vous en faites pas pour votre salut, madame Papineau. Vous avez assez souffert, votre place vous attend déjà, près du Seigneur. »

L'évêque marqua une pause. Il croisa les doigts sur sa poitrine et enchaîna :

« En revanche, si je puis me permettre, je vous suggérerais d'éloigner Gustave de l'influence pernicieuse de son cousin Dessaulles qui fait ouvertement profession d'athéisme.

— Louis-Antoine ? sursauta Julie, c'est un bon garçon, un peu frivole, j'en conviens, mais cela s'explique. Il a perdu son père si jeune. J'ai pour lui l'affection d'une deuxième mère.

— Je sais, je sais. Je vénérais son père et j'admire madame Dessaulles dont les vertus sont dignes de nos mœurs patriarcales. Cela dit, je ne crois pas que Louis-Antoine soit pire que les jeunes fougueux qu'il fréquente à l'Institut canadien. Mais votre fils Gustave est en pleine croissance et leurs idées républicaines risquent de lui enfler la tête.

— On ne peut pas reprocher à Louis-Antoine de défendre monsieur Papineau qui est attaqué de toutes parts.

— Quelle triste histoire ! concéda l'évêque. Puisque vous m'en parlez, je reconnais que la croisade de votre neveu émane des meilleures intentions. Je ne partage pas les idées politiques de monsieur Papineau et je crois que nous avons mieux à faire que de nous laisser entraîner dans des discussions oiseuses sur le rappel de l'Union. Néanmoins, votre mari ne méritait pas ces attaques malicieuses. Croyez bien que l'attaque intempestive du curé Chartier m'a mis dans l'embarras. »

Le curé Étienne Chartier venait en effet de sortir de sa cachette pour se rallier au clan Nelson. Dans une lettre ouverte aux journaux, il avait affirmé que Papineau n'en était pas à une lâcheté près, puisqu'en 1838, aux États-Unis, il avait honteusement refusé d'appuyer les réfugiés décidés à se venger, qu'il n'avait pas levé l'armée réclamée par le docteur Robert Nelson et avait rejeté l'aide de trois généraux américains prêts à se battre aux côtés des patriotes.

Bien que la crédibilité du prêtre ait été sérieusement entachée par ses frasques des dernières années, comme le soulignait monseigneur Bourget, Julie était d'avis que le coup était foudroyant pour Papineau.

« À Paris, lui confia-t-elle, mon mari lui a pardonné ses déclarations à l'emporte-pièce, alors que je lui conseillais de rester sur ses gardes. Mais Papineau n'est pas rancunier. Il a consenti sans arrière-pensée à faire la paix avec son ami de jeunesse. »

En quittant l'évêque, Julie se sentit lasse, comme chaque fois qu'elle songeait à tous ces reniements. Le revirement d'Étienne Chartier ne visait qu'à faire mal à Papineau qui en était profondément blessé. Comment réagirait-il en apprenant la sortie de William Lyon Mackenzie, cet autre ancien ami qui n'avait pas résisté à l'envie de faire son tour de piste ? Dans le journal de la veille, il avait écrit à propos de Papineau : « Le courage lui a manqué à Saint-Denis, au moment où cette qualité lui était le plus nécessaire comme chef des Canadiens. » Pourvu que cette gazette ne se soit pas rendue à la Petite-Nation ! pensa Julie en rentrant à la maison

La table de la salle à manger était couverte de journaux grands ouverts. Assis devant une pile de feuilles blanches, Gustave notait les phrases que lui dictait Louis-Antoine et qui accablaient Wolfred Nelson. C'était l'homme à abattre.

« Écris, Gustave : Jusqu'ici, nous hésitions à admettre une aussi monstrueuse perversité chez un homme qui s'est couvert de lauriers. Mais aujourd'hui, il y a deux docteurs Nelson : le grand patriote qui, en 1837, a combattu contre la tyrannie pour la liberté ; et l'homme qui, en 1848, se fait l'ignoble instrument d'une infâme proscription et traîne ses lauriers dans la boue...

— Un homme qui se fait espion, continua Amédée. Ajoute ceci, Gustave : Un délateur public, le rôle le plus vil qu'il soit donné de jouer à un citoyen civilisé.

— Excellent ! dit Louis-Antoine. N'ayons pas peur des mots. Cet éditorial doit être percutant.

— Vous ne pensez pas qu'il serait temps de réaffirmer l'innocence de papa ? demanda Gustave en levant la tête de sa feuille.

— Tout à fait, acquiesça son cousin. Écris : Nous devons défendre l'innocent et dénoncer, foudroyer le traître qui, entassant mensonge sur mensonge, a tenté de briser la plus belle de nos réputations canadiennes. Les principes que défend monsieur Papineau sont inattaquables. On se rue avec fureur sur l'homme qui les professe. Quel aveuglement ! Voilà, relis-nous ça, mon Gustave. »

Le journaliste en herbe s'exécuta, sous l'œil approbateur des deux autres qui ajoutaient un mot ici, un détail là, de manière à étayer leur thèse. Debout devant la porte, Julie écoutait en détachant les épingles de son chapeau.

« Ah ! vous voilà enfin, maman, lança Amédée, l'apercevant. Êtes-vous impressionnée par notre éditorial ? Le brave docteur Nelson, qui crève de rage à la pensée que papa le méprise assez pour ne pas lui répondre et qui brûle d'envie de lui jeter encore de la boue va barboter dans son trou.

— Vous ne craignez pas d'attiser plutôt sa haine ? demanda Julie.

— Vous n'êtes pas au courant de la dernière trouvaille du clan Nelson ? l'interrogea Gustave, tout en cherchant dans les pages de *La Minerve* la parodie de la chanson *Malbrough s'en va-t-en guerre* que le journal s'était permise.

— Ce n'est pas la peine, Gustave, je connais les paroles par cœur », fit Louis-Antoine qui les récita :

Il a pris l'escampette / Pour gagner les États
Où vas-tu donc, pépère / Où vas-tu de c'train-là ?
Je cherche une cachette / Pour jusqu'après l'combat.
Mais c'est pas brav', pépère / De se sauver comme ça.
La Saint-Denis se passe / Pépère ne revient pas.
Mais le petit Dessaulles / Arrangera tout ça.

— Si votre père découvre ces paroles, il va repartir en guerre, comme dit la chanson, s'exclama Julie plus ou moins sérieuse.

— Ce n'est pas tout. Savez-vous ce que concocte le premier ministre LaFontaine pendant ce temps ? demanda Amédée à sa mère. Figurez-vous que son gouvernement réclame à papa l'argent qu'il lui a expédié à Paris pour copier des documents aux archives coloniales.

— Quoi ? Que cet homme est mesquin ! s'indigna Julie.

— Il exige le remboursement de 150 livres soi-disant trop perçues, confirma Amédée. La demande officielle m'a été remise au Palais de justice aujourd'hui même.

— C'est de l'acharnement, fit Julie qui n'en croyait pas ses oreilles. Ils vont lui assener le coup de grâce. Paie ce qu'ils demandent, Amédée, il ne faut rien devoir à ce gouvernement de scélérats. »

Mademoiselle Douville entra dans la salle à manger :

« Allez, les blancs-becs, assez travaillé ! Déguerpissez que je mette la table. »

Puis, apercevant Julie, elle sursauta.

« Oh ! madame, pardonnez-moi, je ne vous avais pas vue.

— Ne vous excusez pas, Marguerite, vous avez raison, il est temps de dîner. Faites-vous aider par Ézilda. Moi, je suis morte de fatigue.

— Mais d'où venez-vous, maman ? l'interrogea Amédée. Vous êtes tout endimanchée, ce n'est sûrement pas pour nous que vous vous êtes faite aussi belle. »

Amédée aida sa mère à enlever son manteau.

« J'arrive de la rue Saint-Denis, lui dit-elle en se dégageant.

— De l'évêché ? fit Gustave. Vous êtes encore allée bavasser sur mon compte ?

— Gustave, ne me manque pas de respect ! se fâcha Julie. J'ai parlé de ton scepticisme à monseigneur, c'est vrai. Si tu continues sur cette pente, je te prédis que tu seras malheureux. En tout cas, j'aurai fait mon devoir.

— Vous vous plaignez toujours de moi, rouspéta Gustave en prenant à témoin son frère et son cousin. C'est décourageant, vous ne me parlez que de religion alors que mon grand rêve est d'être journaliste. Pas un curé en soutane !

— En matière religieuse, Amédée et Lactance ne me donnent pas plus de satisfaction que toi. J'espérais que tu serais différent, que tu craindrais plus le Seigneur, voilà tout.

— Que vous a dit monseigneur ? demanda Louis-Antoine d'un ton narquois. Vous a-t-il ordonné de nous envoyer à lui pour la confession ?

— Tout ce que je peux te dire, Louis-Antoine, c'est que tu n'impressionnes guère Son Excellence.

— Ça tombe bien, Son Excellence ne m'impressionne pas non plus, s'amusa Louis-Antoine.

— Mais, maman, demanda Gustave, comment pouvez-vous choisir comme directeur de conscience un prêtre à l'esprit aussi borné ?

— Gustave a raison, approuva Amédée. L'avez-vous entendu à la grand-messe dimanche dernier ? Incroyable ! D'après lui, l'invasion de sauterelles qui dévorent les moissons est un fléau envoyé par la Providence pour nous punir de nos crimes, nous, les jeunes des deux sexes. Paraît-il que nous méritons ce châtiment céleste à cause de notre intempérance et de nos réunions nocturnes.

— Faut être tombé sur la tête pour lancer des balivernes pareilles, en 1848. Nous ne sommes plus au Moyen Âge», renchérit Gustave.

Julie avait beau essayer de leur faire entendre raison, la conversation tourna à la rigolade. Mademoiselle Douville promena sa louche d'un convive à l'autre. Son ragoût de boulettes était délicieux. À peine avait-elle fini de remplir les assiettes qu'elles lui revenaient vides, nettoyées avec de la mie de pain. Autour de la table, les grands gaillards criaient famine, devant la minuscule Ézilda qui n'en revenait pas de les voir s'empiffrer, alors qu'ils étaient minces comme des échalas.

«Maintenant, c'est Cartier que je veux prendre au piège, fit Louis-Antoine, avec l'air de quelqu'un qui a une idée derrière la tête. Savez-vous qu'on l'a surnommé "la queue du loup"?

— Du loup, quel loup? demanda Ézilda intriguée.

— Le loup, c'est Nelson, répondit-il, et Cartier n'est que sa queue! Si on lui faisait un coup pendable?

— Vas-y, nous t'écoutons», l'encouragea Amédée.

Quand il ne signait pas ses articles de son véritable nom, Louis-Antoine les attribuait à un certain "Campagnard". Il proposa à ses cousins d'écrire sous ce nom d'emprunt une satire dans laquelle George-Étienne Cartier aurait le rôle du couillon.

— Louis-Antoine, protesta Julie faiblement.

— Ne vous mêlez pas de ça, ma tante, c'est une affaire d'homme.

— Alors? demanda Gustave, intrigué.

— Donc, la scène se passe pendant la bataille de Saint-Denis. George-Étienne Cartier, brillant avocat, prend ses jambes à son cou pour aller se cacher dans les tours de l'église. J'intitulerai ma satire *Tuque bleue*.

— Ce n'est pas sérieux, fit Julie qui riait sous cape. Ce que tu es carabin!

— Cartier mérite une bonne gifle, ma tante. Je le soupçonne d'être derrière l'affreux *Malbrough s'en va-t-en guerre*.

— Tu n'as pas de preuve.

— Ça fait des années qu'il écrit des chansons. Souvenez-vous de son fameux *Ô Canada, mon pays, mes amours*. Il était un grand patriote alors. C'est fou ce que les gens peuvent changer en quelques années!»

George-Étienne Cartier avala de travers la satire de Louis-Antoine que publia *L'Avenir*. Il courut au local de la rue Saint-Paul pour demander réparation, mais les journalistes refusèrent de lui dire qui se cachait derrière le pseudonyme de Campagnard. Cartier ne voulut pas en démordre :

«Puisque c'est comme ça, l'injure sera lavée en duel. J'exige le nom de mon calomniateur. Et un démenti. Je ne me suis pas sauvé de Saint-Denis. C'est aberrant de me soupçonner d'une telle lâcheté.

— Vous ne vous gênez pas pour salir la réputation de monsieur Papineau, que je sache, fit l'un des journalistes qui, en l'absence de Dessaulles, tentait de parlementer avec l'avocat outragé.

— Monsieur Papineau était-il oui ou non à Saint-Denis pendant le combat ? les nargua Cartier. Vous savez tous qu'il n'y était pas. Que ce soit ou non sur l'ordre du docteur Nelson, il n'en est pas moins parti. »

La discussion risquait de s'envenimer. Pour liquider le contentieux, un des journalistes, de petite taille, se proposa comme son adversaire. Furieux, celui-ci le toisa :

«Je ne me bats pas contre un marmouset ! »

Finalement, il fut décidé que le directeur du journal, Joseph Doutre, se battrait en duel contre Cartier. Mais l'affaire tourna en rigolade. Les duellistes étaient si maladroits que leurs témoins, craignant pour leur propre vie, mirent d'autorité fin au duel.

Dessaulles gagnait du galon alors que l'étoile du docteur Nelson commençait à pâlir. Trop de lettres d'appui anonymes paraissaient dans *La Minerve*. Et ceux qui témoignaient en sa faveur ne prêtaient pas serment, contrairement aux défenseurs de Papineau. Quant à George-Étienne Cartier, la preuve éclata au grand jour qu'il arrachait de fausses déclarations aux témoins facilement manipulables. Ceux qui étaient piégés réclamaient ensuite qu'on retranchât des pans de leur déposition signée.

Ragaillardi par ses succès, Louis-Antoine publia une brochure *Papineau et Nelson, blanc et noir*, qui reprenait une à une les accusations en les réfutant. En riposte, *La Minerve* l'accusa de s'être parjuré en affirmant avoir discuté avec Wolfred Nelson, le matin fatidique. Celui-ci qualifia de «tissu de grossiers mensonges» cette prétendue rencontre, tandis que son propre fils, Horace Nelson, déclara que Dessaulles n'avait jamais mis les pieds à Saint-Denis ce jour-là.

Cette fois, Papineau sortit de son mutisme. Seul à la Petite-Nation, où il suivait ce cirque, il s'indigna en lisant *La Minerve*. Qu'on s'en prenne à lui, soit. Mais qu'on persécute son neveu, cela dépassait la mesure.

«Devant cette accusation d'athéisme et de parjure, écrivit-il à Julie, dans un moment d'impatience, Louis-Antoine doit intenter une action en libelle diffamatoire. C'est effrayant d'avoir affaire à des hommes si dépravés qu'ils viennent jurer sans broncher le contraire de la vérité.»

C'est ainsi que Louis-Antoine Dessaulles poursuivit le directeur de *La Minerve*, Ludger Duvernay, à qui il réclama 3 000 louis en dommages-intérêts.

CHAPITRE XLVIII

La folle équipée d'Ézilda

Finalement, c'est Papineau qui avait raison. Les chantres loyalistes de l'Union avaient beau seriner les merveilles du Canada-Uni, le naturel était revenu au galop à la première occasion.

Tout avait commencé peu après cinq heures de l'après-midi, le 25 avril 1849. La débâcle avait été hâtive, comme l'année précédente, et l'on circulait à pied sec dans les rues. Ce mercredi-là, les gradins du parlement étaient remplis à craquer. Le gouverneur Elgin devait enfin accorder la sanction royale au bill d'indemnité pour les pertes encourues au Bas-Canada durant les troubles de 1837-1838. Les rebelles condamnés par la cour martiale et les exilés en Australie en étaient exclus, mais tous les autres pourraient en bénéficier. Ce n'était que justice puisque les victimes du Haut-Canada avaient reçu 400 000 dollars de compensation pour la destruction de leurs propriétés, le vol et la saisie de leurs biens, quelques années plus tôt.

Mais les loyalistes voyaient là un sacrilège. Pendant le débat en Chambre – du vrai théâtre! –, les insultes traversèrent la salle comme autant de flèches empoisonnées. Le héros de Saint-Denis était un « traître » et les Canadiens français, des *« foreigners »*. Quand le greffier commença à lire le texte de la loi d'indemnisation si décriée, les sifflements enterrèrent sa voix. Droit sur son siège, le gouverneur Elgin ne broncha pas. Et, ses fonctions remplies, il s'en retournait à sa résidence des Monklands, quand une volée de pierres arrachées au pavé et une omelette d'œufs pourris atterrirent sur son carrosse. Son escorte militaire réussit à le dégager de cette mauvaise passe et il disparut à folle épouvante, escorté d'un détachement de cavalerie.

L'on manda d'urgence le nouveau maire de Montréal, le libraire Édouard-Raymond Fabre, qui constata que l'agitation se déplaçait dans la rue. «Pas d'argent pour les rebelles», scandait la foule des émeutiers gonflée à bloc par des orangistes venus du Haut-Canada exprès pour l'occasion. Mais ce n'était que le début. Les manifestants en colère se dirigèrent ensuite vers le Champ-de-Mars pour entendre des orateurs hurler leur indignation. «Anglo-Saxons, au combat!» vociféraient-ils. Pendant trois heures, ils haranguèrent la foule déjà surexcitée. «À bas le gouverneur!» Le tocsin se mit à sonner et des cris de terreur résonnèrent aux quatre coins du faubourg, cependant que les milliers de nouveaux venus envahissaient la place Jacques-Cartier.

Le maire Fabre ne savait plus où donner de la tête. Devait-il appeler l'armée à la rescousse? Surtout pas, pensa-t-il. Les troupes se tourneraient contre les Canadiens. Cela risquait de dégénérer en lutte civile, voire en guerre de race. Chaque fois, c'était pareil. Les officiers en poste ne levaient jamais le petit doigt pour arrêter les fauteurs de troubles loyalistes. Il résolut de se rendre à la mairie afin de faire le point sur la situation avec ses collègues, mais prit le temps d'arrêter rue Bonsecours pour prévenir Julie qu'il n'irait pas dîner chez elle, ce soir-là, et qu'elle ferait mieux de s'encabaner. Peut-être l'ignorait-elle encore, mais le moment était mal choisi pour sortir faire des courses. D'ailleurs, la plupart des commerçants avaient déjà fermé leurs boutiques. Le maire ne croyait pas, cependant, que la manifestation puisse dégénérer en émeute sanglante, comme lors de la fusillade de 1832. Là-dessus, il se trompait. Mais il avait été élu à la tête de la Ville pour ses qualités d'administrateur et il était certes plus habile à assainir les finances municipales qu'à mater les conflits raciaux. Il paraissait tendu et Julie lui fit remarquer qu'il avait sans doute besoin d'un peu de repos s'il voulait tenir le coup.

«Je ne peux pas me permettre de manquer de vigilance, lui répondit-il. Un faux pas de ma part et c'est la guerre. Tous mes conseillers ont peur. Ma chère amie, je ne vous mens pas, c'est à en sécher sur pied.»

⌘

À quelques rues de là. Gustave croisa le maire Fabre qui s'en allait à l'hôtel de ville. Il lui fit signe de la main et continua son chemin, car il n'avait pas une minute à perdre. *L'Avenir* l'envoyait couvrir ce qui se passait au Champ-de-Mars. Sur place, il fut à même de constater que l'émeute était déjà en cours. Le mot d'ordre répété d'un attroupement à l'autre ne trompait pas : « Au parlement ! Au parlement ! »

Il hésita sur la direction à suivre. Prendre ses jambes à son cou et filer au marché Saint-Anne où siégeait la Chambre ? Son père n'ignorait probablement pas ce qui se tramait en dehors. Il se dirigea plutôt vers la rue Bonsecours afin de trouver un abri pour sa mère, Ézilda et mademoiselle Douville. Personne ne pouvait répondre de la conduite des orangistes, qui ne se priveraient pas du plaisir sadique de saccager la propriété de Papineau.

La porte de la maison n'était pas verrouillée et Gustave se précipita dans l'escalier en hurlant :

« Maman, mademoiselle Douville, Ézilda, sortez d'ici, il y a une émeute. »

Julie crut d'abord qu'il exagérait le danger. Le maire Fabre lui avait parlé d'une manifestation et non d'un soulèvement armé. Mais devant les détails qu'alignait Gustave, elle décida d'aller se faire héberger chez Amédée, au Beaver Hall Terrace.

« Cours prévenir ton père, répétait-elle nerveusement, car la peur commençait à la gagner. Et venez vite nous rejoindre, tous les deux. Sois prudent, mon Gustave. Ne présume pas de tes forces. Tu sais combien tu as la santé fragile. »

Mais il était déjà reparti.

***

Dans les moments graves, Julie faisait preuve d'un sang-froid étonnant. Sans perdre une seconde, elle expédia Ézilda auprès des domestiques qui devaient se mettre à l'abri chez leurs parents ; ayant demandé à mademoiselle Douville de rassembler quelques effets pour la nuit, elle courut à la chambre de Lactance pour le convaincre de la suivre chez Amédée.

« Lactance, habille-toi, nous partons. Les loyalistes se soulèvent. »

Écrasé dans son lit, il ne répondit pas. Lorsqu'elle réitéra sa demande, il plaça son oreiller sur sa tête. Elle le retira d'un mouvement brusque.

« Tu ne m'as pas entendue ? C'est sérieux, Lactance, nous n'avons pas une minute à perdre. Vite ! »

— Vous me cassez les oreilles avec vos cris.

— Lactance, je t'en supplie, ne joue pas avec mes nerfs.

— Je reste ici.

— Les loyalistes vont attaquer la maison. Tu sais ce que ça signifie ?

— J'éteindrai toutes les bougies et ils croiront qu'il n'y a personne. Je suis bien dans le noir. Je suis bien seul. Je ne bouge pas. »

Ézilda était debout dans le cadre de la porte.

« Laissez-le faire, maman. Il faut partir.

— Et bon débarras ! fit le jeune homme en replaçant l'oreiller sur son visage. »

Tout était prêt, lorsque Ézilda découvrit que le cocher n'était pas à son poste. Ni aux écuries ni dans la cour ni dans l'aile réservée aux domestiques, à l'arrière de la maison. La cuisinière lui apprit qu'ayant entendu passer les pompiers, il était parti voir s'il pouvait les aider. Cela faisait plus d'une heure, mais il n'était pas encore revenu. Ézilda se demanda alors qui d'autre pouvait les conduire chez Amédée. Il était hors de question de prendre l'omnibus et elle ne trouverait pas un cab dans la rue, ni au dépôt des chars.

« On ne peut plus attendre », décida-t-elle, en laissant poindre son angoisse. Elle gardait de vagues souvenirs du saccage de leur maison, juste avant la rébellion. Les cris *Pull down the house,* les vitres fracassées, mademoiselle Douville terrorisée, à qui sa mère avait fait respirer de l'ammoniac pour qu'elle reprenne ses sens... C'était flou dans sa mémoire, mais la terreur qu'elle avait éprouvée à neuf ans se réveillait peu à peu.

Julie se sentait impuissante. Fallait-il se barricader dans la maison en attendant le retour du cocher ? Elle posa la question tout haut.

« Je sais conduire un équipage, répondit Ézilda avec fermeté. Attendez-moi, je reviens avec la voiture. »

La jeune fille qui avait maintenant dix-neuf ans, mais n'en paraissait pas douze, courut à l'écurie sous les yeux incrédules de Julie. Elle s'empara de l'attelage suspendu à un crochet vissé au mur et glissa le collier au cou du premier cheval, puis répéta la manœuvre avec le second. Tour à tour, elle les fit avancer jusqu'à la voiture garée près de la porte de l'écurie où elle les plaça en duo. Les bêtes obéissaient docilement. En moins de dix minutes, elle réapparut devant la porte cochère, toute minuscule, tenant solidement les guides entre ses petites mains. Jamais elle n'avait semblé se concentrer avec autant d'énergie sur ce qu'elle avait à faire. On aurait dit qu'elle était investie d'une mission périlleuse, ce qui n'était pas tout à fait faux, comme en attestaient les hurlements lointains des voyous loyalistes qui parvenaient jusqu'à la rue Bonsecours.

Mademoiselle Douville n'en menait pas large. Aidée de Julie, elle grimpa à côté du cocher en jupons et la voiture partit au galop. La rue Notre-Dame était noire de monde et un début d'incendie faisait rage à l'hôtel Donegani. Sans demander l'avis de ses passagères, Ézilda fit demi-tour pour emprunter la rue Saint-Paul. Les grilles de presque toutes les boutiques étaient cadenassées. Elle parvint tant bien que mal à guider ses chevaux entre les voitures et les piétons qui traversaient n'importe où. Elle avait choisi la route la plus longue, mais aussi la plus sûre. Elle jeta un coup d'œil sur sa droite : rien à signaler du côté de la place Jacques-Cartier, sauf un attroupement d'orangistes armés de bâtons qui débouchaient d'une rue transversale. Leurs cris énervèrent les bêtes et Ézilda dut user de toutes ses forces pour les retenir. Rue Saint-Laurent, une épaisse fumée s'élevait. Il y avait des pompiers sur les lieux, mais ils ne bronchaient pas. Les bras croisés, ils regardaient les flammes lécher une rangée de logis. Des gens en sortaient par la porte de derrière et couraient à travers champs.

« Qu'est-ce qu'ils font ? se demanda Julie. Pourquoi n'éteignent-ils pas l'incendie ? Ma parole... ils sont de connivence avec les émeutiers. »

Ézilda fouetta ses chevaux qui redoublèrent d'ardeur. Lorsqu'elles furent à faible distance du marché Sainte-Anne, elles aperçurent un *watchman* qui refoulait les curieux loin d'un gigantesque brasier. Il fallut tirer fortement sur les guides pour ralentir la voiture. Une grande frayeur, mêlée d'horreur, glaça Julie.

« Le parlement brûle, Ézilda, et ton père y est. Pouvu qu'il soit sorti à temps.

— Il n'y a plus de parlement, ma petite dame, dit un passant qui s'était agrippé d'une main à la calèche, près de la rue McGill. Les Anglais ont tout brûlé.

— C'est abominable ! »

Ézilda réussit à se faufiler à travers les voitures et les charrettes qui s'arrêtaient n'importe où pour demander les dernières nouvelles. C'est ainsi qu'elles apprirent que les députés qui avaient réussi à fuir avaient été pourchassés dans les rues, certains matraqués, et qu'il ne restait pas une seule vitre intacte sur tout l'édifice du parlement. Après d'interminables détours, la voiture déboucha rue McGill, puis s'arrêta devant l'écriteau : Beaver Hall Terrace. Ézilda était exsangue, un pâle sourire se dessinant sur ses lèvres. Elle avait réussi. Julie la serra dans ses bras. Les trois femmes se précipitèrent à l'intérieur, accueillies par Amédée, malade comme un chien, qui s'était traîné jusqu'à la porte.

« Peux-tu nous héberger ? »

Julie avait à peine fini sa phrase qu'un bris de vitre se fit entendre dans la rue.

« *Oh my God* ! s'écria Mary, *they're here, they're here.* »

Amédée courut à la fenêtre. Les émeutiers ramassaient des pierres devant chez lui et cassaient les carreaux de la résidence de l'inspecteur général qui habitait à côté. Il eut un moment d'inquiétude. Avec un nom suspect comme le sien, il pouvait s'attendre à tout.

« Mon Krieghoff ! » s'écria-t-il en décrochant le tableau représentant une chasse de canards sur un lac de montagne pendant un orage d'été.

Il s'en voulait de ne pas avoir imité ses voisins qui avaient fait disparaître leurs objets de prix dès le début de l'émeute. Mais il souffrait de coliques aiguës depuis plusieurs jours et n'avait pas trouvé la force d'entreprendre ce déménagement. Mary le rassura, l'attroupement s'éloignait en criant : *Let's go see mister LaFontaine.*

« Où sont les troupes ? demanda-t-il. Il n'y a donc personne pour protéger les citoyens dans cette ville ?

— Nous venons de voir des pompiers qui coupaient leurs tuyaux d'incendie pour les rendre inutiles, sous les applaudissements de... de ces sauvages », l'informa Ézilda.

Julie pensa alors qu'il eût peut-être mieux valu qu'elle reste chez elle. Sans le savoir, elle s'était jetée dans la gueule du loup. Les LaFontaine et autres cibles des orangistes habitaient dans la partie ouest du faubourg, là où s'agglutinaient maintenant les manifestants. Amédée s'écrasa dans un fauteuil. Une heure plus tôt, il avait vu s'écrouler le toit du parlement et il frémissait à la pensée de ce qui était arrivé à son père.

Tour à tour, Julie, Mary et Ézilda faisaient le guet à la fenêtre ouest, d'où l'on pouvait distinguer clairement des lueurs de feu dans le ciel. Il serait bientôt minuit et pourtant, il faisait clair comme en plein jour.

« C'est fini, dit Mary. Ils s'en vont du côté de la côte Saint-Antoine. »

Papineau et Gustave arrivèrent peu après. Ils étaient livides et leurs redingotes sentaient la fumée.

« Le parlement n'est plus », confirma Papineau en s'essuyant le front avec le rebord de sa manche.

Tout s'était passé très vite. À neuf heures, les députés siégeaient toujours. On les avait prévenus que la révolte grondait à l'extérieur des murs, mais ils ne s'en étaient pas souciés. La populace en voulait au gouverneur, jamais elle ne s'en prendrait aux élus, pensaient-ils. Convaincus qu'ils ne couraient aucun danger immédiat, ils avaient donc poursuivi leurs travaux dans le désordre, sans trop comprendre ce qui poussait le public à quitter les galeries à toutes jambes. L'*orateur* s'était efforcé de maintenir un semblant de décorum quand les portes s'étaient ouvertes avec fracas, d'un coup sec. Des manifestants armés s'étaient engouffrés dans la Chambre, en lançant des hurlements, cependant qu'une grêle de pierres faisait voler les vitres en éclats.

« Rien ne résistait à ces brutes, raconta Papineau, le visage décomposé. Les sièges, les pupitres revolaient et les papiers officiels atterrissaient pêle-mêle sur le parquet. Ils ne respectaient rien. J'ai vu un manifestant se glisser derrière le fauteuil de l'*orateur* et proclamer l'assemblée dissoute, en arrachant l'écusson aux armes royales sur le mur derrière lui. »

Julie voulait savoir ce qu'il avait ressenti. Il avait dû craindre pour sa vie ? Non, lui expliqua Papineau, il n'avait pas eu le temps d'avoir peur. Comme les autres parlementaires, il avait dégringolé l'escalier, en se heurtant aux agitateurs qui montaient poursuivre leurs méfaits dans la salle du Conseil. Il émergeait du long couloir du rez-de-chaussée lorsqu'il était arrivé nez à nez avec Gustave qui, en le reconnaissant, avait soupiré de soulagement.

« Je venais de prendre une chaise en pleine figure », enchaîna celui-ci.

Le père et le fils s'étaient frayés un chemin jusqu'à la porte principale qu'ils avaient franchie à grandes enjambées. Au même moment, des projectiles avaient atteint les réverbères qui éclairaient le hall, et le gaz s'était répandu à la vitesse de l'éclair. Comme la porte était ouverte et les fenêtres sans vitre, le feu s'était propagé à tout le rez-de-chaussée, avant de s'engouffrer dans les couloirs qui traversaient l'édifice d'est en ouest.

« C'était ahurissant, les manifestants nous refoulaient à l'intérieur, sous l'œil des pompiers volontaires que la scène amusait », raconta Gustave.

Personne ne s'en était pris à Papineau, il pouvait en témoigner. Les loyalistes s'écartaient sur son passage, mais en le huant copieusement. Une fois en sécurité en dehors des murs, celui-ci avait constaté que Gustave n'était plus avec lui.

« J'étais retourné à l'intérieur, précisa le jeune homme. Le feu avait gagné la bibliothèque et j'espérais sauver des documents précieux. Nous étions une bonne dizaine, nos mouchoirs collés aux narines, à récupérer sur les étagères les documents qui nous semblaient les plus irremplaçables.

— Il ne doit pas rester grand-chose, remarqua Amédée.

— C'est une perte effroyable, confirma Papineau. Des volumes rares consacrés à l'histoire des Amériques, toutes les archives du Canada, depuis ses origines à aujourd'hui... Plus de 25 000 livres, en tout, à ce qu'on m'a rapporté.

— Et les troupes ? demanda Julie. Ne me dites pas qu'elles n'ont rien fait pour sauver le parlement ?

— Rien ! lâcha Papineau, furieux. Elles n'ont ni dispersé les gens ni arrêté les pilleurs. Les vaillants soldats anglais se pâmaient devant le spectacle !

— J'en ai même vu qui pissaient sur le mur du parlement, dit Gustave.

— Le parti tory du Haut-Canada a allumé de sa propre main ce bûcher funéraire, commenta Amédée, complètement dégoûté mais toujours friand de jugements incisifs. La postérité se prononcera sur ce geste barbare qu'aucun peuple civilisé n'aurait toléré. »

Julie ne dormit pas de la nuit. Elle s'inquiétait de Gustave qui, plutôt que de se mettre au lit, avait regagné la rue Bonsecours, soucieux de voir comment Lactance se débrouillait. Avec ses nerfs malades, le malheureux était capable de tout. S'il fallait qu'il soit sorti dehors à moitié habillé, au beau milieu de l'émeute ! Qu'il se soit mêlé aux manifestants ! Le jeune journaliste fut soulagé de trouver son frère dormant comme un loir. Au matin, il le ramena chez Amédée, bien calme et parfaitement docile.

Le maire Fabre arriva presque au même moment, à temps pour le petit déjeuner à l'américaine que Mary prépara en un tour de main. Tout en avalant ses toasts, il leur apprit que la nouvelle maison de Louis-Hippolyte LaFontaine, rue de l'Aqueduc dans le faubourg Saint-Antoine, avait été saccagée pendant la nuit. Les émeutiers avaient lancé les meubles et les porcelaines par les fenêtres. Ses écuries et remises à carrosses avaient brûlé et ses arbres fruitiers avaient été arrachés. Ses voisins avaient dû intervenir pour limiter les dégâts. Un des assaillants était mort.

« Ça lui apprendra à soutenir l'Union ! laissa tomber Gustave.

— Par chance, monsieur LaFontaine n'était pas chez lui, poursuivit le maire sans le sermonner. Pour peu, les émeutiers lui auraient fait son affaire. Même la maison de Wolfred Nelson, rue Saint-Jacques, a été lapidée. – Il tendit l'extra de la *Montreal Gazette* à Papineau. – Ce n'est pas fini. La presse anglaise prépare la guerre civile. Avez-vous lu ? »

Papineau s'en empara et lut à haute voix :

> *Le défi est lancé. Il faut que l'une des deux races disparaisse du Canada. Notre dessein est d'établir la suprématie des Anglo-Saxons, de rendre cette province anglaise... Les lois françaises, la tenure française, les idées françaises doivent être écrasées au pied du mur...*

Le maire Fabre se demandait comment finirait cette terreur. Le parlement n'était plus qu'un monceau de cendres, les pertes étaient irremplaçables...

« Pensez seulement au fauteuil du président, qui venait du vieux parlement de Québec », souligna-t-il, avant de raconter qu'au moment de se débander, les manifestants étaient retournés au Champ-de-Mars pour brûler en effigie LaFontaine, Nelson et le gouverneur Elgin.

« Mais où était votre chef des pompiers, monsieur le maire ? demanda Julie.

— Ma chère dame, j'ai le regret de vous confirmer que monsieur Perry était parmi les pires incendiaires. Il s'amusait à lancer des pierres sur l'horloge au-dessus du fauteuil du président. »

Le maire n'osa pas poursuivre. Le rapport qu'il avait lu à l'aube affirmait aussi que le chef des pompiers avait décroché le portrait de Papineau pour le piétiner, en répétant que cette toile agissait sur lui comme l'étoffe rouge sur un taureau.

« Il vient d'être arrêté », précisa-t-il simplement.

Tout était maintenant calme et monsieur Fabre annonça qu'il irait dormir quelques heures. Cependant, que tout le monde se rassure : la maison de la rue Bonsecours n'avait subi aucun dommage. Lactance confirma les dires du maire qui partit d'un pas traînant, sans prendre le temps de terminer son café.

Ce fut le dernier printemps de Julie à Montréal. Il coulerait beaucoup d'eau sous les ponts avant qu'elle n'y réapparaisse.

Pourtant ni les déboires de Papineau en politique ni l'émeute du mois d'avril ne pesèrent lourd dans sa décision de se réfugier à la Petite-Nation. Plus terrifiant, le typhus faisait rage dans la ville et Julie redoutait la répétition des scènes effroyables de l'épidémie de choléra, dix-huit ans plus tôt. Ces corps noircis, empilés dans des corbillards de fortune, qui dégageaient des odeurs insupportables, les cris déchirants de parents forcés d'abandonner les cadavres de leurs proches sur les trottoirs de bois où fourmillait la vermine... La peur de la contagion rendait fou.

Le typhus aussi se propageait. Transmise par les poux, la maladie entraînait une fièvre souvent fatale. Les malades, des immigrants irlandais pour la plupart, hantaient les ruelles ou trouvaient refuge dans les embarcations abandonnées dans le port, jusqu'à ce qu'ils soient recueillis, plus morts que vifs, et transportés dans les baraquements de fortune de la Pointe-Saint-Charles. Au plus fort de l'épidémie, ceux-ci abritaient trois mille malades. Le docteur Wolfred Nelson délaissa pour un temps la politique et consacra son été à les soigner.

Julie regardait passer la statue miraculeuse de Notre-Dame-de-Bonsecours que les autorités religieuses promenaient dans les rues de la ville. La chapelle, qu'elle apercevait de sa fenêtre, était devenue le refuge des immigrants apeurés. L'idée de quitter la ville s'imposa alors.

Mis à part Amédée, retenu à Montréal par ses fonctions de greffier à la Cour du banc de la reine, seul Gustave ne voulut pas quitter la ville. À vingt ans, le journalisme l'attirait comme un aimant. Déjà, il gagnait sa croûte à rédiger des articles. Julie l'implora inutilement car, en plus, il ne voulait pas rater pour tout l'or du monde le procès intenté par son cousin Dessaulles au directeur de *La Minerve* qui débuterait à l'automne.

***

La cour condamna Ludger Duvernay à l'amende pour avoir faussement accusé Louis-Antoine Dessaulles d'athéisme et de parjure.

«Il a gagné ses épaulettes, maluron malurette...», chantaient en chœur Gustave et ses amis de *L'Avenir*, en soulevant Louis-Antoine dans les airs.

Ils étaient une quarantaine à fêter sa victoire. Sous un froid de canard, la joyeuse équipée traversa la place Jacques-Cartier pour se rendre au restaurant Compain où les attendait un souper d'huîtres bien arrosé. À une semaine de Noël, des guirlandes de toutes les couleurs ornaient les tables.

Tous les prétextes étaient bons pour lever son verre. Ils trinquèrent d'abord à la santé de Dessaulles ; à la liberté d'opinion qui survivrait «à la niaise morsure d'un fou» ; aux avocats, qui avaient arraché 200 louis à Duvernay et dont les meubles avaient dû être saisis ; à Papineau et à son honneur lavé. Enfin, à l'annexion aux États-Unis, le nouveau cheval de bataille de *L'Avenir*. Ils étaient déjà passablement émêchés quand George-Étienne Cartier, ignorant que ses adversaires festoyaient dans la salle d'à côté, passa le cou dans la porte pour voir d'où venait tout ce chahut.

«Entrez, entrez, maître Cartier», fit Louis-Antoine Dessaulles, narquois, en se dirigeant vers l'avocat renégat. Puis, à l'intention de ses amis, il ajouta : «Laissez-moi vous présenter l'un de ces hommes qui, si on le jetait dans un lac de fange, s'y trouverait dans son élément naturel, comme les oiseaux dans l'air et les poissons dans l'eau.»

Sa comparaison venimeuse déclencha un rire général. Pris au piège, l'intrus ne pouvait ni avancer, ni reculer.

« Ça s'appelle tomber dans un nœud de vipères ! lança Cartier en faisant demi-tour.

— Vous nous quittez déjà, petit George ? insista Louis-Antoine en le toisant avec mépris.

— Je ne fraye ni avec Campagnard ni avec Tuque bleue, répondit-il tout aussi dédaigneux. Ce sont vos noms de plume, monsieur Dessaulles, si je ne m'abuse ? Quant à votre simulacre de victoire devant les tribunaux, il me fait bien rire. – Cartier s'esclaffa d'une manière artificielle qui frôlait le rire jaune. – Ce qui compte, c'est que désormais plus personne n'ignore que monsieur Papineau brillait par son absence sur le champ de bataille de Saint-Denis. Qu'importe que le docteur Nelson lui ait ou non suggéré de quitter les lieux, il l'a fait et c'est impardonnable pour un chef. Cela, l'histoire le retiendra. »

Hélas pour lui, l'heure n'était pas propice au sermon. Les jeunes gens enterrèrent ses paroles en chantant à gorge déployée leur chanson fétiche. « Louis a gagné ses épaulettes, maluron malurette... »

Cartier en profita pour déguerpir et la fête continua jusqu'à tard dans la nuit. Lorsque Gustave quitta la salle surchauffée du restaurant, à deux heures du matin, après un pot-pourri de rigodons endiablés, il était en nage. Toute cette excitation, ajoutée au vin, lui donnait des palpitations. Il boutonna son manteau ouvert sur sa poitrine, car il avait plus d'un mille à franchir, à pied, par un vent froid du nord-ouest. Il arriva à sa pension essoufflé et grelottant, s'enroula dans de chaudes couvertures de laine et s'endormit en espérant que la fièvre qu'il pressentait disparaisse comme par enchantement.

❦

Le diagnostic tomba peu après : rhumatisme cardiaque. Même s'il suivit à la lettre les recommandations du médecin, Gustave se traîna tout l'hiver. Il avait beau s'emmitoufler jusqu'aux oreilles et chausser des caoutchoucs par-dessus ses bottes, il était sujet à de sérieux maux de gorge et se sentait constamment oppressé. Il déménagea ses pénates au Beaver Hall Terrace, où il se laissa soigner par sa belle-sœur Mary, tout aussi déterminée à remettre sur pied son jeune beau-frère qu'à lui trouver une épouse. À Amédée qui désespérait de le voir recouvrer ses forces, Gustave servait sa formule préférée : «La maladie arrive tirée par des chevaux, mais elle repart à pied, l'épée dans les reins.»

Plus ou moins rétabli, il retourna au journal pour défendre avec la dernière énergie son père, toujours l'objet des pires ragots. Le gouvernement avait déménagé à Toronto – «le paradis des loges orangistes et la caverne des voleurs» soulignait Gustave qui raffolait de la polémique. Ses articles les plus virulents attaquaient George-Étienne Cartier, promu depuis peu champion des chemins de fer. L'avocat appuyait le projet qui, prédisait-il, unirait enfin les deux Canadas. Gustave, au contraire, soupçonnait Londres d'encourager cette dépense exorbitante pour mieux étouffer les Canadiens français sous le poids de la dette. Ainsi avaient toujours agi les *Wasp* !

Parfois, la politique locale l'ennuyait mortellement et il se tournait vers l'actualité internationale. Ses lettres à Julie, toujours cloîtrée à la Petite-Nation, regorgeaient de récits passionnants : l'Italie s'était convertie au républicanisme, ce qui avait déclenché le tumulte, la Sicile se soulevait aussi, l'armée du roi de Naples avait été battue sous les murs de Rome, les Romains, furieux contre le pape, massacraient les prêtres...

Au début de l'été 1851, l'écriture de Gustave devint de plus en plus irrégulière. Il n'avait jamais moulé ses lettres de façon élégante, mais son style était trop sautillant pour ne pas être suspect. Julie soupçonna les rhumatismes d'en être la cause et le supplia de venir passer la belle saison avec elle, au cap Bonsecours.

CHAPITRE XLIX

L'imprudence de Gustave

La gare Bonaventure était sise rue Colborne, à l'angle de Saint-Jacques. Le vieux brûlot avait quitté le Canada depuis belle lurette, mais son fantôme hantait toujours le faubourg, plus achalandé depuis que la Montreal and Lachine Railroad assurait la liaison ferroviaire entre les deux villes. À quarante milles à l'heure, les huit voitures tirées par une locomotive franchissaient la distance en un quart d'heure. C'eût été impensable sans le tronçon de rails construits sur pilotis, qui permettait à l'engin de survoler sans encombre les marécages de la petite rivière Saint-Pierre.

Tout un progrès ! Les Papineau faisaient maintenant le voyage à la Petite-Nation en dix heures. Le trajet était devenu étonnamment court car, en plus, le vapeur qui les prenait en charge au quai de Lachine évitait les rapides. Désormais, la seigneurie n'était plus perdue au fin fond du *Far-North*, selon l'expression d'Amédée, qui n'oublierait jamais les éprouvants périples effectués avec son grand-père Papineau. Le portage et les étapes éreintantes en canot d'écorce étaient choses du passé.

L'arrivée du bateau, au quai de la seigneurie, était impressionnante. Même Julie s'émerveillait à la vue du cap Bonsecours qui, par beau temps, vous imprégnait tout entier. À un mille du village, une longue allée, bordée de cèdres, de mélèzes et de pins, débouchait sur un sous-bois légèrement éclairci au bout duquel, tout en haut d'un promontoire, apparaissait le manoir maintenant complété qui dominait majestueusement le panorama. À ses pieds coulait la rivière Ottawa, maintenant appelée l'Outaouais. Quiconque avait voyagé à l'étranger se croyait brusquement transporté en France, comme si la haute grille d'entrée s'ouvrait sur une propriété cossue de la campagne normande. Vu sous un autre angle, le château se donnait des allures médiévales, avec ses deux tours à l'angle. La douzaine de pins qui montaient la garde masquaient un peu la perspective, mais Papineau y tenait comme à la prunelle de ses yeux. Il respectait leur grand âge, disait-il.

Dès qu'il mettait le pied au manoir, le tribun réputé pour ses formules incendiaires et son double, le mari taciturne, se métamorphosaient en châtelain heureux, ébauchant des projets grandioses, à sa mesure. Il arpentait son domaine en s'extasiant devant les trésors qu'il recelait. Il s'arrêtait devant chaque roche, connaissait le nom scientifique de la mousse qui la recouvrait, respectait les monticules comme l'œuvre admirable de la nature et devenait intarrissable, s'il était question des améliorations à apporter à l'ensemble.

Papineau donnait libre cours à ses idées de grandeur, dans l'espoir de vaincre les réticences de Julie, qui se réconciliait lentement avec ce décor sauvage, plus ou moins domestiqué. Elle appréciait la beauté des lieux et reconnaissait que les peintres et les illustrateurs en quête de paradis sur terre pouvaient succomber au charme de l'imposant manoir en pierre de taille. Mais elle ne perdait pas de vue les inconvénients inhérents à la vie campagnarde.

Ainsi, au début de son séjour, elle ressentit des malaises qu'il eût été facile de soigner à Montréal. À la Petite-Nation, c'était tout un problème car, à des milles à la ronde, il n'y avait pas de médecin. Elle fut forcée d'écrire à Amédée pour lui exposer ses symptômes, typiques d'une descente de matrice ou, à tout le moins, d'une inflammation de la vessie, et le pria de consulter un praticien du faubourg. En attendant sa réponse par retour du courrier, elle s'efforça de croire aux vertus de l'eau minérale de Plantagenet et appliqua des compresses d'eau chaude sur son ventre. La prière et la résignation auraient pu lui être d'un certain secours, mais les douleurs combinées à l'inquiétude face à cette affection inconnue l'occupaient tout entière.

Les médicaments expédiés par Amédée la remirent sur pied et elle put se donner complètement à son installation. Les meubles Empire et néo-rococo qui ornaient la maison de la rue Bonsecours avaient fait le voyage en pyroscaphe jusqu'aux rapides de Carillon, puis avaient été transportés avec précaution dans les sentiers menant au cap. Ils avaient fière allure dans leur nouvel habitat aux pièces deux fois plus spacieuses.

Les semaines qui suivirent se passèrent à vider les caisses entassées dans le vaste vestibule du rez-de-chaussée et le long du couloir aux étages supérieurs. Les livres de Papineau furent montés au premier par l'unique escalier en hélice fixé dans la tour et se retrouvèrent sur les tablettes construites sur place.

Julie admettait volontiers que Papineau avait fait des prodiges d'architecture. Décorée de sa main à elle, la salle à manger était d'une rare élégance : tapis de Bruxelles à motifs fleuris, *sideboard* d'acajou à tablier en marbre, deux buffets, l'un pour l'argenterie et l'autre pour la porcelaine, et une immense table ovale de même bois, avec ses douze chaises à fond de jonc. L'armoire en coin, actionnée par des câbles, permettait aux domestiques d'assurer le service depuis les cuisines, logées à l'étage inférieur. Sur la cheminée, une garniture d'albâtre encadrée de deux chandeliers en argent ajoutait une touche de raffinement.

Le salon jaune, qu'éclairaient des plafonniers suspendus, garnis de petites chandelles blanches, était tout aussi remarquable, avec ses fines reproductions de bustes à l'antique, ses statues équestres et sa précieuse *Diane chasseresse*, exposés dans la grande étagère à miroir, entre les deux portes. Au centre de la pièce aux murs tendus de papier peint en poudre d'or, une ottomane en satin piqué, à dossier arrondi en corbeille, s'harmonisait avec la causeuse et le fauteuil d'appoint. Des rideaux en coton turc jaune à frange égayaient le séjour dont la cheminée était en marbre noir.

D'après les plans de Papineau, les chambres à coucher devaient occuper le premier étage, avec sa bibliothèque. Cette idée ne plaisait guère à Julie qui préférait dormir au rez-de-chaussée, avec ses filles dont les chambres ne seraient séparées de la sienne que par le large vestibule. Papineau retourna à sa table à dessin. Ce que femme veut... La chambre principale déménagea donc au rez-de-chaussée et Julie hérita d'un vivoir et d'une salle de bains, tandis que les latrines se retrouvèrent dans la tourelle reliée au corps principal de la maison par un passage fermé.

La nouvelle seigneuresse de la Petite-Nation avait tout, en somme, pour être heureuse.

Les crises de Lactance, de plus en plus aiguës, jetaient une ombre à ce tableau idyllique. Muni d'un traité d'architecture, il avait conçu ses propres plans d'aménagement intérieur du manoir et s'offusquait que son père n'en tînt pas compte.

« Il faut tout raser, papa, tout raser, tout raser... »

Il répétait sa tirade devant un Papineau ennuyé d'être interrompu par ce qu'il appelait les idées fixes de son fils.

« Tu vas me faire le plaisir de sortir de ton monde chimérique. Occupe-toi du terrain et des plantes, mais de grâce ! laisse-moi l'aménagement du manoir. »

Jour après jour, Lactance lui revenait avec sa marotte. Il pouvait d'autant mieux insister que ses travaux horticoles allaient bon train. Ses rosiers du Michigan poussaient bien et des six pommiers qu'il avait plantés au printemps, un seul avait mauvaise mine.

« Tes pêchers végètent, le narguait Papineau, pour lui clouer le bec. Et les asperges ne poussent pas, malgré tes promesses.

— Le terrain est trop humide et vous le savez, objectait le botaniste.

— Ce que je sais, c'est que tu m'empoisonnes la vie avec tes projets sans queue ni tête !

— Dites donc le fond de votre pensée : avec mes projets de fou ! »

Papineau abandonnait la partie cependant que Lactance poursuivait ses récriminations. Bizarrement vêtu – il portait un pantalon retenu à la taille par une corde et jetait sur ses épaules une couverture de flanelle –, il sortait faire le tour du château, son crayon de plomb dans la bouche et une ardoise à la main. D'abord, il trouvait saugrenue l'idée de se contenter de deux tours sur la façade du manoir. L'harmonie du corps central en commandait quatre, plus sveltes que celles imaginées par son père. « Tout raser, tout raser », mamonnait-il en griffonnant sur sa feuille les dimensions idéales. Puis il levait les yeux au ciel. Comment était-ce possible ! Papineau n'avait même pas respecté le style gothique. Ses tours à lui seraient plus élancées. Et elles porteraient des noms : la tour Amédée au pignon est. À droite de la façade, la tour Ézilda-Azélie, et vis-à-vis, la tour Gustave. Quant à la sienne, la tour Lactance, elle serait à l'ouest :

« Je compte l'habiter, annonça-t-il un beau matin. Je ne peux pas vivre en famille, c'est impossible. Il me faut un logement à part, où je puisse travailler et recevoir des personnes par affaires. J'ai aussi pensé au chauffage...»

Papineau l'arrêta au milieu de la phrase. Son opiniâtreté était exaspérante. Lactance pouvait faire tous les plans et devis qu'il voulait, rien n'y changerait. C'était lui, le maître d'œuvre. Les suggestions de tout un chacun seraient les bienvenues mais la décision finale lui revenait. Point. À la ligne.

«Assez discuté!» ordonnait-il quand il ne supportait plus de l'entendre.

Il n'en fallait pas plus pour mettre en boule les nerfs malades du jeune homme. Cependant, au lendemain d'une prise de bec, il retrouvait sa bonne humeur et ébauchait de nouveaux plans. Penché sur sa table à dessin, il imaginait cette fois le fronton de la façade, en marbre, avec ses deux pilastres cannelés, supportant chacune une statue représentant la loi et la liberté. Chaque croquis était reproduit sur de longues feuilles, mille détails accompagnant les schémas finement tracés.

L'automne venu, Lactance mit subitement fin à ses promenades au grand air et concentra toutes ses énergies à décorer les pièces de son manoir imaginaire. D'un ton autoritaire, il commanda à un domestique d'enlever le miroir néo-rococo du grand hall, pour le remplacer par le portrait de Joseph Papineau. Lorsque Julie voulut savoir ce que signifiait ce changement, il l'avisa le plus naturellement du monde que le couloir serait dédié aux ancêtres. Les murs seraient couverts de tableaux représentant ses grands-parents et ses grands-oncles. Sous chacun, il inscrirait la date de la naissance et du décès.

Chaque pièce porterait d'ailleurs le nom d'un illustre membre de la famille. Il y aurait la salle monseigneur Lartigue, premier archevêque de Montréal et cousin germain de Papineau, celle de la tante Victoire, qui s'était illustrée en évangélisant les sauvagesses de la Petite-Nation, et celle de sa grand-mère, Rosalie Papineau, qui les avait soignées.

Papineau combattit l'idée avec acharnement. Mais, aux premières neiges, il dut partir à Toronto où le gouvernement du Canada-Uni siégeait. Julie se résigna à passer de longs mois dans sa prison dorée. Elle serait seule désormais pour se battre contre Lactance et ses plans abracadabrants.

Après un hiver sans fin et un printemps tardif, l'été 1851 se pointa avec un léger retard. Une éternité ! Gustave attendait l'ouverture de la navigation pour faire le voyage jusqu'à la Petite-Nation, comme sa mère l'en avait prié. Mais lorsque les premiers vapeurs commencèrent leur navette saisonnière, il venait de rechuter, de sorte qu'il fut forcé de retarder son départ une fois de plus. Lorsqu'il put enfin voyager, il était si mal en point que son ami, le docteur Bruneau, un lointain cousin de sa mère, jugea préférable de l'accompagner jusqu'au manoir.

Julie était sur les dents. Fallait-il s'inquiéter de la présence du médecin auprès de Gustave ? Lui cachait-on la gravité de son état ? Quand elle le vit apparaître dans le cadre de la porte, blanc comme un drap, elle comprit qu'il faudrait plus qu'un régime de vie équilibré pour lui redonner ses belles couleurs d'antan et elle se débrouilla pour retarder le départ du docteur Bruneau. Lui parti, qui soignerait Gustave advenant une crise rhumatismale ?

Gustave s'appliqua à mener une vie normale, du moins les premières semaines, mais il devint bientôt évident qu'il n'avait pas l'énergie de suivre ses cousins à la pêche ou en excursion. Il manquait d'appétit et repoussait tout ce qu'on voulait lui faire avaler. Le peu qu'il mangeait provoquait des douleurs violentes à l'estomac et des indigestions. Seuls les bains chauds et la quinine prescrite par le docteur Bruneau le soulageaient.

Ézilda, toujours aussi craintive en présence de Lactance, lâcha enfin les jupes de sa mère pour s'occuper de son petit frère, celui avec qui elle avait partagé des mois de solitude obligée, à Maska, tels deux orphelins oubliés par leur famille exilée aux États-Unis. Certains jours de franc soleil, elle l'emmenait faire un tour dans son petit *cutter* américain. Surnommée «l'amazone», depuis sa course folle dans les rues de Montréal, le jour de l'émeute, la jeune fille menait sa bête tout doucement, pour éviter les cahots qui pouvaient déclencher une nouvelle quinte de toux chez Gustave. Mais les randonnées commencèrent bientôt à le fatiguer. Aussi Ézilda les espaça-t-elle.

«Guéris vite, petit frère, et nous retournerons dans les bois. Juste toi et moi. Ta casquette sera bientôt prête, je la fais très chaude. Tu verras, tu ne prendras pas froid, foi d'Ézilda.»

La jeune fille était la douceur incarnée. Sa conversation n'était pas des plus enlevantes et ses connaissances demeuraient rudimentaires. Qu'importait ! Gustave appréciait sa présence réconfortante. Elle ne le quittait qu'à l'heure où Lactance se pointait pour ce qu'il était convenu d'appeler la séance de lecture quotidienne de Gustave.

❧

Lactance frappa à la porte de sa chambre, un roman d'amour à la main. Gustave esquissa une moue de désappointement. Il préférait les essais aux aventures à l'eau de rose. Mais Lactance insista : ce roman était un cadeau d'Amédée. C'était le premier livre signé Elizabeth Porter, la fille aînée de leur amie new-yorkaise.

« Donnons-lui une chance, suggéra Lactance en ouvrant l'ouvrage. Les choix d'Amédée sont habituellement judicieux.

— Laisse tomber, ordonna Gustave. J'ai envie de te parler. »

Lactance referma le livre et le déposa sur la table de chevet. Gustave dévisageait son frère qui ne se rasait plus, ne se lavait plus et refusait de remettre ses vêtements sales à la blanchisseuse. Enveloppé dans ses couvertures de flanelle superposées, il transpirait abondamment et marchait le dos courbé.

« As-tu vu de quoi nous avons l'air, tous les deux ? remarqua Gustave, en esquissant une drôle de grimace, comme pour imiter Lactance enroulé dans sa flanelle. Deux petits vieux !

— Je sais, admit Lactance, désolé. Je pourrais faire un effort pour être plus présentable.

— Ah ! mon cher Lactance, ce n'est pas ce que j'ai voulu dire. Je trouve simplement que nous avons déjà été en meilleure forme. Mais je suis si content que tu sois là. J'étais tellement triste d'être séparé de toi, lorsque tu étais malade, à New York. J'ai tant pleuré sur ton malheur, tant ragé de ne rien pouvoir faire pour toi.

— Sache que je ne suis plus malade, quoi qu'en pense la famille, précisa Lactance en se mordillant la lèvre un peu trop furieusement. J'ai des opinions tranchées et des lubies, comme dit papa, mais j'ai toute ma tête.

— Calme-toi, voyons. Ne gâche pas mon bonheur. Nous sommes là, tous les deux, à regarder couler l'Outaouais, sous le toit paternel, loin du bruit du monde et des émanations empestées de la ville. »

Lactance parut s'apaiser. Il restait néanmoins sur ses gardes. Lorsque Gustave toussa, il se précipita pour lui apporter un verre d'eau. L'accès de toux dura et son impuissance le mit au désespoir.

« Je donnerais ma vie pour te soulager, Gustave, tu n'as pas idée comme je souffre de te voir ainsi. Je suis si ambitieux de tes succès. Toi, au moins, tu es bourré de talent, tandis que moi, je suis un raté.

— Écoute-moi bien, vieux frère. Ce n'est pas le moment de te déprécier. À mes yeux, tu es un grand bonhomme. »

Il se racla la gorge, comme pour se dégager la voix, et dit en baissant le ton :

« Ce que j'ai à te confier est grave et c'est à toi que j'ai choisi de le dire. Tous les jours je me rapproche un peu plus de ma tombe, j'en ai le sentiment... »

Lactance se boucha les oreilles comme horrifié par ce qu'il entendait.

« Si j'avais su que la fin viendrait si vite, poursuivit Gustave d'une voix morne, j'aurais donné à maman le bonheur de me voir prêtre. Elle a tant prié pour que son vœu se réalise. Je ne me pardonne pas de la décevoir. »

Lactance s'agita à nouveau sur sa chaise, cependant que Gustave continuait :

« Nous sommes si endettés vis-à-vis de nos parents qui nous prodiguent tant de soins attentionnés.

— Jamais je ne leur pardonnerai de m'avoir fait enfermer ! explosa Lactance en frappant du pied comme un enfant pris en faute.

— Allons bon ! voilà que tu recommences, l'arrêta Gustave. Promets-moi de ne pas faire pleurer maman. Je sais, tu ne le fais pas exprès, mais elle est déjà assez malheureuse comme ça. Quand je serai parti, elle doit pouvoir compter sur toi. »

Alors, Lactance éclata en lourds sanglots, incapable de supporter l'idée que son petit frère allait mourir. Gustave le consola et lui fit jurer de ne rien dévoiler de leur conversation à leurs parents.

« Papa et maman croient que je me rétablirai. Moi, je sais que je mourrai bientôt dans leurs bras. Mon cœur bat de plus en plus vite. Tout peut arriver à n'importe quel moment. »

Pour la première fois, le 13 septembre, le docteur Murray, qui venait du village voisin tous les deux jours, admit qu'il n'était pas certain de sauver le malade. Ses rhumatismes inflammatoires étaient sous traitement mais les palpitations cardiaques, aggravées par les séquelles de la pleurésie dont il avait souffert quelques années plus tôt, avaient considérablement affaibli son organisme. Le moindre écart de température risquait de lui être fatal. Le médecin pouvait soulager la douleur, mais doutait que la quinine et les pilules de mercure suffisent à enrayer un mal déjà trop avancé. À vingt ans, Gustave avait le cœur d'un vieillard.

***

«De Profundis clamavi ad te, Domine. Domine exaudi vocem meam...»
Derrière la porte close, les lugubres prières du père Médard Bourassa parvenaient jusqu'à Julie, déchirée par la douleur. Son fils agonisait. C'était cruel, injuste, inéluctable. L'avant-veille, jour de son vingt et unième anniversaire, il avait reçu les derniers sacrements. C'est Papineau qui avait insisté pour faire venir le prêtre :
«Je n'ai pas la foi, mais Gustave est croyant et je tiens à ce qu'il meure dans la plénitude de sa foi.»
Même dans le deuil, Papineau était fort. Julie devinait toute l'énergie qu'il déployait à masquer sa douleur. Ce n'était pas de l'orgueil mais du respect pour le chagrin des autres. La fin était proche et Gustave s'était résigné. Il avait demandé à être transporté dans la chambre de ses parents, pour que Julie ne soit jamais loin de lui, de jour comme de nuit. On avait déposé son lit à côté du sien. Papineau restait à l'écart. À toute heure, il entrait dans la chambre sur la pointe des pieds, posait sa main sur le front brûlant de son fils, lui murmurait une parole de réconfort. Puis, se tournant vers Julie, il lui effleurait l'épaule et chuchotait à son oreille qu'il était tout près, de l'autre côté de la cloison. Si elle avait besoin de quoi que ce soit, elle n'avait qu'à l'appeler.

Gustave somnolait presque tout le jour, épuisé après ses nuits d'insomnie passées à lutter contre les cauchemars qui s'emparaient de lui dès qu'il se sentait glisser dans le sommeil. Comme s'il avait peur d'étouffer, de mourir sans avoir repris connaissance.

De sa voix monocorde, le père Bourassa récitait maintenant la prière des mourants : «... Les lacets de la mort m'enserraient, les filets de l'enfer ; l'angoisse et l'ennui me tenaient, j'appelai le nom de Dieu... »

Appeler le nom de Dieu, Julie ne faisait que cela depuis des jours. Elle implorait sa miséricorde. «Je vous en supplie, mon Dieu, ne m'arrachez pas mon fils, laissez-le moi encore un peu, j'ai le cœur en lambeaux... Prenez ma vie, ma misérable vie, mais laissez-lui la sienne. Il est si jeune, si plein de promesses...»

Assister impuissante à la mort d'un fils était contre nature. Normalement, c'était la mère qui mourait d'abord et qui, du haut du ciel, veillait sur ses enfants. Julie n'était que l'ombre d'elle-même et n'avait plus la force de dormir. Les dernières nuits, elle avait veillé Gustave. De son lit, elle avait épié ses moindres gémissements. Il ne se levait plus maintenant, n'éprouvait plus l'envie de faire quelques pas jusqu'au boudoir attenant à la chambre.

Julie ne voulait pas entendre les paroles désespérantes du prêtre. Elle revoyait en esprit Gustave qui la regardait d'un air attendrissant, alors qu'elle l'aidait à enfiler sa robe de chambre. Il s'appuyait à son bras et se laissait glisser les pieds jusqu'au fauteuil, près de la fenêtre. Il voulait revoir l'Outaouais. Il pesait une plume. La peau de son visage devenait transparente. Il avait essayé de la faire rire :

«Malgré vos petits plats fortifiants, mes forces n'augmentent pas dans la proportion d'une racine carrée mathématique.»

Elle avait ri. Puis brusquement, comme s'il se sentait coupable d'être malade, il avait cherché sa main. «Ma petite maman, me pardonnerez-vous jamais?»

— Tu n'y es pour rien, mon chéri. Ce n'est pas ta faute, c'est le destin. Dieu est bien cruel de te faire subir une pareille souffrance.

— Malgré toutes les précautions que j'ai prises dans ma courte vie, observait Gustave, j'étais destiné à ne jamais passer plus d'un mois ou deux sans accident.

— Je sais, et je m'en veux de t'avoir si souvent fait des reproches. Tu ne voudrais pas un peu de bouillon? demandait Julie pour faire dévier une conversation qui la crucifiait.

— Non, j'ai trop mal à l'estomac. C'est tellement décourageant!»

Gustave perdait courage. Il savait qu'il ne remonterait pas la pente. Serait-il seulement en vie à Noël? Il n'en parlait jamais, mais Julie voyait dans ses yeux qu'il ne gardait plus l'espoir de guérir. Il y avait une semaine de cela. La voix funèbre du père Bourassa la ramena à la réalité du moment.

« Le Seigneur est justice et pitié, notre Dieu est tendresse ;
Le Seigneur défend les petits, j'étais faible, il m'a sauvé. »

Sa litanie n'en finissait plus. À genoux à côté du lit de son frère mourant, Lactance pleurait sans gêne, comme un enfant. Mon Dieu, qu'il se taise, pensa Julie. Ses sanglots vont apeurer Gustave. Et plus encore, ses crises d'hystérie qui lui faisaient répéter le nom de son frère en hoquetant. Il hurlait qu'il voulait partir avec lui, la seule personne qui le comprenait et l'aimait. Papineau le secoua énergiquement et l'obligea d'autorité à quitter la pièce.

La bonne Marguerite le prit par la main et sortit avec lui. Elle n'en pouvait plus d'entendre parler de justice et de pitié céleste. Comment un Dieu si bon pouvait-il enlever la vie à son Gustave adoré ? De tous les enfants Papineau, c'était son préféré. Elle était vieille et prête à faire le sacrifice de sa vie, mais de grâce, doux Jésus, priait-elle, épargnez celle de mon petit Gustave.

La porte de la chambre était restée entrouverte. De son prie-Dieu, dans la pièce d'à côté, Julie distinguait maintenant le filet de voix de Gustave qui répondait aux prières. Elle se traîna jusqu'à lui. Il avait les lèvres sèches et elle les humecta. Mais elle tenait à peine sur ses jambes. Ézilda accourut pour la soutenir. C'est alors que Gustave émit un râle, ouvrit les yeux et balbutia, en cherchant la main de Julie sur le drap blanc :

« Maman, maman, allons-nous-en, allons-nous-en... »

Il tenta de se soulever pour l'embrasser. Elle le prit dans ses bras et le serra très fort contre elle. Son fils rendait son âme à Dieu et elle ne pouvait pas l'en empêcher. D'un geste incertain, se tournant avec difficulté vers son père qui s'était approché, Gustave articula un mot à peine audible. Papineau saisit qu'il le suppliait d'éloigner sa mère, il ne voulait pas qu'elle assiste à sa mort. Complètement effondrée, Julie ne résista pas. Le docteur prit le relais au chevet du malade dont les extrémités étaient déjà glacées.

La vie de Gustave ne tenait plus qu'à un fil. Il attendit que sa mère ait quitté la pièce avant de s'endormir pour de bon, le visage soudain empreint de paix. Tout était fini. Il n'entendit pas les cris de Julie, atterrée, ni les sanglots lointains et lugubres de

Lactance qui s'était enfui dans sa chambre pour le pleurer sans retenue.

❦

Amédée prit connaissance du télégramme de son père, dicté à Hawkesbury, lui annonçant la mort de Gustave : «*With manly courage and christian resignation, our dearest Gustave has departed this life after a short and easy agony, last evening at nine o'clock. He shall be buried on monday next. L.J. Papineau.*»

Enceinte de trois mois, Mary ne pouvait faire le voyage à la Petite-Nation car les chemins d'hiver étaient trop dangereux. En toute hâte, Amédée loua un léger traîneau et deux chevaux fringants. L'air était doux pour la mi-décembre et il fit la route d'une traite, ne s'arrêtant que pour manger, nourrir les bêtes et remplir d'eau bouillante la chaufferette qu'il tenait sur ses genoux. Il atteignit Pointe-de-l'Orignal le soir, et dormit dans une mauvaise auberge, enroulé dans une peau de buffle. Au matin, il traversa l'Outaouais en face du quai de la Petite-Nation.

Le manoir lui parut lugubre. Personne ne parlait dans le grand salon tendu de noir. Au fond de la pièce aux rideaux tirés, le corps de Gustave reposait devant la cheminée, entre deux candélabres allumés. Amédée s'agenouilla devant le cercueil pour le contempler une dernière fois, l'âme déchirée. Le repos se lisait sur le visage de son frère qui semblait lui sourire.

Julie se jeta dans ses bras. Elle ne sembla pas remarquer l'absence de Mary. À l'arrivée d'Azélie, peu après, elle ne songea pas à lui demander comment ni avec qui elle avait fait le voyage. Le laudanum que le médecin lui avait administré l'avait rendue apathique. Elle paraissait absente, comme indifférente au va-et-vient dans la maison. Toute la journée, les censitaires défilèrent pour rendre un dernier hommage au fils du seigneur. Mais elle ne reparut pas, enfermée dans sa chambre, inconsolable.

La nuit venue, Papineau veilla seul Gustave. De tous ses fils, il était celui qui lui ressemblait le plus, ce que Julie lui faisait souvent remarquer. Pendant quatre ans, à Paris, il l'avait initié à l'art, à l'histoire, à la culture. Vif, curieux, Gustave avait été un élève modèle. Il l'accompagnait aux lectures publiques, discutait avec les philosophes que fréquentaient ses parents – «il n'avait pas douze ans, tu te rappelles?» –, mais il s'amusait avec la même ferveur dans les jardins du Luxembourg ou aux Invalides, où reposait son héros Napoléon. Il pouvait raconter la bataille d'Austerlitz aussi bien que les faits d'armes de l'*Iliade*. Le soir, dans le séjour de la rue de Courcelles, quand Amédée lisait à haute voix *Notre-Dame de Paris*, de Victor Hugo, il n'en perdait pas un mot. Ce roman tant aimé, il l'avait relu en entier pendant sa maladie.

C'étaient les belles années, pensa Papineau. Gustave, le charmeur, Gustave l'entêté, et plus tard, le Gustave qui affrontait sa mère sur le terrain de la religion, toujours poli mais fermement déterminé à résister à ses suppliques. Gustave, le fragile aussi. À Maska, deux ans plus tôt - ça lui semblait si récent -, Papineau avait cru le perdre par suite d'une pleurésie qui aurait pu lui être fatale. Le père et le fils avaient traversé l'épreuve ensemble. Il avait alors admiré son courage, sa générosité et sa gratitude envers sa tante Dessaulles qui l'avait soigné comme une mère et dont il s'inquiétait de la fatigue.

«La mort punit les survivants», pensa-t-il en détaillant les traits figés de son fils. Un père devait-il se reprocher les imprudences de son fils? Il baissa les yeux. À vingt ans, la maladie n'est qu'un lointain état que l'on dédaigne hautainement. Gustave n'avait pas le temps de penser à sa santé. Il voulait changer le monde, libérer son pays des injustices, comme lui, Papineau, avait cherché à le faire mais sans réussir. Si Gustave avait vécu, peut-être y serait-il parvenu? Durant sa dernière année, il avait usé ses forces à laver les soupçons qui planaient sur le nom de Papineau. La calomnie et la trahison de ses anciens amis le révoltaient. Gustave était capable de haine lorsque l'homme qu'il admirait le plus au monde était sali.

Papineau soupira. S'il n'avait pas encore remis sa démission comme député de Saint-Maurice, c'était à cause de Gustave et de ses amis de *L'Avenir*. La confiance qu'ils avaient mis en lui l'obligeait à rester dans l'arène politique même s'il n'avait plus la passion d'autrefois. C'était flatteur de voir ces jeunes gens rêver avec lui d'un pays où les Canadiens français vivraient tête haute, dans la dignité et l'honneur, et non plus dans cette basse soumission que leur préparaient les LaFontaine et les Cartier.

L'ancien chef se frotta les yeux, comme pour chasser les doutes qui s'immisçaient dans son esprit quant à son rôle politique. Il n'était pas dupe. Son retour en politique avait tourné au désastre. En Chambre, ses collègues l'appelaient le vieux. C'était blessant et irrespectueux. On lui reprochait ses harangues, mortelles et interminables, qui ne collaient plus aux nouvelles réalités. Quand il se levait pour prendre la parole, les galeries se vidaient. Même Lactance, dans sa folie, le considérait comme un homme dépassé et fini. Seule Julie persistait à croire en sa valeur politique.

Son discours n'avait pas changé d'un iota en vingt ans, mais on ne l'écoutait plus. Il n'en continuait pas moins de s'indigner en évoquant les maux qui pesaient toujours sur le pays, après des années de lutte acharnée. Malgré le sang qui avait coulé. Comment ne pas se méfier des supposés gains politiques dont ses collègues plus jeunes et aveugles se vantaient étourdiment ? Oui, les ministres du gouvernement LaFontaine mangeaient dans la main du gouverneur. Une triste réalité qu'il observait tous les jours.

On lui faisait payer cher le rôle de chien de garde qu'il s'était donné. Les bras croisés, veule, LaFontaine restait coi pendant que Nelson l'insultait, lui reprochant maintenant d'avoir encaissé ses arrérages avant de commencer sa campagne contre l'Union. LaFontaine, qui cherchait à l'intimider. C'était dans la nature de ce serviteur des loyalistes – de ceux-là mêmes qui avaient brûlé le parlement –, de persécuter celui qui refusait de se soumettre aveuglément à lui.

En Chambre, personne ne se levait pour le défendre. Pas même son ami Louis-Michel Viger. Son adversaire le plus féroce, Louis Gugy, s'était ému un jour de le voir abandonné de tous. Lui, il s'était levé pour laver son honneur bafoué par ses anciens amis qui n'avaient même pas rougi de honte de se voir ainsi faire la leçon. Si seulement il était resté en France, aujourd'hui dirigée par ses amis républicains !

Mais la mort de Gustave allait changer le cours des choses. Désormais son fils ne serait plus là pour l'appuyer, comme il l'avait fait lors de sa sortie en faveur de l'annexion du Canada aux États-Unis. Pendant les dernières semaines de sa maladie, il était si malheureux de penser que son père s'obligeait à rester à son chevet, plutôt que de filer à Montréal où la campagne électorale battait son plein.

« Allez-y, papa, lui avait-il répété. Sans une présence assidue auprès de vos électeurs, vous ne serez pas réélu. »

En apprenant la défaite de son père, le 6 décembre, le malade s'était excusé de l'avoir retenu à la Petite-Nation, comme s'il était responsable de ses déboires politiques. Il était comme ça, Gustave, tourné vers les autres, s'oubliant lui-même. Ce petit bougre avait l'étoffe d'un futur serviteur du peuple.

L'horloge sonna deux heures du matin. À quoi bon remuer tous ces souvenirs ? se demanda-t-il. Nous vivons des jours bien tristes. Les hommes n'ont plus d'honneur, ils mentent à leurs convictions. Et moi, j'ai perdu un fils.

Amédée lui mit la main sur l'épaule :

« Allez dormir un peu, papa. »

C'était à son tour de veiller au corps. Les larmes aux yeux, Papineau le serra contre lui sans rien dire et quitta la pièce. Amédée le regarda s'éloigner. Il le trouva terriblement vieilli. En quelques mois, ses cheveux étaient passés au blanc et son pas était devenu plus traînant.

Au matin, le maire Fabre arriva à la Petite-Nation, dans la neige et la poudrerie, suivi d'une dizaine d'amis de Gustave, tous de jeunes avocats et journalistes. En témoignage de regret, et pour souligner les grandes qualités du disparu, les membres de l'Institut canadien avaient décidé de prendre le deuil pendant un mois. Ils remirent leur résolution votée la veille à Papineau et à Julie, en disant avec le poète : « Il était de ce monde où les plus belles choses ont le pire destin ! »

La cloche de l'église Notre-Dame-de-Bonsecours tinta. L'heure de la séparation définitive approchait. Muré dans le délire qui reprenait peu à peu possession de son esprit malade, Lactance n'avait pas reparu.

Par la fenêtre, Julie vit l'évêque de Bytown, monseigneur Guigues et trois prêtres du village voisin de L'Orignal s'arrêter sous le portail du manoir. Son cœur se brisa. Où trouverait-elle le courage d'assister aux obsèques de son fils chéri ? Il lui sembla que ce serait au-dessus de ses forces.

Le cortège s'ébranla. Le cercueil de Gustave fut porté par ses cousins et amis jusqu'à la chapelle de la Petite-Nation. Il fut enterré dans l'allée centrale, à côté du banc seigneurial. Julie ne garda aucun souvenir de la cérémonie. Seul le bruit insupportable des pelletées de terre tombant sur le cercueil resta gravé dans sa mémoire. Au retour, elle se jeta sur le lit où Gustave avait passé ses derniers jours.

En ouvrant les yeux, deux heures plus tard, elle aperçut Lactance, assis auprès d'elle, qui la regardait dormir. Il était lavé, coiffé, habillé proprement.

« Ça va mieux, ma petite maman ? » demanda-t-il, tandis qu'elle reprenait lentement ses sens.

Il y avait de la douceur dans sa voix. Le jeune homme paraissait serein comme il ne l'avait pas été depuis longtemps. Il portait son manteau, sa toque de fourrure et ses gants. À terre, à côté de lui, une petite valise l'attendait. Julie se souleva sur les coudes.

« Mais, où t'en vas-tu comme ça ? s'enquit-elle.

— Je pars avec monseigneur Guigues, lui répondit-il. Il m'emmène à son cloître.

— À la maison des oblats ?

— Oui maman, je serai prêtre. Je le dois à Gustave. Et à vous aussi. »

Julie reprit peu à peu contact avec la réalité. Ce que lui annonçait Lactance était absurde. Elle savait que dans son état, il n'embrasserait jamais la vie religieuse.

« La mort de Gustave est un avertissement du ciel, reprit-il, la mine assombrie. Je dois quitter le monde, m'arracher à ma famille et me consacrer au salut de mon âme.

— Monseigneur Guigues a-t-il réellement saisi le sens de ton projet ? »

Surtout, elle ne voulait pas l'offusquer.

« Mais oui, maman, monseigneur a compris mes raisons et les approuve. Il s'est montré sensible à l'appel de Dieu que j'ai entendu aux obsèques de Gustave. C'est un évêque d'une grande sainteté. Je l'ai imploré de m'accueillir chez lui, j'ai tant besoin de ses conseils et de ses lumières. Mon avenir est irrémédiablement brisé et ma vie actuelle n'a plus aucun sens. La religion sera mon refuge si, bien sûr, vous y consentez. »

CHAPITRE L

La châtelaine

Après la mort de Gustave et l'admission de Lactance au noviciat, Azélie ne voulut pas retourner au couvent. À dix-sept ans, elle ne songeait plus à se faire religieuse, au grand soulagement de Papineau qui ne supportait pas l'idée de voir sa fille porter le voile et la cornette. Julie ne s'y opposa pas. Plus que jamais, elle voulait la garder auprès d'elle.

Comme l'apôtre Pierre, Papineau renia sa promesse d'abandonner la politique et, à la première occasion, se laissa convaincre de briguer les suffrages dans le comté des Deux-Montagnes. Élu contre son gré – ainsi se justifiait-il –, le député prit de nouveau la route de Toronto «la maudite», pour siéger au Parlement du Canada-Uni. Il partait à reculons, comme un prisonnier s'en va subir sa peine, conscient que plus personne, parmi les parlementaires, ne tenait compte de sa présence ou de ses absences. Il n'existait plus.

Julie s'était juré que tant qu'elle aurait des filles à marier, elle ne les enterrerait pas vivantes à la butte aux maringouins. Elle dut pourtant ravaler ses rêves d'en faire des demoiselles de la ville et, pendant un long intermède, vécut avec Ézilda et Azélie une existence de prière et de résignation.

L'hiver de l'année 1852 passa, puis un deuxième, sans que rien vienne rompre la monotonie quotidienne. En l'absence de Papineau, devenu si négligent qu'il n'avait pas engagé d'intendant pour le remplacer à la seigneurie, Julie tenait les livres. Elle commanda les matériaux pour construire la serre chaude, engagea des hommes pour engranger l'avoine et le maïs, s'assura qu'il y avait du bois de chauffage en quantité suffisante pour l'hiver, calfeutra les ouvertures avec des morceaux d'étoffe, en prévision du froid, fit installer la balustrade autour de la galerie, paya les comptes... C'était sans fin. Elle se méfiait des ouvriers qu'elle soupçonnait de la voler tout rond. Le plus dur, cependant, était de négocier avec les censitaires qui se plaignaient de ne pas avoir un sou vaillant, mais ne se gênaient plus pour aller vendre leur récolte à la ville, plutôt que de remettre leur dû à la dame du seigneur. Quand le chat n'est pas là, les souris dansent... Une femme à la tête d'une seigneurie, ça ne faisait pas sérieux ! Julie le devinait dans le regard sceptique des hommes forcés de traiter avec elle. Si, par malheur, elle posait des questions trop naïves, leur sourire narquois ne trompait pas.

Dans ce coin perdu, coupé du reste du monde pendant des mois, elle avait un mal fou à s'approvisionner. Il manquait toujours un baril de clous ou un quintal de sucre. Elle n'en finissait plus d'écrire à Amédée pour réclamer des lampions, des plants de céleri, des pastilles Locock don Framelle pour la gorge, du charbon à dents, du vin commun pour les sauces...

Du matin au soir, elle chinait contre les idées de grandeur de Papineau qui coûtaient les yeux de la tête – un garde-fou par-ci, une porte sculptée par-là –, et blâmait Amédée qui encourageait son père dans ses folles dépenses. Si seulement ils ne lançaient pas d'invitations à tout vent ! Elle était excédée de voir arriver la parenté et les amis prétendument pour deux jours, mais qui ne repartaient qu'au bout d'une semaine. Trop souvent confinée aux fournaux et aux tâches ingrates, elle accablait sa cuisinière qu'elle trouvait débile et son garçon d'écurie, plus paresseux qu'un âne. La nuit, ses domestiques couraient la galipotte, la laissant seule à la maison, sans personne pour la défendre. En un mot, la châtelaine en avait plein les bras. Ce n'était décidément pas la vie qu'elle avait rêvée pour Ézilda et Azélie.

Chaque retour de Papineau au manoir ramenait la bonne humeur sous le toit familial. Le jour de son arrivée, Ézilda mettait sa tenue d'amazone pour aller chercher son père au quai. Il lui avait acheté une paire de chevaux qu'elle conduisait au trot. Il aurait mieux aimé voir sa fille au salon, penchée sur une tapisserie au petit point, plutôt que métamorphosée en écuyère bottée, mais comme elle adorait les bêtes et qu'elle était fort habile à diriger un attelage, en dépit de sa petite taille, il la regardait venir avec attendrissement.

Papineau cultivait aussi les fleurs en compagnie d'Ézilda qui n'avait pas son pareil en cet art, mais il passait volontiers de longues heures à écouter Azélie toucher le piano. C'était divin.

Les belles soirées d'été s'étiraient sur la galerie, devant un feu de camp. L'on parlait alors de grand-mère Bruneau, dont la mort, pendant l'agonie de Gustave, était presque passée inaperçue. La vieille dame s'était endormie pour de bon le jour de son quatre-vingt-onzième anniversaire.

⌒⌒⌒

Pendant ce temps, à Montréal, Mary était sur le point d'accoucher de son premier enfant. Le souvenir de sa mère morte en couches la terrorisait. Julie accourut à son appel et ne la quitta pas pendant les neuf heures d'atroces douleurs que dura le travail. Impuissant à mettre fin à son martyre, inquiet aussi de voir diminuer les forces de la jeune femme, le médecin lui annonça qu'il valait mieux sacrifier l'enfant. Mary le supplia d'attendre encore un peu. On lui avait raconté que sa mère avait vu son bébé dépecé dans son sein. Cette pensée était effroyable et Mary lui promit de tenir le coup le temps qu'il faudrait. Elle n'aurait recours aux instruments artificiels qu'en dernière extrémité. Julie l'approuva.

Finalement, une belle fille fit son entrée dans le monde. L'enfant avait les yeux bleus et la peau de nacre de sa maman. Amédée lui trouva une ressemblance marquée avec son grand-père Papineau, dont elle avait la chevelure noire et le front haut. Julie fut choisie comme marraine d'Eleonor, baptisée en secret, pour ne pas indisposer le père de Mary, qui tenait à une cérémonie presbytérienne. Le temps passé à pouponner la petite Ella, comme elle l'appelait, lui parut trop court. Cependant une lettre de la Petite-Nation l'obligea à mettre fin abruptement à son séjour chez Amédée. Louis-Joseph qui se croyait atteint du choléra la réclamait à la seigneurie.

Il était cinq heures, ce 12 juin, lorsque le vapeur la ramena de Montréal. Ézilda l'attendait au quai de Boult. Pendant le trajet jusqu'au manoir, qu'elles firent à vive allure, sa fille lui brossa le tableau de la situation : Papineau gardait le lit depuis plusieurs jours et ne mangeait que du gruau. Le docteur de L'Orignal – le même qui avait soigné Gustave – croyait à une inflammation grave de l'intestin plutôt qu'à une attaque de choléra. Il l'avait purgé et mis au régime sévère. Dieu merci ! depuis la veille, il le considérait hors de danger.

Julie sauta de la voiture et courut au chevet de Louis-Joseph. Elle ressentit un choc en l'apercevant. En quelques semaines, il avait fondu. Le teint grisâtre, l'œil cireux, il avait l'air d'un vieillard. Mais il était si grincheux qu'elle se sentit rassurée.

« Mon pauvre chéri ! fit-elle en l'embrassant. Tu as abusé de tes forces. Je te l'ai pourtant assez répété, tous ces travaux horticoles ne sont plus de ton âge.

— Dis tout de suite que je ne suis plus qu'un amas de vieillerie, ronchonna-t-il. Ah ! s'il existait une science pour rajeunir ! »

Papineau acceptait mal de se sentir diminué. Il avait toujours joui d'une santé de fer et se croyait bâti pour vivre cent ans. Mais sa surdité, une infirmité héréditaire, s'accentuait et l'hernie dont il souffrait maintenant l'obligerait à porter des bandages pour le reste de ses jours. Il lui était désormais interdit de forcer, comme Julie l'avait appris d'Ézilda. Essayez donc de faire entendre raison à un homme qui n'a jamais écouté personne ! soupira Julie.

« Si seulement tu suivais mes conseils ! le gronda-t-elle. J'ai vu ton médecin à Montréal. Il t'envoie des médicaments que j'ai ordre de te forcer à prendre.

— J'ai déjà deux médecins. Le premier me laisse mourir, comme s'il n'avait pas le choix. L'autre m'assomme avec son huile de ricin et ses boulettes d'apothicaire nauséabondes. Que peux-tu m'apporter de si miraculeux ? Ma maladie est inguérissable. Elle a soixante-huit ans.

— Plus tu vieillis, moins tu es raisonnable.

— Je voudrais bien t'y voir. J'ai un estomac d'autruche, un rien me donne de violentes crampes d'estomac. Et voilà qu'en plus de souffrir, je dois subir tes remontrances.

— Pour une fois que je ne suis pas la pleurnicharde, je m'en permets !

— Quand je pense que je suis le seul survivant de ma classe au séminaire de Québec. Il faut croire que j'ai vécu plus sagement que les autres.

— Ça, j'en doute, remarqua Julie, qui n'en croyait pas un mot.

— Il y avait six prêtres parmi nous, reprit-il pour la convaincre. Je suppose qu'ils se sont tués par trop d'abstinence. Les autres ont fait bombance souvent, alors que moi, je me suis contenté du juste nécessaire, ce qui explique que je n'aie pas la goutte, comme mes amis bons vivants.

— À t'entendre radoter, je sens que tu es en voie de rétablissement...

— Des yeux pour lire, des jambes pour marcher, voilà tout ce qui me reste de jeunesse. »

Et Papineau de tendre à Julie la liste des livres qu'il lui demandait d'aller chercher dans sa bibliothèque. En tête venaient les *Œuvres de Champlain*, publiées à Paris, en 1632, et *L'histoire de la Nouvelle-France*, de Marc Lescarbot.

La vie reprit son cours normal. Papineau délaissa *L'Histoire de la Nouvelle-France* pour s'attaquer à celle du Canada, signée par Francois-Xavier Garneau, un historien de Québec, dont le plus récent volume s'arrêtait en 1840. Il aimait cet ouvrage qui rapportait fidèlement la lutte menée par les patriotes et, pendant la veillée sur la terrasse, il en lisait des passages à sa famille. D'autres soirs, Azélie jouait au piano des airs tirés du cahier des *Irish Melodies* qu'Ézilda chantait. Car, en cet été de 1854, à la tombée du jour, des nuées de moustiques prenaient d'assaut la galerie. Cette invasion de «cousins» – c'est ainsi qu'ils appelaient les insectes – était si insupportable qu'il fallait se cloîtrer à l'intérieur.

Arrivés la veille, Amédée et Mary achevaient un trictrac en attendant le dîner. Ils avaient une faim de loup. Comme ils avaient apporté des huîtres de Bouctouche et quelques bouteilles d'excellent Sauternes, le repas s'annonçait copieux. Amédée s'était levé à l'aube pour aller taquiner les brochets en face du manoir. Le lendemain, si le temps le permettait, il se promettait de chasser la perdrix du côté du cap de la sucrerie, là où, d'après Ézilda, vivaient des lynx.

Il eût été difficile de dire qui, de la vieille Marguerite ou de Julie, était la plus fourbue en cette fin de journée du mois d'août. Elles avaient peint le balcon. Julie avait appliqué le blanc sur le garde-fou, tandis que sa bonne s'était attaquée au plancher qu'elle avait recouvert d'une épaisse peinture jaune. Une fois les pinceaux nettoyés avec de la térébenthine, Marguerite avait nourri ses soixante poulets dont elle ne laissait personne s'approcher et Julie s'était rendue au chantier de la chapelle funéraire que des ouvriers achevaient de construire, quelques centaines de pieds plus bas, d'après les plans d'Amédée.

La famille allait se mettre à table quand la porte d'entrée claqua. La petite Ella cessa son babillage en apercevant la longue silhouette noire qui s'avançait dans la pièce. Elle n'avait jamais vu cet étrange monsieur qui portait une soutane et un ceinturon de même couleur. Une odeur d'eau de Cologne le précédait. À la main, il tenait serré une espèce de baluchon de sa confection. Il clignait des yeux et semblait dans un état de surexcitation qu'il s'efforçait en vain de contrôler.

«Lactance?» fit Julie en bondissant de son siège.

Elle courut au-devant de son fils qui se précipita dans ses bras, recula de deux pas et baragouina, lui qui parlait habituellement une langue impeccable :

«Je... je... mes bagages... Je m'en vais à Rome.. je... voir le Saint-Père.

— À Rome? Mais qui t'accompagne? s'enquit doucement Julie. Monseigneur Guigues ne nous a pas prévenus.

— Il ne le sait pas.

— Tu ne peux pas partir sans sa permission. Tu es des leurs maintenant.

— Des leurs? s'esclaffa Lactance, en lançant brutalement son baluchon sur un fauteuil. Les oblats ne veulent pas de moi.»

Il avait repris son aplomb et son élocution redevenait normale.

«Allons, calme-toi, mon chéri, le pria Julie. C'est la chaleur qui te met dans cet état. Assieds-toi et explique-nous ce qui se passe.

— Il se passe que c'est la saison des ordinations. J'espérais prendre les ordres mineurs, mais cela m'a été refusé une nouvelle fois. Alors, je me suis enfui du monastère.»

À la fin de sa troisième année chez les oblats, Lactance n'était encore qu'un simple postulant. Deux semaines plus tôt, monseigneur Guigues avait prévenu Papineau que son fils n'était pas en état d'être ordonné prêtre. Ce nouveau refus avait indisposé le jeune homme qui, depuis, se sentait persécuté. L'évêque espérait que Papineau comprendrait qu'un aspirant à la prêtrise devait posséder une parfaite maîtrise de lui-même, ce qui n'était pas le cas de Lactance. L'état du novice l'inquiétait tellement qu'il en était même venu à suggérer son internement chez les hospitaliers de Saint-Jean-de-Dieu, à Lyon, en France, où sa communauté refoulait les prêtres séniles et dérangés. Julie s'y était vivement opposé et l'oblat avait consenti à laisser Lactance terminer son année. Mais Papineau ne croyait plus en sa guérison et il ne fut pas surpris de le voir arriver à la maison, l'air plus désaxé encore que d'habitude.

«Prends au moins le temps de manger avec nous», l'invita gentiment Papineau en se levant pour lui faire l'accolade.

Julie fit ajouter un couvert et Lactance prit place à table. Il réclama de manger à côté de sa nièce Ella, avec qui il voulait faire connaissance. Par une sorte de complicité tacite, personne ne mit en doute la pertinence de ses projets de voyage en Italie. L'on débattit plutôt du nom à donner au domaine. Papineau avait choisi Montebello, en souvenir d'un château en Italie appartenant à un de ses amis français, ex-général de Napoléon, et dont il s'était inspiré pour construire son manoir. Amédée préférait nettement Montigny, patronyme de leur ancêtre, Samuel Papineau, originaire du Poitou. Plus le père se montrait intraitable, plus le fils aîné s'enhardissait, allant jusqu'à le menacer gaillardement de remballer la vigne de lierre d'Irlande qu'il lui avait offerte. Ou, pis encore, de prénommer son premier fils George-Étienne, plutôt que Louis-Joseph...

«Qu'en dis-tu, mon Lactance? demanda Papineau.

— Bof! si c'était à moi de décider, fit celui-ci en grimaçant, j'appellerais ce sinistre manoir, le tombeau de Gustave.»

La proposition jeta un froid dans la pièce. Ézilda lança un regard alarmé à Julie, qui s'empressa de sonner le domestique pour lui demander d'apporter les huîtres. La conversation en resta là mais, comme on s'en doute, Papineau ne se laissa pas fléchir. Amédée battit en retraite et, bien entendu, il ne ramena pas sa vigne à Montréal.

Cependant, la soirée n'allait pas finir sans une dispute que déclencha Papineau en annonçant son intention de faire construire une tour carrée, à l'abri du feu, pour y installer sa bibliothèque.

«C'est incroyable! s'exclama Julie. De pareilles dépenses alors que nos revenus n'ont jamais été aussi précaires?

— D'abord, ma chère Julie, répliqua Papineau, sache que le travail et les matériaux seront fournis par les censitaires qui préfèrent payer leurs dettes en nature.

— Tu es économe pour nos désirs et dépensier pour les tiens, jeta impétueusement Julie.

— Imagine plutôt ta tranquillité lorsque je m'enfermerai dans ma tour comme un vieux hibou dans son trou, lui susurra Papineau qui cherchait à désamorcer la tempête. Sénèque et les agronomes seront mon bréviaire.

— Soyez sérieux, papa, intercéda Ézilda, vous n'allez pas nous imposer un nouveau chantier? Connaissant maman comme je la connais, elle va s'enfuir à la ville avec Azélie, et moi, je serai encore seule pour m'occuper de tout.

— Tu peux être sûre que je vais faire mes bagages, confirma Julie. Je ne serai pas le témoin de cette nouvelle folie. À notre âge, il me semble que nous avons assez de tourments et d'inquiétude sans en rajouter inutilement.»

Lactance se sentit visé par la remarque de sa mère et se tortilla nerveusement sur son siège, l'air encore plus sombre qu'à son arrivée. Mais Julie attaqua Papineau de front :

«Tu veux nous dégoûter complètement de cet endroit qui nous a déjà été si funeste.»

Cette fois, elle pensait à Gustave et les yeux de Lactance se remplirent d'eau.

«Papa, je me demande si c'est sage d'entreprendre ces travaux, alors que le gouvernement s'apprête à voter des lois qui modifieront le régime seigneurial, se risqua timidement Amédée, qui mesurait ses paroles pour ne pas attiser le feu.

— Nous ne serons pas touchés par ces lois», affirma Papineau, avec la plus grande conviction.

Amédée encourageait habituellement son père dans ses projets, même au risque de déplaire à Julie. Mais cette fois, il se crut obligé de s'y opposer. Il suivait de près le dossier du régime seigneurial et redoutait les conséquences qui en découleraient pour la famille.

«Au contraire, le contredit Amédée, je ne suis pas sûr que vous ayez bien compris ce projet de loi qui vise l'abolition de la tenure seigneuriale. Je tremble qu'il ne soit trop tard pour arrêter le mal.

— Tous les seigneurs sont démontés, renchérit Julie, mais toi, le plus pauvre de tous, tu ne songes qu'à dépenser.

— C'est que je sais de quoi je parle, moi, s'entêta Papineau. Avec l'argent de l'indemnité que le gouvernement remettra aux seigneurs, je construirai un village modèle ici même. Et il s'appellera Montebello.

— Papa, je vous en prie, suspendez les travaux, fit Ézilda d'une voix suppliante. Nous en avons plus qu'assez. »

Là-dessus Lactance annonça qu'il irait dormir. Le manoir, la tour carrée, le village modèle, enfin toutes ces considérations bassement terrestres ne l'intéressaient plus.

Le lendemain, Lactance parut plus fébrile encore. Puisqu'il partait en Italie pour ne plus revenir, disait-il, le moment était venu de se départir de ses effets personnels. Son casque et ses gants de fourrure allèrent à Papineau et son paletot et tour de cou, à Amédée. Pour sa cravate de soie rouge, il songea à son cousin Louis-Antoine, maintenant maire de Maska, et confia à Julie le soin de la lui remettre. Son précieux herbier, il le destinait à Ézilda, son souffre-douleur d'autrefois. Elle dut cependant lui promettre d'en prendre soin comme de la prunelle de ses yeux.

Lactance s'adressait à Azélie en anglais et l'appelait «*my beautiful sister*», comme lorsqu'elle était toute petite à Albany. Il fit un choix de livres dans sa bibliothèque et lui offrit *Les Mille et Une Nuits*, *Le prince de Machiavel*, commenté par Voltaire et *Recueillement poétique* de Lamartine, qu'il jugeait parfait pour l'âme fragile et sensible d'une jeune fille. Il lui confia aussi l'esquisse monographique de monseigneur de Laval, premier évêque de la Nouvelle-France, qu'il avait rédigée chez les oblats, en lui demandant bizarrement : «*You read french, don't you?*» Tout bien considéré, il décida d'emporter son portrait d'Hippocrate et la biographie de Washington, qu'il avait tant aimée, mais laissa à la disposition de la famille celles de Dante et de Boileau. Julie promit de ranger précieusement ses certificats de médecine et de les lui envoyer à sa demande. Elle hérita du canot d'écorce miniature et des calumets de paix qu'il avait reçus en cadeau de Joseph Papineau et dont il ne s'était jamais séparé.

Sa distribution terminée, Lactance disparut pendant quelques heures. On le retrouva dans un coin obscur du manoir, les bras en croix, l'air illuminé. Les jours passant, il devenait de plus en plus étrange. S'il causait de choses anodines, il le faisait sensément. Il s'exprimait toujours dans une langue châtiée et son riche vocabulaire éblouissait ses interlocuteurs. Mais dès que son imagination se fixait sur une idée, la plupart du temps saugrenue, il ne voulait plus en démordre et s'emportait violemment contre celui qui lui tenait tête. Aussi fut-il impossible de le détourner de son projet de voyage.

La fin d'août fut étonnamment froide et Papineau remit en marche le chauffage au bois plus tôt que d'habitude. L'opération ne se fit pas sans gros mots. Papineau était fort satisfait de son système de calorifères qui, à son avis, réchauffaient également toutes les pièces. Mais Julie tempêtait contre sa manie de bourrer les poêles pour les tenir constamment rouges. La fumée qui s'en dégageait rendait la maison insalubre et l'odeur, surtout en fin de journée, devenait insupportable.

« Cheminée qui fume et femme qui gronde rendent une maison inhabitable, dit le proverbe », pérorait Papineau qui réclamait du temps pour régler ce petit problème.

Une nuit, une épaisse fumée venant du salon jaune se répandit au rez-de-chaussée. Ézilda, qui avait l'odorat fin, fut la première à s'en inquiéter. Elle bondit de son lit pour donner l'alarme. En sortant de sa chambre, elle tomba nez à nez avec Lactance qui, émergeant du nuage, l'arrêta en lui serrant le bras :

« Femme de peu de foi ! »

Pris d'un rire satanique qui résonna dans la maison endormie, il pointait sa sœur d'un doigt accusateur. Ézilda voulut lui échapper mais il resserra son étreinte. Les épaules recouvertes d'un long drap, il gesticulait en hurlant :

« Que nous brûlions dans les feux de l'enfer ! Oui, mes biens chers frères, notre âme est souillée. Périssons ! »

Ayant réussi à se dégager, la pauvre Ézilda courut jusqu'à la chambre de ses parents en criant :

« Au feu ! au feu ! »

La fumée commençait à envahir le couloir quand Papineau apparut. Il se précipita vers le Franklin d'où venait l'épaisse traînée. La porte-foyer était grande ouverte, ce qui l'étonna. Il avait pourtant fait sa tournée de vérification avant d'aller se coucher. En un coup de tisonnier, il repoussa vers le fond la bûche qui obstruait l'entrée de la cage. Puis il vérifia si la rondelle de poêle était bien en place et rassura son monde :

«Calmez-vous, il n'y a pas de feu, tout est maîtrisé.»

Attirés par les cris, Amédée et Mary étaient descendus au rez-de-chaussée.

«It is the Franklin stove, it is the Franklin stove», répétait Mary, comme si la chose était inconcevable.

La jeune femme ne jurait que par ce poêle à bois, le seul qui laissait voir la flamme. À Saratoga, tout le monde avait adopté ce modèle, inventé par l'un des pères de l'Union, Benjamin Franklin. Julie l'avait repéré dans le catalogue américain d'*ornemental parlor stoves* et avait chargé sa belle-fille d'en commander un pour le manoir. À sa connaissance, jamais un Franklin n'avait été à l'origine d'un accident semblable.

C'est ce qu'elle se disait, en courant d'une fenêtre à l'autre pour les ouvrir. Même la vieille Marguerite était descendue, sa natte ballottant dans le dos. Assis sur l'ottomane, au centre du salon, les jambes croisées, Lactance promenait son regard de Papineau à Julie, en répétant sur un ton théâtral :

«Même l'enfer ne veut pas de vous, pauvres pécheurs. Il faudra donc expier sur terre.

— C'est lui qui a mis le feu, je l'ai vu sortir du salon, l'accusa Ézilda qui tremblait comme une feuille.

— Mais non, Ézilda, corrigea Papineau, une bûche a glissé et la porte, sans doute mal enclenchée, s'est ouverte, voilà tout. Lactance n'y est pour rien. Allons nous coucher maintenant.»

Au matin, personne ne reparla du feu ni du présumé incendiaire. Papineau persistait à n'y voir qu'un accident, mais il ne pouvait pas nier que le comportement bizarre de Lactance avait semé des doutes dans son esprit. Il s'en ouvrit à Julie :

«Les chimères le dévorent sans relâche. Il s'est créé un monde d'absurdité dont il ne peut plus sortir.

— Je ne sais plus où j'en suis avec lui, répondit Julie, qui avoua son impuissance. Ézilda est si effrayée qu'elle n'en dort plus. Elle est toujours sur le qui-vive et craint qu'il ne se porte à quelque violence. Tu as vu la marque sur son bras? Je ne peux pas sacrifier son bien-être aux violences de Lactance.

— Tiens, tiens, on complote dans mon dos, maintenant?»

Lactance était entré dans la pièce sans faire de bruit. Sans doute s'était-il avancé sur la pointe des pieds pour mieux surprendre ses parents qui, il en était convaincu, déblatéraient contre lui.

«Écoute, Lactance, tu t'en vas vers une rechute, commença Papineau en lui parlant d'une voix posée. Nous allons t'aider à la prévenir. Ce n'est pas la première fois que...

— Je n'ai d'ordre à recevoir de personne, fit Lactance tranchant. Je suis sur mes gardes et je ne retomberai pas. Surtout, je ne veux pas qu'on me parle du passé. Et vous ne me ferez pas enfermer une seconde fois.

— Tu n'y es pas du tout, mon chéri, protesta Julie qui voulait l'amadouer. Mais tu ne supportes aucune contrariété. Dès que tu n'as pas ce que tu demandes, tu te hérisses. Cela bouleverse ta sœur.

— Je suis médecin et vous ne l'êtes pas. Je sais ce qu'il me faut. Inutile de m'épier et de me traiter comme un enfant.»

Sur ce, il sortit. Louis-Joseph et Julie en restèrent déconcertés.

«Ça ne peut plus durer», décida Papineau.

Il n'avait pas besoin d'en dire davantage. Julie savait ce que cela signifiait et elle approuvait sa décision. Lactance serait donc interné à l'asile d'aliénés de Lyon, en France. Tout espoir de guérison avait depuis longtemps disparu. Elle n'avait plus qu'à en faire le sacrifice.

Jusqu'à son départ, le jeune clerc demeura convaincu qu'il s'en allait à Rome pour implorer le pape de l'ordonner prêtre. En attendant les deux ecclésiastiques chargés par monseigneur Guigues de le reconduire à Lyon, il égrenait son chapelet en latin, en marchant de long en large dans le couloir du rez-de-chaussée. «*Ave Maria gratia plena...*»

Ses adieux furent empreints de sérénité, comme s'il était porté par son nouveau projet. Vêtu de sa plus belle soutane et de son ceinturon noir, il s'embarqua sur le *Charity*, au quai des Indes, à Québec. Julie n'eut pas le cœur de faire le voyage. Juste avant que le sifflet n'annonce le départ du *steamer*, il lui griffonna quelques mots sur un bout de papier qu'il fit mettre à la poste.

Québec, le 22 août 1854. Chère maman, la Vierge m'est apparue. Elle m'a promis de me guider sur les mers, car elle a une mission à me confier. Confidentielle-

ment, je dois réformer l'Église canadienne de fond en comble. Vous n'avez plus de souci à vous faire pour moi. Je vous bénis. Votre fils bien-aimé, Lactance.

Julie n'allait plus jamais revoir son fils.

CHAPITRE LI

Le dîner d'adieu

Azélie allaitait son fils Gustave sur la galerie recouverte du manoir. Le point de vue n'était pas celui qui vous saisissait, depuis la terrasse, face à l'Outaouais, mais par une telle chaleur, l'ombre des grands chênes, sur le devant, apportait une bonne fraîcheur. Juillet n'avait été que sécheresse et août s'avérait tout aussi éprouvant, l'humidité en plus. Elle se souviendrait longtemps de l'été 1862.

Depuis un bon moment, elle observait sa mère, assise à côté d'elle, la tête penchée sur son album de daguerréotypes qui ne la quittait plus. De temps à autre, elle déployait son mouchoir de dentelle pour s'éponger le front, puis le glissait dans sa manche. Elle répétait le même geste pour chasser les moustiques qui bourdonnaient autour d'elle. Le visage paisible, vêtue d'une robe légère, serrée au cou, elle ne semblait incommodée ni par la canicule ni par les cousins piqueurs. Toute à ses souvenirs, elle n'entendait pas l'enfant qui émettait des sons lorsqu'il cherchait le mamelon.

Elle avait étonnamment bien vieilli, Julie Papineau, dont les cheveux refusaient de grisonner pour la peine. Sous ses yeux, de profonds cernes étaient là pour rappeler qu'elle pleurait souvent en pensant à la folie de Lactance, enfermé à l'asile depuis huit ans. Elle ne riait plus comme autrefois et ne s'enflammait plus pour tout et pour rien. Papineau réussissait encore à la faire sortir de ses gonds, mais ses sautes d'humeur ne duraient pas. Azélie calcula dans sa tête l'âge de sa mère. Elle avait eu soixante-sept ans en février. Toujours alerte et vive d'esprit, elle avait de plus en plus tendance à se réfugier dans la prière. Trop au goût de sa fille. Le reste du temps, lorsqu'elle ne descendait pas au village pour s'occuper des pauvres, elle s'enfermait dans son monde. Les lunettes posées sur le bout du nez, elle tournait et retournait les pages de l'album de famille.

Ces derniers temps, elle faisait faux bond à ses pauvres. «Ce n'est pas ma faute, se défendait-elle. C'est ce vieux Dick qui m'a abandonnée.» Son fidèle cheval avait en effet pris de l'âge. Au bas des côtes, elle faisait descendre les passagers de sa voiture, pour soulager la bête qui grimpait de peine et de misère les pentes les plus douces. Elle s'était finalement résignée à le mettre à la retraite et depuis, n'avait plus guère envie de sortir.

«Maman, pourquoi vivez-vous toujours dans le passé?» demanda Azélie, en tapotant le dos de bébé Gustave pour lui faire faire son rot.

Julie releva la tête. Sa fille la regardait avec affection. Elle rayonnait de bonheur depuis la naissance de son deuxième enfant. À vingt-sept ans, elle était plus jolie que jamais, avec ses cheveux d'ébène et son teint clair. Elle semblait plus sereine aussi, comme si elle avait tiré un trait sur la page la plus sombre de son existence. La jeune madame Bourassa avait finalement fait la paix avec sa mère.

Leur dispute avait commencé cinq ans plus tôt, lorsque Azélie était tombée follement amoureuse de Napoléon Bourassa, un jeune homme de bonne famille mais sans avenir, à ce qu'il semblait. Tant que le neveu du curé Médard Bourassa venait pianoter et chanter en duo avec les filles de la maison, personne n'avait trouvé à redire. Mais sa demande en mariage avait indisposé Papineau qui s'était opposé à cette union avec véhémence. Jamais il ne donnerait sa cadette à un artiste! Azélie méritait mieux que de végéter pour le restant de ses jours avec un peintre. Il était prêt à reconnaître un certain talent au jeune Bourassa, une belle éducation aussi, mais il ne comprenait pas qu'un homme responsable songe à prendre épouse avant d'avoir une situation stable. Azélie avait plaidé sa cause sans succès.

Un daguerréotype la montrait justement à Québec, au bal de la Saint-Jean, bien avant son mariage. Sur le papier noir, une date était inscrite : 24 juin 1856. Julie souleva la plaque métallique pour en saisir tous les détails. Azélie portait une robe rose qui lui serrait la taille et tenait son carnet de danse à la main. Il était complet, avant la première valse, preuve que les prétendants ne manquaient pas. Quel joli souvenir! pensa Julie.

C'est Papineau qui avait manigancé ce séjour à Québec, dans le but d'éloigner sa fille de son impossible amour. Il l'avait aussi emmenée en excursion dans les fjords du Saguenay, avec Julie et

Ézilda. Ensuite, pour un dépaysement plus complet, la petite famille s'était rendue à Philadelphie et à New York, où Papineau et Julie avaient dîné chez l'ancien président Van Buren, dont ils avaient en vain sollicité l'appui, au début de leur exil. Azélie s'était pliée de bonne grâce au programme concocté par son père et ses amis complices. Concerts, bals masqués, pique-niques sur l'herbe, elle était de toutes les fêtes. Jamais un mot de trop, jamais un geste d'impatience, elle avait entraîné sa sœur Ézilda partout et s'était montrée charmante avec ses parents. Mais à peine rentrée à la Petite-Nation, elle leur avait fait comprendre que rien ne la détournerait de Napoléon Bourassa. «Elle a ma sensibilité à fleur de peau et la tête de mule de son père», constata Julie en replaçant le cliché dans l'album.

Azélie avait en effet un fichu caractère. Contre tout bon sens, au lieu d'en vouloir à son père, le seul, l'unique responsable de son malheur, elle avait alors tourné sa rancune contre sa mère, à qui elle reprochait à tort de ne pas avoir pris sa défense contre Papineau. Julie en avait été meurtrie. Dieu lui était témoin qu'elle n'avait rien ménagé pour convaincre Louis-Joseph de réviser son jugement sur le beau Napoléon. Mais cela, Azélie ne l'avait jamais reconnu. Il lui fallait un coupable et cela ne pouvait pas être son père adoré.

«Napoléon est un jeune homme cultivé, avait pourtant plaidé Julie avec ardeur. Faisons-lui confiance. Il s'intéresse à l'art religieux. Le clergé lui commandera sûrement des tableaux pour orner ses églises.

— Le clergé le paiera avec des bénédictions, je suppose? lui avait rétorqué Papineau. Ce n'est pas ce qui mettra du beurre sur le pain.»

Un bruit de chiffon ramena Julie à la réalité. Azélie s'était levée pour aller fureter au bout de la galerie, d'où elle pouvait voir ce qui se passait du côté de la grainerie, reconvertie en atelier pour son mari.

«La séance de pose de papa est terminée, annonça-t-elle en apercevant Papineau qui s'éloignait du bâtiment. Pourvu qu'il soit satisfait de son portrait. Depuis le temps que Napoléon y travaille.

— Ton père ne m'en parle jamais.

— S'il vient s'asseoir avec nous, vous pourriez lui demander de nous le montrer.

— Il ne viendra pas, il retournera plutôt dans sa tour d'ivoire.

— Pour retrouver Sénèque», termina Azélie.

C'était au tour de Julie de surveiller les gestes de sa fille, qui changeait la couche de bébé Gustave en maugréant. Azélie était tout l'un ou tout l'autre. Elle couvrait ses enfants de baisers, au risque de les étouffer, et la minute d'après, elle pestait contre les petites corvées qu'ils lui imposaient. Napoléon se montrait d'humeur plus égale. Il avait bien tiré ses marrons du feu depuis leur mariage. Ses portraits d'ecclésiastiques avaient augmenté son prestige et ses conférences sur Michel-Ange étaient fort courues, à Montréal. Mais il n'était heureux qu'à la Petite-Nation, où il s'adonnait vraiment à son art. Tout en ébauchant une esquisse d'une œuvre intitulée l'apothéose de Christophe-Colomb, qu'il voulait présenter à l'Exposition universelle de Paris, l'année suivante, il se gagnait l'affection de Papineau en le peignant grandeur nature.

«À quoi pensez-vous, maman? demanda Azélie qui était revenue s'asseoir auprès d'elle. J'ai cru déceler un sourire sur vos lèvres.»

Les yeux rivés à son album, Julie admirait Amédée, le jour de ses quarante ans. Appuyé sur sa canne en jonc, il prenait une pose faussement nonchalante.

«Regarde comme il a de belles épaules carrées», fit Julie.

Azélie s'étira le cou sans grand intérêt. Son regard s'arrêta plutôt sur la page d'à côté. Lactance souriait aux anges, sa blonde chevelure au vent. C'était au temps de ses bonnes années.

«Lactance est plus beau, jugea Azélie, en passant sa main sur la plaque métallique.

— Il devait avoir vingt et un ans sur ce cliché, dit Julie.

— Comme Gustave, à la fin.

— Cher Gustave, pauvre Lactance... Je n'aurais pas la force de subir de nouveaux malheurs. La mort me serait plus douce.

— Mais, maman, Lactance est vivant.

— Perdre la raison est pire que mourir. Ton frère est victime de nos déboires qu'il a trop vivement ressentis physiquement et moralement. Je me sens tellement responsable de l'échec de sa vie!»

Amédée, Lactance, Gustave... Julie avait toujours eu un faible pour ses fils. Amédée faisait sa fierté, Lactance sa honte, Gustave son chagrin. Azélie souffrait de l'indifférence de sa mère qui surprotégeait aussi Ézilda, l'infirme. Pourquoi l'aimait-elle moins que ses autres enfants? Ne lui avait-elle pas toujours obéi? N'avait-elle pas été une petite fille modèle – oui, maman, merci, maman, excusez-moi, maman... Elle n'arrivait pas à lui pardonner son silence, à l'heure la plus cruciale de sa vie. Comme si son bonheur ou son malheur l'avait laissée indifférente. Si Papineau s'était opposé au mariage d'Amédée, Julie serait montée aux barricades pour défendre la femme qu'il avait choisie. Pour Napoléon, elle n'avait pas levé le petit doigt. Qu'avait-elle tant à lui reprocher? Il avait trente ans, une belle culture et un talent d'artiste qu'il avait développé auprès des grands maîtres, à Florence.

Chaque fois qu'elle y repensait, une petite voix au fond de sa tête lui répétait : «Jalouse, jalouse...» Oui, elle était jalouse d'Amédée, le bien-aimé. Elle avait toutes les raisons de l'être. Des rires d'enfants se rapprochèrent de la galerie. Ella – la fille d'Amédée, avait dix ans maintenant – jouait à la poupée avec Augustine, sa fille à elle, qui venait d'avoir quatre ans.

«Ta fille te ressemble, fit remarquer Julie, en regardant les deux petites qui promenaient bébé Marie-Louise, la dernière-née d'Amédée, dans un carrosse d'osier. Même traits délicats. Même caractère autoritaire.

— Même sensibilité que sa grand-mère Julie, continua Azélie sur le ton de la complicité.

— Tu trouves? Prie le bon Dieu pour qu'elle n'en souffre pas comme j'en ai souffert.

— Moi, ce qui m'importe, c'est qu'Augustine ait de solides nerfs.»

Elles se regardèrent sans rien ajouter. Toutes deux avaient à l'esprit les malaises dont Azélie avait souffert lorsqu'elle avait été forcée par son père de rompre avec Napoléon. Attaques nerveuses à répétition, instincts suicidaires... Le médecin avait diagnostiqué une hystérie grave, d'origine physiologique, se manifestant au moment des règles menstruelles.

«Pourquoi n'avez-vous jamais reparlé de ma maladie?» demanda Azélie.

Julie se mura dans son mutisme. Elle avait préféré oublier cet épisode de leur vie qui avait failli tourner au drame. La mort d'Azélie, elle n'aurait pas pu l'accepter.

Il avait suffi de quelques gouttes de laudanum, un soir de grand désespoir, pour que les paupières de sa fille se ferment, alourdies par l'opium, et qu'elle sombre dans un profond sommeil artificiel.

Au cœur de la nuit, Azélie s'était réveillée, la chemise de nuit détrempée. Sa détresse avait ressurgi, plus douloureuse, plus insupportable qu'avant. Papineau avait rejeté son Napoléon qui disparaîtrait de sa vie... Elle avait voulu se lever, ouvrir la fenêtre pour hurler sa douleur, mais elle avait été prise de vertiges et s'était laissée retomber sur son lit. À côté d'elle, sur la table de chevet, la bouteille de laudanum la narguait. Ah! dormir, dormir pour toujours... N'avoir plus jamais à sentir fondre sur elle le grand malheur qui la frappait. Elle avait allongé le bras, retiré le bouchon et pris le compte-goutte qu'elle avait rempli du liquide jaunâtre. Les yeux fermés, elle l'avait avalé d'un trait. Le goût amer du soporifique l'avait fait grimacer. Elle s'était ensuite laissée glisser au creux de ses oreillers. «Que je disparaisse une fois pour toutes! avait-elle songé, avant de s'évanouir. Et qu'ils souffrent comme je souffre...»

Au matin, on l'avait transportée à l'hôpital des Sœurs grises, à Bytown, où l'on avait craint pour sa vie.

«Tu m'as fait si peur... murmura Julie, en revenant à la réalité.

— Je n'ai pas voulu mourir, maman, simplement oublier mon atroce chagrin.

— Tu m'as appelée au secours.»

Azélie avait déliré si fort que Julie était accourue, au milieu de la nuit.

«Maman, maman, ne me quittez pas, je vous en supplie...», avait-elle gémi avant de sombrer à nouveau dans sa léthargie. Julie s'était efforcée de la tenir éveillée en la secouant et en lui posant des questions qui n'avaient ni queue ni tête. Il ne fallait surtout pas qu'elle se rendorme, car cela aurait pu lui être fatal. Le spectre de Lactance dément et le visage cireux de Gustave, sur son lit de mort, la hantaient. Julie s'était accrochée à l'espoir que la santé de fer d'Azélie la sauverait des méfaits de la drogue, que seuls ses nerfs en seraient marqués.

La famille avait quelque peu maquillé les faits, pour ne pas ternir la réputation d'Azélie. On avait attribué son délire à une intoxication au calomel, médicament à base de chlorure mercureux, que le médecin lui avait prescrit à la suite d'une révolution de bile. L'hospitalisation avait duré deux mois. Pris de remords, Papineau avait autorisé Napoléon à visiter la malade. Le remède s'était avéré miraculeux et Azélie était revenue à la vie. Julie referma son album.

« Ce que nous sommes mélancoliques aujourd'hui, ma chérie, laissa-t-elle échapper. Moi, j'ai toutes les raisons au monde de l'être, puisque ma vie est derrière moi. Mais toi, la tienne commence. Tu as déjà deux beaux enfants, les autres ne tarderont pas.

— De grâce ! Pas tout de suite, maman.

— Mais pourquoi pas ? interrogea Julie. Tu as la chance d'accoucher comme une chatte, tu devrais avoir honte de te plaindre.

— Je ne me plains pas, protesta Azélie. Napoléon est un homme merveilleux. Nous nous entendons bien et je l'aime. Mais, comment vous dire ? Mon mari serait parfait, si seulement il était une femme.

— Azélie, ne dis pas de choses comme cela.

— C'est vrai. Il est brillant, cultivé, doux, tendre, et comme moi, il a horreur des querelles. Cependant, la nuit... sa fougue, sa passion m'embarrassent, m'irritent même. C'est comme si mon corps ne m'appartenait plus. Mais parlons d'autre chose, voulez-vous ?

— Tu sais ce qui me ferait plaisir ? dit Julie, dont la pudeur s'accommodait mal de ce genre de confidences. J'aimerais que nous allions à la chapelle toutes les deux. C'est l'heure de mon rendez-vous quotidien avec mes chers disparus. Quand je pense que cela fera bientôt onze ans que Gustave nous a quittés !

— Lactance aussi, à sa manière. Huit ans, déjà.

— À propos, j'ai reçu une lettre de lui. Figure-toi qu'il s'est mis dans la tête d'aller à Jérusalem en pèlerinage. Une nouvelle chimère !

— Il ne vous parle jamais de revenir au pays ?

— C'est à peine s'il demande de mes nouvelles. Il a toujours ses étranges apparitions de la Vierge qui le jettent dans l'allégresse.

— Tant mieux si la Vierge Marie s'occupe de lui, soupira Azélie. Parce que nous, ici-bas, on ne peut plus rien pour lui. »

Azélie se leva, confia le petit Gustave à sa bonne et retourna auprès de Julie pour l'aider à se lever.

«Vous venez?

— Laisse-moi m'appuyer à ton bras, ma chérie. Je me sens fatiguée aujourd'hui. C'est sûrement la chaleur. Nous marcherons doucement.»

Azélie trouva sa mère minuscule à son bras. Elle était tirée à quatre épingles, comme toujours, et se tenait bien droite. Mais on aurait dit qu'elle avançait pas à pas, avec précaution sur le sentier bien débroussaillé. Pourtant, la veille encore, elle se tenait sur le bout des pieds pour cueillir ses roses dans les arbrisseaux grimpants.

«Mes gazons sont tristes et jaunis, cet été, se désola Julie. Tout a l'air si aride.

— La sécheresse les a brûlés.

— Ton père prétend qu'il les a bien arrosés, mais pas autant que je l'aurais fait moi-même. Enfin, il a plu ce matin, il pleuvra encore ce soir... nous verrons si la pluie réparera les dommages.»

❦

C'est Amédée qui, le premier, avait eu l'idée de construire une chapelle funéraire. Il en avait dessiné les plans. Elle était en pierre grise, de style gothique, surmontée d'une croix de bois. Nichée dans un joli bocage, à trois arpents du manoir, on y accédait en longeant l'allée du seigneur. Autour, Amédée avait planté des cyprès rapportés de Saratoga. Au-dessus de la porte, il y avait un vitrail en rosace. Ce serait le dernier repos de tous les Papineau.

Amédée ignorait que la première tombe qu'on y creuserait serait celle de son fils, Louis-Joseph, mort à dix mois, le 26 février 1855. Le petit frère d'Ella avait succombé à une congestion pulmonaire, pendant la pire vague de froid que le Bas-Canada ait jamais connue.

En mai de la même année, les restes de Gustave, qui reposait dans l'église paroissiale de la Petite-Nation, furent enterrés dans le caveau familial, sous la chapelle. Six jours plus tard, Joseph Papineau, exhumé à son tour du cimetière catholique du faubourg Saint-Antoine, à Montréal, avait remonté l'Outaouais une dernière fois, pour aller rejoindre son petit-fils et son arrière-petit-fils dans les voûtes en brique de la chapelle. «Mon père a vaincu tant d'obstacles, avait dit Papineau, en accueillant le cercueil de zinc, au quai de la Petite-Nation, il a surmonté tant de fatigue pour commencer l'établissement de cette seigneurie qu'il est bien que nous y reposions les uns après les autres, au pied d'un homme qui a tant fait pour son pays et sa famille. »

Sept années avaient passé et depuis, tous les matins de l'été, son sécateur à la main, Julie coupait des fleurs dans son jardin pour décorer la chapelle. Des marguerites des champs, des pivoines, du muguet qu'elle disposait dans des vases de verre, de chaque côté du tabernacle sculpté par Napoléon Bourassa. Elle s'agenouillait ensuite à l'un des deux prie-Dieu ou s'asseyait dans une petite chaise droite pour prier, en regardant au-dessus de l'autel la toile représentant le Christ ressuscité.

D'année en année, la liste de ses disparus s'était allongée. Marie-Rosalie Dessaulles, sa confidente de toujours, mourut subitement à Maska, la veille du mariage d'Azélie. Le voisin, Jacques Viger, disparut en maugréant contre ses concitoyens qui ne savaient pas apprécier le premier ministre George-Étienne Cartier à sa juste valeur. Adèle LaFontaine, à qui Julie avait conservé son estime, malgré les reniements de son mari, s'était éteinte à son tour, après une maladie éprouvante.

Et puis, un beau matin, la vieille Marguerite Douville ne s'était pas levée. Après quarante ans de loyaux services, on l'avait enterrée dans le caveau familial, à côté de son Gustave chéri.

Julie ne repartait pas de la chapelle sans avoir une pensée pour son amie Henriette qui n'avait jamais donné signe de vie depuis la pendaison de son mari Chevalier de Lorimier. Qu'était-elle devenue ? Comment avait-elle élevé ses deux filles ? Un de ses anciens voisins avait entendu dire qu'elle travaillait au presbytère de la paroisse de L'Assomption. Peut-être était-elle la ménagère du curé, il n'en était pas sûr. D'après ce qu'on lui avait rapporté, elle vivait dans le dénuement total. Julie s'était empressée de lui écrire. Sa lettre lui avait été retournée avec la mention : destinataire inconnue. Elle aurait juré que c'était l'écriture d'Henriette.

Papineau aussi pleurait ses morts. À commencer par son frère Denis-Benjamin, qui s'était éteint un matin froid de janvier. Perclus de rhumatismes et atteint d'une surdité qui le coupait du monde, il avait été meurtri par les attaques de la sale presse de Louis-Hippolyte LaFontaine, qui l'avait décrit comme sot et ignorant. Cette campagne de dénigrement, qui avait assombri les derniers jours de son frère, Papineau ne l'avait pas digérée.

Au beau milieu de son deuil, une lettre d'Elvire l'avait prévenu que son cher Lamennais avait rendu l'âme à Paris. Puis ce fut Louis-Michel Viger, qui mourut d'une paralysie du cœur, à soixante-neuf ans. Ludger Duvernay, William Lyon Mackenzie... tous ses complices de la rébellion étaient disparu les uns après les autres. Même son plus fidèle admirateur, le libraire Fabre, avait été emporté par le choléra, après avoir perdu la mairie de Montréal au profit de Wolfred Nelson.

Ce dimanche-là, 17 août 1862, Louis-Antoine Dessaulles arriva comme prévu, à l'heure de l'apéritif qui fut servi dans le salon jaune surplombant l'Outaouais. Une fine pluie avait convaincu la famille de fuir la terrasse où s'achevaient habituellement les beaux jours de l'été.

« Mon cher oncle, connaissant votre goût pour les vins blancs d'Andalousie, je vous ai apporté un baril de xérès », annonça Louis-Antoine.

Amédée se gratta le derrière de la tête. Il y avait, dans le regard de son cousin, une petite étincelle qui ne trompait pas. Quel lapin allait-il faire sortir de son chapeau ? Julie aussi trouvait son neveu un peu cabotin. Mais ne l'était-il pas toujours ? Il portait sa moustache en croc, ce qui donnait à penser qu'il faisait la moue ou qu'il mijotait quelque mauvais plan. À quarante-quatre ans, son front commençait à se dégarnir et il devenait bedonnant. Mais il n'avait rien perdu de ses talents de comédien toujours prêt à faire son numéro.

« En quel honneur ? s'enquit Papineau, en contemplant la carafe de xérès qu'apportait le domestique. Dis-nous au moins ce que nous fêtons ?

— Il n'y a rien à fêter », répondit Louis-Antoine d'un air espiègle.

Papineau s'attendait à ce que Louis-Antoine lève son verre à quelqu'un. Mais à qui ? Depuis la mort de Marie-Rosalie Dessaulles, il avait quitté la mairie de Maska pour se faire élire conseiller législatif, sous la bannière libérale. Pour le vieux politicien, il n'y avait pas là de quoi pavoiser et il pensait plutôt que son neveu voulait souligner sa récente nomination au poste de président de l'Institut canadien de Montréal.

« Alors, te voilà président, mon cher Louis, lança-t-il haut et fort en levant son verre, comme s'il avait percé le mystère.

— Vous n'y êtes pas du tout », fit Louis-Antoine qui, cette fois, brûlait d'envie de vendre la mèche.

Mais le moment était venu de se mettre à table et tout le monde se précipita dans la salle à manger en criant famine. Le dîner s'annonçait gai, arrosé de bordeaux rouge, le vin préféré de Julie, et de xérès, pour répondre au souhait du nouveau conseiller législatif. Julie sonna la clochette et un domestique géant, ramené de Montréal par Amédée, fit son apparition avec la fesse d'agneau posée sur un plateau d'argent. C'était un mulâtre sudiste qui avait fui les États-Unis avec sa femme, une esclave comme lui, doublée d'une excellente cuisinière.

« Dites-moi, monsieur Bourassa, où en êtes-vous avec le portrait de l'illustre Papineau ? » demanda Louis-Antoine, décidé à faire durer le suspense.

Sa question s'adressait à l'artiste, mais c'est le modèle qui répondit :

« Le portrait est excellent, ce que je m'évertue à répéter à Napoléon, qui refuse de s'en contenter.

— Le fond du tableau exige quelques retouches, objecta celui-ci. Je n'en suis pas encore satisfait. »

Le peintre avait choisi un cadre naturel, contrairement à la mode du temps. Sur sa toile, Papineau se tenait debout devant l'Outaouais, au soleil couchant.

« Ce sont les grands chênes, sur la terrasse, qui font problème, précisa-t-il. En revanche, le personnage baigne dans une lumière dont je suis plutôt fier. Encore un peu de patience, monsieur mon beau-père, et le tableau sera à vous. »

Papineau ne détestait pas poser pour la postérité. Il avait quitté la vie publique mais ses rares apparitions, lorsqu'on sollicitait sa présence, le remplissaient d'orgueil. Dans l'intimité, l'un de ses passe-temps préférés consistait à critiquer le gouvernement Cartier-Macdonald et à dénigrer ses anciens collègues. La présence de Louis-Antoine ne manquait jamais de le stimuler et il se lança dans une envolée féroce contre Louis-Hippolyte LaFontaine, nommé juge à la Cour d'appel, et que le gouverneur Elgin avait récemment fait baronnet.

«Saviez-vous que le cher homme se fait appeler *"Sir"*, prononcé à l'anglaise, même par ses amis ?» ricana Louis-Antoine,
en adoptant un ton haut perché pour souligner le ridicule de la
situation. Car le neveu ne demandait pas mieux que d'attiser les
rancunes de son oncle.

L'anecdote amusa Napoléon Bourassa, un homme par
ailleurs tout à fait apolitique. Quelques années plus tôt, il avait
rencontré à Rome celui qui s'était pris toute sa vie pour le sosie
de Bonaparte :

«Monsieur LaFontaine venait de démissionner du gouvernement, raconta-t-il. Je lui ai demandé si son départ avait suscité
un profond mouvement. Vous savez ce qu'il m'a répondu ? En
fait de mouvement, je n'ai vu que celui des gens qui s'en
venaient prendre ma place.

— Il a goûté à sa propre médecine», commenta Papineau,
qui en voulait toujours à son ancien lieutenant de l'avoir écarté
du chemin, pour se hisser au premier rang.

Puisqu'ils en étaient à énumérer les honneurs que Londres
décernait aux traîtres, Amédée se crut avisé d'annoncer la
dernière nouvelle qui déridait les salons montréalais :

«C'est la meilleure ! George-Étienne Cartier se vante d'avoir
baisé la main de la grosse reine Victoria, qui l'a reçu à Windsor.

-*Oh! my God!*» s'exclama Mary, en copiant parfaitement
l'accent britannique.

— Qu'attendiez-vous d'autre d'un chef qui mange dans la
main des Anglais ? lança Julie que les discussions politiques
stimulaient.

— Un peu de retenue, sans doute, répondit Amédée, qui
abhorrait le style de Cartier, une médiocre copie des lords
anglais.

— Cartier a beau jeu puisque ses sujets canadiens se laissent
exploiter, mépriser, piller par les mêmes Anglais, poursuivit
Julie sur sa lancée. C'est hélas ! une pauvre race dégénérée.

— Vous étiez moins vindicative, maman, l'été dernier,
lorsque vous avez offert vos plus belles roses au prince de
Galles, qui remontait l'Outaouais, à bord du navire royal.»

Amédée en avait été scandalisé. En route vers Bytown,
devenue Ottawa, le *Phœnix* s'était arrêté en face du manoir de
Montebello... pavoisé de drapeaux britanniques pour l'occasion.
Flanqué des villageois, Papineau avait salué de la main le

premier ministre Cartier et son invité royal, pendant que Julie leur faisait remettre un bouquet somptueux.

«Le savoir-vivre, mon cher Amédée, est un art qui fait cruellement défaut aux jeunes gens de ta génération, railla Papineau.

— N'oublie pas non plus que ton père ne s'est jamais caché pour dire à George-Étienne Cartier ce qu'il pensait de lui, renchérit Julie.

— Regardez comme la patriote sort ses griffes pour défendre son homme!» s'exclama Louis-Antoine pour l'asticoter.

Papineau leva son verre à sa patriote préférée et la taquina copieusement, pour le plus grand plaisir des jeunes gens. Les opinions corsées de Julie, qui ne ménageait aucun de leurs anciens compagnons de lutte ayant viré capot – c'était son expression – mettaient du piquant dans leurs conversations de table.

Seul Wolfred Nelson échappait habituellement à ses sarcasmes. Depuis la querelle qui l'avait opposé à Papineau, le nom du docteur avait été banni de sa maison. Aussi, lorsque Louis-Antoine annonça, mine de rien, que le «loup rouge» avait changé son fusil d'épaule, encore une fois, le silence se fit autour de la table.

«Que veux-tu insinuer? s'enquit Julie, trahie par sa curiosité.

— Ne me dis pas que le docteur abandonne la mairie de Montréal pour aller rejoindre Robert le Diable en Californie? suggéra Amédée.

— Mais non. Cherche encore un peu...

— Il marie son fils à une comtesse anglaise? avança Azélie en éclatant de rire.

— Mieux que cela, chère cousine.

— À une princesse russe alors? fit Ézilda, sans trop y croire.

— On s'égare, on s'égare, décréta Louis-Antoine qui aimait décidément ce petit jeu.

— Nous donnons notre langue au chat, décréta Papineau, méfiant de nature, en particulier des boutades de son neveu.

— Eh bien! mon oncle, reprit Louis-Antoine, en le fixant dans les yeux, ce que j'ai à dire vous concerne au premier chef. Il leva son verre à Papineau. Apprenez que le docteur ne souffre plus d'amnésie.»

Papineau fronça les sourcils, se creusant la tête pour deviner ce que signifiait la boutade de son neveu.

«Qu'est-ce que c'est que cette histoire? lança-t-il dans le but d'accélérer sa confession.

— Wolfred Nelson a admis par écrit qu'il vous avait bel et bien ordonné de vous éloigner du combat, à Saint-Denis, finit par lâcher Louis-Antoine.

— Tu es sûr de ce que tu avances? fit Papineau incrédule. Ce ne serait pas un autre de tes coups pendables?

— Il l'a écrit noir sur blanc à votre ami, l'historien Robert Christie, qui lui avait demandé sa version des faits pour son *History of the late province of Lower Canada.*

— Le remords devait le ronger! opina le rancunier Amédée. Bravo, papa. Enfin, les Canadiens sauront que vous disiez la vérité. Que vous avez toujours dit la vérité. Ce n'est pas trop tôt!»

Papineau paraissait ému. Sa rancœur vis-à-vis de Wolfred Nelson s'était peu à peu éteinte, mais il ressentait toujours du chagrin en se rappelant comment son ancien ami avait terni sa réputation. Qu'est-ce qui avait pu le pousser à étaler sur la place publique son animosité envers lui? Il ne le saurait sans doute jamais avec certitude. Ce que Louis-Antoine venait de lui apprendre était comme un baume sur une vieille blessure. Mais le repentir du docteur arrivait bien tard.

«Moi, en tout cas, je n'ai jamais douté de toi, fit Julie, qui devinait ses pensées les plus intimes. Et je savais qu'un jour tu sortirais grandi de cette scabreuse affaire.»

Papineau lui jeta un regard chargé de tendresse. Julie avait toujours été à ses côtés, pour l'encourager dans l'adversité mais aussi pour le secouer, lorsqu'il était enclin au découragement. Elle l'avait aimé, l'aimait encore, même s'il l'avait déçue parfois.

«Je me demande ce que je serais devenu sans toi», bafouilla-t-il, comme si l'aveu venait un peu tard, lui aussi.

Il prit sa main et la porta à ses lèvres, devant ses enfants attendris, mais il n'y avait pas de théâtre dans son geste.

«Oh là là! il va lui jouer la sérénade...» fit cependant Amédée, en mimant le violoniste qui appuie la joue sur son instrument, avant de promener son archet de haut en bas.

Louis-Antoine profita du moment d'abandon pour réclamer une nouvelle carafe de xérès et Azélie disparut dans la cuisine, d'où elle revint avec ce qu'elle appela sa pièce maîtresse: un gâteau meringué, cuit le matin même. Restés à la cuisine, avec leur nounou noire, les enfants se précipitèrent à sa suite dans la salle à manger, attirés autant par le sucre que par les rires.

Julie vanta les talents de pâtissière de sa fille. La conversation porta ensuite sur le nouveau projet de Napoléon Bourassa qui songeait à écrire un roman pour raconter la déportation des Acadiens, dont il était lui-même un descendant.

«Un roman? sursauta Azélie. Tu n'arrives même pas à finir une lettre. Tu fais ta correspondance comme un galérien, le boulet au pied.

— Ce n'est pas avec des romans que vous allez faire vivre votre famille, fit Papineau, qui ne ratait pas une occasion de tourner le fer dans la plaie.

— Le carnet de commandes de Napoléon est rempli, mon cher père, annonça fièrement Azélie. Des tableaux d'église qu'il commencera à Montréal, cet automne.

— Eh oui! confirma Napoléon. D'inestimables curés qui n'entendent rien à la peinture, mais qui se voudraient immortels, m'ont commandé des œuvres pour embellir leurs églises et leurs presbytères. Rien de bien excitant. Si ma femme y consentait, j'aimerais cent fois mieux me fixer ici, à Montebello, et peindre pour mon plaisir.

— Ah! non, Napoléon, protesta Azélie en faisant une moue d'enfant gâtée. Tu n'y penses pas? L'hiver est si long, ici.

— À vous écouter, tous les deux, je rajeunis de vingt ans, fit Julie en décochant un regard entendu à Louis-Joseph. Ce dont rêve Napoléon et ce que veut Azélie, c'est l'histoire de notre vie.

— Ne me dites pas, ma tante, que ce magnifique château n'a pas réussi à faire votre conquête? s'amusa Louis-Antoine.

— Mon cher Louis, répondit Papineau, non seulement Julie n'est bien qu'en ville, mais ses filles sont aussi pires qu'elle. Jour après jour, j'ai devant moi les fronts assombris de ces dames, qui ne se dérident jamais qu'en surface. Comme je ne réussis pas à les faire rire, je les fuis. Ce qui explique que je passe mes journées au grand air. Dieu merci! J'ai encore bon pied, bon œil...

— Si seulement le chemin de fer venait jusqu'ici! se désola Julie. Je me sentirais moins prisonnière.

— Patience, maman, dit Amédée. C'est pour bientôt. Imaginez! il ne faudra que trois heures pour se rendre à Montréal.

— Ce n'est pas demain la veille ! soupira-t-elle sceptique.

— Vous aviez dit ça aussi à propos du pont Victoria. Et pourtant, il est bel et bien terminé. »

Lundi matin, 18 août, à six heures, Julie s'éveilla. Une douleur aiguë lui traversait la poitrine. On aurait dit que son cœur était écrasé sous un énorme poids. Elle se sentait si oppressée qu'elle n'arrivait plus à respirer librement. Sa main parvint à toucher le bras de Louis-Joseph.

« J'ai mal... j'ai si mal, c'est atroce. »

Elle avait peu dormi. En se couchant, vers onze heures, elle s'était sentie agitée. Les gouttes de laudanum ne l'avaient pas apaisée. Tout ce brouhaha joyeux dans la maison, les caresses des enfants – Ella, qui répétait que Julie était la plus belle grand-maman au monde et la petite Augustine qui grimpait sur ses genoux pour lui donner un gros baiser –, c'était trop d'émotions. Il y avait eu aussi Louis-Antoine et sa bonne nouvelle, qui lui avait réchauffé le cœur, comme une douce vengeance. Enfin le gâteau meringué d'Azélie, dont elle avait abusé, elle habituelle-ment si sage... Rien de surprenant à ce qu'elle soit surexcitée, après une telle journée. Son chapelet entre les doigts, elle s'était résignée à attendre que passe la nuit.

Une image lointaine surgit alors. Elle se revit à Saratoga, au soleil déclinant. C'était le premier jour de son exil. Assise sur un banc public, sous un tremble dont les feuilles s'agitaient sans le moindre soupçon de brise, elle s'était laissé bercer par l'inconnu. Une nouvelle vie commençait qui allait lui réserver des consola-tions, mais aussi de cruels tourments. Elle avait eu l'intuition très nette qu'un jour de canicule, semblable à celui-là, mais plus tard, beaucoup plus tard, la mort la surprendrait en plein bonheur. Était-ce déjà le moment ?

L'aurore commençait à poindre dans la chambre quand de nouvelles palpitations l'assaillirent, plus violentes. Pour la pre-mière fois, elle redouta une attaque d'apoplexie, comme celle qui avait emporté sa mère. Les yeux mi-clos, elle évitait de bouger, pour ménager ses forces qui déclinaient. Sa poitrine se déchirait.

« Où as-tu mal, Julie ? » demanda Papineau, inquiet de la voir grimacer sous la douleur, les dents serrées.

Julie souleva les paupières.

« Ici, dit-elle, en effleurant le haut de la poitrine. C'est inhumain. Je t'en supplie, j'étouffe, appelle le médecin et le prêtre. »

Papineau courut demander de l'aide. Azélie sonna le cocher. Vite ! qu'il aille chercher le médecin, au village voisin, mais d'abord, qu'il arrête au presbytère. Debout, à côté du lit de sa mère adorée qui s'était évanouie, Ézilda s'efforçait de garder son calme. Elle souleva le drap, déboutonna sa chemise de nuit et lui frotta énergiquement la poitrine, en priant Dieu pour qu'elle revienne à elle. Des sels, qu'on lui apporte des sels. Julie ouvrit les yeux et balbutia :

« Mes enfants, je me meurs... oh ! oui, je meurs.

— Maman, ma petite maman, tenez bon, le docteur arrive, supplia Ézilda.

— Mourir n'est rien, murmura Julie avec peine. C'est notre lot à tous. Ce qui me fait le plus de peine, c'est de laisser mes enfants dans un pays aussi ingrat. »

Ce furent ses dernières paroles.

Papineau ne voulait pas croire que la fin était venue. Il pensa : elle a perdu connaissance mais elle se remettra. Il y avait longtemps, lui semblait-il, que Julie n'avait pas été aussi heureuse que cet été-là. L'été de ses soixante-sept ans. Elle ne vieillissait pas, comme si le temps n'avait plus de prise sur elle. La vie paisible de châtelaine lui allait à merveille. Il parcourut la chambre du regard. La pièce n'avait rien de lugubre, rien qui annonçait un terrible malheur. Tout cela n'était qu'une méprise, Julie s'était si souvent plainte sans raison... Le jour se levait, il ferait beau. Ce serait un matin comme les autres. Ils déjeuneraient ensemble, parleraient de la peur bleue qu'elle leur avait faite. Au moment où il tournerait la poignée de la porte, son chapeau de paille vissé sur la tête, elle l'arrêterait pour le mettre en garde contre sa témérité, lui qui n'avait jamais su composer avec son âge.

Quelqu'un – Amédée ou Louis-Antoine – lui apprendrait que ses compatriotes commençaient à s'habituer à l'idée d'une confédération canadienne et elle se fâcherait tout net contre le premier ministre Cartier, ce petit impertinent, qui régnait sur cette pauvre race de dégénérés qu'étaient les Canadiens. Elle était au mieux, Julie, lorsqu'elle chargeait à coup de formules incendiaires.

Mais Papineau se trompait. Julie ne se réveilla pas. Entourée des siens, dans ce manoir de rêve qu'elle ne quittait presque plus, elle expira. Ils étaient tous là, inconsolables, dans la chambre où, dix ans plus tôt, Gustave s'était éteint. Amédée et Mary, Azélie et Napoléon, la minuscule Ézilda, plus désespérément seule que jamais... ils pleuraient à chaudes larmes autour du lit. Et Papineau, qui tenait la main inerte de sa femme. Toute sa vie, elle avait redouté la mort. Pas tant les souffrances physiques que le châtiment céleste. Lui, un agnostique, il eut envie de remercier Dieu de lui avoir épargné l'agonie. Elle s'en était allée dans un soupir, comme une bougie qui s'éteint.

Le vieux chêne se leva. Ses enfants étaient abattus, il fallait les consoler.

❧

Julie partie, plus rien ne retint Lactance sur terre. Avant que s'achève l'année 1862, il mourait à l'asile, des suites d'une maladie incurable appelée hydropisie. À quarante ans, il allait rejoindre sa mère qui l'avait vu comme le plus doué de ses enfants. Au cimetière de Lyon, Papineau fit planter un orme d'Amérique pour qu'un jour il fasse de l'ombre sur sa tombe. C'était l'arbre préféré de Lactance, le plus majestueux qui soit, pensait-il. Sur la pierre tombale, on pouvait lire : « Ci-gît Lactance Papineau, un Canadien malheureux, décédé loin de sa famille et de son pays le 4 décembre 1862. »

Julie fut ensevelie tout près de Gustave, dans le caveau de la chapelle funéraire. Peu après, Papineau quitta Montebello. La vie au manoir n'avait plus de sens pour lui. Il y revint pourtant avec la belle saison et y passa les neuf dernières années de sa vie, à regarder pousser ses poiriers et ses pruniers sauvages. Les mains dans le dos, une mèche de cheveux blancs en coq au-dessus du front, il arpentait son domaine en demandant tantôt à son cœur, tantôt à sa tête, s'il avait aimé son pays sagement.

Et Julie ? L'avait-il assez aimée ? Son départ, après quarante ans de vie commune, assombrissait ses jours. Jamais la maison ne lui avait semblé aussi déserte. « Les chagrins vous font vieillir plus vite que le travail », songeait-il en montant l'escalier en colimaçon pour aller s'enfermer dans sa tour d'ivoire. Papineau voulait, avec Sénèque, apprendre à mourir. À quatre-vingt-cinq ans, il contracta une congestion pulmonaire fatale. Le dernier jour, le 23 septembre 1871, il demanda à Ézilda d'approcher son fauteuil de la fenêtre : il ne partirait pas sans avoir revu son jardin et ses fleurs, au soleil couchant. Une dernière fois.

Azélie avait précédé son père dans la tombe. À trente-quatre ans, en 1869, deux ans après la Confédération canadienne, elle était morte tragiquement, des suites d'une violente crise nerveuse, laissant derrière elle cinq orphelins en bas âge. Le cadet, Henri Bourassa, âgé de moins d'un an, devait hériter des talents oratoires de son grand-père Papineau, dont il suivit les traces en politique, en plus de fonder *Le Devoir*.

Ézilda remplaça sa sœur Azélie auprès de ses enfants. Jusqu'à sa mort, en 1894, elle fut leur seconde mère. L'année suivante, Louis-Antoine Dessaulles s'éteignit à Paris, sans avoir revu son pays qu'il avait fui, vingt ans plus tôt, pour échapper à ses créanciers voraces.

Seul Amédée verrait le vingtième siècle. Fidèle au rêve de Papineau, le fils préféré de Julie vécut au manoir de Montebello qu'il embellit au fil des ans, tout en écrivant son *Journal d'un Fils de la liberté*. Après la mort de Mary, il épousa, à soixante-dix-sept ans, Iona Curren, une jeune femme de vingt-quatre ans. Et c'est ainsi qu'en 1903, à quatre-vingt-quatre ans, il promenait ses deux bébés, Lafayette et Angelita, sur l'Outaouais, dans son yacht à gazoline.

Des Papineau venaient au monde qui avaient d'autres rendez-vous avec l'Histoire...

Principales sources

Archives de la province de Québec
Fonds Famille Papineau.
Correspondance de Julie Papineau.
Correspondance de Louis-Joseph Papineau.
Correspondance de Joseph Papineau.
Correspondance d'Amédée et de Lactance Papineau.
Les événements de 1837 et 1838. Rapport de l'archiviste pour 1925-26.

Archives du Canada
Correspondance de Jacques Viger (La Saberdache).
Correspondance de Wolfred Nelson.

Ouvrages
Aubin, Georges. *Lettres à Judith*, 1996, Septentrion, 124 p.
Baribeau, Claude. *La seigneurie de la Petite-Nation*, Hull, 1983, Les éditions Asticou, 166 p.
Baribeau, Claude. *Denis-Benjamin Papineau 1789-1854*, Québec, 1995, Société historique Louis-Joseph Papineau, 163 p.
Bernard, Jean-Paul. *Les rébellions de 1837-1838*, Montréal, 1983, Boréal Express, 349 p.
Bernier, François. *La controverse sur la question de la fuite de Papineau de Saint-Denis, le 23 novembre 1837*, mémoire présenté à la faculté des études supérieures, Université de Montréal, 1986, 150 p.
Bourassa, Anne. *Napoléon Bourassa*, un artiste canadien-français, Montréal, 1968, 88 p.
Boyd, John. *Sir George-Étienne Cartier*, Montréal, 1918, Librairie Beauchemin, 485 p.
Chassé, Béatrice. *Le manoir Papineau à Montebello*, 1979, 80 p.
Filteau, Gérard. *Histoire des patriotes,* Montréal, 1980, L'Aurore/Univers, 493 p.
Garneau, François-Xavier. *Histoire du Canada*, tome IX, Montréal, 1946, les éditions de l'Arbre, 293 p.
Lacoursière, Jacques. *Histoire populaire du Québec*, 1841-1896, Sillery, 1996, Septentrion, 494 p.
Lamonde, Yvan. *Louis-Antoine Dessaulles, un seigneur libéral et anticlérical*, Montréal, 1994, Fides, 369 p.

Lemire, Maurice. *La vie littéraire au Québec,* tome III, 1840-1869, Presses de l'Université Laval,1996, 671 p.

Le Moine, Roger. *Napoléon Bourassa, l'homme et l'artiste*, Ottawa, 1974, Éditions de l'Université d'Ottawa, 258 p.

Michaud, Josette. *Vieux-Montréal*, Montréal, 1991, Guérin, 101 p.

Monière, Denis. *Ludger Duvernay et la révolution intellectuelle au Bas-Canada*, Montréal, 1987, Québec Amérique, 229 p.

Ouellet, Fernand. *Éléments d'histoire sociale du Bas-Canada*, Montréal, 1972, Hurtubise HMH, 379 p.

Ouellet, Fernand. *Julie Papineau, un cas de mélancolie et d'éducation janséniste*, Québec, 1961, Les Presses de l'Université Laval, 123 p.

Papineau, Amédée. *Journal d'un fils de la liberté*, tome 1, Montréal, 1972, réédition-Québec, 111 p., tome 2, 1978, éditions L'Étincelle, 196 p., volumes 3 à 7 (copies dactylographiées)

Parizeau, Gérard. *Les Dessaulles, Seigneurs de Saint-Hyacinthe*, Montréal, 1976, Fides, 159 p.

Pouliot, Robert. *Monseigneur Bourget et son temps*, tome II, Montréal, 1977, Bellarmin, 277 p., tome III, 1972, 197 p.

Prévost, Robert. *Montréal, la folle entreprise*, Québec, 1991, Stanké, 527 p.

Roy, Jean-Louis. *Édouard-Raymond Fabre, libraire et patriote canadien*, Montréal, 1974, Hurtubise HMH, 284 p.

Rumilly, Robert. *Papineau et son temps*, tome II, Montréal, 1977, Fides, 594 p.

Schull, Joseph. *Rebellion, The Rising of French Canada 1837*, Toronto, 1971, Macmillan of Canada, 226 p.

Vallery-Radot, Robert. *Lamennais ou le prêtre malgré lui*, Paris, 1931, Plon, 400 p.

Viau, Roger. *Lord Durham*, Montréal, 1962, éditions HMH, 181 p.

Vigny, Alfred de. *Œuvres complètes*, vol. II, Paris, 1976, Gallimard, p. 863-867.

Wade, Mason. *Les Canadiens français de 1760 à nos jours*, Ottawa, 1966, Le Cercle du livre de France, tome I, 685 p.

White, Ruth, L. *Louis-Joseph Papineau et Lamennais*, Montréal, 1983, Hurtubise HMH, 643 p.

TABLE

IMPRESSION
IMPRIMERIE GAGNÉ

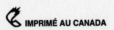